Halloween

Adult Coloring Book

CREATIVE COLORING PRESS

First edition: 2016

Photo credits: Shutterstock

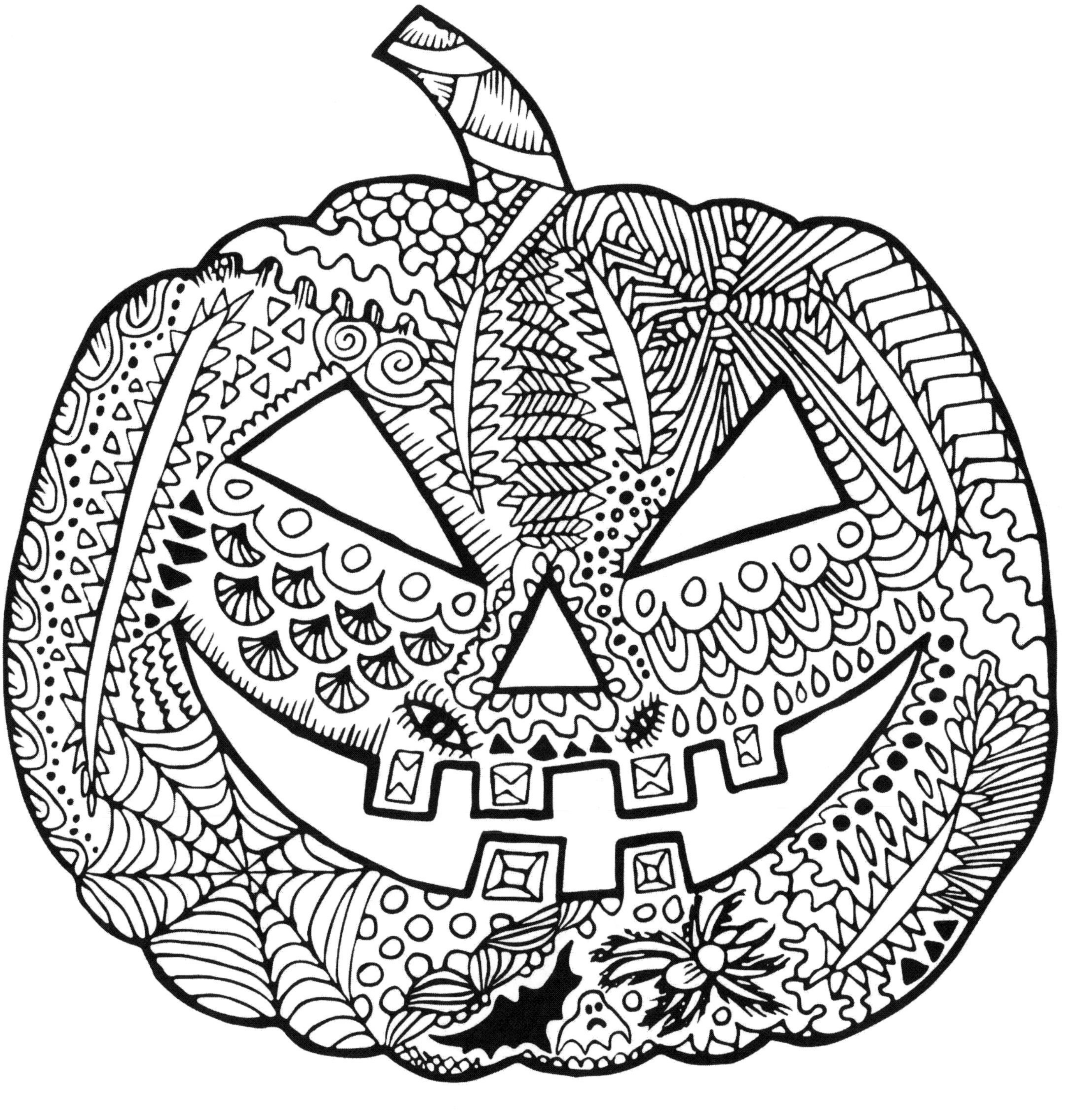

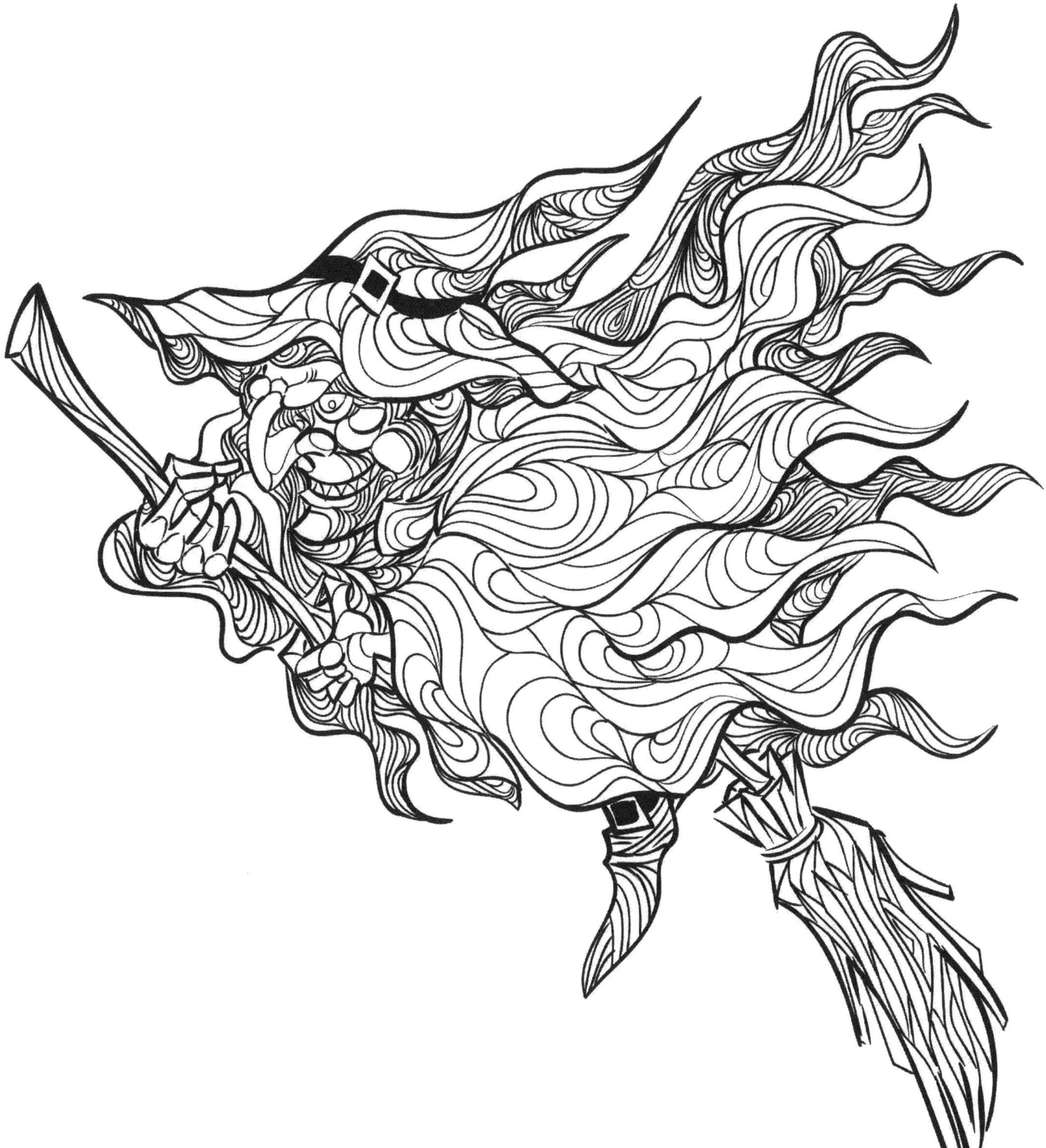

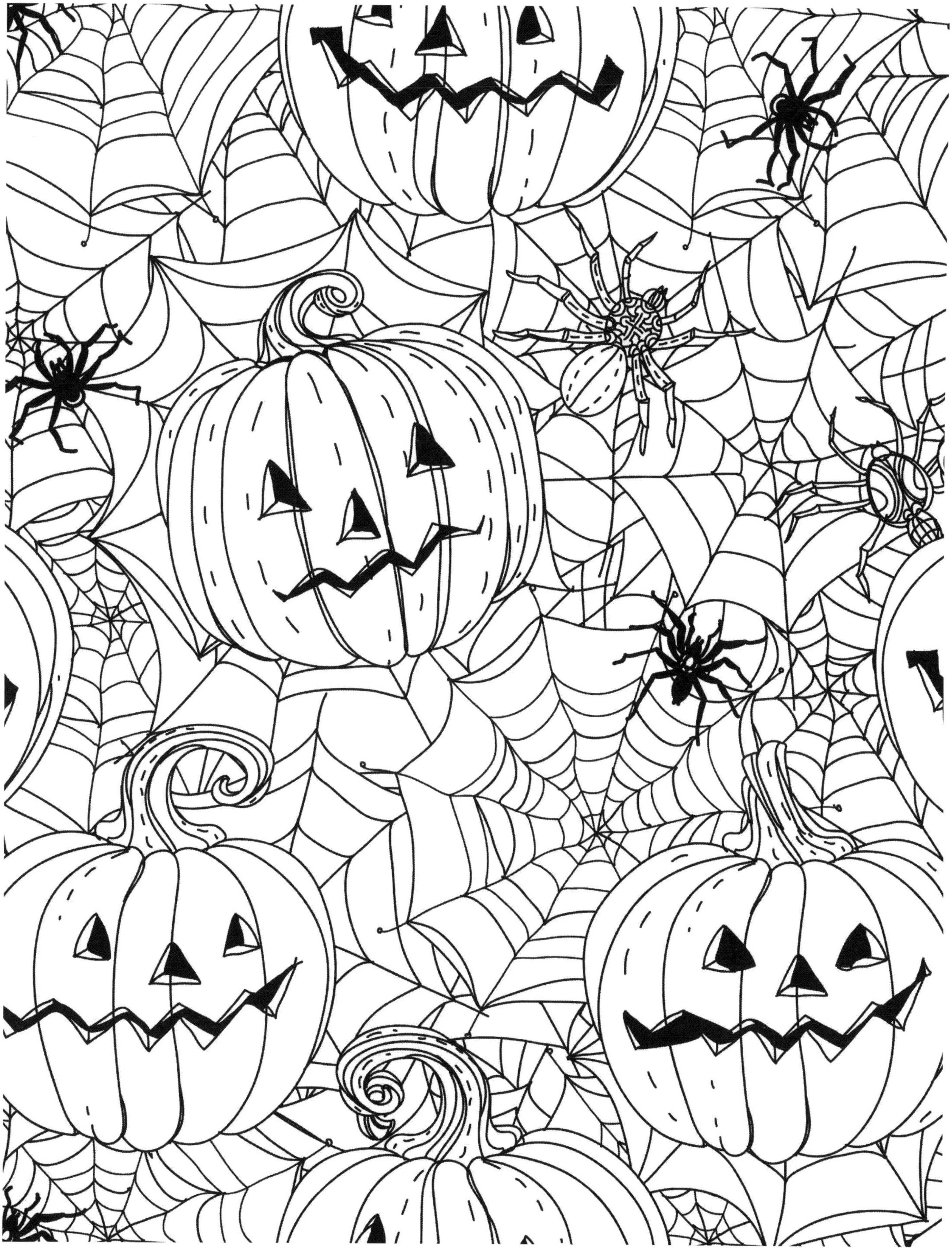

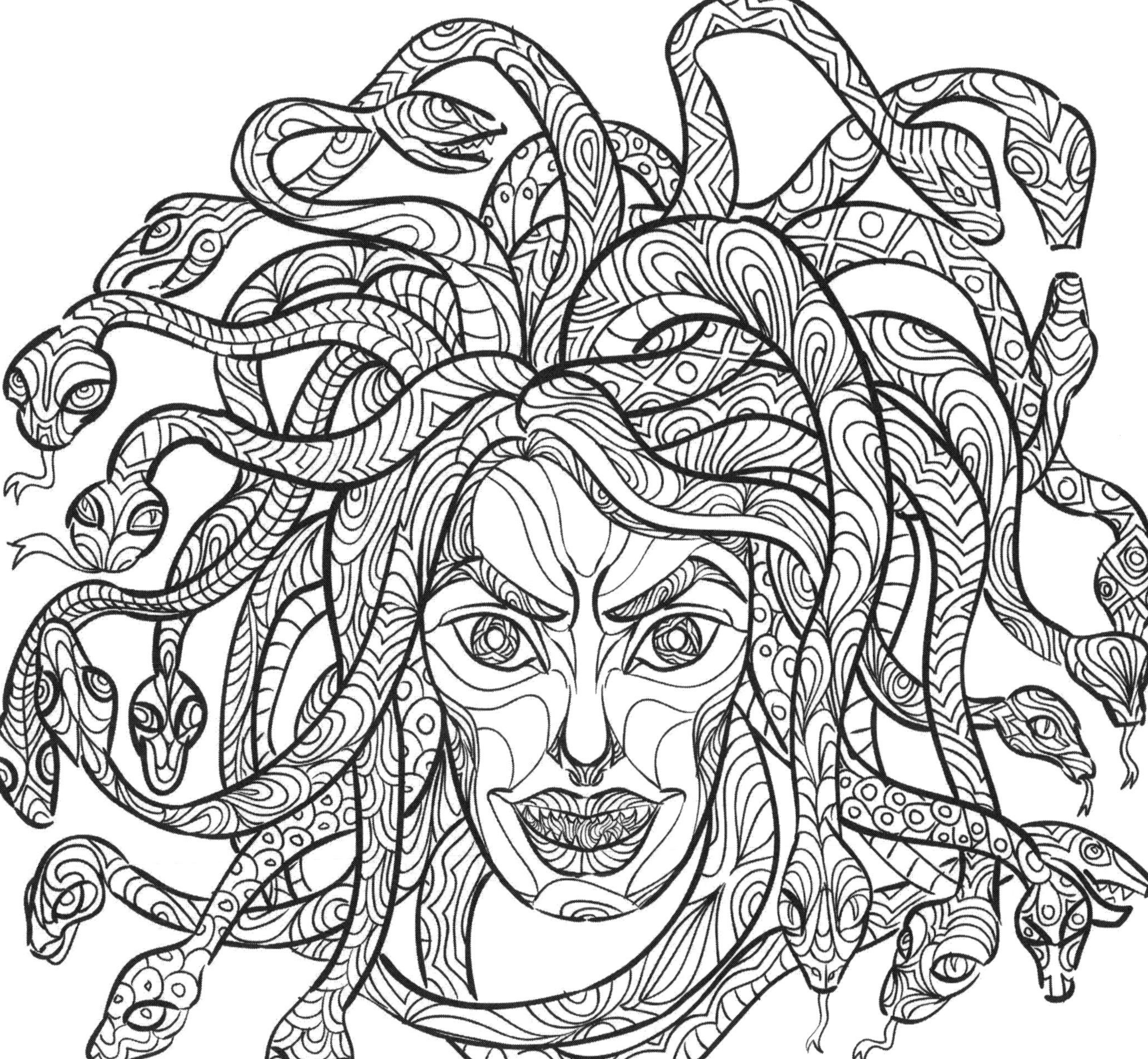

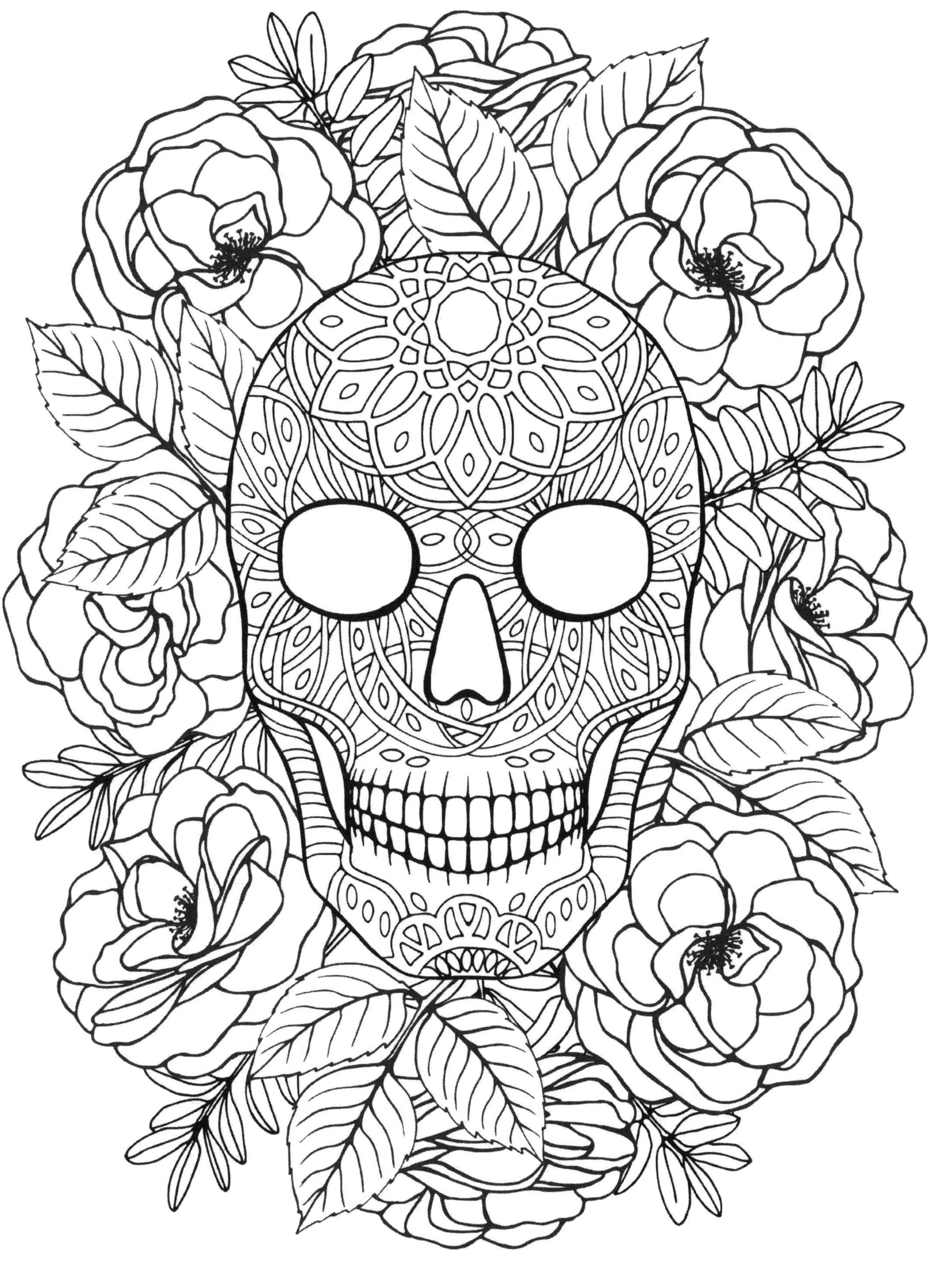

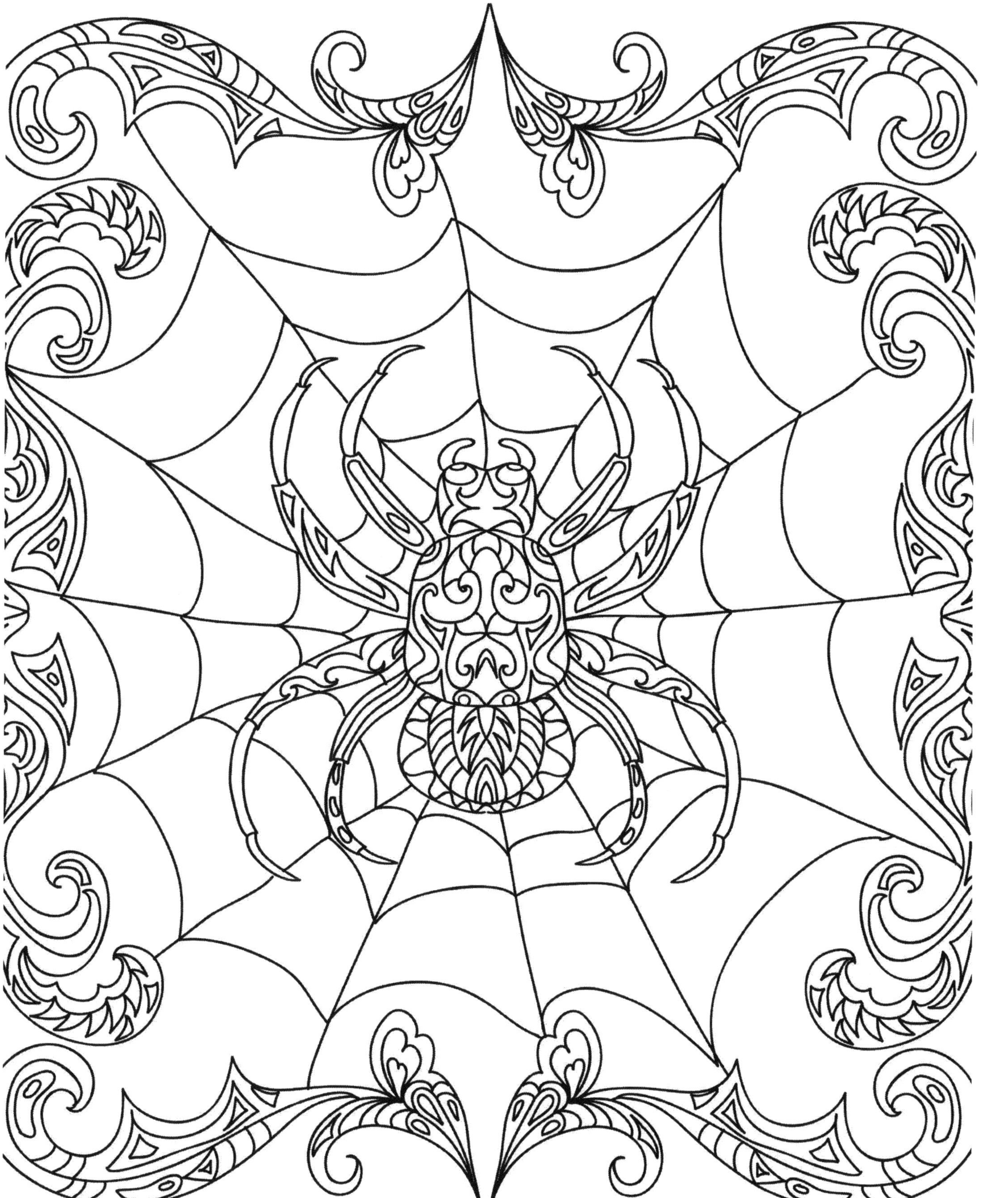

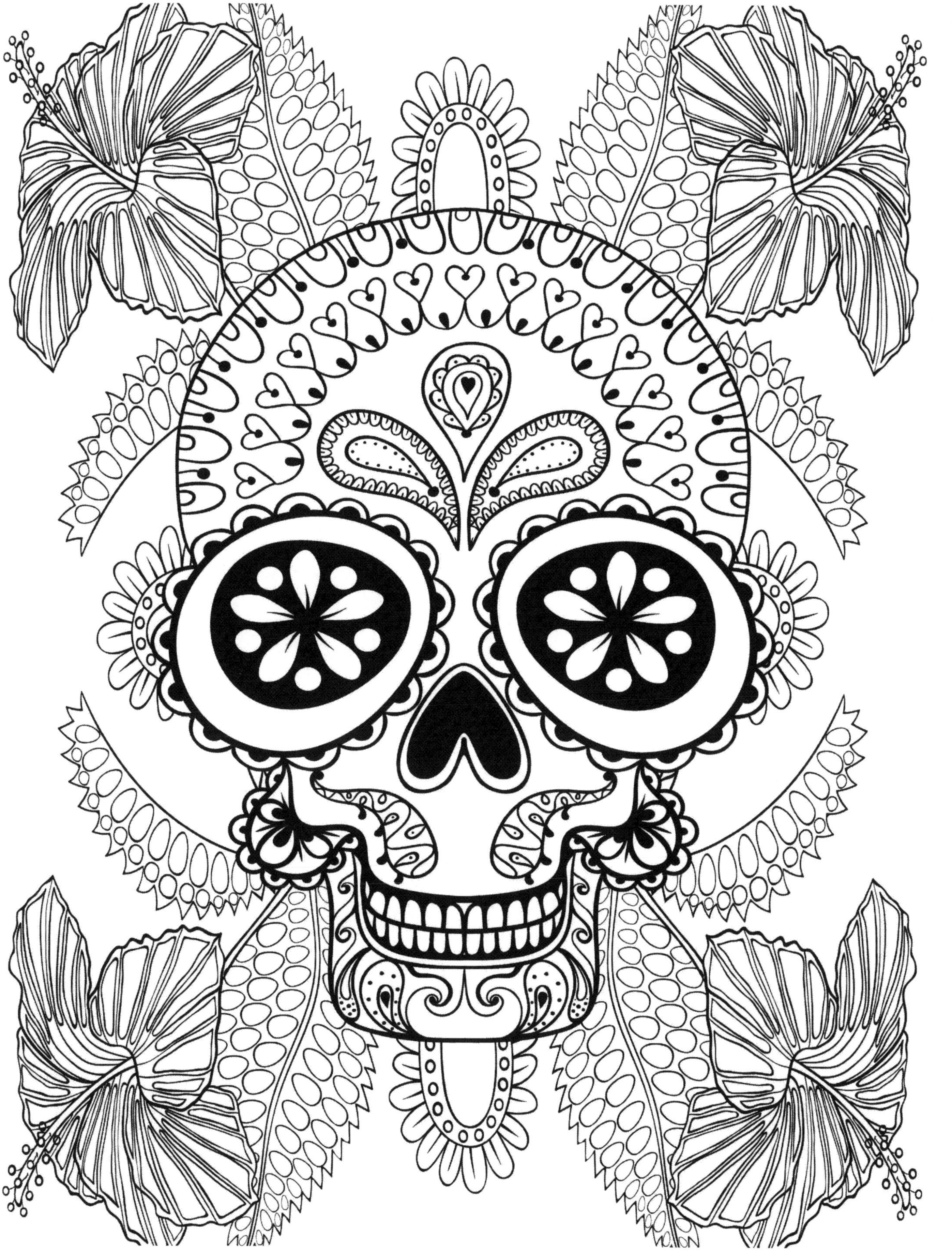

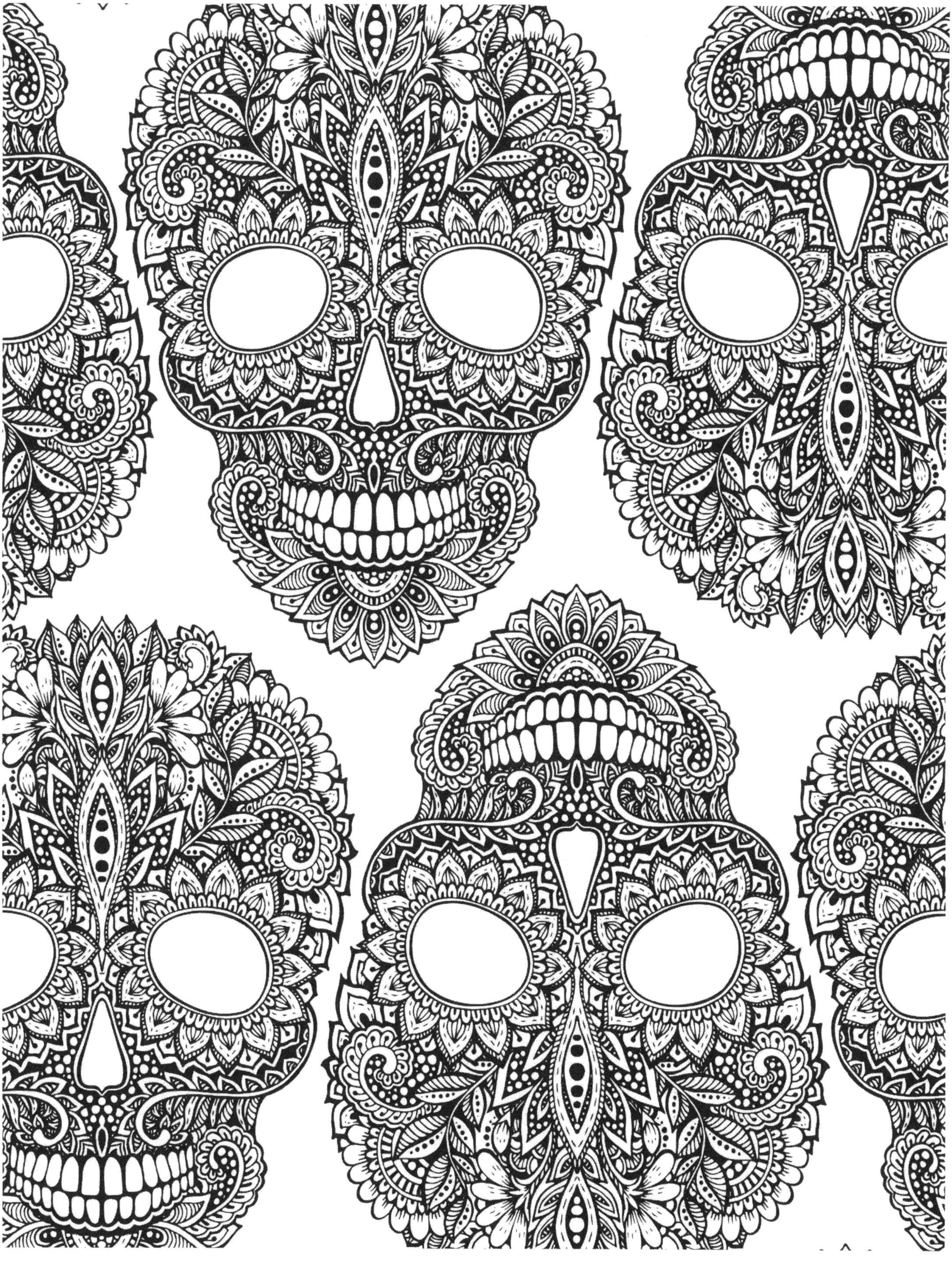

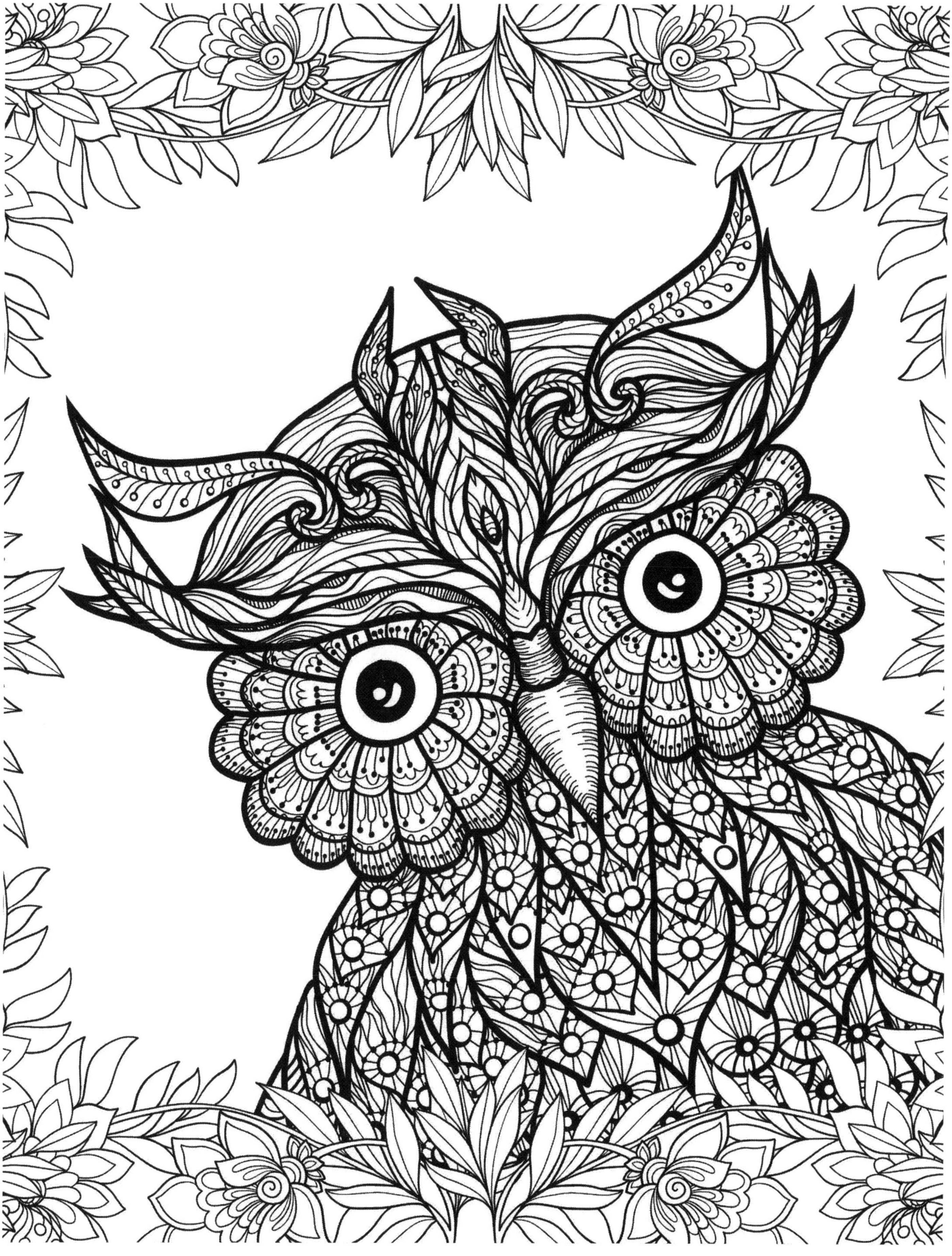

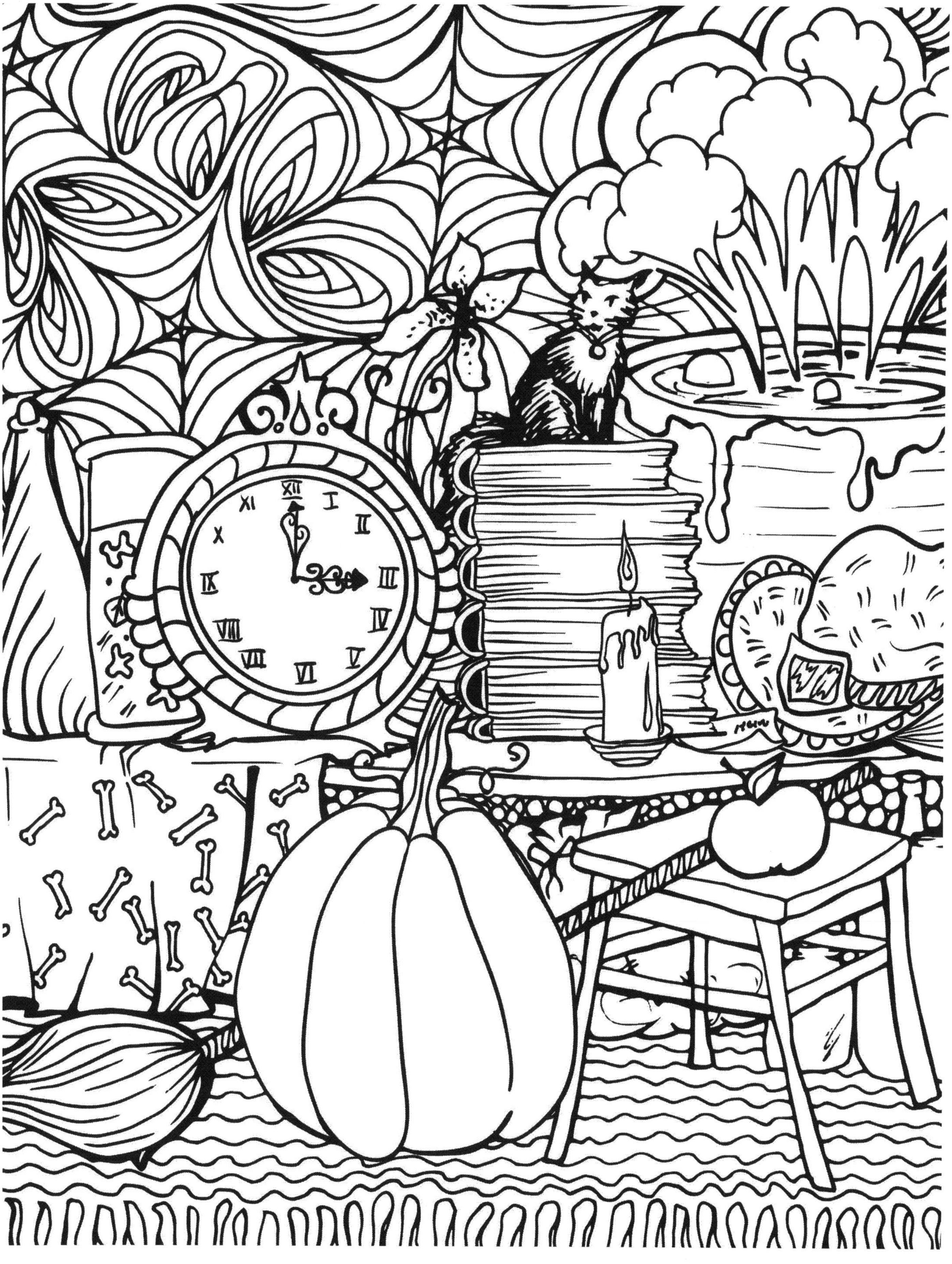

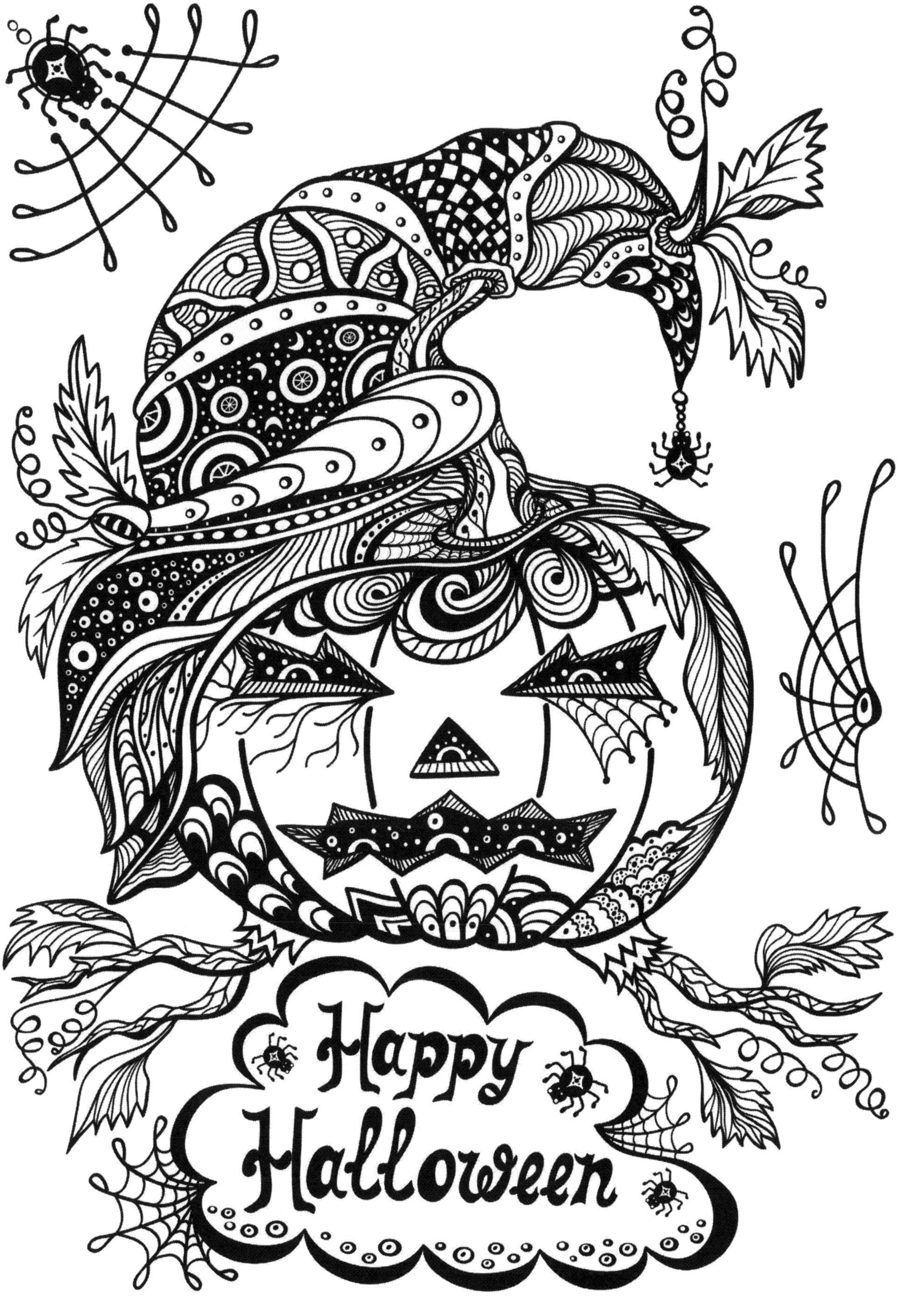
Happy
Halloween

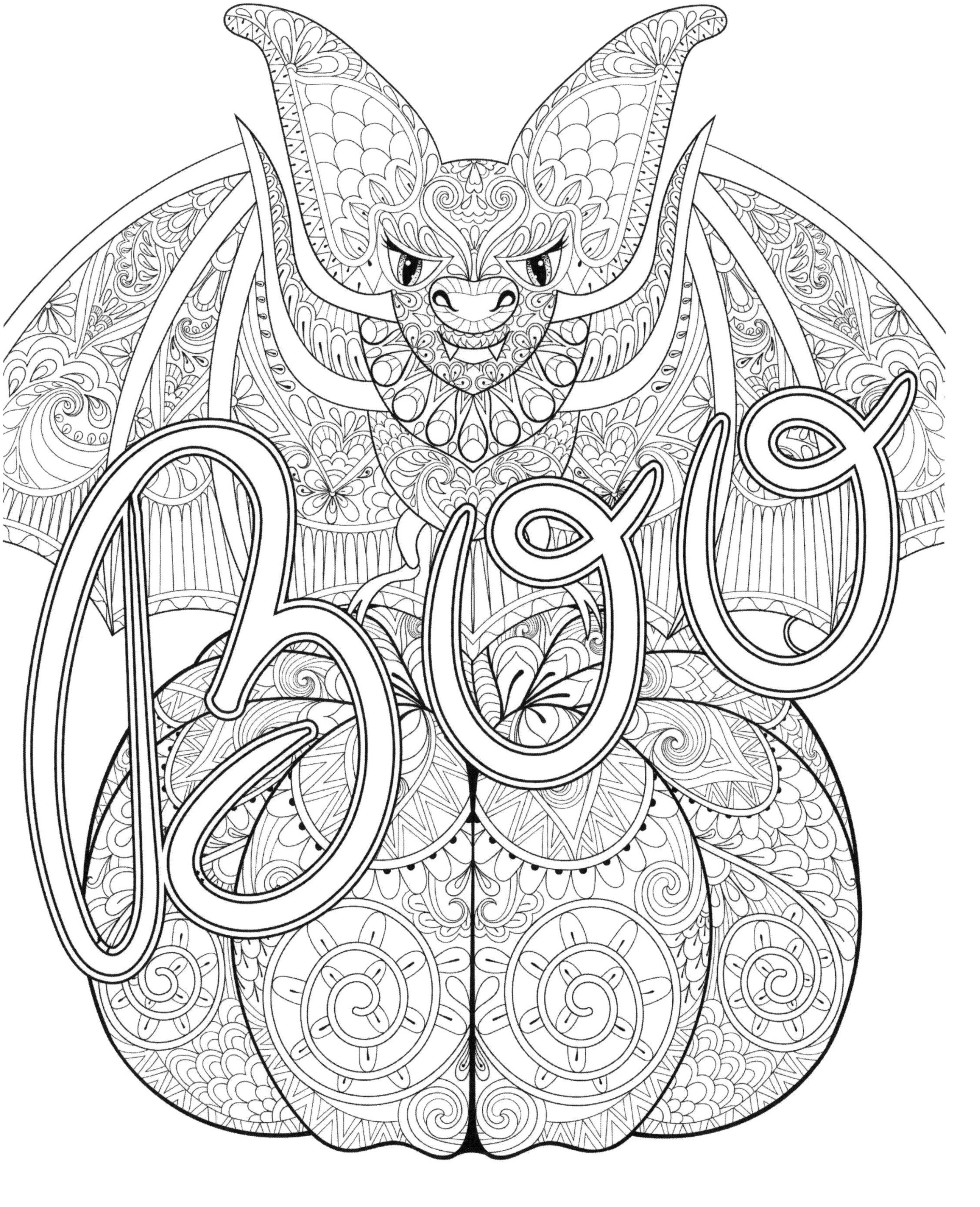
Boo

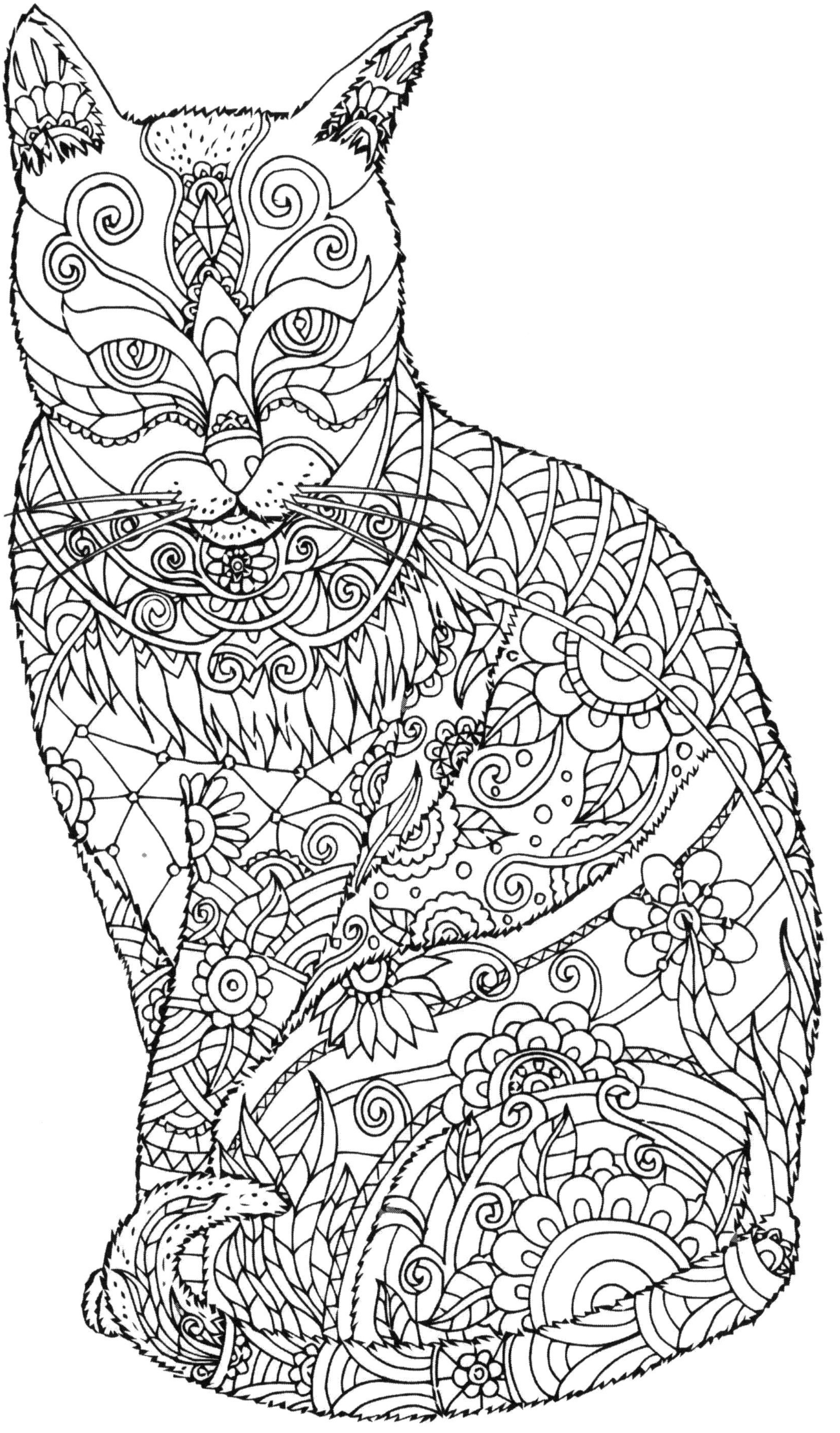

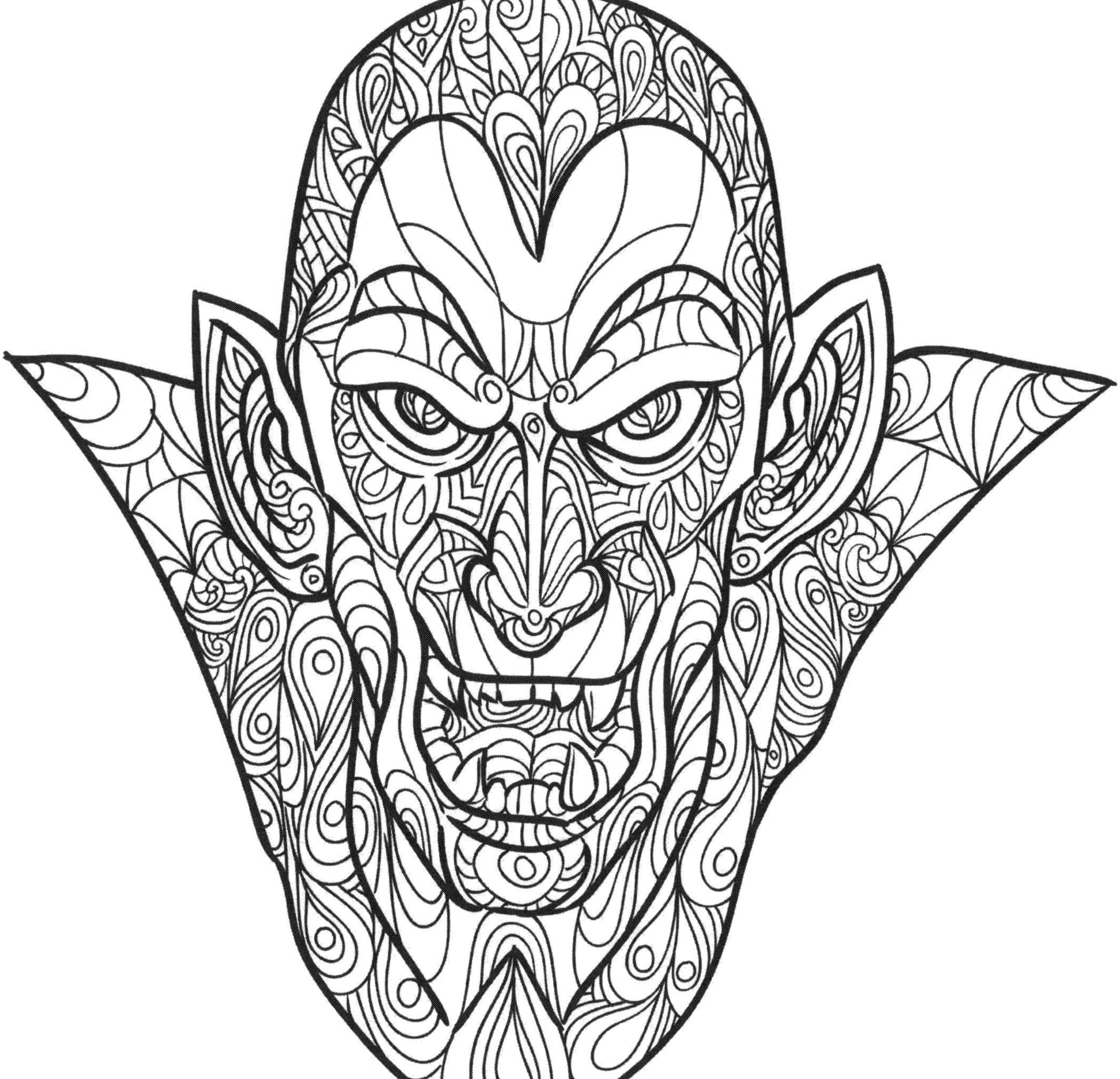

HAPPY HALLOWEEN

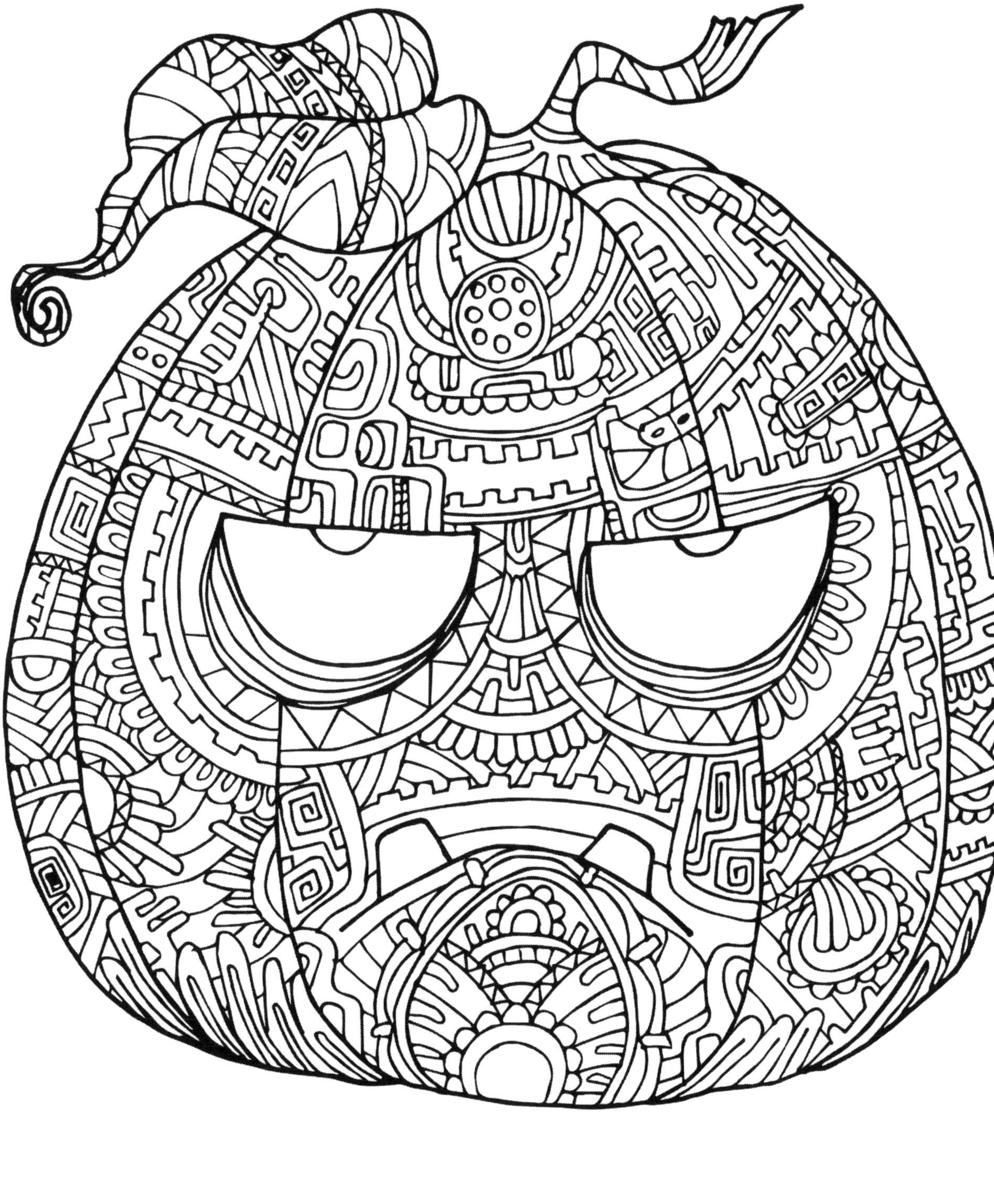

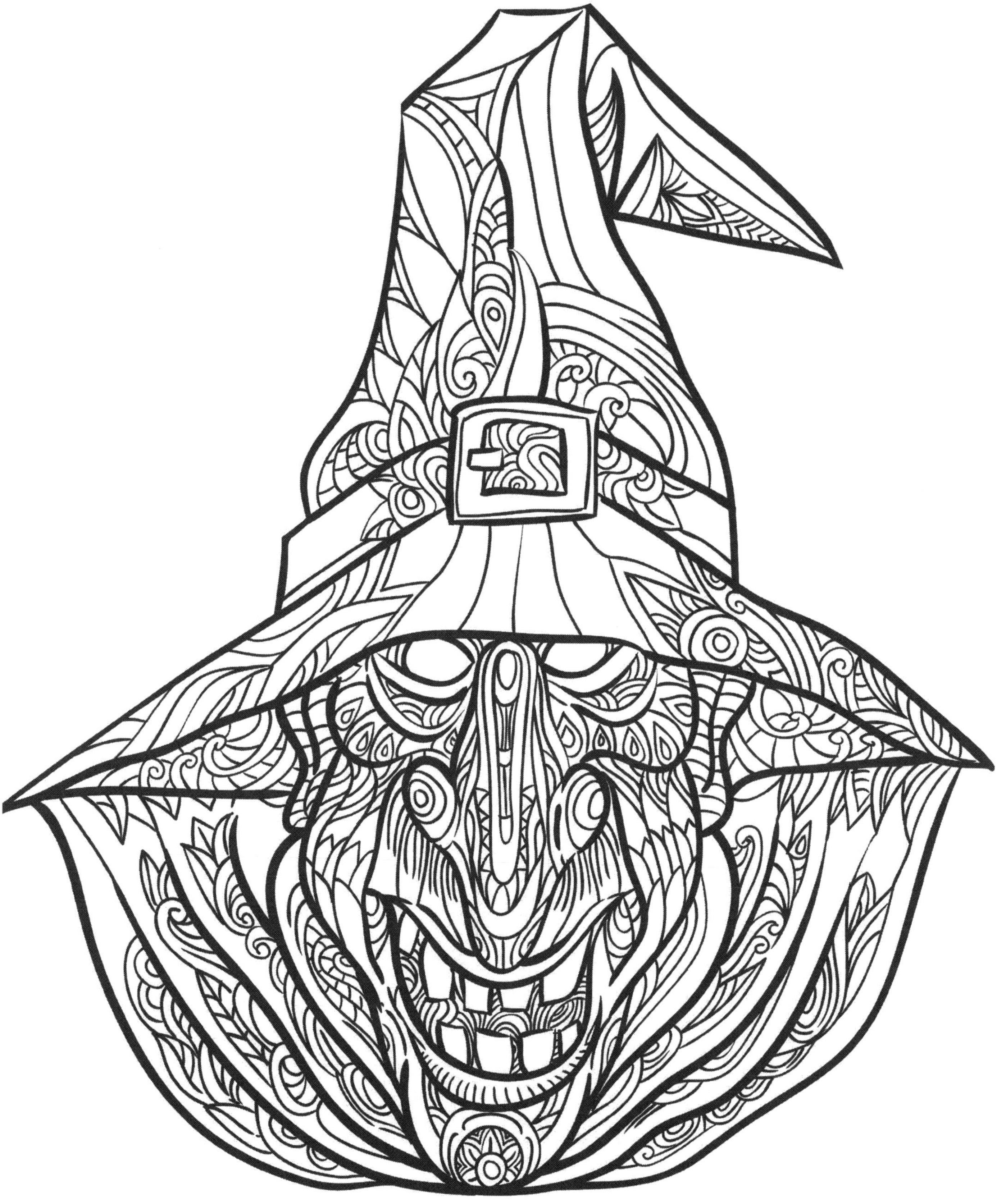

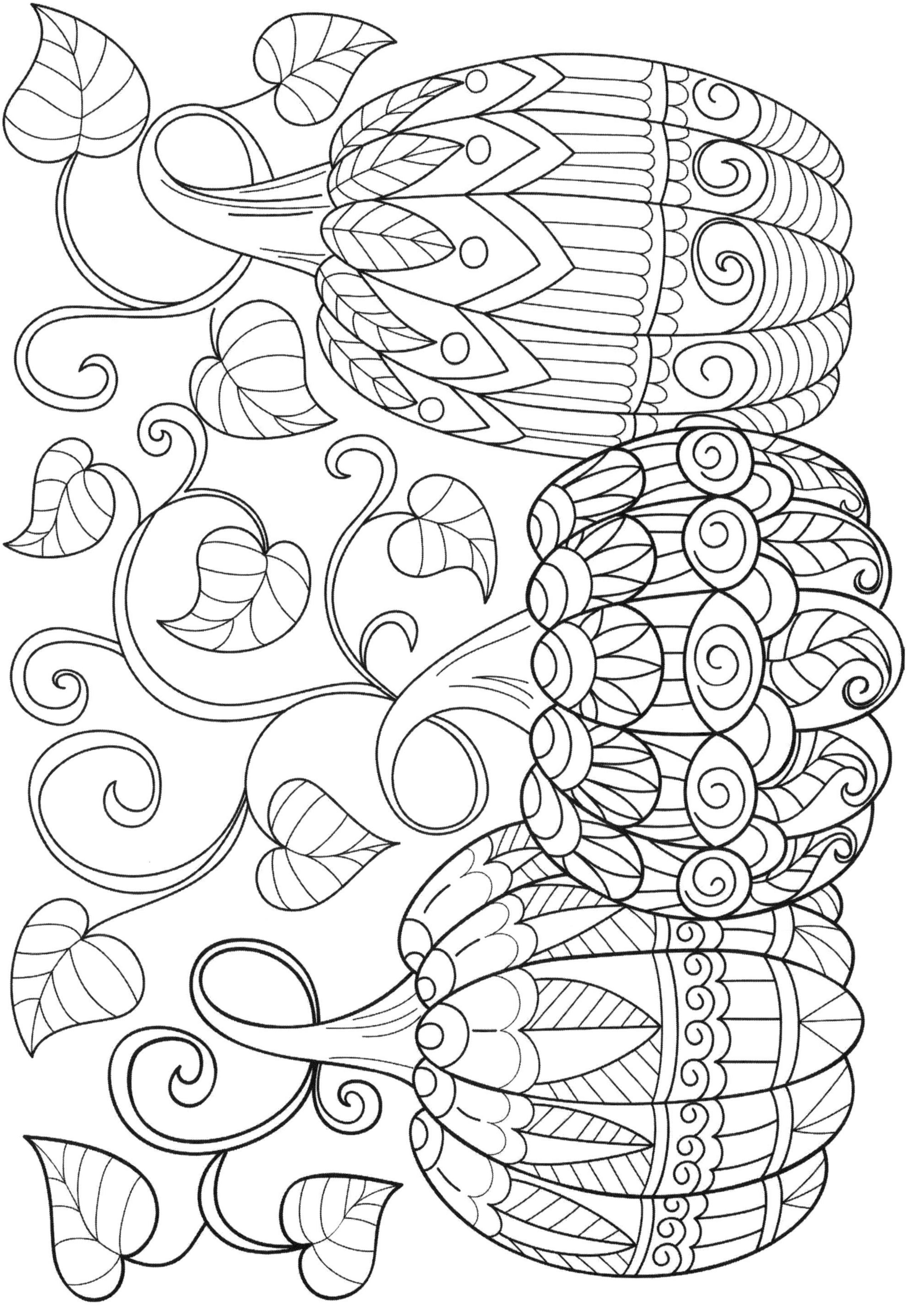

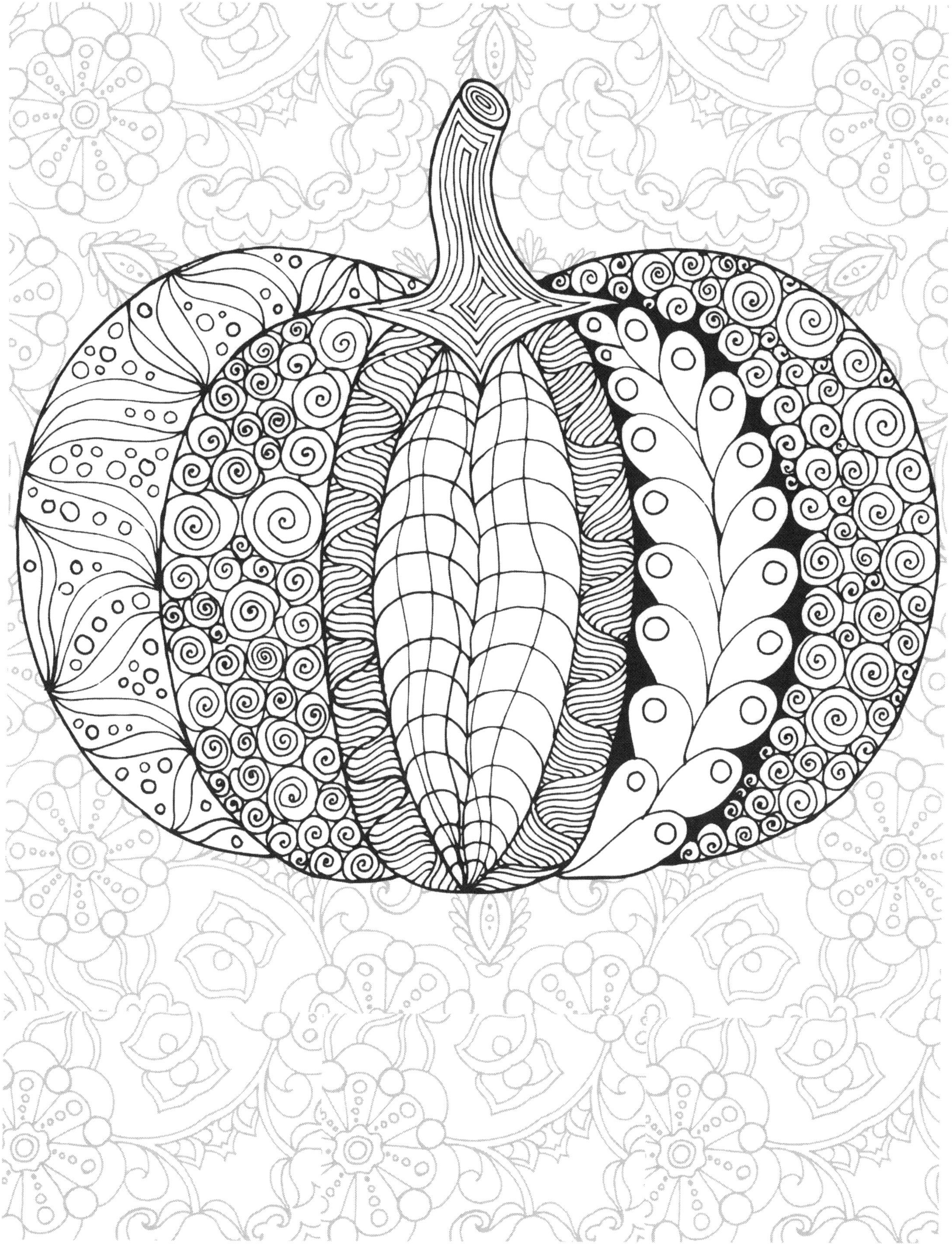

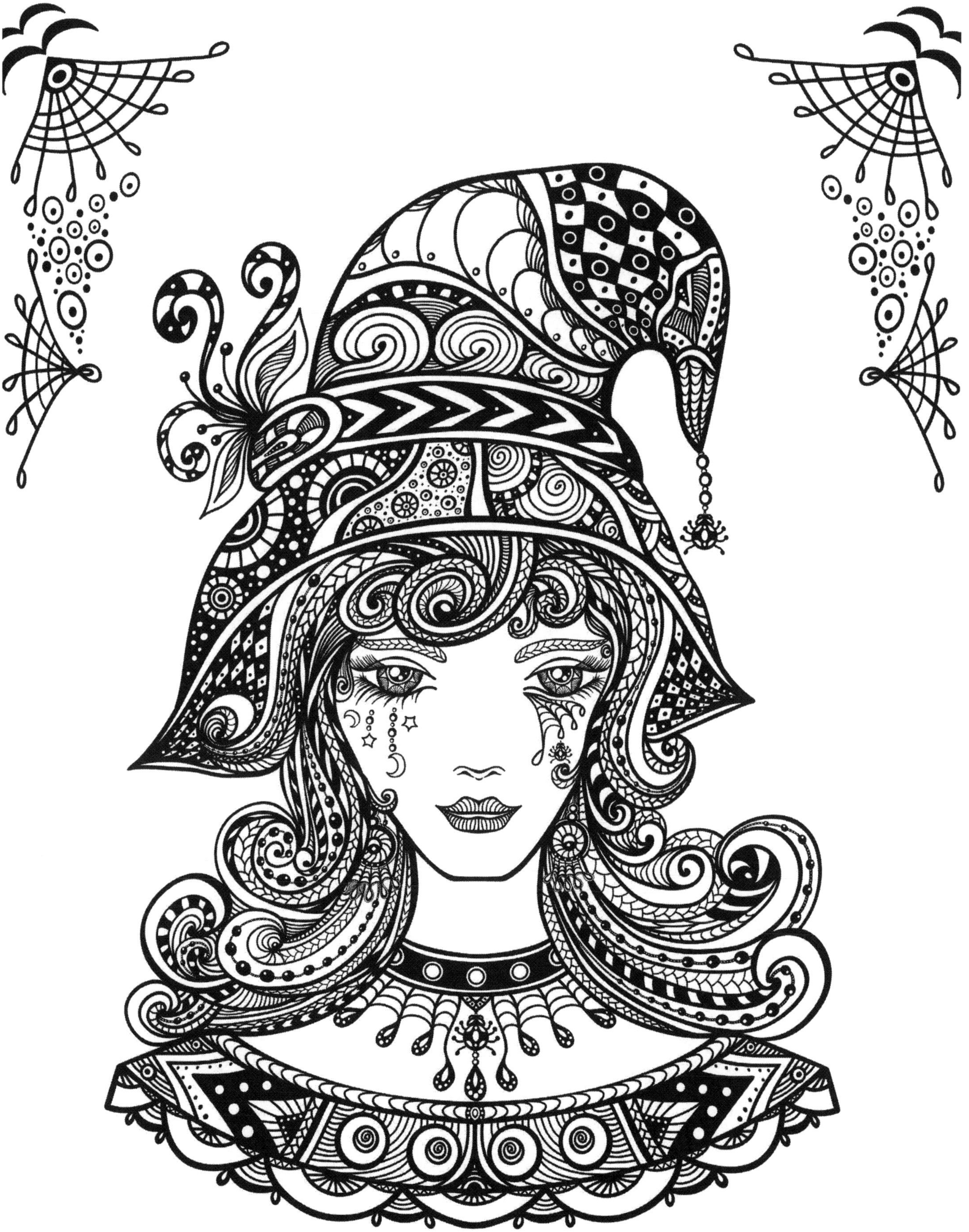

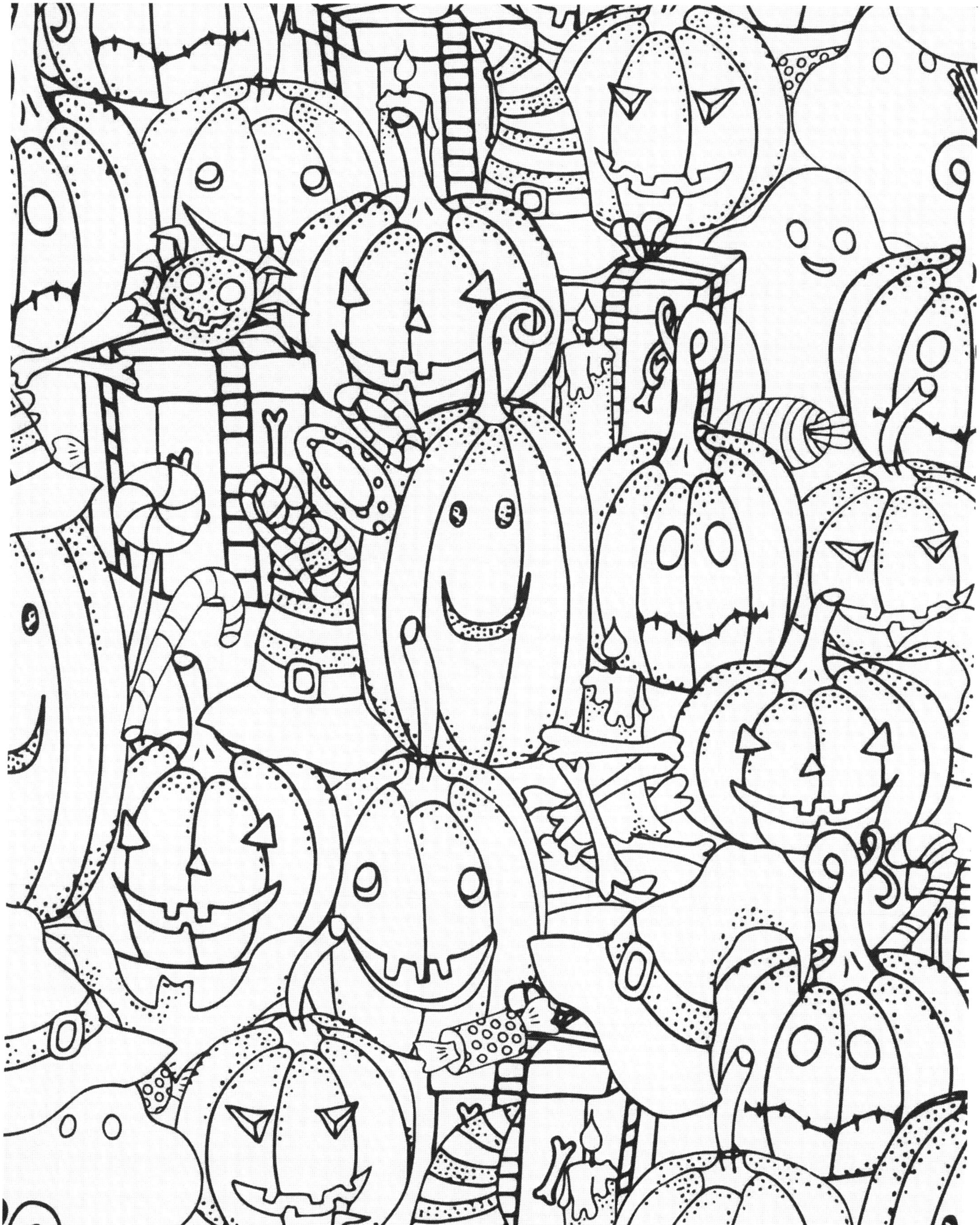

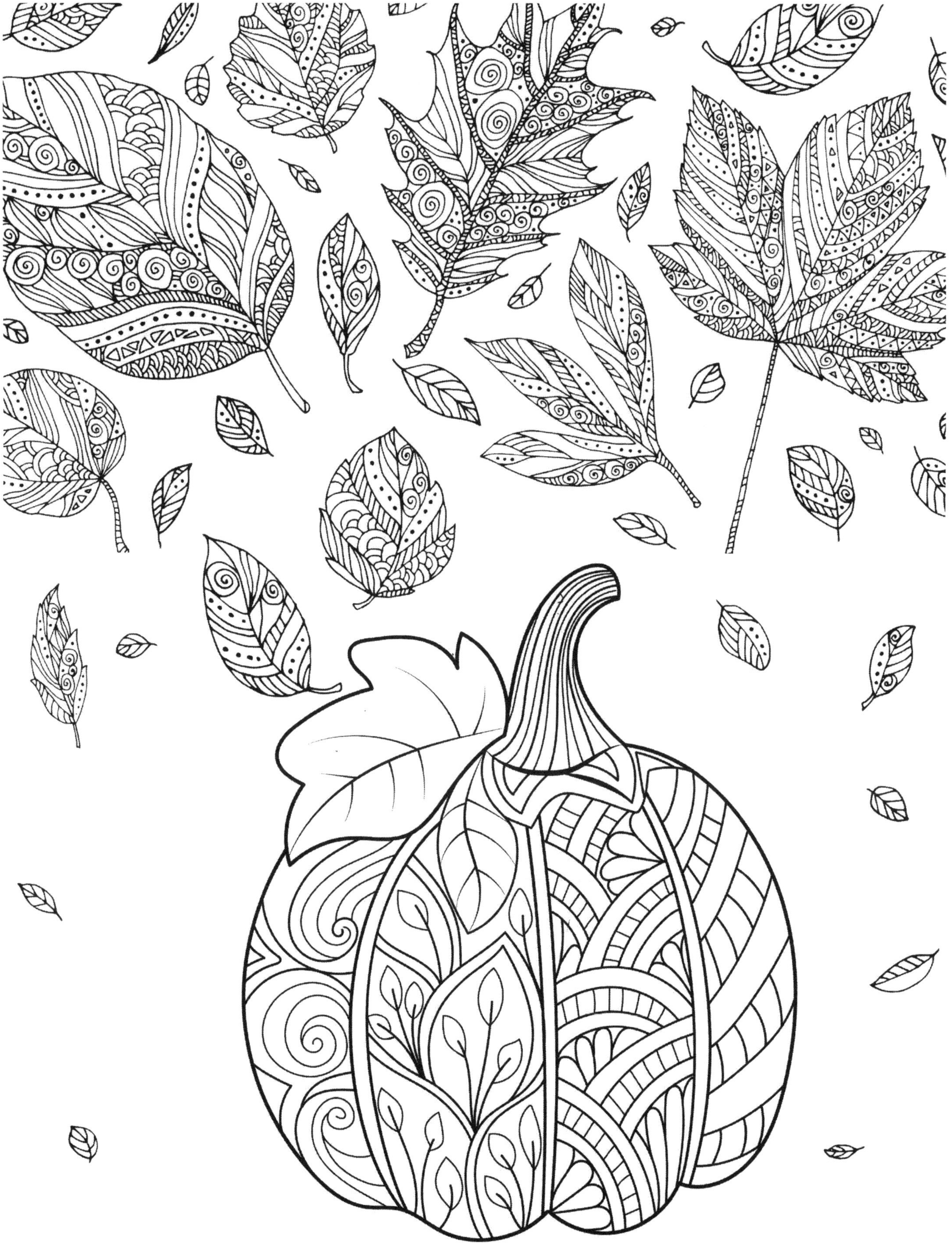

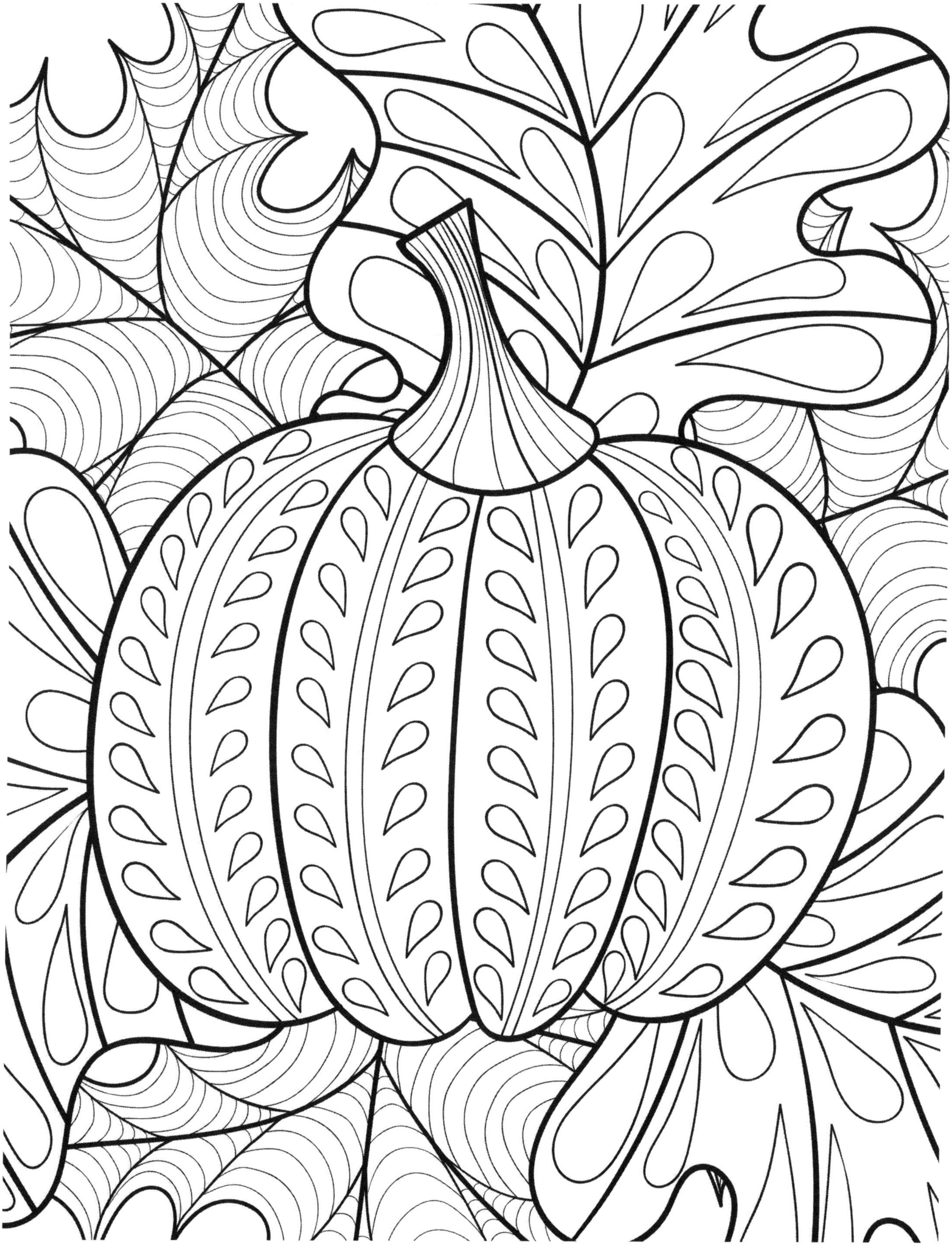

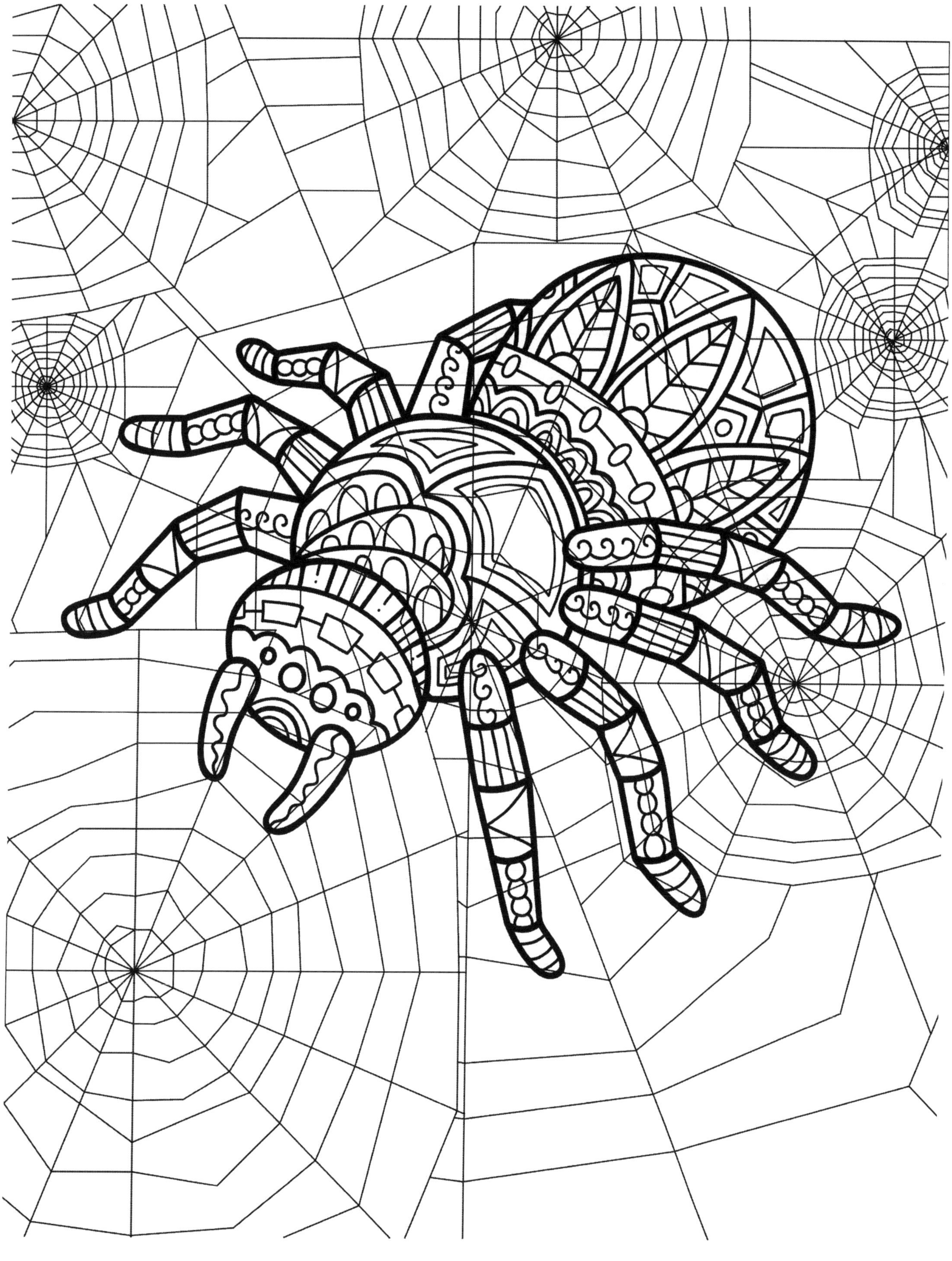

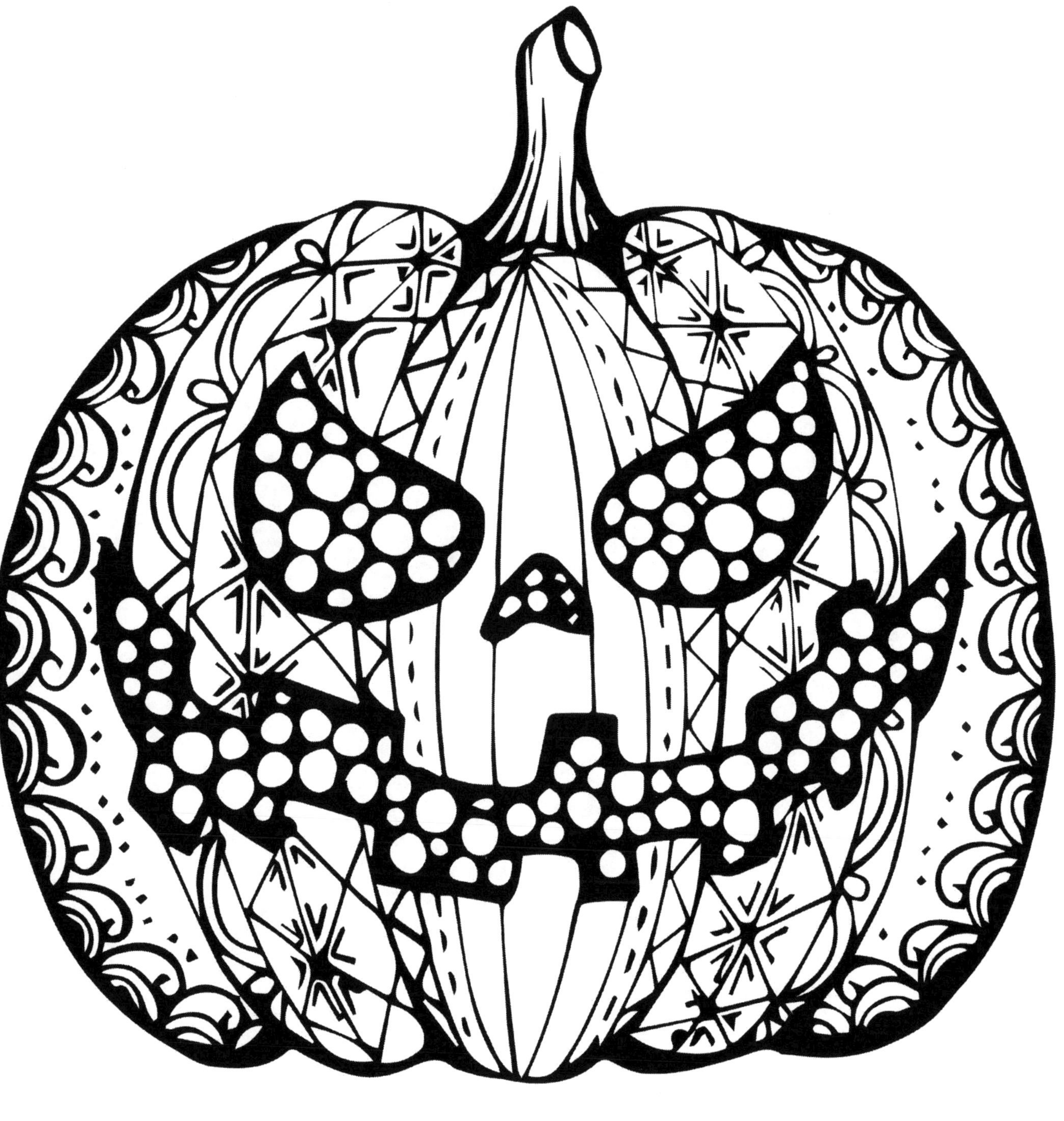

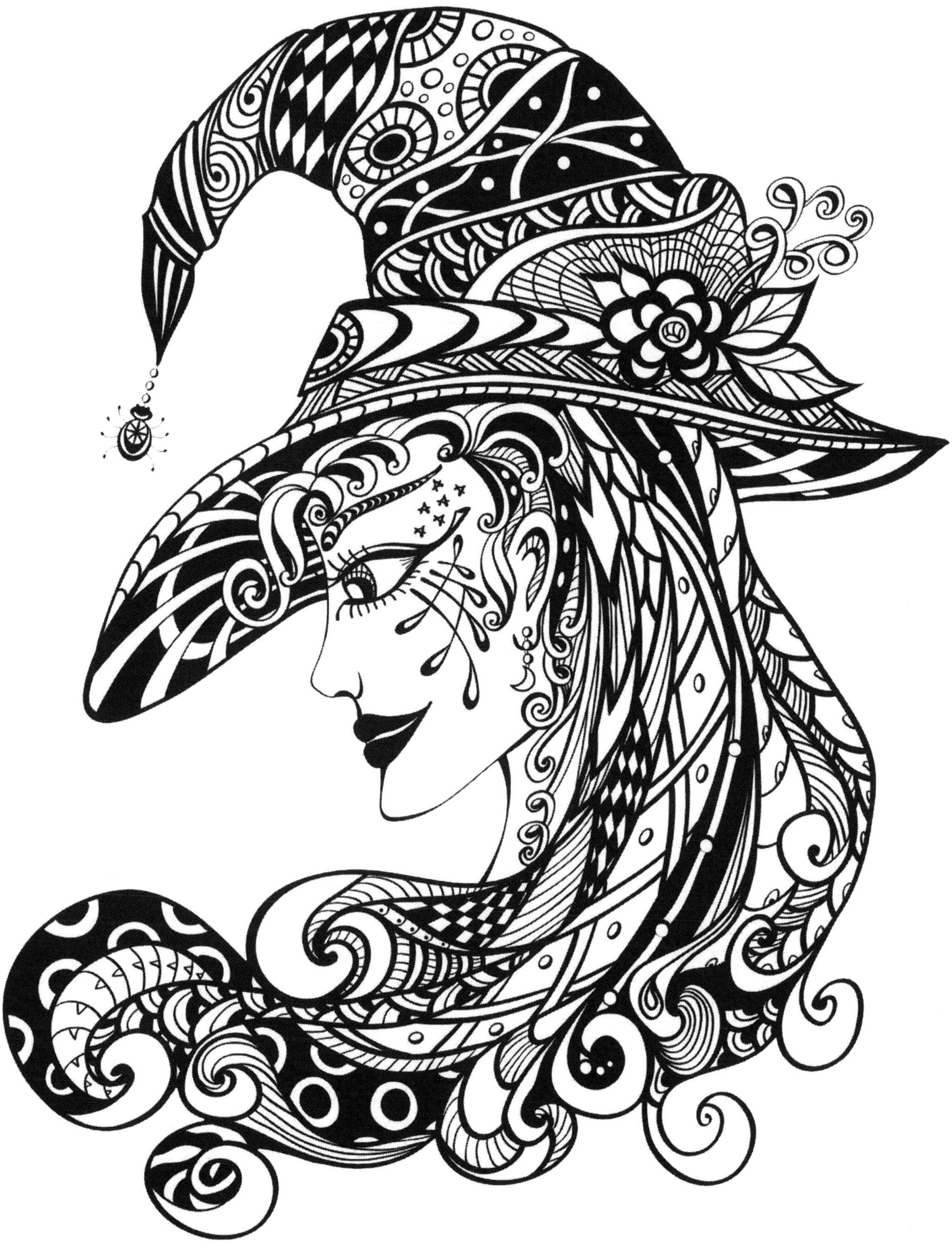

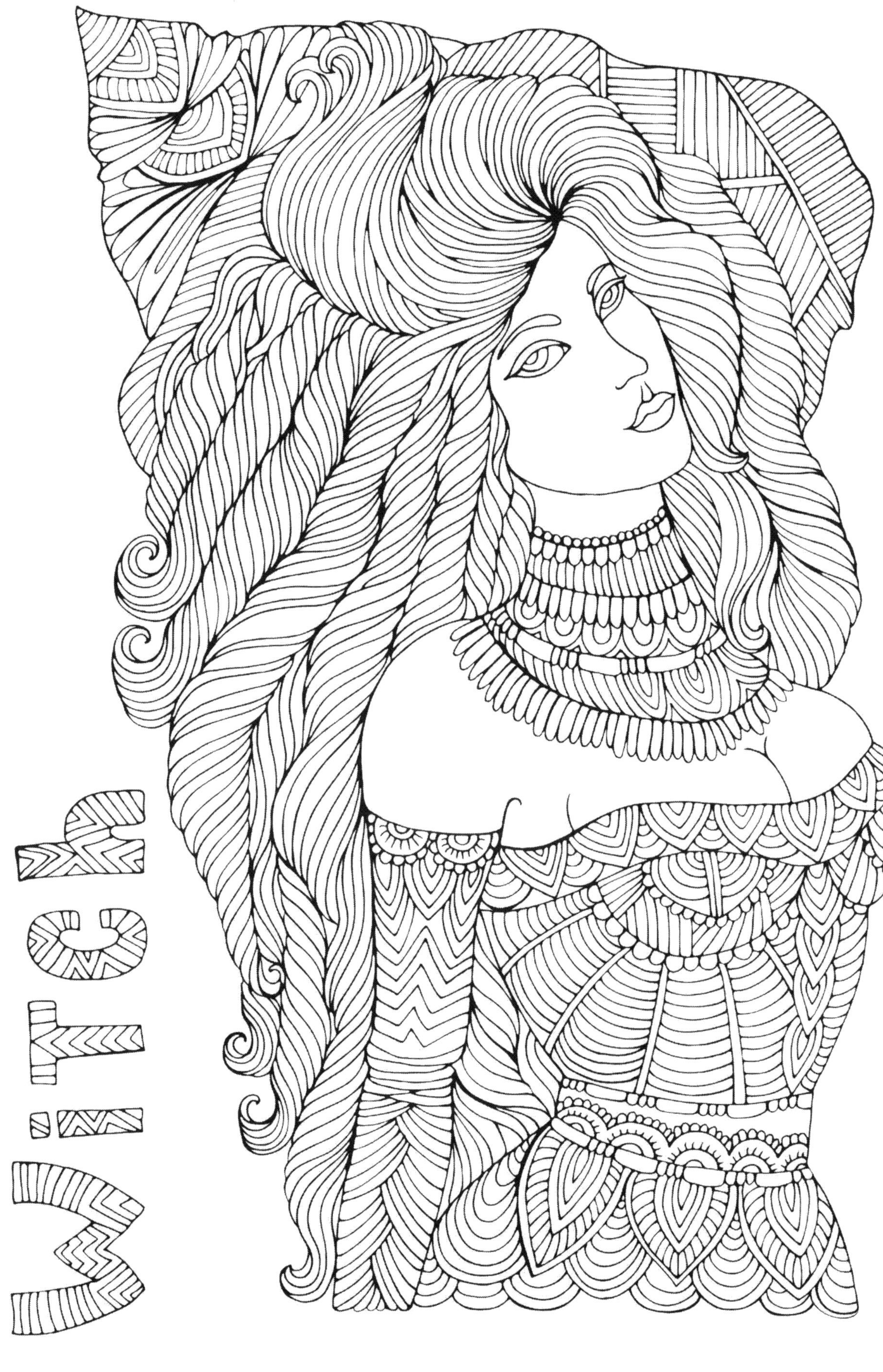
Witch

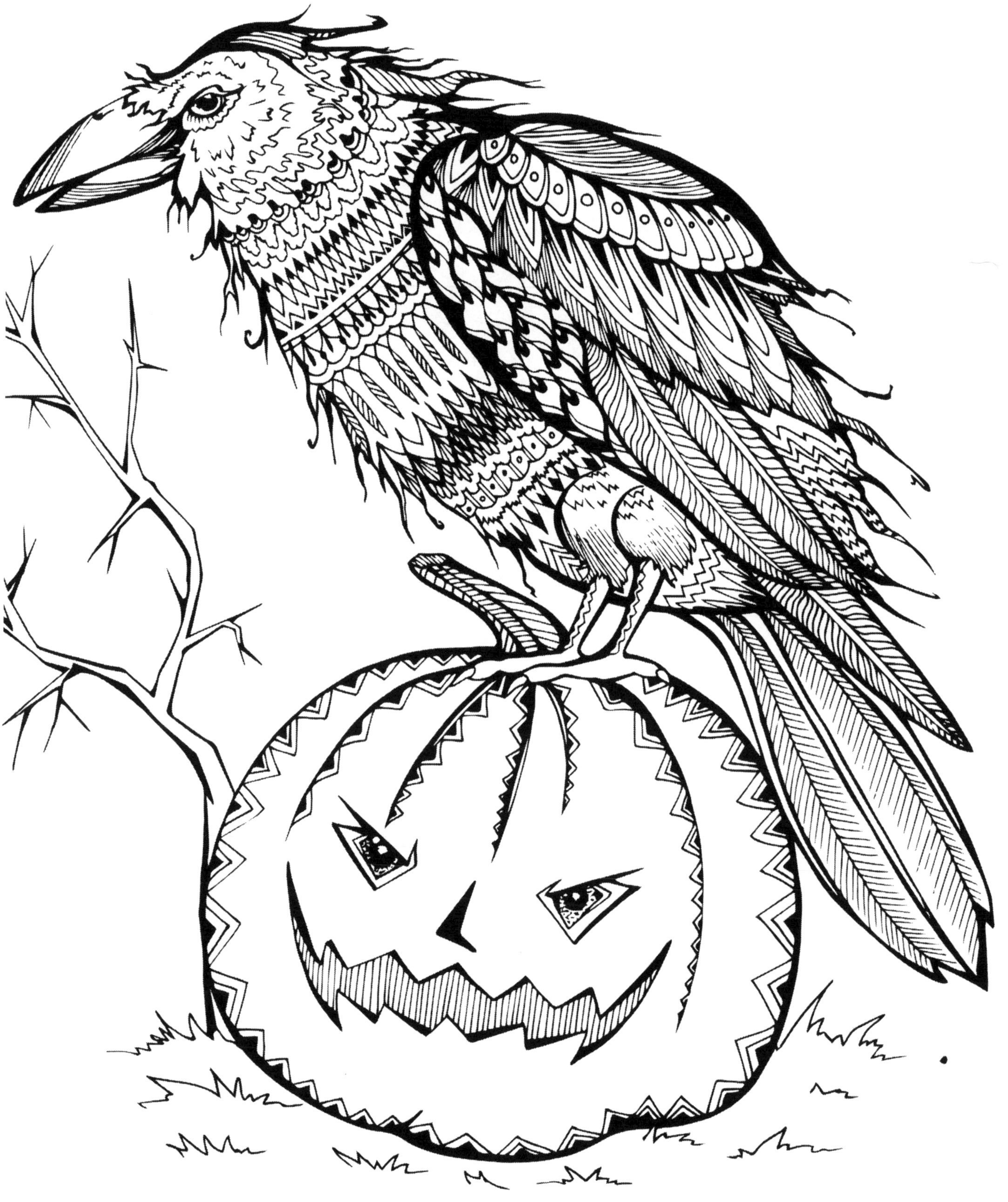

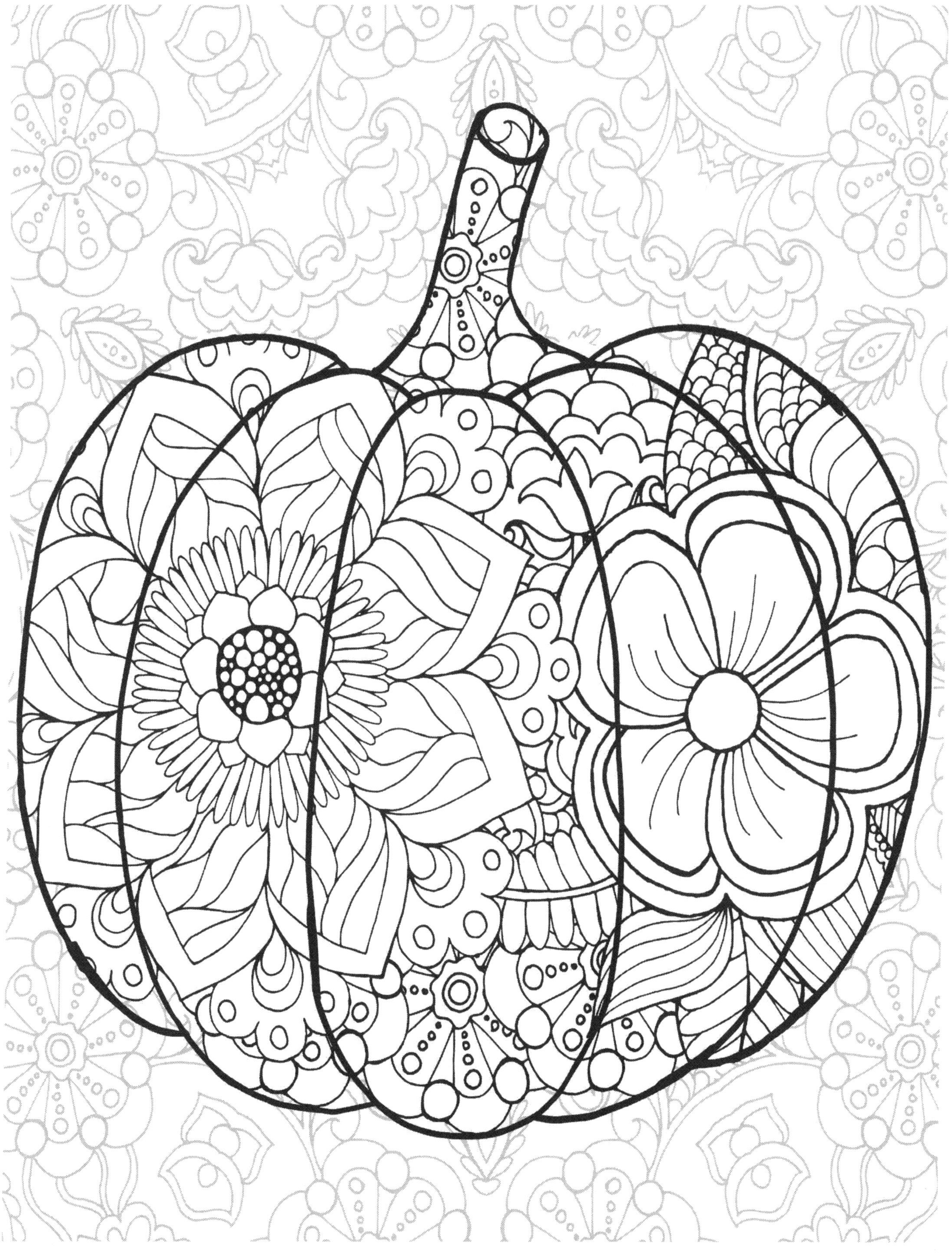

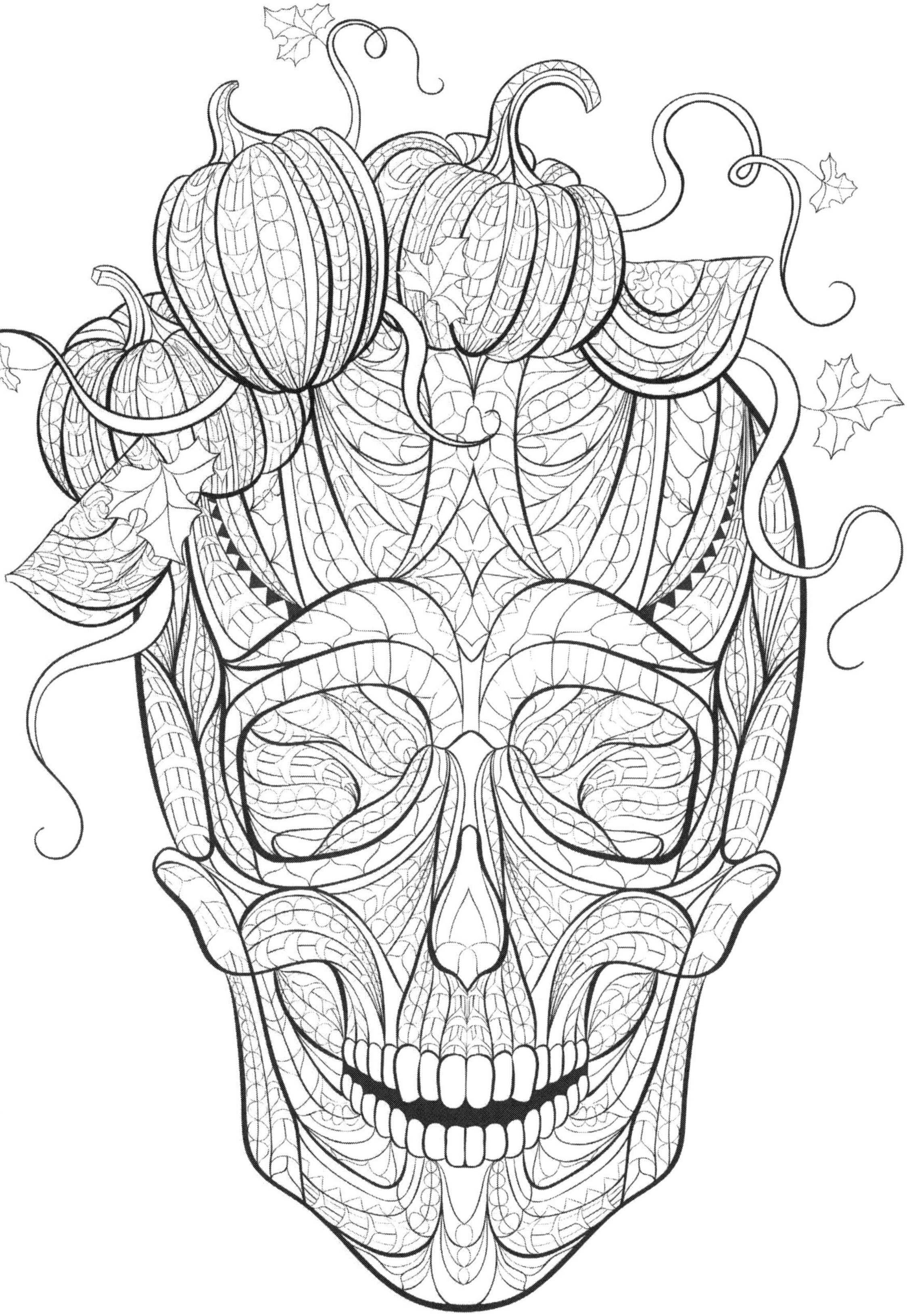

HAPPY HALLOWEEN!

Made in United States
Orlando, FL
01 November 2023

38465527R00046

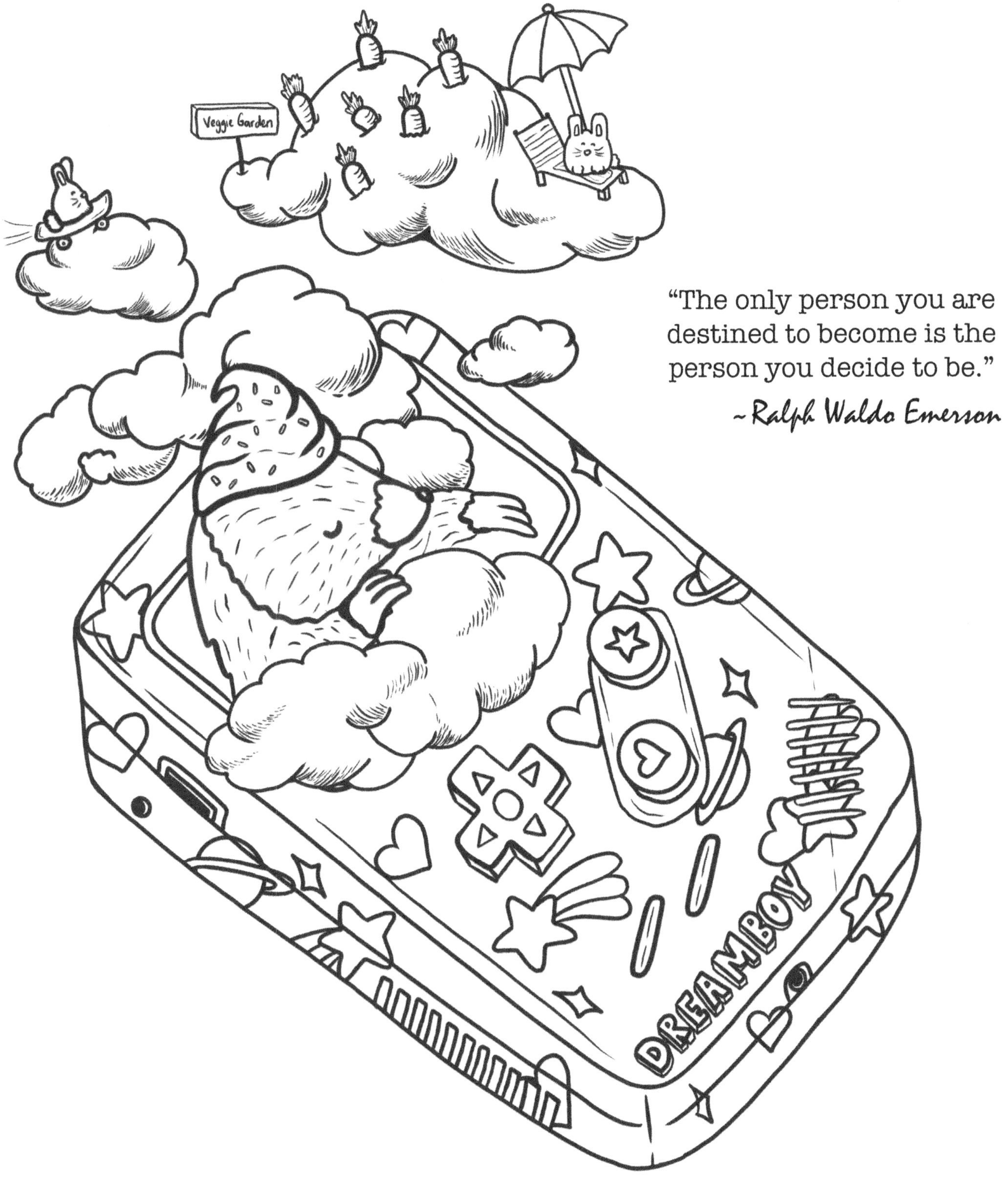

"The only person you are destined to become is the person you decide to be."

~ Ralph Waldo Emerson

Thank you for your support. You make it possible for me to pursue my dream as an artist. If you enjoyed this book, please leave a review on Amazon! Also, be sure to check out my other books at Sunshine-Creative.com.

YouTube @KarenSueStudios

Share your work! #KarenSueStudios on social media.

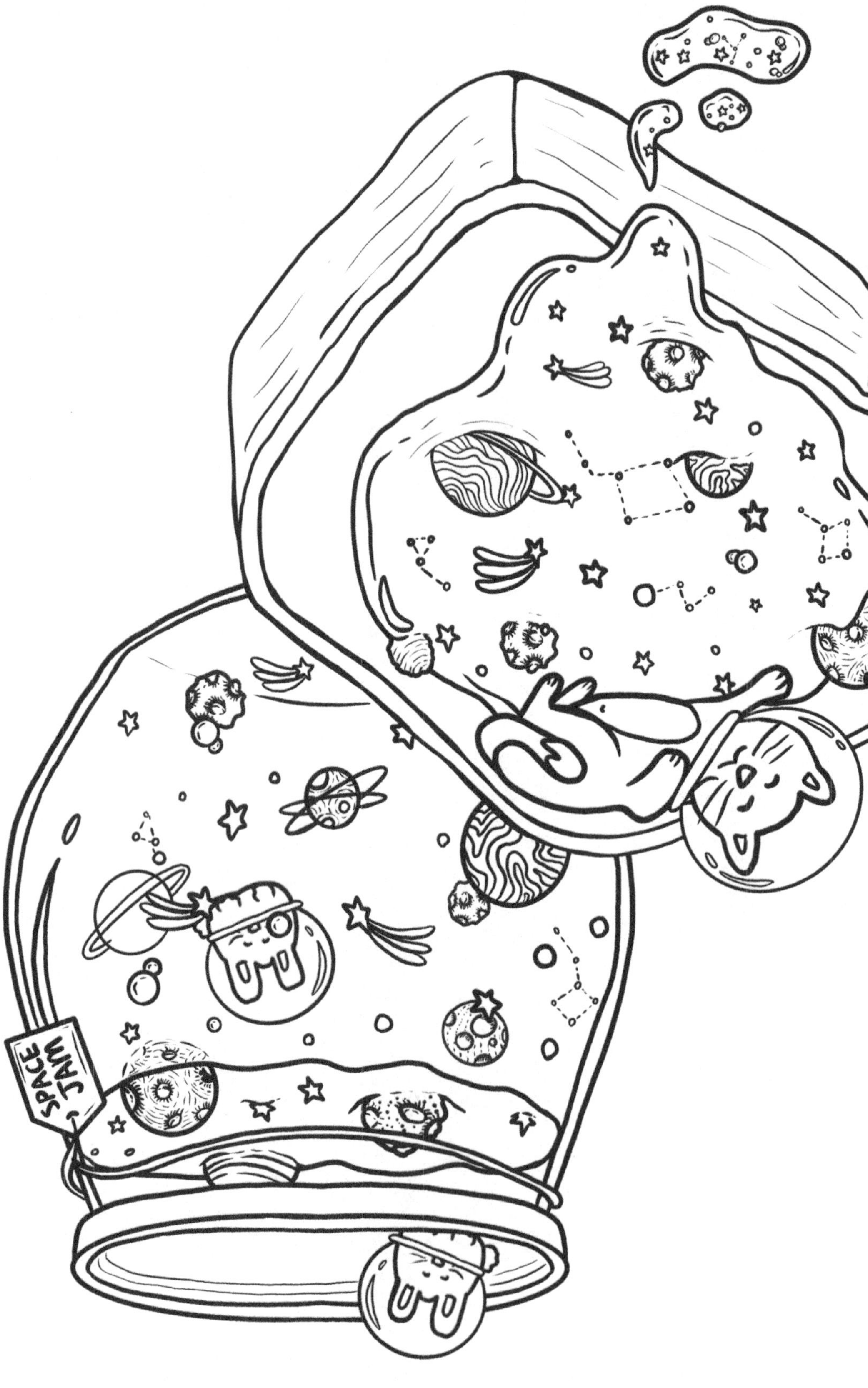
SPACE JAM

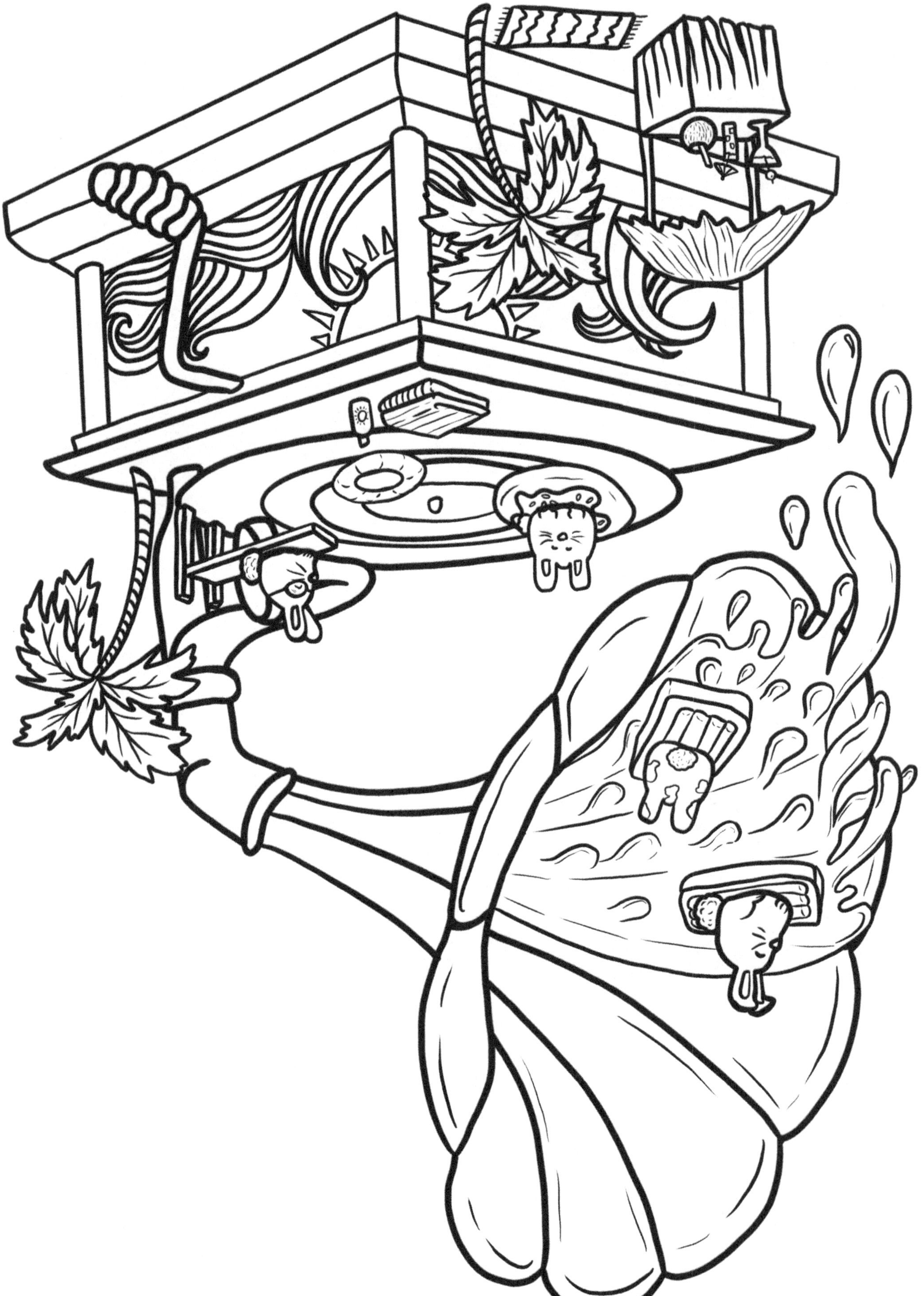

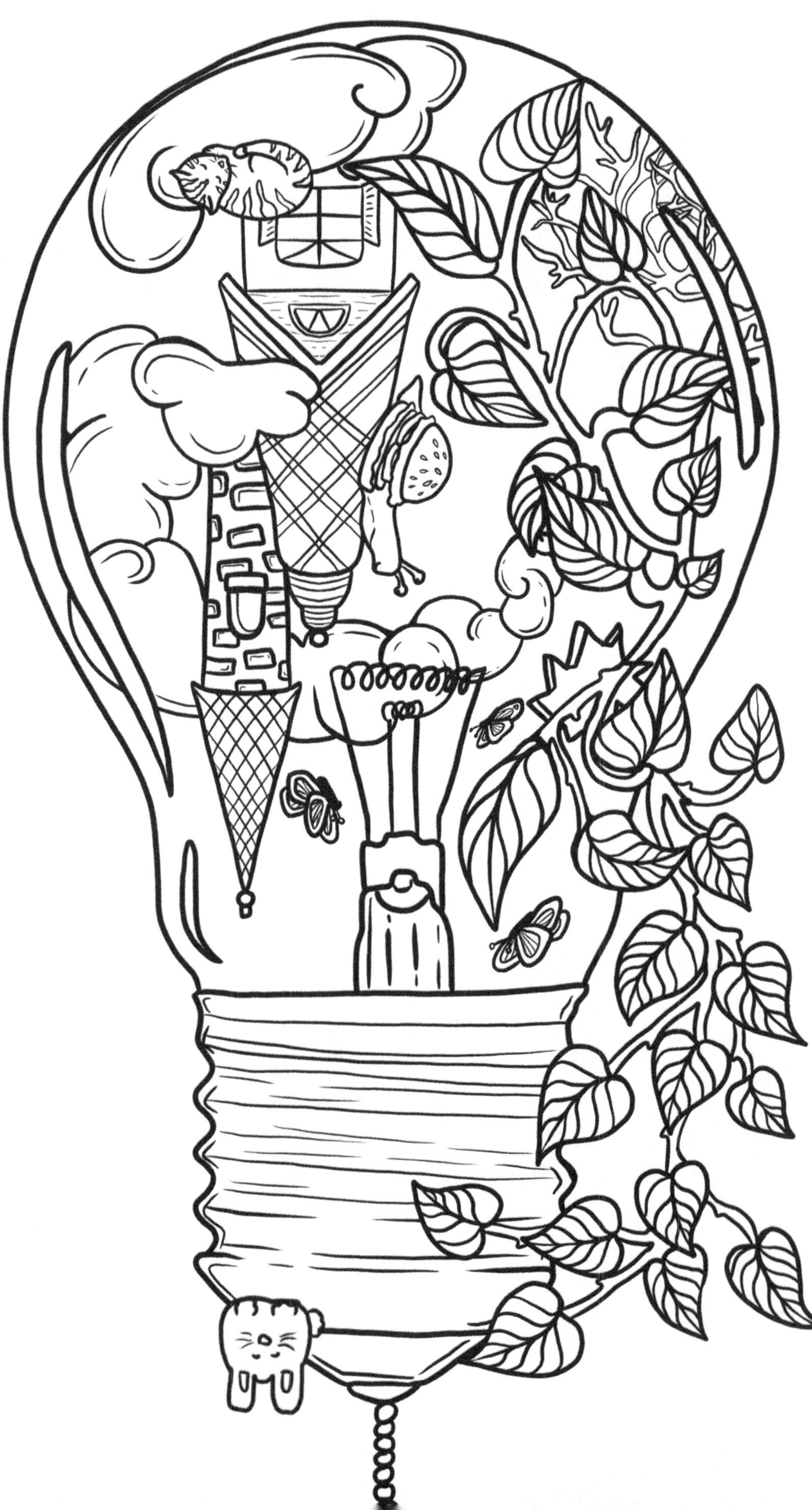

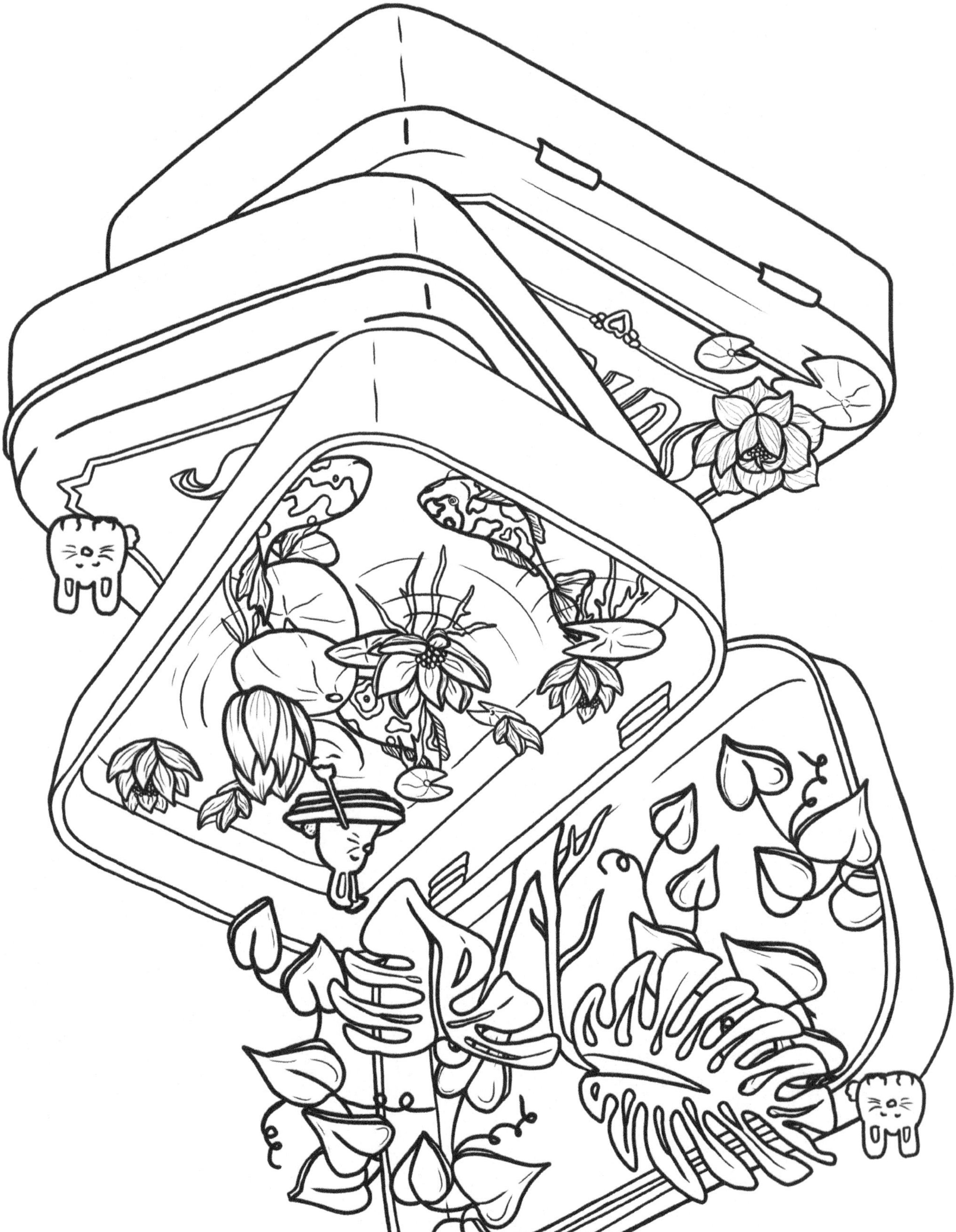

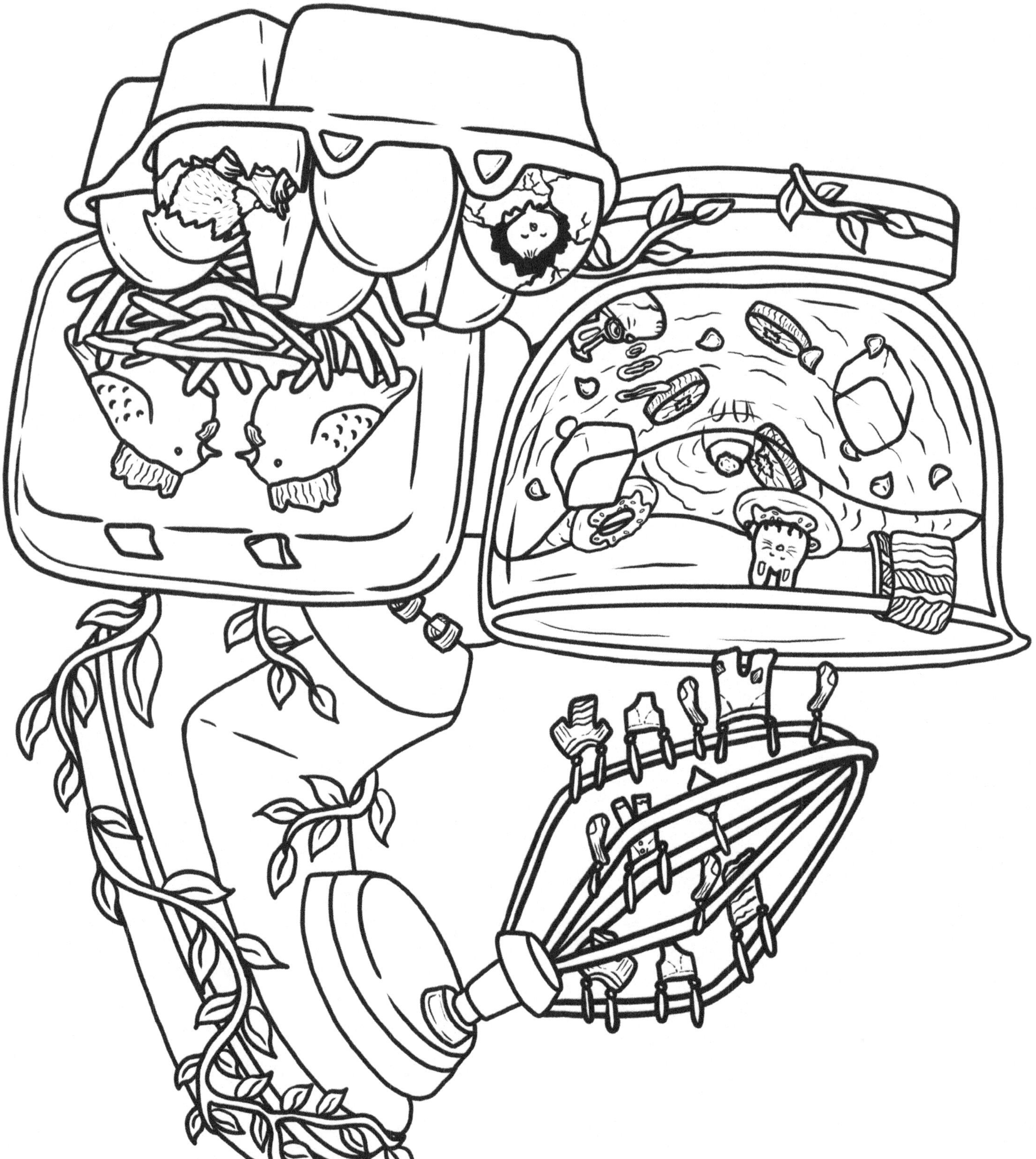

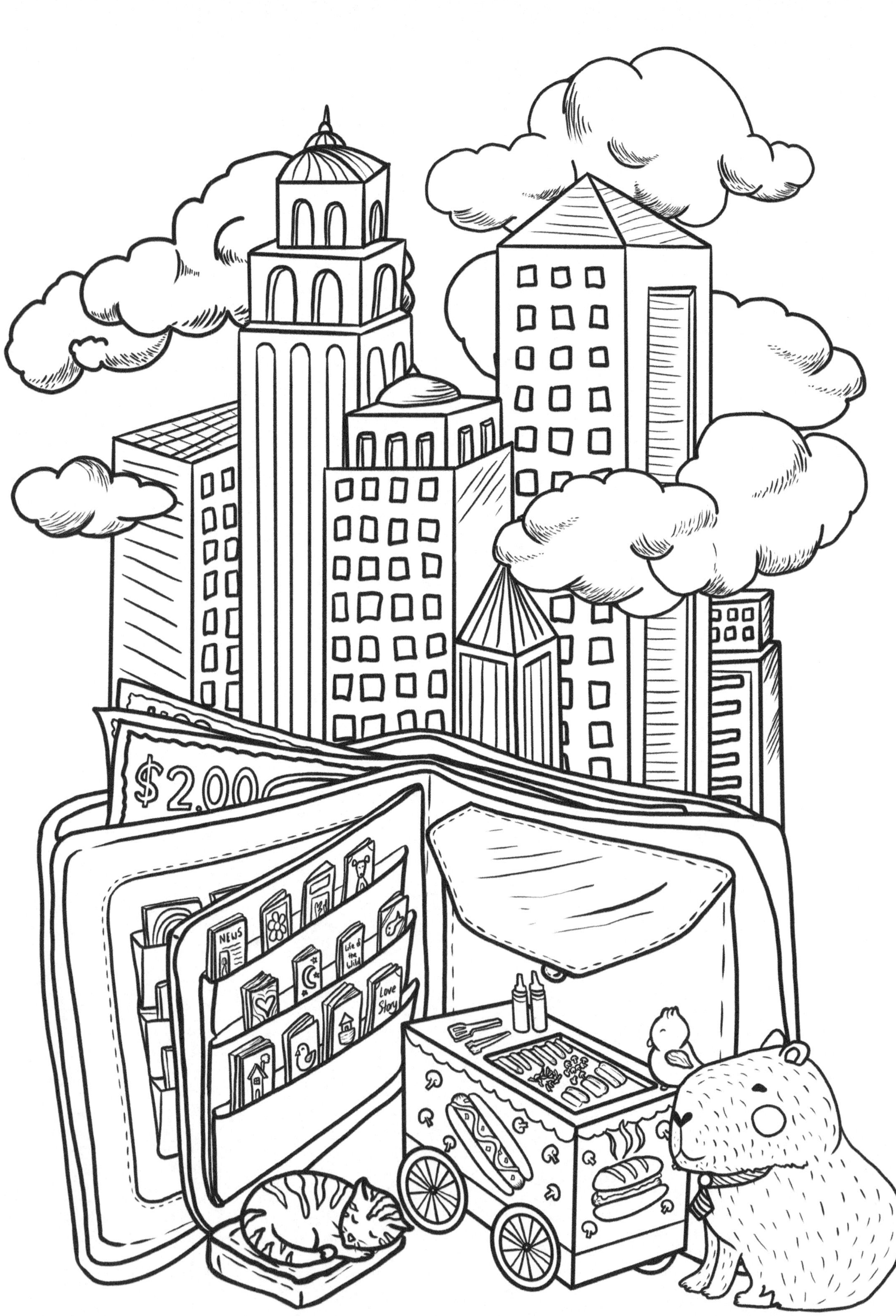

$2.00
NEWS
Life of the Wild
Love Story

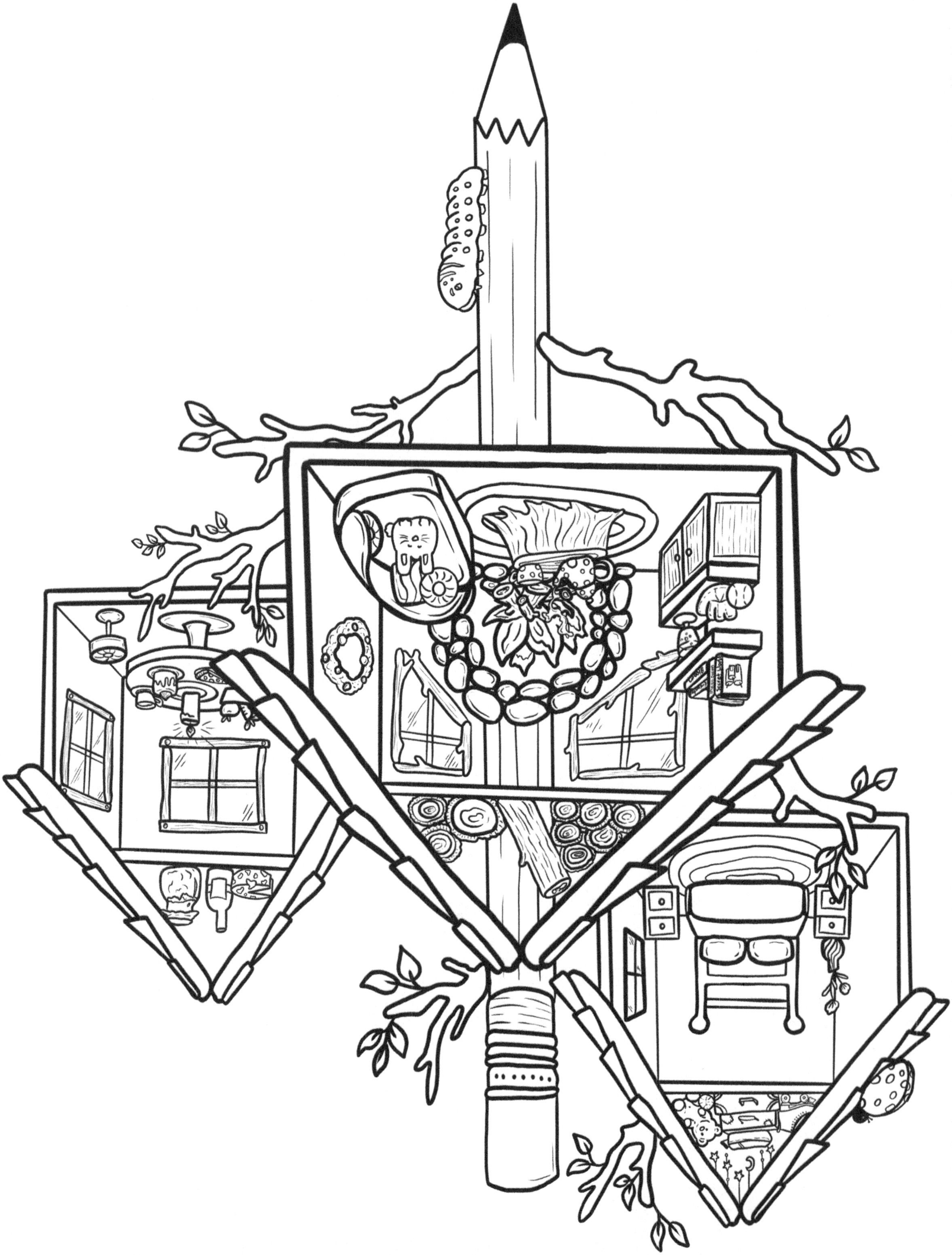

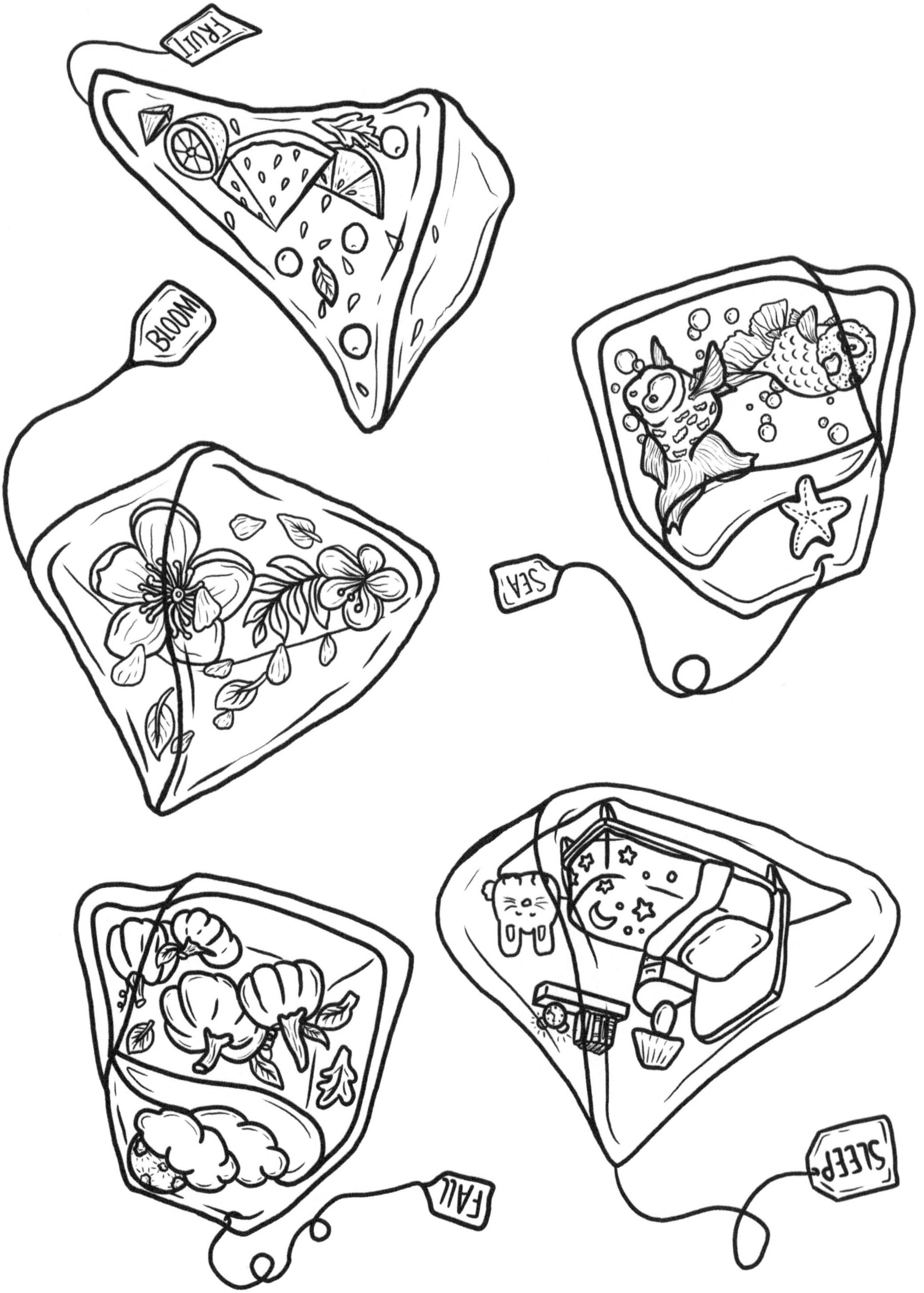
FRUIT
BLOOM
SEA
FALL
SLEEP

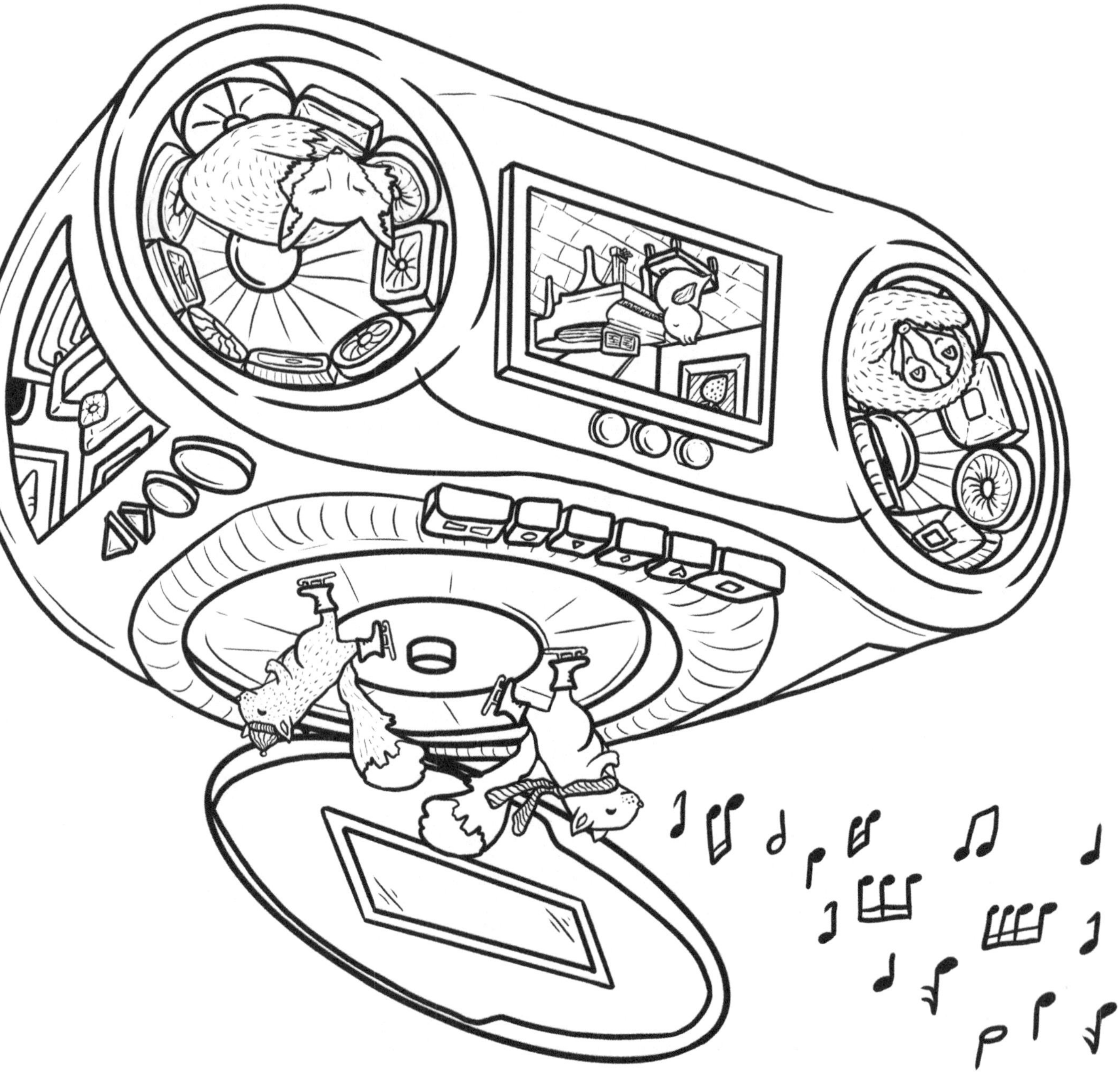

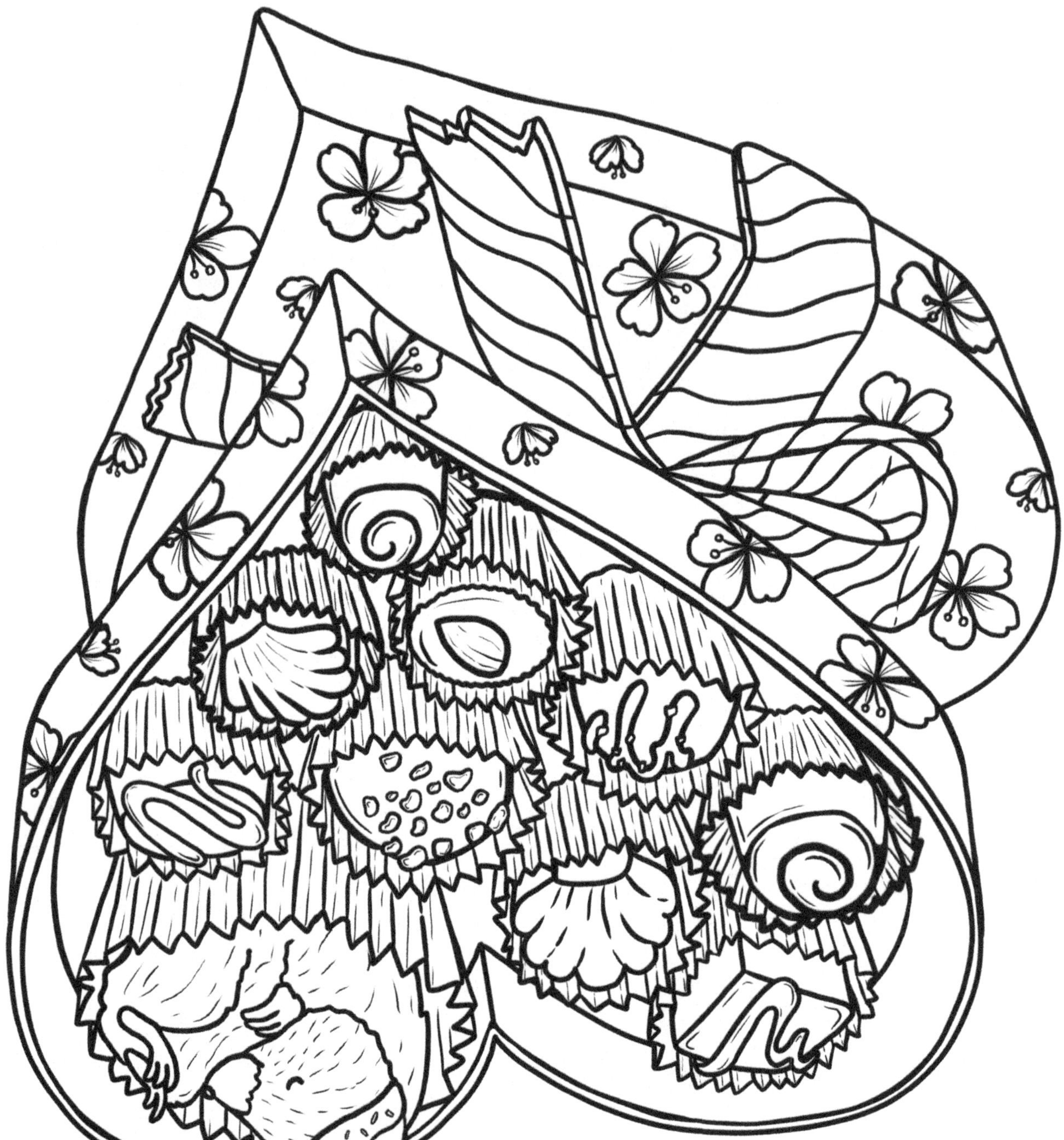

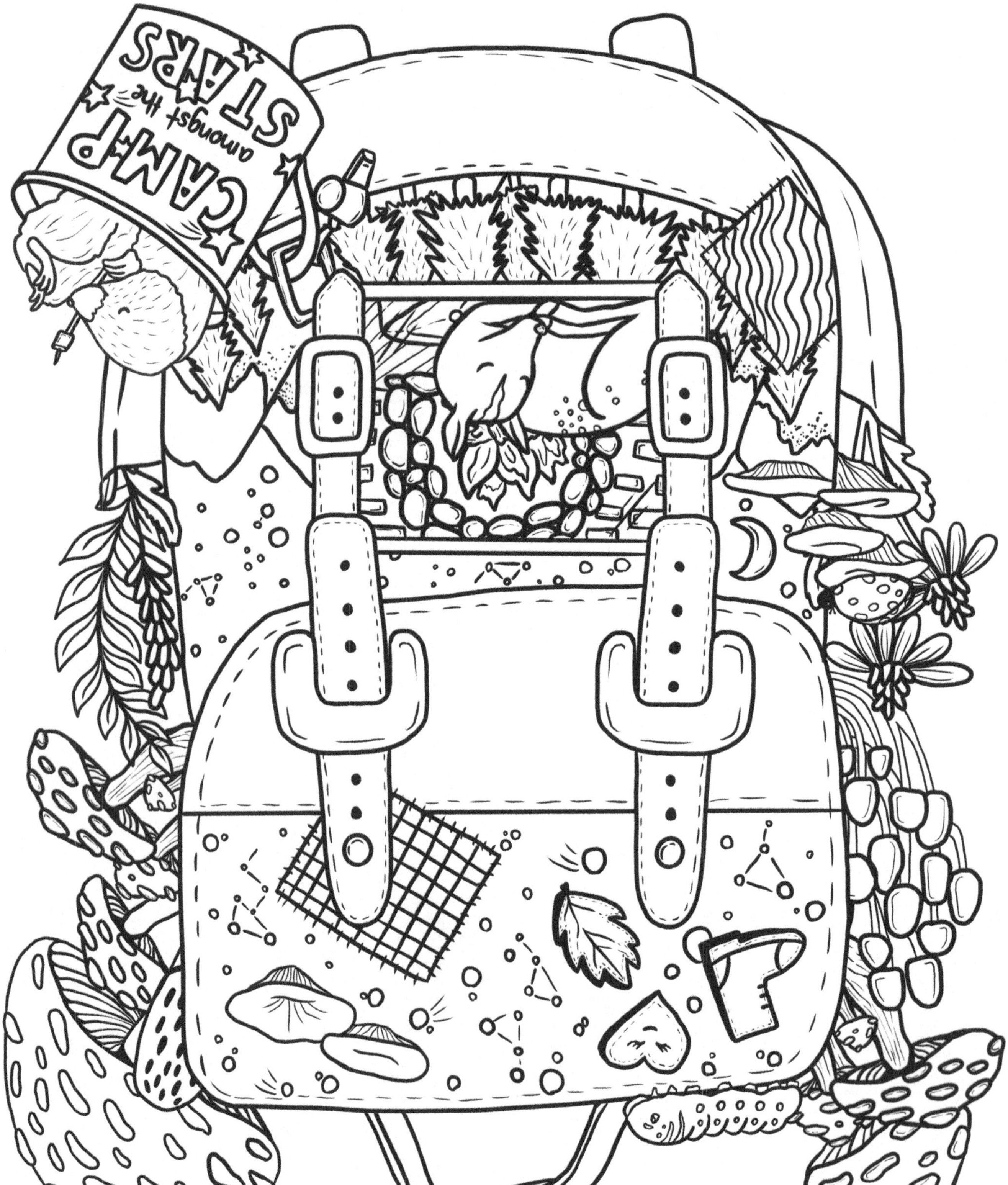
CAMP
amongst the
STARS

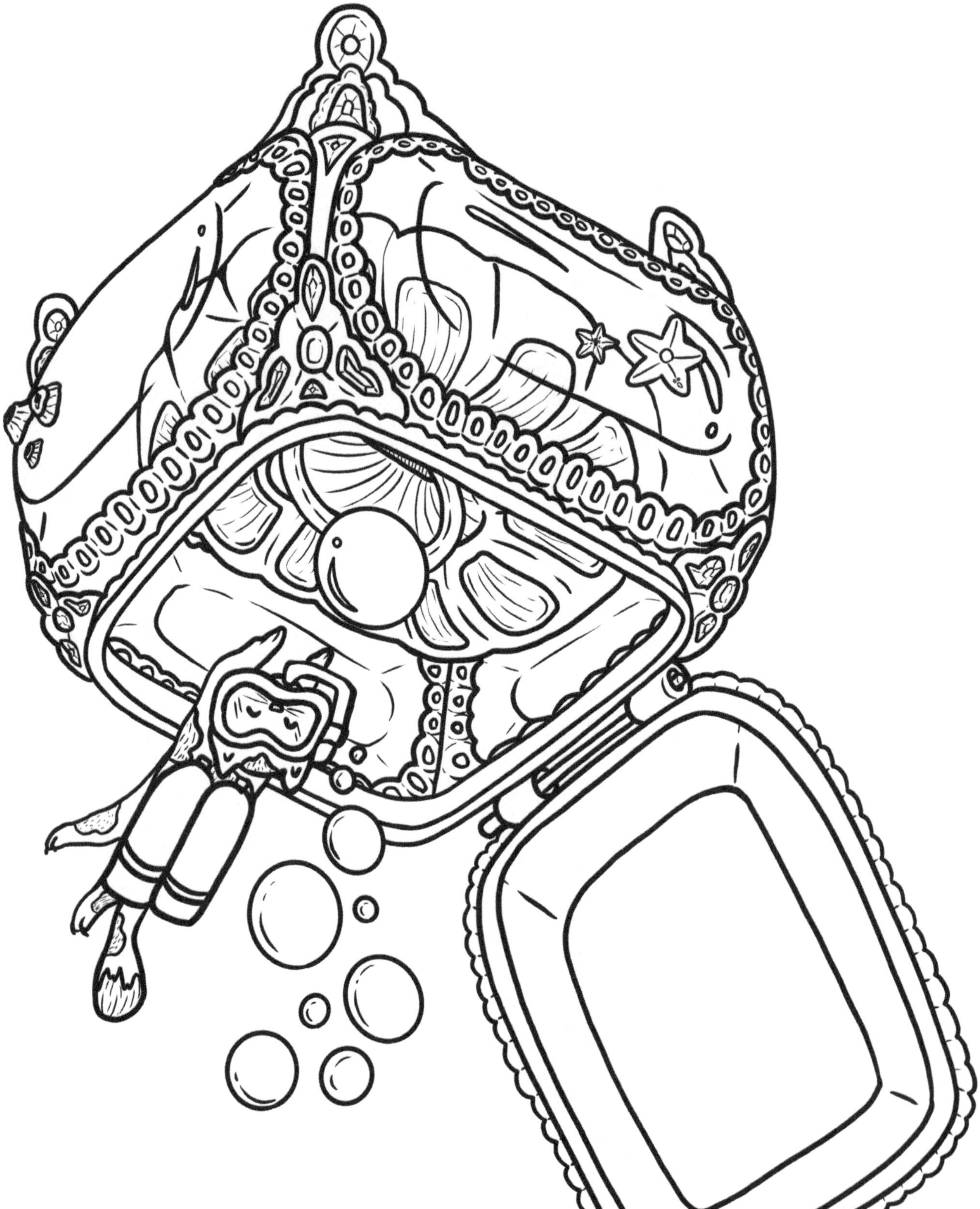

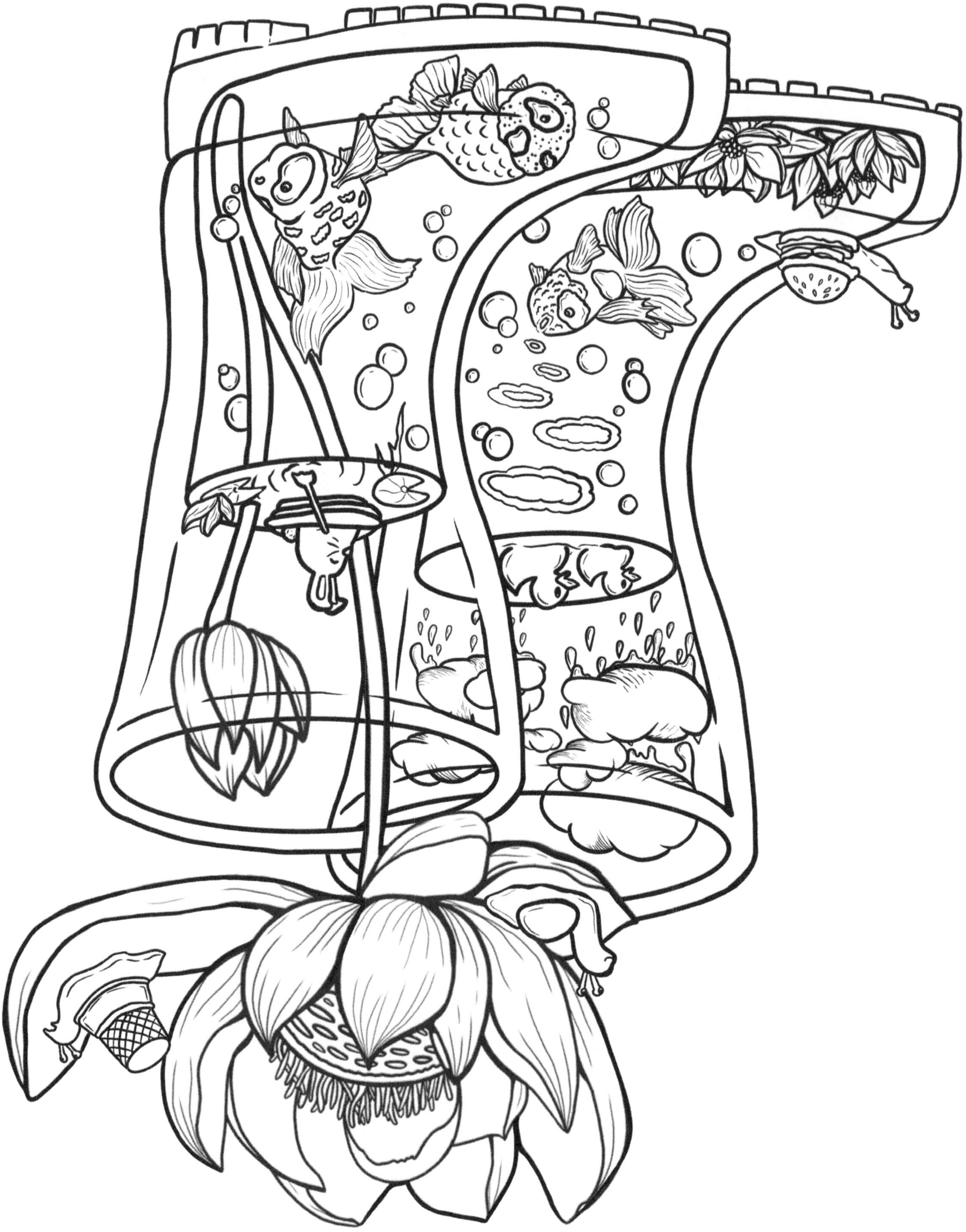

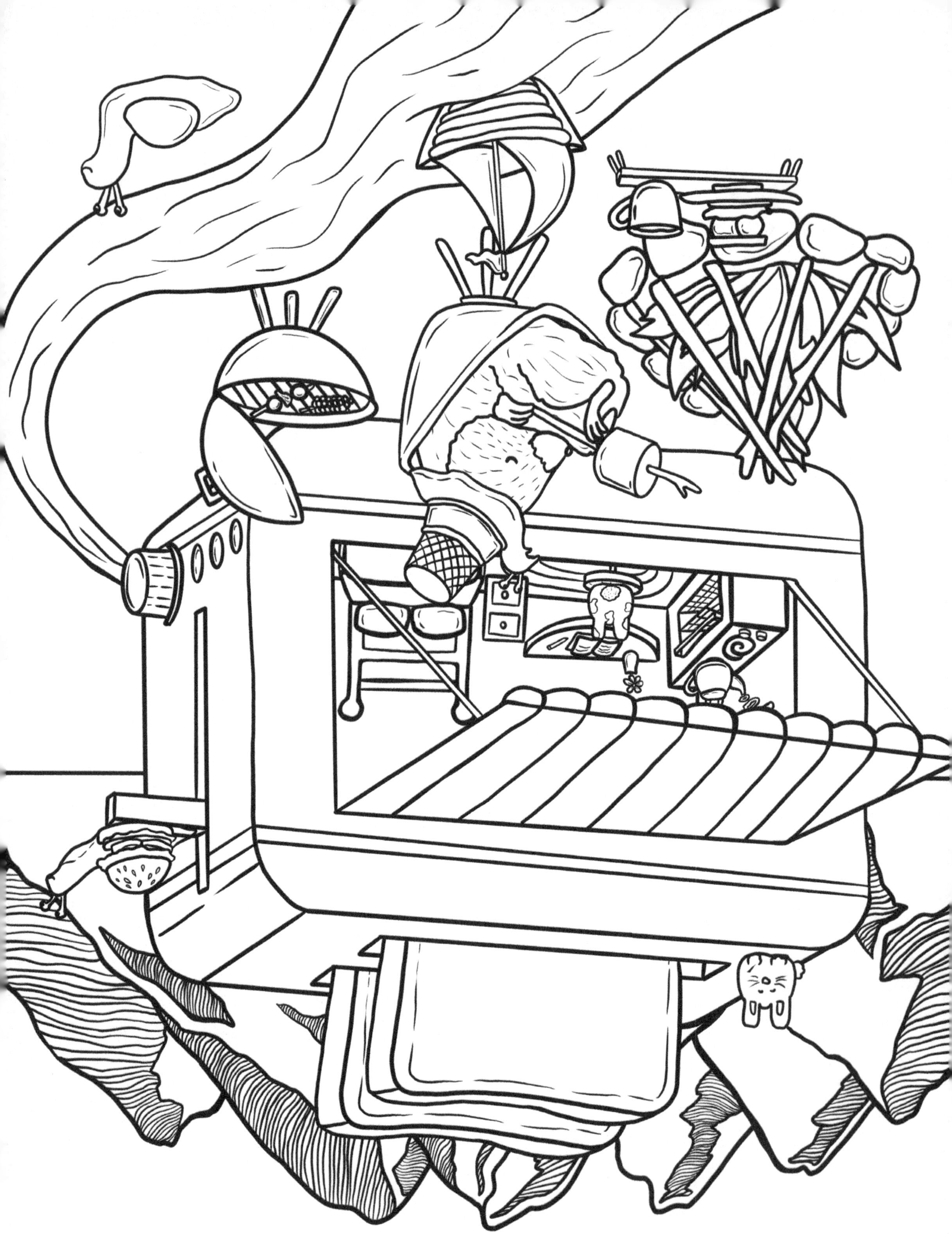

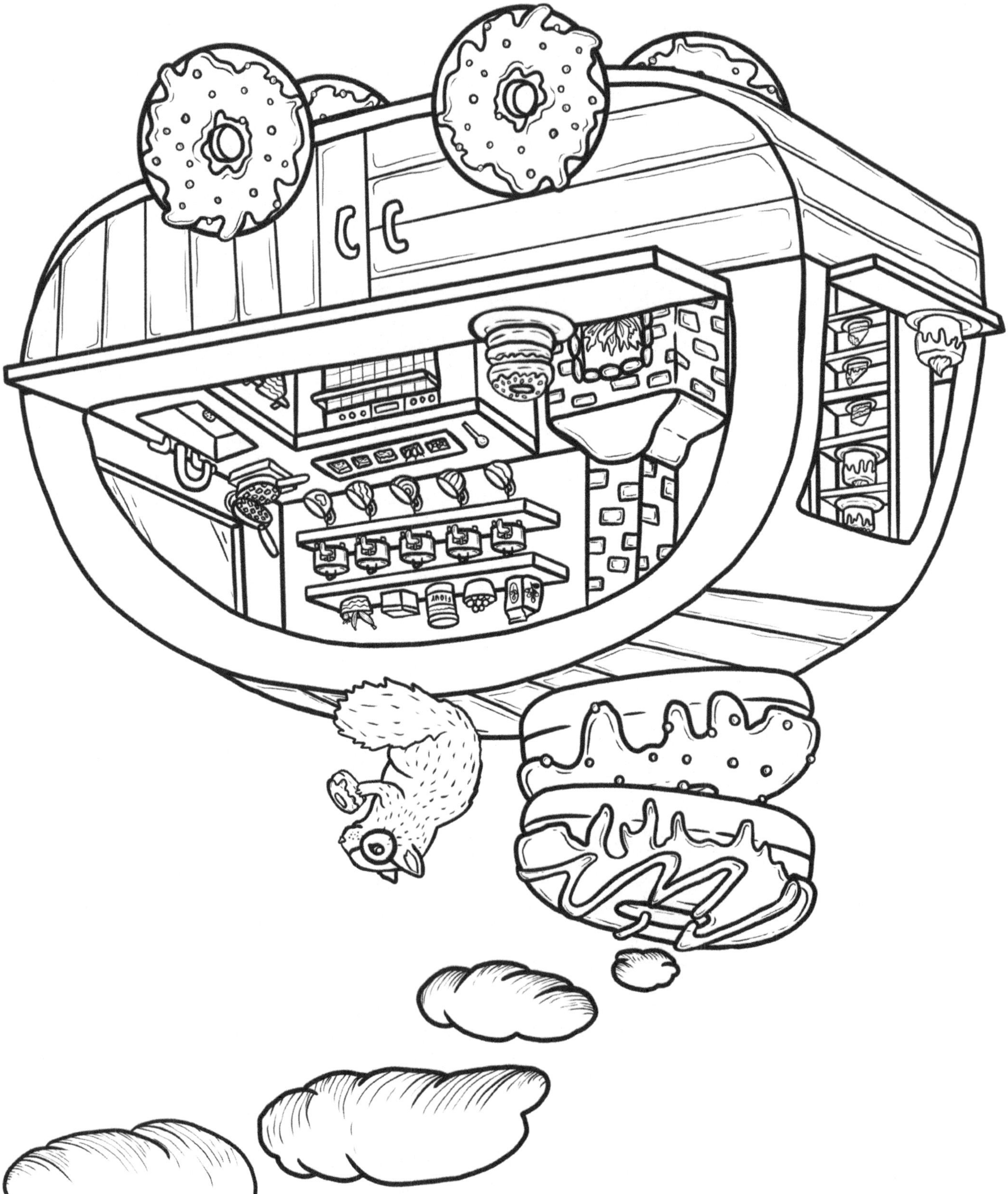

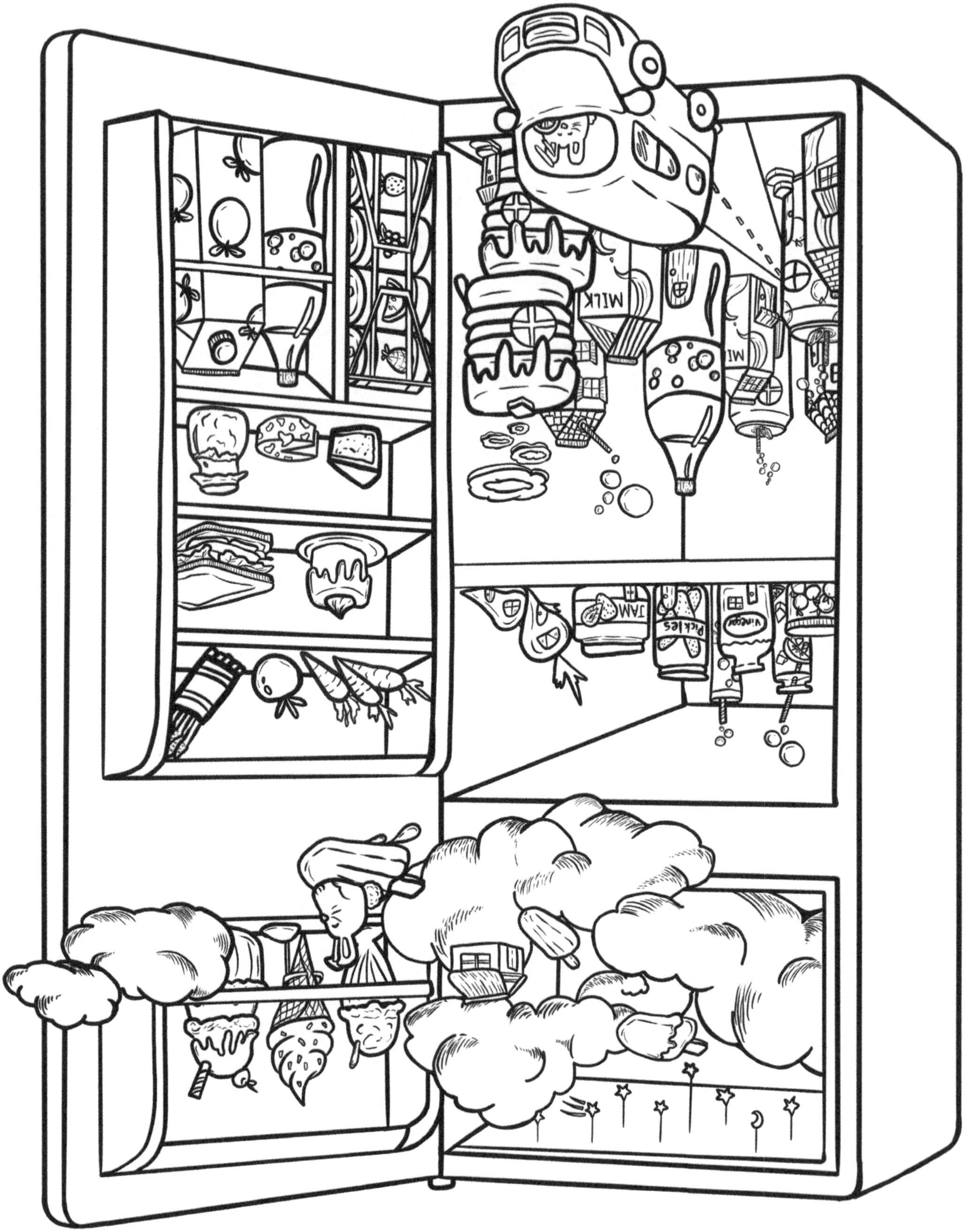
MILK
JAM
Pickles
Vinegar

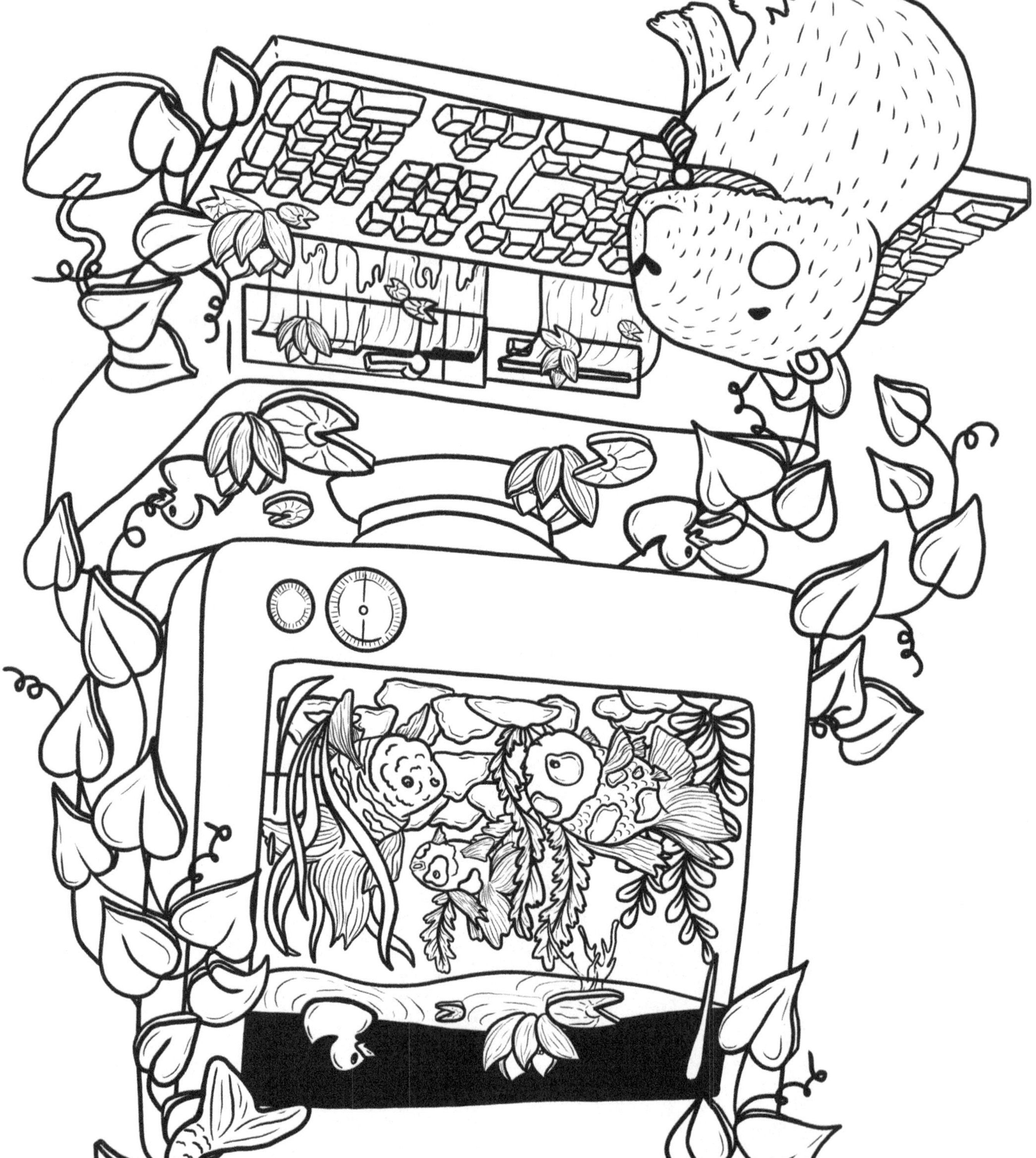

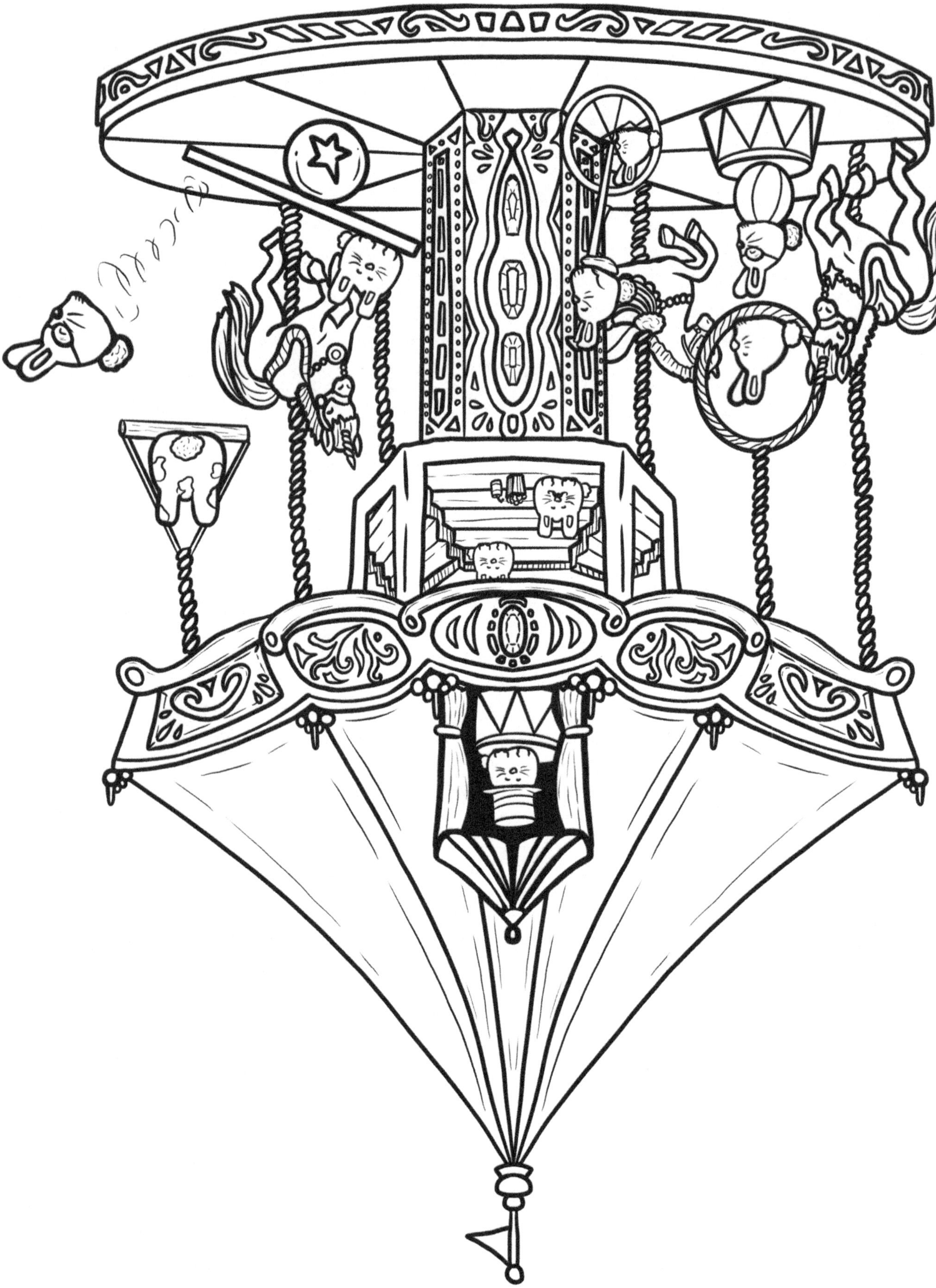

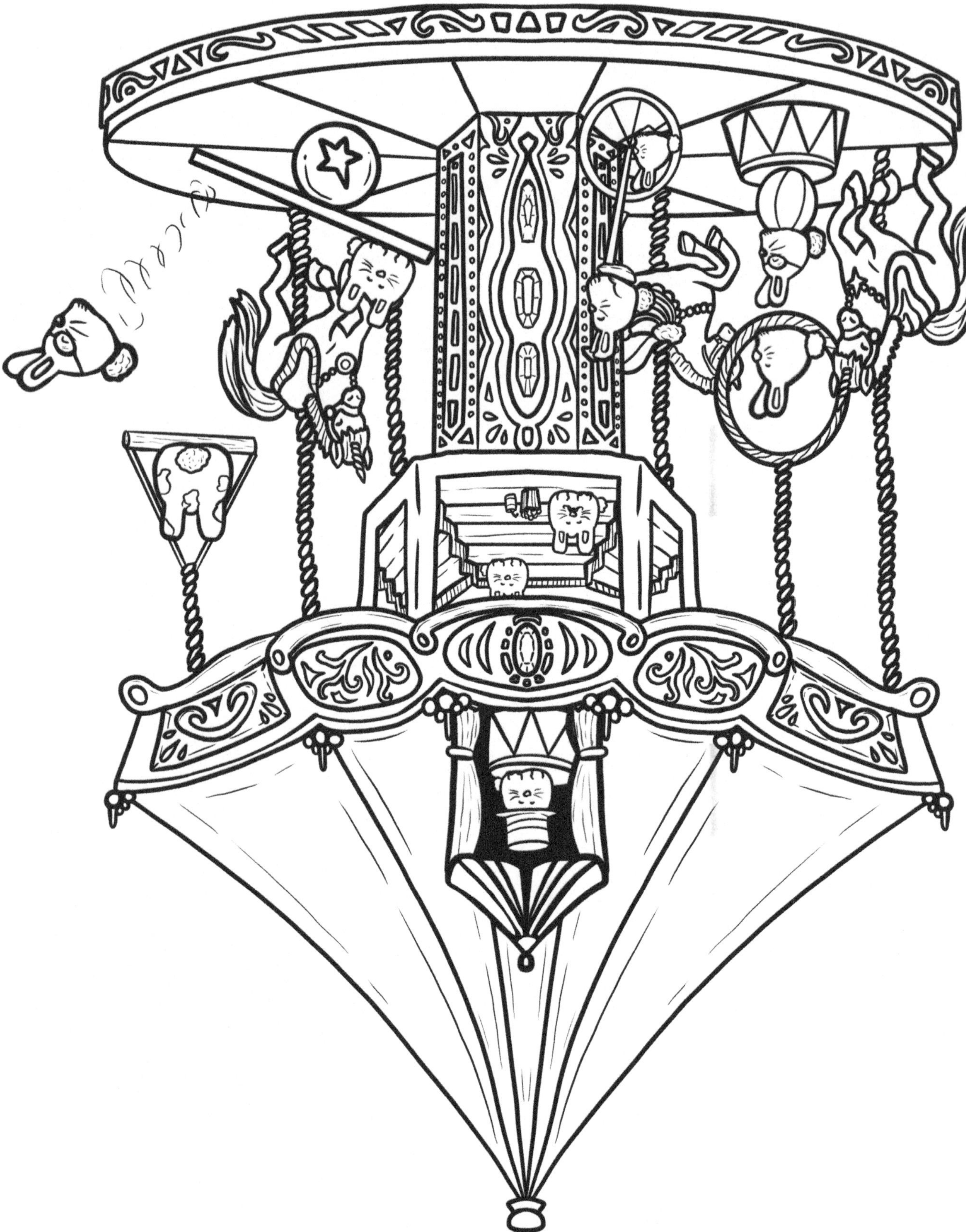

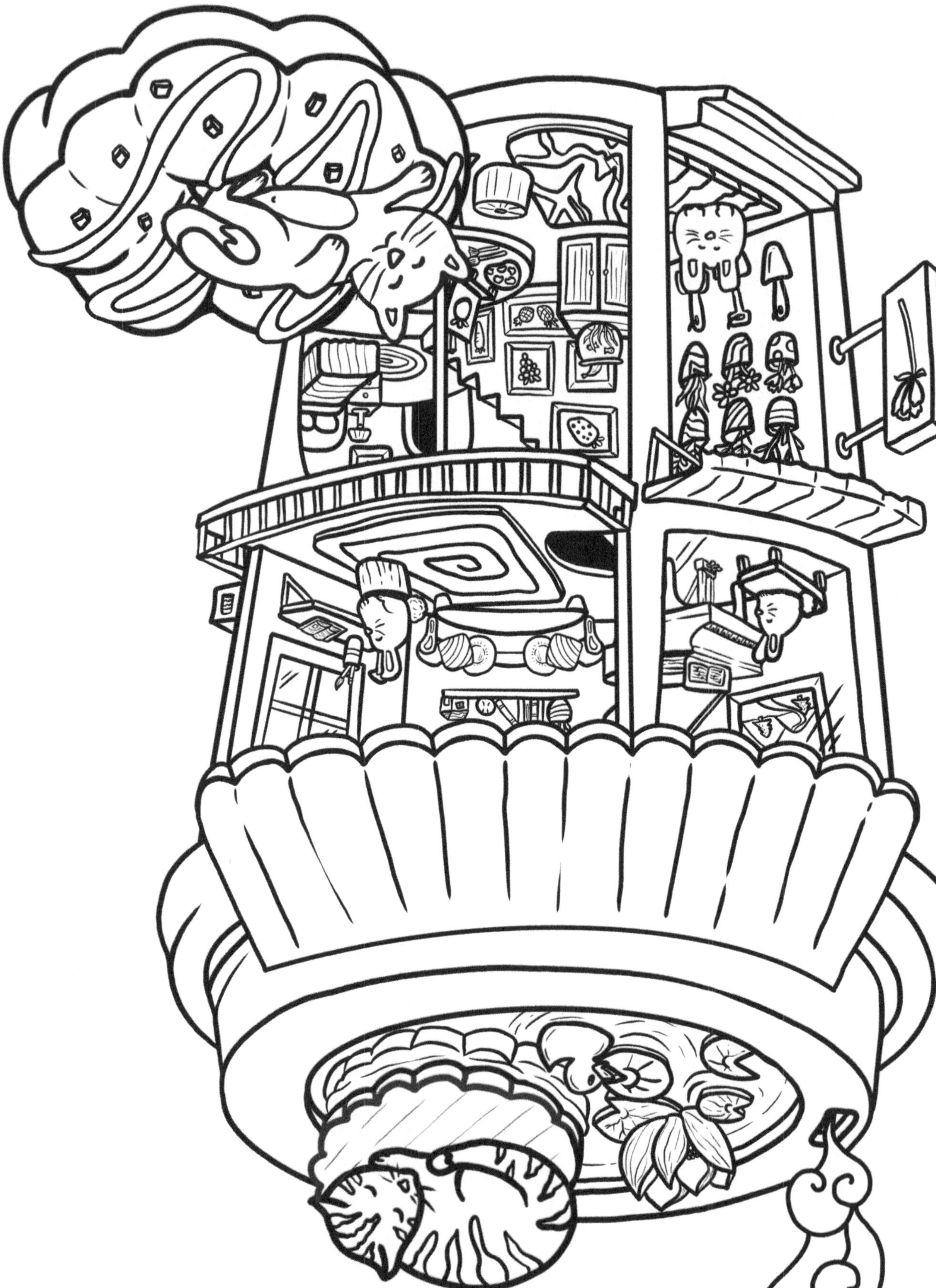

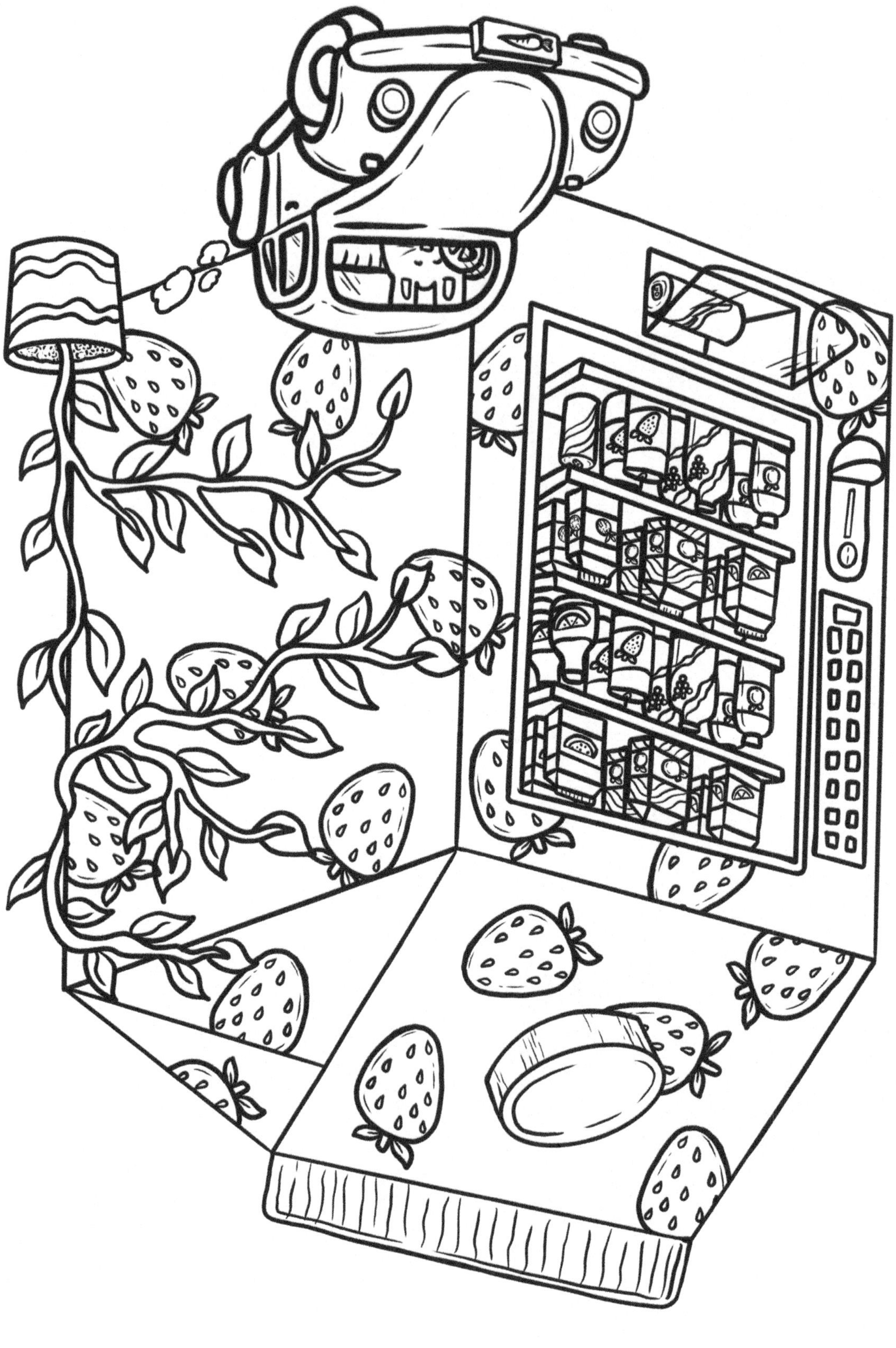

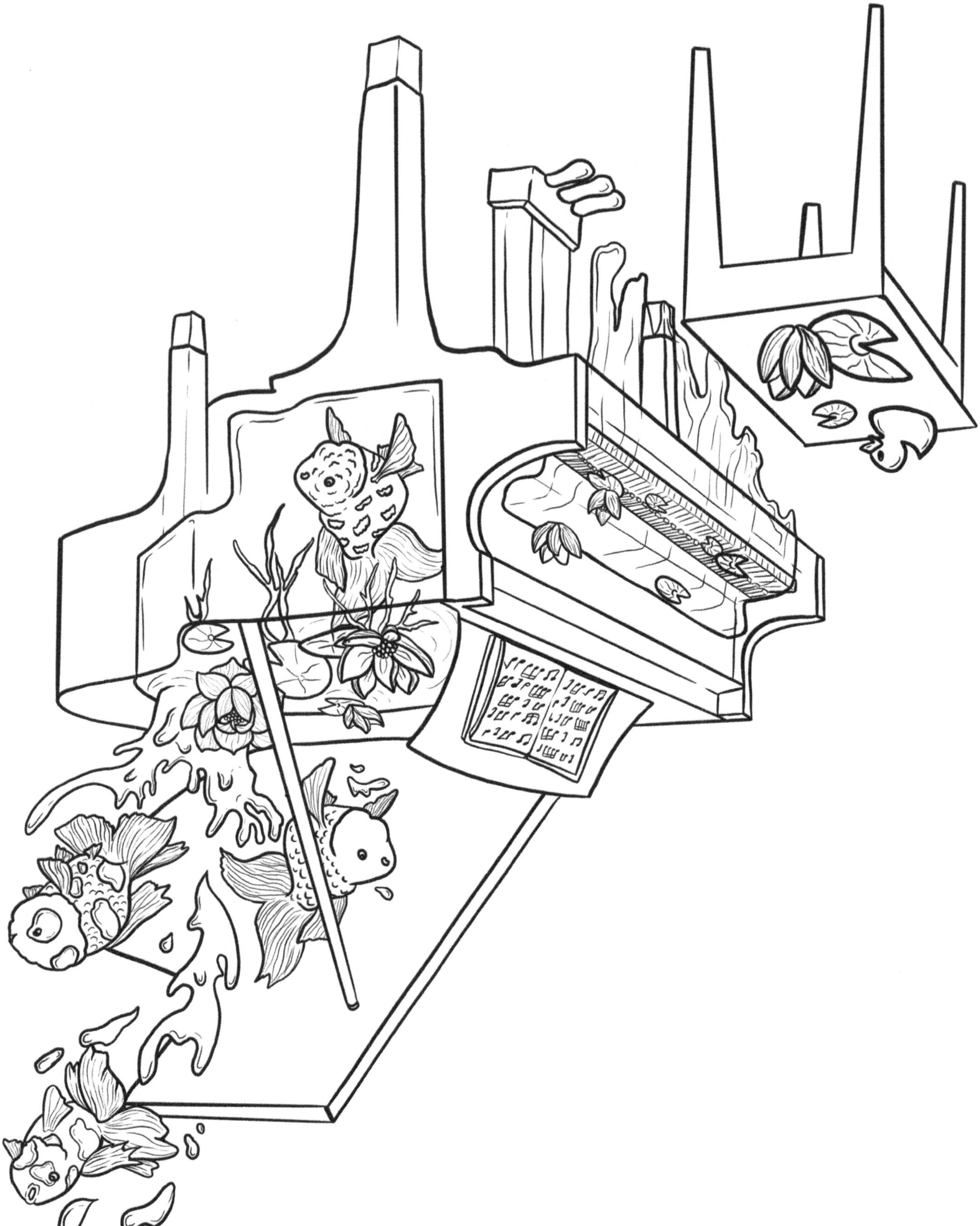

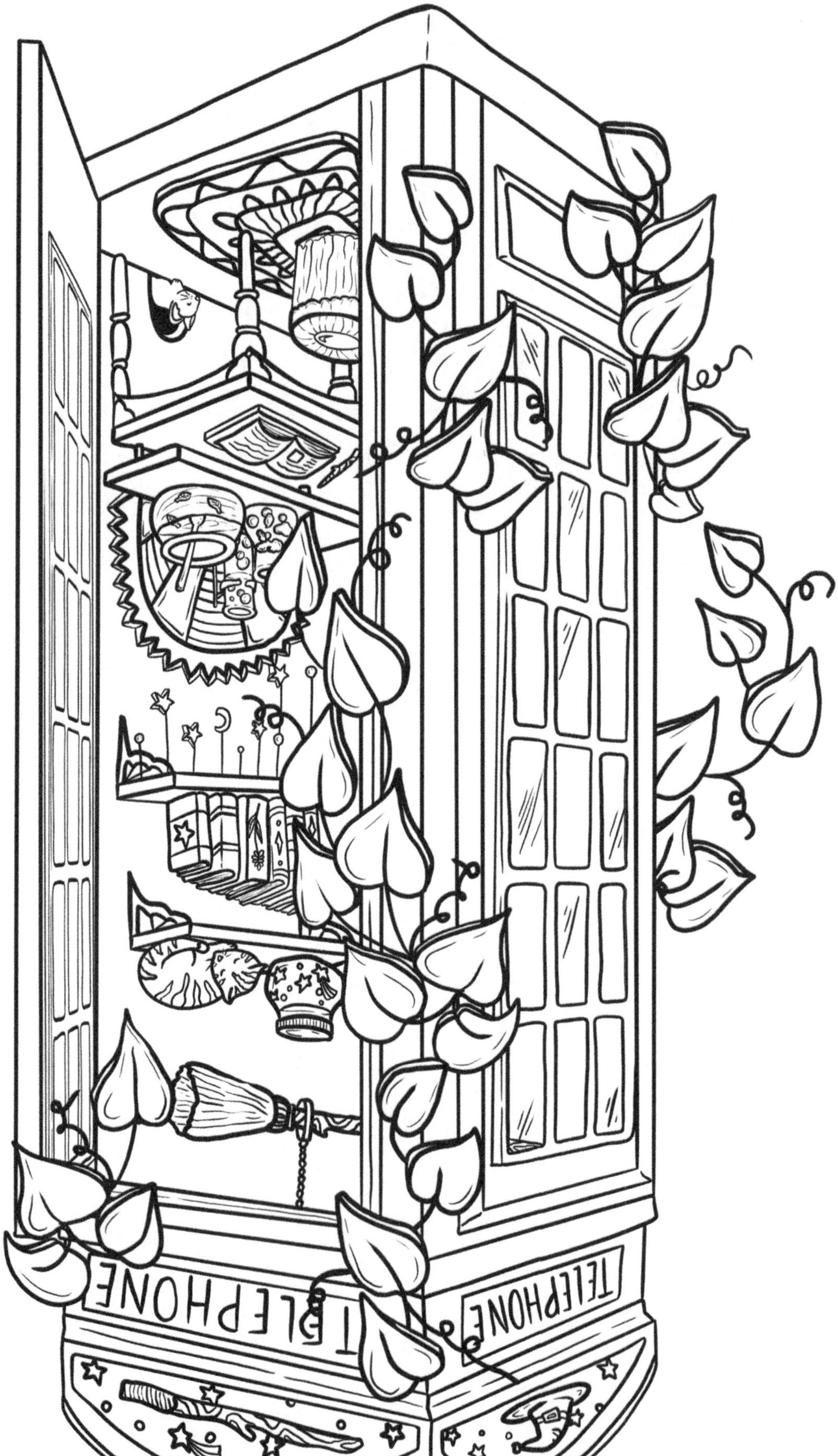
TELEPHONE
TELEPHONE
TELEPHONE

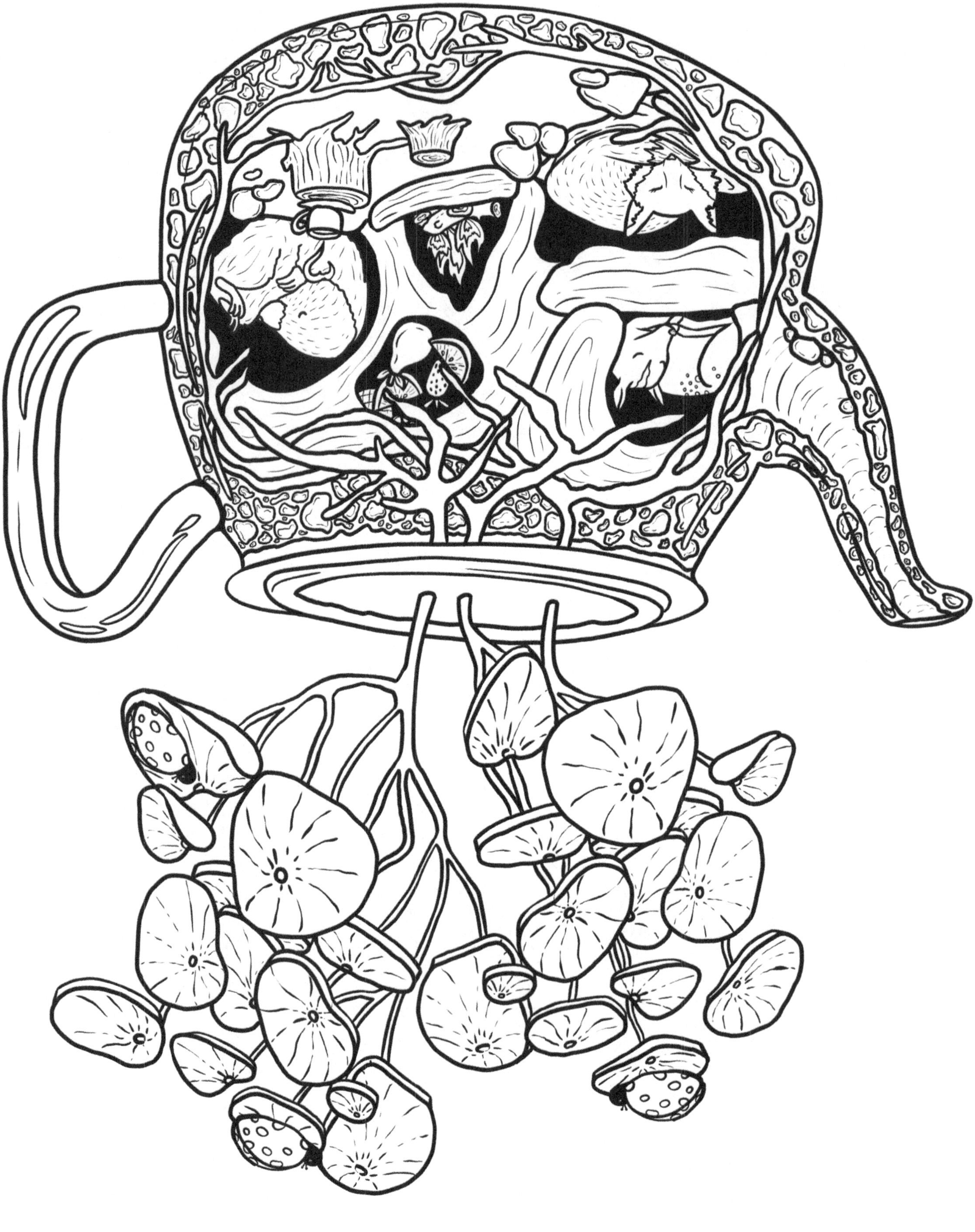

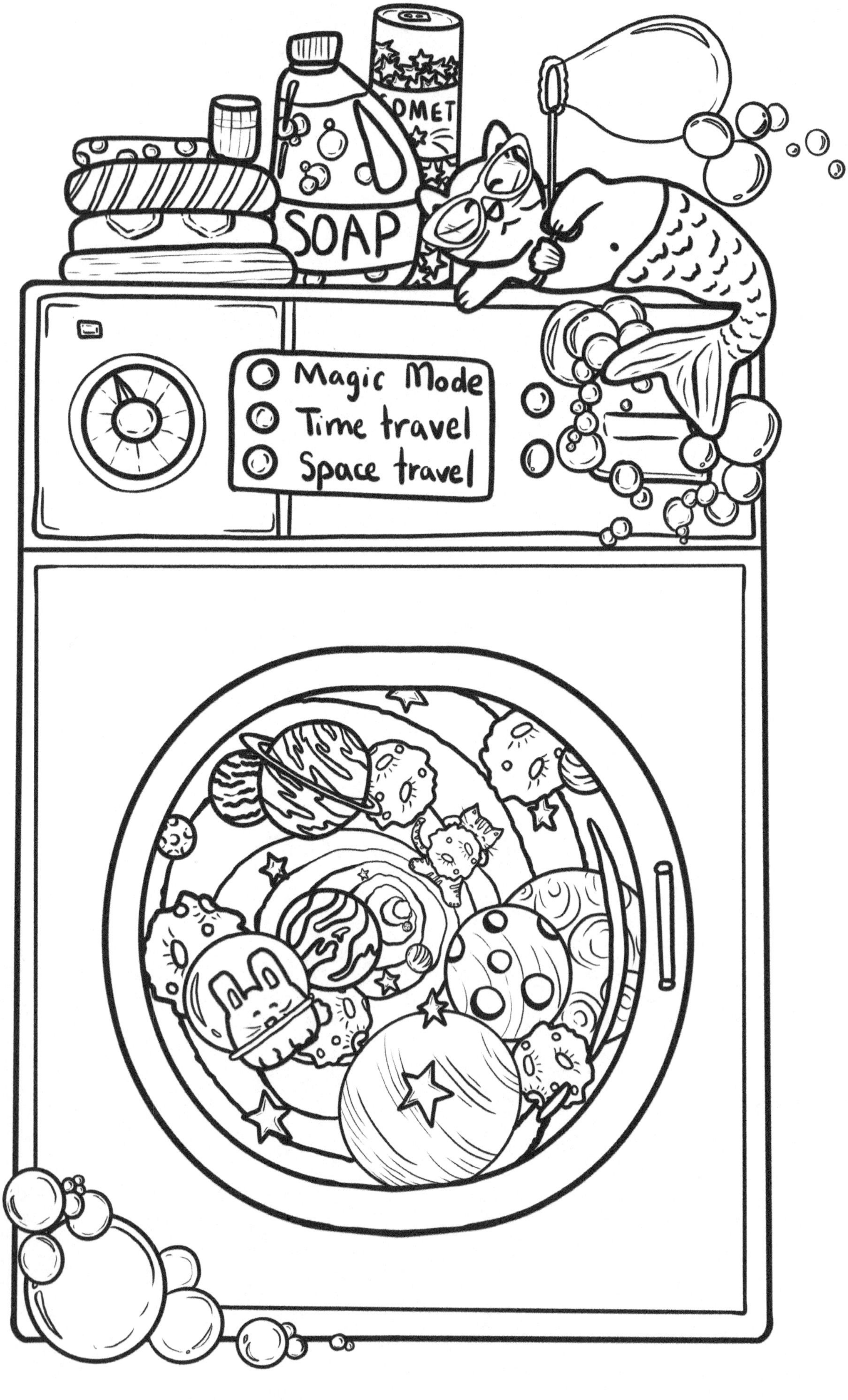
SOAP
COMET
Magic Mode
Time travel
Space travel

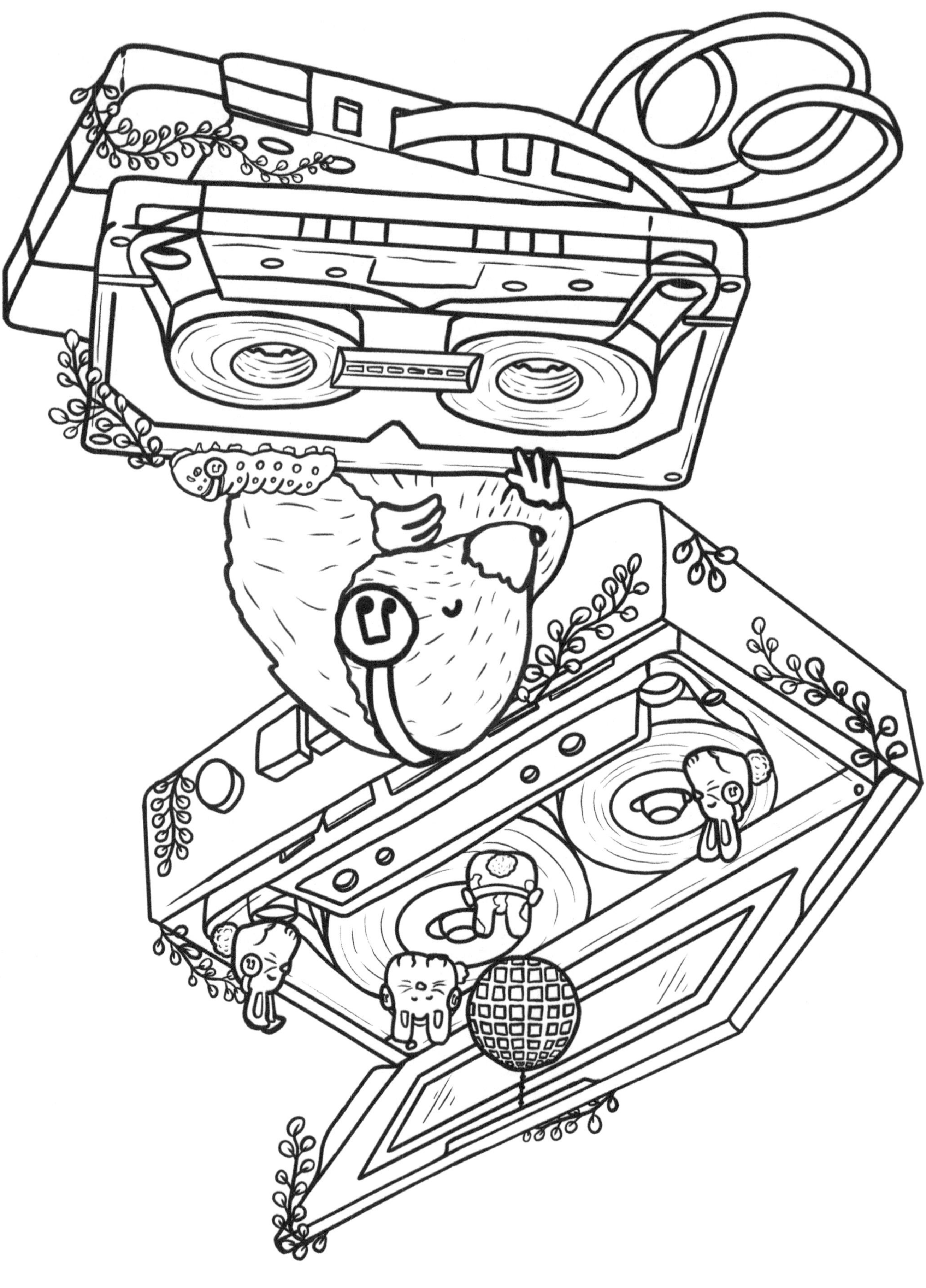

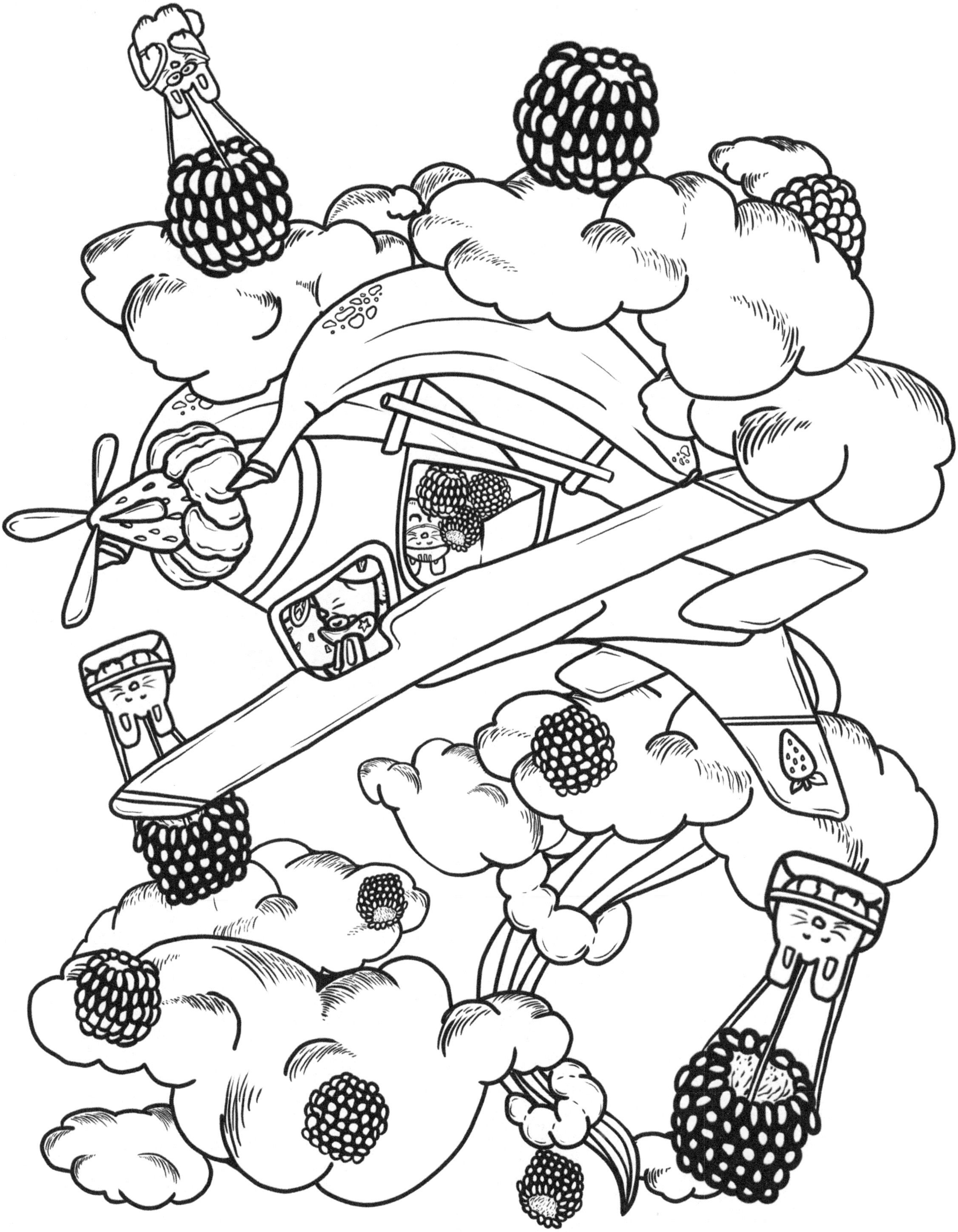

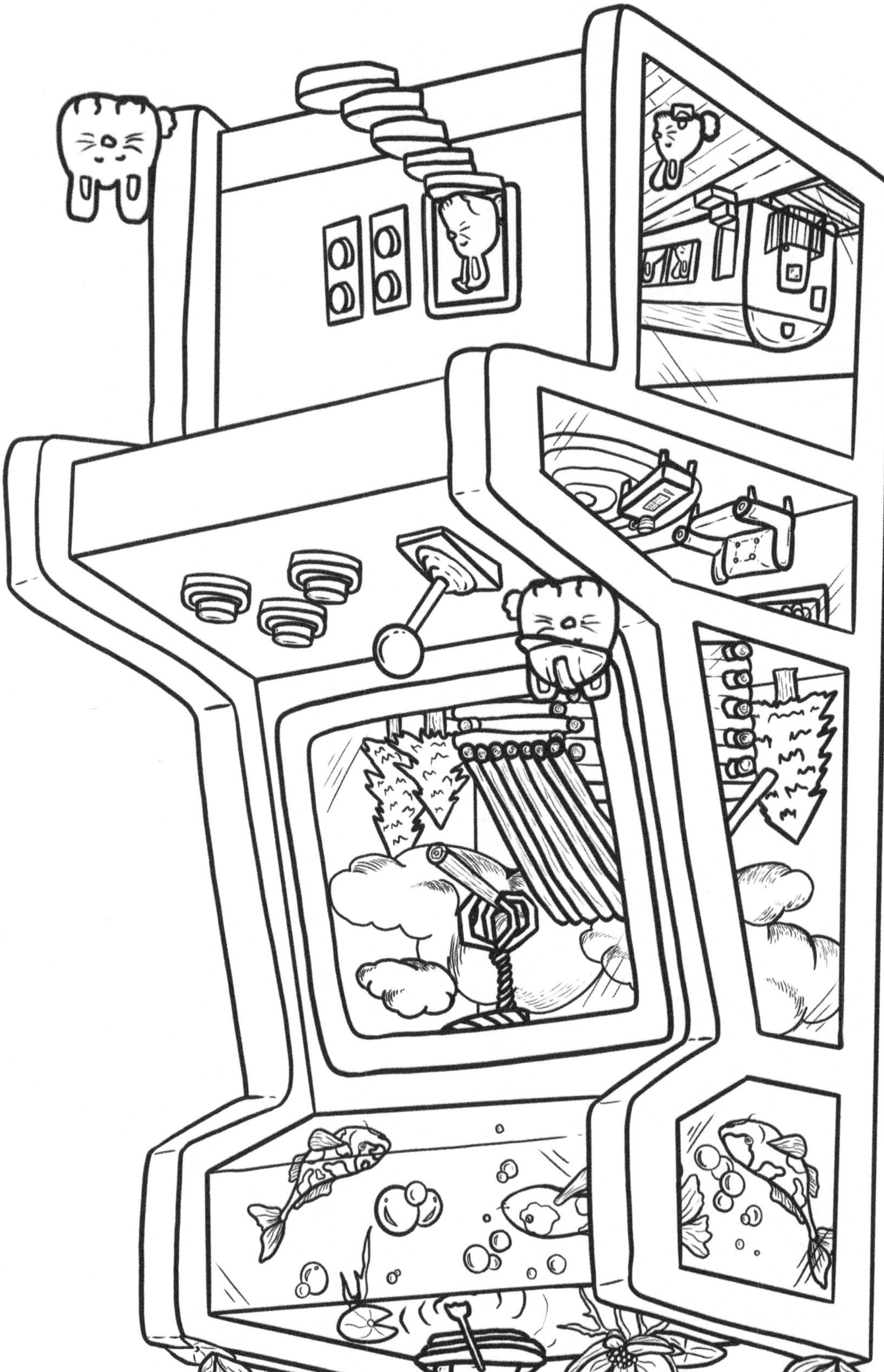

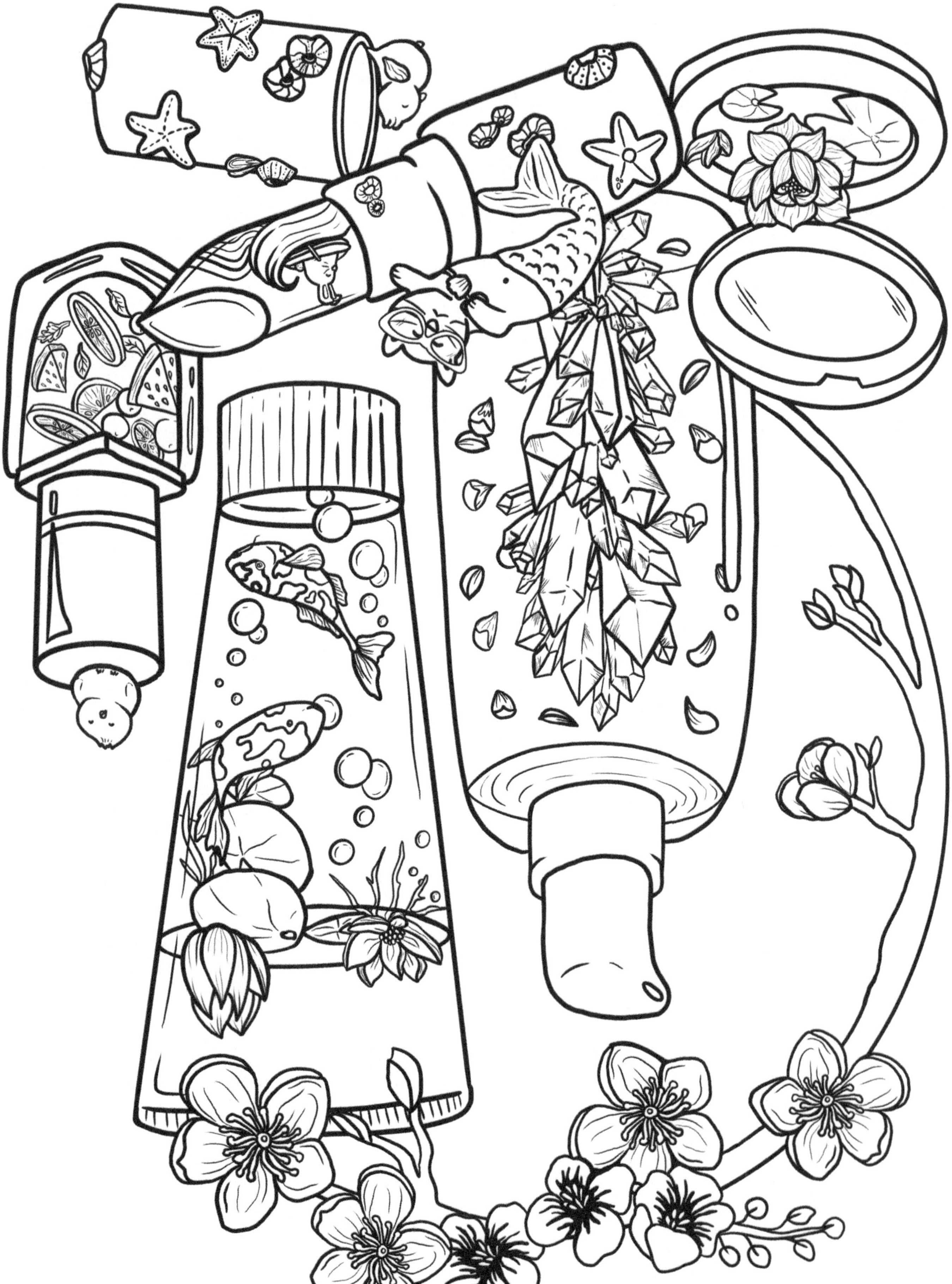

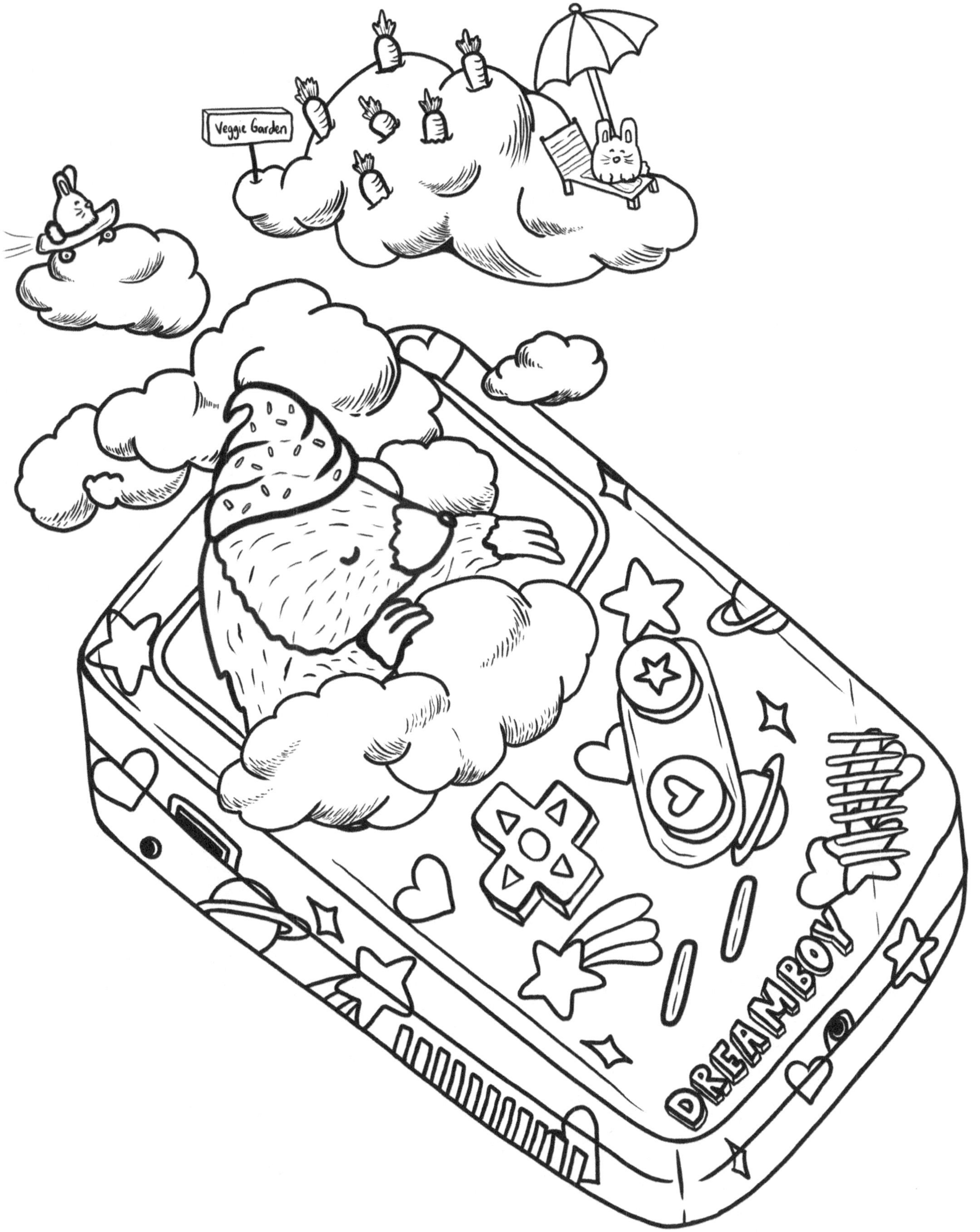
Veggie Garden
DREAMBOY

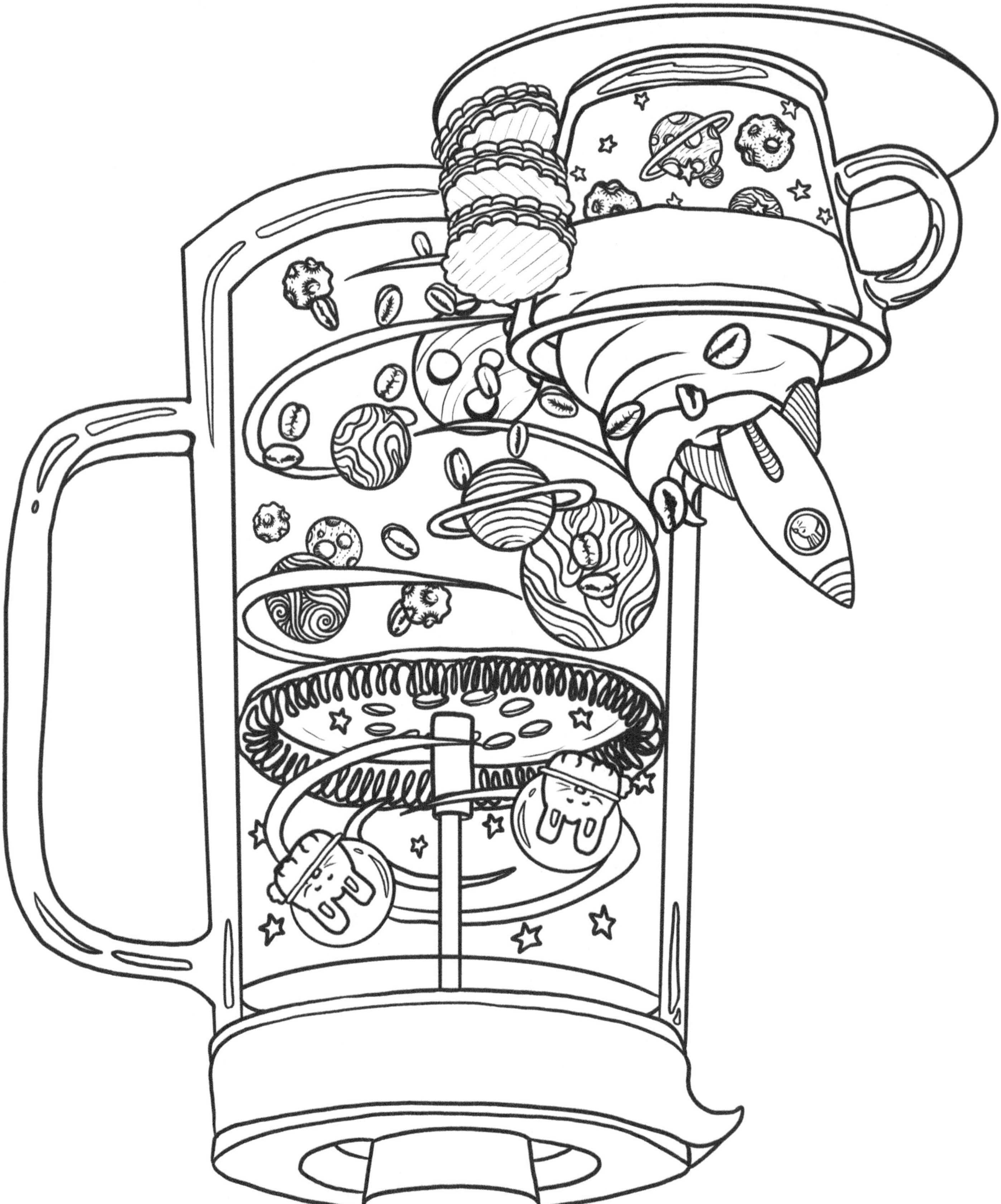

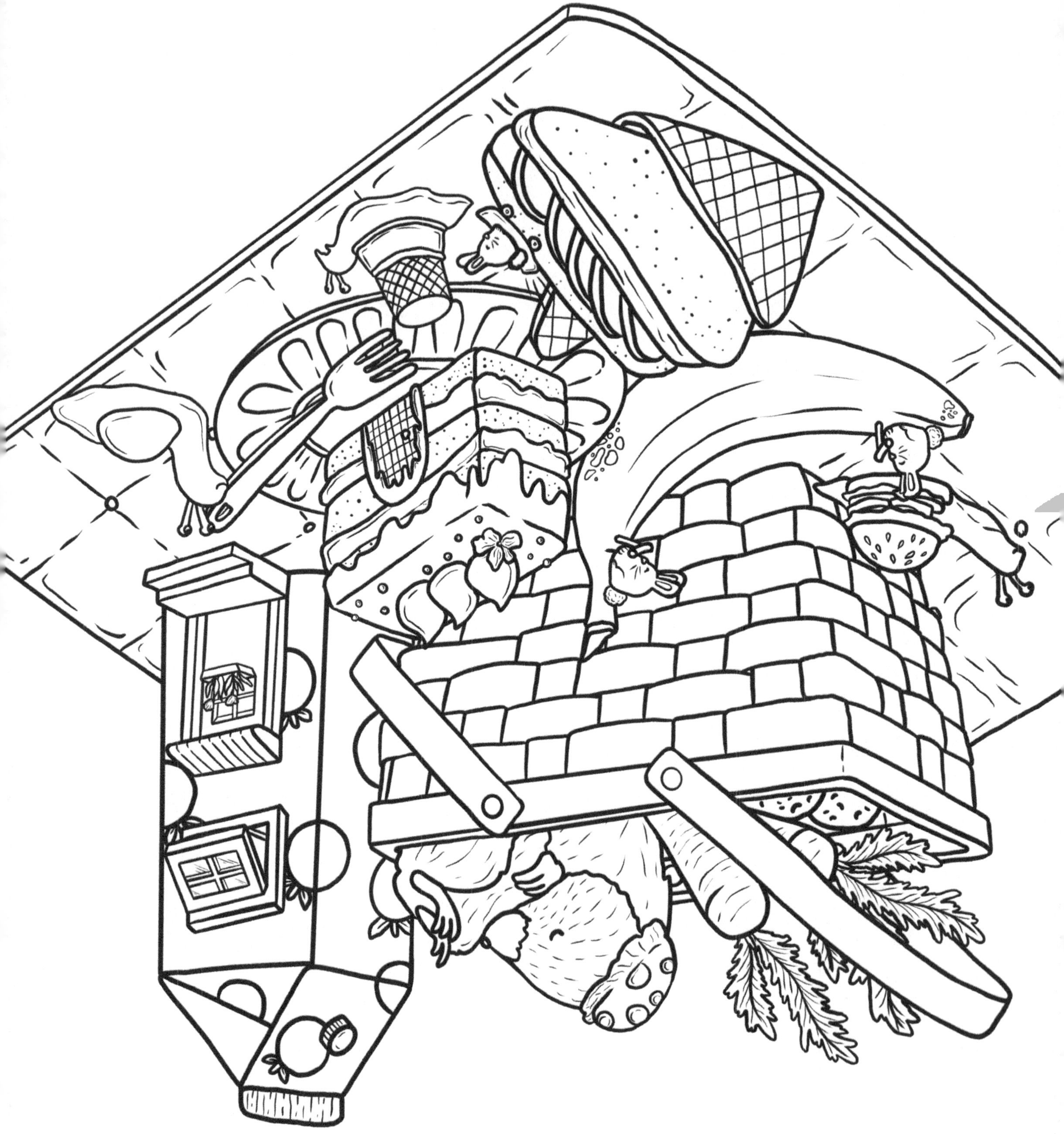

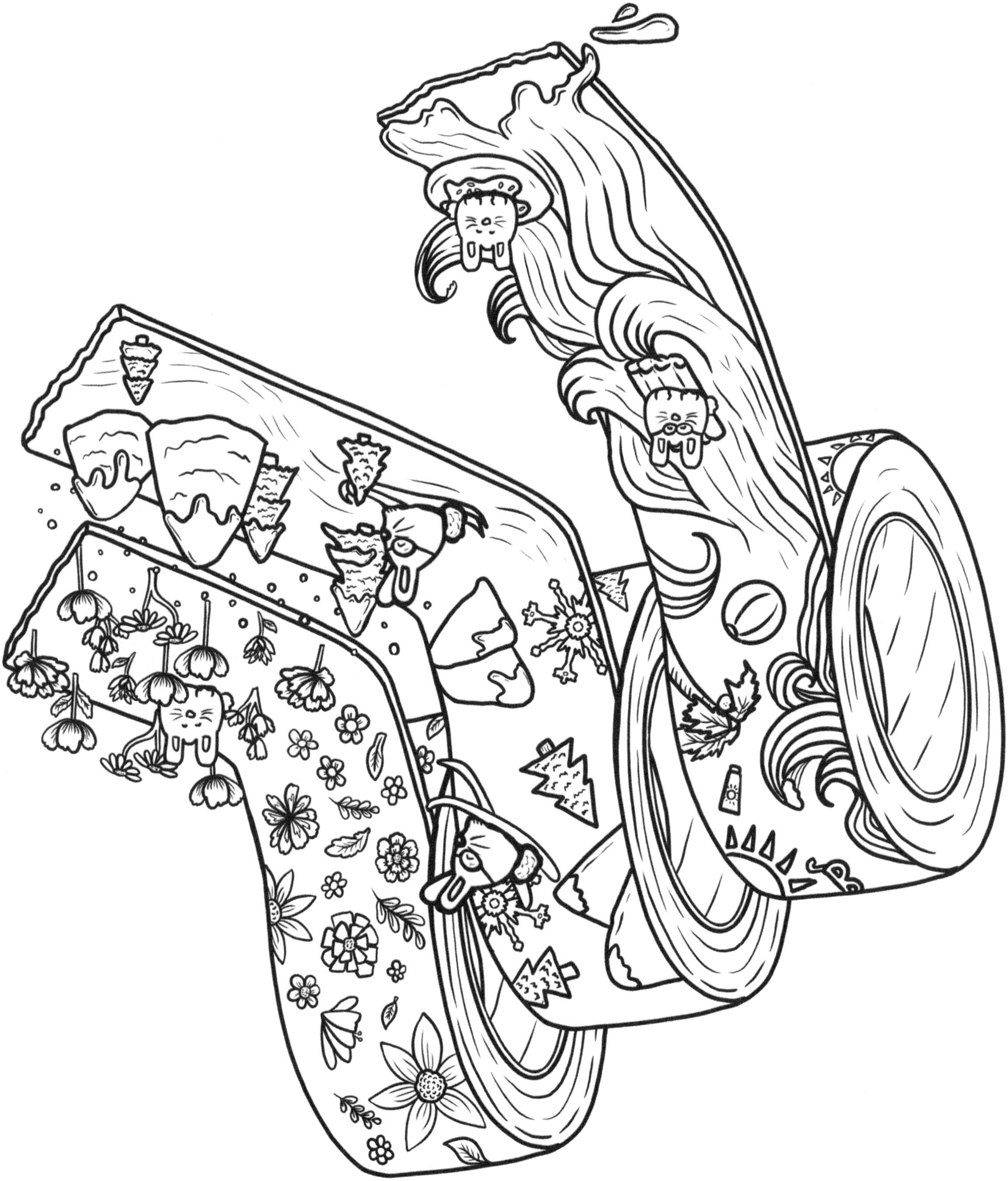

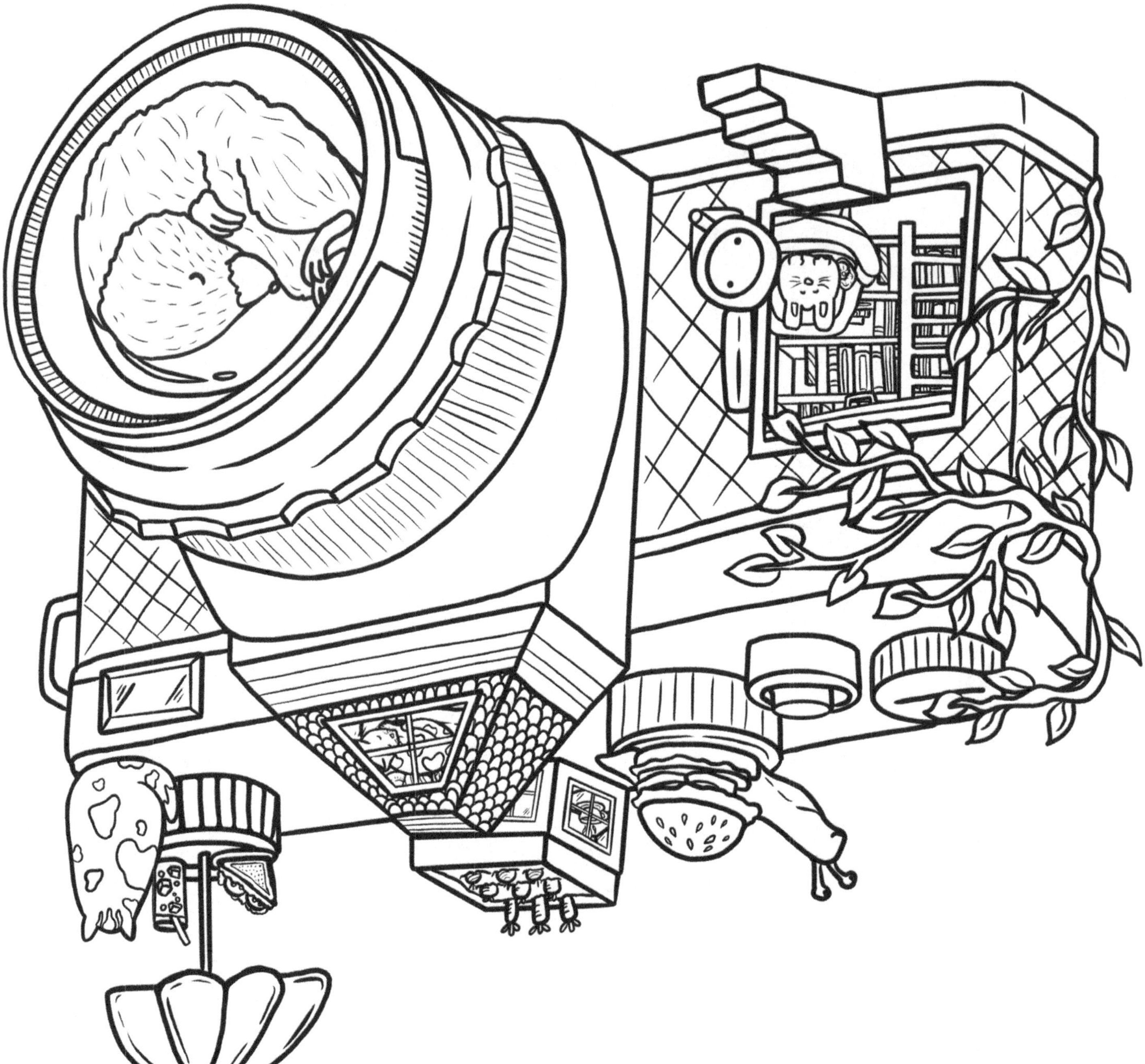

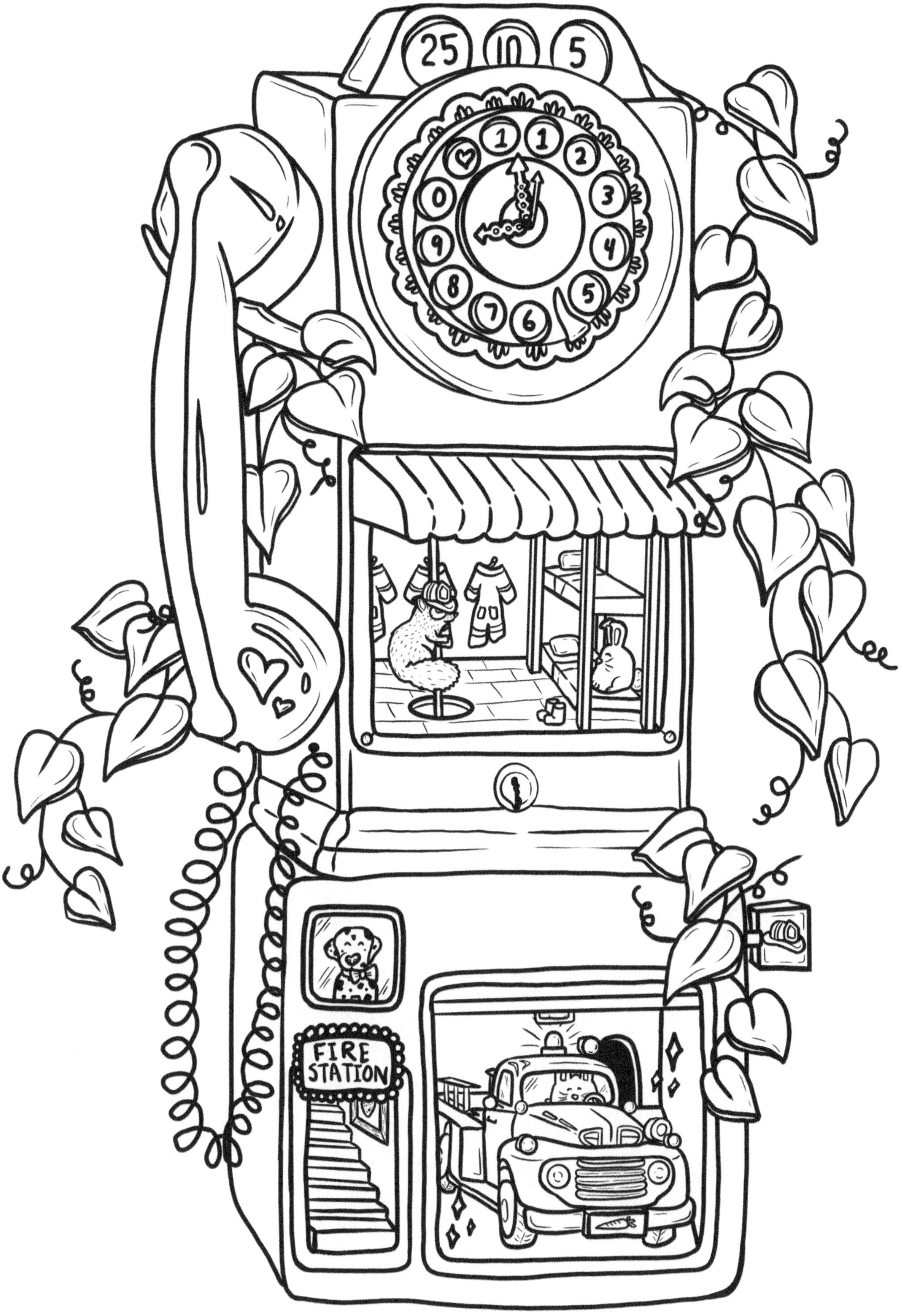
25
10
5
FIRE STATION

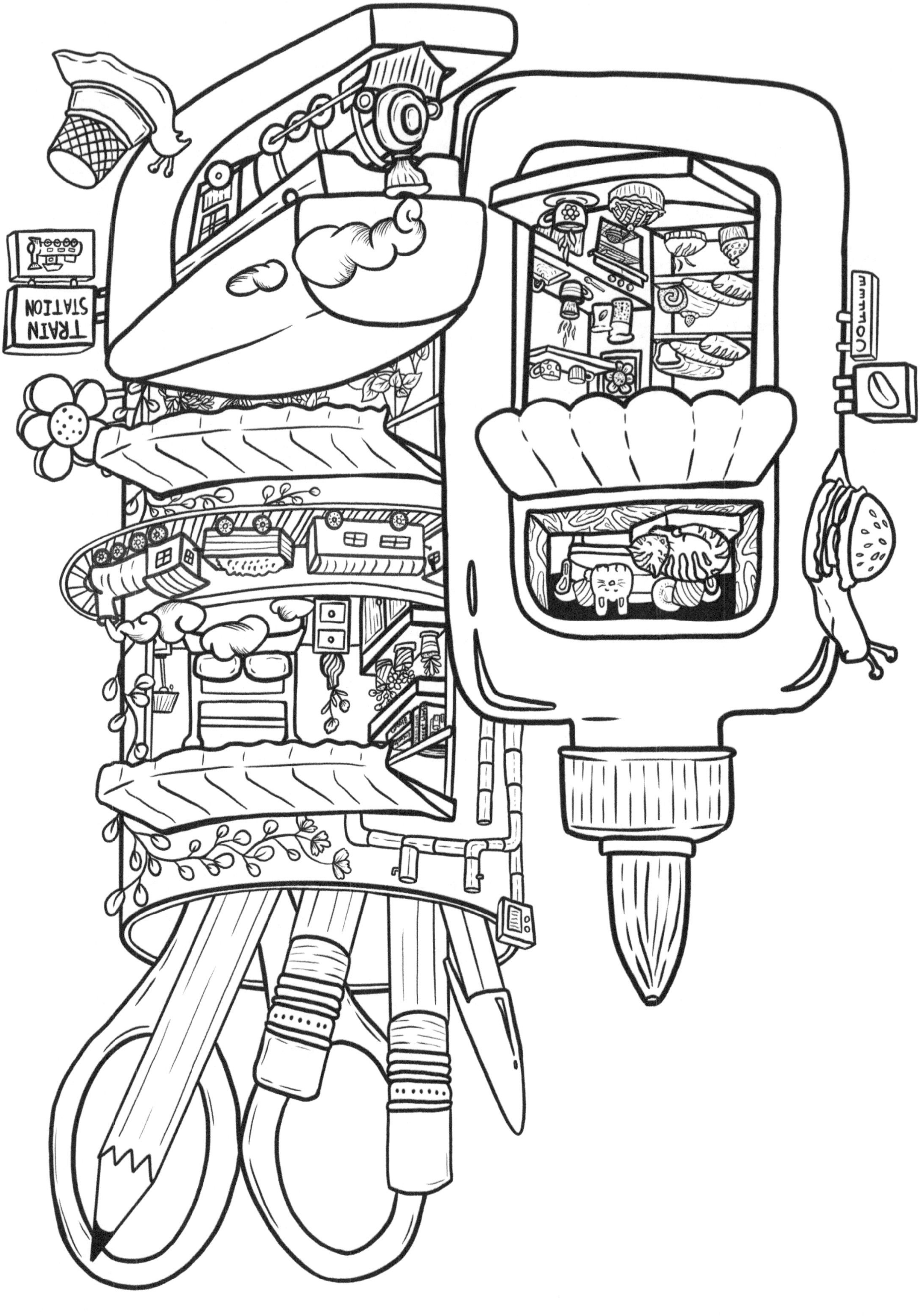
TRAIN STATION

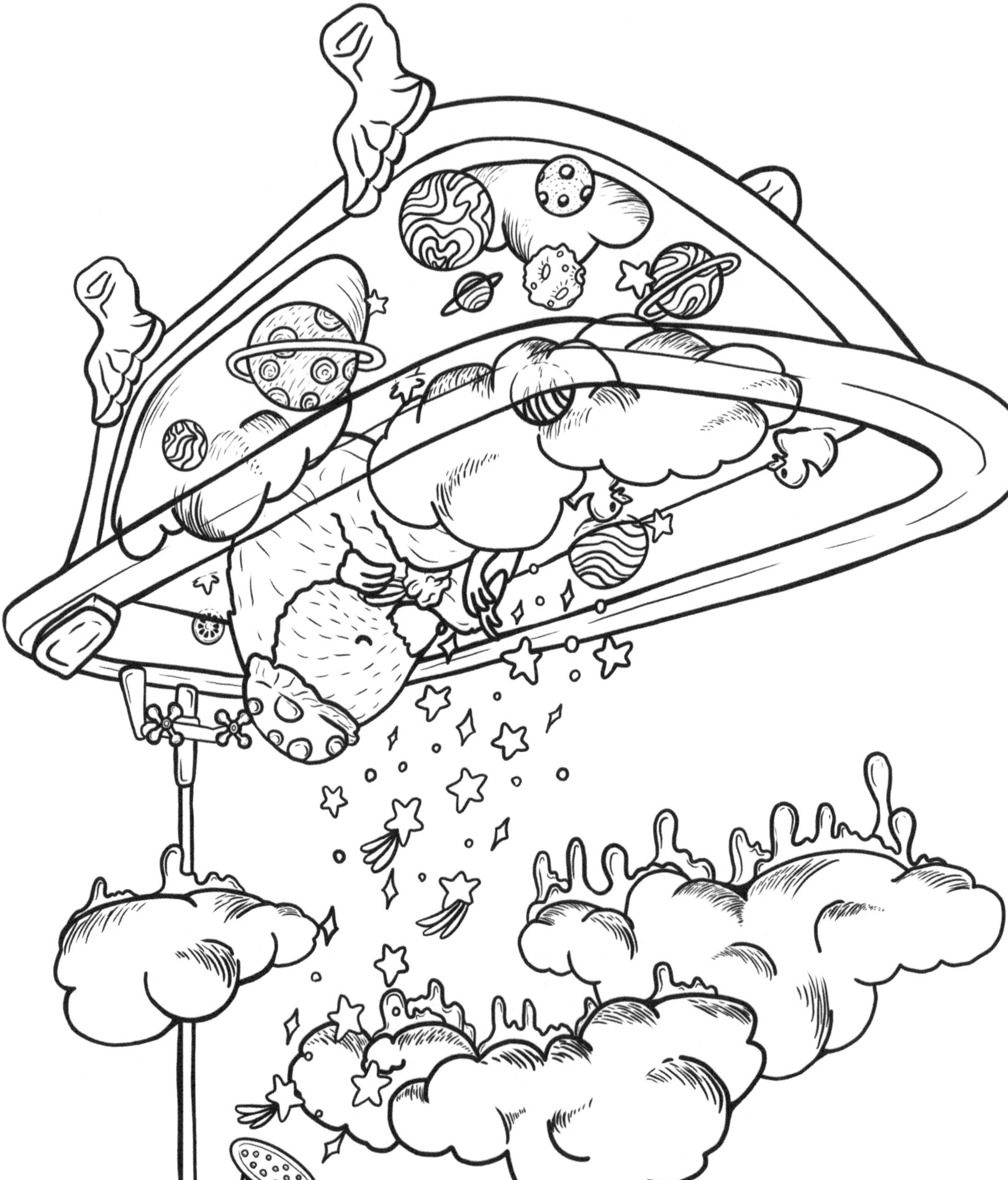

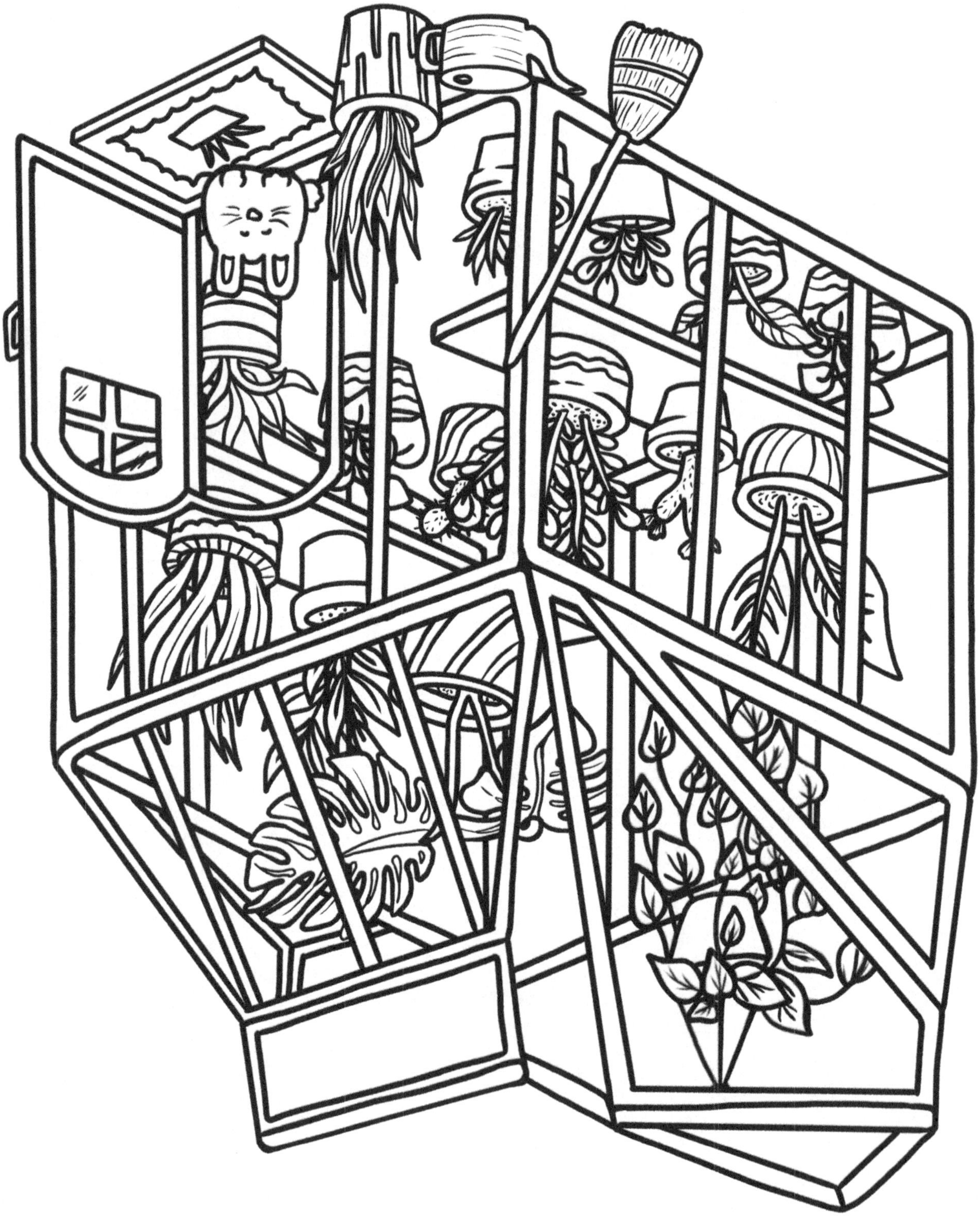

A Note From the Author:

Thank you so much for purchasing Tiny Curiosities! Your support allows me to pursue my dream of being a professional artist. I was born and raised in Texas, and I currently live in California. In my free time I enjoy painting murals, gardening, acrobatics, crafting, roller skating, and hanging out with my pet dog.

If you enjoyed this book, check out my other coloring books Bite-Size Worlds, Secret Worlds, Enchanted, Bloom, Life of the Wild, Flora and Fauna, Mandala Daydream, Mandalas for Peace, Mandala Secret Garden, Soar, and Magic Ocean at Sunshine-Creative.com.

It truly brings me joy to see your finished masterpieces! Please tag @KarenSueStudios or use #karensuestudios.

And always remember to let sunshine into your life!

Love,

Karen Sue Chen

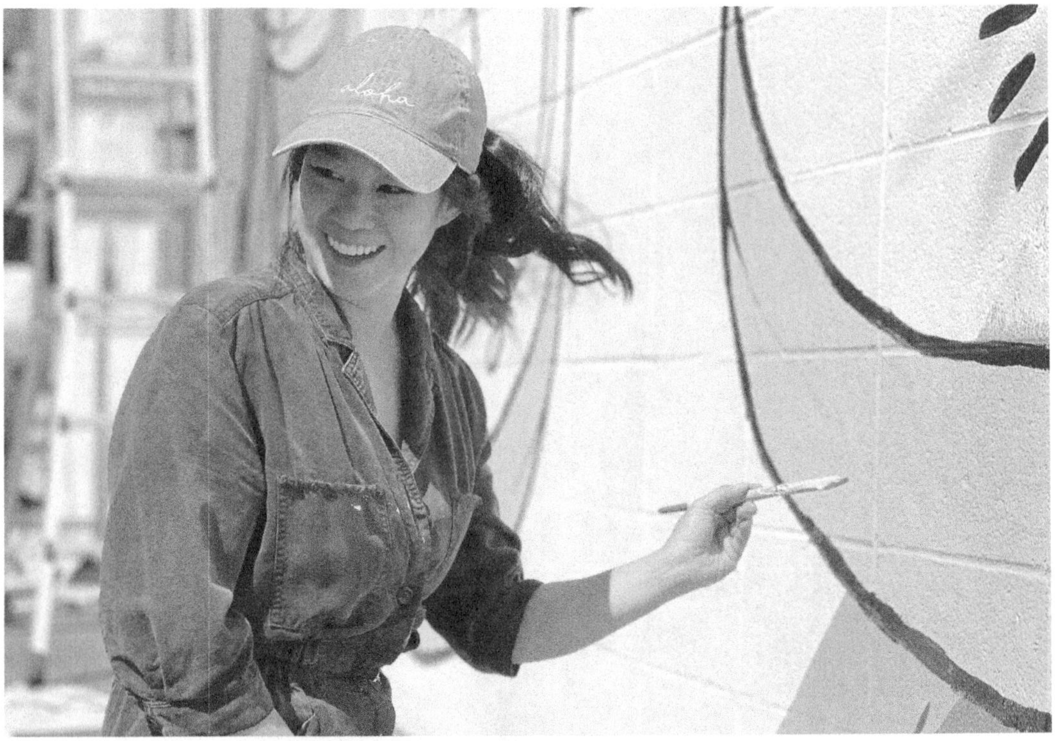

@KarenSueStudios

Share your work! #KarenSueStudios on social media.

Dedicated to Selysa.
Thankful for you
being in my life!

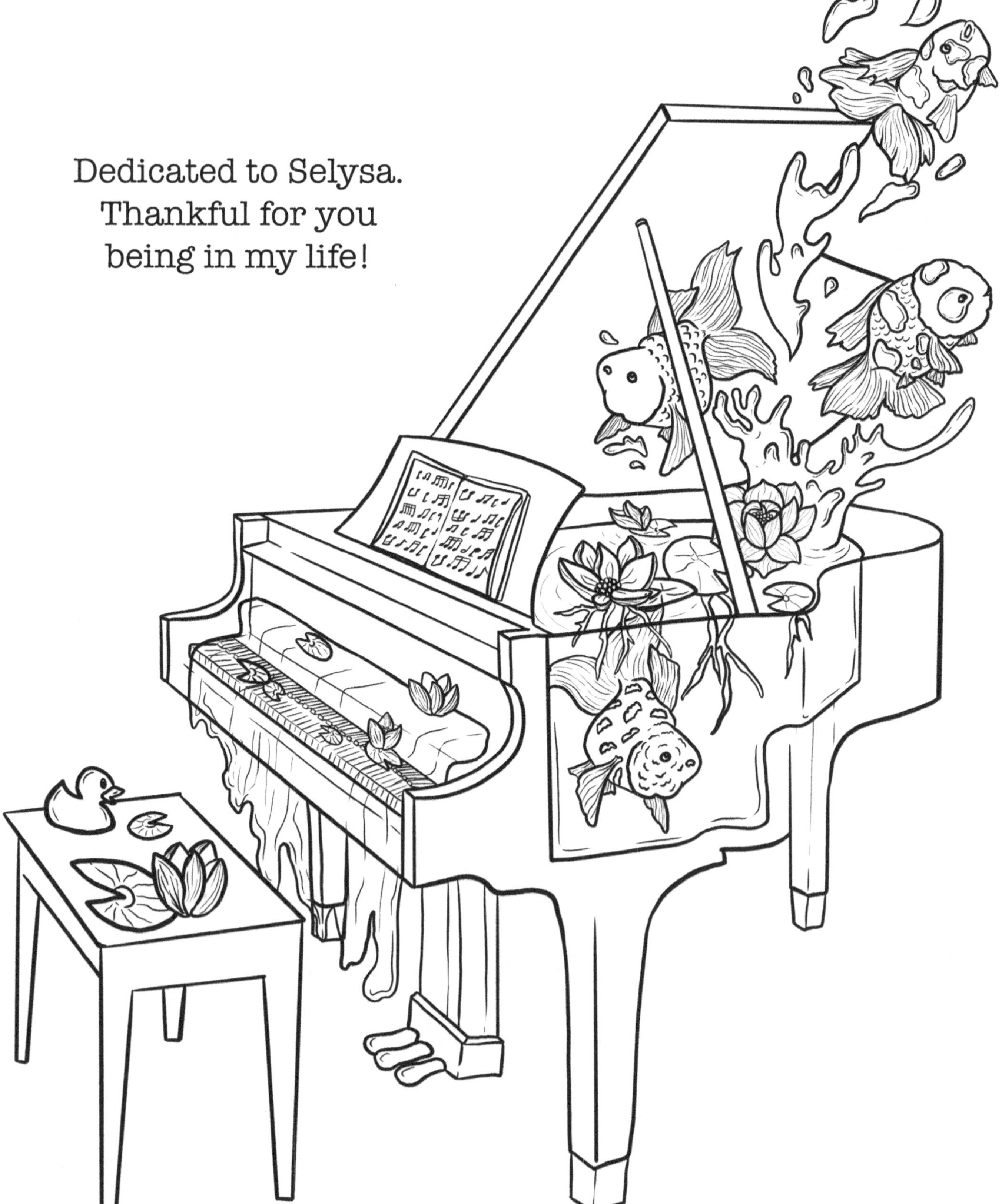

Printed in the United States of America

First Printing, 2023

ISBN 978-1-7370070-8-1
www.Sunshine-Creative.com

Tiny Curiosities

A peek into a small wondrous world

By: Karen Sue Chen

die schwierigere Versorgungslage zurückzuführen ist. In Bunia herrscht ein weichzeichnerischer, realistischer, leicht altmodisch wirkender Stil vor, in der Farbpalette dominieren Pastelltöne. Während in Kinshasa die Bilder mit Menschen angefüllt sind, verlieren sich die wenigen Figuren auf den Malereien aus Bunia nahezu vor dem Hintergrund und spiegeln die Weitläufigkeit der Kleinstadt wider.

Sind die Personen in Kinshasa oft karikaturartig überzeichnet und detailverliebt ausgeführt, kann man in Lubumbashi eher von einer abstrahierenden Wiedergabe der Menschen, die die Bilder bevölkern, sprechen, bei der individuelle Züge kaum Relevanz haben. Allen gemeinsam ist eine Ästhetik, die viel von den Comics entlehnt. Ein wichtiges Element ist dabei der mitunter extensive Einsatz von Text in den Malereien in Form von Sprechblasen, Textblock oder längerem Titel sowie die Unterbringung von ganzen Geschichten in mehreren Abfolgen auf einem Bild. Die Sequenzen der Erzählung können hierbei entweder in aufeinanderfolgenden unabhängigen Bildteilen erfolgen oder puzzleartig ineinanderfließen, wie beispielsweise bei Lusavuvu oder Pap'Emma. Viele Maler zeichnen auch selbst Comicstrips, wie etwa Lusavuvu oder Chéri Samba, der in seiner Jugend ebenfalls Comics entworfen hat.

Ausgangspunkt für den nun folgenden bildlichen Parcours durch die gesellschaftspolitischen Ereignisse der letzten zehn Jahre bilden zwei Malereien, die die Machtablöse im Kongo illustrieren, die eine neue Ära einleitete. Es beginnt mit einem Bild von Mobutu, Kabila und Mandela am Verhandlungstisch, einem historischen Moment in der jüngsten Geschichte des Kongo, der als Endpunkt des über dreißig Jahre währenden Regimes Mobutus gesehen werden kann. Als Pendant dazu zeigt die allegorische Darstellung der Vertreibung Mobutus durch Kabila die Konsequenz dieser Verhandlung. Beide Bilder vergegenwärtigen Ereignisse, die die neunziger Jahre des Kongos maßgeblich prägten.

In den drei regionalen Abschnitten beschreiben die Malereien wie sich die politischen und wirtschaftlichen Bedingungen des Landes in den drei Städten Kinshasa, Lubumbashi und Bunia auswirken, und welche Konsequenzen sie im Alltag der Bevölkerung haben. Wiederholen sich die gleichen Themen, werden sie aber den lokalen Umständen entsprechend anders dargestellt. Während beispielsweise Transportprobleme und Benzinmangel in Kinshasa und Lubumbashi in der Malerei umfassend artikuliert werden, ist dieses Motiv in Bunia nicht präsent, aus dem naheliegenden Grund, daß in dieser kleinen Stadt die Fortbewegung mit Kraftfahrzeugen nicht notwendig ist. Ebenso sind die Rebellionen im Land, die ausführlichen Niederschlag in den Bildern finden, natürlich lokalspezifisch dargestellt.

Die lokalen Besonderheiten in Inhalt und Stil der Malereien treten in den neunziger Jahren immer stärker hervor, weil sich der Austausch zwischen den Regionen zusehends vermindert. In den siebziger Jahren war die Bevölkerung noch weitaus mobiler; Funktionäre etwa, die zuerst im Osten tätig waren, zogen dann nach Kinshasa, oder in eine andere Region dieses weit ausgedehnten Landes, berufsbedingte Reisen gehörten durchaus zum Alltag. Auch Maler wechselten phasenweise ihren Lebensmittelpunkt und zogen dorthin, wo sie sich einen besseren Markt erhofften. Auf diese Weise zirkulierten auch die Bilder, wurden Ideen verbreitet und Motive kopiert. Heute ist die Fortbewegung zu Land in vielen Regionen durch die bewaffneten Konflikte erschwert, Straßen sind zerstört und die hohen Kosten der Flüge, die oft wegen Treibstoffmangel ausfallen, sind nur mehr für wenige erschwinglich. Die Isolation der einzelnen Landesteile voneinander wird dadurch verstärkt und der kulturelle Austausch reduziert.

Das Panorama der kongolesischen Malerei der neunziger Jahre klingt aus mit einer Hinwendung von den politischen Rahmenbedingungen zum äußerst privaten Kontext, dem Umgang mit den Malereien im Wohnbereich. In diesem Exkurs befassen wir uns mit der konkreten Verwendung der Bilder im kongolesischen Wohnzimmer. Dies erschien zu einem besseren Verständnis der Malereien wichtig, weil ihre Verwendung im Privatbereich und die individuelle Interpretation der Besitzer den spezifischen Zugang zu den Bildern darstellen kann. Die Intention des Malers kann sich erheblich von der Bedeutung eines Bildes für den Käufer unterscheiden und vor allem von unserer Interpretation als westliche Betrachter. Die Auswahl der Bilder in diesem Bereich gibt einen Überblick über den geläufigen Wandschmuck, jene Motive, die durchschnittlich am häufigsten in Privathaushalten zu finden sind. Der Einstieg zu diesem Teil erfolgt durch zwei Bilder, die sich auf das kongolesische Wohnzimmer beziehen. Chéri Sambas „La femme et ses premiers desirs" (cat.134) unterstreicht den Stellenwert, den ein gut ausgestatteter Salon in den Wunschvorstellungen einnimmt und welche Einrichtungsgegenstände sich jede Frau für diesen Empfangsraum ersehnt: Polstermöbel, Fernseher, Ventilator, Stereoanlage und Kühlschrank. Cheri Cherin hingegen skizziert die augenblickliche Realität des Raumes, der seine ursprüngliche Funktion als Aufenthalts- und Empfangsraum für Gäste zugunsten einer Notunterkunft für obdachlose und geflüchtete Verwandte aufgegeben hat. Sambas Bild enstand in den achtziger Jahren in Kinshasa, nun in den neunzigern ist dort die Lage eine völlig andere.

VON DEN IKONEN DER URBANEN ERINNERUNG ZU EINER CHRONIK IN BILDERN

BOGUMIL JEWSIEWICKI

Wir haben uns dafür entschieden, die Veränderungen in der urbanen Malerei des Kongo in den neunziger Jahren anhand des bildnerischen Schaffens in den drei Städten Kinshasa, Lubumbashi und Bunia aufzuzeigen: auch wenn sich die jeweiligen Städte voneinander unterscheiden, sind ihre gesellschaftlichen Rahmenbedingungen dennoch die gleichen. Aus europäischer Sicht äußert sich der Wille der kongolesischen Nation zur Einheit paradoxerweise just in dem Augenblick, in dem der Nationalstaat zerfällt. Die nationale Kultur ist von kulturellen Unterschieden gekennzeichnet, die schließlich zu einem gemeinsamen Ganzen verschmolzen, ohne zu einer Vereinheitlichung zu führen. Bedingt durch die regen Menschenbewegungen im Land und die Verbreitung einer von Kinshasa geprägten urbanen Kultur und deren Sprache, wurde eine nationale Kultur in den siebziger und achtziger Jahren stark gefördert. Heute scheint alles in Frage zu stehen, das Staatsgebiet ist auseinandergeborsten, die soziale Erinnerung von gestern erscheint zwecklos, und eine neue Deutung der Welt notwendig. In jeder dieser drei Städte, die durch die neue politische Situation voneinander isoliert wurden und deren soziales Leben sich voneinander entfernt, sehnt man sich nach einer nationalen Einigung. In dieser Ausstellung werden Bilder gezeigt, die Ausdruck dieser kollektiven Arbeit an einer sinnstiftenden Gegenwart sind.

Wir wollen hier die Charakteristika dieser drei Städte vorstellen, die in den Augen ihrer Einwohner ihre Identität ausmachen und sie von anderen Städten des Kongo unterscheiden. Beginnen wir mit einer Gegenüberstellung der beiden wichtigsten Städte.

Lubumbashi und Kinshasa, erstere die wirtschaftliche und letztere die politische Hauptstadt des Kongo, zwei soziale Welten, zwei Sprachen. Größenmäßig sind die beiden Städte kaum zu vergleichen, zählt erstere doch gerade eine Million Einwohner, während Kinshasa sechsmal so viele aufweist. Anfang der fünfziger Jahre, als sich die urbane Musik des Kongo etablierte und jedes der beiden urbanen Universen seinen spezifischen Charakter herausbildete, lieferten ihre jeweiligen Liedermacher wunderbare Beschreibungen dessen, was ihre Stadt so einzigartig macht.

Damals, als der koloniale Kongo kurz vor dem Wandel zu einem unabhängigen Staat stand, lieferten die Musik und die Malerei jene Sprachen, auf die sich die Einheit ihrer urbanen Kulturen aufbauen ließ. Jede Kunstform trug auf ihre spezifische Art zur Schaffung einer städtischen Kultur im Kongo bei.

1952 sang der in Likasi geborene und in Katanga aufgewachsene Léon Bukasa: „Wir sind nicht umsonst hierher gekommen/ wir sind gekommen, um zu arbeiten." Wenn für die Einwohner ein Wort Lubumbashi charakterisiert, so ist es „kazi" – Arbeit, im Sinne von bezahlter Arbeit. In die Stadt kommt man, um in einem Industrieunternehmen zu arbeiten; ein Mann aus Lubumbashi zu sein heißt automatisch, daß man Lohnarbeiter ist. Der Fabrikschlot der Kupferhütte und das riesige Fabriksgelände prägen für die Einwohner Lubumbashis das Stadtbild. Sollte dieser Schlot jemals erlöschen, so sagte man, würden die zugewanderten Katangesen (die aus dem Hinterland, vor allem aus dem Kasai, gekommen waren) mit dem Rauch verschwinden, der sie nach Katanga gelockt hatte. Dieser Fabriksschlot, das Symbol für die Arbeit in der Industrie, war für sie der Garant für die Zugehörigkeit zu dieser Stadt.

1950 berichtete der in Brazzaville geborene, jedoch in Léopoldville lebende Antoine Mundanda in seinem Lied „Nzila ya Ndolo" („Der Weg nach Ndolo", wo sich damals ein Gefängnis für Schwarze befand) von einem jungen Fischer, der diese Stadt entdecken wollte. „Kinshasa ist wirklich Europa in Afrika." Es ist eine Stadt mit „Atmosphäre", d.h. es regieren die urbanen Unterhaltungsformen, Musik und Tanz, in den Bars. Man trinkt Bier und trifft schöne, gut angezogene Frauen. Nicht ohne Grund heißen die jungen, nach neuester Mode gekleideten Männer dort „sapeurs", eine Bezeichnung, die sich aus den Anfangsbuchstaben der fiktiven „Gesellschaft

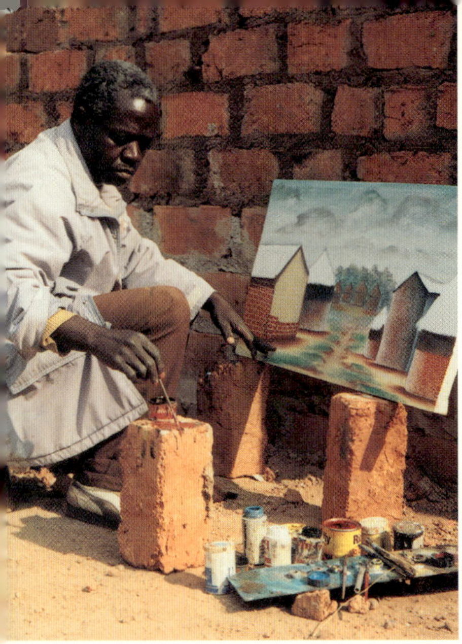

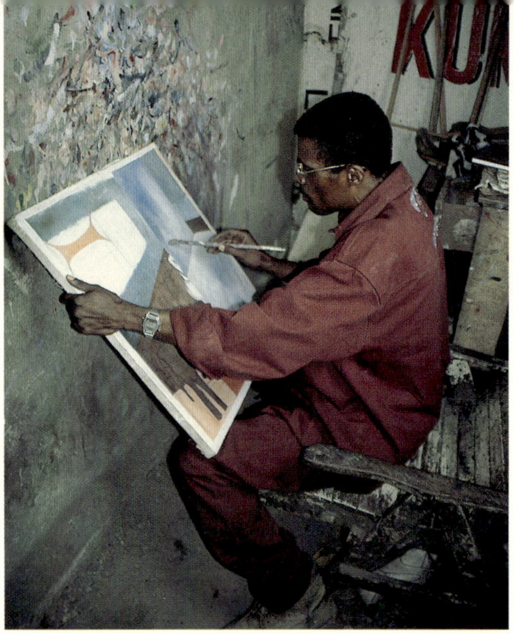

Abb. links außen:
Kaswende beim Malen im Freien bei seiner Wohnstätte in Lubumbashi.
Foto: Jewsiewicki 1999

Ange Kumbe bei der Arbeit in seinem ca. 8m^2 großen Atelier in Kinshasa.
Foto: Plankensteiner 1999

von Lebemännern und eleganten Menschen" (Société des ambianceurs et des personnes élégantes) zusammensetzt. Niemanden interessiert, wie man an das Geld herankommt, um die Atmosphäre von Kinshasa genießen zu können, das ist Sache jedes Einzelnen. Kinshasa war und ist noch immer der Ort, wo (nach dem Vorbild der kolonialen Welt) ein Dörfler (was in dieser Stadt einem unzivilisierten Menschen gleichkommt) Opfer von Mißbrauch und Willkür seitens der öffentlichen Ordnung wird. Der Sänger erzählt: „Ich gehe einkaufen, höre aber hinter mir ‚Out!'/ Ich drehe mich um, man verlangt meine Papiere/ Ich will erklären, aber schon trifft mich eine Ohrfeige/ ich will ausweichen, aber schon saust der Schlagstock auf meinen Rücken nieder."

„Matonge" heißt dieses Vergnügungsviertel mit seinen Bars, dort ist Kinshasa das Europa in Afrika. Seltener wird vom „Boulevard des 30. Juni" gesprochen mit seinen prestigereichen Verwaltungsgebäuden. Dieses Aushängeschild wird vor allem Besuchern aus dem Westen gezeigt, Ausländern, die von weither kommen und die Kultur des Kongo nicht zu kennen scheinen. In Brüssel gibt es einige Häuserblöcke, wo sich Kleider- und Lebensmittelgeschäfte für in Belgien lebende Kongolesen niedergelassen haben. Dort werden Schallplatten und Zeitschriften aus dem Kongo verkauft, dort gibt es auch einige Bars, die sich ebenfalls „Matonge" nennen. Das ist Kinshasa in Belgien.

Bunia läßt sich kaum mit den beiden zuvor genannten Städten vergleichen, sowohl in Bezug auf seine Größe mit nicht mehr als 200.000 Einwohnern, als auch hinsichtlich seiner wirtschaftlichen und politischen Stellung. Erst 20 Jahre vor der Unabhängigkeit wurden der Stadt regionale Verwaltungsaufgaben übertragen, zuvor verfügte sie lediglich über ein Telegrafenbüro und eine Einheit von Soldaten, die dort stationiert war. Bunia war ein Handelszentrum, ein Kontrollpunkt und eine katholische Mission. Die Weißen Väter Afrikas hatten sich von dort aus bemüht, dem Vordringen des Islam Einhalt zu gebieten.

In der Erinnerung der Einwohner ist die Stadt eine von Geschäften gesäumte Straße, die in die angrenzende Savanne hinausführt. Bunia ist vielleicht das beste Beispiel für eine Stadt in jener Gegend des Kongo, wo die Grenze mitten durch ein Zentrum des Verkehrs, der Begegnung und des Durchzugs verläuft. Den Platz Bunias in der Ausstellung hätte auch Kikwit einnehmen können – und in der Tat werden einige dort gemalte Bilder in der Ausstellung gezeigt –, seine Bedeutung als Bergbaustadt ist aber noch zu jung und wahrscheinlich auch zu vorübergehend. Obwohl Bunia nur am Rande des Tropenwaldes liegt, erinnert es doch an den Außenposten, den Joseph Conrad in „Herz der Finsternis" beschrieben hat (der Posten lag mitten im Tropenwald, der dort gewonnene Kautschuk war jedoch das Gold der damaligen Zeit). Bunia ist eine Stadt, die durch die kolonialen Grenzen isoliert wurde, seine Einwohner bemühten sich ständig dies zu übergehen. Immer dann wenn die staatliche Kontrolle schwächer wurde, florierten in dieser Stadt jene Wirtschaftszweige, die auf Handel oder Raub beruhten. Es ist ein Durchzugsort, die Menschen kommen dorthin, um Geld zu machen (nur selten gelingt ihnen dies über längere Zeit hinweg), das sie vor Ort in großem Stil ausgeben, und dann gehen sie wieder – es wäre vielleicht korrekter zu sagen: dann verschwinden sie wieder. Dieses Schicksal teilen sowohl die afrikanischen als auch die weißen Bewohner. Anfang des 20. Jahrhunderts zogen die südafrikanischen Buren auf der Flucht vor der Kontrolle durch die Briten nach Norden bis in die Savanne um Bunia, während des Zweiten Weltkriegs waren es die Juden Rhodesiens, die vor der deutschen Besatzung flohen, und in jüngster Zeit kamen die Händler aus dem Nahen Osten, um dort ihr Glück zu suchen und in Freiheit, jeder auf seine Weise, seinen Geschäften nachzugehen. Bis zum Ende der Kolonialzeit wurde diese Freiheit den Afrikanern verwehrt. Die Arbeit in den Goldminen wurde streng überwacht und die Arbeiter waren in Lagern am Rande der Stadt untergebracht, die geradezu militärisch geführt wurden. Die Bewilligung, sich in der Stadt niederzulassen, hing von der Genehmigung durch die Behörden ab, die jederzeit widerrufen werden konnte.

Vor 40 Jahren brachten dann die Unabhängigkeit und der nachfolgende Aufstand das Ende all dieser Einschränkungen. Die Grenzlage der Region, die Bürgerkriege im Sudan und in Uganda, hatten zur Folge, daß Leute von überall her, insbesondere aber die Kriegsgewinnler der bewaffneten regionalen Konflikte, in dieses goldreiche Gebiet kamen, um hier Geld zu machen, sich persönlich zu bereichern, vor allem aber um weiter Krieg zu führen. In den siebziger und achtziger Jahren wurden diese Kriege in den Nachbarterritorien ausgetragen, dann verlagerten sich die Kämpfe in die Umgebung von Bunia und manchmal in die Stadt selbst. Wenn es ein Wort gibt, das sich mit dieser Stadt assoziieren läßt, dann ist es am ehesten „magendo", die Kunst des Überlebens, das bedeutet hier kleine Gaunereien, die Kunst denen etwas abzunehmen, die es in Überfluß haben.

Neben „magendo" kennzeichnete in den siebziger und achtziger Jahren noch ein weiterer Begriff das Leben in dieser Stadt: „nyama" – Fleisch. Bunia war eine Stadt, wo Fleisch im Überfluß vorhanden war. So ging in der Gegend der Spruch: „Die Bewohner von Kinshasa essen nur Maniokblätter, manchmal sogar nur einmal pro Tag. Sie kommen nach Bunia, um fett zu werden, Fleisch zu essen und Kuhmilch („maziwa") zu trinken." Der Ausdruck „Bunia nyama" verschleiert das Unbehagen angesichts der „tokatchini" (jener, die Lingala sprechen, das in Bunia als Gaunersprache angesehen wird), die als profitgierig gelten.

Es mag erstaunen, daß die Malerei in einer solchen Stadt günstige Voraussetzungen fand. Nicht außer acht gelassen werden sollte jedoch, daß ein Bild nicht nur für die Zurschaustellung gedacht ist, sondern auch als Werkzeug der Sozialisierung in einem Milieu dient, wo bedingt durch das Kommen und Gehen der Menschen Erinnerung und Sprache nur mehr ein oberflächlich verbindendes Element darstellen. In einem solchen städtischen Umfeld, wo mehrere Sprachen und unterschiedliche Erinnerungen aufeinandertreffen, bietet die Malerei eine Möglichkeit zur Verhandlung, zum Austausch, ohne dabei die Pluralität auf eine einzige Wahrheit zu reduzieren, wie dies die Geschichte tut. So begann Tshibumba Kanda Matulu, einer der bekanntesten populären Maler des Kongo, den ich bat, die Geschichte des Landes niederzuschreiben, diese mit folgenden Worten: „Jedes Land hat seine Geschichte, und ich glaube, daß auch jedes Ding seine Geschichte hat."

Bunia, diese Stadt, die so sehr am Rande liegt und so paradox in ihren urbanen Funktionen ist, zeigt vielleicht am besten, warum die populäre Malerei im belgischen Kongo, die vor allem für die Bevölkerung vor Ort und erst in zweiter Linie für den westlichen Kuriositätenmarkt gedacht war, einen derartigen Aufschwung nahm, der lediglich mit jenem der urbanen Musik vergleichbar ist. Beide Phänomene sind Ausdruck städtischen Lebens und nationaler Kultur, sie machen das intensive, ja geradezu frenetische Schaffen der kulturellen Moderne kongolesischer Prägung deutlich. Sowohl die Musik als auch die Malerei eignen sich diese Moderne an und läutern sie – zumindest in den Augen der Konsumenten vor Ort – von ihrem kolonialen, westlichen und fremden Charakter. Ich sage bewußt Konsumenten, da sowohl bei der Musik als auch bei der Malerei die Beziehung zwischen dem Künstler und seinem Kunden eine kommerzielle ist. Um einen urbanen Schlager hören zu können, muß man in einer Bar etwas trinken oder eine Schallplatte kaufen, um ein Bild zu besitzen, muß man es erwerben. In der Musik wie in der Malerei geht es den Künstlern sowohl um die individuelle als auch um die kollektive Existenz. Es handelt sich um eine neue Identität, um die Modernität in der Beziehung zum Anderen, vor allem in dem Verhältnis zwischen Mann und Frau. Diese Modernität der Weltsicht muß nun vom Individuum erobert und beherrscht werden. Diejenigen, die zur Schule gegangen sind, haben es gelernt. Wohl auch aus diesem Grund sagen die Kongolesen nicht „Geld verdienen", sondern „Geld ergattern".

Diese Moderne, die sich die Kongolesen zu eigen gemacht haben, fließt in die Musik und die Malerei ein und wird durch sie erfahrbar, genauso wie das bürgerliche Leben im Westen im 19. Jahrhundert durch den Roman verbreitet wurde. Es handelt sich also um eine neue Lebensart, die lokal entstanden ist. Sie ist weder vom dörflichen Leben noch von der kollektiven Erinnerung an das Gestern abgeschnitten, auch wenn beide hierarchisch der städtischen Moderne untergeordnet sind.

Es ist daher nur allzu normal, daß sich die tiefgreifenden Umwälzungen, von denen der Kongo in den neunziger Jahren erschüttert wurde, chronikartig in der Malerei wiederfinden, die sich gleichermaßen intensiv mit sozialen, wirtschaftlichen und kulturellen Fragestellungen auseinandersetzt. Hinsichtlich ihrer Tragweite und der Gewalttätigkeit sind die Prüfungen, die dem Einzelnen in den neunziger Jahren auferlegt wurden, mit den Aufständen in den sechziger Jahren vergleichbar. Was in den sechziger bis achtziger Jahren noch als marginale oder pathologische Erscheinung angesehen wurde, ist heute zum Alltag geworden. In ihrer Kritik am Mobutu-Regime bezeichneten die Kongolesen Korruption, Diebstahl, Autoritätsmißbrauch als „Anti-Werte", die immer wieder von Musikern und Malern angeprangert wurden. Heute scheint sich fast jeder damit abgefunden zu haben, daß das Leben so ist.

Die Aufstände im Kongo waren ein verzweifelter Versuch, eine zweite Unabhängigkeit zu verwirklichen, die tiefgreifendere Veränderungen hätte bewirken sollen, als die 1960 erfolgte schlichte Machtübergabe des kolonialen Staates und der kolonialen Wirtschaft. Die weißen Machthaber der Zeit vor 1960, die „bamundele" (auf Lingala) oder die „wazungu" (auf Suaheli), hatten zwar die Hautfarbe gewechselt, ihr Verhältnis zu den einfachen Menschen hatte sich aber in keiner Weise verändert. Seither ist die Verachtung gegenüber den Armen sogar noch direkter, noch schonungsloser spürbar. Die auf den Bildern, die in den drei Städten zum Verkauf angeboten werden, häufig thematisierten Plünderungen der neunziger Jahre sind in gewisser Weise eine Wiederholung der Aufstände dreißig Jahre zuvor. Die unmittelbare, aus der eigenen Erfahrung gespeiste Erinnerung wurde im Laufe der zwei Generationen, die seither vergangen sind, allmählich verwischt. Man muß sich vor Augen halten, daß damals eine Frau mit etwa 16 Jahren ihr erstes Kind bekam. Der neuerliche Ausbruch von Gewalt ereignete sich zudem in einem anderen sozialen Umfeld: während es in den sechziger Jahren vorwiegend auf dem Land zu Aufständen kam, wurde nun vor allem in den Städten geplündert.

Seit den Plünderungen müssen die Bürger der neuen Lebenssituation, die kaum mehr an früher erinnert, einen Sinn geben. Die meisten sind von den Strapazen des Alltags erschöpft und träumen von einer Wiederherstellung der alten sozialen Ordnung – in ihren Augen

Wandmalerei auf einer Hütte: links im Bild befindet sich ein Porträt König Alberts, rechts das eines weiteren Europäers. In der Mitte ist ein einheimisches Paar dargestellt und zwischen ihnen ein Spiel.
Foto: Lebied 1946. © Africa-Museum Tervuren (Belgien).

Wandmalerei auf einer Hütte. Uele-Region, Belgisch-Kongo, vierziger Jahre
Foto: © Africa-Museum Tervuren (Belgien).

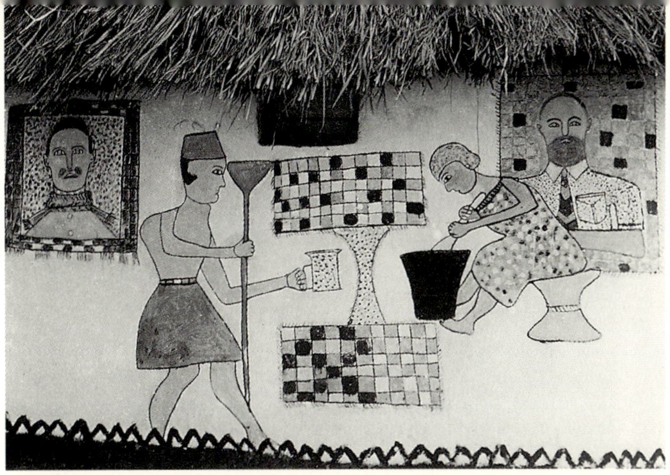

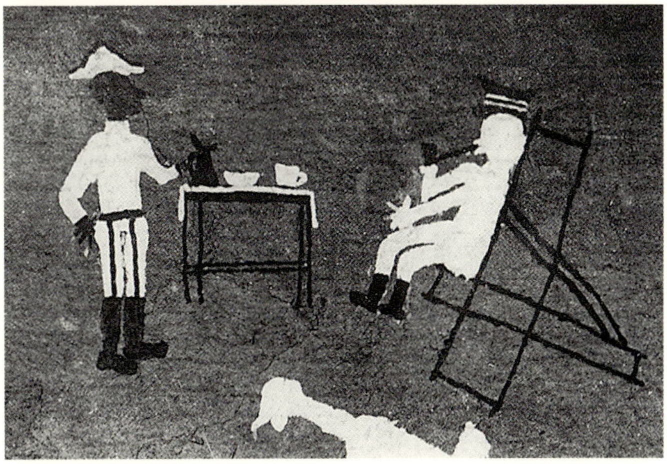

der Kolonialzeit. In einer Gesellschaft, in der die Lebenserwartung immer kürzer wird – heute beträgt sie kaum 40 Jahre –, erinnert man sich an die Kolonialzeit nur mehr als einen politischen Mythos, der dem Regime Mobutu als Schreckgespenst diente. Die Menschen, die von diesem Regime bitter getäuscht wurden und voll erfaßt haben, wie sehr sie ausgebeutet wurden, haben nun die Symbole umgekehrt. Die Kolonialzeit wird nun als Hort des Friedens, der Ordnung und des Wohlstands gesehen, wo die Familie vom Lohn des Mannes leben konnte (es sei daran erinnert, daß es vor allem um städtische Erinnerungen geht) und der Lohnarbeiter daher ein angesehenes Familienoberhaupt war.

Dieser Mythos der Reinkarnation wird von der jetzigen Regierung in Kinshasa auch politisch ausgenützt. Staatspräsident Kabila, der Mobutu stürzte, gehört der Politikergeneration der sechziger Jahre an und war damals bei den Aufständen einer der politischen Führer gewesen. Das symbolische Kapital dieser politischen Gruppe ist geprägt vom Ansinnen die Unabhängigkeit zum Besseren zu wenden, vierzig Jahre sozialer und politischer Erfahrung einer mißbrauchten Unabhängigkeit auszuradieren, jene vierzig Jahre, die Kabila und seine Gefolgsleute außer Landes zubringen mußten. In der Gesellschaft von Kinshasa, die sich vor allem in den siebziger und achtziger Jahren herausbildete, sind sie nur schwach verwurzelt, viele von ihnen waren unbekannt, andere konnten lediglich den vergangenen Ruhm ihrer Eltern vorweisen, die einmal berühmte Politiker gewesen waren. Ende der neunziger Jahre hat die Erinnerung an die Kolonialzeit ausgedient und jene an das Regime Mobutu wird als politisch gefährlich angesehen. In seinen Reden wird Kabila nicht müde zu wiederholen, daß alles, was sich unter Mobutu in das soziale und politische Gefüge des Kongo eingeschlichen hat, ausgemerzt werden muß.

So verblassen jene ikonischen Bilder als Fokus der Erinnerung an den unabhängigen Kongo, die belgische Kolonie, Mami Wata, Inakale, die einst als sinnstiftende Darstellungen zur Erklärung der Welt beigetragen haben. Aus Mangel an anderen Modellen, an neuen Kristallisationspunkten einer kollektiven Erinnerungsarbeit, greifen die Maler nun auf die Darstellung markanter Ereignisse zurück, die die Fantasie oder das Gewissen ansprechen. Diese Chroniken zu schaffen und zu lesen scheint die einzige Möglichkeit, gegen den Verlust eines Minimums an Kontrolle über die Wirklichkeit, über den Alltag anzukämpfen, nicht aufzuhören, mit anderen Austausch zu halten über das Elend, über die Misere, die man miteinander teilt, deren Opfer man ist, lebt man doch im gleichen wirtschaftlichen, sozialen und politischen Gefüge.

„Mutatis mutandis“ war dies auch zu Beginn der Kolonisierung der Fall, als die dörfliche Welt mit der Ankunft der Weißen konfrontiert wurde. Militärs, Missionare, Händler, sie alle waren Wesen, deren Verhalten den Eingeborenen unverständlich und sinnlos erschien. Die Malereien auf den Wänden der Hütten erlaubten es, eine Chronik dieser Invasion zu „schreiben“, ihr seltsames Verhalten, ihre Verrücktheit festzuhalten. In jenem dörflichen Bereich der Erwachsenen, wo die Männer über die Welt sprachen und die Frauen und Alten die Jungen in die Gesellschaft einführten, bot die Wandmalerei eine Möglichkeit zum „Studium", zum Besprechen der Ereignisse. Diese fremden Männer mit ihren schwarzen Hilfskräften zu sehen, die von ihnen mitgebrachten und benützten Dinge und erlaubte jenen, deren Aufgabe es war, der Welt einen Sinn zu geben, nachzudenken ohne handeln zu müssen. Heute hat die Rückkehr zur Bildchronik eine ähnliche Funktion. Es handelt sich zwar weder um fremde Menschen aus der Ferne noch um Gegenstände, deren Nutzen schwer verständlich ist, vielmehr sind es Einstellungen und Verhaltensweisen der eigenen Leute, die das Verständnis übersteigen und über die es nachzudenken gilt. So hält die Chronik eines Lebens, das niemand gezwungen sein sollte zu leben, Einzug in den Salon, in jenen Raum, der durch seinen politischen Charakter öffentlich ist, aber gleichzeitig in jedem Haus der Kontrolle des Familienoberhauptes untersteht. Die populäre Malerei des Kongo ist als soziales Phänomen an den Wänden der Dorfhütten entstanden. Diese soziale Schreibweise der Welt, deren Veränderungen man verstehen muß, ist einmal mehr aktuell. Im Dorf war der Raum zwischen den Häusern der Ort, wo sich das öffentliche Leben abspielte. Im Laufe der fünfziger und sechziger Jahre organisierte sich das afrikanische städtische Leben, dessen Vorbild das in den Kongo importierte belgische Kleinbürgertum war, um den Salon, den Ort, wo sich die Autorität des Familienoberhauptes, eines Lohnempfängers oder Kleinunternehmers, behauptete oder ihren Ausdruck fand. Die Zeichnung auf einer Hüttenwand wurde zur Malerei auf der Staffelei, auf Leinwand. Die ersten Bilder, die in den Salon Einzug halten, sind Porträts eleganter Männer mit Prestigeobjekten wie einem Fahrrad. Es folgen Bilder über die Bedeutung der Erinnerung an die Kolonialzeit zum besseren Verständnis der postkolonialen Gegenwart, zum Beispiel „Colonie Belge". Ein weiteres Genre stellten jene Bilder dar, die die Quellen des Erfolgs in der gegenwärtigen Welt analysieren, wie etwa „Mami Wata".

Das Zirkulation von Menschen und Ideen in der urbanen Welt des Kongo, die Kommerzialisierung der populären Malereien, die im Salon des Stadthauses stattfand, begünstigten die Herausbildung gewisser Ikonen der kollektiven Erinnerung. Der niedrige Verkaufspreis der Bilder bedingte, daß der Maler seinen Lebensunterhalt durch den Verkauf von möglichst vielen Malereien sichern mußte und sich daher bemühte, Spezialist für ein bestimmtes Bildmotiv zu werden. Die Funktion des Salons als öffentlicher Raum, der jedoch der Kontrolle des jeweiligen Familienoberhauptes unterstand, machte es erforderlich, daß jeder zu Hause aufhängte, was die Seinen als legitim erachteten. Ein ikonisches Erinnerungsbild erfüllt diese Funktion äußerst wirksam und wird durch die gesellschaftliche Anerkennung des Modells legitimiert. Verschiedene Varianten ein und desselben Bildes werden von unterschiedlichen Malern ausgeführt, wobei keines eine mechanische Kopie eines anderen ist. So konnte jeder Salon allen anderen gleichen, ohne indes identisch zu sein.

Die Bedingungen der neunziger Jahre sind der Entstehung von Ikonen des kollektiven Gedächtnisses nicht mehr förderlich, der Markt wird vielmehr von einer Chronik der Gegenwart beherrscht. Die Preise für Bilder sind durch das Elend ins Bodenlose gefallen. Die Maler können es sich nicht mehr erlauben, mehrere Versionen des gleichen Bildes herzustellen, sie suchen ihr Heil vielmehr in einer relativen „Originalität" der Wiedergabe von Ereignissen oder Verhaltensweisen, die sie einzigartig und spektakulär darstellen wollen. Jeder möchte Aufmerksamkeit erregen. Zu einem großen Teil ist dafür die politische und wirtschaftliche Situation des Kongo verantwortlich zu machen, es ginge aber an der Realität vorbei, wollte man den Einfluß der westlichen Medien auf die zeitgenössische kongolesische Malerei verkennen.

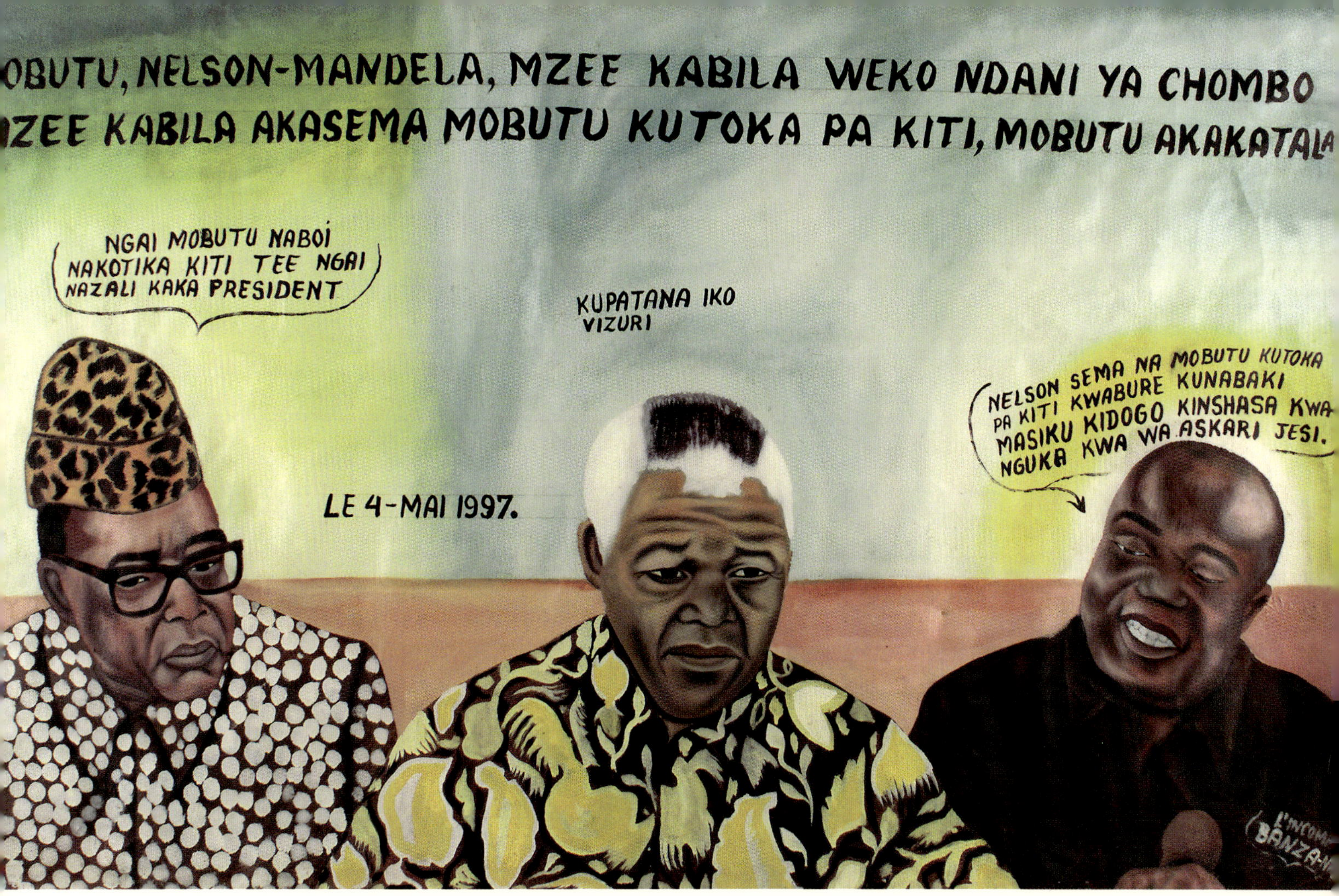

(1) L'incomparable Banza Nkulu

Mobutu, Mandela und Kabila im Jahr 1997

Lubumbashi
Sammlung Jewsiewicki
108,5 x 69 cm

Mobutu: *Ich, Mobutu, werde die Macht nie abgeben. Ich bleibe Präsident.*
Mandela: *Es wäre besser, ihr würdet euch einigen.*
Kabila: *Nelson, sag Mobutu, er soll sich von der Macht verabschieden, sonst wird sich Kinshasa in wenigen Tagen in den Händen der Askari* (Soldaten Kabilas) *befinden.*

Das von Mandela organisierte Treffen zwischen Mobutu, Mandela und Kabila im Mai 1997 fand auf einem Schiff vor der kongolesischen Küste statt. Mandela wirkte als Vermittler zwischen den beiden Opponenten, Mobutu sollte zugunsten Kabilas zurücktreten. Während des Gespräches drohte Kabila Mobutu, daß seine Soldaten in ein paar Tagen in Kinshasa wären, falls er die Macht nicht abgeben würde. Mobutu lehnte ab.

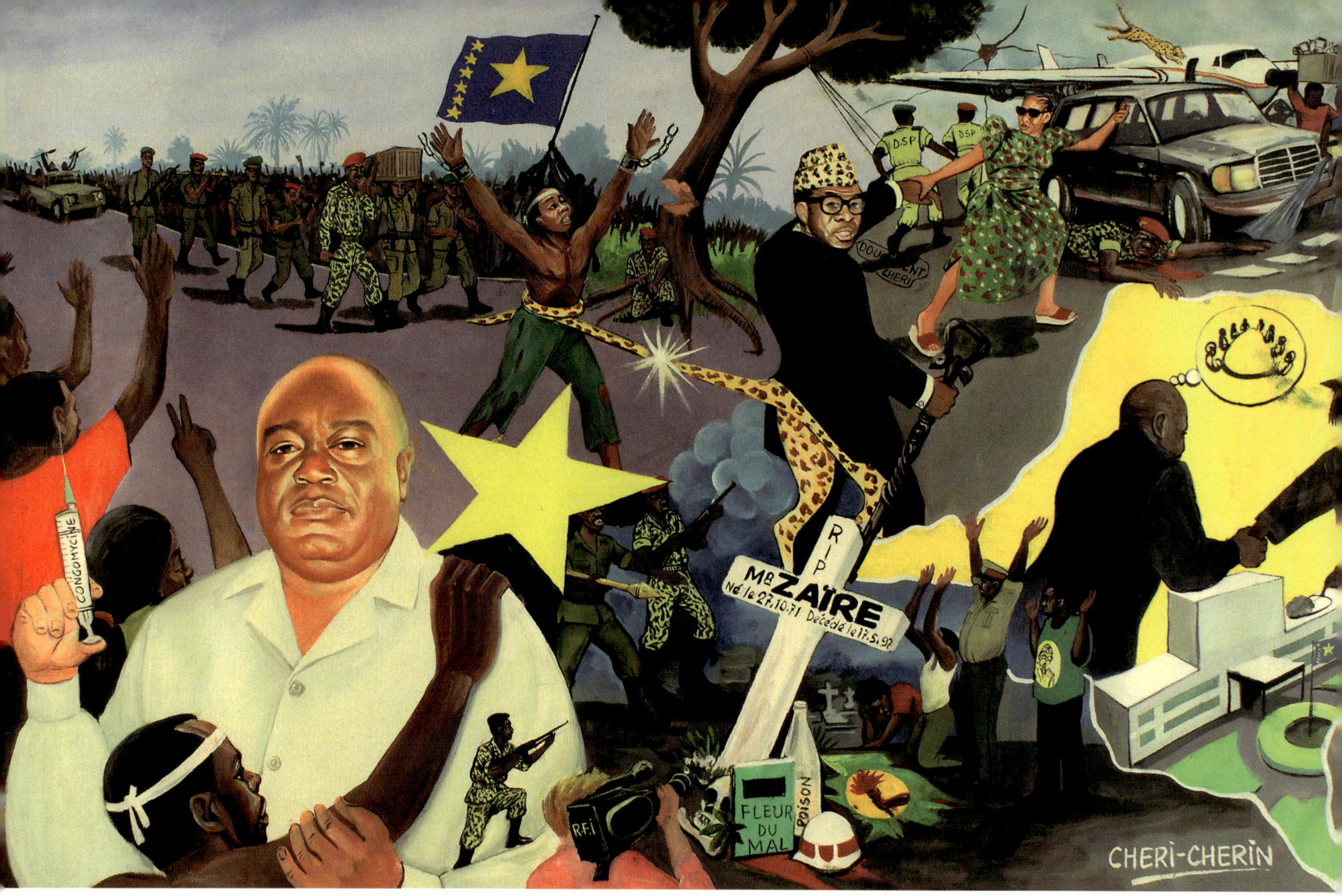

(2) Cheri Cherin
Tod des Staates Zaïre

Kinshasa 1999
Museum für Völkerkunde, Wien
Inv.Nr. 177.945
94,5 x 61 cm

Hier wird Kabilas Sieg über Mobutu dargestellt, der mit seiner Frau flüchtet. Kabila und seine Soldaten im Hintergrund schwenken die neue Fahne. In der Hand hält er eine Spritze, eine neue Form auf seine magische Kraft hinzuweisen, die er auf seine Militärs überträgt. Rechts unten wird sein Versprechen, einen Rechtsstaat einzuführen illustriert. In der Mitte versinnbildlicht das Kreuz den Tod des Staates Zaïre. Kabila führt wieder „Kongo“ als Staatsbezeichnung ein.

(3) Tshibumba Kanda Matulu

Antonio I, der letzte König des Kongo-Reiches

Lubumbashi 1981
Sammlung Jewsiewicki
53 x 33,5 cm

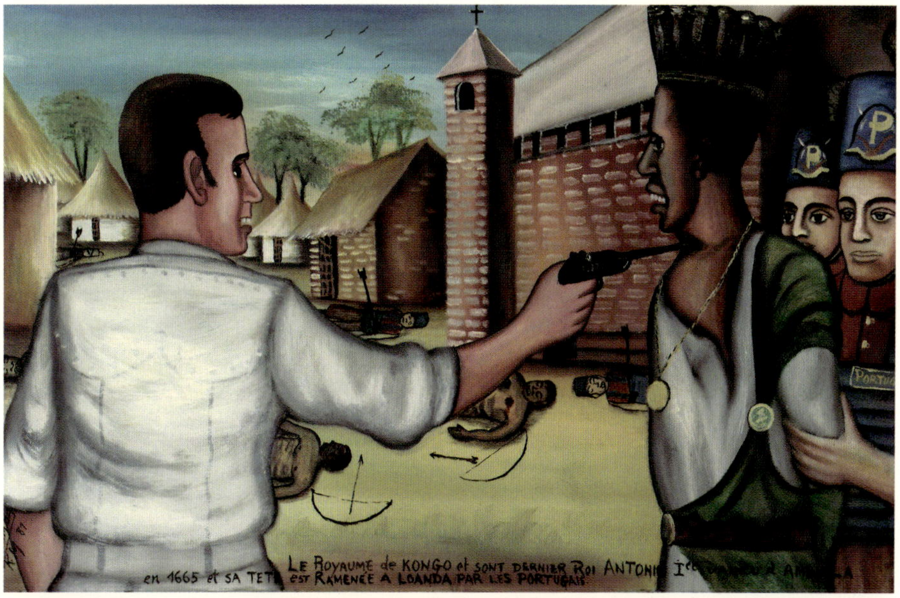

1665 gilt allgemein als das Enddatum des Kongo-Königreiches. Nachdem der letzte König Antonio I. die Schlacht bei Ambuila verloren hatte, wurde er von den Portugiesen ermordet.
Für Tshibumba begann mit diesem Ereignis die koloniale Ära. Aus diesem Grund stellt er den König mit einer Medaille dar, die die belgischen Autoritäten an von ihnen anerkannte Häuptlinge verliehen. Auf dem Bild tragen die portugiesischen Soldaten Uniformen der belgischen Kolonialarmee. Ein weißer Mann, dargestellt als Söldner, bedroht den König mit einer Pistole. Die Handlung reflektiert kongolesische Erfahrungen der sechziger Jahre.

(4) Tshibumba Kanda Matulu

Lueji wird Oberhaupt der Lunda

Lubumbashi 1973
Sammlung Jewsiewicki
61 x 41 cm

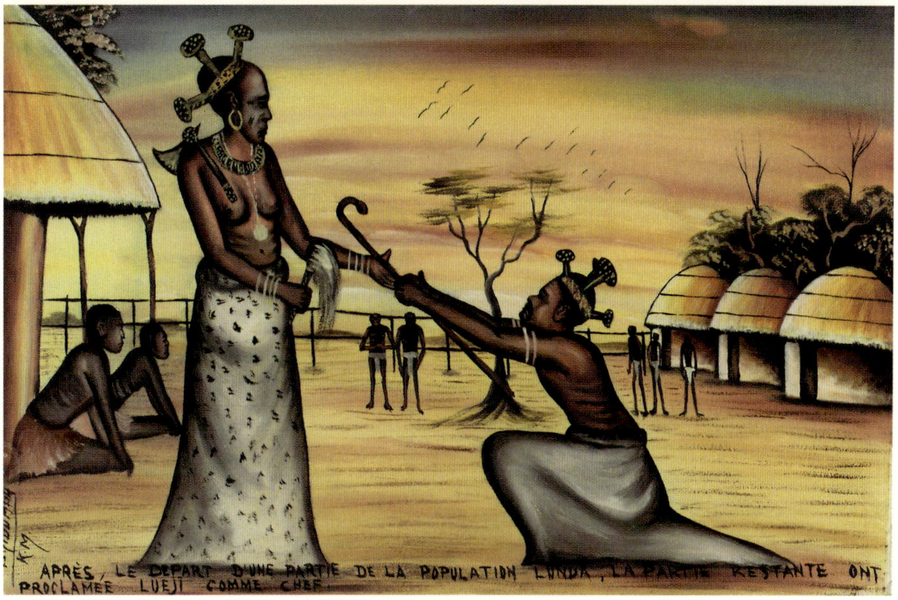

Die Provinz Katanga ist Wohngebiet zweier großer ethnischer Gruppen: den Luba und Lunda. Die hier dargestellte Episode aus dem 17. Jahrhundert zeigt die Ernennung des weiblichen Oberhauptes Lueji, die den Übergang von der vormaligen Herrscherdynastie zu jener markiert, die bis heute regiert.
Während in den sechziger Jahren die Luba einen zentralistischen Kongostaat unterstützten, waren die Lunda wichtige Drahtzieher der Katanga-Sezession. Bezugnahmen auf die glorreiche präkoloniale Geschichte der Lunda dienen oft als Hinweis auf die Unabhängigkeit Katangas von 1961.

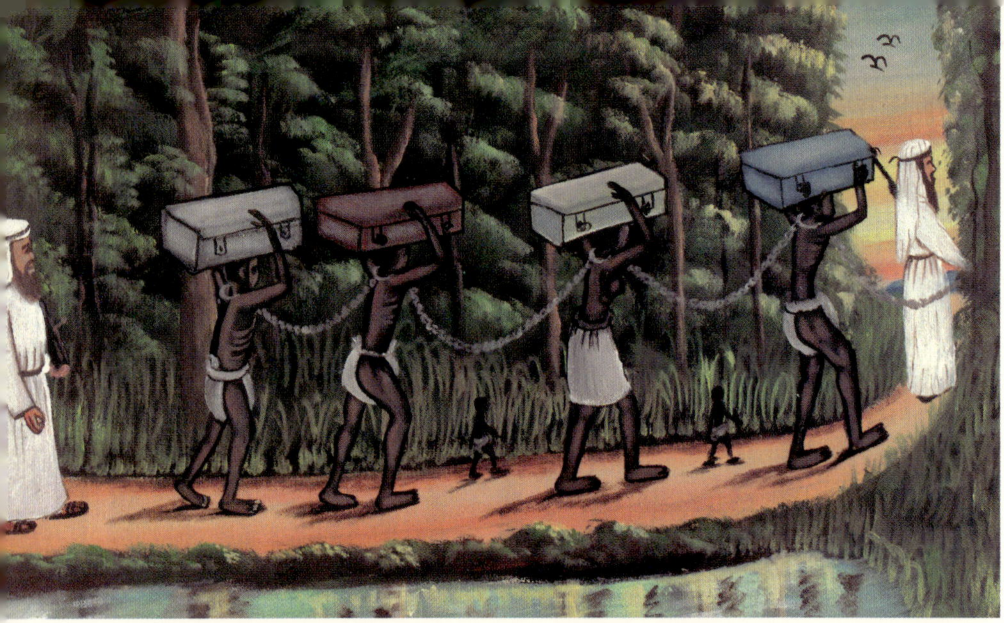

(5) Kyungu wa Kennedy
„Temps arabe“ (Sklavenhandel)

Lubumbashi 1999
Museum für Völkerkunde, Wien
Inv.Nr. 177.957
66 x 46 cm

Die „Zeit der Araber“ bezieht sich auf die zweite Hälfte des 19. Jahrhunderts, als Suaheli sprechende Händler den östlichen Teil Kongos besetzten und von dort Elfenbein und Sklaven exportierten. Die belgischen Kolonialautoritäten legitimierten unter anderem ihre Eroberung des Kongo damit, indem sie diese als Befreiung von den „arabischen“ Sklavenhändlern propagierten. Von der biblischen Geschichte der jüdischen Gefangenschaft in Ägypten inspiriert, wird im Kongo allgemein die koloniale Vergangenheit als Verlängerung der Sklaverei gesehen und die weiß gekleideten Araber als Verkörperung von Kolonialbeamten und Missionaren. Generell wird jede Beherrschung mit Sklaverei verglichen, auch Mobutus autoritäres Regime.

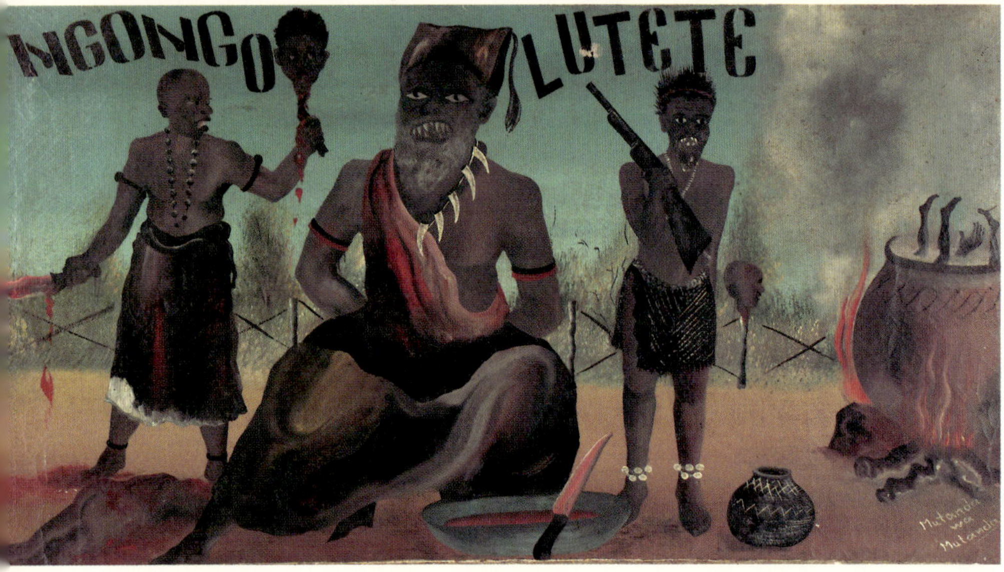

(6) Mutanda wa Mutanda
Ngongo Lutete

Lubumbashi
Sammlung Jewsiewicki
59 x 30 cm

Ngongo Lutete, ein Häuptling der Tetela, war ein Alliierter der Suaheli-Händler, und konnte sich eine gewisse Unabhängigkeit bewahren, indem er sich Ende des 19. Jahrhunderts mit den Belgiern verbündete. Später wurde er von diesen hingerichtet, weil er sich weigerte seine Unabhängigkeit aufzugeben. In der Kolonialgeschichte wird Ngongo immer als barbarischer, kannibalistischer Sklavenhändler dargestellt. Im kollektiven Gedächtnis der Kongolesen ist er eine widersprüchliche Persönlichkeit, die beides verkörpert, Kampf für Unabhängigkeit und Kannibalismus, der als Symbol für alle Übel der vorchristlichen afrikanischen Vergangenheit steht.

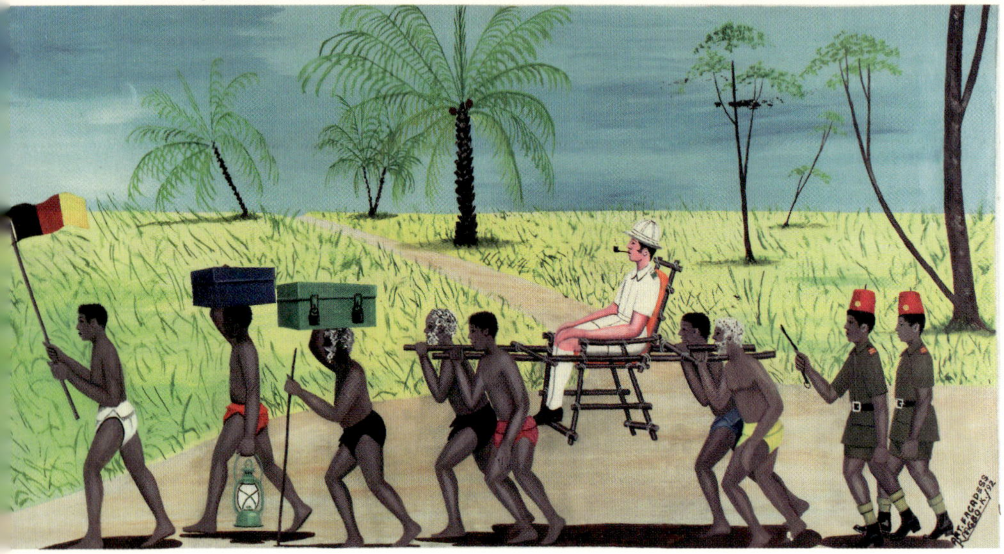

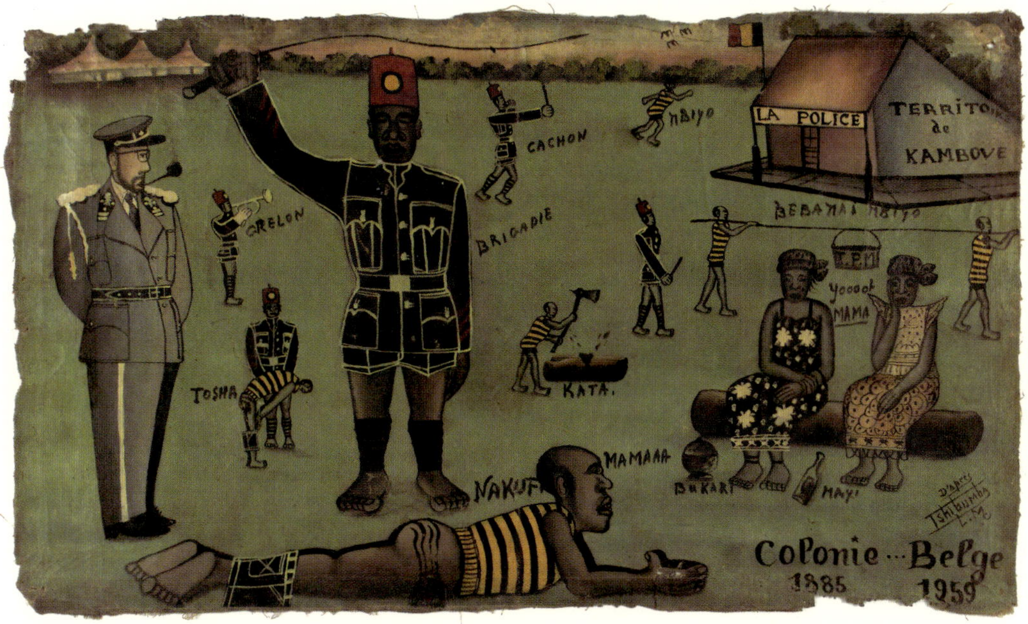

(7) Tshibumba Kanda Matulu

„Colonie Belge"

Lubumbashi
Museum für Völkerkunde, Wien
Inv.Nr. 178.070
82 x 47 cm

Während der belgischen Kolonialzeit war es üblich, Gefangene vor lokalen Verwaltungsgebäuden auszupeitschen. Die Darstellung dieser entwürdigenden Bestrafung war in den siebziger und achtziger Jahren weit verbreitet und wird als Sinnbild der – kolonialen und postkolonialen – staatlichen Beherrschung der Bevölkerung verstanden. Mit Ausnahme der Lokalbezeichnung am Verwaltungsgebäude, die auf den Ort des Geschehens verweist, ist das Bild immer gleich strukturiert: ein belgischer Kolonialbeamter beobachtet das Geschehen, ein schwarzer Soldat peitscht den Gefangenen aus und wehklagende Frauen wohnen dem Ganzen bei.

(8) Art. Facadess (Kpagbo)

Kolonialist wird auf dem Traggestell transportiert

Bunia 1992
Sammlung Jewsiewicki
74 x 40,5 cm

Im 19. und frühen 20. Jahrhundert war es ein Privileg präkolonialer Herrscher und von Weißen sich auf den sogenannten „tipoi" oder Traggestellen transportieren zu lassen. Im Falle der ersteren geschah es infolge eines rituellen Verbotes, den Boden zu berühren. Die Weißen ließen sich tragen, da sie wegen des tropischen Klimas oft nicht in der Lage waren, weite Distanzen zu Fuß zurückzulegen. Dieses Bild ist als Sinnbild für das Leid der Bevölkerung unter der kolonialen Herrschaft zu verstehen.

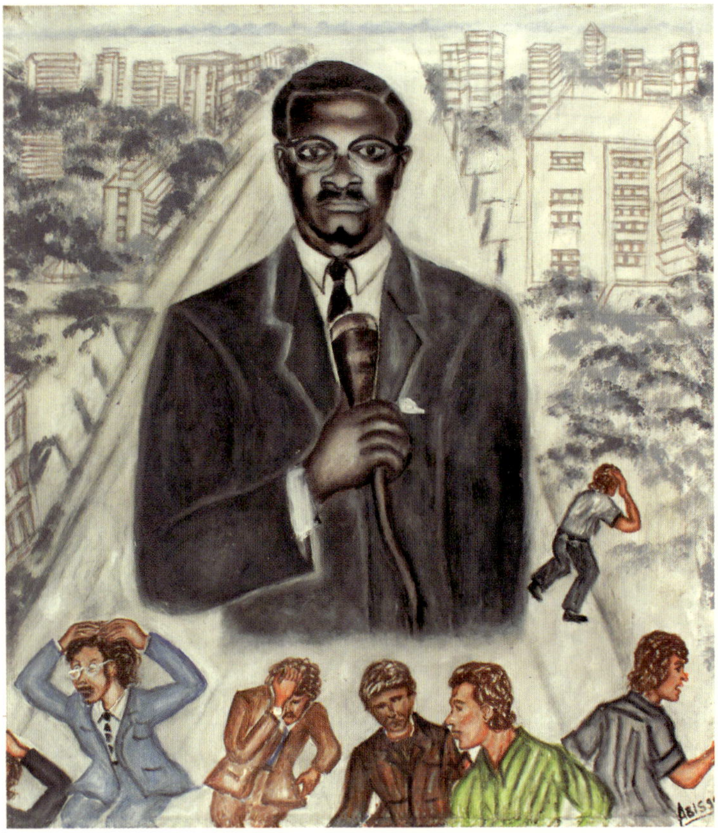

(9) Abis

Panik der Weißen nach Ansprache Lumumbas

Lubumbashi 1999
Museum für Völkerkunde, Wien
Inv.Nr. 177.983
81 x 43,5 cm

Am 30. Juni 1960 wurde der Kongo als unabhängig erklärt. Während der offiziellen Verkündigungszeremonie in Léopoldville (heute Kinshasa) stand Lumumba nach der Ansprache des belgischen Königs Baudouin auf und hielt eine nicht vorgesehene Rede, in der er die Belgier für das Leid unter der kolonialen Herrschaft anklagte. Diese Äußerung war Anlaß für die erste diplomatische Krise zwischen Belgien und dem neuen unabhängigen Kongostaat.

In der Erinnerung der Kongolesen war dies der Beweis für die magische Kraft Lumumbas, wodurch er mit präkolonialen Herrschern verglichen wurde. Man schrieb ihm die Fähigkeit zu, nur durch die Kraft seiner Stimme Änderungen zu bewirken.

(11) Tshibumba Kanda Matulu

Öffentlicher Auftritt Mobutus

Lubumbashi 1977
Sammlung Jewsiewicki
51 x 34 cm

Die zentrale Aussage dieses Bildes ist, daß Mobutu wie viele andere Herrscher in Afrika seinem Volk den Rücken zukehrte. Er kümmert sich nicht um all jene, die er dazu gezwungen hatte, seine Anhänger zu sein, indem er alle Bürger Zaïres zu einer Mitgliedschaft in seiner Einheitspartei MPR verpflichtete. Der in grün gekleidete Mann in der unteren Bildmitte verweist auf diese Form der „Sklaverei".

Ein weiterer Aspekt dieser Darstellung, in der Mobutu den Betrachter nicht anblickt, reflektiert die Ansicht, daß die Augen von Hexern töten können. Wichtige Häuptlinge waren oft als mächtige Hexer angesehen und Mobutu wird hier von Tshibumba mit seinem Leopardenhut und dem Gehstock als Nachfahre traditioneller Herrscher dargestellt.

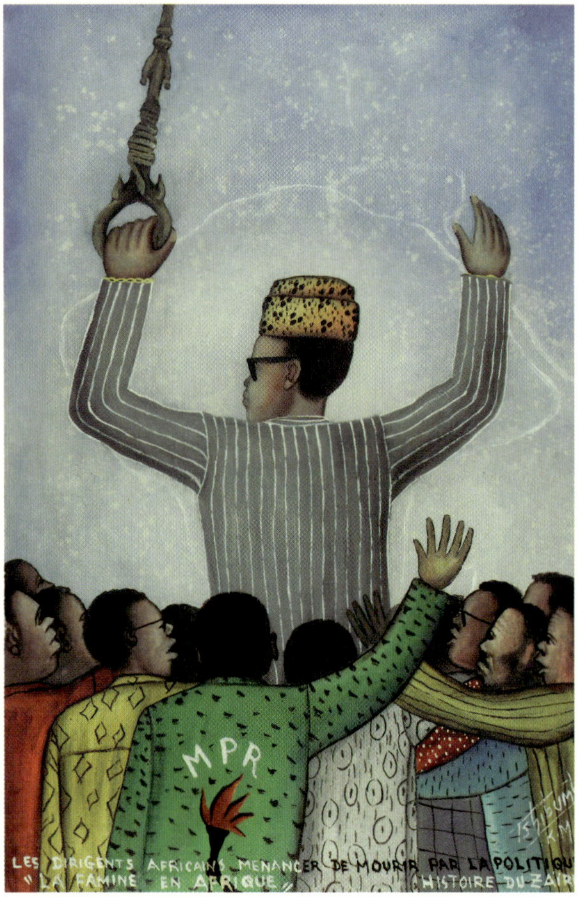

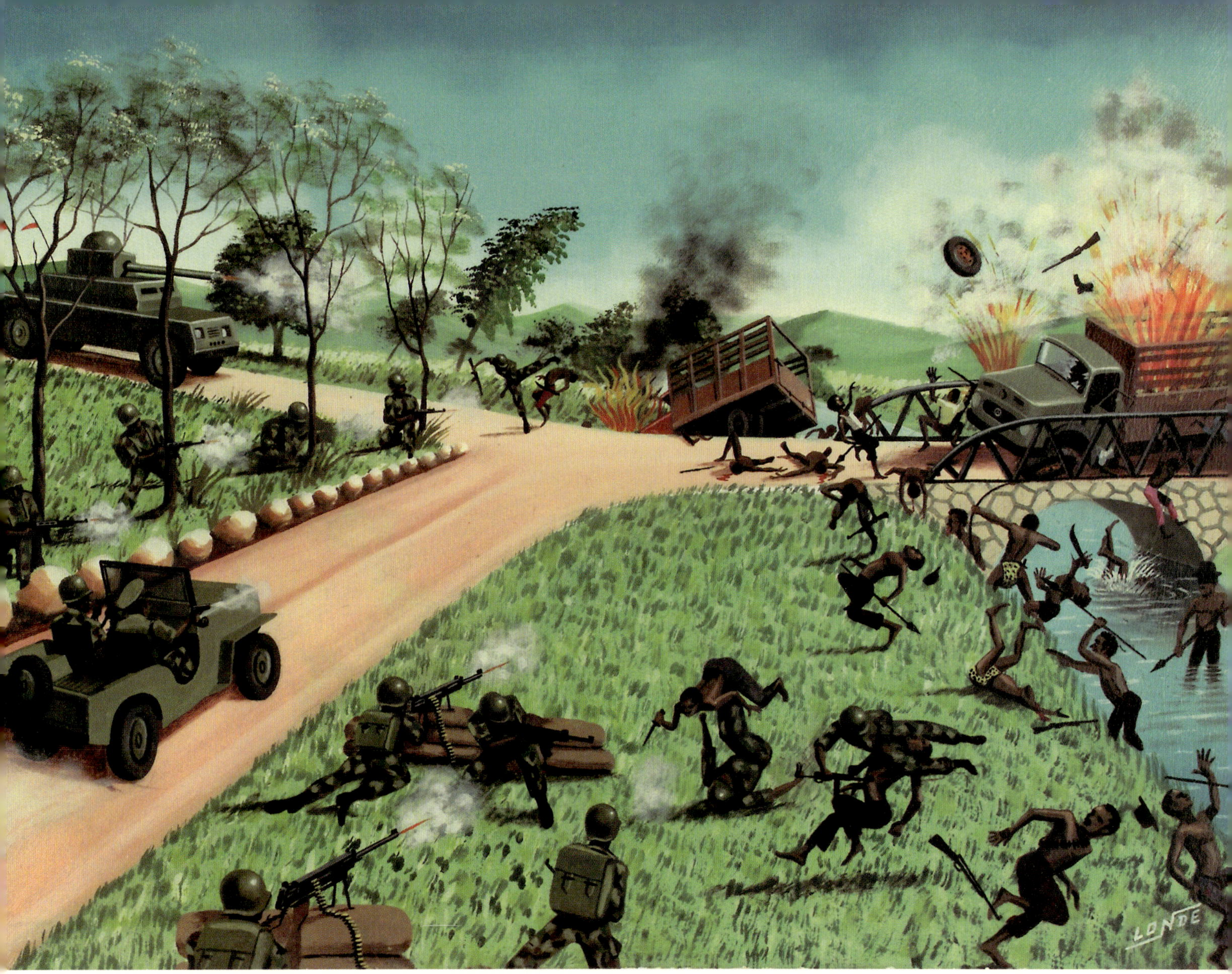

(10) **Londe**
Kampf an der Brücke

Bunia 1992
Sammlung Jewsiewicki
60 x 44,5 cm

Die Aufstände von 1963–65 waren in der Sicht der Kongolesen ein zweiter Versuch, Unabhängigkeit zu erlangen, und zwar in diesem Falle von dem neokolonialen Staat. Die Kämpfe zwischen den Rebellen und der staatlichen Armee mit ihren Söldnern werden häufig als eine Konfrontation zwischen moderner Technologie und traditionellen Waffen dargestellt. Diese generelle Vision eines Kampfes authentischer afrikanischer Kräfte gegen den westlichen Imperialismus wird von den Malern auf lokale Beispiele solcher Kämpfe bezogen. In jeder Region, wo solche Auseinandersetzungen stattgefunden haben, gibt es lokale Gedächtnisorte für diese Rebellionen. Londe und andere Maler aus Bunia halten die Erinnerung an die Kämpfe an der Tinda-Brücke aufrecht, die sie häufig abbilden.

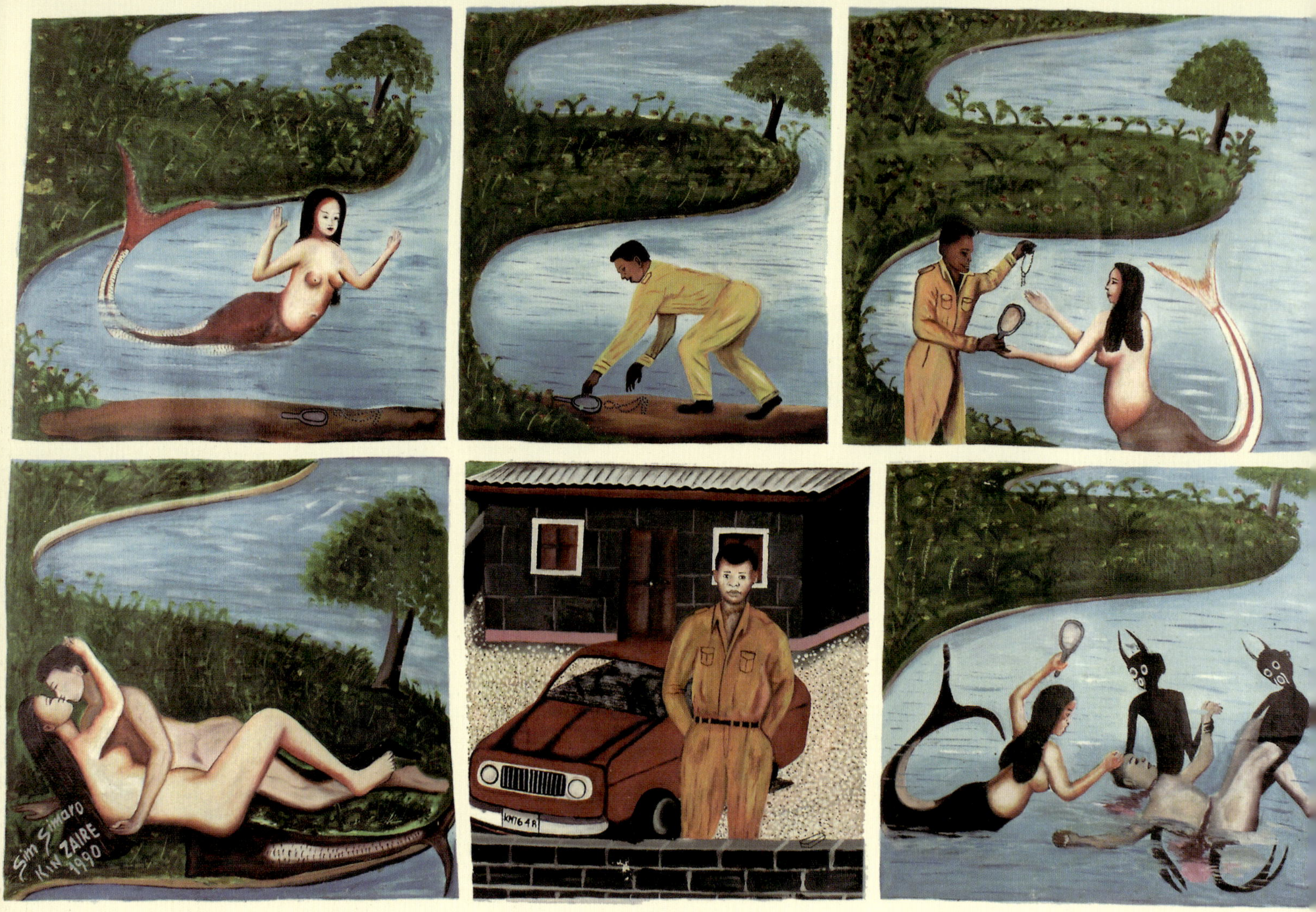

(12) Sim Simaro
Geschichte der Mami Wata

Kinshasa 1990
Sammlung Jewsiewicki
119 x 79,5 cm

In der urbanen kongolesischen Überlieferung repräsentiert die Sirene den Zugang des schwarzen Mannes zu Reichtum und Macht. Sie ist immer als weiße Frau in der Nähe einer weiten Wasserfläche dargestellt und verweist auf Europa als Gebiet auf der anderen Seite eines großen Wassers. Simaro gibt die verbreitete Version der Mami-Wata-Erzählung wieder: Ein Mann kommt in den Besitz eines Objektes der Sirene, hier eines Spiegels. Als Dank für dessen Rückerstattung geht die Sirene ein Verhältnis mit dem Mann ein. Er muß ihr treu bleiben, dafür verhilft sie ihm zu Macht und Reichtum. Als Schluß wird die Realität der Mami Wata dargestellt, ihre satanische Macht, die ihren Geliebten ins Unheil führt.

Die Geschichte verweist darauf, daß der monetäre Reichtum der Moderne satanischen Ursprungs ist, und von jenen, die ihn suchen, grausame Opfer verlangt.

(13) **Aneos**

Mami Wata (östlicher Stil)

Bunia 1988
Sammlung Jewsiewicki
59 x 39,5 cm

Ich werde reich, indem ich einer großen Gefahr die Stirn biete.

Im Osten des Landes wird Mami Wata mit moslemischen Männern assoziiert, meist mit Händlern, die ihren Erfolg einem Verhältnis mit der Sirene verdanken. In dieser Version betet ein Moslem seine Mami Wata an, neben ihm am Boden werden magische Verrichtungen angedeutet.

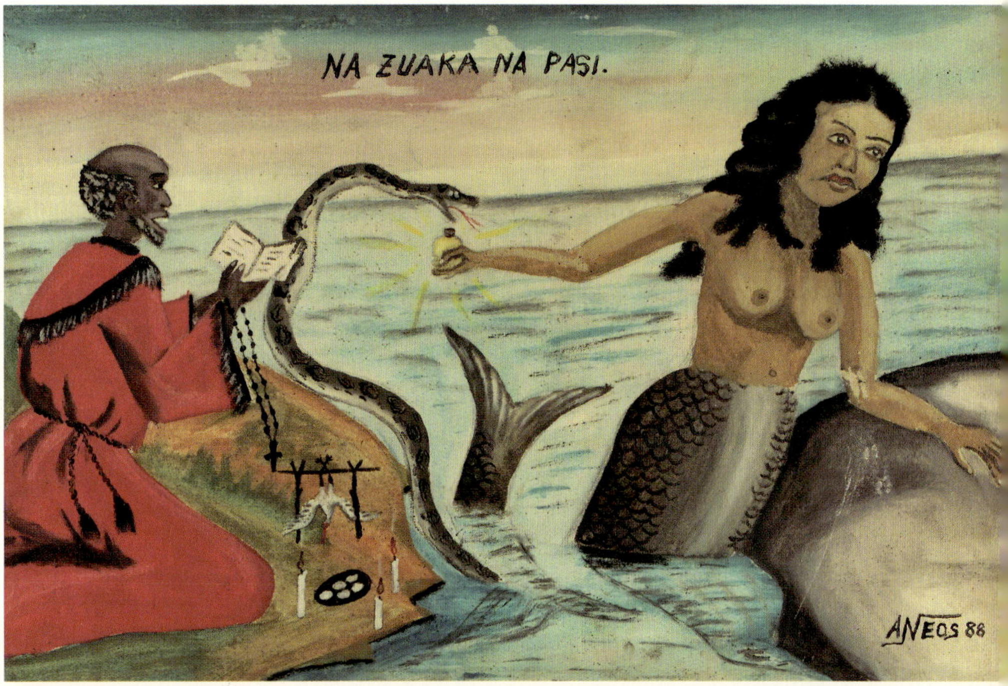

(14) **Musondo**

Mamba Muntu (Mami Wata)

Lubumbashi
Museum für Völkerkunde, Wien
Inv.Nr. 178.053
62 x 38 cm

In Katanga wird die Sirene auch Mamba Muntu, Krokodilmensch, genannt. Das Krokodil wird allgemein mit Hexerei assoziiert. Die Mamba Muntu hat meist eine Schlange als Attribut, das als christliches Symbol für Verführung zu verstehen ist. Die Armbanduhr repräsentiert Modernität.

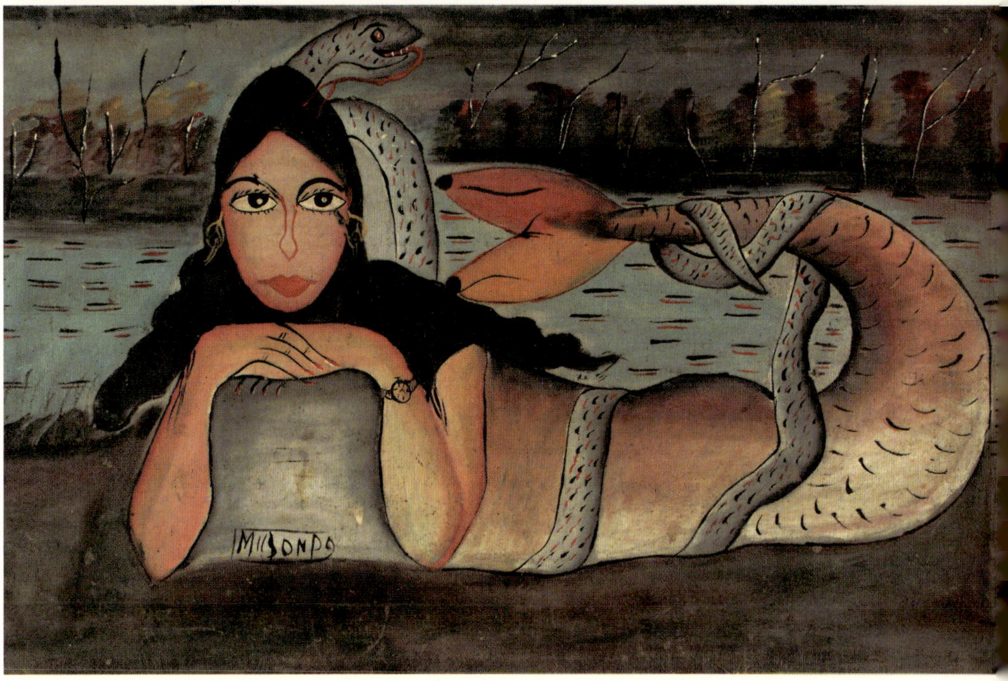

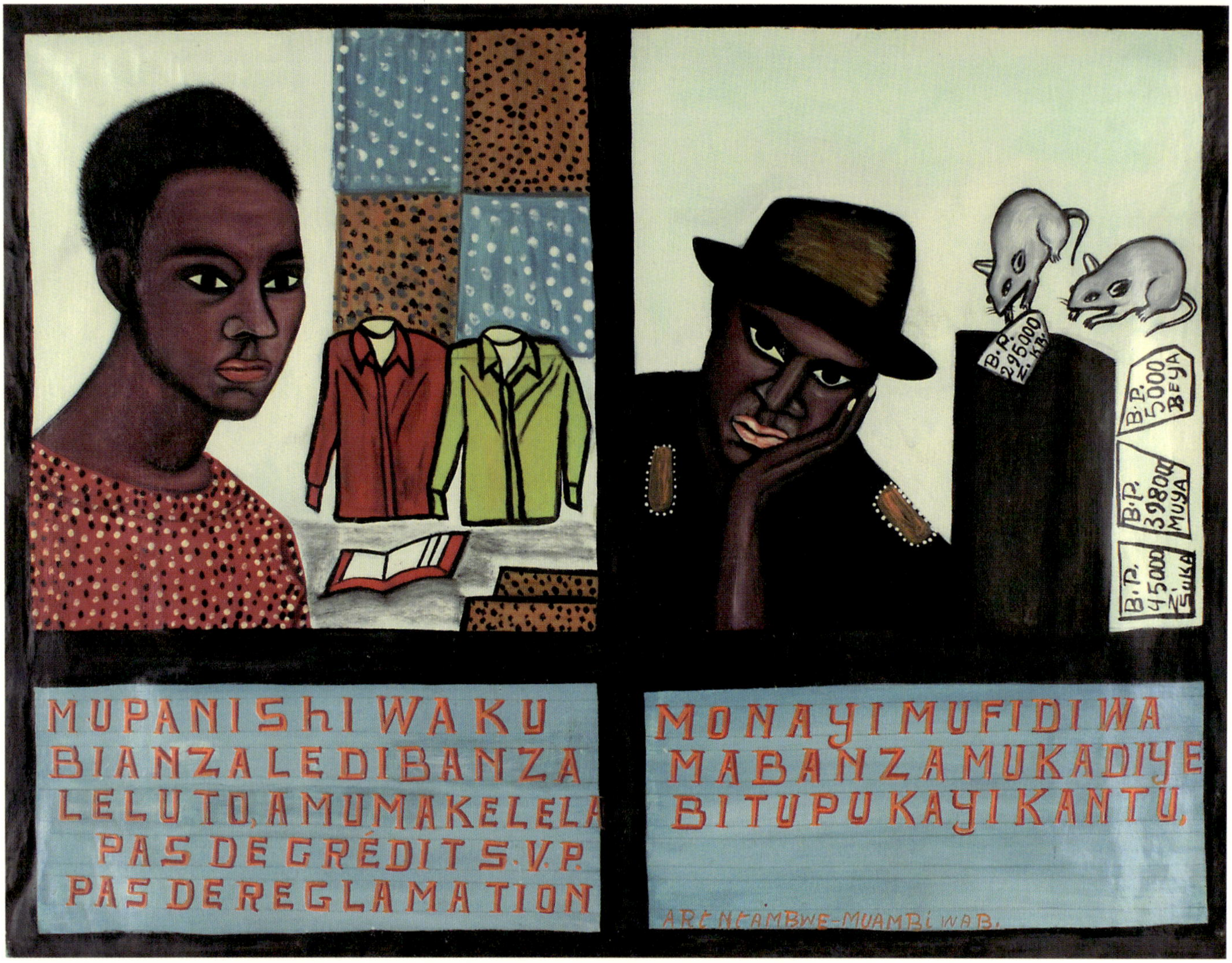

(15) **Ntambwe Muambi**
„Credit est mort" (Gefahren des Kredits)

Bunia
Sammlung Jewsiewicki
81,5 x 61,5 cm

Heute gibt es keinen Kredit, kommt morgen wieder. Kein Kredit, bitte, insistiert nicht! Schaut den an, der auf Kredit verkauft, er hat nichts mehr.

Solche Darstellungen der guten und schlechten Geschäftsleute basieren auf alten flämischen Schildern, die die Folgen des Verkaufs auf Kredit aufzeigen. Hier wird die Frau als ernsthaftere Geschäftsfrau dargestellt, deren Geschäft prosperiert, im Gegensatz zu jenem des Mannes, der mit Schuldscheinen zurückbleibt, die er eigentlich nur an die Mäuse verfüttern kann.

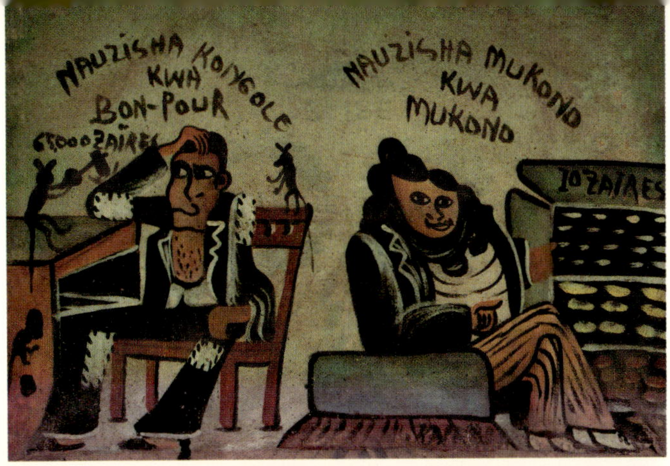

(16) **Kapenda**
„Credit est mort"
(Gefahren des Kredits)

Lubumbashi
Museum für Völkerkunde, Wien
Inv.Nr. 178.052
43 x 29,5 cm

Hier wird einem weißen griechischen Händler, der keinen Kredit gibt, ein schwarzer gegenübergestellt, der es tut und deshalb in Konkurs geht. Ihm bleiben nur Schuldscheine, die eigentlich nichts wert sind, während der unerbittliche „gute" Geschäftsmann in einem offenen Schrank wertvolle „Pagne", teure Stoffe, hortet.

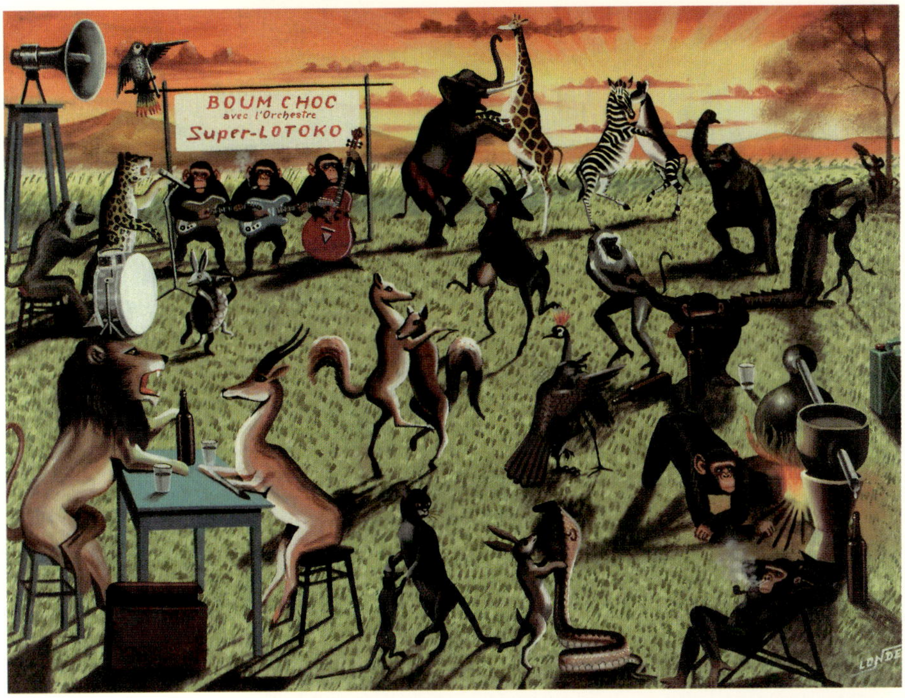

(17) **Londe**
Tier-Band

Bunia 1992
Sammlung Jewsiewicki
59 x 44 cm

Solche Bilder verwenden als Stilmittel wie in den Fabeln der Oraltraditionen Tiere, die eigentlich Menschen verkörpern. Hier wird ein Fest dargestellt, bei dem sich alle treffen und Konflikte und Probleme vergessen, sogar ein Löwe und eine Antilope sitzen an einem Tisch und trinken zusammen ein Bier. Der Maler will damit ausdrücken, daß bei guter Musik, feinem Essen und einem Bier sonstige Differenzen an Bedeutung verlieren.

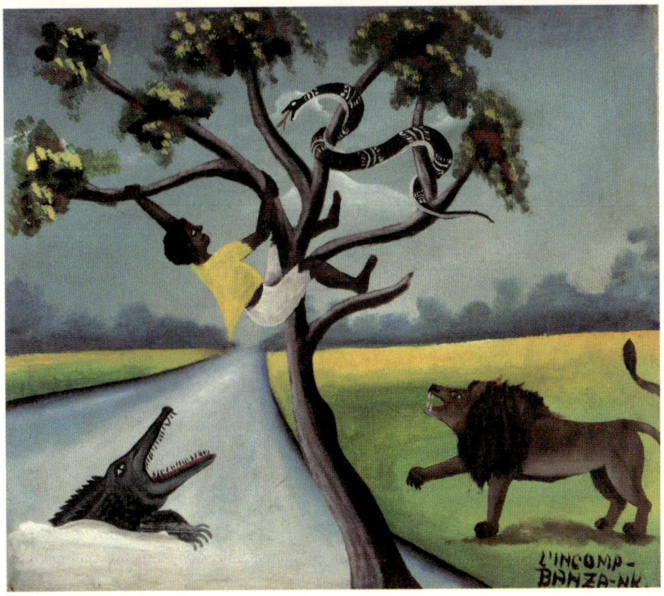

(18) **L'incomparable Banza Nkulu**
Inakale (Kein Ausweg)

Lubumbashi
Sammlung Jewsiewicki
42 x 36 cm

Der Mann, der sich vor einem Krokodil im Wasser und einen ihn bedrohenden Löwen am Ufer auf einen Baum flüchtet, sieht sich dort mit einer Schlange konfrontiert. Solche Bilder stehen sinnbildhaft für ausweglose Situationen im Leben des Menschen. Häufig wird die Darstellung so verstanden, daß nur Gott einem Menschen in dieser hoffnungslosen Lage helfen kann. Das Krokodil steht für Hexerei, der Löwe für den unterdrückenden Staat und die Schlange für die Sünde im allgemeinen, zwischen diesen Mächten ist das Individuum gefangen und kann nicht aus.

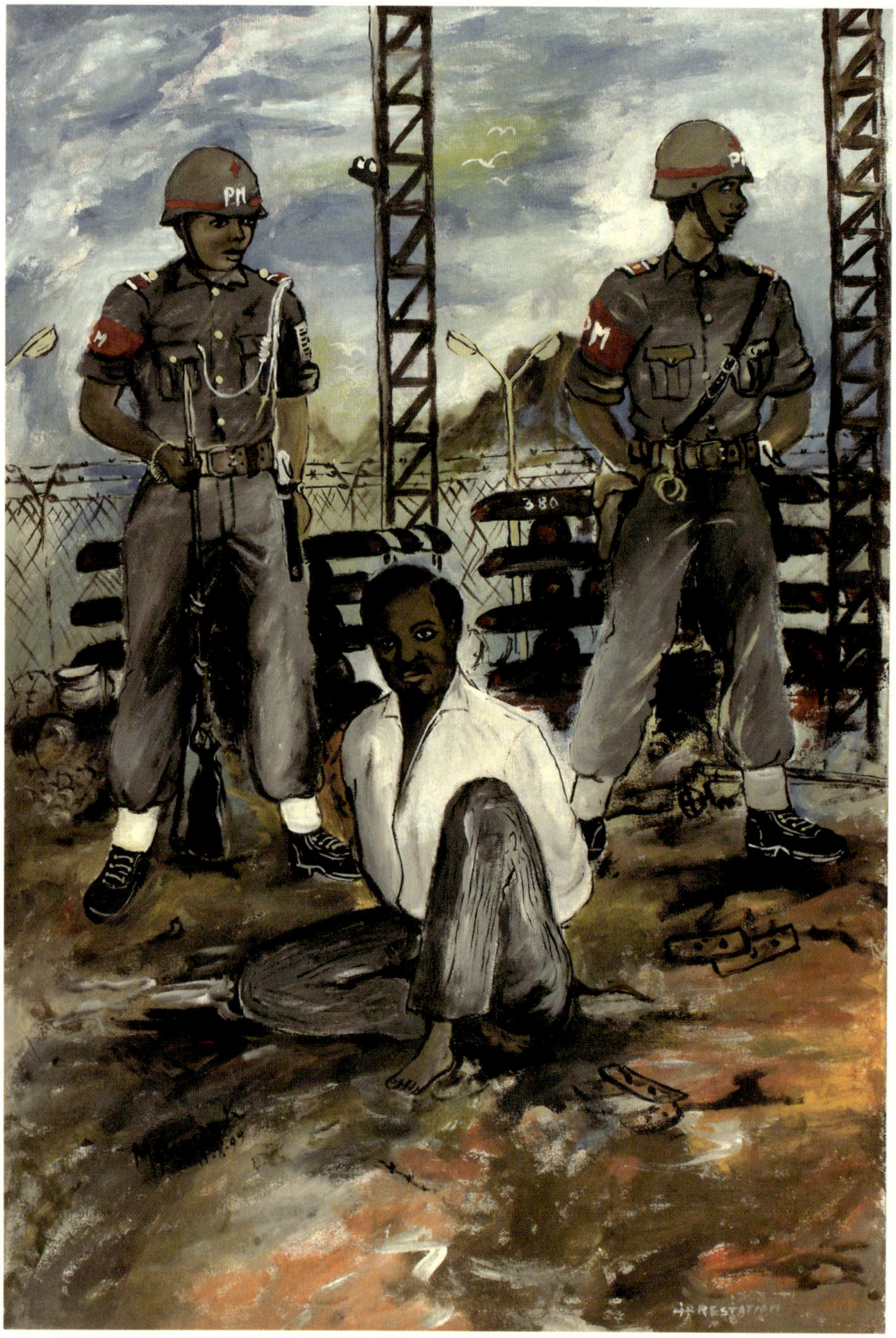

(19) **Matanda wa Matanda**

Lumumba verhaftet

Lubumbashi 1999
Museum für Völkerkunde, Wien
Inv.Nr. 178.009
71,5 x 49 cm

Diese neue Bildversion der Verhaftung Lumumbas zeigt, wie Illustrationen auf Geldscheinen als Vorlage für Malereien dienen.

Die beiden Soldaten hinter Lumumba tragen Uniformen, die an Mobutus Soldaten erinnern, wodurch auf Mobutus Involvierung in die spätere Ermordung Lumumbas hingewiesen wird. Mit der modernen Industrielandschaft im Hintergrund signalisiert Matanda, daß der Westen im Verborgenen ein Drahtzieher war.

Die Dreierkomposition bringt Lumumbas Tod mit christlichem Märtyrertum in Verbindung, indem es an die Kreuzigung Jesus gemahnt.

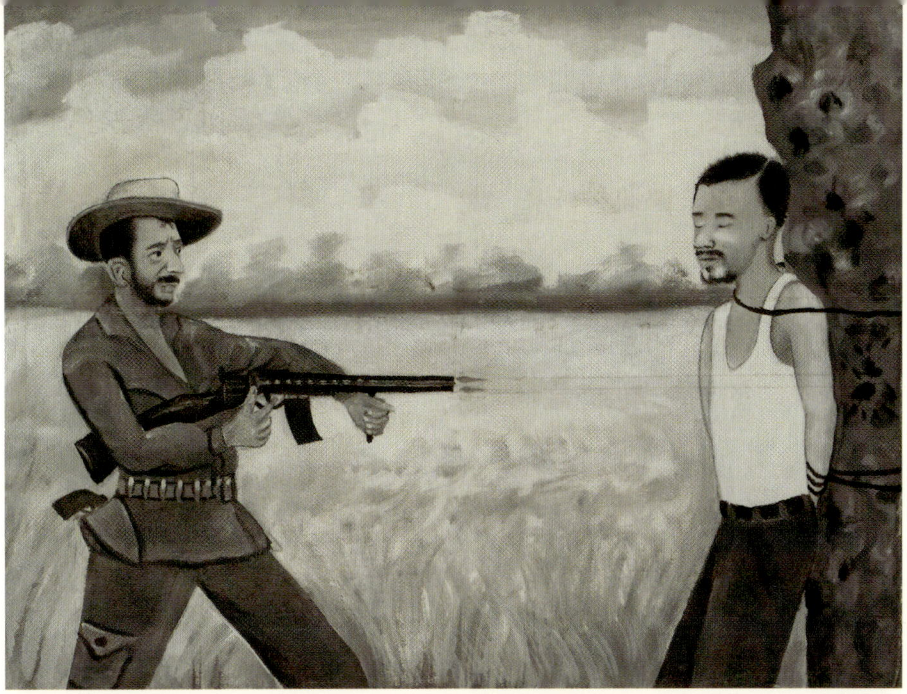

(20) Burozi

Exekution Lumumbas

Lubumbashi 1998
Sammlung Jewsiewicki
49 x 38 cm

Burozis Interpretation der Erschießung Lumumbas ist inspiriert von Western-Darstellungen, die in Filmen, Fotos und Druckmaterial im Kongo Verbreitung finden. Das stereotype Bild eines Cowboys repräsentiert den Westen, der den gefesselten Lumumba, der für Afrika steht, erschießt.

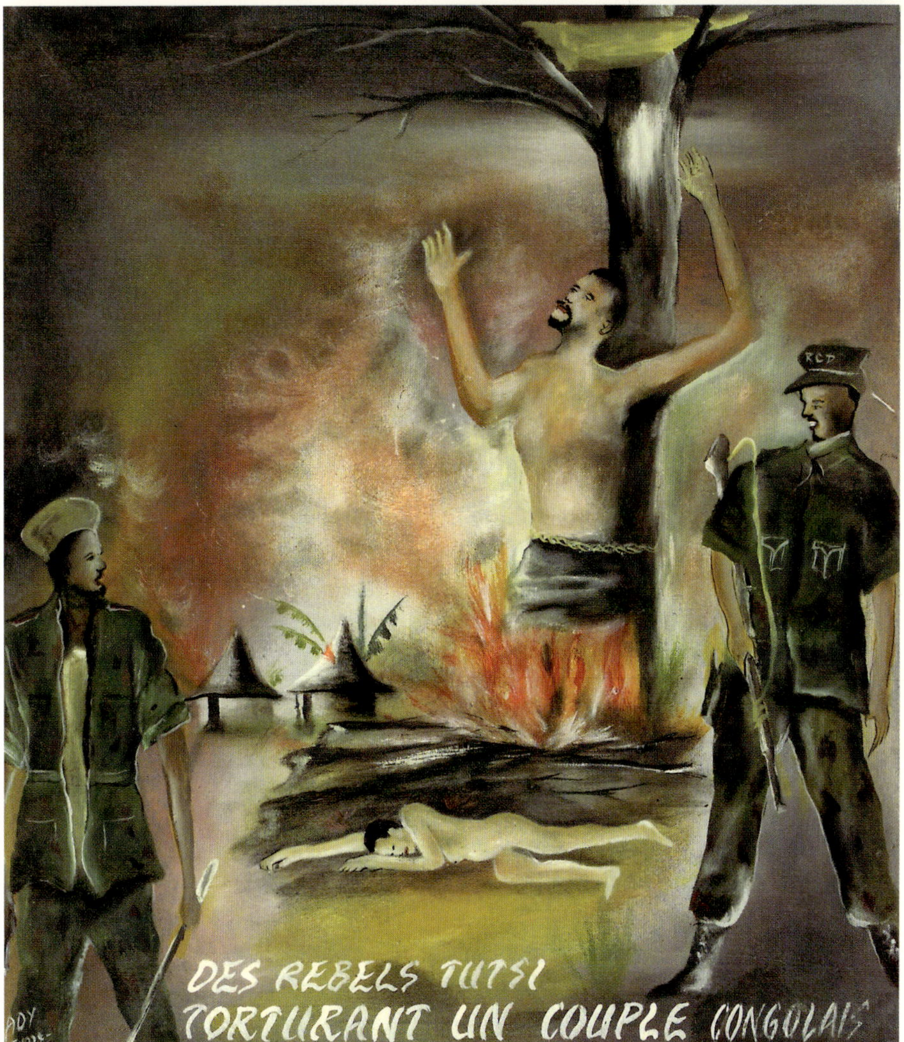

(21) Bady

Tutsi-Rebellen foltern ein kongolesisches Paar

Lubumbashi 1999
Sammlung Jewsiewicki
47,5 x 42 cm

Das Bild exemplifiziert die von der staatlichen Propaganda verbreiteten Geschichten über die Rebellen, die von offizieller Seite allgemein mit Tutsi gleichgesetzt werden, daß Männer gefoltert, Frauen vergewaltigt und die Dörfer in Brand gesetzt werden.
Das kongolesische Paar wirkt in der Bildkomposition wie der gekreuzigte Jesus und die am Boden liegende, weinende Maria. Mit dem Feuer wird auf den Krieg verwiesen.

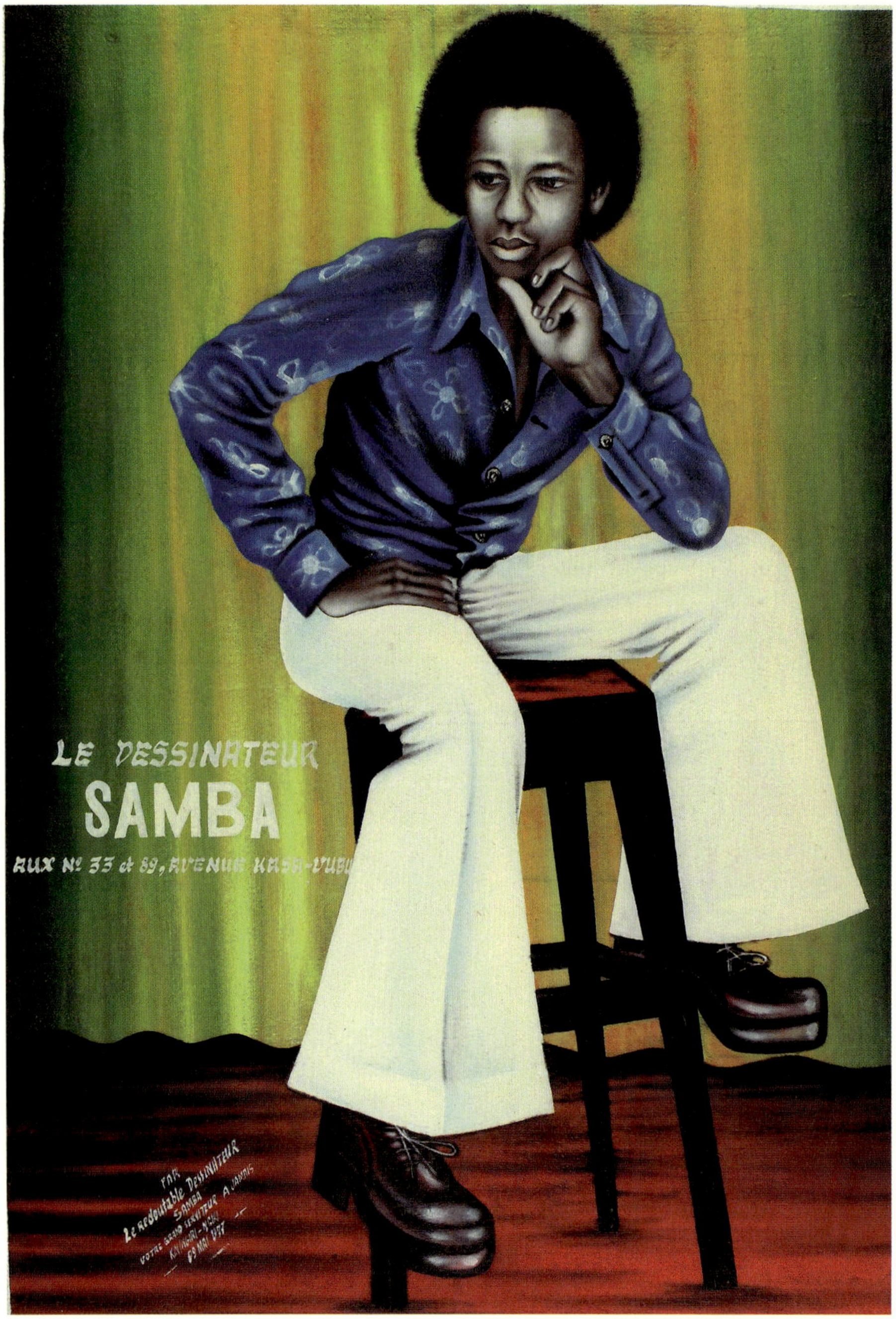

(22) **Chéri Samba**

Le Dessinateur Samba

Kinshasa 1977
Museum für Völkerkunde, Wien
Inv.Nr. 178.367
99 x 72 cm

Chéri Samba stellt sich in diesem frühen Selbstporträt in einem Fotostudio sitzend dar und reflektiert die enge Verbindung zwischen populärer Fotografie und populärer Malerei. Solche Porträts dienten dazu, sich selbst als gutaussehende und gut gekleidete Person darzustellen. Viele Maler werben mit einem Selbstbildnis auf der Außenwand ihres Ateliers um Kunden. Auf diese Weise machen sie auf ihre künstlerischen Fähigkeiten aufmerksam.

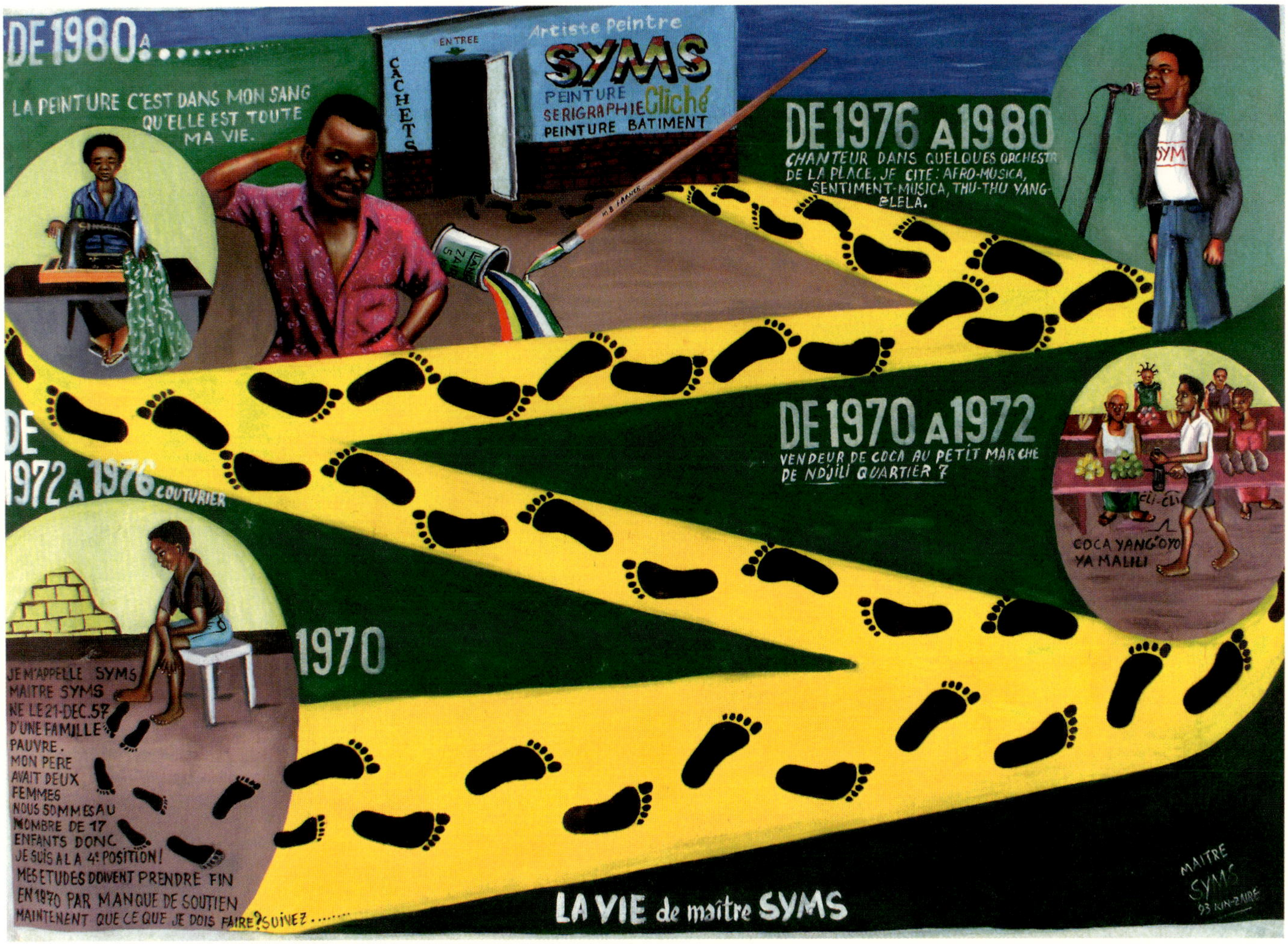

(23) Syms

Das Leben von Maître Syms

Kinshasa 1993
Sammlung Jewsiewicki
114 x 80 cm

Syms illustriert seinen Werdegang als Maler. Auch wenn er ursprünglich anderen Tätigkeiten nachgehen mußte, war es immer sein Traum und Ziel gewesen, Künstler zu sein. Er kommt aus einer armen Familie, sein Vater hatte 17 Kinder von zwei Frauen. Es fehlte ihm das Geld, seine Ausbildung abzuschließen und er verkaufte als Kind Coca Cola am Markt, er arbeitete bei einem Schneider, dann als Sänger, bis er sich schließlich als Maler mit eigenem Atelier etablieren konnte.

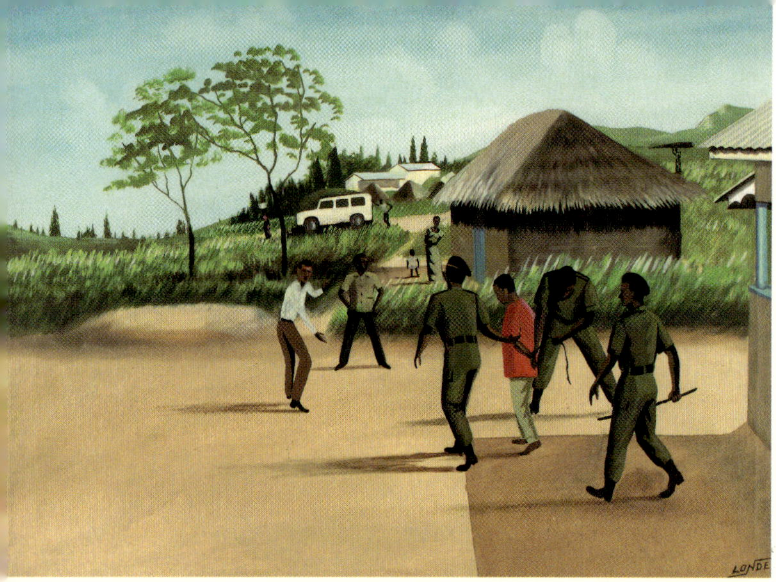

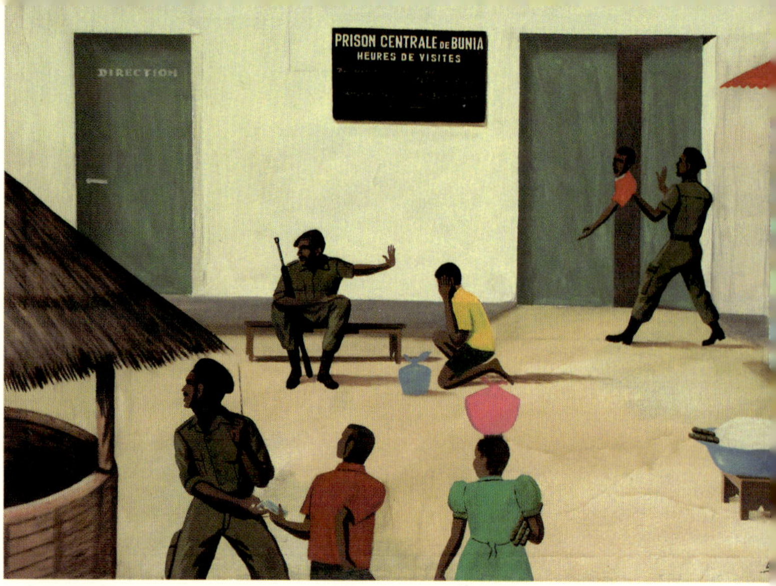

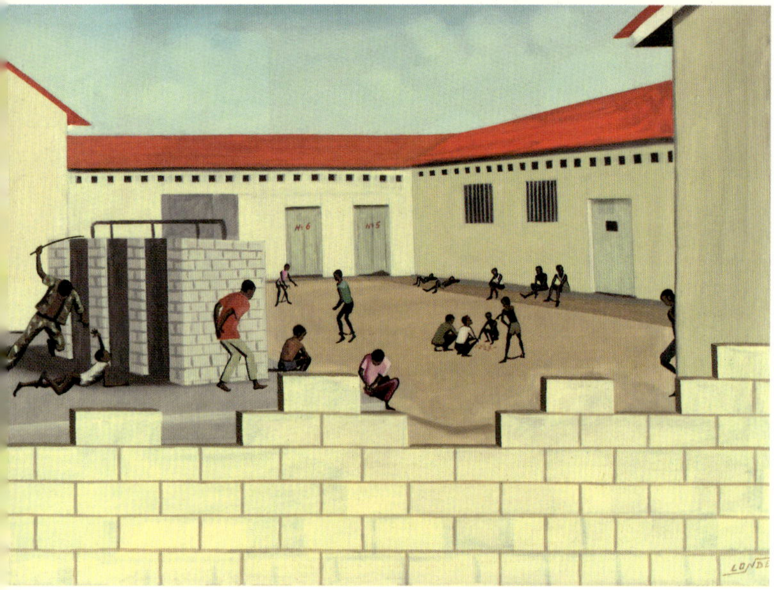

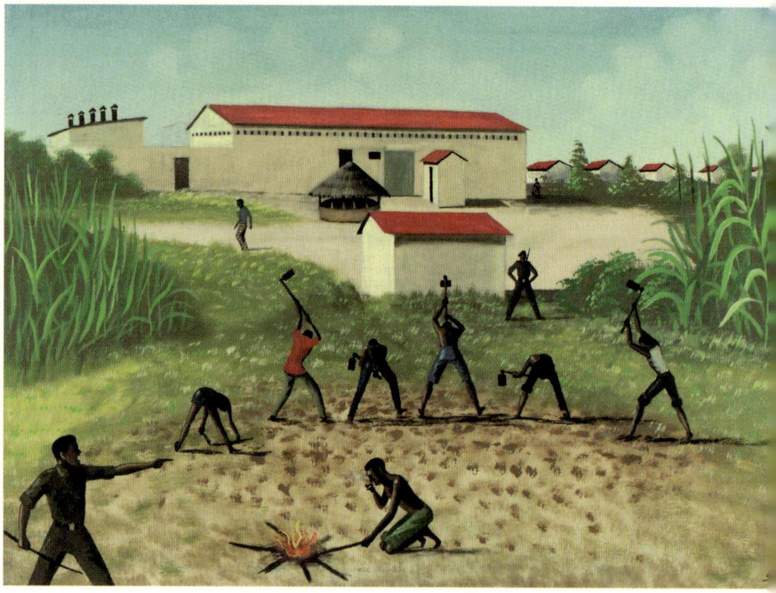

(25) Londe

Meine Verhaftung

Bunia 1992
Sammlung Jewsiewicki
59,5 x 44,5 cm

Londe stellt in einem insgesamt sechs Bilder umfassenden Zyklus eine Episode aus seinem Leben dar. Aufgrund einer Unterstellung, daß er seine Schulden nicht bezahlt hatte, wurde er verhaftet und mußte ins Gefängnis. In jedem der Bilder gibt er sich selbst, bekleidet mit einem roten Hemd, zu erkennen.

(26) Londe

Gefängnishof

Bunia 1992
Sammlung Jewsiewicki
62 x 46 cm

Mit der Szene der Auspeitschung im Hof des Gefängnisses macht er Andeutungen auf die belgische Kolonie.

(27) Londe

Besuch von Verwandten

Bunia 1992
Sammlung Jewsiewicki
60 x 44,5 cm

Hier schildert Londe, wie Besucher die Wachen bestechen müssen, um ihrem inhaftierten Verwandten Essen bringen zu können.

(28) Londe

Zwangsarbeit im Gefängnis

Bunia 1992
Sammlung Jewsiewicki
60,5 x 45 cm

Während des Gefängnisaufenthaltes war Londe mit den anderen Insassen zu Zwangsarbeit verpflichtet.

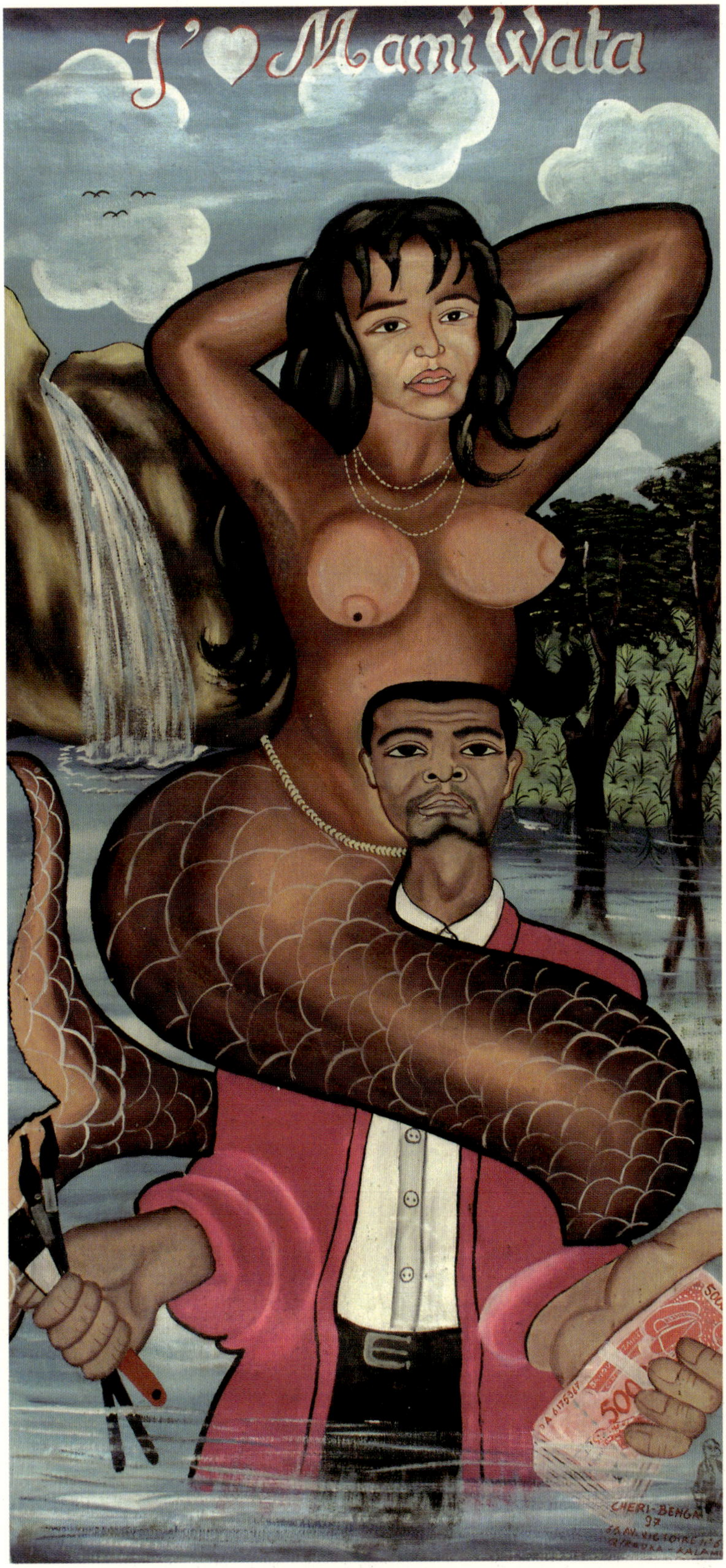

(24) Cheri Benga
Ich liebe Mami Wata

Kinshasa 1997
Museum für Völkerkunde, Wien
Inv.Nr. 177.932
110,5 x 54 cm

Benga porträtiert sich selbst mit seiner persönlichen Mami Wata, der er sein Talent als Maler, seinen Erfolg und den daraus resultierenden Wohlstand verdankt.
Der Titel „Ich liebe Mami Wata“ mit dem Herz reflektiert den bekannten „I love New York“ Schriftzug.

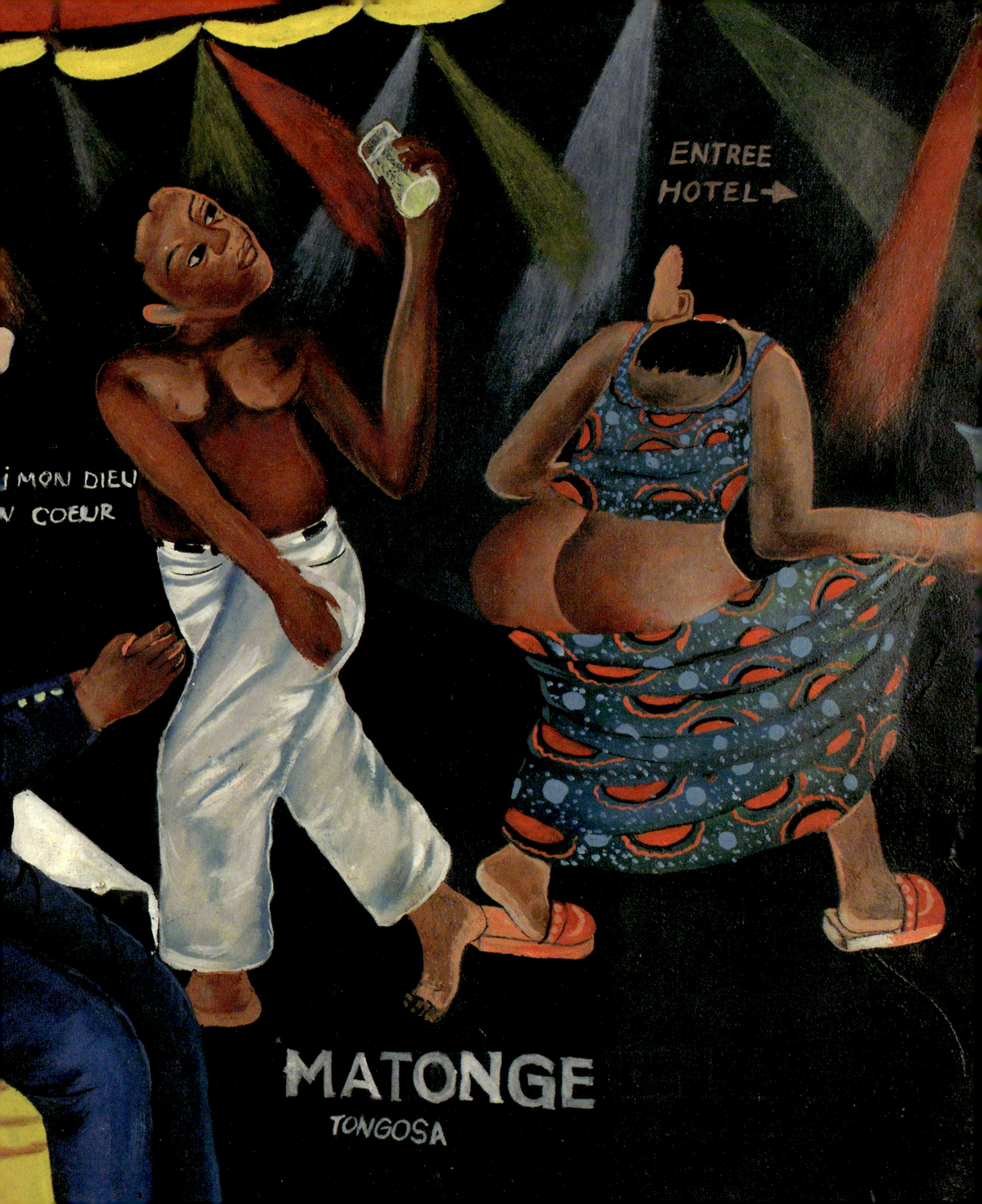
ENTREE
HOTEL
MON DIEU
COEUR
MATONGE
TONGOSA

KiNSHASA – KiN KiESE

BOGUMIL JEWSIEWICKI

*Mitarbeit: Martin Kalulambi Pongo**

Kinshasa, einst Stanley Pool, dann Léopoldville genannt (zu Ehren Leopold II. von Belgien), wurde 1878 von Henry Morton Stanley im Auftrag des 1885 an die Macht gekommenen belgischen Königs Leopold II. am Malebo-Pool des Kongobeckens gegründet. Die Stadt liegt an jener Stelle, ab der die Schiffahrt auf dem Fluß unterbrochen ist, und war daher von Anfang an ein wichtiges Handelszentrum. Die Errichtung einiger öffentlicher Gebäude und Handelshäuser, der Ausbau des Flußhafens und der Bau der Eisenbahnlinie machten es zu einem Kontrollpunkt des Durchzugsverkehrs von der Atlantikküste zum oberen Kongo. Die Hauptstadt des Kongo war bis 1926 der Atlantikhafen Boma, schon bald aber löste Léopoldville ihn als wichtigste Stadt des kolonialen Kongo ab. Die Einwohnerzahl ist zunächst noch bescheiden: 1889 sind es 5.000, 1889 14.000 und 1960 400.000 Einwohner. 1926 zur Hauptstadt der Kolonie erhoben, entwickelte sie sich im Zuge der zentralistischen Politik zum entscheidenden Kommunikationszentrum der Kolonie mit der Außenwelt.

Gegen Ende der Kolonialzeit setzen die Unruhen vom 4. Januar 1959 einen Schlußstrich unter den Mythos von der Unterwürfigkeit der Kongolesen gegenüber den belgischen Kolonialherren, und Léopoldville, bald umbenannt in Kinshasa, wird zum Angelpunkt eines populären politischen Radikalismus. Zwischen 1965 und dem Ende der achtziger Jahre gilt die Stadt als Machtzentrum Mobutus und bildet das Gegengewicht einerseits zum aufständischen Kisangani, anderseits zu Lubumbashi, dem immer wieder vorgeworfen wird, geheime Abspaltungspläne zu hegen. Mobutu – selbst in keiner wichtigen Region des Landes verwurzelt – macht Kinshasa zu seinem Terrain. Er konzentriert nicht nur Presse, Radio und Fernsehen in Kinshasa, unter Mobutu wird die Stadt auch zum Mittelpunkt der populären Kunst, vor allem des in aller Welt bekannten kongolesischen Chansons, da er dem ganzen Land das in Kinshasa gesprochene Lingala als Staatssprache aufzwingt. Durch seine Politik eines ständigen Wechsels der Kader macht Mobutu die Stadt zum neuralgischen Zentrum seines Regimes. In Kinshasa zu leben galt als Voraussetzung, um im Dunstkreis der Macht zu bleiben und gegebenenfalls von der Freigiebigkeit Mobutus zu profitieren, fern der Stadt zu leben kam einer politischen Verbannung gleich. So wurde der Kongo gewissermaßen zum Hinterland von Kinshasa; es gab sogar Gerüchte, die Mobutu vorwarfen, alle Verkehrswege bewußt verkommen zu lassen, damit ein im Inneren des Landes ausbrechender Aufstand nicht nach Kinshasa getragen werden konnte.

Die Unabhängigkeit beschleunigte das demographische Wachstum der Stadt auf beeindruckende Weise: 1 Million Einwohner im Jahr 1967, 3 Millionen 1985, 5 Millionen 1996. Die jährlichen Wachstumsraten schwankten zwischen 9 und 5 Prozent. Heute wird die Einwohnerzahl der Stadt auf 6 bis 7 Millionen geschätzt, das heißt 15 Prozent der Bevölkerung des Landes. Nahezu 50 Prozent dieses Wachstums machen Geburten vor Ort aus. Kinshasa war immer eine junge Stadt; schon 1974 waren 50 Prozent der Einwohner unter 15 Jahre alt, heute liegt das Durchschnittsalter bei 19 Jahren. Nur 40 Prozent der Erwachsenen sind verheiratet, während dieser Anteil 1967 noch bei 60 Prozent lag. Das durchschnittliche Bildungsniveau in Kinshasa ist relativ hoch: Fast alle über 17-jährigen haben eine Schulbildung, 15 Prozent von ihnen besuchten eine höhere Schule. Ende der neunziger Jahre gaben lediglich 20 Prozent der arbeitsfähigen Bevölkerung Kinshasas an, keine Arbeit zu haben, allerdings besuchten 30 Prozent dieser Gruppe entweder eine Schule oder die Universität. Der Begriff „Arbeit“ hat sich gewandelt, und informelle Tätigkeiten (40 Prozent der Einwohner Kinshasas geben an, ausschließlich davon zu leben) sind zu einer legitimen Beschäftigung geworden.

* Kalulambi Pongo erarbeitete die Grundlagen zur Geschichte Kinshasas.

Nach dem Verlust der politischen Vorherrschaft in Kinshasa, dessen Bevölkerung sich der demokratischen Opposition angeschlossen hatte, versuchte Mobutu in den neunziger Jahren vergebens, der Stadt ihre Bedeutung zu nehmen, indem er die Wirtschaft in mehreren von der Armee durchgeführten Plünderungswellen zum Erliegen brachte. Den Einwohnern von Kinshasa kam damals der politische und militärische Konflikt in Angola entgegen, durch den es zu einer Öffnung der im Gebiet der Lunda, im Norden Angolas, gelegenen Diamantenminen für den kleingewerblichen Abbau kam. Zu Tausenden brachen junge Männer, aber auch Frauen, die „Bana Lunda" (Kinder von Lunda) genannt wurden, dorthin auf, und wer stark genug war und Glück hatte, kam mit wertvollen Steinen zurück – vorausgesetzt er bewältigte die dort herrschenden grausamen Lebens- und Arbeitsbedingungen. Von Fachleuten wurden die von den Bana Lunda in Kinshasa in Umlauf gebrachten Summen auf mehrere Millionen Dollar pro Monat geschätzt. Um ihren Vorhaben einen glücklichen Ausgang zu sichern, vertrauten die Bana Lunda auf Opfergaben, Amulette, Magie usw. Sie überschwemmten Kinshasa mit ihren Dollars, die sie mit vollen Händen ausgaben, um dann wieder loszuziehen, bis das Glück sie eines Tages verlassen würde (vgl. cat. 62–66).

Der Raubbau der Nation durch die Gefolgsleute des Regimes, den sogenannte Baronen, die Umverteilungen in Millionenhöhe vornahmen, machte die Einwohner von Kinshasa zu Nutznießern eines auf Betrug, Plünderung, Unterschlagung und anderen rechtswidrigen Bereicherungen beruhenden Systems. Bereits in den achtziger Jahren war Kinshasa berüchtigt für die dort abgeschlossenen zweifelhaften Geschäfte: jedermann war käuflich, von den Politikern bis zu den Richtern. Infolge von Geldfälschung – die mit Wissen der Behörden erfolgte – und der Verbreitung falscher Banknoten kam es zu einer gigantischen Inflation. Die Ankaufstellen für Diamanten boten in Kinshasa nahezu die gleichen Preise wie in Antwerpen, wodurch die Dollars der Drogenkartelle in Edelsteine umgetauscht und dann „legal" ausgeführt werden konnten. Auf diese Weise blieb es bei einem intensiven Geldumlauf, wobei der Dollar bald die nationale Währung ersetzte, die von den Einwohnern Kinshasas als dämonisch bezeichnet wurde, weil sie glaubten, Mobutu wolle sie mit ihrer Hilfe verhexen.

Mitte der neunziger Jahre lag die durchschnittliche jährliche Preissteigerungsrate bei 400 Prozent, 1993 erreicht die Hyperinflation nahezu 9.000 (neuntausend!) Prozent, das Volksvermögen ging jährlich um 13 Prozent zurück. Das Pro-Kopf-Volkseinkommen sank von 250 US $ im Jahr 1981 auf 100 US $ im Jahr 1995, wobei 50 Prozent des Volkseinkommens in der Hand von 5 Prozent der Einwohner konzentriert waren. Die durchschnittliche Haushaltsgröße stieg von knapp 6 Personen im Jahr 1974 auf beinahe 9 Personen im Jahr 1995. Unter all jenen, für die ein Ehepaar zu sorgen hatte, betrug der Anteil der Kinder lediglich 50 Prozent, während andere Verwandte mehr als ein Viertel ausmachten. Ende der neunziger Jahre wird jeder Haushalt, der eine Unterkunft bieten kann, zu einem Zufluchtsort für all jene, die weder Wohnung noch Einkommen haben, darunter auch andere Paare mit Kindern. Das System und die Mentalität von „sopeka" (SOombela ngai [kauf für mich], PEesa ngai [gib mir], KAabela ngai [mach mir ein Geschenk]), bereits in den achtziger Jahren – unter anderen von Chéri Samba – angeprangert, fand nun allgemeine Verbreitung. Wer Geld hatte, das fast immer am Rande der Legalität erworben worden war, gab es mit vollen Händen aus und verteilte es an die Verwandten, wobei der Teil der Bevölkerung, dessen Überleben auf diese Weise gesichert wurde, ständig zunahm. Die Folge von sopeka war, daß sich im Laufe der Jahre ein komplexes System von Abhängigkeiten, aber auch von Sozialschmarotzertum, Neid und Mißtrauen entwickelte, das vom Regime geschürt und geschickt ausgenützt wurde. Großzügig zu verteilen, mehrere Geliebte – sogenannte „bureaux" – zu unterhalten, gehörte zum Sozialstatus, hier nicht mitzumachen barg das Risiko, sich der Hexerei enttäuschter Verwandter ausgesetzt zu fühlen.

Das Ende des Mobutu-Regimes und der Einzug der Truppen Kabilas in Kinshasa im Jahr 1997 haben die Stadt, ihr Wirtschaftsleben und ihr soziales Gleichgewicht schwer erschüttert. Eine rigorose Deflation weckte falsche Hoffnungen auf einen Anstieg der Kaufkraft. Die „Barone" des früheren Regimes waren geflüchtet, und aufgrund der Unterstützung Kabilas durch die Regierung in Angola hatten die Kongolesen keinen Zugang mehr zu den Diamantenminen von Nord-Lunda, die von seinen Gegnern kontrolliert wurden. Der Jubel der Massen über den Sturz Mobutus wich aber bald der Bestürzung über die wirtschaftliche Lähmung. Deren Auswirkungen waren um so größer, als Brazzaville, die am anderen Ufer des Flusses gelegene Schwesterstadt, durch den Bürgerkrieg zerstört wurde; viele der nach Kinshasa strömenden Flüchtlinge berichteten von einem Konflikt, in dem nur das Prinzip „siegen oder sterben" galt, und in ihre Erzählungen mischten sich zynische Bemerkungen wie: „Im Handumdrehen wird man dich tot nennen" oder „Sei brav, sonst wird der Hund dich verscharren".

Zur wirtschaftlichen Misere kam der Verlust an Prestige hinzu, an dem den Einwohnern von Kinshasa besonders viel lag, waren sie doch wie die Bewohner von Brazzaville bekannt für ihr gepflegtes Auftreten und ihre Eleganz. Nicht ohne Grund bezeichneten ihre Vorfahren schon 1955 den jungen belgischen König als „Mwana kitoko" (schönen Jüngling), zweifellos aufgrund seiner Jugend, vor allem aber wegen seiner Eleganz. Damals wie heute begründet in Kinshasa und Brazzaville das äußere Erscheinungsbild die Achtung vor einem Menschen, und der „sapeur" (ein junger Mann, der nach der neuesten Mode der großen europäischen Modeschöpfer gekleidet ist) ist dort König – und sei es nur für einen Tag. Die Kunst sich zu kleiden – „kitendi" – wurde geradezu zu einer „Religion", der vor allem die kongolesischen Musiker frönten, ihre Ursprünge aber gehen auf den Bekleidungsgeschmack der „Évolués" in den fünfziger Jahren zurück.

Die „kadogos", jene jungen Soldaten, die manchmal noch wie Kinder aussahen und die breite Masse der Truppen Kabilas stellten, kamen aus Dörfern und kleinen Städten im Osten des Landes. Mit der ihnen eigenen Nüchternheit sahen sie in dem chiliastischen Umfeld der neuen Kirchen in Kinshasa das Babylon Mobutus. Außerdem sprachen sie nur Suaheli, das die meisten Einwohner Kinshasas nicht beherrschten. Weder Lingala noch Französisch waren sehr hilfreich, um sich mit diesen Jugendlichen zu verständigen, die sich zu Richtern aufspielten und denen es darum ging, die Moral in dieser Stadt des Teufels wieder aufzurichten. Und so wurde den Stadtbewohnern plötzlich die öffentliche Ordnung kolonialer Prägung mit der Peitsche aufoktroyiert, die in den Händen dieser Soldaten niemanden verschonte. Wer ein Papier auf die Straße warf, lief Gefahr, zur Strafe ausgepeitscht zu werden. Hatten die Verkehrsmittel früher alle befördert, die sich irgendwie daran festklammern konnten, kam es nun plötzlich vor, daß sich der Fahrer, der zu viele Fahrgäste beförderte, und die betreffenden Passagiere auf den Boden legen mußten, um an Ort und Stelle für ihr Vergehen ausgepeitscht zu werden. Diese Form der Justiz führte rasch zum erwünschten Ziel, vor allem aber ließen die Zuständigen nicht mit sich reden, im Gegensatz zu früher, als in Kinshasa alles durch Überredungskunst, durch Einschüchterung, oder durch Korruption bereinigt werden konnte. Unter Kabila schien Kinshasa sich von jener Kultur abzuwenden, die sich unter der Bevölkerung der Stadt seit Jahrzehnten breit gemacht hatte.

Da Kabila allen Kongolesen, die unter der Diktatur gelebt hatten, vorwarf, Komplizen des Systems gewesen zu sein, umgab er sich mit Intellektuellen aus der Diaspora und Ausländern, die im Krieg auf seiner Seite gekämpft hatten. Die Einwohner Kinshasas, die

die Ansicht vertraten, daß ihr Widerstand gegen den Diktator in den neunziger Jahren zu dessen Sturz beigetragen und damit zum Sieg Kabilas geführt habe, fühlten sich verraten. Kabila, vor allem aber seine Entourage, die Gerüchten zufolge ausschließlich aus Ruandesen bestand, die sich als kongolesische Tutsis ausgaben, wurde äußerst unpopulär. Zwei signifikante Ereignisse führten zum Bruch zwischen dem neuen Staatschef und den Einwohnern Kinshasas: zuerst die Untersagung einer pluralistischen Politik unter Kabila, womit er die Erwartungen der Einwohner Kinshasas enttäuschte, die gedacht hatten, sie hätten Mobutu die Demokratie aufgezwungen. Dann das innere Exil von Tshisekedi, des bedeutenden Opponenten Mobutus, den viele Bewohner Kinshasas als kongolesischen Moses gefeiert hatten. Sie fühlten sich unter ruandesischer Besatzung und sahen sich als Opfer eines Komplotts der Katangesen (jener Region, aus der Kabila stammte), die sich dafür rächten, daß die Hauptstadt so lange das Land beherrscht hatte. Der Krieg vom August 1998, der weitgehend von Ruanda aus geführt wurde, trug zu einer grundlegenden Veränderung im Verhältnis zwischen den Einwohnern Kinshasas und Kabila bei. Die Vertreibung der Soldaten aus Uganda und Ruanda machte ihn über Nacht zum Helden. Die Tutsi, woher auch immer sie kamen, wurden zu öffentlichen Feinden, die es zu vernichten galt, und so eröffnete die Bevölkerung eine regelrechte Hetzjagd auf sie. Die in aller Öffentlichkeit verübten Gewalttaten von Jugendbanden, die weder vor Mord noch vor Verstümmelungen von Leichen zurückschreckten, wurde als eine Art unheilvolle Wiederholung der fünf Jahre zuvor erfolgten Plünderungen empfunden. Dieses Mal richtete sich die Gewalt gegen die Menschen selbst. Galt die Achtung vor dem Leben bei den Einwohnern Kinshasas bislang stets als unantastbarer Wert, so blieb von dieser Haltung plötzlich nichts mehr übrig. Für die Stadt, die seit ihrer Gründung als kolonialer Stützpunkt einer autoritären Verwaltung unterstand, war Gewalt nichts Neues. Unter Mobutu, als öffentliche Gewaltsamkeit ein Monopol des Systems und seiner Handlanger war, hatte die Bevölkerung gelernt, in einem System zu leben, wo verdeckte Gewalttätigkeiten Teil jeder sozialen Beziehung waren. Als fester Bestandteil des sozialen Netzwerks versteckte sich die Gewalt hinter einer oberflächlich überschäumenden Lebensfreude. „Kin Kiese" (das fröhliche Kinshasa) war berühmt für seine Bars, seine Frauen, seine allgegenwärtige Musik und die Freude seiner Bewohner (sowohl der Männer als auch der Frauen) am Luxus und am Wettstreit in modischen Belangen. 1994 schriebt Yoka Lye Mudaba, ein scharfsinniger Analytiker jener Gesellschaft, der er selbst angehörte: „Die Gewalt ist zur einfachsten Methode geworden, sich Achtung zu verschaffen. Überall: in der Schule, an der Universität, am Markt, im Autobus, auf dem Bürgersteig, im Büro, im Fernsehen, in den Zeitungen. Das Gesetz der Vergeltung – die Todeskommandos. (...) Es gibt noch eine weitere Form der Gewalt, die sich an den Rändern der Gesellschaft breit gemacht hat. Ein leerer Bauch hat keine Ohren. Plötzlich hat die im Zuge des Krieges vom August 1998 eröffnete Menschenjagd diese taube Gewalt ans Tageslicht gebracht."

DAS ANTLITZ DER STADT

In den 40 Jahren der Unabhängigkeit hat sich die urbane Gesellschaft grundlegend geändert, und nur mehr knapp zwei Prozent der Einwohner, all jene über 60 Jahre, haben noch eine persönliche Erinnerung an die Kolonialherrschaft. Das Stadtbild ist noch von der Kolonialzeit geprägt: das sich nach europäischem Vorbild zum Fluß hin öffnende Zentrum mit seinen großen Gebäuden und breiten Straßen, ist von einem Gürtel von „Eingeborenenvierteln" umgeben, die sich über mehrere Dutzend Quadratkilometer erstrecken. An der Trasse, die den ehemaligen weißen Stadtteil Kalina – heute Gombe – von den Gemeinden Barumbu, Kinshasa, Lingwala

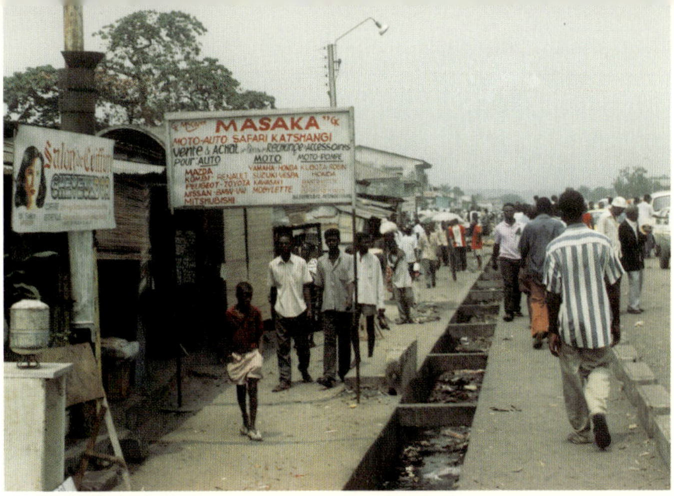

Eine belebte Straße in einem durchschnittlichen Wohnviertel von Kinshasa um 1991.
Foto: Forschungsarchiv Jewsiewicki

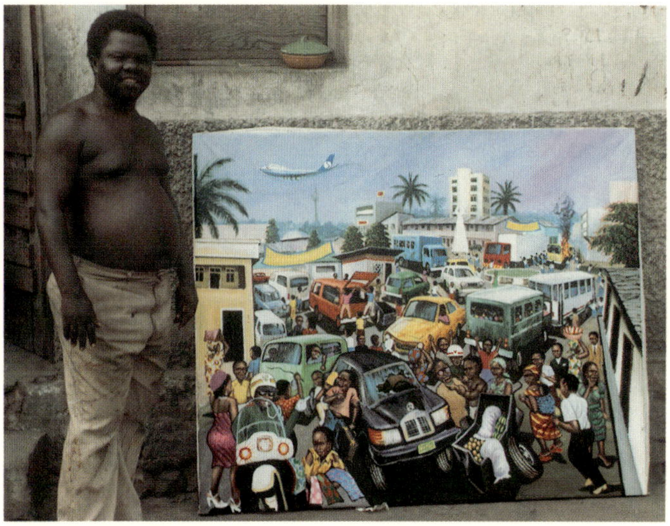

Der Maler Moke mit seinem gerade fertiggestellten Bild, das Kinshasa zeigt (um 1991).
Foto: Forschungsarchiv Jewsiewicki

und Kitambo trennt, die in weitere Gemeinden übergehen, ist diese ehemalige Segregation der Wohngebiete noch immer ersichtlich. Das Wohnviertel der Europäer mit seinen geräumigen, von Gärten umgebenen Residenzen wurde für Beamte und die Angestellten der großen Unternehmen errichtet. Daran schließen die in den fünfziger Jahren für die Évolués (vor allem die Angestellten des Kolonialstaates) und die kongolesische Mittelklasse (vor allem Handwerker) erbauten Viertel an, die mit Hilfe von Krediten errichtet wurden. Zu diesem Zweck hat die Kolonialverwaltung eigene Einrichtungen ins Leben gerufen, die die Kredite gewährten und die auch die entsprechenden Pläne ausarbeiteten. Im Gegensatz zu den meisten Residenzen der Weißen, waren diese Häuser im Besitz ihrer Bewohner. Neben Einfamilienhäusern, die kleinere und etwas bescheidener ausgeführte Kopien der kolonialen Villen waren, findet man auch Gemeinschaftshäuser (Lemba, Matete, Bandalungwa usw.), die über eine kleine Außentreppe verfügen, die als Übergang zwischen dem privaten Bereich des Hauses und dem öffentlichen Raum der Straße fungiert. Diese architektonische Besonderheit erinnert an die Nostalgie des Kolonialherrn von gestern, der in seinem Garten angeblich vom Heimatland Belgien träumte. Nun ist die Treppe zu einem Ort geworden, wo der „moderne" Kongolese von heute sich gerne niederläßt, um den Abend zu genießen, die Kinder zu beaufsichtigen, die auf der Straße spielen, oder um mit dem Nachbarn von gegenüber oder nebenan zu plaudern.

Die Trennlinie zwischen den Wohngegenden verschärfte sich in der postkolonialen Ära noch weiter. Die neuen vornehmen Viertel, die für die Granden des Regimes errichtet wurden, setzten sich von der Welt der Arbeitslosen und aufstrebenden Arbeiter ab, einem Sammelbecken der Migranten. Diese urbane Grenzziehung reflektiert zunächst die Spaltung zwischen den Kolonialherren und den von ihnen Kolonisierten, später schließlich zwischen den Nutznießern des Raubbaues an der Nation und jenen, die dessen Folgen zu tragen hatten. Nicht ohne Grund wurden erstere trotz ihrer schwarzen Hautfarbe als „bamundele" (Weiße) behandelt. Unter dem Regime Mobutus wurden im Stadtzentrum mehrere Prestigebauten errichtet, die es noch stärker von den Armenvierteln und vom restlichen Land absetzten. Das neue Bürgertum zog zunächst in die Residenzen des Europäerviertels ein und ließ sich dann prunkvolle Villen auf dem Hügel von Binza errichten, die aus Angst vor dem Pöbel oft wahre Festungen waren. Da es weder eine Finanzhilfe in Form von Krediten noch einen Bebauungsplan gab, kam es zu einer spontanen, um nicht zu sagen ungeordneten Entwicklung der Stadtviertel der Kleinbürger und Armen; in kaum einem dieser neuen Stadterweiterungsgebiete gibt es eine urbane Infrastruktur, ja nicht einmal ein Straßennetz.

DAS LEBEN IN KINSHASA

Nachdem Kinshasa zur Hauptstadt des Kongo geworden war, wurde es zu einem Ort, an dem unterschiedliche kongolesische Ethnien aufeinandertrafen. Zwei Gruppen bildeten bis zur Unabhängigkeit die Mehrheit und machten sich in den fünfziger Jahren die Kontrolle über die Stadt streitig: die „Leute von oben" (vom Oberlauf des Flusses), die Lingala sprachen, und die „Leute von unten", die sich auf Monokutuba verständigten, auch „kikongo ya leta" (Sprache des Staates) genannt, der Verkehrsprache in der Kolonialzeit. Beide Gruppen sind keine Ethnien, auch wenn man versuchte, Erstere unter die Mongo und Zweitere unter die Kongo zu subsumieren. Unter dem Regime Mobutus, einem Mann „von oben", wurde Lingala, eine frühere Handelssprache (für viele alte Einwohner Kinshasas „von unten" ein vulgäres Idiom), zur Sprache der Hauptstadt und des Landes.

Mehr als die Hälfte der gegenwärtigen Bevölkerung der Stadt ist in Kinshasa geboren. In den achtziger Jahren bewirkte die Detribalisierung, daß die eigentliche ethnische Herkunft an Bedeutung verlor, und die Stadt zum identitätstiftenden Ort wurde. Eine eigene, diesem Schmelztiegel Rechnung tragende urbane Kultur entstand, die allerdings im Laufe der neunziger Jahre zu zerfallen begann.

Es kam zu einer gigantischen Ausdehnung des Stadtgebietes (von 5.500 ha im Jahr 1960 kommt man heute auf etwa 30.000 ha bebaute Grundfläche), die mit einem explosionsartigen Ausufern der Elendsviertel Hand in Hand ging, wo es an jeglicher Infrastruktur für ein Mindestmaß an Hygiene sowie an Straßen fehlt. Je weiter man vom Stadtzentrum an die Peripherie vordringt, desto spärlicher wird zunächst die Beleuchtung, bis sie schließlich ganz aufhört, die Bürgersteige verschwinden, Müllberge türmen sich. Eine der ersten vom Regime Kabila nach dem Sturz Mobutus im Mai 1996 ergriffenen Maßnahmen war die Säuberung der Stadt und die Instandsetzung der wenigen vorhandenen Ampeln. Seine Popularität verdankte er aber wohl eher einem Mythos der Reinkarnation, den er der ehemaligen Kolonialstadt versprach, als den tatsächlichen Auswirkungen für die Mehrheit der Einwohner, die in Randvierteln der Stadt lebten, von wo aus sie kaum mehr ins Zentrum vordringen konnten. Schon über zehn Jahre vorher war die Stimmung in der Stadt reif für die Vorstellung, daß nur eine Zeitreise die Stadt retten könne. So riefen die Sänger des Orchesters Empire Bakuba aus: „Egal, wenn alles kaputt geht, der weiße Mann wird kommen und es reparieren."

Die Distanzen sind weit in dieser aus allen Fugen geratenen Stadt, die über keine angemessene Infrastruktur verfügt und deren Straßennetz desolat und völlig unzureichend ist. Der öffentliche Verkehr ist so problematisch und zufallsabhängig, daß man gut daran tut, sich zu den Stoßzeiten bei den Haltestellen an die Spitze der Warteschlangen zu drängen, da die Verkehrsmittel schon von ihrem Ausgangspunkt an hoffnungslos überfüllt sind und während der Fahrt wohl kaum jemand mehr ein- oder aussteigen wird. Die Wartezeit auf ein „fula-fula", ein „kimalu-malu", einen Taxi-Bus oder ein Taxi, beträgt oft eine Stunde und mehr, und auch dann muß man sich um einen Platz schlagen. Diese um das Zwei- oder Dreifache ihrer normalen Kapazität überbeladenen Fahrzeuge entsprechen wohl keinem gängigen technischen Standard, und die Fahrer sind oft 12 bis 16 Stunden pro Tag unterwegs. In den Straßen der Stadt, wo es mehr Schlaglöcher als ebene Oberflächen gibt, gehören Unfälle zum Alltag. Der Transport in öffentlichen Verkehrsmitteln wird als Aggression erlebt: der Aggression eines mitreisenden Fahrgastes, der sich eng an seinen Nachbarn drängt und ihn mit seinem Geruch nach Schweiß und anderen Körperausdünstungen beglückt; der Aggression des „Empfängers", der diesen „Spender" mit einer unflätigen Bemerkung maßregelt; der Aggression eines weiteren Passagiers, der seine Umgebung, Männer wie Frauen, mit einem unfreundlichen „kabola makolo“ (Spreiz die Beine!) auffordert, noch enger zusammenzurücken; oder die gefürchtete Aggression des Fahrers, der bisweilen in halsbrecherischem Tempo dahinrast. Um all dem zu entgehen, bleibt nur der Fußmarsch, diese von der Mehrheit bevorzugte Art der Fortbewegung, um so mehr als die öffentlichen Verkehrsmittel in dieser etwa 300 km^2 großen Stadt mit mindestens 6 Millionen Einwohnern sehr teuer sind. Eine Fahrt ins Stadtzentrum kostet zwischen zwei und drei Dollar, eine Summe, die vielen Familien nicht einmal pro Tag für die Ernährung zur Verfügung steht. 1997 gaben 78 Prozent der Haushalte an, über weniger als einen Dollar pro Person und Tag zu verfügen. So bietet sich zweimal täglich ein Bild, das einem Exodus gleicht: eine Flut von Menschen ergießt sich frühmorgens in das Stadtzentrum und kehrt am Abend von dort zurück, wobei jeweils 10, 15 oder sogar 20 Kilometer zurückzulegen sind. Hier wird die Diskrepanz zwischen den urbanistischen Plänen der Stadt und der realen Praxis ihrer Einwohner offensichtlich, konzentriert sich das wirtschaftliche Leben doch noch immer auf das Zentrum: in der Hoffnung, irgend etwas zu ergattern (der Einwohner von Kinshasa verdient kein Geld, er „jagt“ es), um am Abend zu essen zu haben, strömen sie alle ins Zentrum Kinshasas.

Kinshasa ist an einer Stelle situiert, wo der Überlandverkehr unterbrochen werden muß. Gegen Norden und Osten hin beherrscht es den Zugang zu nahezu 10.000 Flußkilometern, die bisweilen noch durch eine Eisenbahn verlängert werden. In Richtung Süden und Westen kontrolliert es die Eisenbahnlinie zum Seehafen Matadi sowie ein rund 10.000 Kilometer umfassendes Straßennetz, das sein Hinterland im Süden und Osten durchzieht. Unter dem Regime Mobutus waren nur die Flughäfen von Kinshasa und Gbadolite, dem Heimatdorf des Präsidenten, für den internationalen Flugverkehr geöffnet. Auch noch nach dem Zusammenbruch seiner Unternehmen, seiner Warenlager und seiner städtischen Infrastruktur, bietet Kinshasa immer noch zahlreiche Möglichkeiten etwas Geld zu verdienen, einige wenige Auserwählte haben hier sogar ein Vermögen gemacht. Die Einwohner legten sich eine „Überlebenswirtschaft“ zurecht, eine „Wirtschaft des Bürgersteigs“, die von den vielen Schwarzhändlern, die mit Waren aller Art Handel treiben, und zahllosen anderen urbanen „Berufen“ beherrscht wird, wie etwa den „porteurs“ (Trägern, die Waren auf dem Kopf transportieren), den „loqueurs“ (Kindern, die Autos reinigen und bewachen; ihre Bezeichnung leitet sich von dem französischen Wort loque = Lumpen ab), den „pousse-pousseurs“ (Fahrern von Karren), den „chargeurs“ (sie laden Waren um), den „commissioneurs“ (sie werden beauftragt, einen Kunden zu finden oder einen Handel anzubahnen), den „quado“ (sie reparieren Reifen), den „khadafi“ (Benzinverkäufern auf dem Schwarzmarkt), den „bongolateurs“ (sie wechseln Devisen auf dem Schwarzmarkt), den „londoniennes“ (Prostituierten für die Ausländer) usw. – um nur einige wenige Beispiele zu nennen.

Die Verblüffung über diesen Einfallsreichtum und die Kunst sich durchzuschlagen darf aber nicht über die Härte eines Lebens hinwegtäuschen, bei dem es jeden Morgen von Neuem darum geht loszuziehen, um die Nahrung für den Abend zu „ergattern“. Wer Glück hat, für den gibt es jeden Tag eine Mahlzeit, in den schlimmsten Fällen essen in vielen Familien Kinder und Erwachsene abwechselnd, also jeweils jeden zweiten Tag eine Mahlzeit. Da es keinerlei Sozialversicherung zum Schutz gegen Arbeitslosigkeit, Krankheit usw. gibt, haben die Einwohner von Kinshasa Netzwerke zur gegenseitigen Unterstützung entwickelt, die gegen eine kleine Zahlung im Krankheitsfall Hilfe gewährleisten. Die „muziki“ und die „likelemba“ sind nur zwei Beispiele solcher informellen Gruppen, deren Mitglieder zu einem bestimmten Fälligkeitstag eine festgesetzte Summe einzahlen. Das Leben in Kinshasa ist zudem geprägt von der gegenseitigen Hilfe in der Familie, im Klan, im Viertel, in der religiösen Gemeinschaft usw., die sich vor allem bei einem Todesfall zeigt. Totenfeiern mit den entsprechenden Trauerzeremonien sind das wohl häufigste gesellschaftliche Ereignis in dieser Stadt, wo man, wie die Einwohner von Kinshasa zu sagen pflegen, „nur wie durch ein Wunder" überlebt. Derartige Totenfeiern sind auch die am meisten besuchten gesellschaftlichen Ereignisse, obwohl immer mehr Familien den Leichnam eines Verwandten in der Leichenhalle eines Krankenhauses lassen, weil sie die Kosten für die vorangegangene Spitalsbehandlung nicht aufbringen können; oder sie lassen den Leichnam des Verstorbenen einfach dort zurück, wo er gestorben ist, da sie nicht über die Mittel für ein Begräbnis verfügen. Zehn Jahre zuvor noch undenkbar, zeugen diese Beispiele vom Ausmaß des Zusammenbruchs der Gemeinschaftsfähigkeit. So heißt es in einem der Lieder Lutumba Ndomanuenos, der seit 40 Jahren zu den großen Liedermachern Kinshasas zählt: „Der einzige Schmuck, den wir uns am Tag unseres Todes leisten können, ist ein einfaches weißes Leintuch"; der Sarg ist für die meisten inzwischen ein unerschwinglicher Luxus.

URBANE KULTUR

In den neunziger Jahren kam es zu einer Liberalisierung des staatlichen Presse- und Rundfunkmonopols. Hunderte von Zeitungen wurden ins Leben gerufen, die meist jedoch schon einige Wochen oder Monate nach ihrem ersten Erscheinen wieder eingestellt wurden. Auch wenn es heute mehrere Radiostationen gibt, ist der Zugang zu Information eher vom Zufall geprägt. Wer Radio hören will, braucht Batterien (in mehreren Vierteln gibt es keine Elektrizität) und die sind teuer; auch die Zeitungen sind für die einfache Bevölkerung unerschwinglich, zudem sind sie nur im Stadtzentrum erhältlich und werden überdies auf Französisch veröffentlicht. So werden die Informationen für alle über das „radio trottoir" verbreitet, in Gerüchten, die von der Glaubwürdigkeit ihrer Quellen und Kanäle abhängen. Eine wichtige Quelle für dieses „radio trottoir" sind die Zeitungen. An den Kopfstationen wichtiger öffentlicher Verkehrslinien oder in der Nähe großer Tankstellen haben die Zeitungsverkäufer jeweils ein Exemplar ihrer Journale auf dem Boden ausgebreitet. Dort drängen sich junge Leute zusammen, um die Zeitung auf dem Boden zu lesen und über die Neuigkeiten zu diskutieren. Aus diesen Diskussionsgruppen entstanden in den neunziger Jahren die „aufrechten Parlamentarier", Gruppen von Anhängern der einen oder anderen Oppositionspartei, vor allem der UDPS von Tshisekedi, die bei der Aufrechterhaltung des Demokratisierungsprozesses eine wichtige Rolle spielten. In der Presse wurden sie oft als radikalisierender Faktor in der Politik erwähnt. In den Vierteln am Rand der Stadt legen die Leute zusammen, um gemeinsam einen Radioapparat zu kaufen und zu betreiben. Jeden Tag hat einer aus der Gruppe die Aufgabe, die nationalen Nachrichten zu hören und anschließend auf einem öffentlichen Platz über das Gehörte zu informieren, worauf eine ausführliche Besprechung folgt. Die Reichen sind über Satelliten-Fernsehen und -Telefon direkt mit der Welt verbunden. Die Kluft, die sich hier zwischen einer Minderheit von knapp einem Prozent und der Mehrheit der Bevölkerung auftut, kommt einem Abgrund gleich: 1998 gaben 60 Prozent der Bewohner eines eher zentral gelegenen Viertels an, noch nie ein Telefon benützt zu haben.

Seit 1990 ist das Vertrauen der Bevölkerung in den Staat schwer erschüttert. Damals hatten Betreiber von Pyramidenspielen unter Mitwissen des Staates viele Einwohner Kinshasas um ihr Erspartes gebracht; zu Hunderttausenden hatten sie alles verkauft, um die Ersparnisse ihres ganzen Lebens darin zu „investieren" (vgl. cat. 30–32). Um zu überleben sind fast alle darauf angewiesen, ihr Geld auf mehr oder weniger illegale Weise als „kobeta libanga", d.h. durch „Steine zerbrechen", zum puren Überleben zu verdienen. Vom Geld (das lokale Geld wird nur für kleinere Transaktionen eingesetzt, deren Ertrag schnellstmöglich in Dollar gewechselt wird) über das Unterrichts- und Gesundheitswesen bis hin zur Religion – alles wird informell geregelt. In einem Lied von Luambo Franco heißt es über Kinshasa „alle Schlingel gleichen einander wie die Pflanzen in einem Maisfeld; man erkennt kaum, wer verkauft und wer kauft!" Die Schulen funktionieren nur, weil die Eltern sich zusammentun, um den Lehrern so etwas Ähnliches wie ein Gehalt anzubieten. In ein Krankenhaus kommt der Patient mit seinen eigenen Medikamenten; ist ein chirurgischer Eingriff erforderlich, so muß er auch die entsprechenden Instrumente mitbringen, einschließlich der Seife, damit sich der Arzt die Hände waschen kann. Angesichts des Niedergangs des aus der Kolonialzeit übernommenen öffentlichen Gesundheitswesens ist ein spektakulärer Aufschwung eines ausschließlich auf Gewinn ausgerichteten Gesundheitsmarktes zu beobachten, der keinen Regeln unterliegt und wo jeder sich als Arzt, Apotheker usw. ausgeben kann. Die „Wiederentdeckung" der neo-traditionellen Medizin durch die Einwohner Kinshasas ist sowohl kulturell determiniert durch ihren symbolischen Stellenwert als auch finanziell wegen der zunehmenden Geldknappheit und Armut, was ihrer therapeutischen Wirkung jedoch nicht zuwider läuft. Man kauft die Medikamente am Markt, wo sie zwischen gesalzenem Fisch und gebrauchten Kleidern angeboten werden; niemand weiß, woher diese Heilmittel stammen, und darüber hinaus sind sie meist schon abgelaufen. Die Heilkundigen in der Stadt sind nicht mehr nach dem Wissen der Vorfahren ausgebildet, sie wirken eher als Unternehmer der Dorfmedizin und okkulter Praktiken. Aber nicht nur diese unmittelbaren, alltäglichen Sorgen bewegen die Einwohner Kinshasas; die zu mehr als 95 Prozent christliche Bevölkerung der Stadt ist auch auf der Suche nach einer moralischen Ordnung. Etwas mehr als die Hälfte der Einwohner Kinshasas bezeichnet sich selbst als römisch-katholisch, ein knappes Viertel als Protestanten und ein Fünftel gibt an, einer lokalen christlichen Kirche (einer Sekte) anzugehören. Viele der umgangssprachlichen Redewendungen sind daher Adaptierungen biblischer Sprüche: „Mein Gott ist größer als Dein Problem", „Wenn Dein Gott nicht funktioniert, probier doch meinen", „Gott ist kein quado (Reifenflicker)" usw. Die Priester in den Pfarreien bekommen immer mehr Konkurrenz von Leuten, die die Religion als Unternehmen betreiben (vgl. cat.70, 73). Die Predigt hat sich auf die Straße verlagert, die Bars werden zu Orten des Gebets. Die Plakate mit religiösen Botschaften, die überall zu lesen sind, aber auch religiöse Konzerte unterstreichen die religiöse Identität, die mit dem Bild des mondänen Bewohners von Kinshasa konkurriert.

In dieser Stadt, die zum Mittelpunkt einer neuen kongolesischen Kreativität geworden ist, herrscht gestern wie heute ein reges kulturelles Leben. In ihren Bars und Nachtlokalen entstand in den vierziger Jahren die kongolesische Musik, die einen wichtigen Beitrag zur Entstehung der „World Music" lieferte. In ihren Straßen ist die Religiosität in vielerlei Formen präsent. In den sechziger und siebziger Jahren waren die Universität von Kinshasa, 1954 als erste Universität des Landes gegründet, und die Institute für Höhere Studien sowie die Theater und Museen die Symbole der Stadt. Die Studenten bildeten eine nie versiegende Quelle der politischen Opposition, ihre Demonstrationen drohten bisweilen, das Regime zu stürzen. Auch heute ist Kinshasa ein Schmelztiegel der Kulturen, die Werke einer neuen Generation von populären Schriftstellern, die Cartoons, Musik und Malerei sind Ausdruck der Leidenschaften, der sozialen Gegensätze und der politischen Ideale.

Die Bewohner Kinshasas, die immer schon stolz auf ihre Stadt waren, behaupteten, daß „in Kinshasa jeder Tag ein Festtag ist" („Kinshasa mikolo nyonso feti na feti"). Was auch immer geschieht, sie legen Wert auf ihr Äußeres, gehen gerne tanzen und trinken ihr Lieblingsbier „Primus", das – ein Zeichen der Zeit – heute unter dem Namen „Sekele ya mosala" („Das Geheimnis der Arbeit") an-

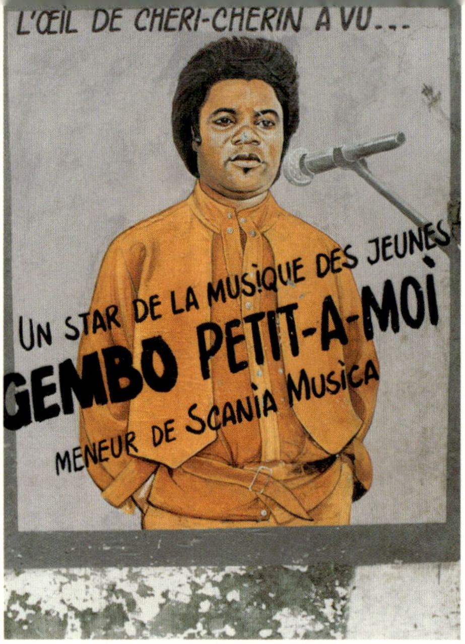

Werbemalerei von Cheri Cherin in Kinshasa um 1990.
Foto: Forschungsarchiv Jewsiewicki

geboten wird. Da es in jüngster Zeit für die Einwohner kaum mehr etwas zu „ergattern" gibt, bleibt ihnen zum Überleben nichts anderes übrig als kobeta libanga, „sich irgendwie durchzuschlagen". Von der Hauptstadt des kolonialen Kasernenstaates zu einem „Asyl für Geistesgestörte" unter Mobutu geworden, gibt Kinshasa heute vor, über das Schicksal eines „Staates in Karnevalsgewand" zu herrschen, „wo die sozialen Sitten lächerlich gemacht und übertüncht werden, um wieder auf die Stufe der Jäger und Sammler zurückzufallen" (Yoka 1998).

DIE MALEREI IN KINSHASA

Wird man mit den Bildern aus Kinshasa konfrontiert, springen zunächst die lebhaften Farbkontraste und deren großes Format ins Auge. Nach diesem ersten Eindruck fällt auf, daß jedes Bild von dicht aneinandergedrängten Menschen bevölkert wird. Das beängstigende Gefühl einer kompakten Masse, eines Menschengewühls, das Gefühl, daß die Menschen gegeneinander gedrückt werden, daß sie über keinerlei Intimsphäre zu verfügen scheinen, befällt auch den Besucher, der nach Kinshasa kommt. Trotz ihrer weiten Ausdehnung scheint die Stadt randvoll mit Menschen, ja sie scheint überzuquellen; man fühlt sich eingepfercht in eine Menschenmasse, die einen nie verläßt. Es ist unmöglich, dort allein zu sein, einen kleinen Freiraum zu haben. Sogar im Haus ist der Bewohner immer mitten unter Leuten, niemals allein, es sei denn, er ist so reich, daß er es sich leisten kann, in einem Viertel zu wohnen, das dem Großbürgertum vorbehalten ist, wo die Häuser von Mauern umgeben sind, die vor dieser Menschenmasse schützen.

Paradoxerweise verwandelt sich diese Großstadt, zumindest in bestimmten Verhaltensweisen, zu einem großen Dorf. Die Menschen verbringen ihr Leben dort im Freien, weil jeder zu wenig Platz in den kleinen Zimmern ihrer Häuser hat, wo sie sich zum Schlafen zusammendrängen. Der heutige Aufbau des alten afrikanischen Stadtteils bedingt, daß jedes umzäunte Areal ein kleines „Dorf" ist. Auf den Parzellen, die in den fünfziger Jahren noch recht großzügig angelegt waren, stehen heute dicht gedrängt zahlreiche kleine Zubauten, die an zahllose Verwandte oder Fremde vermietet werden. Die riesige Stadt setzt sich also, zumindest in den alten Vierteln, aus diesen „Parzellendörfern" zusammen, wo die Bewohner nicht nach ihrer Adresse auffindbar sind. Der Besucher fragt vielmehr, wo der wohnt, der der Sohn oder Verwandte von demjenigen ist, der ein bestimmtes Merkmal aufweist, z.B. ein Auto einer bestimmten Marke oder Farbe besitzt, der diese oder jene Sprache spricht, wenn es sich nicht um Lingala handelt, der einen bestimmten Beruf ausübt oder ähnliches.

Betrachtet man die Bilder aus der Nähe, vor allem jene der neunziger Jahre, fällt zudem auch ihr Aufbau auf. Einerseits quillt die äußerst dichte Masse fast aus dem Rahmen und die Menschen verlieren sich in ihr, andererseits ziehen einige Gesichter, die sich aus der Menge herausheben, den Blick auf sich, drängen sich dem Zuseher gewissermaßen auf. So kann sich der Betrachter in den Mäandern ineinander übergreifender Handlungen zurechtfinden und verliert sich auf diese Weise nicht in der totalen Anonymität dieser dargestellten Menschenansammlung. Der Bildaufbau ist häufig durch eine Handlung um eine oder mehrere Personen strukturiert, die sich aus der Menge herausheben. Der restliche – meist recht große – Teil des Bildes dient dazu, die Handlung in die Stadt einzubetten, d.h. sie mit Menschen zu bevölkern.

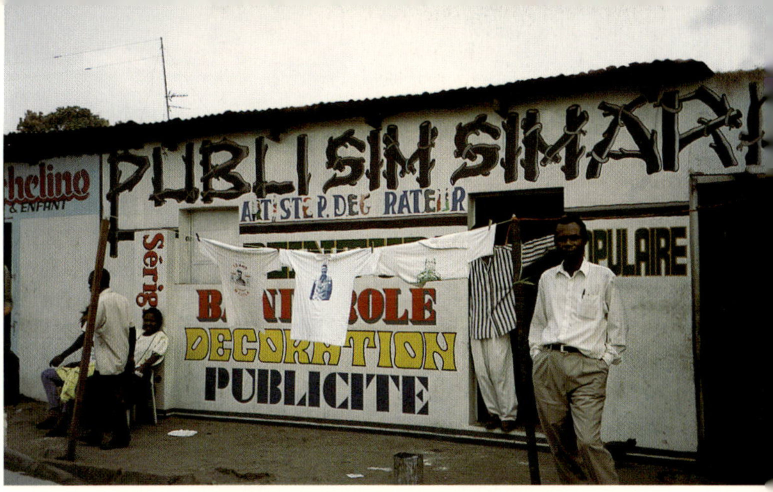

Sim Simaro vor seinem Atelier
in Kinshasa.
Foto: Plankensteiner 1999

So wie im Leben der Stadt gibt es jene, die handeln, und dann all die anderen, die sie beobachten, bewundern und möglicherweise ihr Mißfallen kundtun. Die Hauptachse des Bildes ist eher durch die Zeit als durch den Raum bestimmt. Verschiedene Teile der Bildoberfläche sind also einer Geschichte vorbehalten, die jeweils in einer bestimmten Zeit oder an einem bestimmten Ort angesiedelt ist. Der Betrachter/Leser muß sich selbst in dieser Aneinanderreihung von Geschichten zurechtfinden. Es wird keine erklärende Anleitung gegeben, es sei denn es handelt sich um die auf Bild gebannte Erzählung eines Einzelnen, wie bei dem Bild vom „Leben des Maître Syms"(cat. 23); anzumerken ist an dieser Stelle, daß dies eines der seltenen Bilder ist, wo die Hauptperson zumeist allein dargestellt wird. Hier handelt es sich um ein weiteres Spezifikum der Gesellschaft von Kinshasa, das in dem äußeren Erscheinungsbild zum Ausdruck kommt wie es die „sapeurs" und die Musiker so trefflich verkörpern: den anderen bzw. dem Schicksal die Stirn zu bieten, sich als wichtige Persönlichkeit darzustellen, die aus der Menge, aus der Gesellschaft herausragt.

Wer diese Stadt kennt, wird auf diesen Bildern ohne Schwierigkeiten die Kommunikationsstruktur unter deren Bewohnern wiedererkennen. Geprägt von der postskripturalen Mündlichkeit handelt es sich um ein fortwährendes Gespräch unter den miteinander in Dialog stehenden Menschen, gleichzeitig aber auch um eine Vielzahl von Monologen jener, die mit lauter Stimme sprechen. Sie sind sich sicher, daß ihre Worte in dieser Menschenmasse auf viele offene Ohren treffen, auch wenn sie sich mit den Worten anderer vermischen. Man darf nicht dem ersten Eindruck lebhafter, improvisierter, spontaner Worte unterliegen. Der erste Eindruck eines ohrenbetäubenden Wortschwalls, der sich mit der Musik vermischt, täuscht. Jeder hört zu, und die kleinen Apparate sind auf volle Lautstärke gestellt. Die Worte sind strukturiert, kodifiziert, sie beziehen sich unaufhörlich auf das Schriftliche und auf die institutionelle Autorität einer Kirche oder des Staates, daher sind sie postskriptural. Jene, die predigen, zitieren unaufhörlich die Bibel, jene, die von Politik sprechen, behaupten, eine Zeitung gelesen zu haben, Bibelverse dienen als Redewendungen usw.

Beim Bildaufbau der in Kinshasa geschaffenen Gemälde fallen die vielfältigen Geschichten auf, die auf den ersten Blick lediglich eine visuelle Kakophonie zu sein scheinen. Wer sie jedoch aus der Nähe betrachtet, ihre Texte liest und sich in der kongolesischen Musik ein wenig auskennt, erfaßt sehr rasch, daß es nicht gleichgültig ist, wie man von einer Geschichte zur nächsten gelangt. Ob man das Ohr zunächst dem einen und nicht dem anderen leiht, dieser Geschichte vor oder nach jener zuhört, ist eine soziale, manchmal eine politische Entscheidung. Die Erzählungen verlaufen gleichzeitig, da der Inhalt im allgemeinen jedoch bekannt ist, kann man in einer Art Zickzackkurs von einer linearen Schilderung zur nächsten springen. Hierbei handelt es sich um ein weiteres Paradoxon dieser Stadt, in der jede gerade Linie ins Nirgendwo führt, wo es unhöflich, ja verletzend ist, direkt auf das Ziel zuzusteuern. In welcher Rangfolge man an diesem endlosen „Gespräch" teilnimmt, wird von der Umgebung registriert. Mit der Entscheidung wird deutlich, daß man die Autorität und das Prestige, religiöse, ethnische Affinitäten und jene des Wohnviertels oder etwa der dörflichen Herkunft anerkennt.

Abgesehen vom sozialen Kontext und der Einbettung in die für diese Stadt typische Kultur gibt es auch Vorbilder für die Inszenierung der Bilder, die wahrscheinlich die Art und Weise der Darstellung der Geschichten beeinflußt haben, die der Maler modern, „zivilisiert" erzählen wollte. In den fünfziger Jahren, als die koloniale

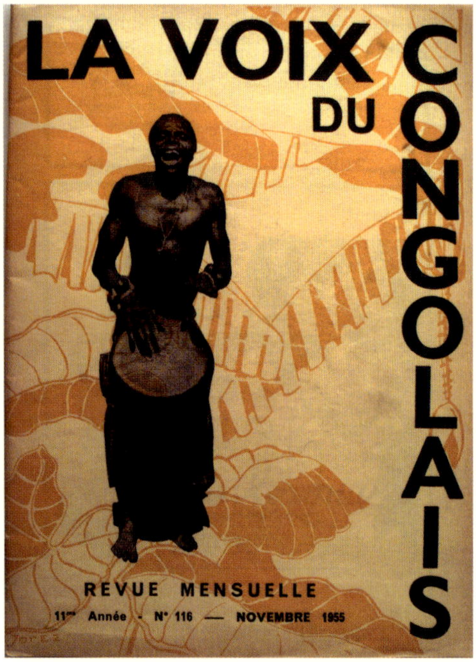

Titelblatt einer Ausgabe der „Voix Congolais“ von 1955, einer für die Évolués herausgegebenen Zeitschriften.
Foto: Museum für Völkerkunde, Strauss

Verwaltung sich bemühte, eine soziale Gruppe von Évolués anzuerkennen und nach ihrem Geschmack zu formen, gab es nicht nur die Anerkennung eines besonderen Status mittels einer bestimmten Identitätskarte und dem Zugang zum Besitz eines Stadthauses. Die Kolonialverwaltung finanzierte und unterstützte damals auch die Verbreitung einer urbanen Kultur, die vor allem durch zwei Zeitschriften für Évolués – „La Voix du Congolais“ und „Nos Images“ – vermittelt wurde.

Seit den dreißiger Jahren hatte die katholische Kirche im Kongo die Bedeutung des Bildes für eine christliche Akkulturation erkannt. Gegen Ende der Kolonialzeit scheint sich die Verwaltung dies zum Vorbild genommen zu haben. Im Rahmen der zur damaligen Zeit verfügbaren technischen Mittel räumt sogar die „Voix du Congolais“, die in erster Linie zum Lesen bestimmt war, den Abbildungen beträchtlichen Raum ein. Als Beilagen erscheinen Porträts kolonialer, also weißer Persönlichkeiten, oder ein illustrierter Kalender, der zum Jahreswechsel jeder Ausgabe beigegeben wird. Dem Leser wird nahegelegt, diese Bilder an die Wand zu hängen. Der Stammbaum des belgischen Herrscherhauses (erinnert sei daran, daß der Gründer Leopold II. ein Held des Kongo war, den die Kongolesen mit den Belgiern teilten, da er Monarch beider Staatgebiete war) sowie erbauliche Geschichten oder Reportagen wurden in Form von aneinander gereihten Cartoons dargestellt, wobei jeder Cartoon seinen eigenen Inhalt – eine abgeschlossene Geschichte oder eine bestimmte Person – aufwies.

Wenn wir mit der „Geschichte von Zaïre“ von Pap'Emma (cat. 0) beginnen, läßt sich erkennen, daß einige andere Malereien aus Kinshasa denselben Aufbau übernommen haben. Diese Art der Bilderzählung wurde ganz eindeutig vom Comic gefördert und verstärkt. „Nos Images“ war laut eigener Werbung eine Zeitschrift mit erzieherischem Auftrag für Frauen wie für Männer, während „La Voix du Congolais“ sich nur an Männer richtete. Der Inhalt bestand vor allem aus Comics, man hoffte eine Art von „Tim und Struppi“ für die kongolesische Bevölkerung zu schaffen, eine Person und ein Erzählraster, mit deren Hilfe Werte vermittelt werden sollten, die auf das neue politische Ziel einer belgisch-kongolesischen Gesellschaft ausgerichtet waren. Seit den sechziger Jahren gehörte der meist mit einfachsten Mitteln hergestellte Comic zur Kultur von Kinshasa; auch mehrere Maler, unter ihnen Lusavuvu, stellen solche Comics her.

Wie bei der mündlichen Kommunikation in Kinshasa ist auch bei der Lektüre eines Bildinhalts die Reihenfolge oder Gleichzeitigkeit von Bedeutung; sie bestimmt den Sinn, den der Betrachter daraus herausliest, bzw. das Gespräch, das dieses Bild auslöst. Zwar sind die Bilder in Kinshasa wie im gesamten Kongo vor allem dazu bestimmt, an der Wand des urbanen Salon aufgehängt zu werden, aufgrund der Bevölkerungsdichte und des enormen demographischen Drucks, der auf der Stadt lastet, sowie bedingt durch die in einem Haus vorhandene begrenzte Zahl von Schlafplätzen, ist der Salon im wortwörtlichen Sinne „explodiert“. Früher diente der Salon dem Familienoberhaupt als Raum zur Darstellung seines legitimen sozialen Selbst. Dann hat sich dieser Repräsentationsbereich zunächst für die unverheirateten jungen und später für die erwachsenen Männer auf die Parzelle und die Straße verlagert, insbesondere auf Kreuzungen und soziale Treffpunkte wie Tankstellen, große Haltestellen von öffentlichen Verkehrsmitteln, auf Orte des Gebetes usw. Die „sapeurs“ und die Musiker waren die ersten, die ihre Identität auf offener Straße, in den Bars, an den Treffpunkten entwickelten.

Seit einiger Zeit ziehen diese Orte die Maler Kinshasas an; sie malen großformatige Bilder, auch wenn sie Schwierigkeiten haben, diese zu verkaufen. Chéri Samba, der als öffentliche Figur wie als Maler eine außergewöhnliche Persönlichkeit ist, hat mehrere Jahre lang seine neuen Bilder an einen Mangobaum in der Nähe seines Ateliers gehängt, um Betrachter anzulocken und Menschenansammlungen zu provozieren. Vor allem die in der Stadt bereits etablierten Maler haben ein Atelier an einer der stark frequentierten Avenuen nahe von Kreuzungen. Häufig arbeiten sie auf der Straße, stellen ihre fertigen Bilder vor das Atelier, damit die Vorübergehenden, auch die Schaulustigen, sie ansehen und darüber diskutieren können. Jene Maler, die erst seit kurzem diesen Beruf ausüben, können es sich nicht leisten, sich im Stadtzentrum niederzulassen, dennoch versuchen sie einen Arbeitsplatz und einen Verkaufs- bzw. Ausstellungsraum zu haben, wo die Leute ihre Bilder sehen können. Die Jüngsten oder Ärmsten arbeiten in einem gemieteten Zimmer, das ihnen gleichzeitig als Wohnraum dient. Sie sind darauf angewiesen, ihre Bilder Straßenhändlern anzuvertrauen, die für sie Kunden finden, da niemand in ihrer Umgebung ein großformatiges Bild kaufen oder an die niedrige Wand eines winzigen Zimmers hängen könnte. Wer gesehen hat, wie beispielsweise Lusavuvu ein Bild von vier mal zwei Metern in einem Zimmer malt, das nicht mehr als neun mal zwei Meter misst, wo auch noch die Wohnzimmermöbel und die Kochutensilien verstaut sind, kann besser verstehen, warum er Mosaike von Geschichten und Handlungen malt.

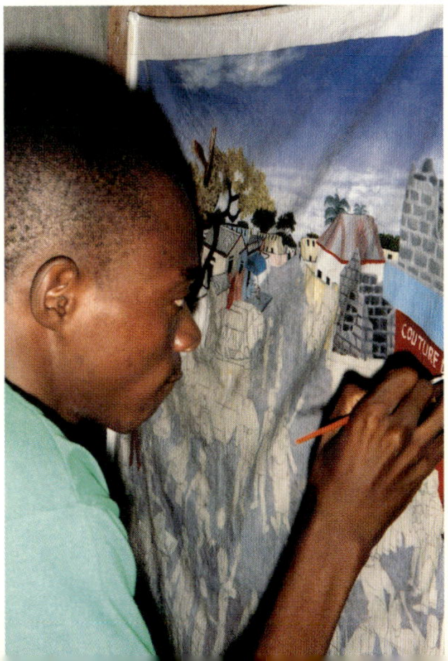

Lusavuvu bei der Arbeit in seinem kleinen Wohnraum in Kinshasa.
Foto: Jewsiewicki 1999

Für wen werden also diese großformatigen Bilder gemalt? Im Gegensatz zu anderen Städten gibt es in Kinshasa seit Mitte der achtziger Jahre Ausstellungen populärer Malerei, die von den Kulturzentren der Botschaften, insbesondere der belgischen und französischen, aber auch von ausländischen Sammlern und Mäzenen, manchmal auch von Händlern organisiert werden. Noch lebendig ist die Erinnerung an den Hangar des Großhändlers Maurice Alladef, der ein berühmter Mäzen und Händler für populäre Malerei war. Zudem gab es noch die Schule von Poto-Poto in Brazzaville; die dort ausgebildeten Maler verkauften sowohl in Brazzaville als auch in Kinshasa. Für die Afrikaner war der Fluß, der die beiden Städte trennt, schon immer eher eine Kommunikationsader als eine Grenze. Außerdem zieht Kinshasa schon seit langem viele Ausländer an, Funktionäre internationaler Organisationen, Händler, Kaufleute jeglicher Art, die bis in die neunziger Jahre mit dieser Stadt eng verbunden waren. Viele von ihnen schmückten ihre Häuser mit populären Malereien. Diese Villen mit ihren großen, hohen Räumen hatten meist weiße oder helle Wände und waren ideal für die großen Bilder mit ihren kräftigen Farben.

Dies sind also die vielfältigen, jedoch durchaus stimmigen Gründe für die Produktion von großformatigen Bildern in Kinshasa. Sicherlich handelt es sich bei den Käufern eher um Ausländer als um Kongolesen, ihre Häuser werden jedoch von der kongolesischen Bourgeoisie und den Intellektuellen besucht. Bei der Mehrheit der Maler zählt die Produktion großformatiger Bilder zwar nicht zur Hauptbeschäftigung, sie trägt jedoch nicht unerheblich zu ihrem Einkommen bei und beeinflußt auch die kleinformatigen Bilder für die lokale Kundschaft, die normalerweise der Größe eines 50-kg-Mehlsacks entsprechen. Schneidet man einen solchen Sack entzwei, so ergibt er zwei Leinwände für die üblichen kongolesischen Käufer; auch bei der Verwendung anderer Stoffe wird dieses Maß beibehalten.

Hauptthemen der Malerei von Kinshasa sind Ereignisse in der Stadt selbst, das übrige Land wird praktisch ausgeblendet. Ausgenommen von diesem Autozentrismus ist die Schwesternstadt Brazzaville, obwohl sie die Hauptstadt eines anderen Staates ist; denn was sich in einer der beiden Städte ereignet, hat unmittelbare Auswirkungen auf die andere. Die Malerei bietet eine soziale und wirtschaftliche Chronik von Kinshasa. Seit den neunziger Jahren und der nachlassenden polizeilichen Kontrolle nimmt die politische Chronik breiten Raum ein. Die Maler registrieren die großen Wendepunkte im Leben und Handeln des Volkes, das der Macht die Stirn bietet oder sich mit der Auslöschung des Feindes brüstet, und halten sie fest. Mehrere Maler stürzten sich auch auf eine kritische Abrechnung, sei es mit der Zweiten Republik unter Mobutu, sei es mit dem Demokratisierungsprozeß der neunziger Jahre. Die Souveräne Nationalkonferenz, die zu Beginn dieses Jahrzehnts die neue Verfassung vorbereiten sollte, hatte den Dialog propagiert, ihre Mitglieder gaben vor, auf Basis historischer Fakten das kongolesische Übel auszumerzen, die Geschichte je nach Bedarf umzuschreiben. Man muß sagen, daß die Bevölkerung mit großem Interesse die stundenlangen Debatten verfolgte, in denen die Politiker der sechziger Jahre ihre Schuld eingestanden und die von Abwesenden begangenen Fehler offenlegten. In den Bildern, die Bilanz ziehen, wie auch in jenen, die die wichtigsten Ereignisse des sozialen Lebens thematisieren, kommt die moralisierende Zielsetzung ganz klar zum Ausdruck, die sozialen Geißeln werden bloßgelegt und angeprangert. „Tika mwana", „rührt die Kinder nicht an" (cat. 52), beispielsweise wirft den reichen Männern vor, sexuelle Gunstbezeugungen von Schülerinnen einzufordern. Auch in den Chansons von Kinshasa wurde dies ausführlich thematisiert. Viele Familien in Kinshasa, aber auch in anderen Städten des Landes, mußten mit den Folgen dieser Verführungen fertig werden.

Eine Analyse aller Bilder würde den Rahmen sprengen, so sei abschließend noch auf ein ganz spezielles Charakteristikum der Malerei in Kinshasa hingewiesen, das andernorts weitgehend fehlt. Während sich die Stadt scheinbar sehr prüde gibt – so werden Frauen mit Minirock heftig kritisiert, mehrere Jahre lang hatte Mobutu den Frauen zudem das Tragen von Hosen verboten –, wird Sex eigentlich wie eine ganz gewöhnliche Ware gehandelt. Erklären läßt sich dies dadurch, daß es eine große Gruppe von meist vermögenden ausländischen Männern gibt, unter denen es für die „Stimmung" wichtig ist, eine schöne, gut gekleidete Frau an ihrer Seite zu haben, und auch dadurch, daß die Politiker zu Zeiten Mobutus ganz offen Sex konsumierten. Die himmelschreiende wirtschaftliche Ungleichheit, das Elend des Volkes und das Fehlen beruflicher Perspektiven für Frauen kommen noch hinzu. Seit den achtziger Jahren kann ein junges Mädchen diesem Elend nur entkommen, wenn es eine „Londonienne" (Prostituierte für Ausländer) oder ein „Bureau" (Geliebte eines reichen Mannes) wird und in späteren Jahren die Ersparnisse und das Kapital an sozialen Kontakten in den Handel investiert.

Zwischen 1970 und 1990 haben der äußere Schein, Sex in der Öffentlichkeit und der Besuch von Bars, wo das Bier (oder für die Reicheren der Whisky) in Strömen floß, das politische Leben der

Hauptstadt des Kongo bestimmt. Deshalb sind die Erotik, der Körperkult und die Nacktheit, die dem Betrachter bis zum Überfluß dargeboten wird, Bestandteile der Malerei, wobei schwer zu bestimmen ist, ob die Maler diese Kultur glorifizieren oder sie vielmehr durch die Aufdeckung ihrer Laster korrigieren wollen. Diese Zweideutigkeit, dieses Zögern zwischen dem Laster, das als auszumerzendes Übel dargestellt wird, und dem Laster als Quelle der Freude, ist vielleicht das beherrschende Charakteristikum der Bildersprache der Gemälde aus Kinshasa, in formeller Hinsicht springt hierbei vor allem die Maßlosigkeit ins Auge.

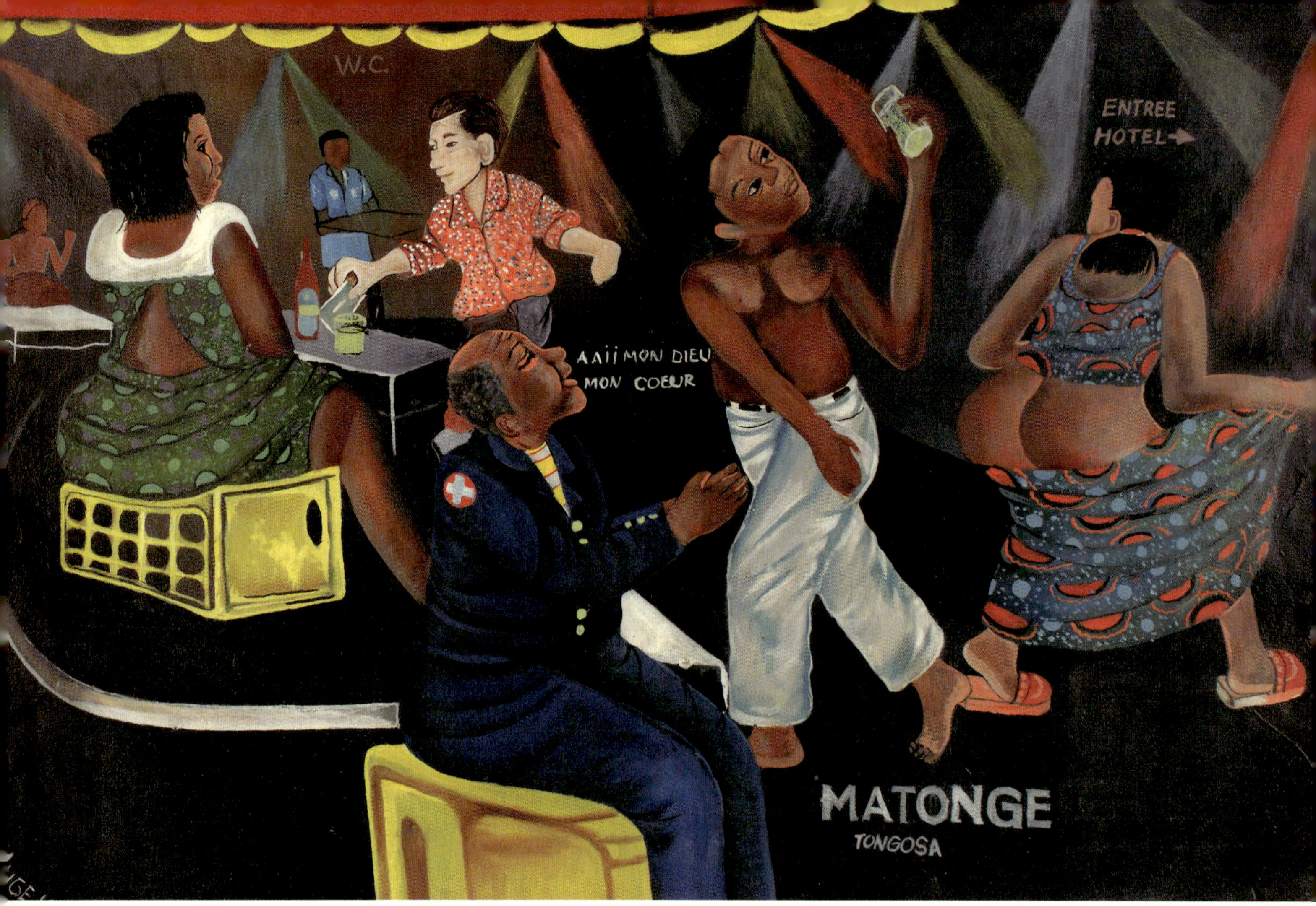

(29) **Ange Kumbi**

Matonge

Kinshasa 1999
Museum für Völkerkunde, Wien
Inv.Nr. 177.918
79 x 52,5 cm

Matonge ist das Vergnügungsviertel in Kinshasa, wo sich die meisten Bars befinden und sich das Nachtleben abspielt. Kinshasa gilt als Ort des Amüsements und der Ausschweifungen. Für manche fundamentale Christen hingegen steht die Stadt für Verdammnis und den Verfall der Sitten. Ange Kumbi zeigt, was hier zählt: Sex, Geld und Bier.

(30) Lusavuvu

Bindo Promotion, Retter Zaïres

Kinshasa 1991
Sammlung Jewsiewicki
76 x 43,5 cm

Zu Beginn der neunziger Jahre verkauften viele Kongolesen ihren gesamten Besitz, um in die betrügerischen Investitionsschemas der Pyramidenspiele zu investieren. Dieses Bild zeigt, wie für diese Spiele geworben wurde und die Leute noch daran glaubten, daß sie auf diese Weise aus der Misere gelangen könnten. Auf dem Schild, das die Menge vor sich her trägt, wird das „Bindo" genannte Investitionsspiel als „Moses von Zaïre, der Retter" hochgehalten.

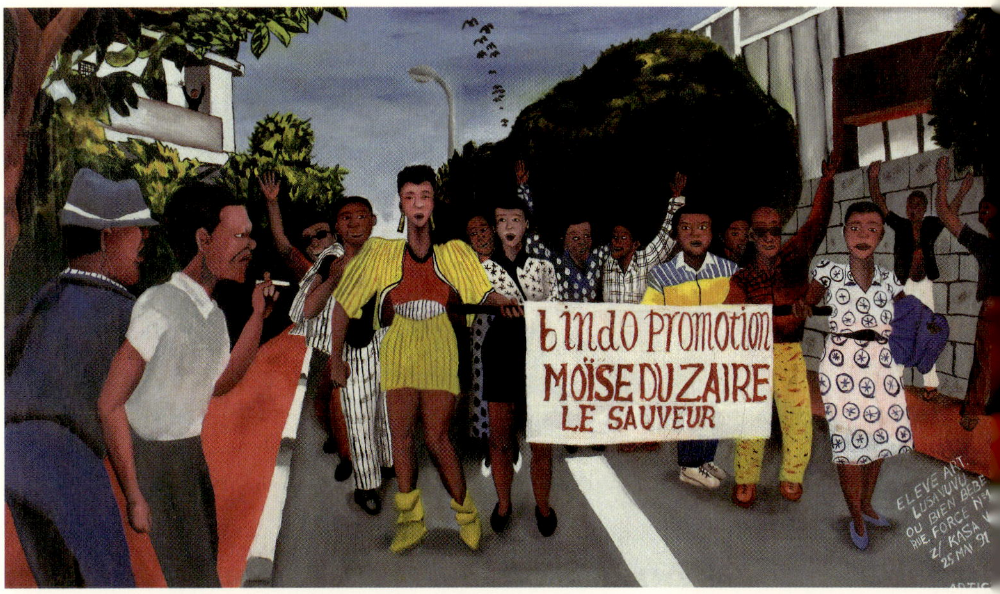

(31) Bozy

Nguma Promotion

Kinshasa 1991
Sammlung Jewsiewicki
99 x 67 cm

Ein weiteres dieser Pyramidenspiele wurde „Nguma", Schlange, genannt. Mit dieser Bezeichnung bezog man sich auf populäre Legenden von reichen weiblichen Händlerinnen, deren Reichtum von einem Schlangenliebhaber stammt, der nach jedem Liebesspiel Geld spuckt.

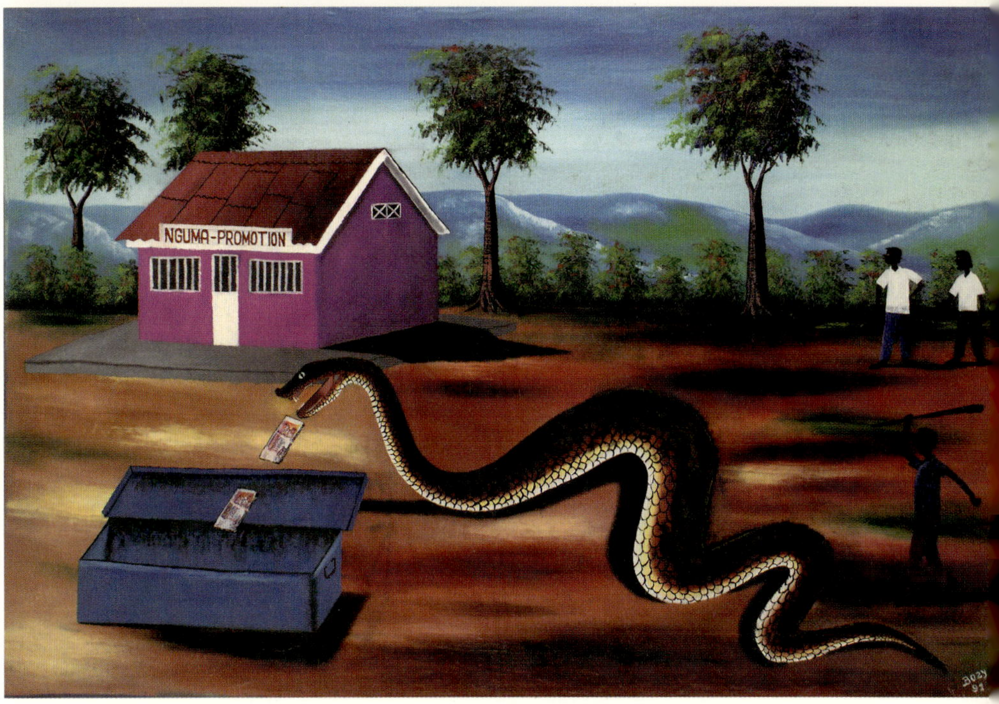

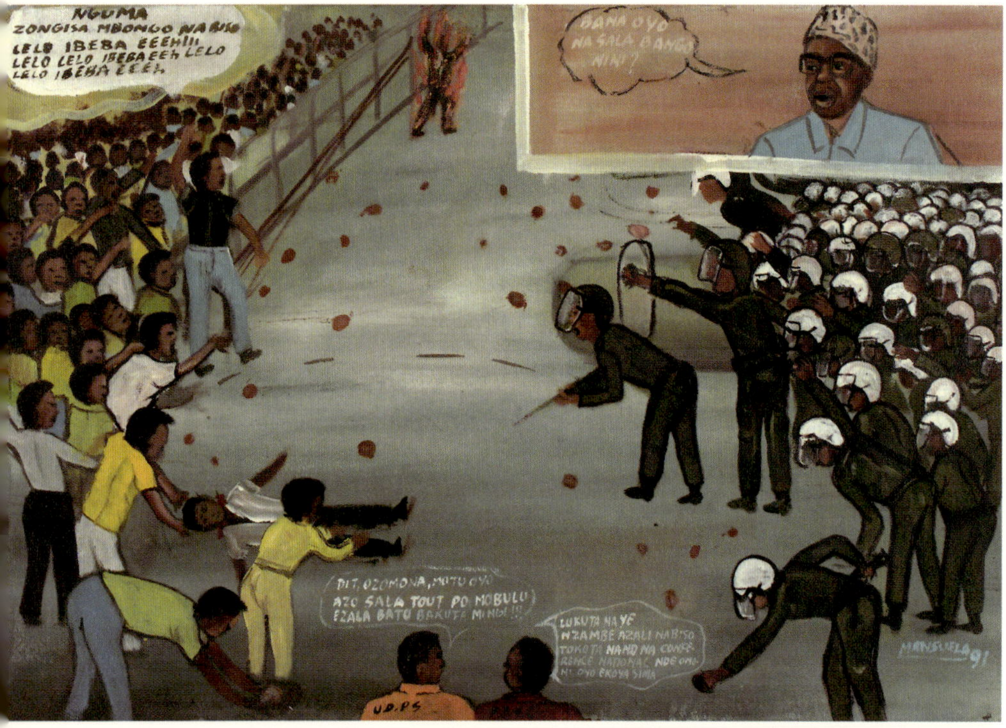

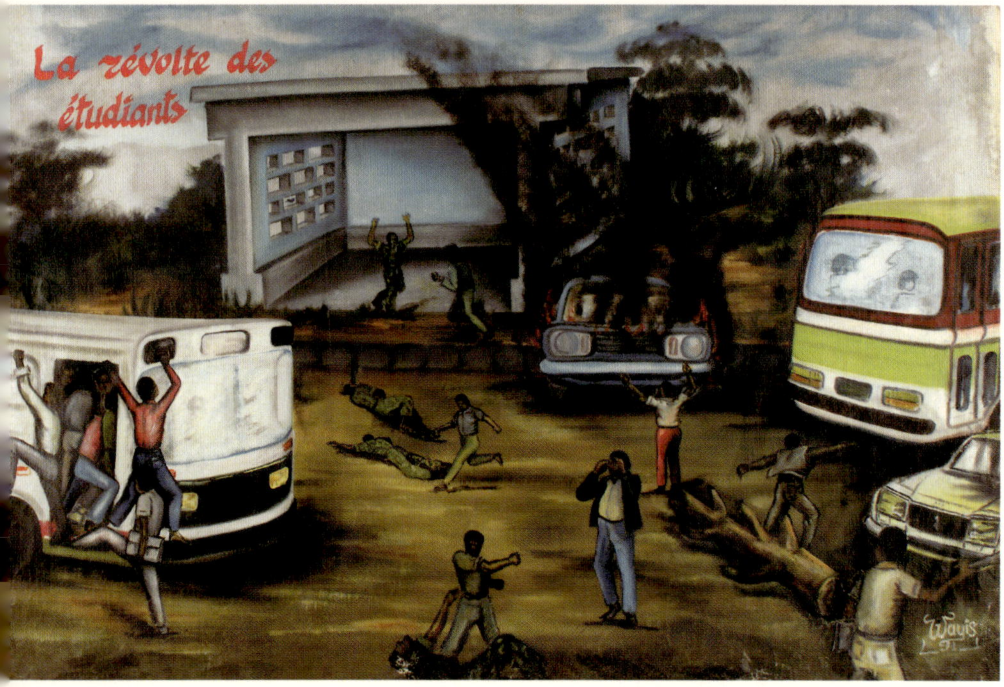

(32) **Mansuela**

Nguma Demonstration

Kinshasa 1991
Sammlung Jewsiewicki
75 x 50 cm

Nguma gib uns unser Geld zurück. Heute wird es etwas setzen; heute wird es etwas setzen; heute wird es etwas setzen.
Mobutu: *Was soll ich mit diesen Kindern machen?*
UDPS (Oppositionspartei „Union für die Demokratie und den sozialen Fortschritt"): *Schau, siehst du diesen Mann?* (Mobutu) *Der macht alles, damit es zu Unruhen kommt und die Leute sterben.*
PDSC (Oppositionspartei „Christlich-soziale demokratische Partei"): *Er irrt sich. Gott steht auf unserer Seite. Zuerst ziehen wir in die Nationalkonferenz ein, und dann kümmern wir uns um den Rest.*

Hier werden Demonstrationen auf der Straße dargestellt, bei der die enttäuschte Menge, die ihr gesamtes Hab und Gut in diese Spiele investiert und alles verloren hat, ihrem Unmut freien Lauf läßt. Die Kundgebungen arten in einen regelrechten politischen Konflikt aus, weil allgemein vermutet wurde, daß der Staat hinter diesen Spielen stand. Oppositionspolitiker beschuldigten Mobutu, daß seine Familie direkt involviert war.
Die Pyramidenspiele waren ein signifikantes Beispiel für die Korruptheit des Mobutu-Staates, der sein eigenes Volk ausbeutete.

(33) **Wayis**

„La revolte des étudiants" (Studentenrevolte)

Kinshasa 1991
Sammlung Jewsiewicki
93 x 61 cm

Wayis gibt eine der vielen Studentenrevolten der Universität von Kinshasa in den neunziger Jahren gegen Ende des Mobutu Regimes wieder. Diese waren die ersten gewalttätigen Reaktionen auf Mobutus zögerliche Haltung gegenüber der versprochenen Demokratisierung. Nach einem anfänglichen Zugeständnis einer Zulassung politischer Parteien, zog Mobutu sein Wort wieder zurück und unterdrückte die Studentenaufstände. Trotzdem können sie als erster Schritt zur Demokratisierung gewertet werden.

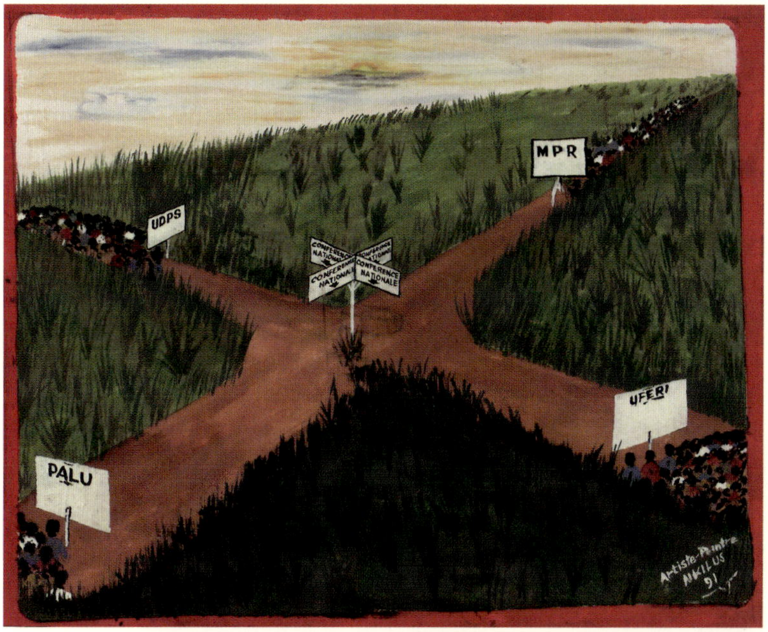

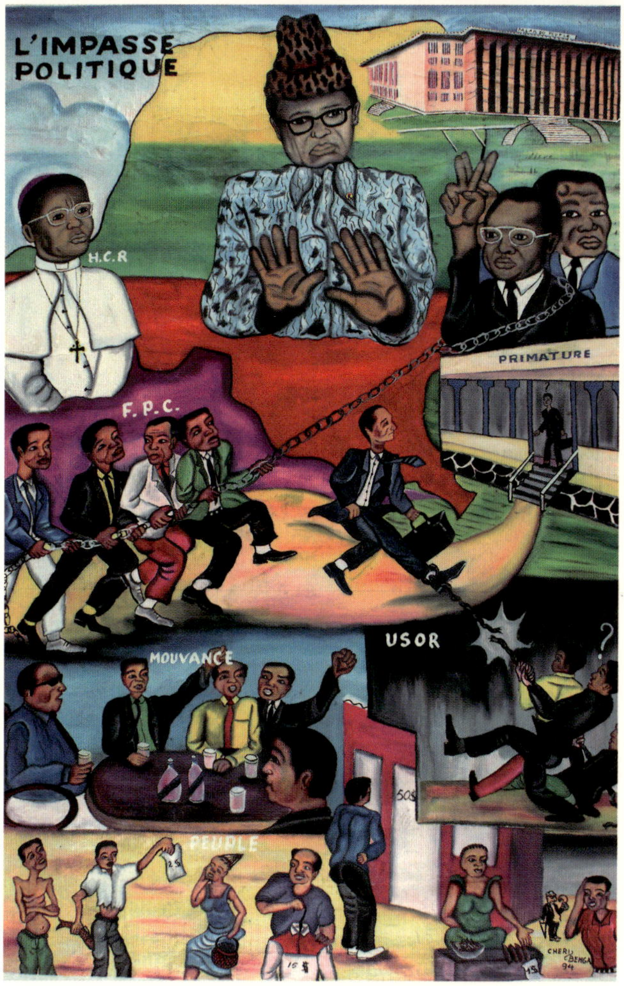

(34) Nkilus
Politische Kreuzung

Kinshasa 1991
Sammlung Jewsiewicki
54 x 43 cm

Nach Mobutus Ankündigung der Demokratisierung war es unsicher, wieviele Parteien offiziell zugelassen sein würden, und es begann eine heftige Konkurrenz zwischen Politikern, Parteien zu gründen und die Genehmigung dafür zu gewinnen. Das Hauptziel aller war es in die Nationalkonferenz, die „Conférence Nationale", zu gelangen, die die Basis für die neue Konstitution erarbeiten sollte. Nkilus zeigt das Aufeinandertreffen der vier repräsentativsten Fraktionen: Mobutus Sammelpartei MPR, die föderalistische Union mit Basis in Katanga UFERI, die unitarischen Lumumbisten PALU und die Union der Demokraten UDPS, die älteste Oppositionspartei mit Basis in Kasai, die unter Mobutu verboten war.

(35) Cheri Benga
„L'impasse politique"
(Sackgasse der Politik)

Kinshasa 1994
Sammlung Jewsiewicki
115 x 79,5 cm

Das Bild legt offen, daß die Demokratisierung unter Mobutu zu nichts führte. Mobutu ist immer noch an der Spitze des Staates, die Bevölkerung leidet mehr als vorher, während die Politiker untereinander um eine Vormachtstellung kämpfen.

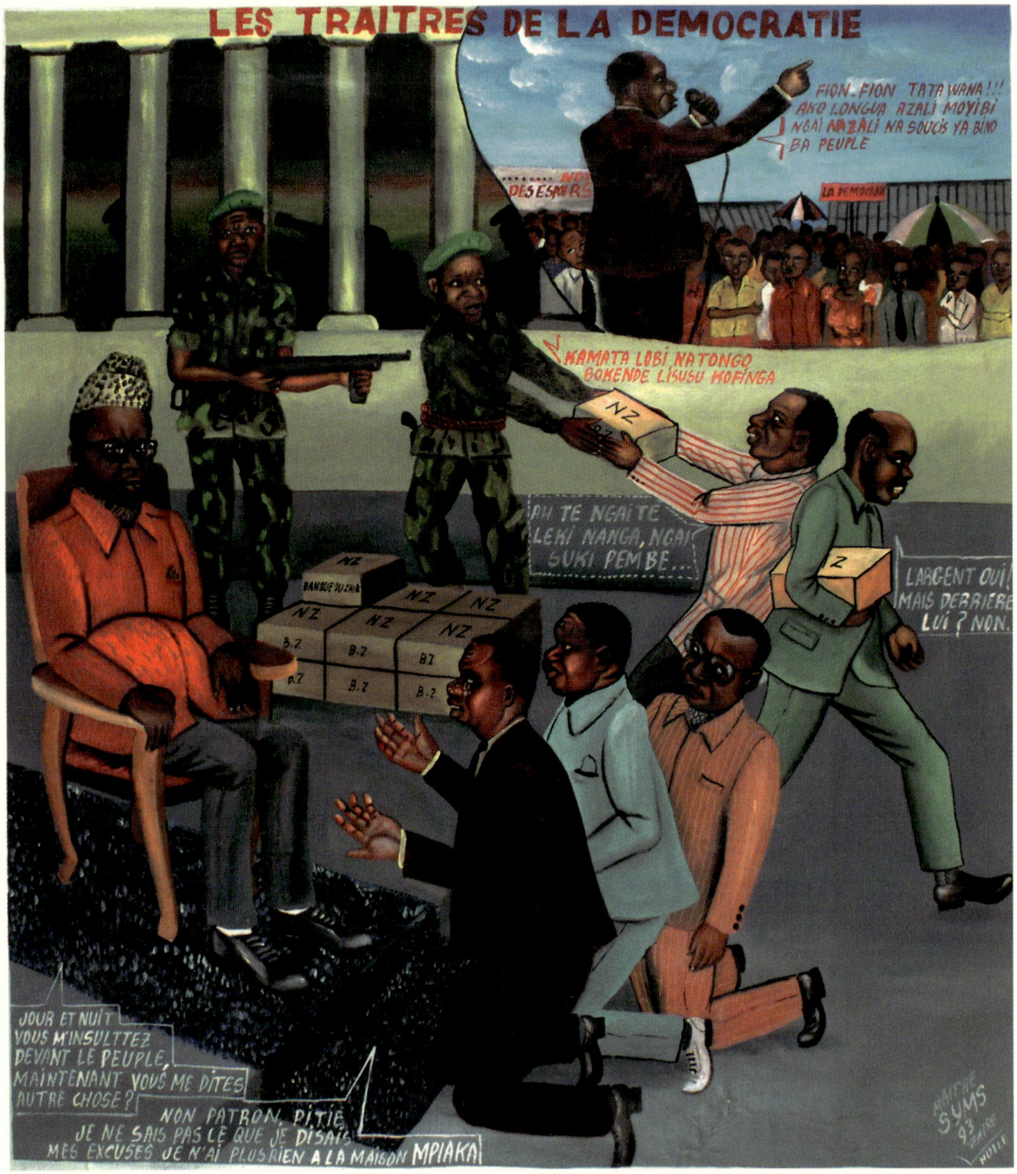

(36) **Syms**

„Les traitres de la democratie“ (Verräter der Demokratie)

Kinshasa 1993
Sammlung Jewsiewicki
83 x 75 cm

– Fion! Fion! Dieser Papa da … Er wird weggehen, er ist ein Dieb. Ich, ich kümmere mich um Euch, Volk!

– Nimm und morgen früh schimpf weiter!

– Oh nein! Nicht, mein kleiner Bruder, ich bin dem Chef treu.

– Das Geld schon, aber hinter seinem Rücken? Nein.

– Mobutu: *Tag und Nacht beleidigt ihr mich vor dem Volk, jetzt sagt ihr mir, ihr wollt etwas anderes?*

– Nein Patron, ich weiß nicht, was ich sagte. Entschuldige, ich habe nichts mehr zu Hause.

Infolge der Pseudodemokratisierung erreichte die Korruption im Lande ihren Höhepunkt. Politiker, die vor der Bevölkerung die Demokratie propagierten, ließen sich insgeheim von Mobutu finanzieren. Es kam der Begriff „Lebensmittelparteien" auf, der sich auf neu entstehende Parteien bezog, die eigentlich nur gegründet wurden, um Geld von Mobutu einzusacken.

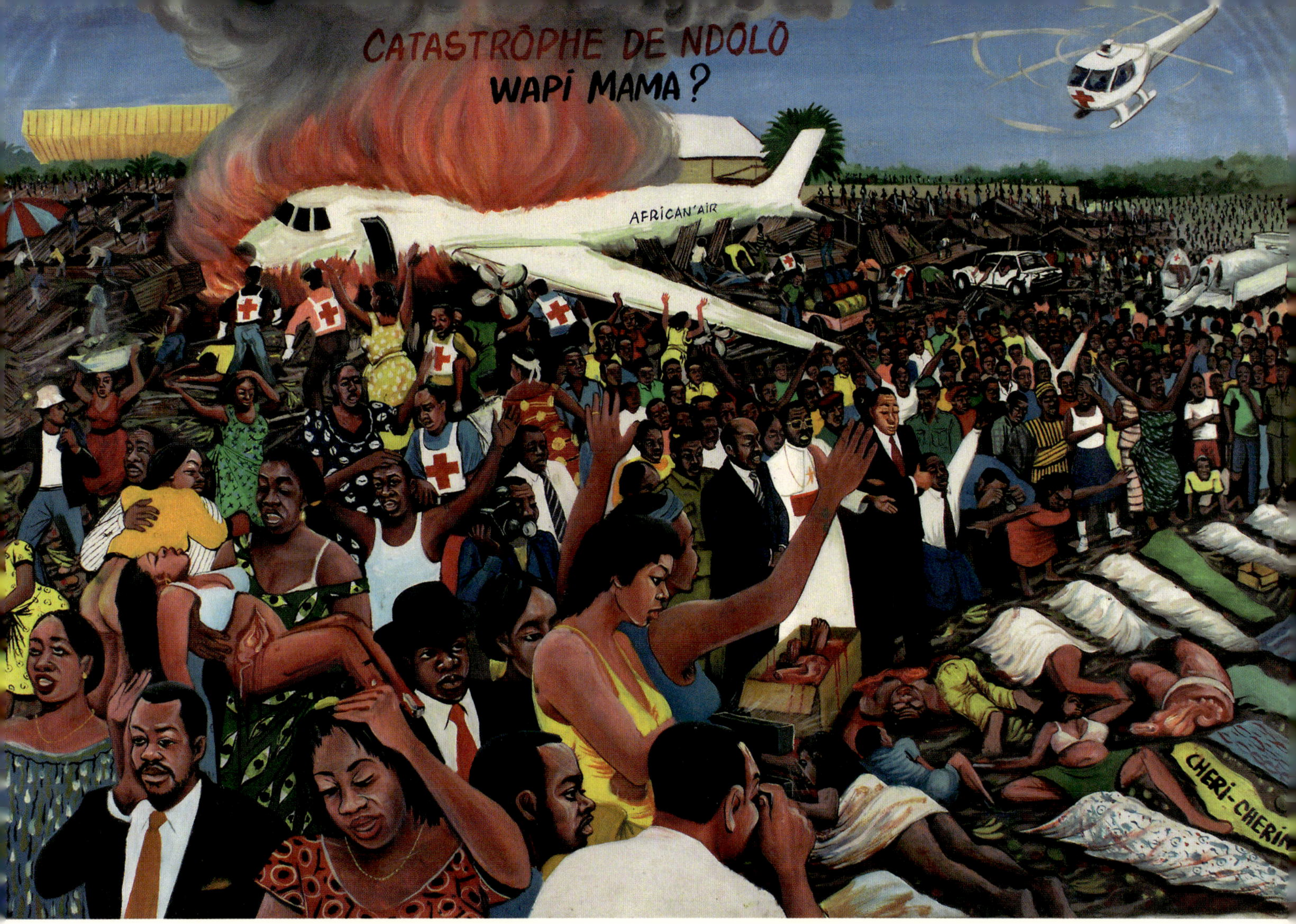

(37) Cheri Cherin

„Catastrophe de Ndolo. Wapi Mama?"
(Flugzeugabsturz in Ndolo. Wo ist die Mama?)

Kinshasa 1999
Museum für Völkerkunde, Wien
Inv.Nr. 177.944
91 x 61 cm

1996 stürzte ein Lastflugzeug auf den Markt von Ndolo, einem Stadtviertel von Kinshasa ab. Dem überladenen Flugzeug gelang der Start von dem im Stadtgebiet gelegenen Flughafen nicht und es tötete beim Aufprall über hundert Menschen. Der Ndolo-Flughafen war bereits seit vielen Jahren stillgelegt gewesen und wurde unter Mißachtung internationaler Standards wieder geöffnet. Dies geschah in Komplizenschaft mit Regierungsmitgliedern für den illegalen Waffenhandel mit Angola. Der Vorfall wurde als Indiz für die unkontrollierbar gewordenen Machenschaften einzelner Personen in politischen Machtpositionen gewertet.

(38) Cheri Cherin

„Roi des Bêtes"

(König der wilden Tiere)

Kinshasa 1999
Museum für Völkerkunde, Wien
Inv.Nr. 178.334
98 x 68 cm

In dieser allegorischen Tierdarstellung illustriert Cherin Mobutus Regime: Mobutu als Leopard in der Mitte sitzt auf einem Stuhl namens Verfassung, unter dem der Totenkopf auf politische Morde verweist, und daneben die Kiste mit Geld auf die systematische Ausbeutung der Bevölkerung. Hinter ihm werden seine politischen Instrumente dargestellt: Demagogie, Kultur als Ablenkung, Unterdrückung und mangelnde Sicherheit, Korruption, blinder Gehorsam, fragwürdiges Management, Misere und Verrat des eigenen Volkes. Auf der anderen Seite wird gezeigt, wie er seine Einheitspartei und jene, die mit ihm kollaborieren, belohnt. Im Hintergrund filmt die internationale Presse vor dem Friedhof der Oppositionsparteien.

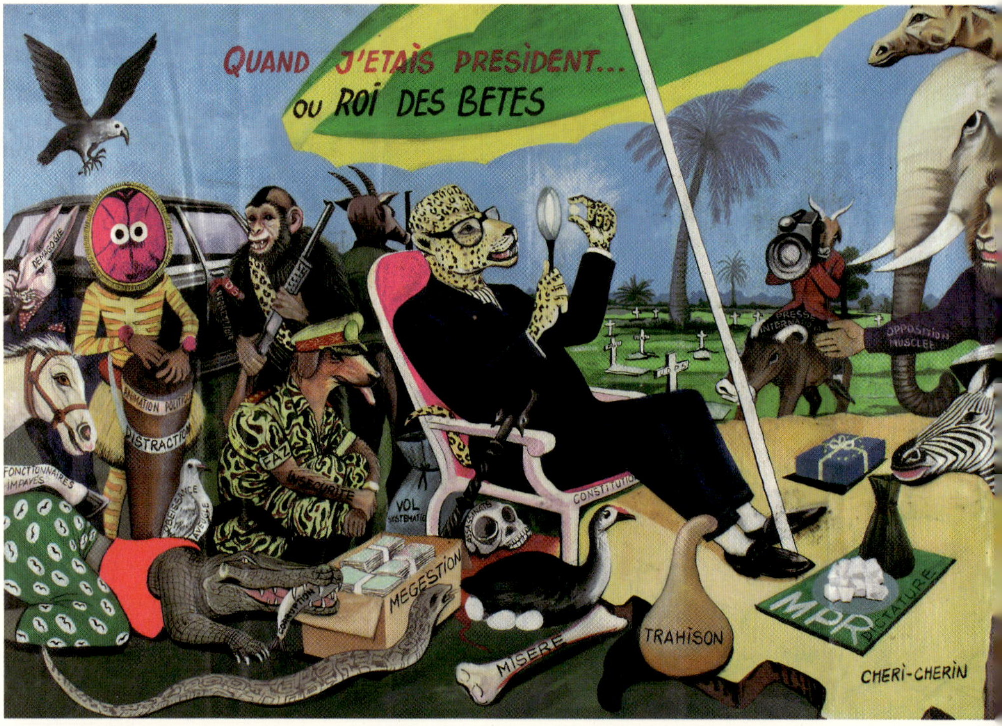

(39) Tekasala

„Liberation du Congo"

(Befreiung des Kongo, Mai 1997)

Kinshasa 1999
Museum für Völkerkunde, Wien
Inv.Nr. 177.941
83,5 x 58 cm

Am 17. Mai 1997 dringen Soldaten Kabilas in Kinshasa ein und werden von der Bevölkerung freudig empfangen. Dies markiert das Ende des Staates Zaïre und den Beginn von Kabilas Kongo.

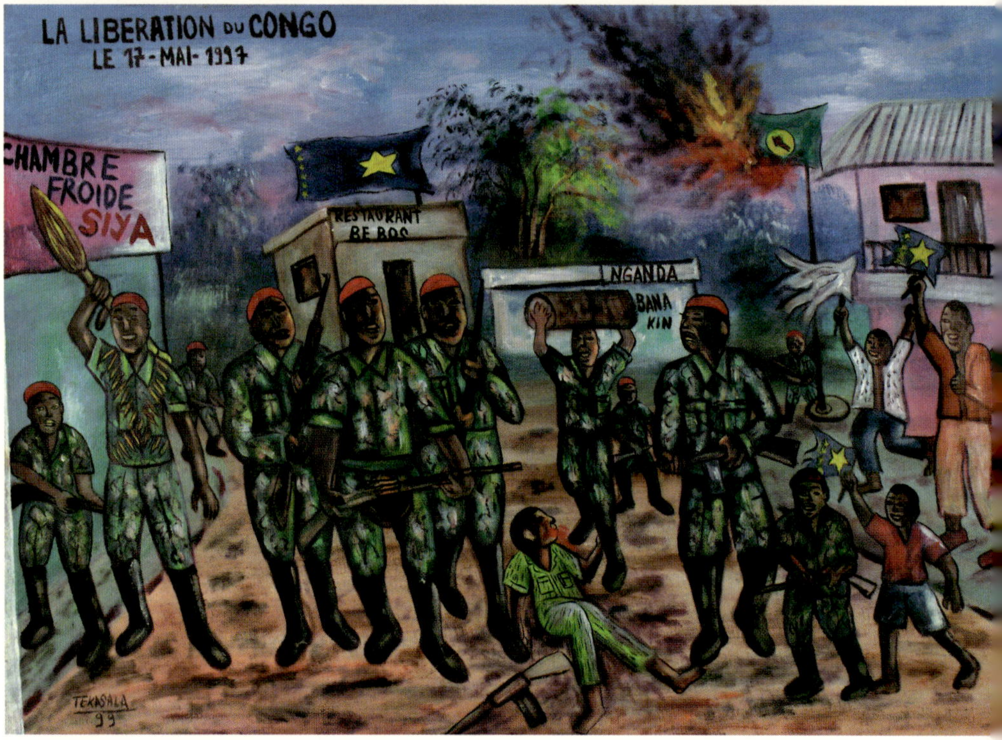

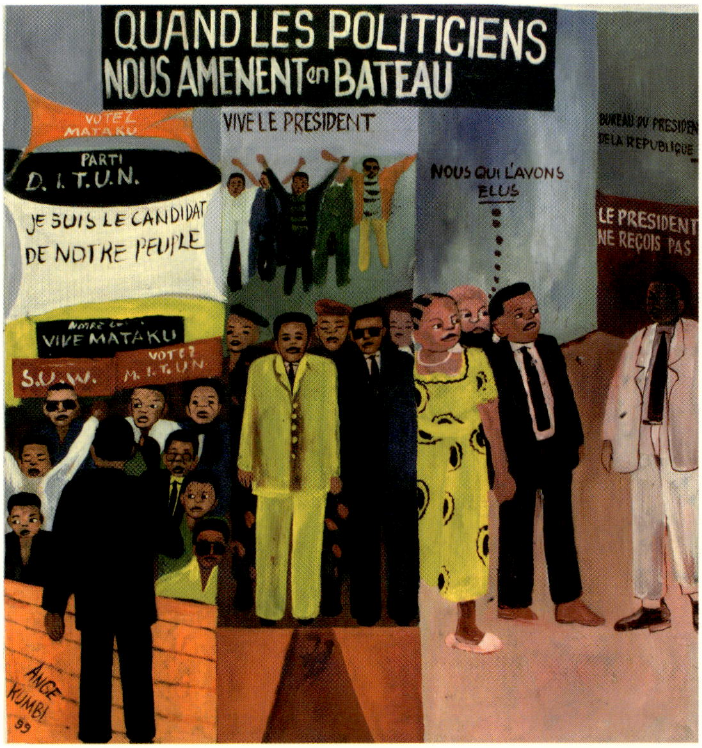

(40) **Ange Kumbi**

Täuschung der Politiker

Kinshasa 1999
Museum für Völkerkunde, Wien
Inv.Nr. 177.916
63,5 x 61 cm

Nach der Anfangseuphorie über Kabilas Machtübernahme machte sich unter der Bevölkerung eine Skepsis bezüglich der Politikerkaste breit, die während des Wahlkampfes große Versprechen von sich geben, die sie nachher nicht halten. Der Begriff „Democrature", Demokratur, gebildet aus Demokratie und Diktatur, wurde kreiert, um die allgemeine Enttäuschung bezüglich der Demokratisierung auszudrücken, die in den neunziger Jahren die Bevölkerung nur tiefer in die Misere stürzte.

(41) **Shula**

Töten der Rebellen

Kinshasa 1998
Sammlung Jewsiewicki
99 x 98 cm

Die Bevölkerung fängt und tötet die Rebellen. Unglaublich aber wahr. Hier in Kingasani, einem der populären Viertel in Kinshasa.

Im August 1998 initiierten frühere ruandesische und ugandesische Alliierte von Kabila einen bewaffneten Aufstand. Uganda und Ruanda hatten Kabila im Kampf gegen Mobutu unterstützt, als ersterer jedoch an die Macht gelangt war, wollte er seine Unabhängigkeit gegenüber den Unterstützern behaupten. Eine Fraktion von Kabilas Soldaten, viele von ihnen Banyamulenge, eine mit den Tutsi verwandte Gruppe aus dem Osten Kongos, rebellierte daraufhin gegen ihn. Als diese Rebellen in Kinshasa einfielen, kämpfte die Bevölkerung Kinshasas, die zuvor Kabila nicht unterstützt hatte, unerwarteterweise gegen diese Rebellen. Dies war ein entscheidender Moment für Kabilas politische Festigung in der Hauptstadt.

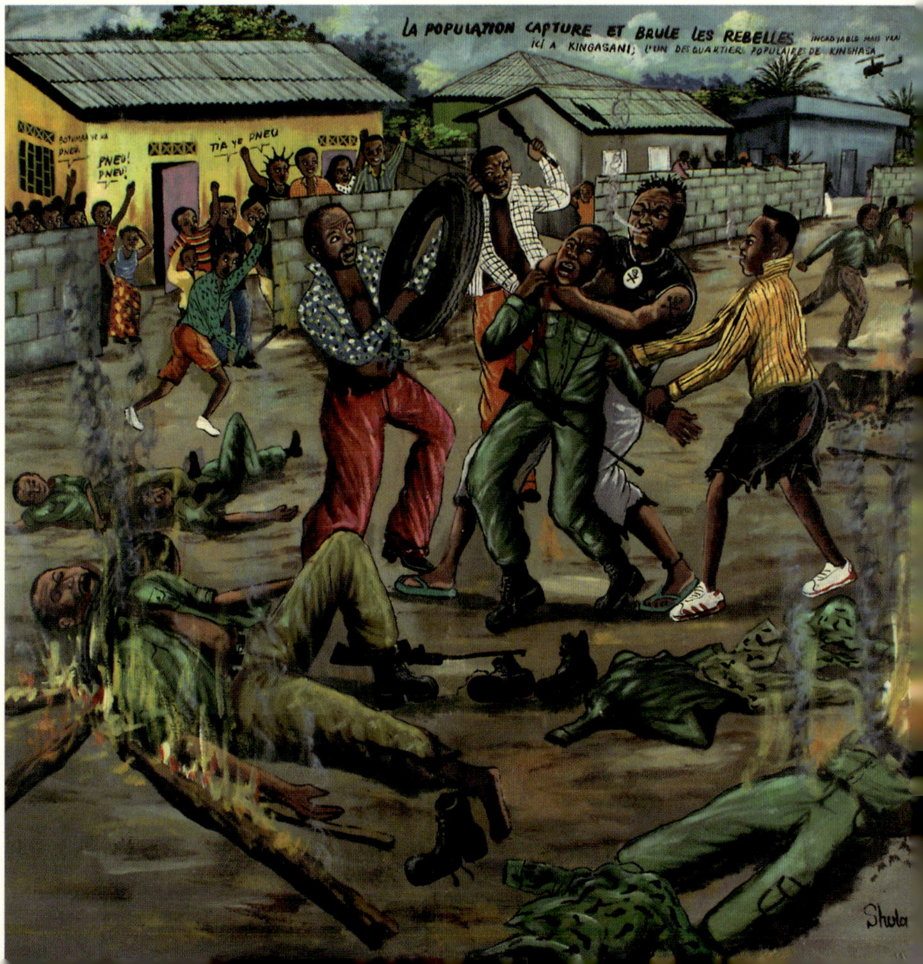

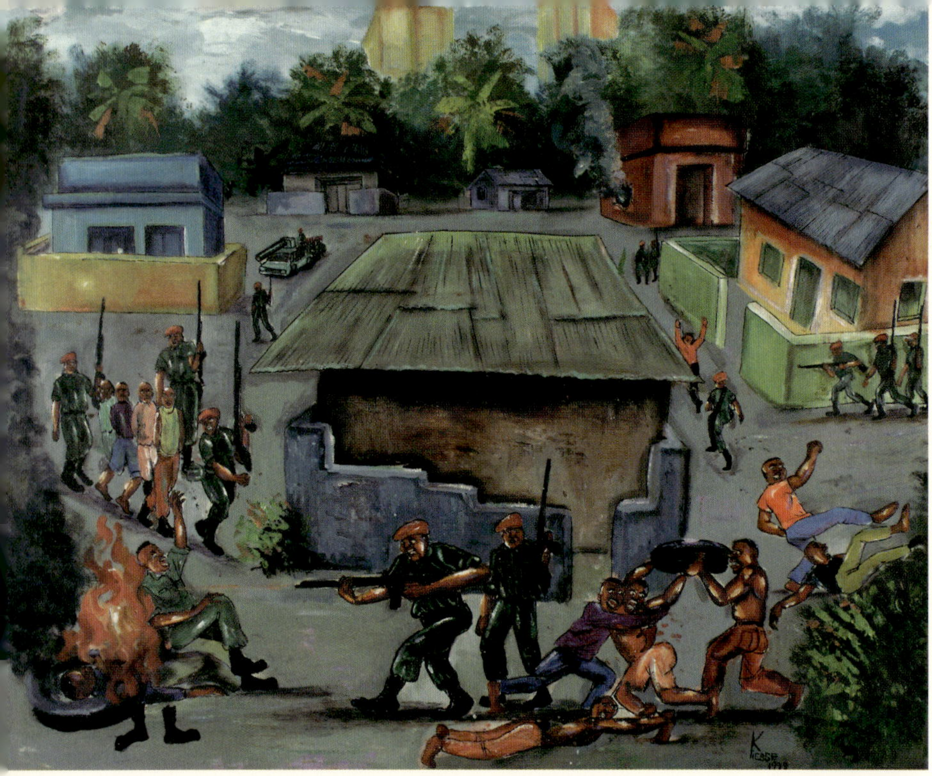

(42) **Kiesse**

Tötung von Tutsi-Rebellen in Kinshasa

Kinshasa 1999
Museum für Völkerkunde, Wien
Inv.Nr. 177.924
84 x 71 cm

Auch Kiesse schildert wie die sogenannten Tutsi-Rebellen von der Armee Kabilas und den Bewohnern Kinshasas umgebracht werden. Auch als Tutsi verdächtigte Zivilisten wurden verfolgt und fielen ihnen zum Opfer.
Nach südafrikanischem Vorbild wurden die Rebellen verbrannt, indem sie mit Benzin gefüllten Autoreifen gefesselt und angezündet wurden. Diese grausame Methode, die in den Townships Südafrikas gegen Verräter angewandt wurde, sah man als legitime Tötungsform an.

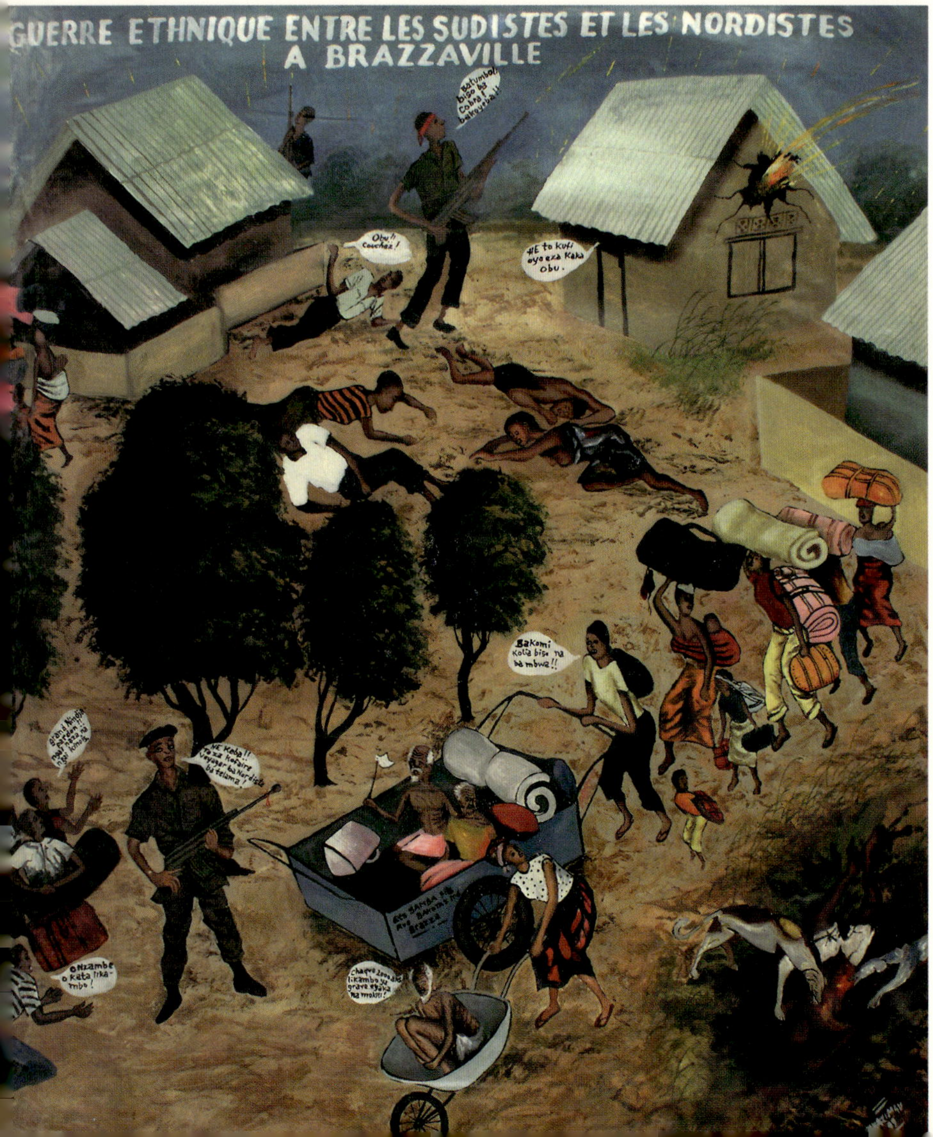

(43) **Nkazi Mav**

Ethnischer Krieg in Brazzaville

Kinshasa 1999
Sammlung Jewsiewicki
96 x 80 cm

– *Die Cobra* (eine der vielen Milizgruppen des Brazzaville Bürgerkrieges) *provozieren uns, sie kommen! Geschoße bleibt ruhig.*
– *He, wir sind tot. Das ist wirklich eine Granate.*
– *Sie wollen uns von den Hunden verzehren lassen!*
– *Große Ninja* (andere Milizgruppe), *Pardon! Ich bin aus Kinshasa!*
– *Nein, nein es ist immer so.*
– *Achtung! Wir transportieren gerade die aus dem Norden.*
– *Oh Gott, mach dem hier ein Ende!*
– *Alle 2000 Jahre kommt ein schlimmes Ereignis mit der Lüge.*

Kinshasa und Brazzaville sind Zwillingsstädte zu beiden Seiten des Kongoflusses mit gleicher Bevölkerungsstruktur und gleicher Wirtschaftsbasis. Der Bürgerkrieg in Brazzaville 1997 initiierte eine Flüchtlingswelle ins bereits krisengeschüttelte Kinshasa und schürte die Ängste seiner Bewohner vor einem ähnlichen Desaster.

(44) Lusavuvu

Urbane Transportprobleme

Kinshasa 1999
Museum für Völkerkunde, Wien
Inv.Nr. 178.337
94,5 x 76,5 cm

Seit dem Beginn der neunziger Jahre sind kongolesische Städte immer wieder mit Benzinmangel konfrontiert. Seit 1999 eskalierte dieses Problem, weil der Verkauf des Treibstoffes zu den offiziell vorgegeben Preisen keinen Profit mehr abwarf und das Benzin am Schwarzmarkt zu überhöhten Preisen angeboten wurde. Da die Sammeltaxis vom Staat zu gewissen Beförderungspreisen verpflichtet waren, und durch den Schwarzmarkt das offiziell verfügbare Benzin reduziert war, konnten nur mehr wenige von ihnen den Betrieb aufrecht erhalten. Die Verfügbarkeit von Transportmitteln in der Stadt nahm drastisch ab.

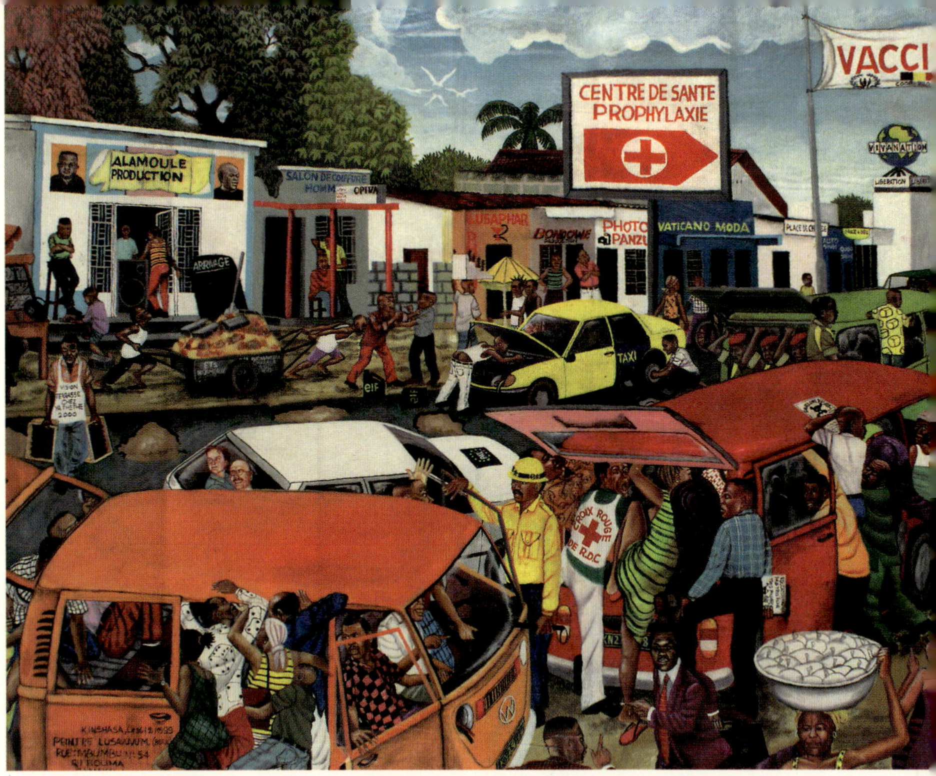

(45) Lungieki Ernest

„Crise de carbirants" (Benzinmangel)

Kinshasa 1999
Museum für Völkerkunde, Wien
Inv.Nr. 177.927
88,5 x 74,5 cm

Lungieki zeigt hier, wie Schlangen von Sammeltaxis bei den Tankstellen warten, um offiziell Benzin tanken zu können, während auf der gegenüberliegenden Straßenseite sogenannte „Kadhafi", nach dem lybischen Präsidenten Ghaddafi benannte Straßenverkäufer, in Kanistern Benzin des Schwarzmarktes anbieten.

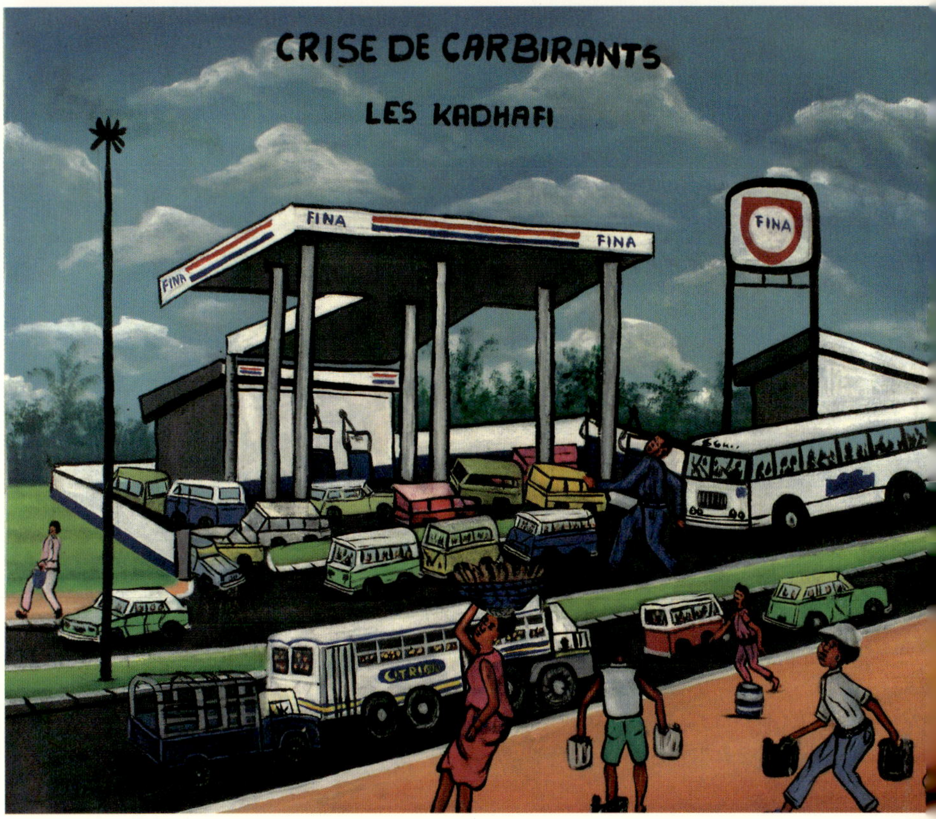

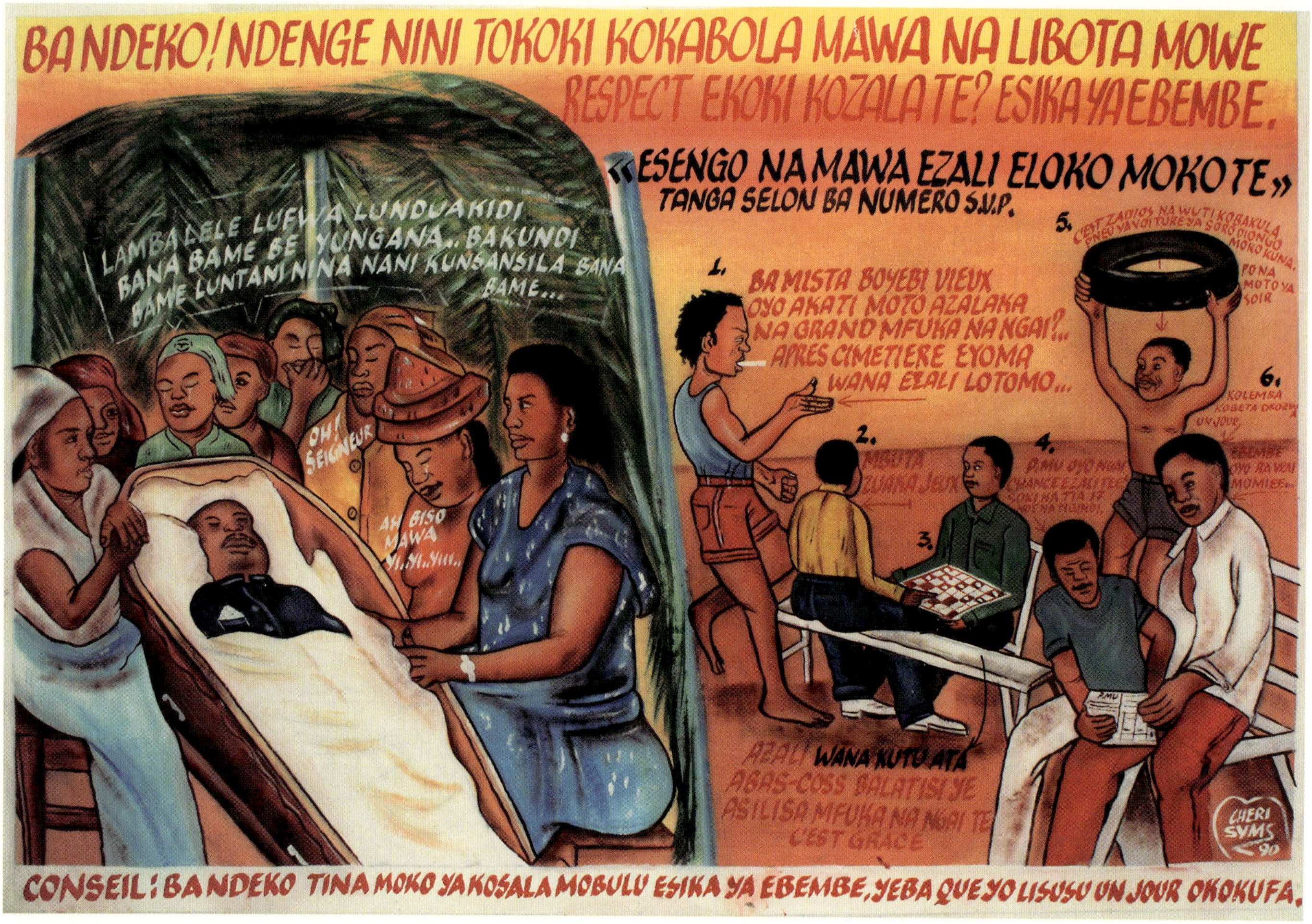

(46) Syms

Fehlender Respekt für die Verstorbenen

Kinshasa 1990
Sammlung Jewsiewicki
109,5 x 75,5 cm

Liebe Brüder und Schwestern! Wie können wir das Leid der trauernden Familie teilen? Gibt es gar keine Achtung vor dem noch nicht einmal begrabenen Leichnam?
Links: (Wehklagen auf Kikongo)
Rechts: *Freude und Unglück sind nicht dasselbe.*
1. He, Freunde, wußtet ihr, daß der Mann, der gestorben ist, mit mir einen Streit hatte, der noch nicht beigelegt ist? Nach dem Begräbnis wird es zu einer Schlägerei kommen.
2. Alter, du bist dran zu spielen
3. Da ist er. Sogar um den abascost (kragenloser Anzug, den Mobutu in den siebziger Jahren anstelle der Anzüge nach westlichem Vorbild vorschrieb), *den der Tote trägt, wird gestritten. Aber da er tot ist, kann ich von ihm nichts einfordern.*
4. Ich habe noch nie beim PMU (Pferdewetten) *gewonnen. Ich glaube, 17 ist meine Glückszahl.*
5. Laß dich nicht entmutigen, spiel weiter.
Rat: Meine lieben Brüder und Schwestern, man darf die Ruhe eines Begräbnisses nicht stören. Wisse, dass auch du eines Tages sterben wirst.

Während die Frauen der erweiterten Familie traditionsgerecht beim Verstorbenen trauern, mißachten die männlichen Familienmitglieder die überlieferten Trauervorschriften und diskutieren bereits über die Aufteilung des Erbes.

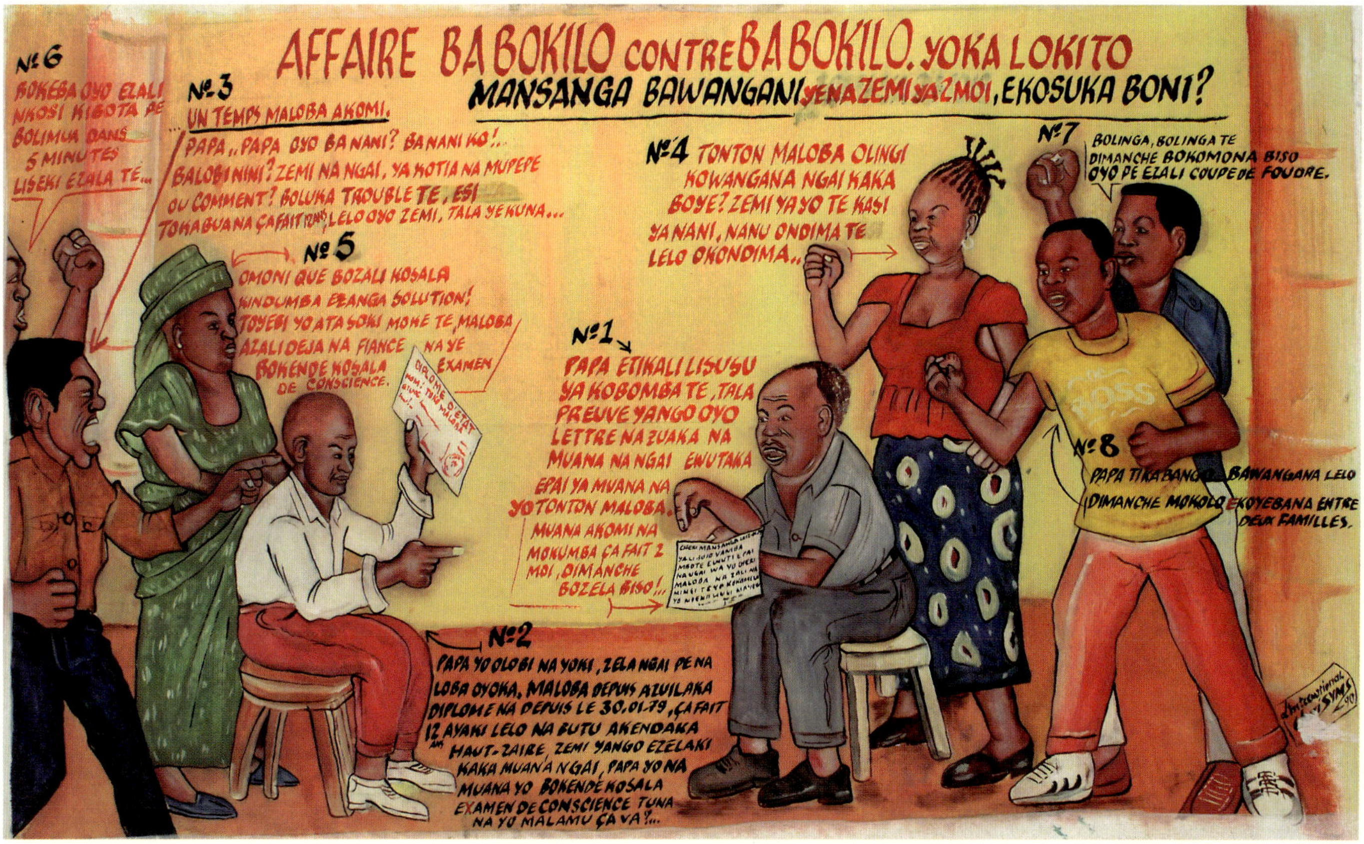

(47) Syms
Brautpreis-Verhandlung

Kinshasa 1990
Sammlung Jewsiewicki
108 x 62,5 cm

In der Sache Babokilo gegen Babokilo. Schwangerschaft zu „verkaufen". Verweigerung der Mitgift
1. Papa, es ist kein Geheimnis mehr; hier ist der Beweis. Ich habe diesen Brief ihres Sohnes Tonton Maloba bei meiner Tochter gefunden. Meine Tochter ist im zweiten Monat schwanger. Am Sonntag kommen wir zu ihnen.
2. Papa, ich habe sehr gut verstanden, was sie gesagt haben. Aber lassen sie mich auch etwas sagen. Seit Maloba am 30.1.79 sein Diplom gemacht hat, sind 12 Jahre vergangen. Er ist erst in dieser Nacht aus Ober-Zaïre zurückgekommen, wo er sich seither aufhielt. Diese Schwangerschaft wird meinem Sohn aufgezwungen. Papa, sie und ihre Tochter sollten eine gründliche Gewissenserforschung machen, fragen sie sich einmal ganz genau – ist das klar?
3. Inzwischen kommt Maloba. Papa, Papa, wer sind diese Leute? Was wollen sie? Sie erwartet Nachwuchs von mir? Soll das über die Luft gegangen sein oder wie? Suchen sie keinen Streit. Wir haben uns vor 12 Jahren getrennt und jetzt behauptest du, daß du Nachwuchs von mir erwartest?
4. Tonton Maloba, wie kannst du mich so verleugnen? Wenn ich nicht von dir schwanger bin, von wem denn dann? Du hast noch nichts in dieser Welt gesehen, heute wirst du sehen …
5. Das sind die Folgen, wenn man kindumba macht, ohne nachzudenken. Uns geht das nichts an. Maloba hat eine Verlobte. Geht, und macht eine Gewissenserforschung.
6. Passt auf, das ist ein harter Schlag. Ihr habt 5 Minuten Zeit um zu verschwinden. Genug der Scherze …
7. Ob Ihr wollt oder nicht, am Sonntag werdet Ihr uns hier wiedersehen. Diese Faust ist wie ein Blitzschlag.
8. Papa, laß sie heute nur leugnen, am Sonntag werden unsere beiden Familien einander kennen lernen.

Entsprechend der kongolesischen Tradition hat bei einer Eheschließung die Familie des Mannes der Familie der Braut einen Brautpreis zu entrichten. Diese Zahlung legitimierte die aus der Verbindung hervorgegangenen Kinder, die sonst nicht zur Abstammungslinie des Vaters gerechnet werden würden. Bestand der Brautpreis im ruralen Bereich aus einer festgelegten Anzahl bestimmter Güter, wird er nun in den Städten mit Geld bezahlt, wobei die Höhe der Summe individuell verhandelt wird. Die verhandelten Summen schossen mittlerweile derartig in die Höhe, daß kaum ein junger Mann es sich mehr leisten kann, sich zu verheiraten und beispielsweise Frauen mit einer höheren Schulbildung kaum mehr einen Mann finden, weil ihr „Marktwert" zu hoch geworden ist.

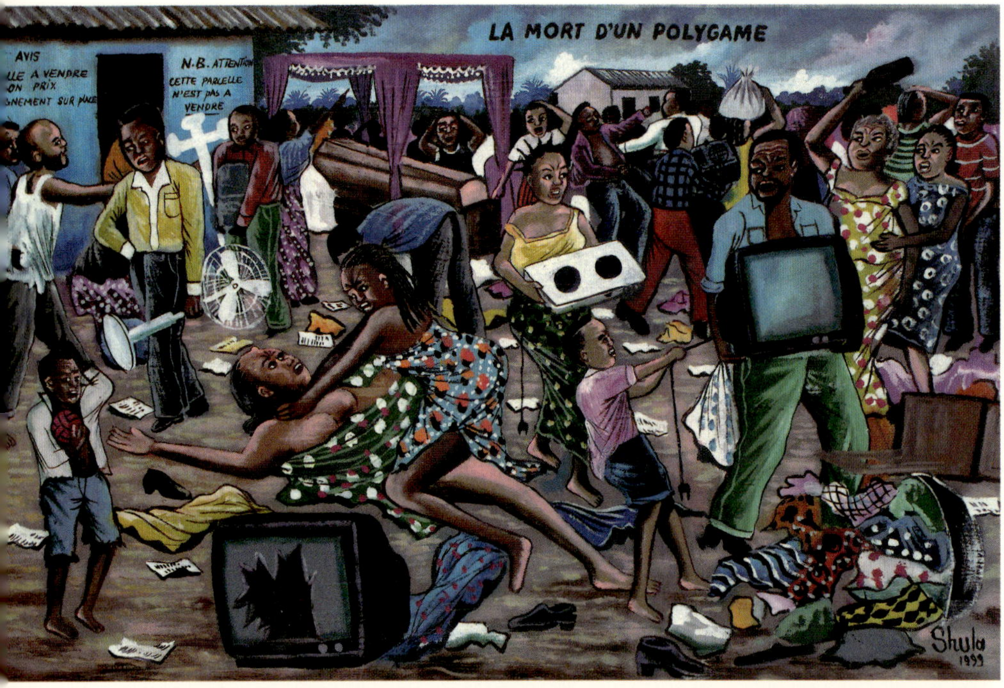

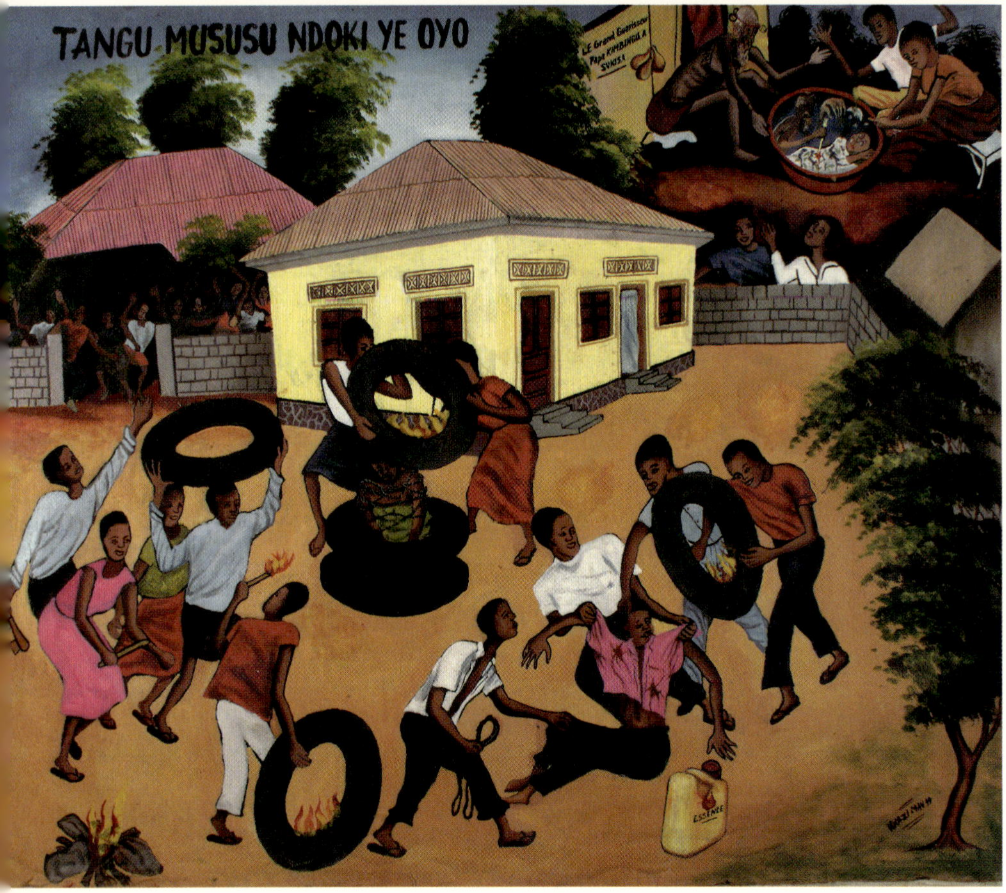

(48) Shula

„La mort d'un polygame"
(Tod eines Polygamen)

Kinshasa 1999
Sammlung Jewsiewicki
82 x 52 cm

Seit der Unabhängigkeit sind in der Demokratischen Republik Kongo polygame Ehen offiziell nicht mehr anerkannt. Als Zugeständnis an die nach dem Gewohnheitsrecht erlaubten Mehrehen sind jedoch Kinder sowohl aus der offiziellen Ehe wie jene aus außerehelichen Verbindungen rechtlich gleichgestellt. Dies hat zur Folge, daß beim Ableben des Vaters die Erbstreitigkeiten eskalieren.

(49) Nkazi Mav

Tötung eines Hexers

Kinshasa 1999
Museum für Völkerkunde, Wien
Inv.Nr. 177.938
97 x 79,5 cm

Aufgrund der andauernden Wirtschaftskrise gelingt es immer weniger Jugendlichen Arbeit zu finden. Die Hilflosigkeit angesichts dieser Lage fördert Anschuldigungen der Hexerei, die für die Probleme verantwortlich gemacht wird. In den neunziger Jahren nahmen Fälle von Lynchjustiz zu, bei denen beschuldigte Hexer mit Benzin gefüllten Autoreifen nach dem Vorbild aus den südafrikanischen Townships verbrannt werden.

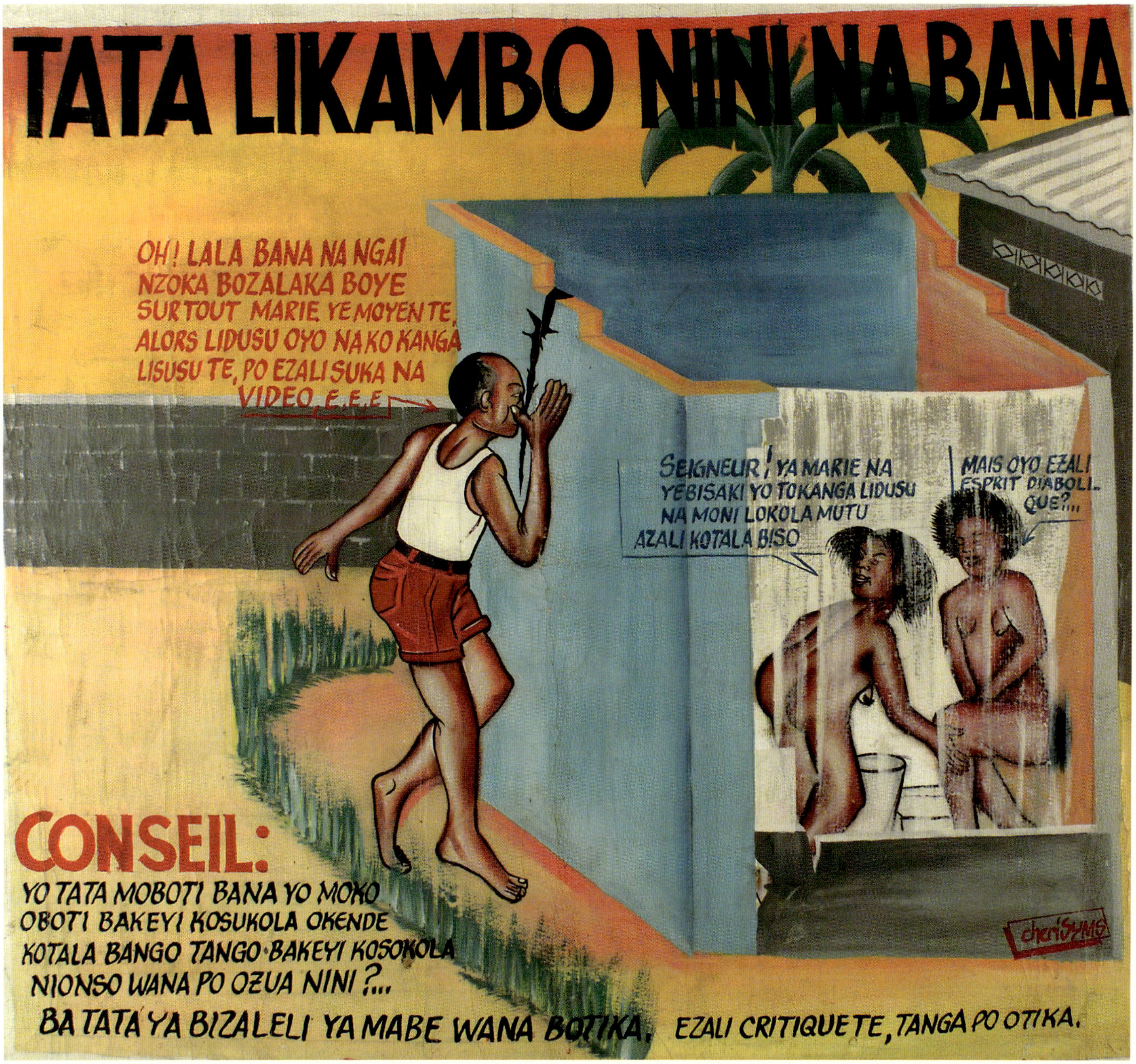

(50) **Syms**
„Voyeur"

Kinshasa
Sammlung Jewsiewicki
81 x 73 cm

Vater (im Sinne von Erwachsener), *was hast Du mit Deinen Kindern zu schaffen*

1. Oh, la, la, wie schön Ihr seid, meine Kinder, vor allem Marie. Ich werde dieses Loch nicht zustopfen, denn es erlaubt mir zu „sehen" wie auf einem Videoband.
2. Oh Gott! Große Schwester Marie, ich hatte Dich gebeten, dieses Loch zu verstopfen. Ich habe den Eindruck, als würde uns jemand beobachten.
3. Wenn das stimmt, so ist es teuflischer Geist.

Rat: Vater, die Kinder gehen baden, Du wirst sie beobachten. Was willst du? Väter, die ihr euch so benehmt, gebt eure schlechten Angewohnheiten auf. Das ist keine Kritik, lies und du wirst aufhören.

Gedrängte Wohnsituationen und die dadurch reduzierte Möglichkeit einer privaten Intimsphäre bedingen gleichzeitig einen Verfall der Sitten.

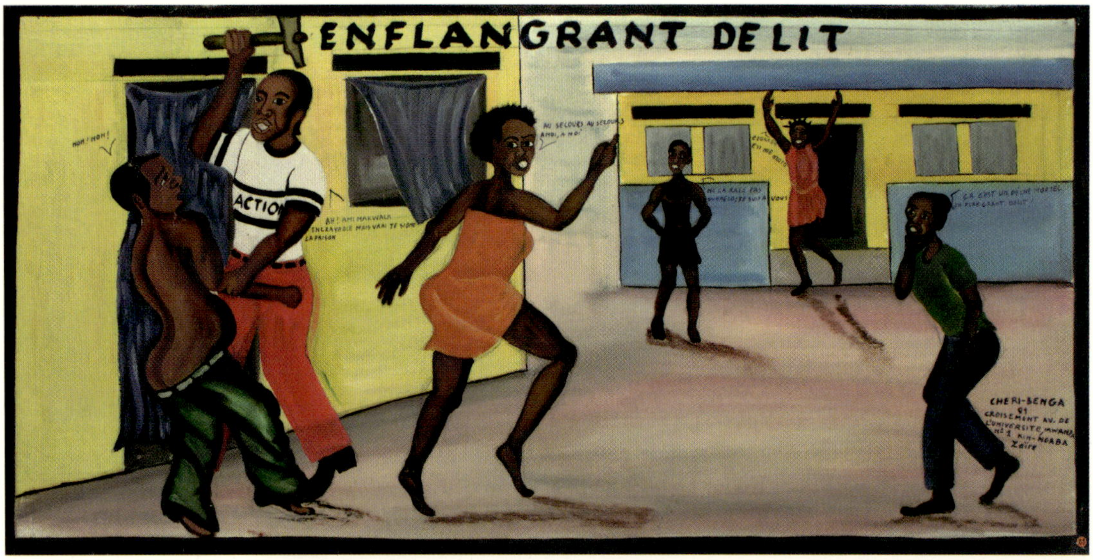

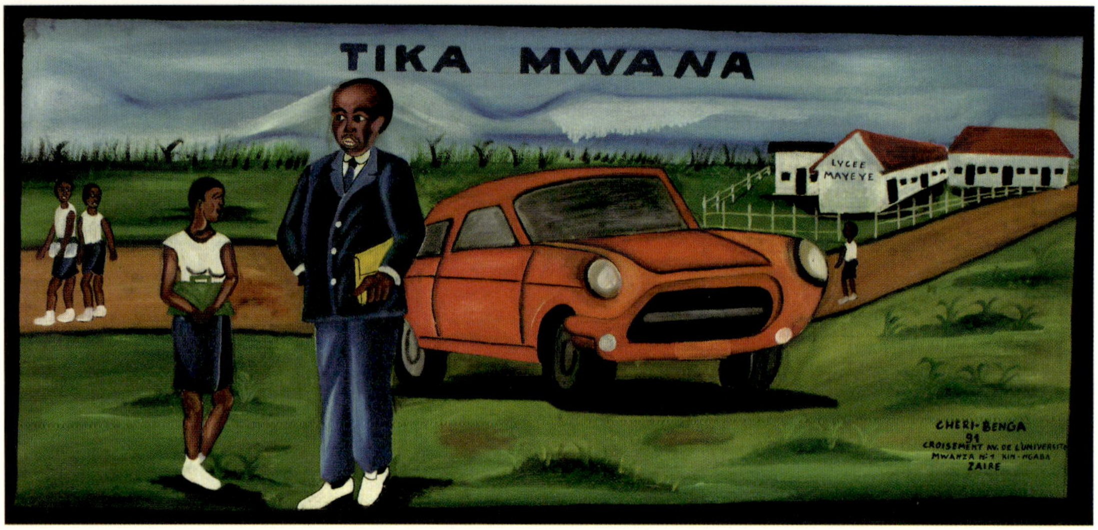

(51) Cheri Benga
„Enflangrant de lit"
(Das Delikt des Ehebruchs)

Kinshasa 1991
Sammlung Jewsiewicki
95 x 46 cm

– Nein, nein.
– Ah! Mein Freund Makwala; unglaublich, aber wahr. Ich werde dir das Gefängnis zeigen.
– Hilfe, Hilfe. Zu mir, zu mir!
– Laß ihn nicht entwischen, Wabelo; ich steh zu dir.
– Du wirst ihn verletzen, das ist ein Körper. Sonst nichts!
– Das ist eine Todsünde. Ehebruch.

In Kinshasa sind Geschichten der Untreue sehr verbreitet. Viele wohlhabende Männer leisten sich neben der offiziellen Ehefrau ein „second bureaux", eine jüngere Geliebte. Diese häufig mit ihrer Situation unbefriedigten jungen Frauen haben wiederum junge ärmere Geliebte, sogenannte „Marios".

(52) Cheri Benga
„Tika Mwana"
(Schämst Du Dich nicht?)

Kinshasa 1991
Sammlung Jewsiewicki
92 x 41,5 cm

Die ökonomische Krise macht es für viele Eltern unmöglich, die Schulausbildung ihrer Töchter zu bezahlen. Es findet immer weiter Verbreitung, daß Schülerinnen höherer Schulen zu Geliebten von älteren gutsituierten Männern werden, die ihnen im Gegenzug die Ausbildung finanzieren.

(53) Ange Kumbi

„Ninya Iveco" (Prostituierte)

Kinshasa 1999
Museum für Völkerkunde, Wien
Inv.Nr. 177.917
68 x 55 cm

Um sich einen halbwegs angemessenen Lebensstil in der Stadt leisten zu können, werden immer mehr junge Leute zu kleinen Delinquenten. Junge Frauen gehen der Prostitution nach.

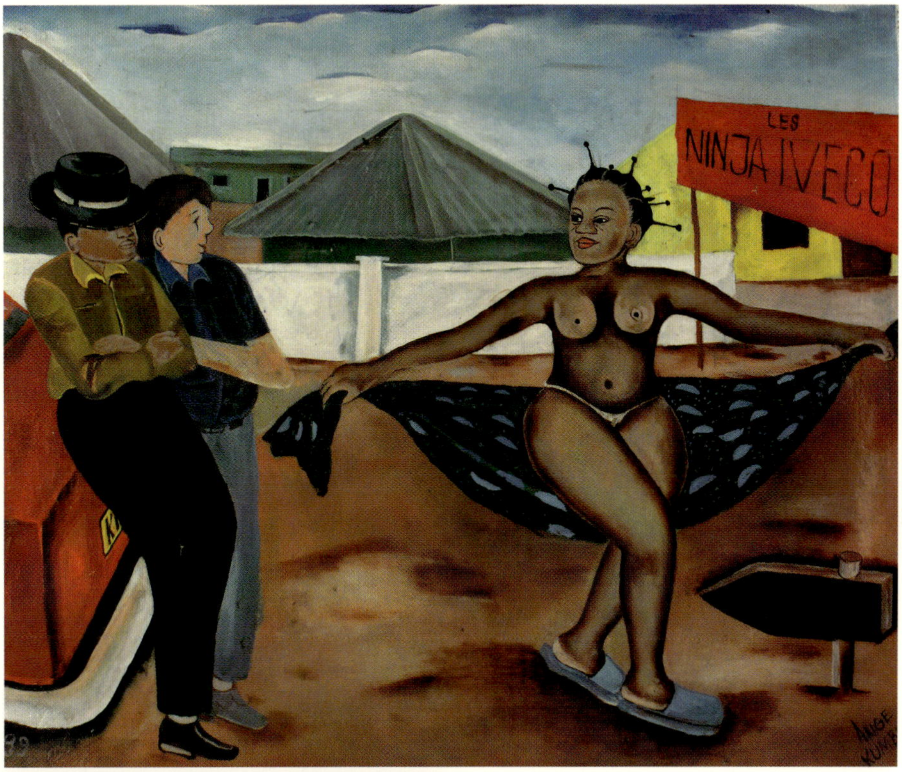

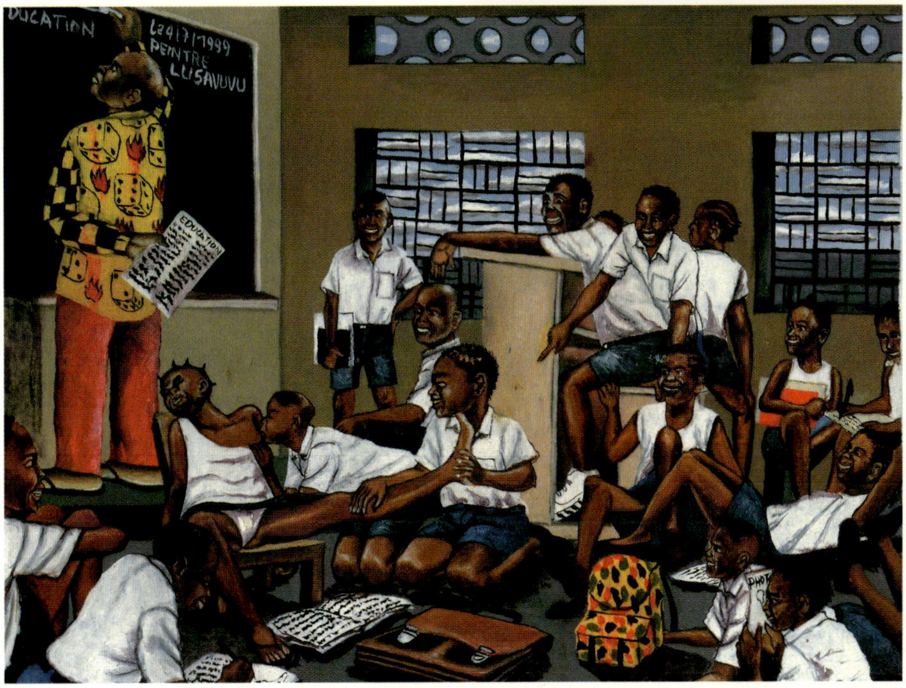

(54) Lusavuvu

Erziehung

Kinshasa 1999
Sammlung Jewsiewicki
50 x 40,5 cm

Mit der allgemeinen Krise geht auch ein Verfall des Schulsystems einher. Lehrer erhalten oft monatelang kein Gehalt ausbezahlt oder arbeiten überhaupt ohne Lohn. Das Niveau der Ausbildung sinkt ständig und die Schule verliert an Bedeutung.

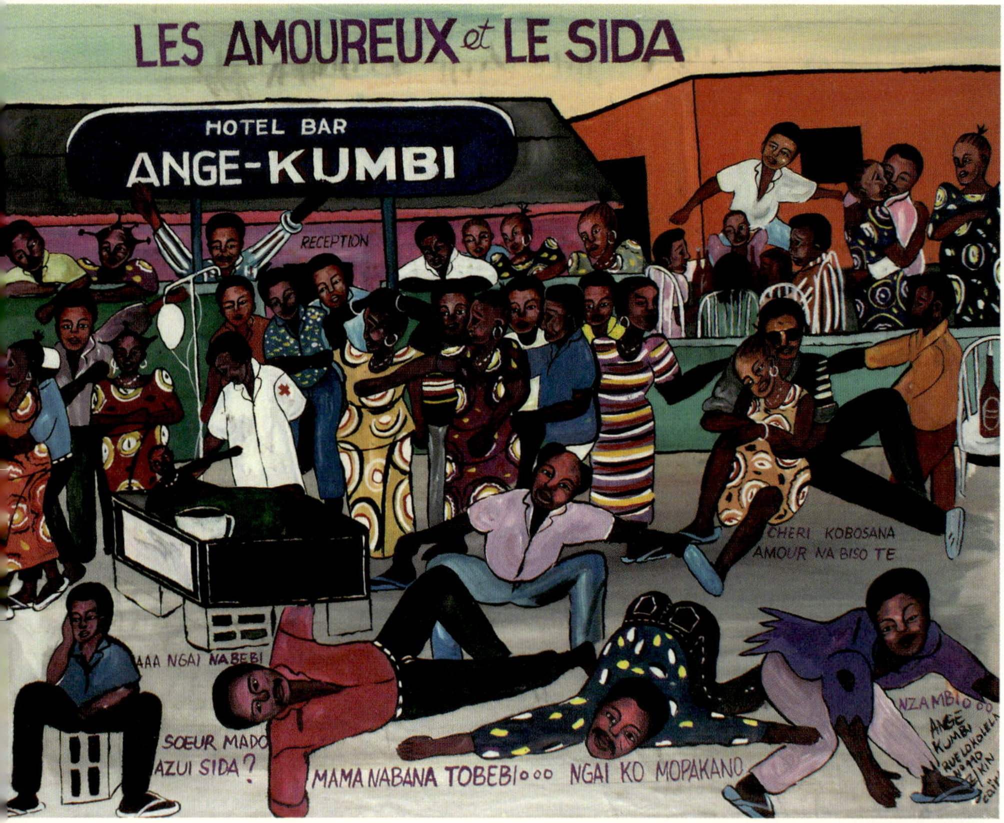

(55) Ange Kumbi

„Les Amoureux et le SIDA"
(Liebe und Aids)

Kinshasa
Sammlung Jewsiewicki
98 x 78 cm

– Ah, ah. Das ist mein Ende, Schwester (hier für: Geliebte) *Mado hat AIDS erwischt.*
– Oh, meine Frau, Mutter meiner Kinder, wir sind verloren! Außerdem habe ich die Gebote Gottes nicht befolgt. Oh Gott!
– Liebling, vergiß unsere Liebe nicht!

Eine Folge des ursprünglichen Stolzes der Bewohner Kinshasas auf ihr lebendiges Nachtleben und die Freizügigkeit zwischen den Geschlechtern ist eine hohe Frequenz an Aids-Erkrankungen.

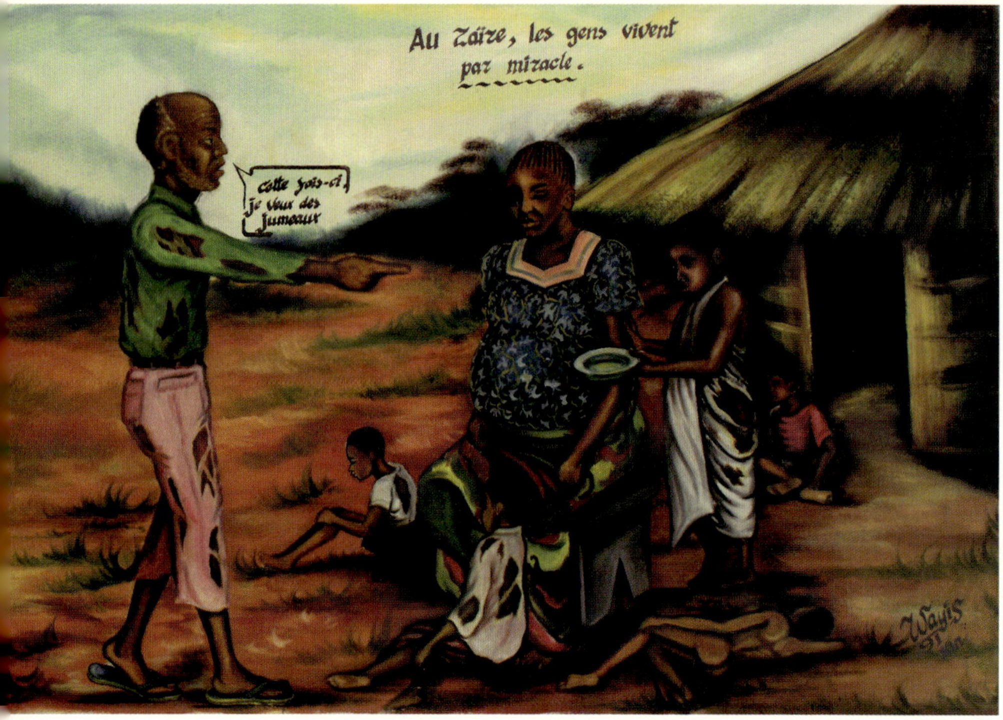

(56) Wayis

„Au Zaïre les gens vivent par miracle"
(In Zaïre überleben die Menschen nur durch Wunder)

Kinshasa 1991
Sammlung Jewsiewicki
93 x 62 cm

Dieses Mal möchte ich Zwillinge.

Der traditionelle Wunsch nach vielen Kindern steht in extremen Kontrast mit der aktuellen Realität, in der eine Erhaltung großer Familien unmöglich geworden ist.

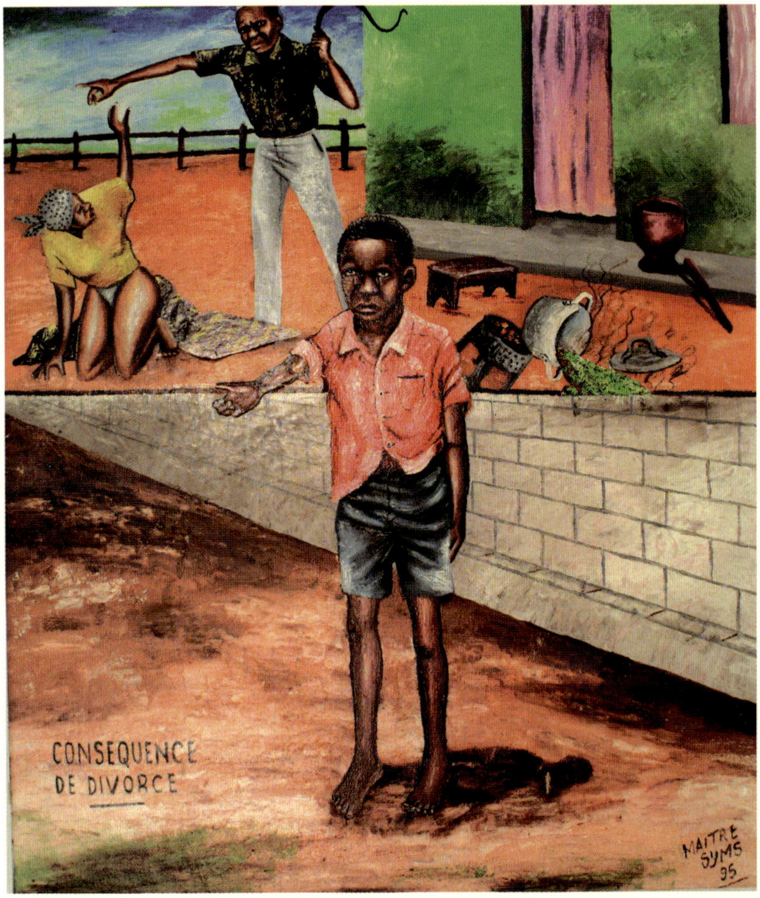

(57) Syms

„Consequence de Divorce"
(Konsequenz der Scheidung)

Kinshasa 1995
Sammlung Jewsiewicki
80 x 69 cm

Immer mehr Ehen zerfallen. Syms zeigt, wie Kinder dafür den Preis zahlen und als Folge davon auf der Straße landen.

(58) Cheri Benga

„Madame est fachée"
(Verärgerte Ehefrau)

Kinshasa 1995
Museum für Völkerkunde, Wien
Inv.Nr. 177.933
69 x 41,5 cm

Durch die Wirtschaftskrise verlieren viele Männer ihre Arbeit und die Frauen erhalten die Familie durch verschiedenste informelle Geschäfte. Als Folge davon ergibt sich eine Umkehr der Geschlechterrollen.

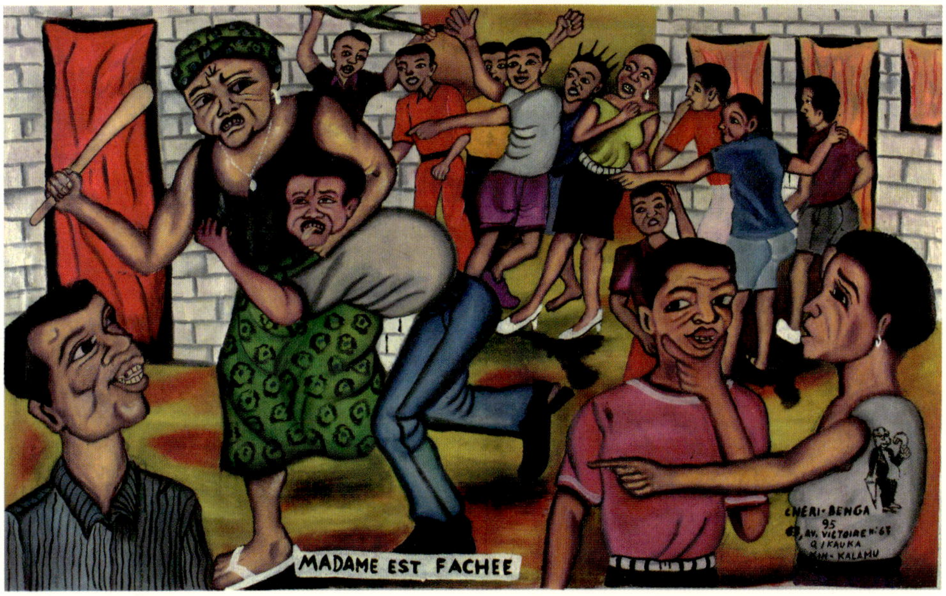

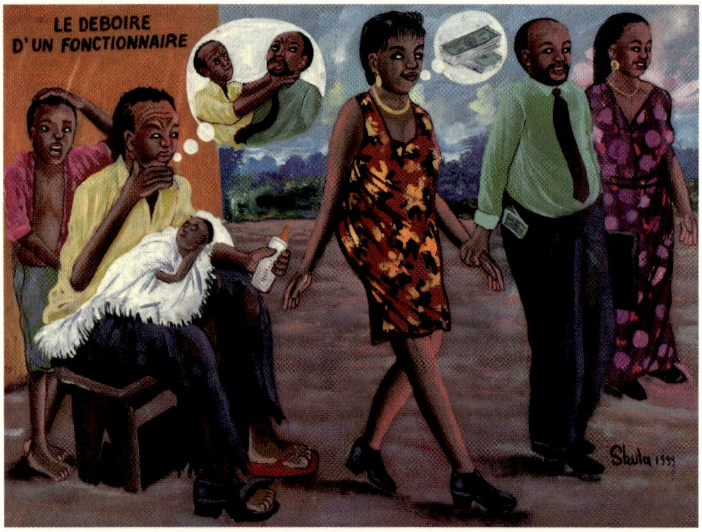

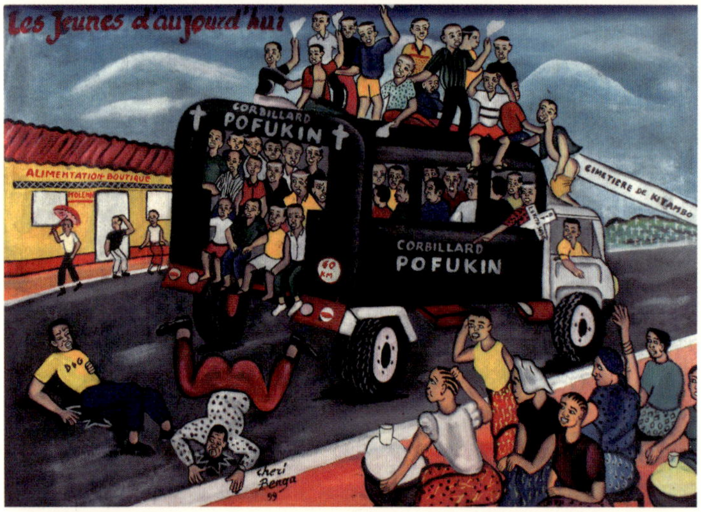

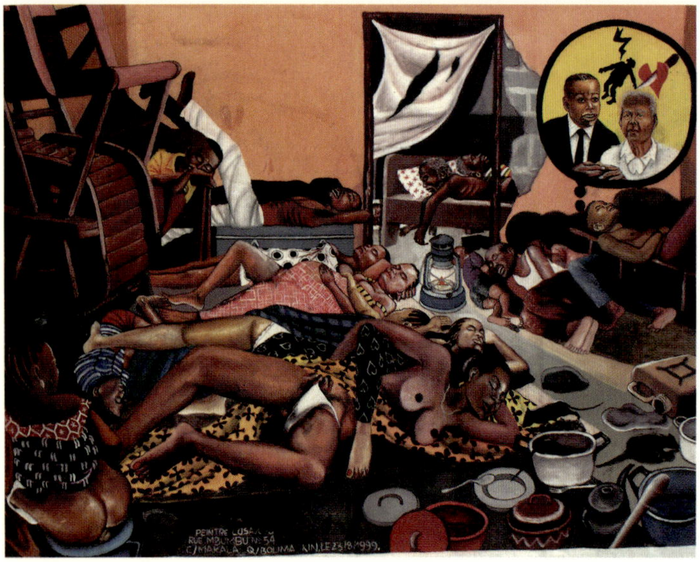

(59) Shula

„Le deboire d'un fonctionnaire"
(Sorgen eines Funktionärs)

Kinshasa 1999
Museum für Völkerkunde, Wien
Inv.Nr. 177.937
70 x 50 cm

Staatsangestellte erhalten ihr Gehalt oft monatelang nicht ausbezahlt und können ihre Familie nicht mehr versorgen. Shula zeigt wie eine Ehefrau sich mit einem wohlhabenderen Mann einläßt und auf diese Weise versucht, die Familie aus der Misere zu retten.

(60) Cheri Benga

„Les jeunes d'aujourd'hui"
(Die heutigen Jugendlichen)

Kinshasa 1999
Museum für Völkerkunde, Wien
Inv.Nr. 177.930
96,5 x 67 cm

Am Beispiel eines Begräbnisses zeigt Benga, wie Jugendliche überlieferte Bräuche nicht mehr respektieren. Hier besetzen sie einen Leichenwagen und machen aus der Begräbnisfeier ein rauschendes Fest.

(61) Lusavuvu

Überfülltes Haus

Kinshasa 1999
Museum für Völkerkunde, Wien
Inv.Nr. 178.336
88 x 73 cm

Der Zustrom der Flüchtlinge aus Brazzaville steigerte die bestehende Wohnnot derart, daß Wohnzimmer in der Nacht zu Sammellagern werden und sämtliche hygienischen und moralischen Grenzen fallen.

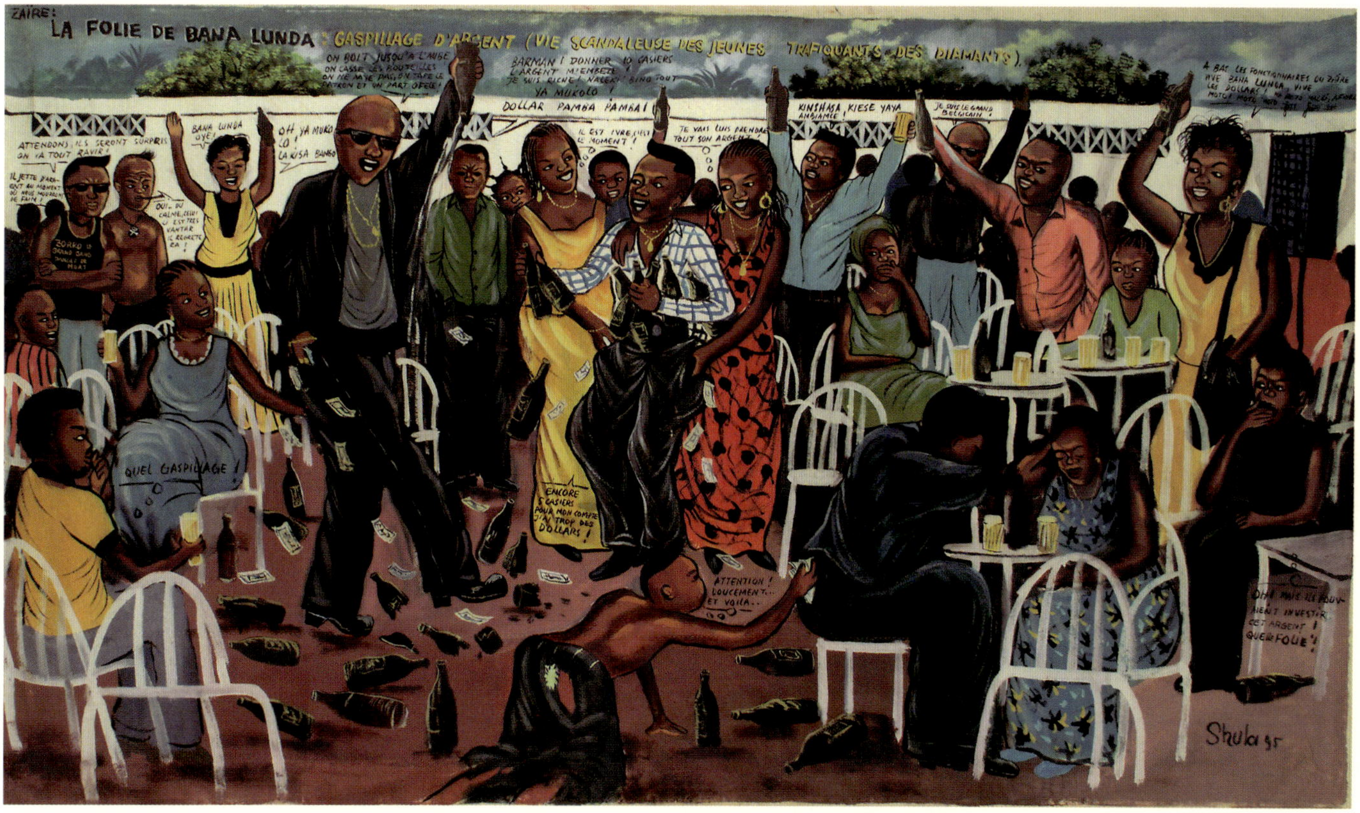

(62) Shula

„La folie de Bana Lunda" (Diamantenhändler)

Kinshasa 1995
Privatsammlung
144 x 81 cm

Geldverschwendung (das skandalöse Leben der jungen Diamantenhändler)

Von links nach rechts:

– Er wirft das Geld hinaus, während wir verhungern.

– Welche Verschwendung!

– Achtung, die werden überrascht sein, wir werden alles rauben.

– Ja ruhig, er ist ein großer Angeber und wird es bereuen.

– Die Kinder von Lunda, oyé! Oh, großer Bruder!

– Laßt uns bis zum Morgengrauen trinken, die Flaschen zerschlagen, niemand bezahlt. Barmann bring 10 Kisten, das Geld langweilt mich, ich bin reich. Zeig's ihnen, ich stelle euch den ganz großen Bruder vor. Dollar, in Fülle, in Fülle..

– Kinshasa, das Fest!

– Er ist betrunken, das ist der Moment.

– Ich werde ihm sein ganzes Geld nehmen.

– Noch 5 Kisten auf meine Rechnung, ich habe zu viele Dollars.

– Nieder mit den Funktionären von Zaïre, es leben die Bana Lunda, es leben die Dollars. In Europa ist es kalt. In Afrika heiß, heiß, heiß.

– Oh, er hätte das Geld investieren können, welche Dummheit.

„Bana Lunda" bedeutet Kinder aus Lunda, dem Grenzgebiet im Norden Angolas. So werden Diamantenschürfer genannt, die seit Ende der achtziger Jahre in das Gebiet zogen, das damals für individuelle Förderung der Diamanten geöffnet wurde, um dort ihr Glück zu finden. Jene wenigen, die reich zurückkehrten, warfen ihr Geld in Kinshasa ostentativ beim Fenster hinaus.
Der Diamantenhandel wurde in den neunziger Jahren zu einem wichtigen Faktor für die Ökonomie Kinshasas, indem mehrere 100 Millionen Dollar im Jahr umgesetzt wurden.

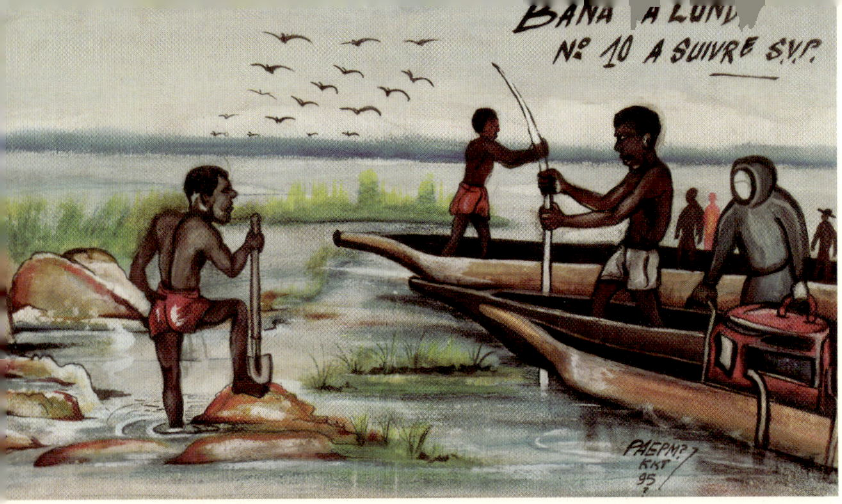

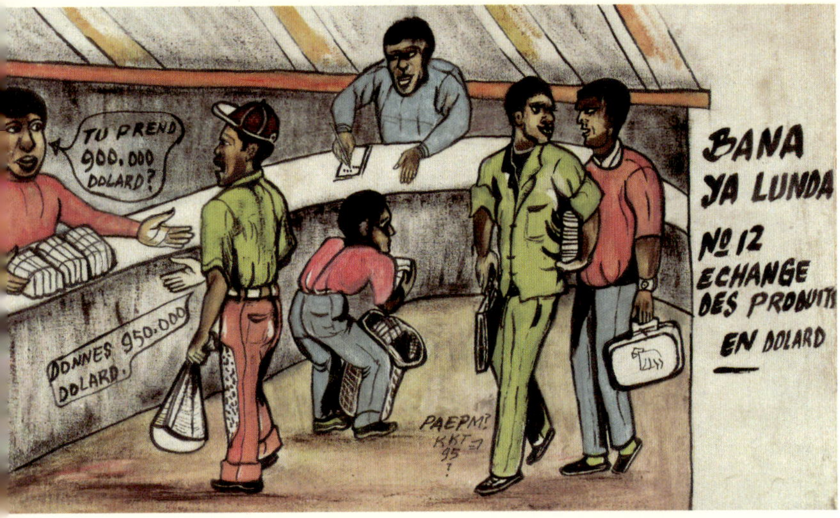

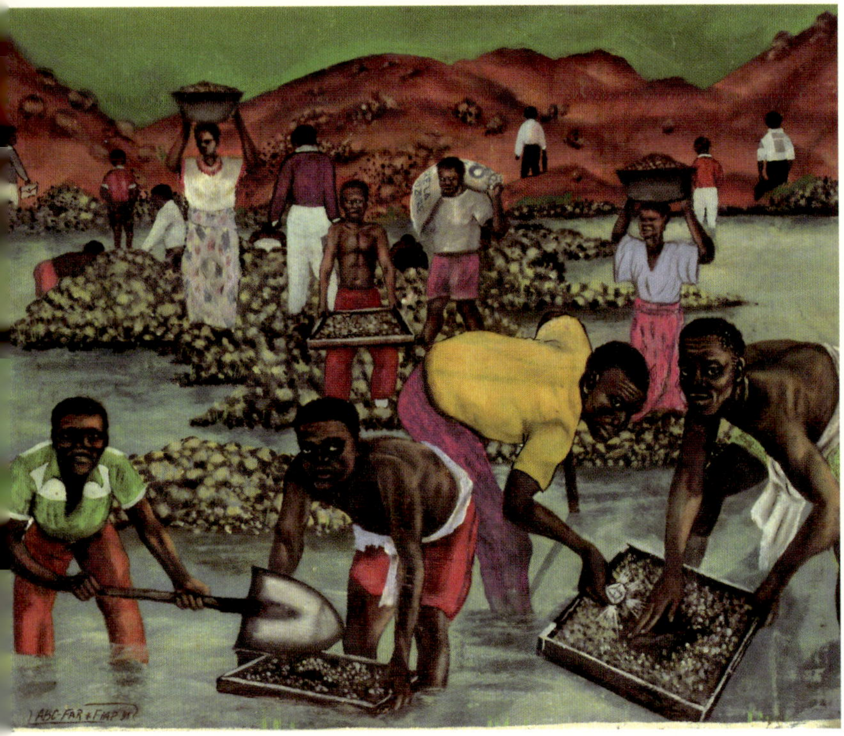

(63) Paepm
Tauchen nach Diamanten

Kikwit 1995
Sammlung De Boeck
53,5 x 31,5 cm

Hier wird gezeigt, wie die Diamanten gefördert werden. Sie liegen im Flußbett und die größten Exemplare findet man, wenn man zum Grund taucht.

(64) Paepm
Diamantenverkauf

Kikwit 1995
Sammlung De Boeck
53,5 x 31,5 cm

Paepm illustriert, wie die Diamanten verkauft werden und verweist auf die hohen Summen, die durch deren Verkauf erzielt werden, in diesem Falle fast eine Million US-Dollars.

(65) ABC-Far
Suche nach Diamanten

Kinshasa 1991
Sammlung Jewsiewicki
47,5 x 38 cm

Auch aus dem seichten Uferbett des Flusses können Diamanten durch Waschen des Sandes gefördert werden, doch die so gewonnenen Edelsteine sind kleiner und von minderer Qualität.

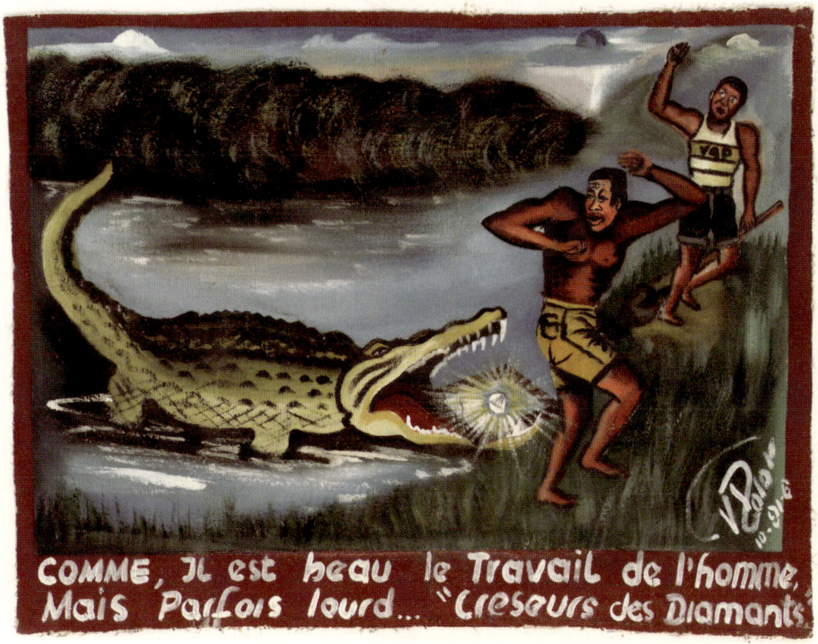

(66) Robacolor

Diamanten und Hexerei

Kinshasa 1991
Sammlung Jewsiewicki
50 x 38,5 cm

Wie ist die Arbeit des Menschen schön, doch manchmal schwer.
„Diamantenschürfer"

Verbreitet ist der Glaube, daß es nicht möglich ist, Diamanten ohne Hilfe von Hexerei zu finden. Das Krokodil gilt allgemein als Symbol der Hexerei.

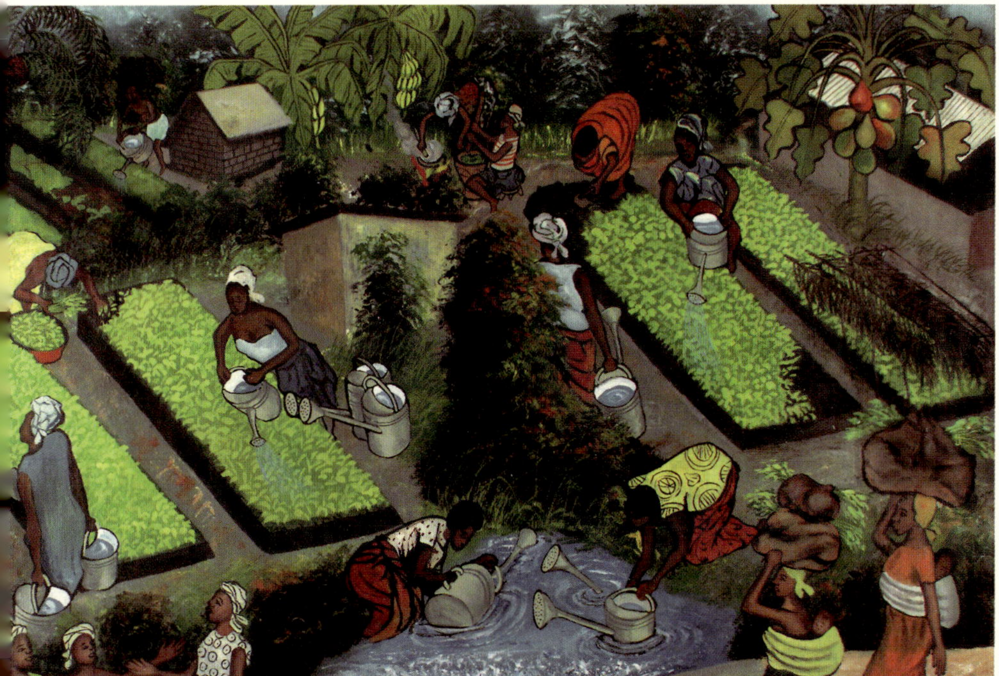

(67) Nkazi Mav

Gartenbau in der Stadt

Kinshasa 1999
Museum für Völkerkunde, Wien
Inv.Nr. 177.940
98,5 x 79,5 cm

In Kinshasa werden inzwischen sämtliche Freiflächen in der Stadt auch entlang der Straßen, wo Wasser verfügbar ist, von den Frauen zum Anbau von Grüngemüse genutzt, durch dessen Verkauf sie etwas Geld verdienen können. Salat und Gemüse gelangen wegen mangelnder Transportmittel kaum mehr aus den Feldern außerhalb der Stadt ins Zentrum. Diese Versorgungsschwäche bietet den Frauen die Möglichkeit zum Erhalt der Familie beizutragen.

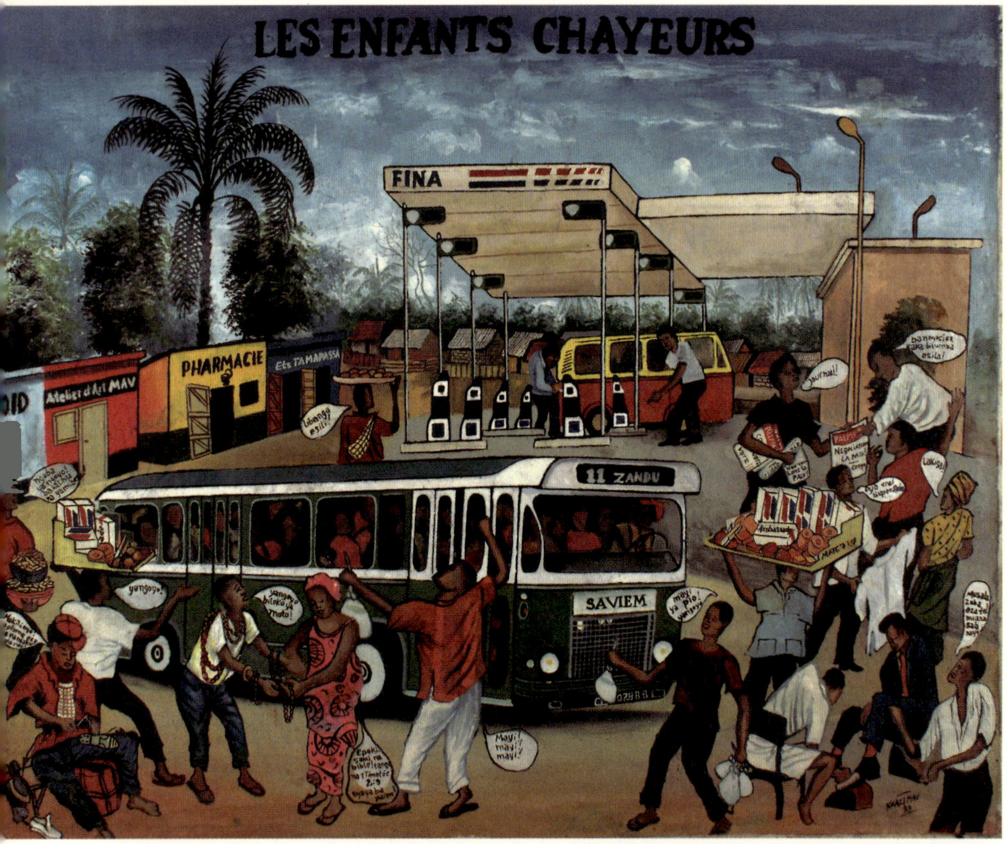

(68) Nkazi Mav

„Les enfants chayeurs"
(Jugendliche Straßenverkäufer)

Kinshasa 1999
Museum für Völkerkunde, Wien
Inv.Nr. 177.939
97,5 x 79,5 cm

Nkazi Mav zeigt, welchen informellen Tätgkeiten Jugendliche nachgehen, um zu überleben: sie putzen Schuhe, verkaufen Zeitungen, getrockneten Fisch, Zigaretten oder gekühltes Wasser in Plastikbeuteln.

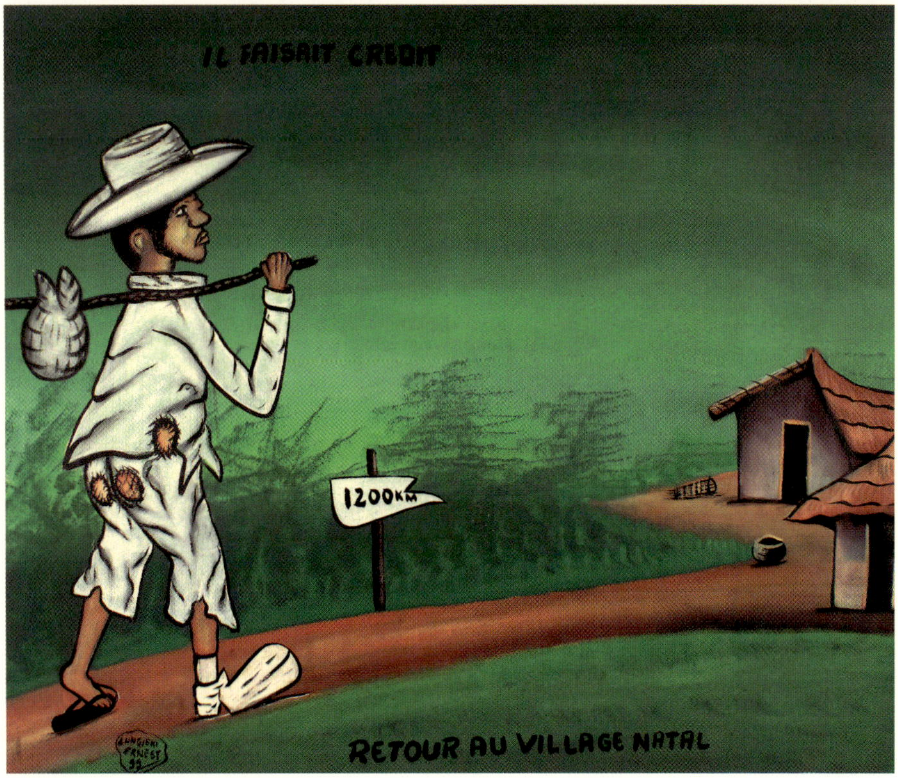

(69) Lungieki Ernest

„Retour au village natal"
(Rückkehr ins Heimatdorf)

Kinshasa 1999
Museum für Völkerkunde, Wien
Inv.Nr. 177.928
84 x 70 cm

Seit den vierziger Jahren gab es eine ständig zunehmende Landflucht, nun hat sich in den neunziger Jahren die Situation ins Gegenteil gekehrt und immer mehr Menschen ziehen auf das Land zurück, wo sie sich eine bessere Überlebenschance erhoffen.

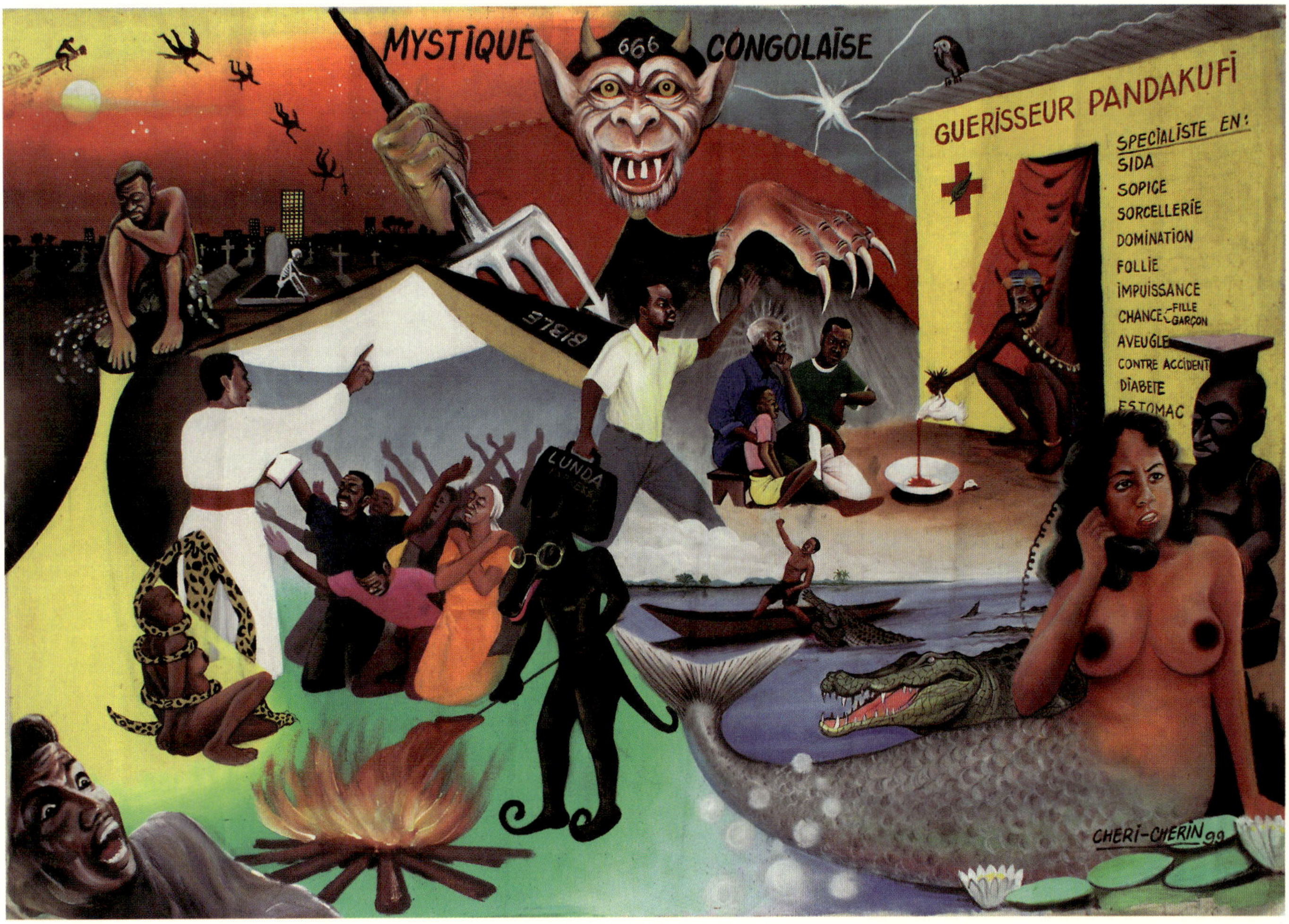

(70) **Cheri Cherin**
„Mystique Congolaise"

Kinshasa 1999
Museum für Völkerkunde, Wien
Inv.Nr. 178.335
133 x 90 cm

Infolge der schwierigen Wirtschaftslage suchen immer mehr Kongolesen ihr Heil in mystischen Kulten und Kirchen. Deren Prediger und traditionelle Heiler erfahren einen großen Ansturm, Hexerei und der Glaube an mystische Figuren, wie „Mami Wata" gewinnen wieder an Bedeutung. Cherin malt den Prediger im Zentrum des Bildes halb als Leopard, der hier als Symbol für die Staatsmacht zu verstehen ist, um zu zeigen, wie die Kirche mit dem Staat paktiert. Der Schwanz des Leoparden fesselt eine nackte Frau, d.h. der Prediger hat unmoralische sexuelle Verhältnisse.

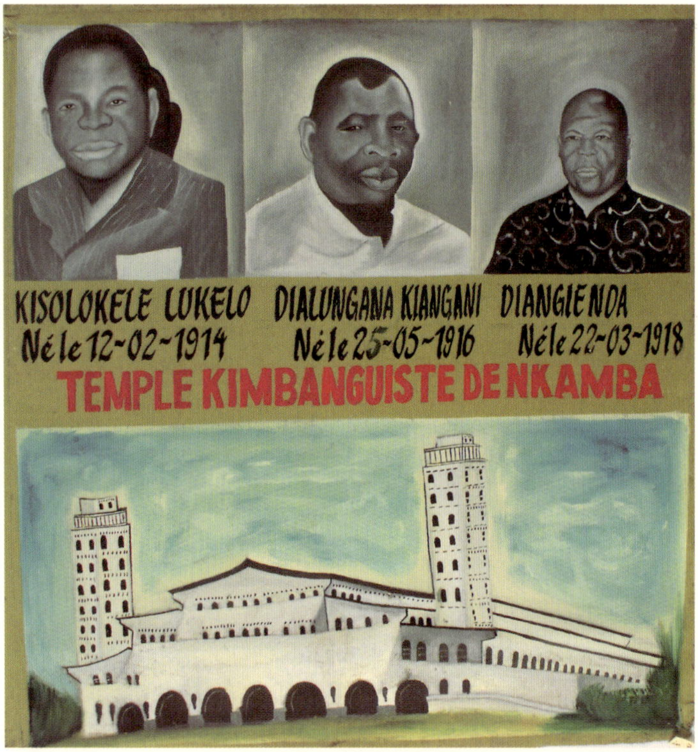

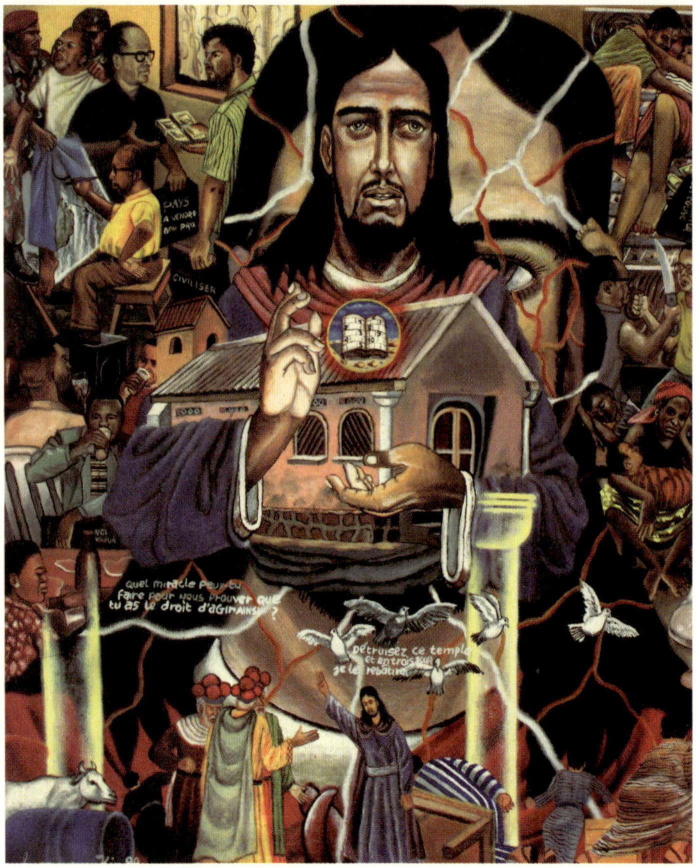

(71) **N.N.**

„Temple Kimbanguiste de Nkamba" (Kirche der Kimbanguisten)

Kinshasa
Sammlung Jewsiewicki
92 x 90 cm

Die Kimbangu-Kirche wurde in den frühen zwanziger Jahren von Simon Kimbangu gegründet und ist die größte unabhängige christliche Bewegung im Kongo. Der Ort Nkamba gilt für diese nationalistische Kirche als ihr Jerusalem. In der momentanen Krise können viele Gläubige dank eines von der Kirche geförderten Netzwerks und deren Unterstützung in vielerlei Hinsicht, wie der Schulbildung, überleben.

(72) **Lusavuvu**

Kongos Untergang

Kinshasa 1998
Museum für Völkerkunde, Wien
Inv.Nr. 177.921
62 x 54 cm

– Welches Wunder kannst du vollbringen, um uns zu beweisen, daß du das Recht hast, so zu reagieren?
– Zerstört diesen Tempel und in drei Tagen werde ich ihn wieder aufbauen.

Lusavuvu setzt das aktuelle Kinshasa mit dem nahenden Weltuntergang gleich, in dem jeder sich unmoralisch verhält oder verbotenen Tätigkeiten nachgeht. Rechts oben illustriert er den Ausverkauf des Landes an Ausländer, unten in der Mitte verkündet Jesus, er werde die Kirche zerstören und eine neue aufbauen. Die Krise des Kongo wird gewissermaßen biblisch dargestellt, und Christus kündigt als alter Prophet das Ende an.

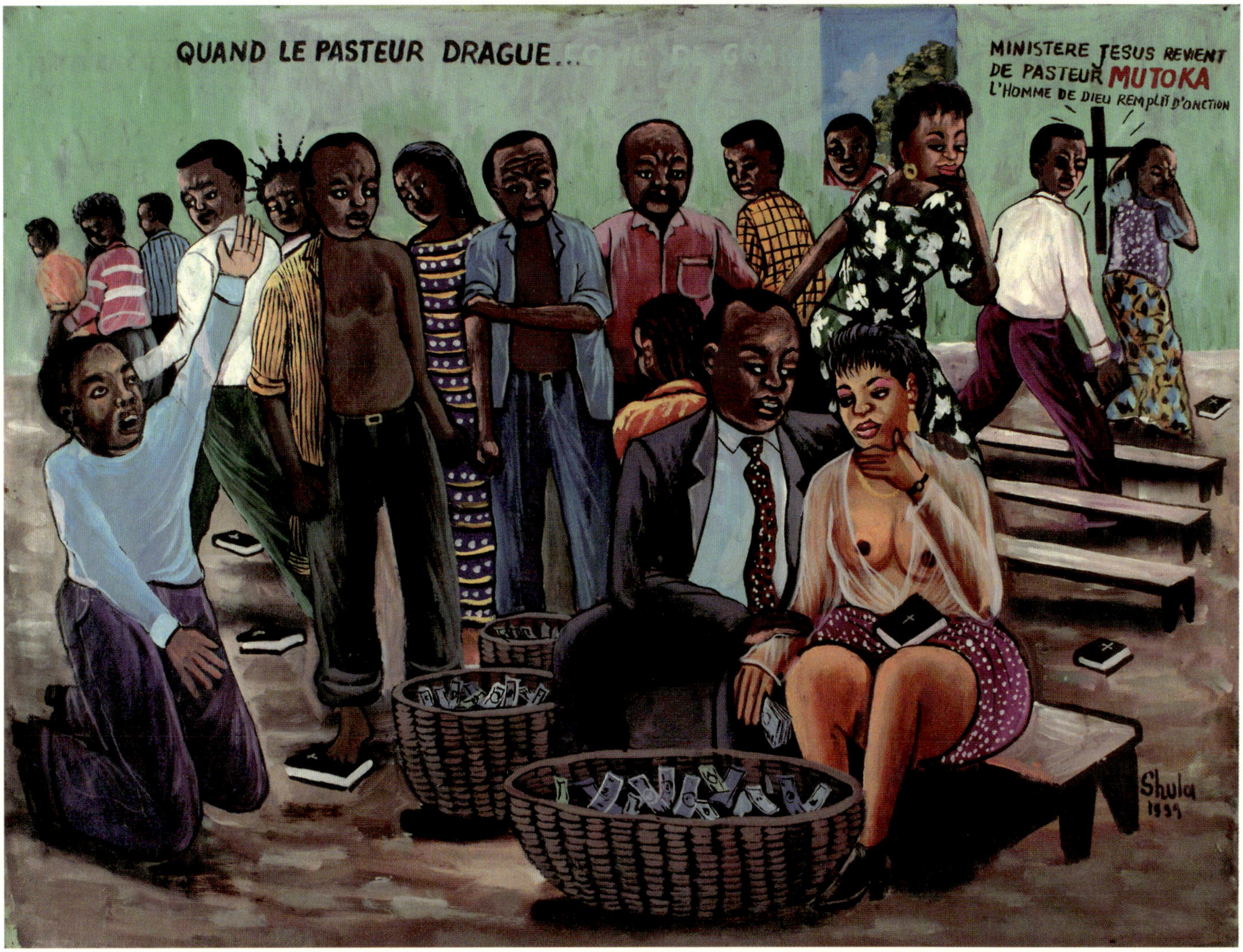

(73) Shula

„Quand le pasteur drague"
(Unmoralischer Priester)

Kinshasa 1999
Museum für Völkerkunde, Wien
Inv.Nr. 177.935
82 x 60 cm

Shula prangert das unmoralische Verhalten vieler Prediger an, die Verhältnisse mit Frauen haben und das Geld der Gäubigen für ihre privaten Zwecke mißbrauchen.

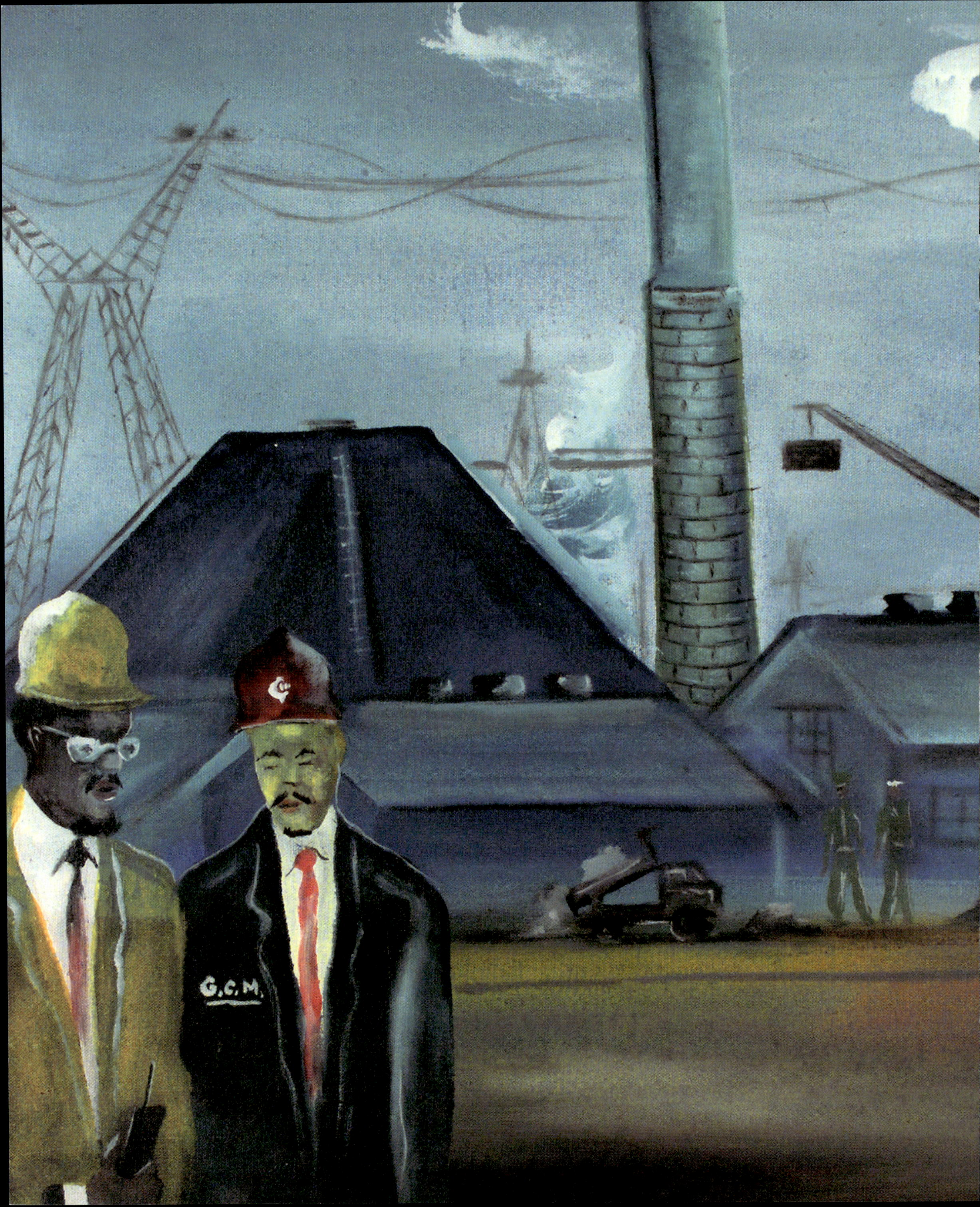
G.C.M.

LUBUMBASHI – KAZI

BOGUMIL JEWSIEWICKI

*Mitarbeit: Donatien Dibwe dia Mwembu **

Die Ansiedlung der ersten Kupferhütte im Schwemmland des Flusses Lubumbashi steht am Beginn der Gründung der Stadt, die damals zu Ehren der belgischen Königin Elisabethville genannt wurde. 1910, als die Stadt vom südlich gelegenen Kap (das mehr als 3.000 km entfernt ist) durch die Eisenbahn erschlossen wurde, erfolgte die offizielle Gründung. Ihren Namen behielt die Stadt ein halbes Jahrhundert lang bei, 1966 wurde sie dann in Lubumbashi umbenannt. 1971 wurde unter Mobutu die umliegende Region Katanga in Shaba (bedeutet „Kupfer“ in der Sprache der Yeke) umbenannt und der Kongo in Zaïre – bis 1997. Die Stadt ist etwa gleich weit von Kinshasa wie von Johannesburg entfernt. Gesellschaftlich und kulturell steht sie den südafrikanischen Bergbaugebieten näher als Kinshasa. Aus dem Süden brachte der Zug rhodesischen Koks, Baumaterial für die Errichtung der Fabrik, Technologien, schwarze und weiße Arbeiter sowie Mais zur Ernährung der Schwarzen. Am Rückweg transportierte der Zug das Kupfer ab. Die erste Schmelzung erfolgte 1911, ein Drittel bis ein Viertel des kongolesischen Kupfers stammte von dort, seit den achtziger Jahren ging jedoch die Produktion zurück. Der Schlot dieses Werkes hatte achtzig Jahre lang symbolische Bedeutung: zunächst dafür, daß er den Weißen streitig gemacht worden war, wie das folgende Zitat eines mündlichen Berichtes Anfang der sechziger Jahre darlegt, dann als Zankapfel zwischen Katangesen und Kasai: „Als die Bauarbeiten beendet waren, hatte der Schlot eine Höhe von ungefähr 160 Metern. Sie wollten ihn ganz streichen, weiß am oberen Teil des Schlots und schwarz am unteren. Die Deutschen, Franzosen und Italiener wandten jedoch ein, daß er unten weiß und oben schwarz gestrichen werden sollte, weil das Land den Schwarzen gehöre. Und tatsächlich wurde der obere Teil schwarz und der untere weiß gestrichen, was noch heute zu sehen ist.“ (Fabian 1990:111)

Elisabethville war damals ein Außenposten jener Welt, die Cecil Rhodes im südlichen Afrika aufgebaut hatte. Die Belgier beklagten sich, daß die schwarzen Angestellten bei der Post nur Bemba (die Umgangssprache im heutigen Sambia) und Englisch sprachen. 1920 kamen 40 Prozent der afrikanischen Bevölkerung der Stadt aus dem heutigen Sambia und die Hälfte der Weißen waren keine belgischen Staatsbürger.

Es setzte daher eine rigorose Belgisierung des weißen Personals ein, gefolgt von einer radikalen Kongolisierung der schwarzen Arbeiter. Französisch, die offizielle Sprache der belgischen Kolonie, stand Englisch und Suaheli gegenüber, der Arbeits- und Bildungssprache der Schwarzen von Katanga, das wiederum mit Bemba, der Sprache der Neuankömmlinge aus dem Süden, konkurrierte. Zehn Jahre später waren lediglich 10 Prozent der weißen Angestellten der UMHK („Union minière du Haut-Katanga“ – Bergwerksunion von Oberkatanga) keine Belgier, Katanga hatte inzwischen seinen Sonderstatus verloren. Ab den dreißiger Jahren war Elisabethville nur mehr eine Provinzhauptstadt, die der politischen Kontrolle von Léopoldville unterstand. In den fünfziger Jahren jedoch stieg seine wirtschaftliche Bedeutung im Zuge der Aufrüstung während des nachfolgenden Krieges. Seit den zwanziger Jahren stammten fast 50 Prozent der Exporterlöse des Kongo aus der Montanindustrie, 1974 waren es 86 Prozent. Drei Viertel dieser Einkünfte resultierten aus katangesischem Kupfer und Kobalt, die Bevölkerung der Stadt hingegen betrug kaum ein Drittel der Einwohnerzahl von Kinshasa.

Auch weltwirtschaftlich kam Katanga große Bedeutung zu; 1931 lieferte die UMHK 12 Prozent der weltweiten Kupferproduktion. Zwanzig Jahre später stand Katanga weltweit an erster Stelle der Kobaltproduktion. Uran aus Katanga wurde zur Herstellung der ersten amerikanischen Atombomben verwendet. Edgar Sengier, Generaldirektor der UMHK, der 1940 eine Tonne Uranerz in New

* Dibwe dia Mwembu erarbeitete die Grundlagen zur Geschichte Lubumbashis.

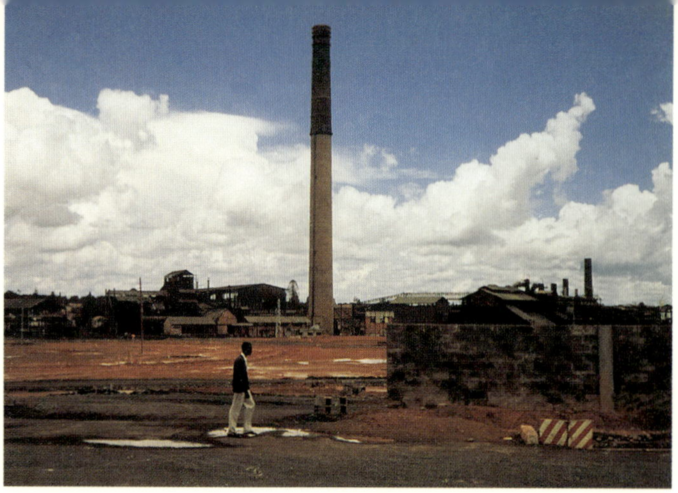

Schlot des Kupferwerks der UMHK (Union Minière du Haut-Katanga) in Lubumbashi aus dem kein Rauch mehr tritt, weil das Werk inzwischen nahezu stillgelegt ist.
Foto: Michel Ntambwe 1999

York abladen ließ, meinte nach dem Krieg, daß Belgien seinen im Vergleich zu Frankreich und Großbritannien stärkeren Anstieg des Lebensstandards den Montanexporten aus dem Kongo zu verdanken habe.

Die Stadt Lubumbashi, ein Zentrum der Montanindustrie, bestimmt über das Schicksal des Bergbaubeckens des industriellen Oberkatanga, das als „Montanskandal"[1] bezeichnet wird. Zwei Gesellschaften (das 1900 gegründete „Comité spécial du Katanga" – CSK – und die 1906 gegründete „Union Minière du Haut-Katanga" – UMHK), die jeweils mit einem besonderen Rechtsstatus ausgestattet sind und ein gewisses politisches Einspruchsrecht genießen, bestimmen die Wirtschaft der Region. 1967 wird die UMHK verstaatlicht und 1984 in „Gécamines" umbenannt.

1984 lebten 40 Prozent der urbanen Bevölkerung des Bergbaubeckens des Industriegebietes Oberkatanga in Lubumbashi, das damals 560.000 Einwohner zählte, heute sind es eine Million. 1929 lebten 60.000 Menschen des Bergbaubeckens in der Stadt, eine Zahl, die bis 1958 auf 360.000 emporschnellte; mit 40 Prozent liegt die Urbanisationsrate doppelt so hoch wie im Kongo insgesamt. Anfang 1993, vor der Vertreibung von 300.000 Kasai, war die Bevölkerung auf eineinhalb Millionen angestiegen. Vor dieser ethnischen Säuberung hatte die „Ursprungsbevölkerung" von Katanga einen Anteil von 52 Prozent an der Einwohnerschaft von Lubumbashi, 40 Prozent stammten aus dem Kasai, die zweitgrößte Bergwerksstadt Likasi war mehrheitlich von dieser ethnischen Gruppe geprägt.

Trotz der Monopolstellung der UMHK war die lokale Industrie stark diversifiziert. Neben den Bergwerken und der Metallurgie gab es eine Chemie- und Textilindustrie, Elektrizitätswerke (die Wasserkraft wurde seit 1930 genützt und nahm in den fünfziger Jahren einen großen Aufschwung), eine Lebensmittelindustrie, ein Transportwesen usw. Die Stadt liegt im Zentrum eines bedeutenden Eisenbahnnetzes, das bis zum Atlantik auf der einen und bis zum indischen Ozean auf der anderen Seite reicht. Die südafrikanische Eisenbahn, die Elisabethville 1910 erreichte, verband die Stadt mit dem Hafen von Maputo und dem Kap. 1918 wurde die Eisenbahnlinie bis Bukama verlängert, womit Elisabethville Zugang zur Schiffahrt auf dem Fluß Kongo erhielt. 1928 wurde auch Port-Franqui an das Eisenbahnnetz angeschlossen, und Elisabethville war so über das Flußsystem mit dem mehr als 2.000 km entfernten Léopoldville verbunden. 1931 erhielt Elisabethville über die Linie Tenke – Dilolo Anschluß an die Benguela-Eisenbahn (1975 stillgelegt), die wirtschaftlich rentabelste Route für den Kupfertransport. 1956 erreichte die Eisenbahn Albertville und Kindu und stellte damit die Verbindung nach Dar-es-Salaam her, die 1977 durch die Tazara-Linie ersetzt wurde, die quer durch Sambia und Tansania geht. Rund die Hälfte des kongolesischen Schienennetzes führte durch Katanga. Seit den sechziger Jahren verfällt das Straßennetz aufgrund fehlender Instandhaltungsarbeiten, Ausnahmen sind lediglich die Straßen im Bergbaubecken und die Straße zwischen Lubumbashi und Sambia. 1927 wurde eine Flugverbindung zwischen Elisabethville und Léopoldville und 1936 zwischen Elisabethville und Brüssel eingerichtet. Unter Mobutu verlor die Stadt den Status eines internationalen Flughafens, den sie erst 1998 wieder erhielt.

1 Wegen der außergewöhnlichen Menge des Kupfervorkommens sprachen die Geologen vom unermeßlichen Reichtum der Katanga-Minen. Der Begriff „scandal miniér" (Montanskandal) entstand in Hinsicht auf diesen geradezu ungehörlichen Reichtum Katangas, der in kolonialer Zeit, aber auch später in konfliktreichem Verhältnis zur politischen Unterwerfung und der zentralen kolonialen Administration von Léopoldville (Kinshasa) stand. Der Begriff reflektiert den Kontrast dieses potentiellen Reichtums zur Armut der Bevölkerung.

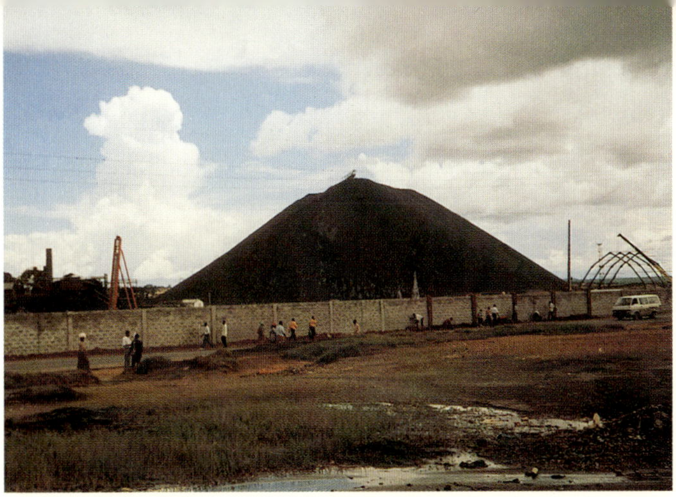

Halde des Kupferwerkes UMHK (Union Minière du Haut-Katanga) in Lubumbashi.
Foto: Michel Ntambwe 1999

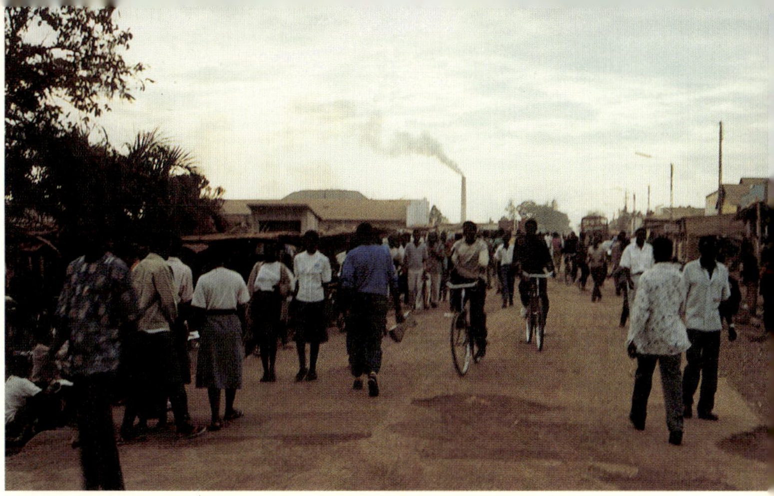

Belebte Straße in Lubumbashi mit dem Schlot des Kupferwerkes im Hintergrund. Das Bild ist von 1991, als das Werk noch voll in Betrieb war; dies ist am rauchenden Schlot ersichtlich.
Foto: Forschungsarchiv Jewsiewicki

Von Anfang an bestand die Gesellschaft Lubumbashis aus Immigranten sowohl aus dem Kongo als auch aus Europa, die bedingt durch die gute Verkehrsanbindung aus dem östlichen Kongo hierher kamen. Ein leitender Angestellter der UMHK meinte 1950, daß neben der europäischen Kolonisierung „eine Bantuisierung" von Oberkatanga stattgefunden habe (Toussain 1950). Deutlich wird dies an der Vielsprachigkeit: mehr als zwei Drittel der Einwohner Lubumbashis verwenden täglich drei bis fünf Sprachen. Innerhalb der Familie sprechen mehr als 50 Prozent Suaheli und 15 Prozent Französisch. Die große Mehrheit bedient sich also einer im Zuge der Kolonisierung eingeführten Sprache, was sowohl auf Suaheli als auch Französisch zutrifft. 1984 war Suaheli bereits die Muttersprache von 15 Prozent der Erwachsenen. Als Folge der Errichtung von Schulen sprachen fast 50 Prozent der Bewohner der Stadt Französisch, während dies dreißig Jahre zuvor lediglich auf 10 Prozent zutraf. Daß sich gleichzeitig 25 Prozent der Erwachsenen auch auf Lingala verständigen konnten, zeigt, wie rasch sich die Bevölkerung eine Sprache der Macht aneignet. Ein in Katanga geborener kongolesischer Intellektueller beschreibt diese Vielsprachigkeit um 1950 an Hand der Beziehungen zu seiner Mutter: „Wenn sie Luba spricht, antworte ich auf Suaheli, um zu zeigen, daß ich in einem kulturellen Milieu integriert bin, das sie schlecht kennt. Wenn sie mich auf Suaheli anspricht, antworte ich auf Luba oder – was noch häufiger vorkommt – auf Songye, womit ich meine Abstammung väterlicherseits unterstreiche ..." (Mudimbe 1994:30).
Die absolute Vorrangstellung der Industrie, die technisch auf dem neuesten Stand war und über viel Kapital verfügte, hat der Stadt ihren Stempel aufgedrückt. Die Mechanisierung und die Ausbildung von qualifizierten afrikanischen Arbeitskräften prägten die Gesellschaft zwischen 1920 und 1970. Oberkatanga war die Hochburg der UMHK, die, wie man zu sagen pflegte, „das wirtschaftliche Leben von allem, was in Katanga atmet, kontrollierte". Die UMHK ihrerseits war wiederum das Aushängeschild der „Société Générale de Belgique", einer mächtigen Finanzholding, die 60 bis 75 Prozent der Wirtschaft des Kongos während der Kolonialzeit kontrollierte. Elisabethville war die Hauptstadt dieses belgischen Afrikas mit Vorbildcharakter, von der die besten belgischen Ingenieure in Katanga träumten. Im Guten wie im Schlechten war die katangesische Gesellschaft das Produkt jenes industriellen Totalitarismus des europäischen 20. Jahrhunderts, der im Arbeiter ein soziales Material sah, das durch berufliche Bildung und gute moralische Rahmenbedingungen, die in diesem Fall der katholischen Kirche übertragen wurden, zur produktiven Arbeit umgeformt werden mußte. 1950 formulierte ein leitender Angestellter des Personalbüros der UMHK sein Leitprinzip: „Gute Gesundheit, gute Moral, gute Leistung."

Die Katangesen waren sich bewußt, daß der Kongo ohne die Wirtschaft ihrer Region nur wenig wert war. Vor der zwischen 1960 und 1963 proklamierten Sezession wurden sie nicht müde zu fordern, daß diese wirtschaftliche Sonderstellung in politische Vorteile umgemünzt werden müsse. Katangesisch war zunächst das Adjektiv des Provinznamens, ab den vierziger Jahren bezeichnete es die von den Siedlern in Anspruch genommene Identität. Moise Tshombe, der Anführer des unabhängigen Katanga, schrieb: „Zweitausend Kilometer trennten Léopoldville von Katanga, ungefähr die Entfernung von Paris nach Moskau! Da ist mir klar geworden, wie sehr es sich um verschiedene Länder handelte“ (Tshombe 1975:35). Seine Partei, die Conakat, verstand unter einem Katangesen jemanden, dessen letzter männlicher, aus einem Dorf stammender Vorfahre in Katanga geboren war. Die Kinder von Arbeitern, die aus anderen Gegenden rekrutiert worden waren, waren im besten Fall Einwohner mit unbestimmter Aufenthaltsgenehmigung, auch wenn sie in einer Arbeitersiedlung geboren waren. Viele Kasai-Katangesen, aber auch jene, die aus dem Norden der Provinz Katanga stammten, insgesamt mindestens 100.000 Menschen, waren zwischen 1962/63 gezwungen, die Industrieregion von Oberkatanga zu verlassen. In seiner Geschichte der Stadt schrieb der Maler Tshibumba: „1962 griff die UNO Katanga an, oder, wie der Titel einer seiner Bilder lautet, es kam zur ‚Intervention der UNO in Katanga‘. Dies bedeutete 1963 das Ende der Sezession von Katanga, und die katangesischen Polizisten zogen sich nach Angola (damals eine portugiesische Kolonie) zurück.“ Die UNO überwachte einen Sammelplatz, der „foire“ (Markt) genannt wurde, wo sich die Vertriebenen vorübergehend aufhielten. Abgesehen von der Intervention der UNO-Truppen, und dem durch die Sezession bedingten Konflikt zwischen dem Norden und dem Süden der Provinz, nimmt die ‚foire“ einen wichtigen Platz in der Erinnerung der Stadt ein.

DIE URBANISIERUNG, EIN KOLONIALES PROJEKT

Der städtische Bebauungsplan von 1910 wurde 1921 abgeändert, um das Stadtgebiet im Sinne der Rassentrennung neu zu ordnen. Das weiße Viertel wurde von dem schwarzen, sogenannten Eingeborenenviertel, durch die Eisenbahn getrennt, die wiederum von einem 700 m breiten Gürtel Niemandsland umgeben war. Heute ist dies die Avenue Limite Sud. Die Häuser der Weißen waren durch eine Hecke oder eine Ziegelmauer von den Behausungen der schwarzen Hausangestellten getrennt, da diese zum Vorteil der Weißen nahe am Herrenhaus untergebracht waren. Dieser Gürtel ist, ohne je verordnet worden zu sein, erhalten geblieben und trennt noch heute die Wohngegenden der Bessergestellten von den Armenvierteln. In den siebziger Jahren hat sich die neue Beamtenbourgeoisie etwas außerhalb der Stadt ein kleines Luxusviertel, „Le Golf“, errichtet.

Im afrikanischen Viertel, der sogenannten „Cité“, wohnten die Angehörigen des Staatsdienstes sowie die Angestellten der Kleinunternehmen. Zwischen Ende der zwanziger Jahre und den siebziger Jahren lebten die afrikanischen Industriearbeiter in den Arbeitersiedlungen, die von den Großunternehmen errichtet und verwaltet wurden. Die Siedlungen, vor allem jene der UMHK, waren eine eigene Welt. Das Unternehmen stellte eine Lebensmittelration in Form von Naturalien zur Verfügung – den „Posho“ –, und die Kinder besuchten die unternehmenseigene Schule. Wer in diesen Siedlungen lebte, verstand sich als „Kind“ der UMHK. Das Unternehmen ging in seiner Sorge um die Arbeiter so weit, daß es sogar Heiraten arrangierte, wie dies im Dorf die Eltern getan hätten. Alle wurden durch den zum Unternehmen gehörenden medizinischen Dienst versorgt. Nach der Unabhängigkeit wurden diese Regelungen gelockert. Im Verlauf der sechziger Jahre wurde der Wert der Lebensmittelration zum Lohn dazugeschlagen, die Arbeiter konnten jedoch weiter in den unternehmenseigenen Geschäften zu Großhandelspreisen einkaufen. Später wurden die Häuser an die Arbeiter verkauft und schließlich die medizinische Versorgung gekappt. 1984 beschäftigten die „Gécamines“ in Katanga mehr als 33.000 Arbeiter, von denen 200.000 Menschen abhängig waren, also 20 Prozent der Einwohner Katangas.

1932 wurde das sogenannte Eingeborenenviertel in das „Centre Extra-Coutumier" (das CEC) umgewandelt, d.h. als Bereich definiert, in dem das ethnische Gewohnheitsrecht als bedeutungslos erklärt wurde. Die künftige Stadt setzte sich daher aus drei Teilen zusammen: die weiße Stadt, in der die schwarzen Einwohner (Hausangestellte und ihre Familien) mittlerweile zahlenmäßig die Mehrheit bildeten, das CEC, wo sich ein schwarzes Kleinbürgertum gebildet hatte (mehr Beamte als Geschäftsleute) und die Arbeitersiedlungen. Bei den ersten Kommunalwahlen im Jahr 1957 stammten drei der vier gewählten schwarzen Bürgermeister nicht aus Katanga. Durch die städtische Demokratie wurde die Büchse der Pandora für den politischen Wettstreit zwischen den „Ursprünglichen", den Katangesen, und den „Zugewanderten", den Kasai, geöffnet.

V.-Y. Mudimbe (1994:35) beschreibt die urbane Welt in den fünfziger Jahren folgendermaßen: „Einerseits die Ordnung der Kolonisation, die sich wie eine Neuauflage der Geschichte darbot, und andererseits die Ordnung des CEC, die sich als obligatorisches Durchgangsstadium zwischen der afrikanischen Erinnerung und der Macht eines radikalen Neubeginns darstellt." Dieses „Centre Extra-Coutumier" gilt seit den dreißiger Jahren als Experiment mit Vorbildfunktion. Nach der Vorstellung einiger aufgeklärter Kolonisten sollte sich dieses Projekt eines Tages in eine „Eingeborenengemeinde" verwandeln. Schon bei seiner Einrichtung 1932 war dieses Vorhaben als Experiment angelegt worden; oder vielmehr als eine Verschmelzung belgischen Gedankenguts mit afrikanischen Elementen, die als dynamischer Prozess gesehen wurde. Eine Reihe neuer Institutionen sollte die mögliche Veränderung vorantreiben: insbesondere und zu allererst war hierfür die Schule vorgesehen; weiters die Einführung eines gemischten Rechtssystems und einer ständigen polizeilichen Kontrolle. Die Schule ist als allgemeine Bildungsinstitution konzipiert, der Unterricht ist laut offizieller Vorgaben von 1929 und 1938 auf die Schaffung neuer Werte ausgerichtet. Genau genommen handelte es sich um eine neue Weltanschauung und eine Ideologie, die vom jüdisch-christlichen Erbe getragen wurde, wobei den Kindern durch die Schule nachdrücklich die Werte familiärer Tugenden und eine bürgerliche Gesinnung nach europäischem Muster vermittelt werden sollten. 1950 erlebt Lubumbashi den Höhepunkt seines Wirtschaftswachstums mit 200 Fabriken und industriellen Handwerksbetrieben. 1984 sind davon nur mehr 80 übrig, neben 190 halbindustriellen Handwerksbetrieben, die das fortschreitende Abgleiten in die informelle Wirtschaft ankündigen. Seit den achtziger Jahren werden die Bergwerksstädte, darunter auch Lubumbashi, von einem Gürtel landwirtschaftlicher Betriebe und semi-urbaner Siedlungen umgeben, die Lebensmittel für den städtischen Markt produzieren. Anfang der neunziger Jahre zwingen der rasche Niedergang des Bergbaus, die Plünderungen von Lubumbashi und die nachfolgende Vertreibung der Kasai den „Riesen in die Knie" (vgl. cat. 74). Der Schlot der Kupferhütte qualmt nicht mehr. Im August 1999 wird die Entlassung von mehr als 7.000 Arbeitern (zählt man ihre Familien hinzu, verlieren 60.000 Menschen ihre Lebensgrundlage) als Gnadenstoß für das alte Lubumbashi, die wirtschaftliche Hauptstadt des Kongo, empfunden. Das Land nimmt die Stadt langsam wieder in Besitz, das städtische Transportwesen dünnt aus. Seit 1997 ist Kabila, der erste Kantangese in Kinshasa und Nachfolger von Moise Tshombe, Präsident des Kongo, und Lubumbashi wartet auf bessere Tage; 2000 wird es zum Sitz des Parlaments erklärt. Die lokale Verwaltung bemüht sich, die Stadt zu säubern, die Straßen instandzusetzen. 2000 versprach der Bürgermeister, Lubumbashi werde in zehn Jahren ein Europa Afrikas sein.

DIE URBANE GESELLSCHAFT UND IHRE ERINNERUNG

Von 1910 bis 1980 gleichen sich die Kurven der wirtschaftlichen Entwicklung und der Kupfergewinnung, zwischen 1930 und 1950 können sie als zwei parallele Geraden gesehen werden. Die Bevölkerung Lubumbashis stieg von etwa 1.000 im Jahr 1910 auf 30.000 im Jahr 1929 und 73.000 im Jahr 1943, 1965 waren es 200.000, 1984 fast 600.000 und im Jahr 2000 eine Million. Von einer zu 95 Prozent erwachsenen Bevölkerung im Jahr 1915 – noch 1930 kamen auf drei Männer eine Frau – entwickelte sie sich schon 1957 zu einer mehrheitlich jugendlichen Einwohnerschaft, mehr als 50 Prozent waren jünger als 15 Jahre, auf 110 Männer kamen 100 Frauen, die männliche Bevölkerung näherte sich somit der weiblichen an. 1984 beschäftigte der moderne Sektor 46 Prozent der aktiven Männer, 16 Prozent gaben an, ihr Einkommen aus geringfügigen Tätigkeiten zu beziehen, 23 Prozent waren Schüler oder Studenten. Lediglich 7 Prozent der Frauen arbeiteten im modernen Sektor, gegenüber 20 Prozent, die im informellen Sektor tätig waren; mehrere gaben jedoch an, keiner geringfügigen Tätigkeit nachzugehen, 16 Prozent standen in Ausbildung. Jeder, der im modernen Sektor tätig war, ernährte acht Personen, 1973 waren es sieben und 1956 lediglich vier gewesen. Die europäische Bevölkerung, eine privilegierte Minderheit, deren Bindeglied zunächst die gemeinsame Furcht vor der Annexion Katangas durch das britische Empire, dann die Rassenvorurteile und der Wunsch nach politischer Autonomie war, stieg von 800 im Jahr 1910 (damals bildeten sie die Mehrheit der Stadtbevölkerung) auf 8.000 im Jahr 1930 (7 Prozent der Einwohner) und 18.000 im Jahr 1970 (4 Prozent der Bevölkerung). Ihre Welt läßt sich mit folgenden Worten beschreiben: „Die europäischen Angestellten wohnten in bequemen, schönen Häusern. Ein oder mehrere Hausboys nahmen den Frauen die schweren oder unangenehmen Arbeiten ab. Es kam offenkundig zu Mißbrauch: die durch dieses Leben korrumpierten Europäer führten sich wie verwöhnte Kinder auf. Sie verdienten immer mehr als in Europa. Die Frauen hatten wenig zu tun und wohnten Tür an Tür in den Wohnvierteln der UMHK. Die Frauen der Arbeitskollegen ließen sich zu einem gefährlichen Wettstreit im Luxus hinreißen, was in manchen Vierteln zu Unruhen führte“ (Eynikel 1984:200).

Die europäische Bevölkerung bestimmte den Lebensstil und die häusliche Einrichtung. Die seit den vierziger Jahren herrschende paternalistische Fürsorge für die afrikanischen Eliten, die hohe Zahl an ansässigen Europäern und ihr Verbleib bis in die siebziger Jahre bewirkte, daß Lubumbashi auch heute noch gewisse Züge einer kolonialen Stadt trägt.

Mudimbe (1994:37-39) erinnert sich an die Stadt in den fünfziger Jahren: „Das koloniale Ziel kristallisiert sich schon in den dreißiger Jahren in Form einer neuen kohäsiven Kultur heraus. Diese Organisationsform läßt sich im CEC auf drei Ebenen feststellen. Da ist zunächst das Primat des Patrilineats, das sich de facto als Modell und Zielvorstellung im Sinne christlicher Normen durchsetzt. Es folgt eine rasche Hierarchisierung der Verständigungssprachen (...). Auf einer dritten Ebene läßt sich die Einführung der neuen kolonialen Erinnerung erkennen, die sich in der Professionalisierung der Bewohner ausdrückt.“

In den achtziger Jahren verstärkt sich die schon zehn Jahre vorher fühlbare Krise des Transportwesens, der Zustand der Kraftfahrzeuge verschlechtert sich zusehends und Lubumbashi wird zu einer Stadt für Fußgänger. In einer Umfrage aus dem Jahr 1983 werden 24.000 Ortsveränderungen täglich festgestellt, zumeist zur Arbeitsstelle oder zur Schule. In den neunziger Jahren wird die Situation durch die Benzinknappheit weiter verschärft, Taxibusse sind Mangelware und nur wenige Einwohner können sich ein Fahrrad leisten.

Seit 1956 ist Lubumbashi die zweite Universitätsstadt des Kongo. Die Präsenz von Studenten ist insofern von Bedeutung, als diese Gruppe – wie in Kinshasa – Mobutu politischen Widerstand leistet. 1991 werden die Studenten Opfer eines nächtlichen Angriffs durch Soldaten, der sich als „Massaker an den Studenten von

Lubumbashi“ tief in das Gedächtnis eingegraben hat (vgl. cat. 75). In ihrer Geschichte hat die Arbeiterstadt fünf große Krisen erlebt, die ihr soziales Gefüge verändert haben. Die Krise von 1920/21 trifft vor allem die weißen Arbeiter. In einem Konflikt, der in einen Streik mündet, von dem die schwarzen Arbeiter ausgeschlossen werden, gewinnt die Arbeitgeberseite. Im Gegensatz zu Südafrika werden qualifizierte Arbeitsplätze auch für Schwarze zugänglich. Die Wirtschaftskrise der dreißiger Jahre führt zur Schließung der Bergwerke und zum Abzug von 30 Prozent der arbeitenden Bevölkerung. Der wirtschaftliche Neubeginn findet vor dem Hintergrund eines tiefgreifenden Wandels statt. Die 1928 begonnene Politik der Stabilisierung der afrikanischen Arbeiterschaft, die der Wanderarbeit ein Ende setzte, wird neuerlich aufgegriffen. Am Vorabend des Zweiten Weltkrieges kommt es zu Veränderungen in der schwarzen Arbeiterschaft. Die Ernährung wird verbessert, die medizinische Versorgung ausgeweitet, der Zuzug von Familien in die Siedlungen gefördert und die Unterbringung verbessert. Es entwickelt sich ein Arbeiterbewußtsein, von dem auch der erste Streik schwarzer Arbeiter im Jahr 1941 zeugt. Dieser endet in Lubumbashi nach einer Schießerei mit der traurigen Bilanz von 48 Toten und 74 Verletzten. Die soziale Erinnerung daran klingt folgendermaßen: „Viele, viele Leute starben. Sie starben für höhere Monatslöhne. An diesem Tag wurde unter den Leuten viel getrauert. (...) Dies ist die Geschichte des Massakers der Leute der UMHK.“

Ende der fünfziger Jahre führen sinkende Metallpreise zu einer Verlangsamung der Wirtschaft von Katanga. Die erste ethnische Säuberung trifft die Luba aus dem Norden der Provinz, die sich damals gegen die Sezession aussprachen, und die Kasai. In der mündlichen Überlieferung über die Geschichte der Stadt heißt es: „Und so bekamen wir diese verdammte Unabhängigkeit. Viele Leute mochten einander nicht mehr. Und sie fingen an, die europäischen Geschäfte zu plündern. Aber wir Jungen hatten dazu nicht den Mut. Wir lebten in unserem Viertel Elisabeth und viele Weiße lebten in unserer Nachbarschaft. Damals flohen unsere Herren und ihre Frauen (...). In allen Schwarzensiedlungen brachten sich die Leute gegenseitig um.“

Die letzte große Wirtschafts- und Sozialkrise erlebte Lubumbashi in den neunziger Jahren. Damals führte ein Zusammentreffen der politischen Krise mit Plünderungen in der Stadt und der Lahmlegung des Bergbaus zur zweiten ethnischen Säuberung, deren Opfer die Kasai waren.

Nach der Sezession und dem militärischen Konflikt zwischen dem Norden und dem Süden der Provinz zwischen 1960 und 1963 herrschte in Katanga nur knapp 15 Jahre Frieden. 1977 und 1978 wurde versucht, das Regime Mobutu in zwei bewaffneten Auseinandersetzungen, dem sogenannten ersten und zweiten Shaba-Krieg, zu stürzen. Diese mit Hilfe ehemaliger katangesische, nach Angola geflüchteter Polizisten organisierten Kriege griffen zwar nicht auf Lubumbashi über, stürzten die Region jedoch ins Chaos. Der Maler Tshibumba schildert den zweiten Shaba-Krieg mit folgenden Worten: „Frühmorgens am 12. Mai 1978 wurde die Stadt Kolwezi von den katangesischen Rebellen angegriffen, der zweite Shaba- oder 6-Tage-Krieg hatte begonnen. Der Angriff richtete sich vor allem auf das wirtschaftliche Zentrum, die Geschäfte wurden zerstört und geplündert, ihre Besitzer getötet. In den Vierteln, in denen Weiße und höhere zaïrische Angestellte aus anderen Regionen lebten, gab es viele Tote.“

Auch wenn die Bevölkerung letztlich lediglich eine passive Rolle gespielt hatte, ist die Einnahme der Stadt durch die Streitkräfte Kabilas, mit der 1997 dem Regime Mobutu ein Ende gesetzt wurde, ein wichtiges kollektives Ereignis für die Einwohner der Stadt.

Im Gegensatz zu Kinshasa, wo die Bevölkerung nur wenig in der präkolonialen Regionalgeschichte verwurzelt ist, ist diese im kollektiven Gedächtnis der Bewohner Lubumbashis sehr präsent.

Erstaunlicherweise nimmt die autochtone Bevölkerung des Bergbaubeckens in der urbanen Erinnerung nur wenig Platz ein. Die Erinnerung an die yekischen Eroberer mit ihrer Symbolfigur Msiri und an die Luba-Lunda-Tschokwe, die gemeinsame Ursprungsmythen und gleiche Helden haben, ist hingegen durchaus präsent. Auf dieser Grundlage wurde das politische Bewußtsein der Katangesen aufgebaut. Es stützt sich auf die Erinnerungen an die präkolonialen „Reiche", auf die Erinnerung an die Eroberung. Von ihr ausgeschlossen sind die Kasai, die auf die Erfordernisse der Industrie reagiert hatten, und auch jene Gruppen aus dem ländlichen Bereich Katangas, die sich lange gegen die industrielle Arbeit und die Stadt gewehrt hatten, nehmen nur wenig Raum ein.

DIE MALEREI IN LUBUMBASHI

Die Malerei in Lubumbashi steht in ihrer Gesamtheit dem Geist, ja, ich möchte fast sagen der Intention des 60 Bilder umfassenden epischen Zyklus von Jacob Lawrence, dieser großartigen Chronik der Migration der Afroamerikaner aus dem ländlichen Süden in den städtischen und industriellen Norden der USA in den dreißiger und vierziger Jahren, erstaunlich nahe. Erklären läßt sich dies durch vergleichbare Erfahrungen der Afroamerikaner und der katangesischen Kongolesen. Zudem sind sowohl die Maler aus Katanga als auch Lawrence Autodidakten und haben unmittelbaren Anteil an der kollektiven Erfahrung, die sie im bildnerischen Diskurs darstellen. Die Rassentrennung und der autoritäre Staat (in den USA gegenüber den Schwarzen), der Übergang von einem ländlichen Gemeinschaftsleben zu einem individualisierten, auf Lohnarbeit basierenden Dasein, das große Versprechen der Emanzipation, das lange nicht erfüllt wird, usw. – all dies liegt diesen beiden Erfahrungen zugrunde. Schließlich herrscht in beiden Gruppen das starke Empfinden, eine Gemeinschaft und ein Land, dessen Kontrolle man ihnen verweigerte, verlassen haben zu müssen, und dieses Gefühl bleibt ein wichtiger Bestandteil der neuen urbanen Identität. In der industriellen und urbanen Welt müssen sie gegenüber anderen, die vielleicht so manche Vorteile haben, denen aber diese Erinnerung fehlt, aufgrund derer sie Anspruch auf das Land erheben können, eine neue Identität definieren. Es gibt zahlreiche Ähnlichkeiten, aber auch entscheidende Unterschiede, auf die hier nicht näher eingegangen werden soll. Ich führe diesen Vergleich an, weil dadurch das Besondere der urbanen Malerei in Katanga – vor allem in Lubumbashi – besser beleuchtet wird. Gleichzeitig möchte ich klarstellen, daß diese Besonderheit nicht bedeutet, daß sich die Malerei in Lubumbashi radikal von der urbanen Malerei des übrigen Kongo unterscheidet.

Im Kongo insgesamt ist es die Malerei von Lubumbashi, wo die Zeit die größte Rolle spielt, vielleicht wird der Geschichte dort eine zentrale Bedeutung zugestanden, wird den aufeinandertreffenden historischen Auffassungen – einschließlich der Malerei – eine Hauptrolle zugewiesen. Während die Malerei von Bunia und Kinshasa stark in der Gegenwart verhaftet ist, geht es bei der Malerei in Lubumbashi vor allem um die Erinnerung der Stadt, der Region und in manchen, eher seltenen Fällen, wie bei Tshibumba, um die Erinnerung des Landes. Auch abgesehen von den historischen Zyklen von Tshibumba oder Burozi spielt die Vergangenheit immer eine Rolle in der Gegenwart und verleiht ihr größere Tiefe als andernorts. Das historische Bewußtsein der afrikanischen Bevölkerung dieser Stadt verfügt über eine große Tiefe, die sich in der reichhaltigen urbanen Erinnerung manifestiert. Dieser Umstand läßt sich vielleicht dadurch erklären, daß unterschiedliche kollektive Identitäten in der Stadt und der Region ihre Wurzeln reklamierten. Zunächst war da die Identität der weißen Katangesen, in der kein Platz für die Schwarzen aus Katanga war, und die sich von den Weißen der übrigen Kolonie distanzierten. In der Folge kam die Identität der Katangesen, wobei sich Weiße und Schwarze zu Beginn der

Unabhängigkeit gemeinsam gegen das übrige Land stellten. Danach waren es die Identitäten widerstreitender afrikanischer Gruppen, die sich in Katanga und Lubumbashi niedergelassen hatten und jeweils in unterschiedlichem Maße für sich in Anspruch nahmen, Katanga und den Kongo zu verkörpern. Jede dieser Gruppen konstruierte und restrukturierte ihre eigene Erinnerung und ihr eigenes historisches Bewußtsein, um den Anforderungen des Augenblicks zu entsprechen, um die eigene Präsenz zu legitimieren und die eigene Erinnerung intensiver und länger zu gestalten.

Der Schlot und die Halde des Kupferwerkes von Lubumbashi, die gemeinsam oder getrennt dargestellt werden, sind das vielleicht sprechendste Beispiel für einen Ort der kollektiven Erinnerung, der von allen in Anspruch genommen wird. Seit der Unabhängigkeit des Kongo und nach der Sezession von Katanga wurde die Assoziation mit einer Schlacht und diesem Ort des kollektiven Gedächtnisses zur Ikone einer umstrittenen Stadt, einige Bilder rufen sogar die Vorstellung einer Märtyrerstadt hervor. Auf hunderten Bildern stehen die von der UNO gegen die Katangesen entsandten Soldaten, die eine gewaltsame Integration Katangas in das politische Gemeinwesen des Kongo bewirken sollten, am Fuße des Schlotes und der Halde den katangesischen Polizisten gegenüber. Der gleiche Bildaufbau sollte dreißig Jahre später für die Darstellung des Sieges der Soldaten Kabilas über die Truppen Mobutus verwendet werden (cat. 80).

Das Bild des Hüttenwerks der „Gécamines“, das einerseits vom Schlot und der Halde beherrscht und andererseits vom Lubumbashi-Fluß begrenzt wird, dient auch Kazadi Gad als Rahmen, um das Ende des Unternehmens und damit das Ende der Kupferhauptstadt Lubumbashi zu illustrieren. Das Bild „Assainissement à la GCM“, Einsparungen bei den Kupferminen, (cat. 111) bezieht sich auf das für die Bevölkerung der Stadt wichtige Ereignis der Entlassung von mehr als 7.000 wirtschaftlich überflüssig gewordenen Arbeitern dieses Unternehmens. Das Ende einer Epoche wird durch die Rückkehr zum Ursprung ausgedrückt, der Kreis schließt sich. In diesem Zusammenhang sei erwähnt, daß schon Tshibumba diese szenische Gestaltung mit einer Brücke über den Fluß mit dem Schlot im Hintergrund verwendet hat, um den Angriff der UNO-Soldaten darzustellen, dem zur Zeit der Sezession eine Gruppe von Frauen zum Opfer fiel. Eine Straße der Stadt, die den Namen „Avenue des Femmes Katangaises“ trägt, erinnert an dieses Ereignis. Das Ende der Sezession, der die Vertreibung der Kasai und Luba im Norden von Katanga voranging, wurde auch als Ende der katangesischen Identität erlebt.

In der Erinnerung der Arbeiter, die sich seit 1930 in Katanga niedergelassen hatten, spielt der Zug eine wichtige Rolle, nicht nur weil er sie anfangs nach Lubumbashi brachte, sondern auch weil er die Verbindung mit ihrer ursprünglichen Gesellschaft und Heimat sicherstellte. Mit dem Zug verließen die Anfang der sechziger Jahre Vertriebenen Katanga, und mit dem Zug kehrten sie Ende des Jahrzehnts wieder dorthin zurück. Auch die Kasai wurden in den neunziger Jahren per Eisenbahn vertrieben (vgl. cat. 79). Der Zug steht auch im Mittelpunkt der katangesischen Erinnerung an den Bürgerkrieg zwischen den Luba-Milizen aus dem Norden von Katanga, die damals für die Einheit des Kongo kämpften, und den katangesischen Polizisten aus dem Süden, die für die Sezession eintraten. Die Eisenbahn ist zudem ein Symbol für die Entstehung der Stadt; es gibt zahlreiche Bilder über die Ankunft des ersten Zuges im eben erst gegründeten Elisabethville.

Die Malerei ist gekennzeichnet durch den Rückgriff auf die Vergangenheit, einerseits um der Gegenwart mehr Tiefe zu verleihen, andererseits um den Triumph des Kongolesen, des Afrikaners, des Schwarzen über sein scheinbares Schicksal darzustellen. Als Beispiel sei der triumphale Einzug Kabilas in Lubumbashi im Mai 1997 genannt. Der Maler zeigt die spontane Begeisterung des Volkes und die Umkehrung eines Herrschaftssymbols. Der Tragestuhl, der „tipoi", ist in der kongolesischen Erinnerung an die Kolonialzeit Symbol für das Schicksal des schwarzen Mannes, der den Weißen auf seinen Schultern trägt (cat. 82). Es handelt sich dabei gleichermaßen um eine Ikone der Unterdrückung wie bei der Auspeitschung (in Colonie Belge) und dem Tisch, hinter dem ein Beamter die verordneten Arbeiten oder die Steuerzahlungen kontrolliert. Der Einzug Kabilas symbolisiert einen neuen Staat, die einfachen Leute tragen ihn freiwillig und gerne auf einem Tragestuhl (alle Träger sind unterschiedlich gekleidet und zumindest einer, der Mann im weißen Hemd, scheint Lehrer zu sein). Der Tragestuhl, der auf zwei Stangen befestigt ist, wurde sichtlich für diesen Zweck zusammengezimmert. Ist er sonst ein Hinweis auf eine Vergangenheit der Unterdrückung, wird er hier umgekehrt und wird mit dem Einzug des Befreiers assoziiert.

Recht beliebt scheinen im Katanga der siebziger und achtziger Jahre rein historische Themen der frühen lokalen Geschichte, wie auch jener des Kongo allgemein gewesen zu sein, ohne direkten Bezug zur Region, wie sie in der Schule unterrichtet wird. Neben nationalen Ikonen wie Colonie Belge, Mami Wata – hier „Mamba Muntu", Schlangenmensch, – und „Inakale", Mensch, der zwischen drei tödlichen Gefahren gefangen ist, werden auch regionale Ikonen gemalt, die sich konkret auf ein historisches Ereignis beziehen. Ein Beispiel dafür ist die Darstellung der Ankunft des verhafteten Lumumba auf dem damaligen Flughafen von Elisabethville, der Stadt, wo er schließlich hingerichtet werden und wo man seinen Leichnam verschwinden lassen sollte. Dieses Bild, das besonders bei den aus dem Kasai stammenden Bewohnern des Bergbaubeckens beliebt war, stellt neben dem historischen Ereignis der Ankunft, neben Lumumba, dem nationalen Märtyrer, auch die katangesischen Politiker dar, die für diese Exekution verantwortlich waren (cat. 165). Nur die nationale Einheit konnte den aus dem Kasai stammenden Arbeitern ihren Platz in der Gesellschaft und in der lokalen Wirtschaft garantieren. Lumumba, die ideale Verkörperung des um diese Einheit ringenden Politikers, erlaubt der Erinnerung das politische Prinzip in den Vordergrund zu stellen und gleichzeitig jene katangesischen Politiker anzuprangern, die für seinen Tod, aber auch für die Vertreibung der Kasai verantwortlich sind.

Zwei weitere Bildthemen, die zu Ikonen der kollektiven Erinnerung wurden, beziehen sich ebenfalls auf eine bestimmte Zeit und ein gewisses Ereignis. Eine Art Hexensabbat zeigt die technisch stark modernisierte Hexerei im Dorf, die durch eine ständige Fernsehüberwachung jene Städter bedroht, die den Forderungen der im Heimatdorf verbliebenen Verwandten nicht Folge leisten können oder wollen. Während der erzwungenen Rückkehr ins Dorf zur Zeit der Vertreibung aus dem sezessionistischen Katanga wurde die Feindseligkeit der Verwandten im Dorf besonders stark empfunden; daß viele ins Dorf geflüchtete Vertriebene starben, wurde auf eine Rache durch Hexerei zurückgeführt. Der Maler verkündet den endgültigen Sieg der Zivilisation, deren Eckpfeiler das Christentum und der Staat sind, wenn er im oberen Bildteil ein Gefängnis und Engel darstellt, die Gottes Ruhm verkünden (cat. 161).

„Mwa Mbuja", die Mutter von Zwillingen, hat sich im Bergbaubecken zu einer Zeremonie und zu einer Ikone entwickelt, die öffentlich die kasaische Identität verkündet. In den Arbeitersiedlungen waren Tänze und gewisse überlieferte Zeremonien erlaubt, ja wurden gefördert. Die Feiertage wurden dort zu einem legalen Mittel der ethnischen Selbstdarstellung und Unterscheidung. Später, als in den siebziger und achtziger Jahren die Zahl der lokalen christlichen Kirchen rapide zunahm, wurden solche Zeremonien in der Stadt als heidnische Bräuche abgelehnt und das Fest zur Zwillingsgeburt aufgegeben. An seine Stelle trat das Bild, das das Ereignis gewissermaßen ersetzte (vgl. cat. 166, 167).

Die bildliche Chronik bezieht sich in Lubumbashi auf die Vergangenheit, indem sie die kollektive lokale Erfahrung als Interpretationsrahmen für die Gegenwart anbietet. Sie ist historisch, in dem ausdrücklichen Wunsch, das Ereignis in die Zeit und den Raum zu stellen und es, wenn nötig, auch mittels eines Schriftzuges zu individualisieren. Da sich das dargestellte Ereignis zudem mittels der kollektiven Erinnerung auf eine gemeinsame Erfahrung bezieht, wird die Malerei stark symbolisiert. Sie ist jedoch gleichzeitig ein modernes Kommunikationsmittel, das für den persönlichen Bereich des zivilisierten und modernen Menschen, des Lohnempfängers, bestimmt ist. Manchmal wird Lumumba als kongolesischer Christus dargestellt, der wieder auferstehen wird; sein Tod wird jedoch bisweilen auch in einem weltlichen Rahmen als Martyrium eines schwarzen Mannes gezeigt, der in Cowboy-Manier wie in einem Western hingerichtet wird (cat. 20). Der gegenwärtige Bürgerkrieg, unter dessen Folgen Lubumbashi zu leiden hat – der nördliche Teil Katangas ist besetzt und zahlreiche Flüchtlinge strömen in die Stadt – und der im Einklang mit der offiziellen Propaganda als eine Aggression der Tutsi gegen die unschuldigen Kongolesen erlebt wird, beschwört eine ähnliche Symbolisierung herauf. Die in den Dörfern an der Zivilbevölkerung verübten Grausamkeiten, von denen im Fernsehen berichtet wird, liefern dem Maler Bady aktuelles Material für dieses einem christlichen Märtyrium ähnelnde Schicksal des Kongo (cat. 21).

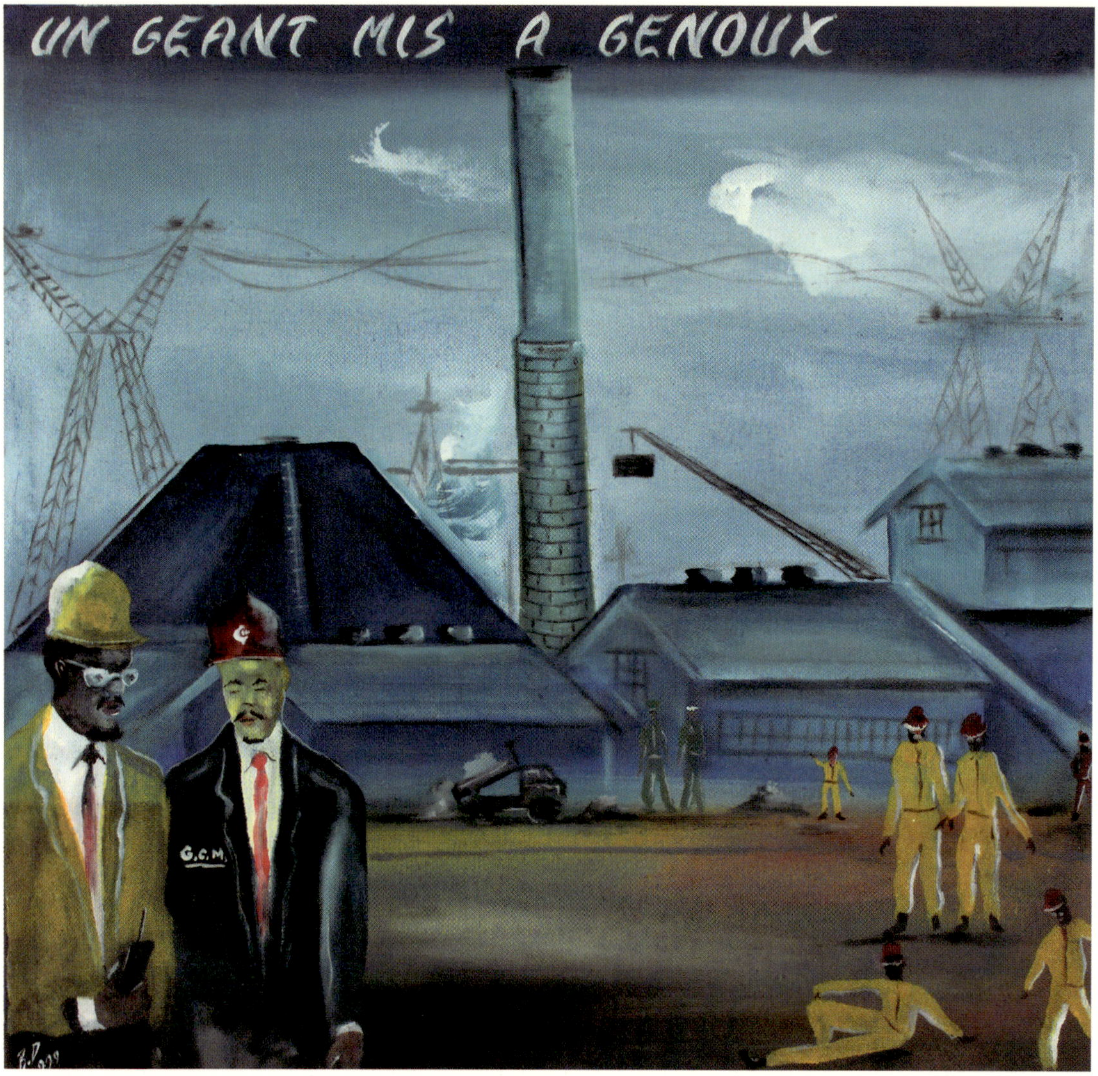

(74) Bwalya Dominique

„Un géant mis a genoux"
(Ein Gigant wird gebeugt)

Lubumbashi 1999
Museum für Völkerkunde, Wien
Inv.Nr. 178.007
50 x 47 cm

Für die Kongolesen gilt der Kamin des Kupferschmelzwerks und die pyramidenförmige Schutthalde allgemein als Wahrzeichen von Lubumbashi. Ursprünglich ein Symbol für den Reichtum der Stadt, hat es heute an Bedeutung verloren. Durch den nicht mehr rauchenden Kamin zeigt Bwalya die fast zu einem Stillstand gelangte Minentätigkeit.

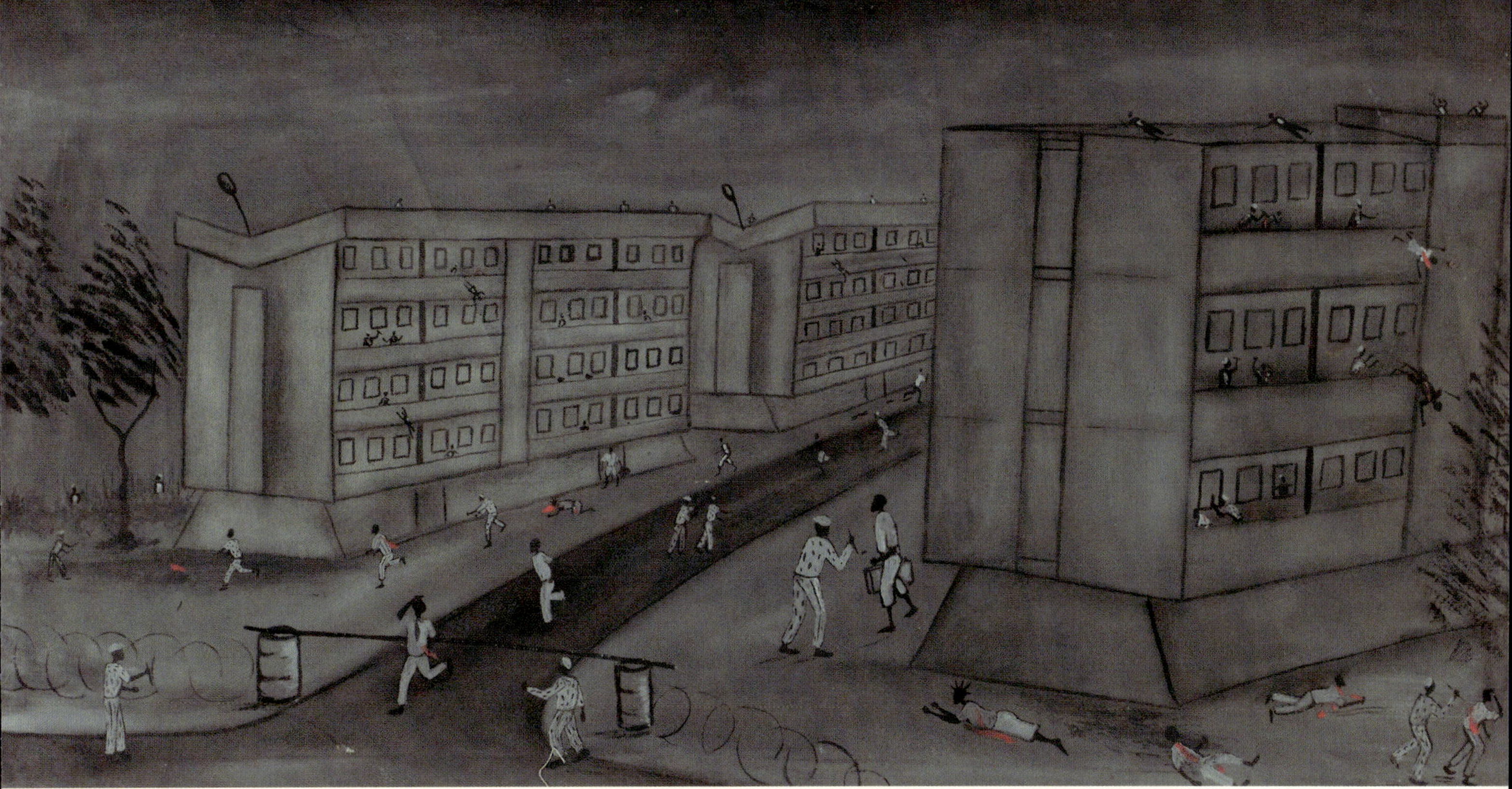

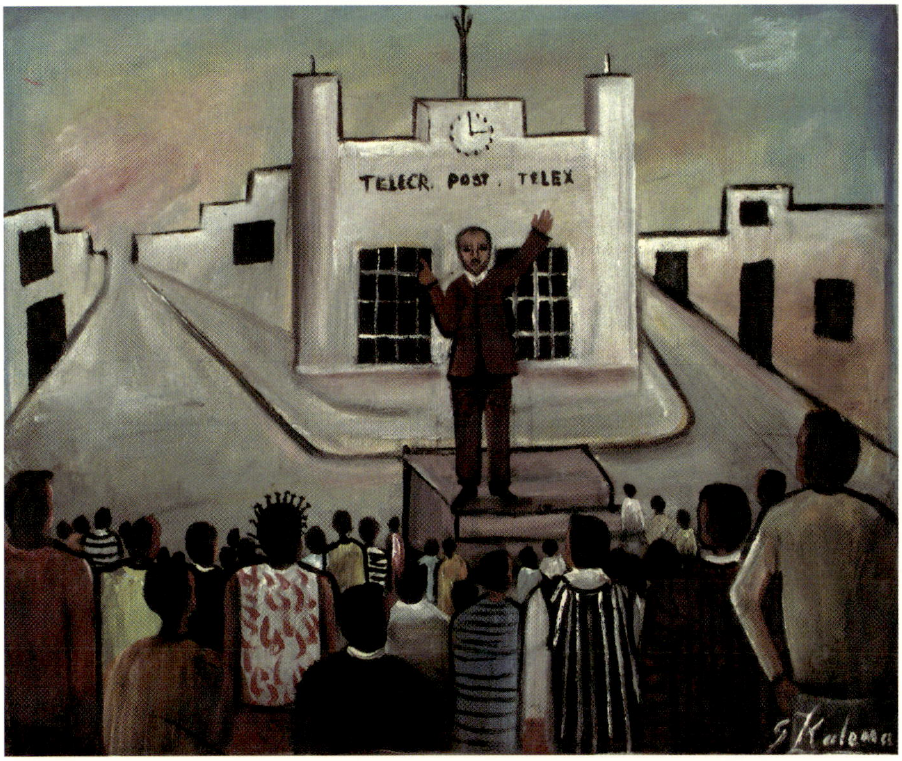

(75) Matanda wa Matanda

Massaker der Studenten von 1990

Lubumbashi
Sammlung Jewsiewicki
80 x 42 cm

Als Reaktion auf die Studentendemonstration vom Mai 1990, umringte die Armee den Universitätscampus in Lubumbashi und tötete mehrere Studenten. Die internationale Reaktion auf diesen Vorfall führte zu einer politischen Isolation des Staates unter Mobutu und leitete das Ende seiner Ära ein.

(76) Kalema

Rede des Kyungu

Lubumbashi
Sammlung Jewsiewicki
62 x 52 cm

Zu Beginn der neunziger Jahre öffnete sich die Politik und im Zuge davon lebten in Katanga wieder sezessionistische Bestrebungen auf. Die bedeutendste Figur dieser Bewegung war Kyungu wa Ku Mwanza, der Gouverneur von Katanga.

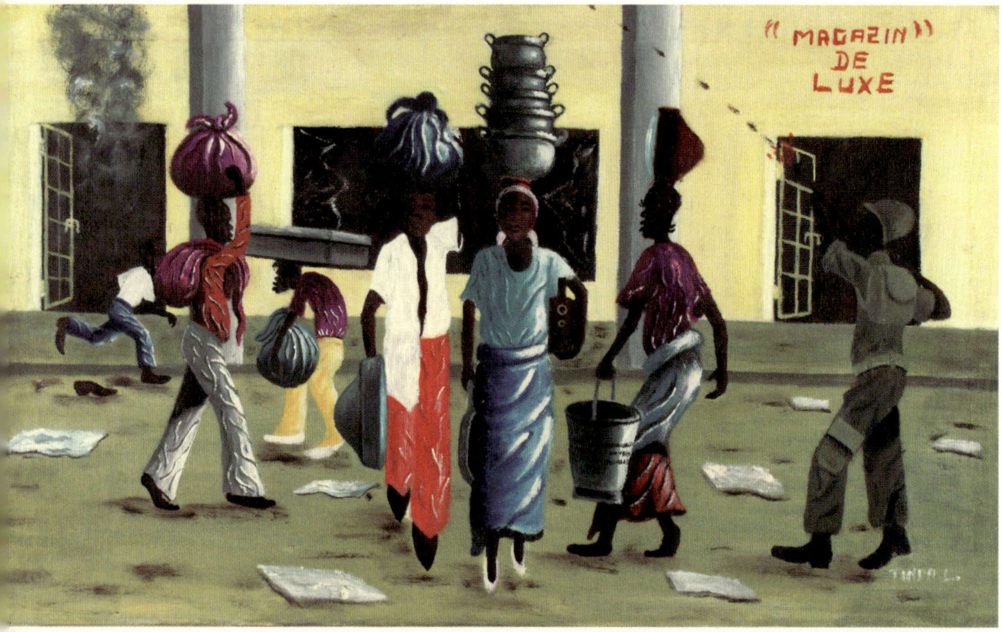

(77) Tinda Lwimba
Plünderung von Lubumbashi

Lubumbashi
Sammlung Jewsiewicki
66 x 39 cm

Die frühen neunziger Jahre waren im gesamten Kongo von Plünderungen geprägt, die hauptsächlich von der Armee ausgingen, weshalb allgemein Mobutu als Drahtzieher im Hintergrund vermutet wurde. Schließlich beteiligte sich auch die Bevölkerung an diesem Vandalismus, der als Ergebnis die Wirtschaft ruinierte.

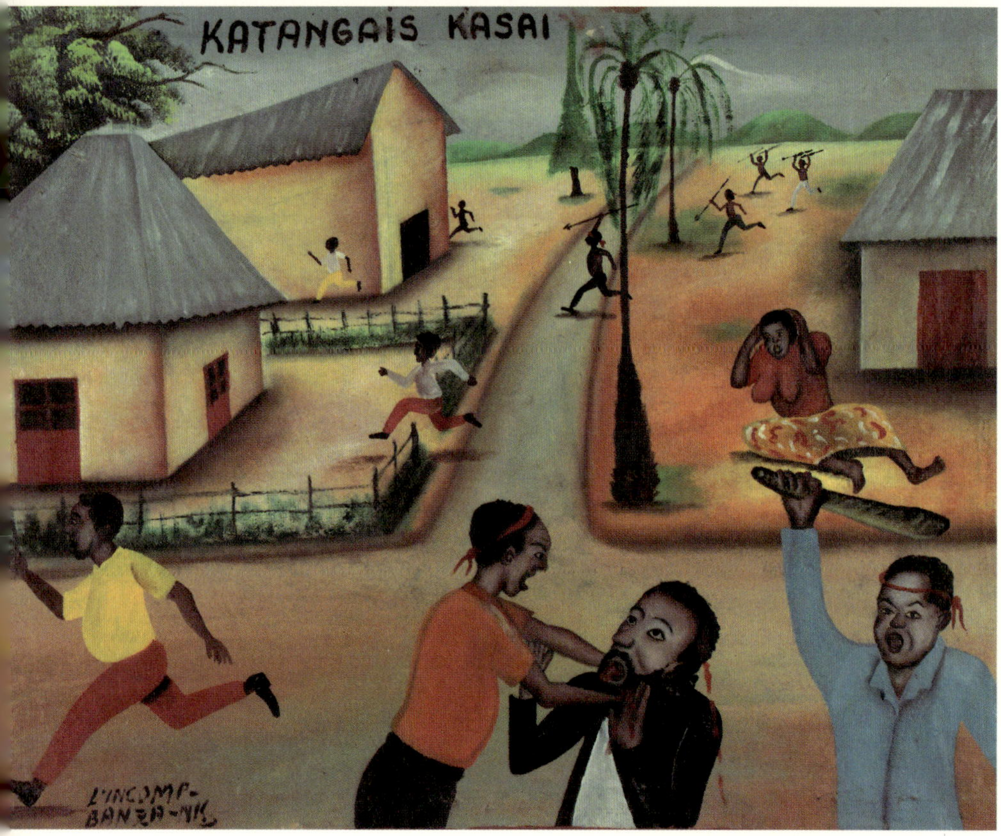

(78) L'incomparable Banza Nkulu
„Katangais Kasai"
(Ethnische Säuberung in Katanga)

Lubumbashi
Sammlung Jewsiewicki
54 x 41 cm

Einschneidendes Ereignis für die Region Katanga war Mitte der neunziger Jahre die Ausweisung der Kasai. Die Hälfte der Industriearbeiter und der Handelsangestellten in Katanga waren Einwanderer aus der westlichen Nachbarregion Kasai. Von Kyungu und anderen Politikern wurden sie als Profiteure der modernen Ökonomie auf Kosten der Katangesen gebrandmarkt und 500.000 wurden in der derartig aufgewirbelten Stimmung von der katangesischen Bevölkerung vertrieben.

(79) L'incomparable Banza Nkulu
Abreise der Kasai aus Katanga in 1993

Lubumbashi 1993
Sammlung Jewsiewicki
59 x 42 cm

Die meisten ausgestoßenen Kasai verließen die Region mit dem Zug, dem einzigen verfügbaren Verkehrsmittel.

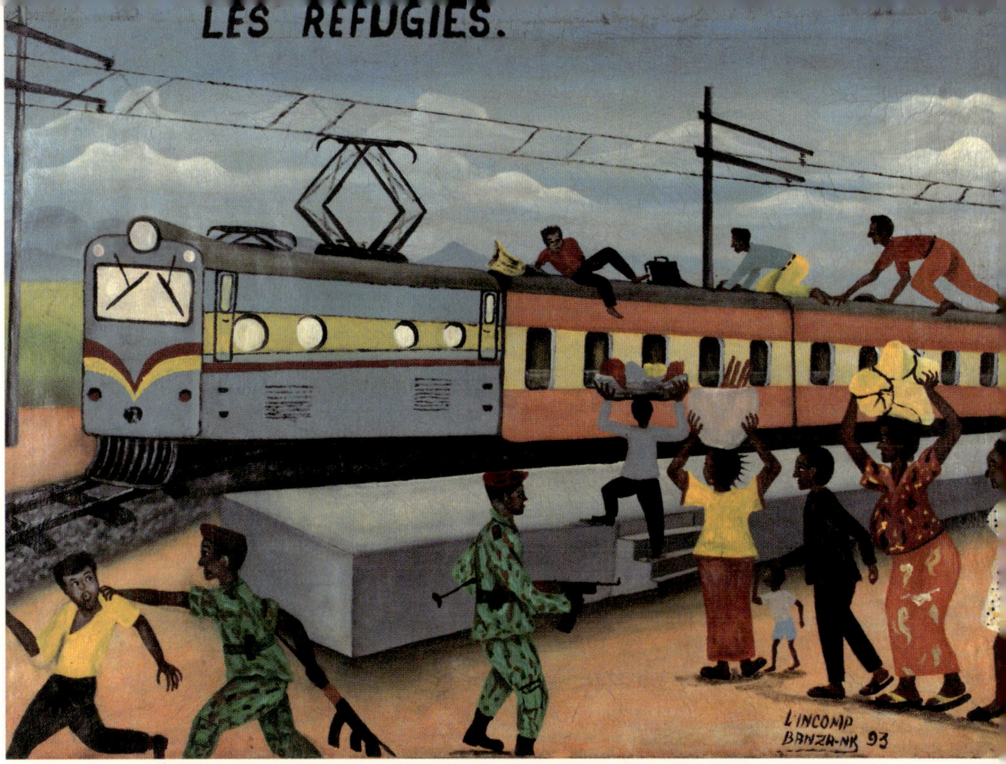

(80) Nkulu
Befreiung Lubumbashis durch die Kadogo

Lubumbashi
Sammlung Jewsiewicki
51,5 x 43 cm

„Kadogo" bedeutet in Suaheli klein. So wurden die Angehörigen der bewaffneten Truppen Kabilas benannt, die sich großteils aus sehr jungen Soldaten zusammensetzten. Hier wird die Eroberung Lubumbashis 1997 durch diese Truppen dargestellt. Rechts fliehen die Soldaten Mobutus, die von den Kadogo links im Bild vertrieben werden.

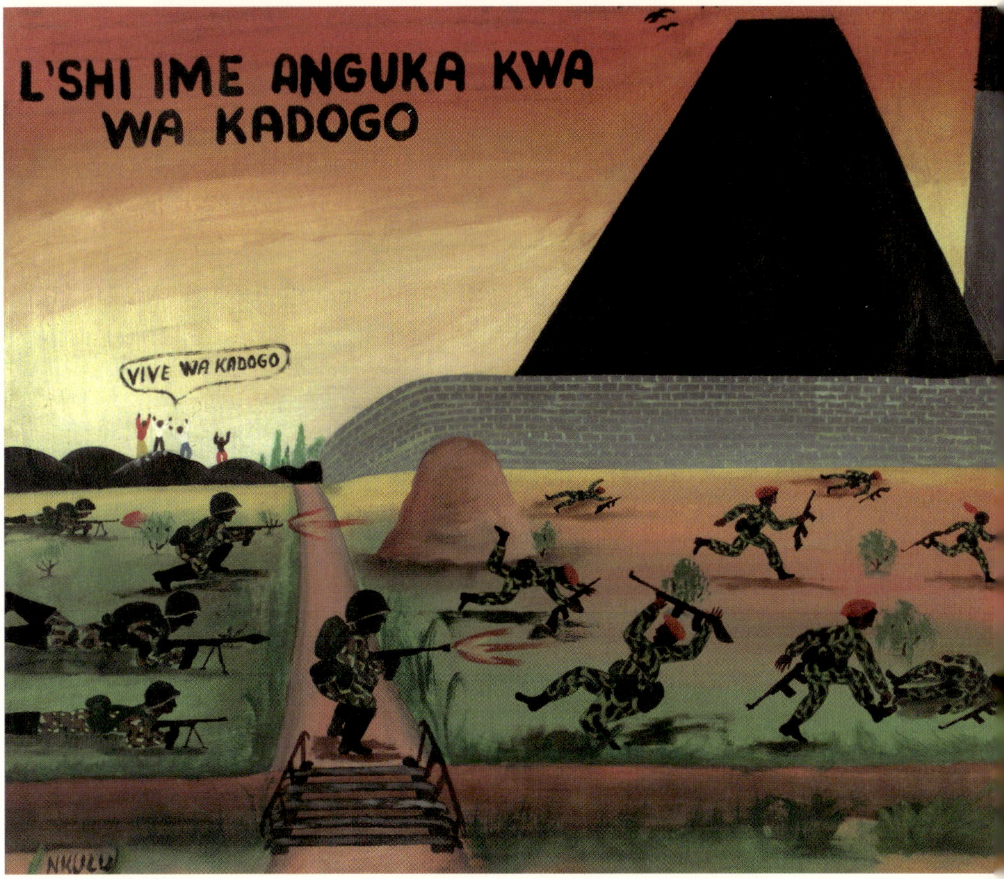

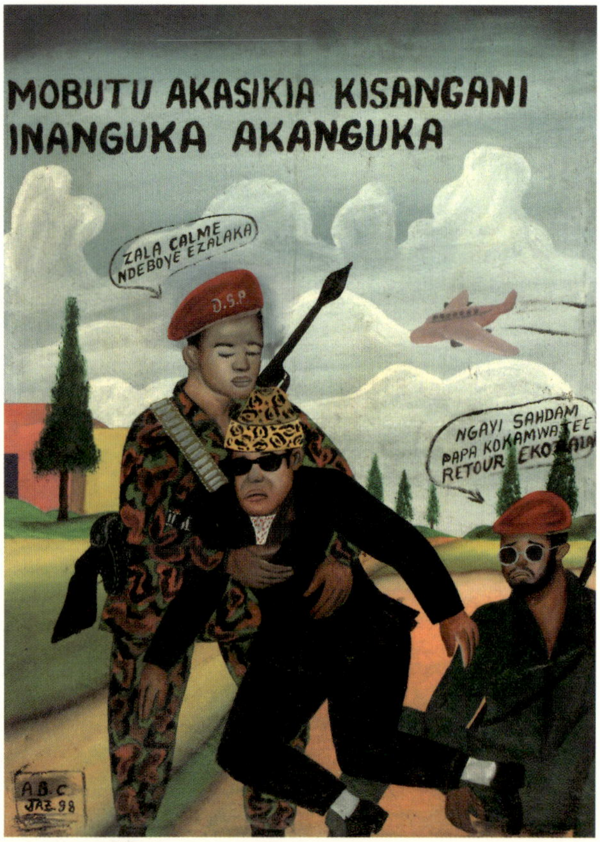

(81) ABC

Mobutu verliert Kisangani

Lubumbashi 1998
Sammlung Jewsiewicki
57 x 42 cm

Militär: *Sei ruhig, so gehen die Dinge vorüber.*
Saddam: *Papa, mach Dir nichts draus, es gibt eine Wiederkehr.*

Das Bild zeigt, wie Mobutu von der Übernahme Kisanganis durch Kabilas Truppen erfährt. Rechts hinter ihm versucht einer seiner Söhne, der den Spitznamen Saddam trägt, ihn mit der Versicherung zu trösten, daß es eine Revanche geben würde.

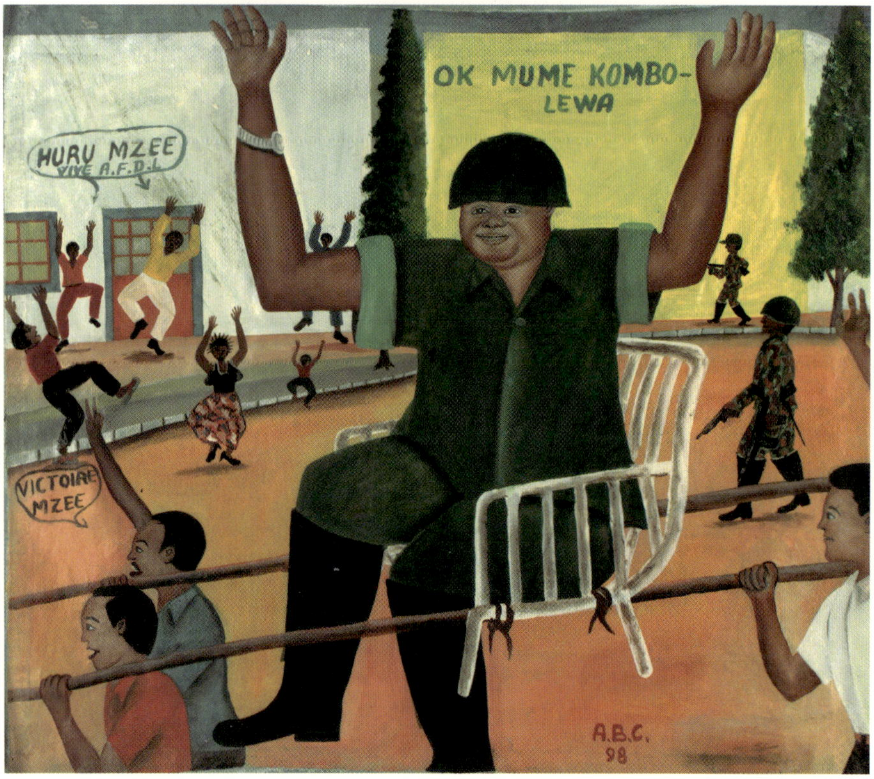

(82) ABC

Triumph von Kabila

Lubumbashi 1998
Sammlung Jewsiewicki
64 x 51 cm

– *Freiheit Mzee* (der Alte), *es lebe AFDL.*
Kabila: *OK, Ihr seid befreit.*
– *Sieg Mzee.*

Beim Einzug in Lubumbashi verkündet Kabila der Bevölkerung ihre Befreiung. Er ist auf einem Traggestell sitzend dargestellt, das an ein „tipoi" erinnert, auf dem sich traditionelle Oberhäupter tragen ließen, und später die weißen Kolonialisten.

(83) **L'incomparable Banza Nkulu**

Kabila jagt Mobutu aus dem Land

Lubumbashi
Sammlung Jewsiewicki
108 x 68,5 cm

Kabila: *Mzee (der Alte) wird wütend, Mobutu ergreif rasch die Flucht. Du, Mobutu, bist ein Dieb! Schnell, verschwinde!*
Mobutu: *Ich, Mobutu, gehe nach Marokko.*
– Oh nein! Diese Leute sind schlecht.

Der Machtwechsel zwischen Mobutu und Kabila kann auch in Hinsicht einer regionalen Machtbasis gesehen werden. Mobutu stammt aus dem westlichen Kongo, während Kabila aus dem nordöstlichen Katanga kommt. Dies ist auch in der Zuschreibung der Symbole sichtbar, für Mobutu steht der im westlichen Waldland als Symbol der Macht angesehene Leopard, für Kabila der im östlichen Savannengebiet damit assoziierte Löwe. Die ersten drei Zeilen sind auf Suaheli, der Sprache von Lubumbashi, die beiden letzten auf Lingala, der Sprache von Kinshasa und Mobutu.

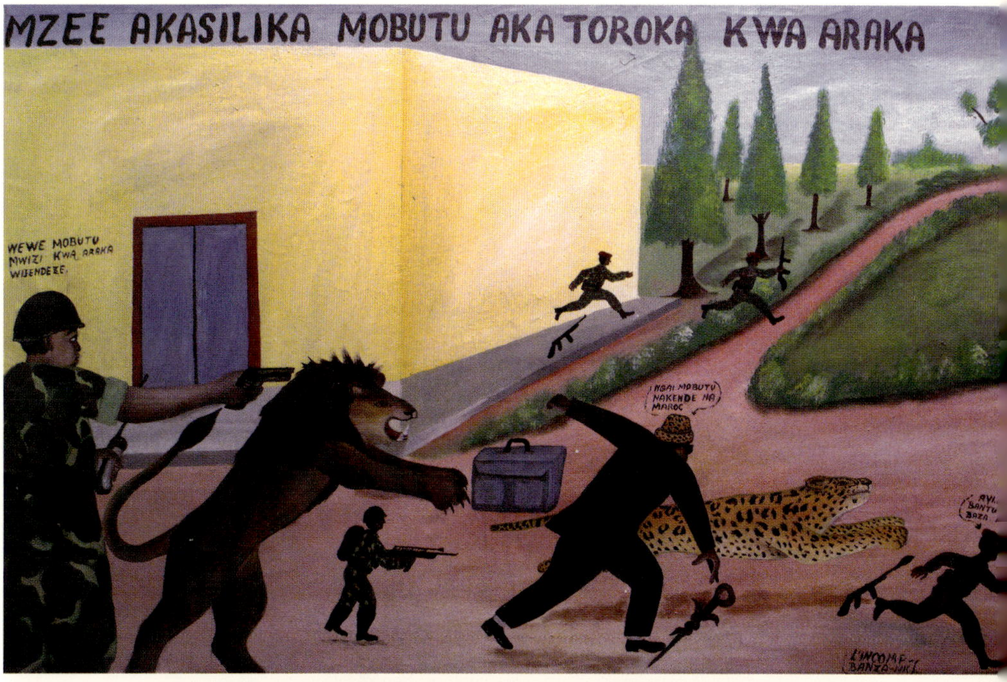

(84) **L'incomparable Banza Nkulu**

Kabila

Lubumbashi
Museum für Völkerkunde, Wien
Inv.Nr. 178.010
103,5 x 69 cm

Banza Nkulu porträtiert Kabila vor der neuen Fahne des Kongostaates mit seinem Symbol, dem Löwen.

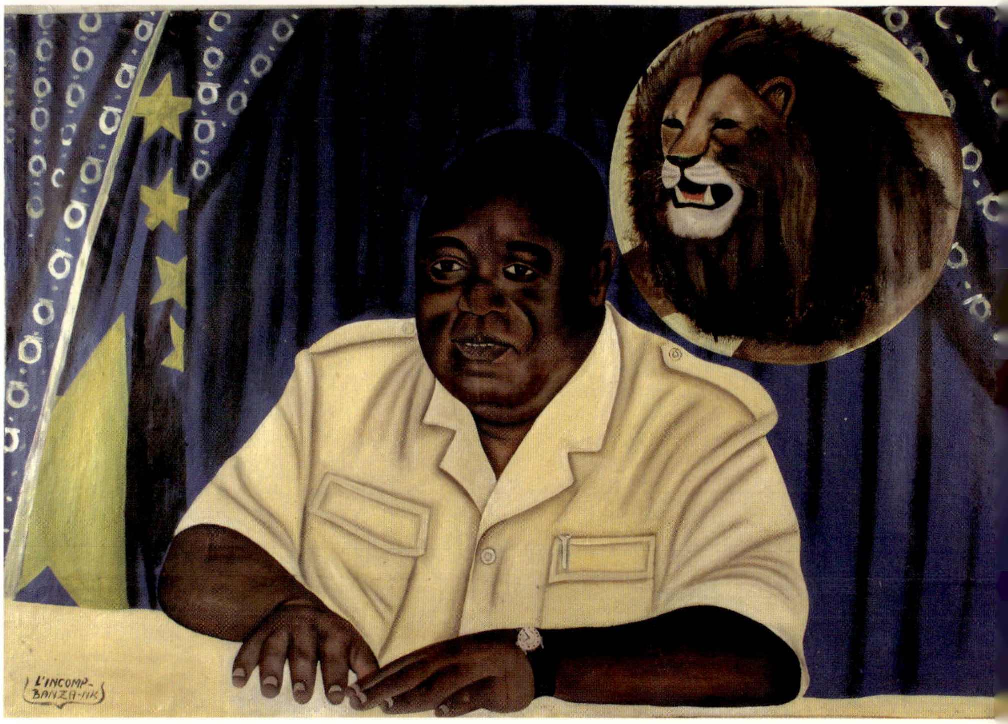

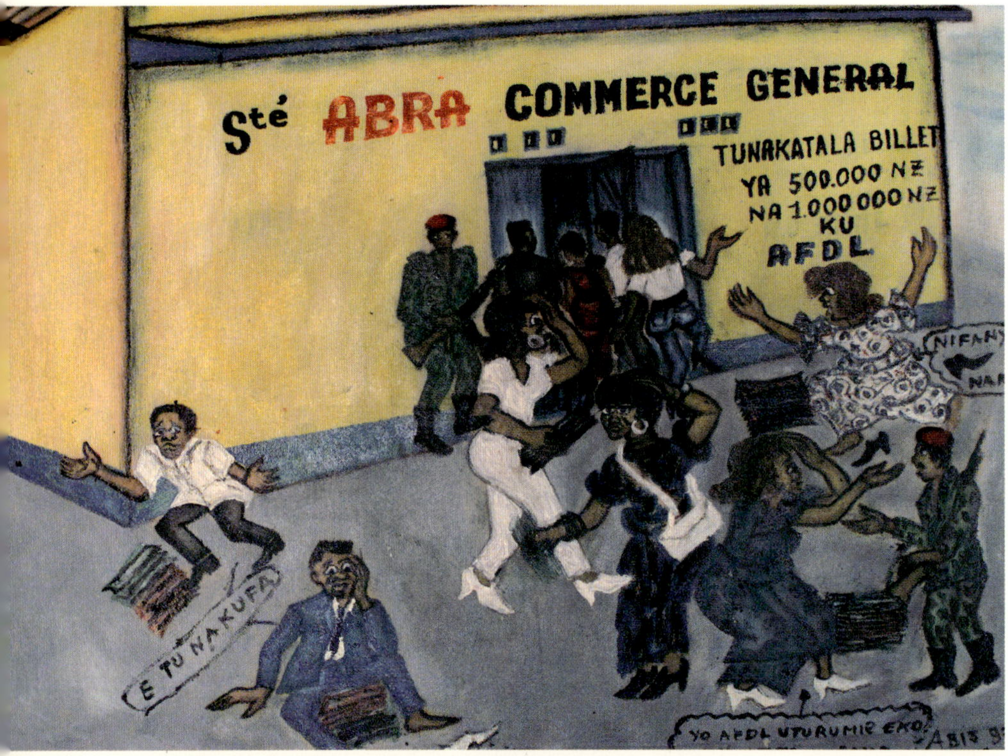

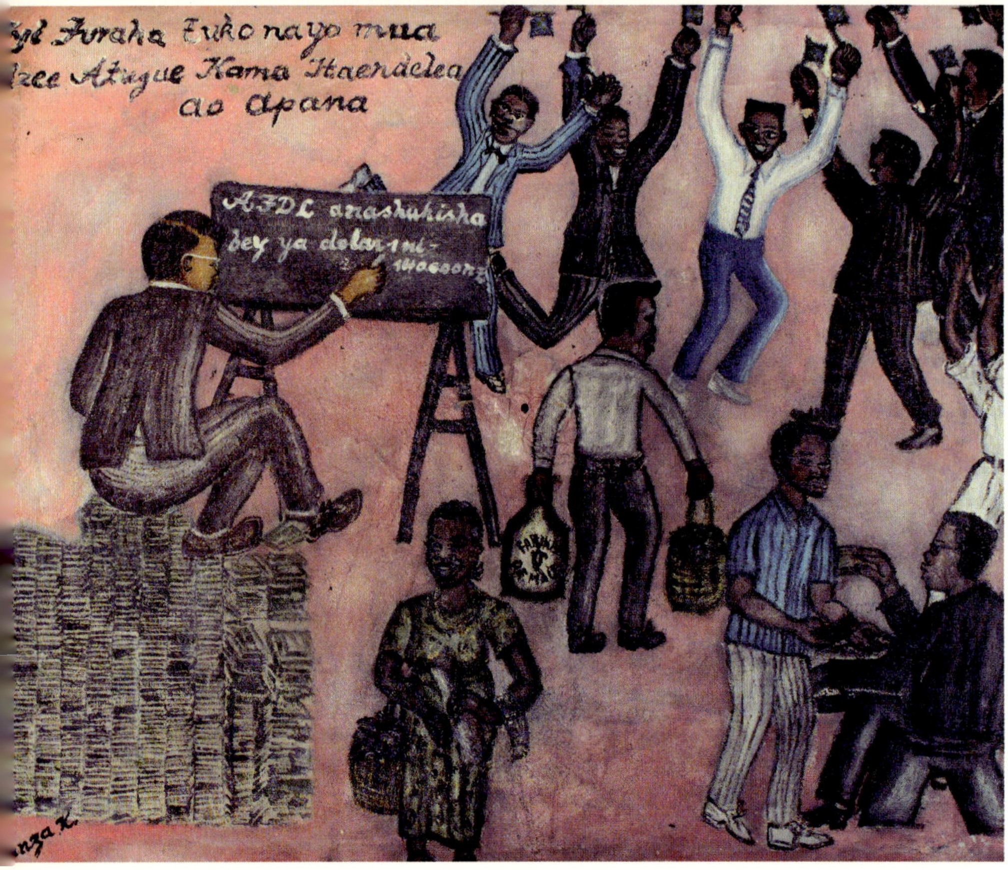

(85) Abis

Preisverfall nach Kabilas Machtübernahme

Lubumbashi 1997
Sammlung Jewsiewicki
64,5 x 47 cm

Wandtext: *Wir, im AFDL, wir nehmen keine Scheine zu 500.000 NZ und 1,000.000 NZ*
– Was soll ich machen? Ich sterbe!
– He! Wir sterben.
– Yeh, AFDL! Habt Mitleid mit uns! Wir leiden sehr.

Gegen Ende des Mobutu-Regimes wurden neue 500.000 und 1.000.000 Zaïre-Geldscheine eingeführt, die in Katanga eine enorme Inflation bewirkten und zu einer Überteuerung der Waren führten. Nach der Machtübernahme von AFDL, Kabilas "Allianz der demokratischen Kräfte zur Befreiung Congo Zaïres", in Lubumbashi erhoffte sich die verzweifelte Bevölkerung die Abschaffung dieser aufgezwungenen Geldnoten.

(86) Kanza

Seminar für politische Erziehung

Lubumbashi
Sammlung Jewsiewicki
61 x 48 cm

Die Freude, die wir über Mzee (den Alten, dem Weisen) *empfinden – wir wissen nicht, ob sie anhalten wird oder nicht!*
Auf der Tafel: *AFDL senkt den Wechselkurs zum Dollar. 1 $ entspricht 140.000 NZ*

Zu Beginn seiner Regierungszeit verpflichtete Kabila all diejenigen, die eine öffentliche Stelle anstrebten oder eine solche behalten wollten, zur Teilnahme an Ausbildungsseminaren. Diese Kurse dienten dazu, die Staatsangestellten mit der Ideologie des neuen Regimes vertraut zu machen. Am Beispiel der Eliminierung der großen Zaïre-Scheine durch die AFDL wurde demonstriert, daß die neue Regierung auf der Seite der Bevölkerung ist und sich für deren Anliegen einsetzt.

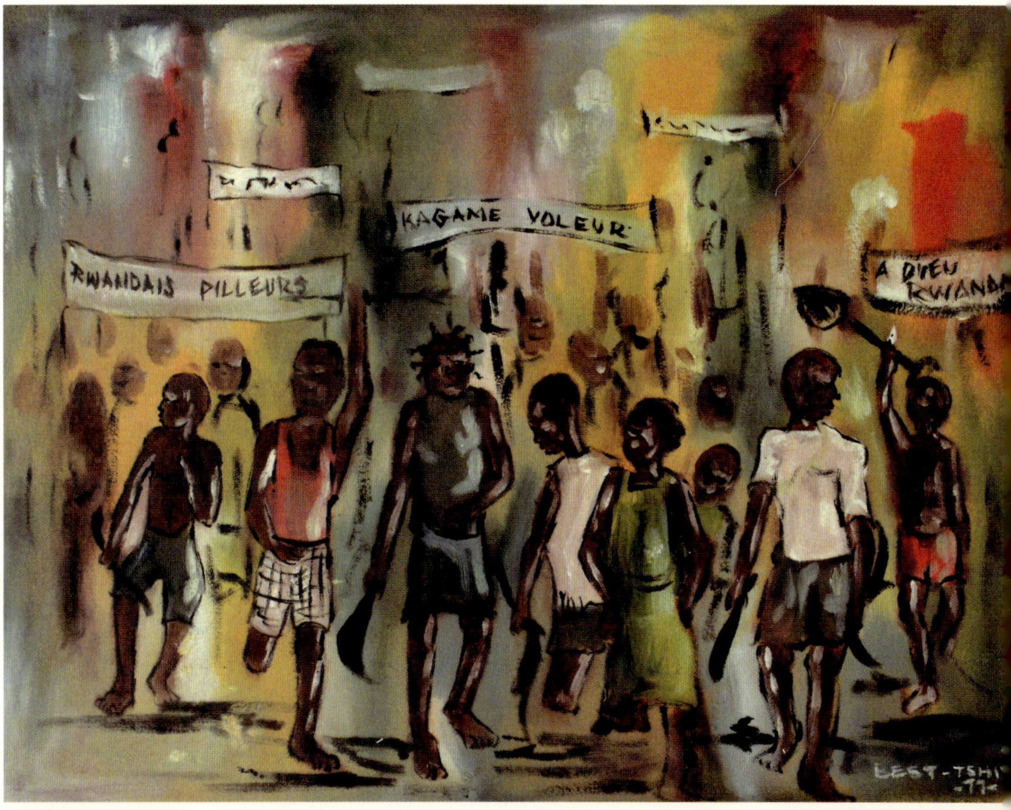

(87) Tshiyaz Best

Protestmarsch gegen die Ruandesen

Lubumbashi 1999
Museum für Völkerkunde, Wien
Inv.Nr. 178.031
60,5 x 47 cm

Auch in Lubumbashi wurden Ruanda und sein Präsident Kagame für die Aufstände des Jahres 1998 verantwortlich gemacht. Die Unruhen im Land wurden auf ein Komplott der Tutsi zurückgeführt, worauf eine Verfolgung derselben begann.

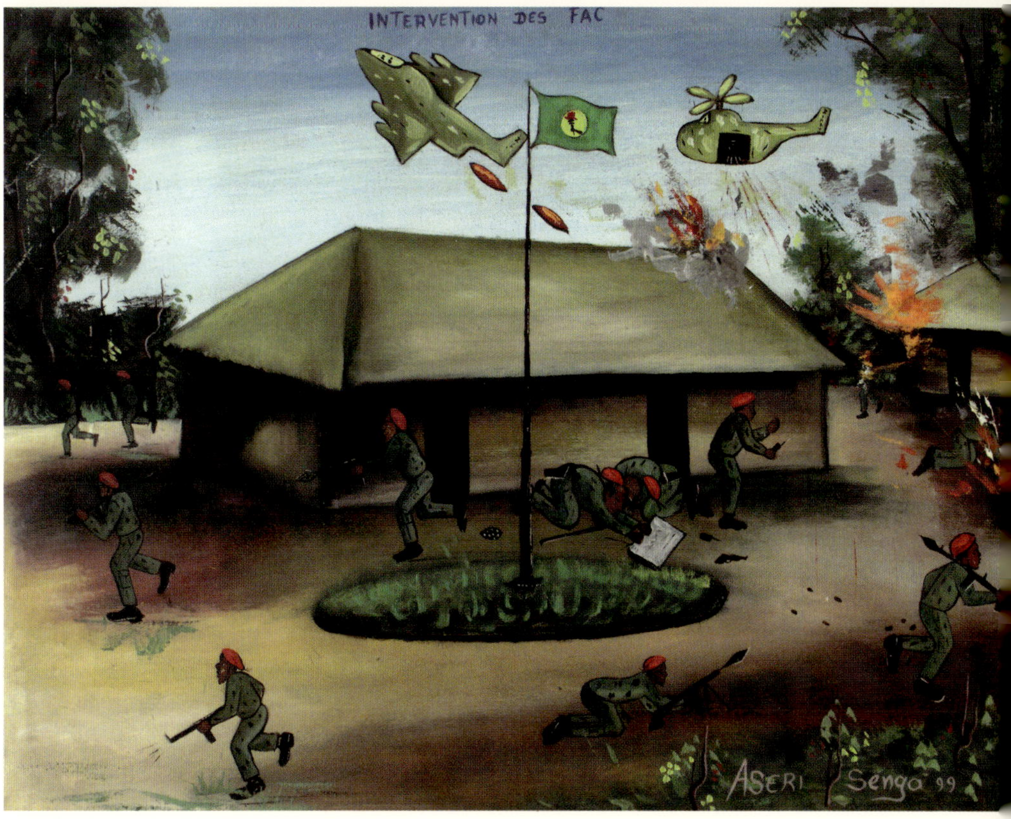

(88) Aseri Senga

„Intervention des FAC" (Intervention der kongolesischen Armee)

Lubumbashi 1999
Museum für Völkerkunde, Wien
Inv.Nr. 177.959
68 x 53 cm

Mit der im Zentrum des Bildes hochgezogenen Fahne des Zaïrestaates von Mobutu will Aseri Senga darauf hinweisen, daß die sogenannten Tutsi-Rebellen von Mobutu-Anhängern unterstützt wurden.

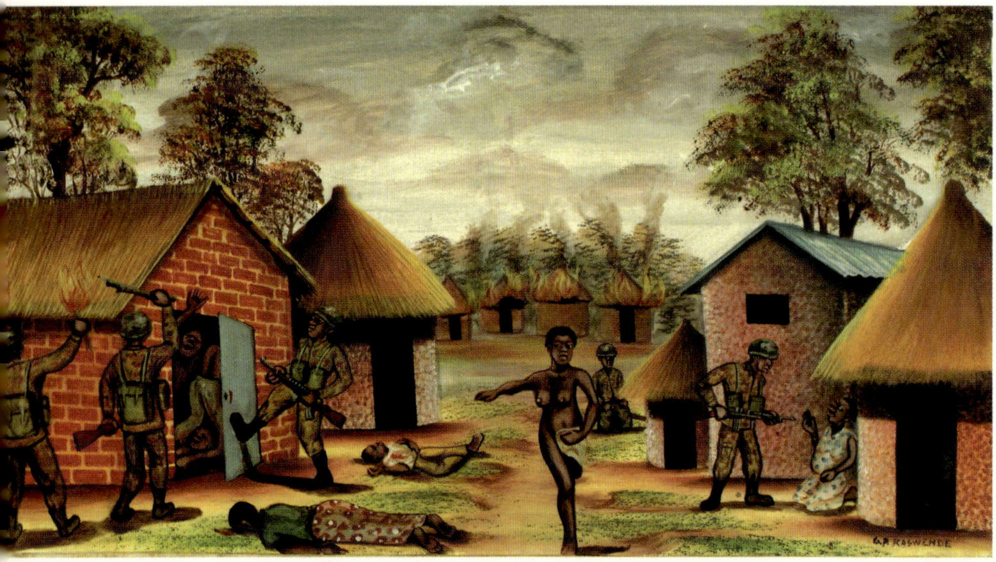

(89) Kaswende

Massaker von Dorfbewohnern

Lubumbashi 1999
Museum für Völkerkunde, Wien
Inv.Nr. 177.994
82,5 x 45 cm

Der Osten des Kongo und somit auch Katanga wurde von den Rebellen kontrolliert, und die Bevölkerung litt unter deren Greueltaten. Kaswende zeigt wie ein Dorf von den Rebellen niedergebrannt und seine Bewohner mißhandelt und getötet werden.

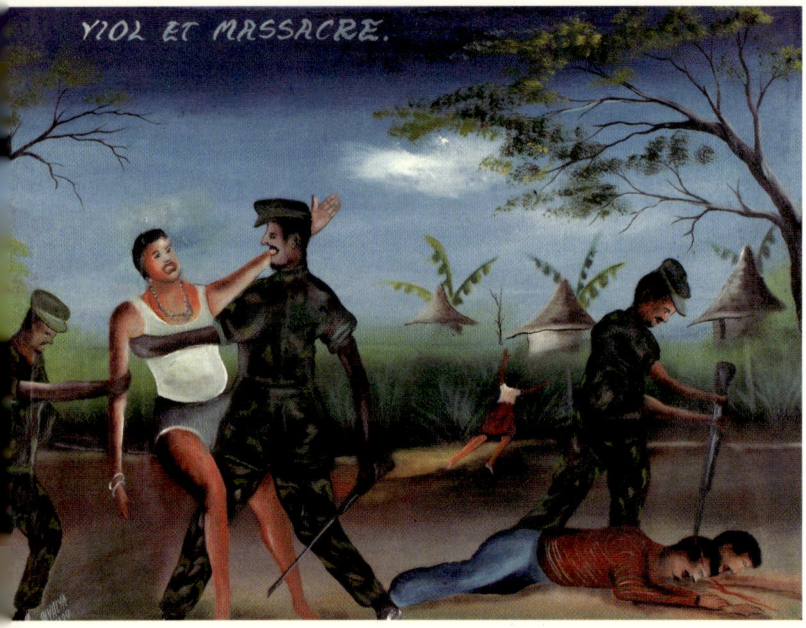

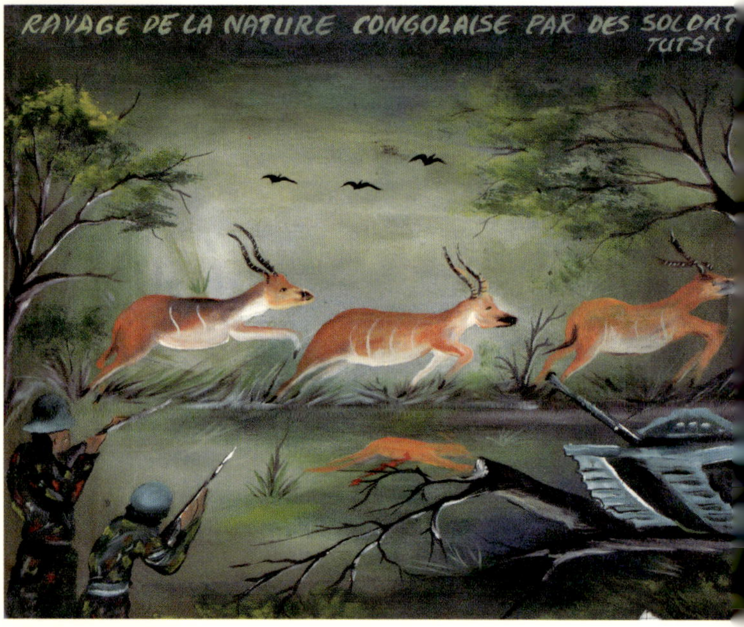

(90) Bwalya Dominique

„Viol et massacre"
(Vergewaltigung und Massaker)

Lubumbashi 1999
Museum für Völkerkunde, Wien
Inv.Nr. 178.000
62 x 46 cm

Bwalya stellt die Bevölkerung als Opfer der Aufstände dar, die Vergewaltigungen und sinnlosem Morden ausgesetzt war.

(91) Bwalya Dominique

Zerstörung kongolesischer Natur
durch Tutsi-Soldaten

Lubumbashi 1999
Museum für Völkerkunde, Wien
Inv.Nr. 177.998
50 x 39 cm

Die sogenannten Tutsi-Rebellen wurden neben den Greueltaten an der Bevölkerung auch für die Zerstörung der Natur und die Ausrottung von seltenen Tierarten verantwortlich gemacht.

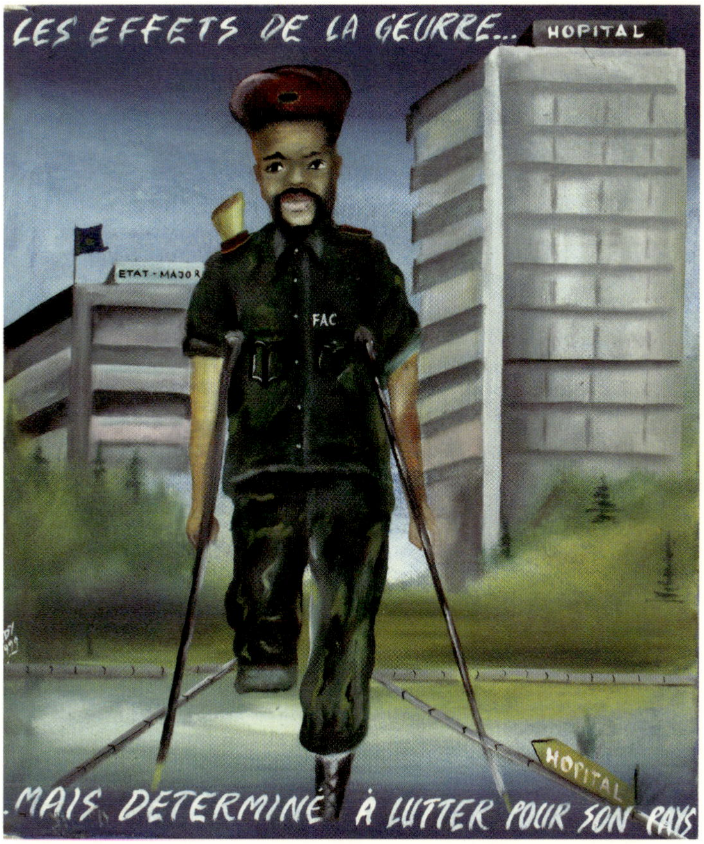

(92) Bady

„Les effets de la guerre"
(Folgen des Krieges)

Lubumbashi 1999
Museum für Völkerkunde, Wien
Inv.Nr. 178.043
49 x 42,5 cm

... aber bereit für sein Land zu kämpfen

Die bewaffneten Konflikte im Lande brachten viele Opfer. Ein Soldat der Armee Kabilas wird hier als Märtyrer dargestellt. Diese Darstellungsweise von Kriegsopfern ist neu für den Kongo und erinnert an europäische Bilder nach dem 2. Weltkrieg.

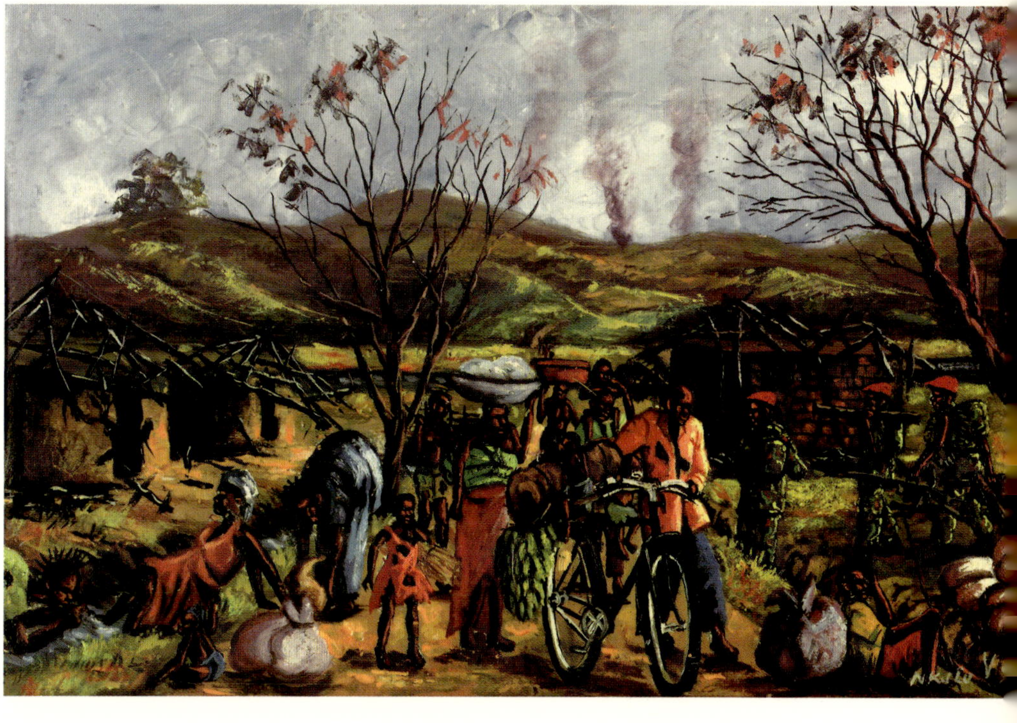

(93) Vincent Nkulu

Rast der Flüchtlinge in einem Dorf

Lubumbashi 1999
Museum für Völkerkunde, Wien
Inv.Nr. 178.050
45 x 29 cm

Durch die bewaffneten Konflikte im Norden Katangas mußten viele Menschen ihre zerstörten Dörfer verlassen und flohen in den Süden.

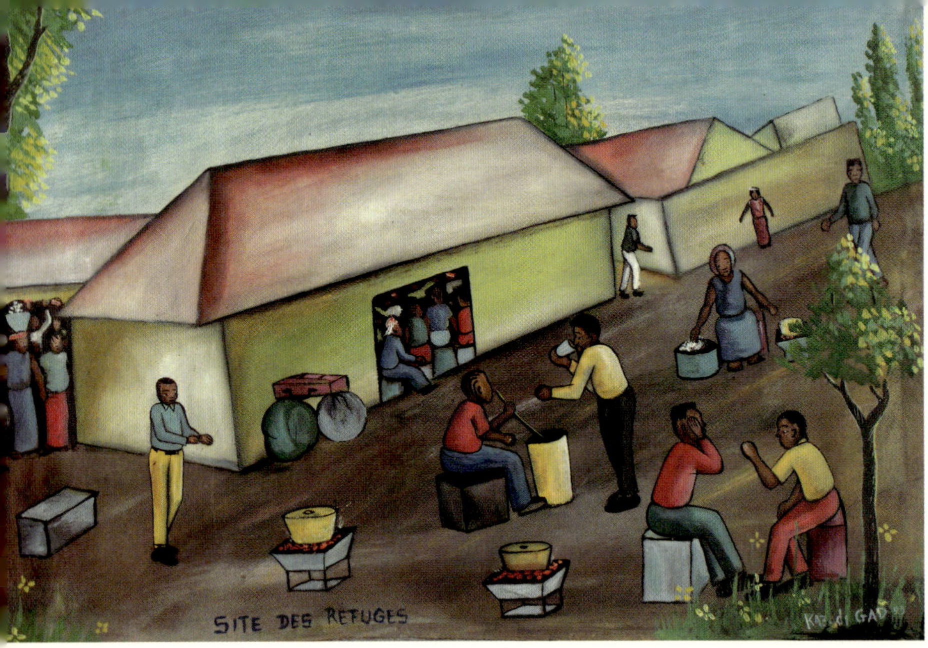

(94) Kazadi Gad

„Site des Refugées" (Flüchtlingscamp)

Lubumbashi 1999
Museum für Völkerkunde, Wien
Inv.Nr. 177.982
72 x 50,5 cm

In Lubumbashi wurden öffentliche Gebäude zu Flüchtlingslagern umfunktioniert. Die Anwesenheit der vielen Flüchtlinge prägte das öffentliche Leben.

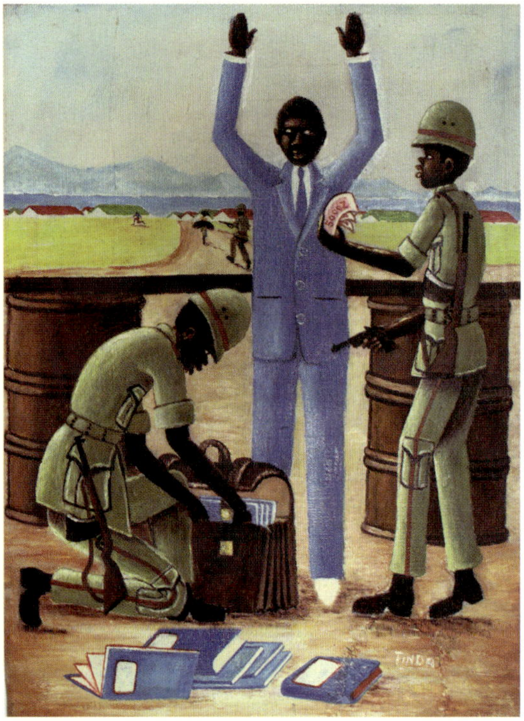

(95) Tinda Lwimba

Bestechliche Soldaten

Lubumbashi
Sammlung Jewsiewicki
51,5 x 38 cm

Gegen Ende des Mobutu-Regimes bekamen Mitglieder der Armee und der Polizei kaum mehr etwas bezahlt. Mit dem Vorwand Identitätskontrollen durchzuführen, errichteten sie vielerorts Straßensperren und kassierten Strafgelder von der Bevölkerung. Während der Durchsuchung der Betroffenen entwendeten sie diesen häufig sämtliche Wertgegenstände. Soldaten und Polizisten wurden in dieser Zeit mit Banditen gleichgesetzt, und die Bevölkerung fürchtete sich vor ihnen mehr als vor den wirklichen Kriminellen.

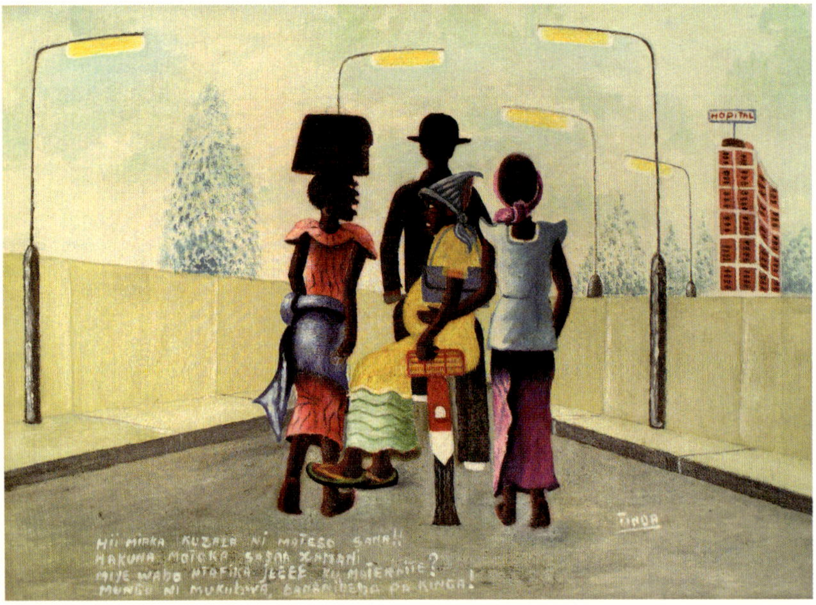

(96) Tinda Lwimba

Auf dem Rad zum Krankenhaus

Lubumbashi
Sammlung Jewsiewicki
58 x 41,5 cm

In diesen Jahren zu gebären, das ist zuviel des Leids!
Es gibt keine Autos wie früher.
Ich Arme! Wie soll ich zur Entbindungsstation kommen?
Gott ist groß, man bringt mich mit dem Fahrrad!

Die allgemeine Armut in den neunziger Jahren erlaubte es den Leuten nicht einmal mehr, sich ein Fahrzeug für den Krankentransport zu leisten. Tinda zeigt hier wie eine schwangere Frau auf einem Fahrrad ins Krankenhaus gebracht wird, während ihre Angehörigen das Gepäck mitschleppen.

(97) Tinda Lwimba
Kein Geld für einen Sarg

Lubumbashi
Sammlung Jewsiewicki
62,5 x 43,5 cm

Begräbnisse gehören im urbanen Bereich zu den wichtigsten gesellschaftlichen Ereignissen. In der momentanen Krisenzeit sind die Angehörigen manchmal nicht mehr in der Lage, einen richtigen Sarg zu finanzieren. Die Tatsache, einem Familienmitglied nicht mehr ein anständiges Begräbnis zu ermöglichen, wird als Zeichen extremster Armut gewertet. Tinda zeigt, wie die Familie ihren verstorbenen Angehörigen in eine Matte gerollt zu Grabe trägt.

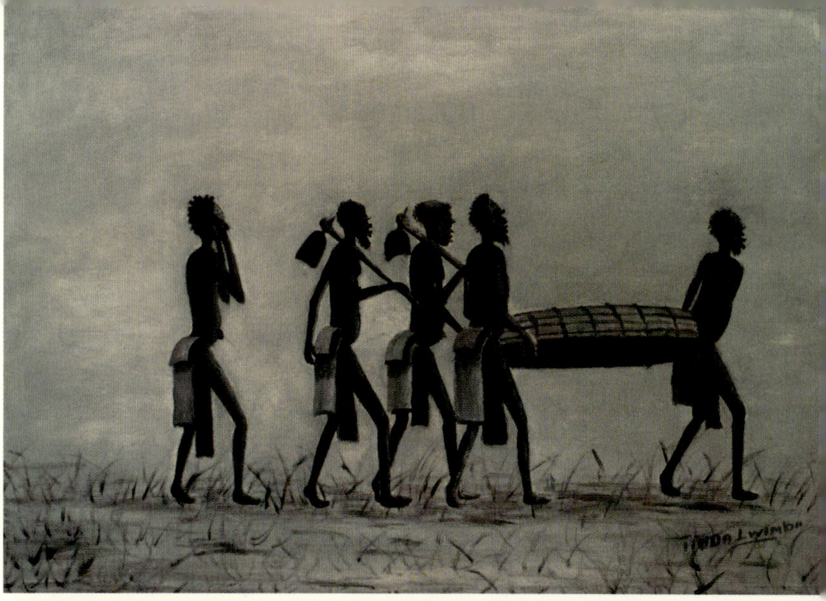

(98) Tinda Lwimba
Kein Geld für einen anständigen Transport der Verstorbenen

Lubumbashi
Sammlung Jewsiewicki
51 x 39 cm

Normalerweise war es in der Stadt üblich, zum Transport des Sarges einen Leichenwagen zu mieten. Die Kosten dafür übersteigen inzwischen die finanziellen Möglichkeiten vieler, die sich darauf beschränken müssen, den Sarg auf einem bescheidenen Karren zu transportieren.

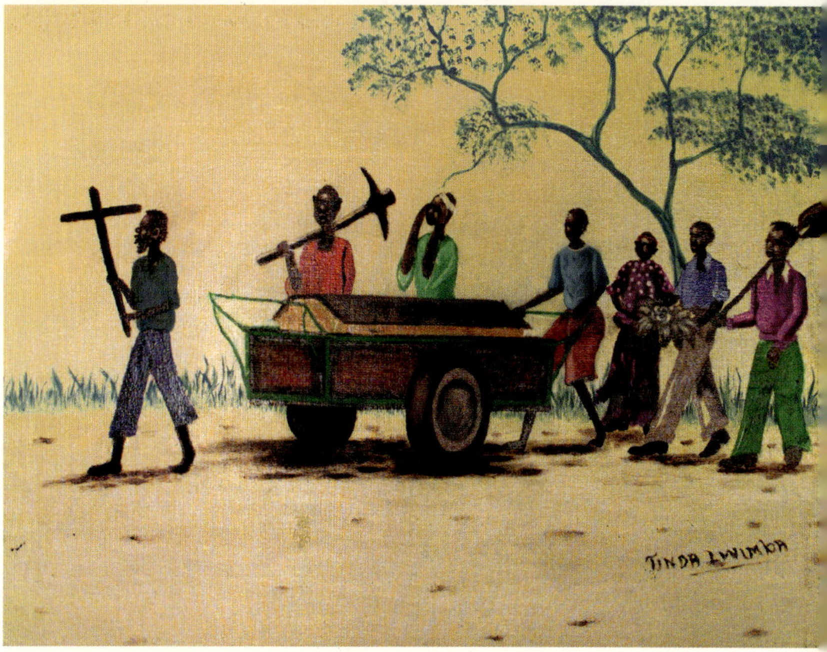

(99) L'incomparable Banza Nkulu
„Zaïre Somalie" (Hungersnot)

Lubumbashi 1993
Sammlung Jewsiewicki
58 x 44,5 cm

Nach den Plünderungen in Lubumbashi und der Vertreibung der Kasai, eskalierte die wirtschaftliche Lage derart, daß die Stadtbewohner minderwertigen Mais, der eigentlich zur Verfütterung an Tiere gedacht war, essen mußten. Diese Periode wird Somalia genannt, bezugnehmend auf die dort herrschenden Hungersnöte. Viele Kinder verließen in dieser Zeit ihr Elternhaus und versuchten auf der Straße zu überleben.

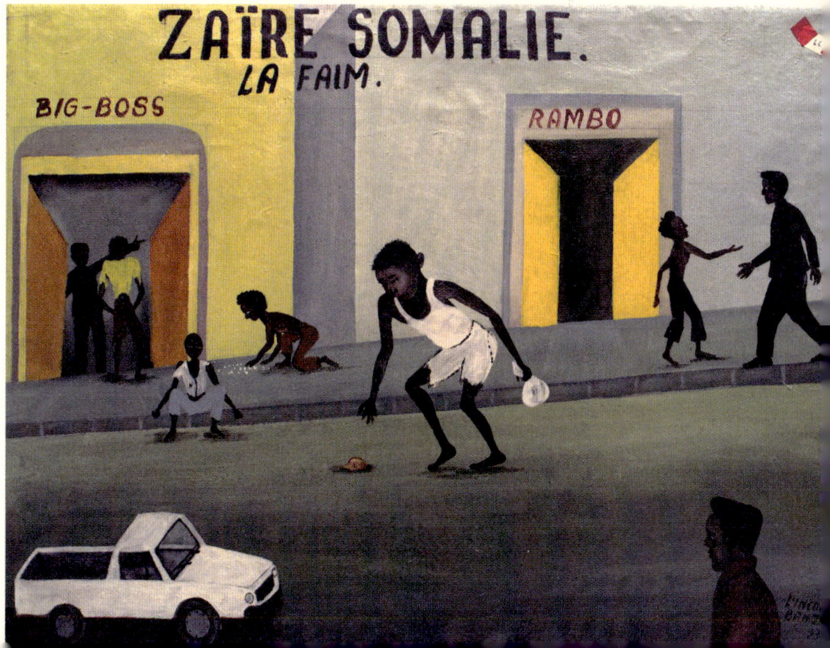

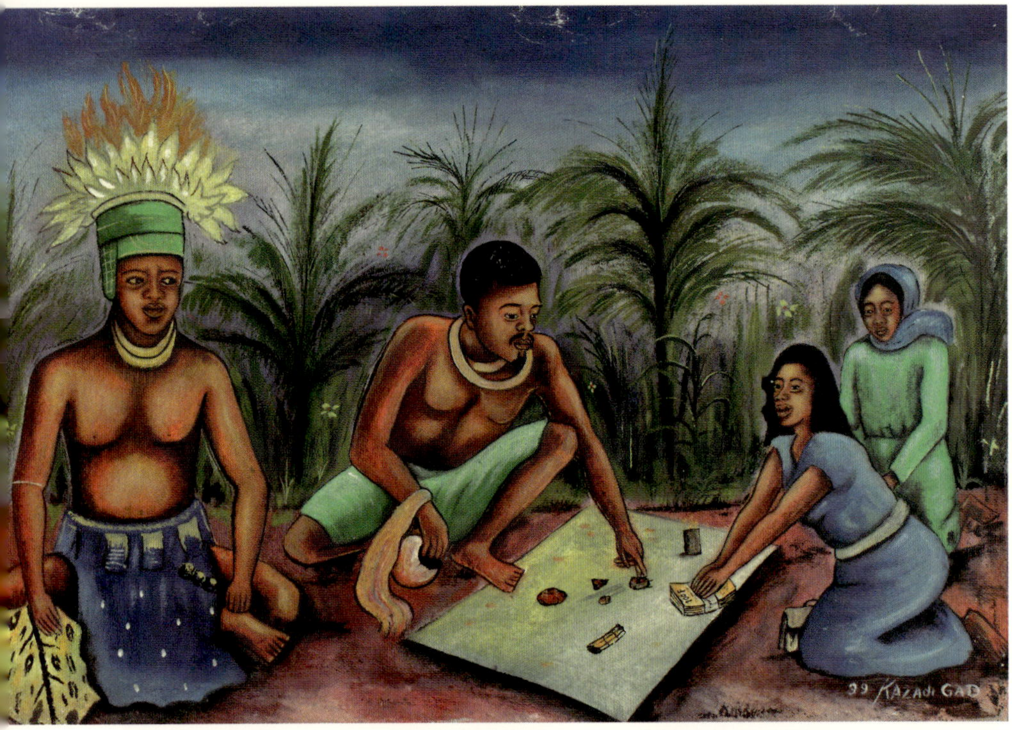

(100) **Kazadi Gad**

Wahrsager

Lubumbashi 1999
Museum für Völkerkunde, Wien
Inv.Nr. 177.976
78 x 53 cm

Kazadi spricht hier an, wie die Bevölkerung in dieser schwierigen Zeit Zuflucht zu Weissagern sucht. Das dicke Bündel Geld, das eine Frau dem Wahrsager überreicht, reflektiert die Bedeutung des Geldes in dem Beratungsverhältnis.

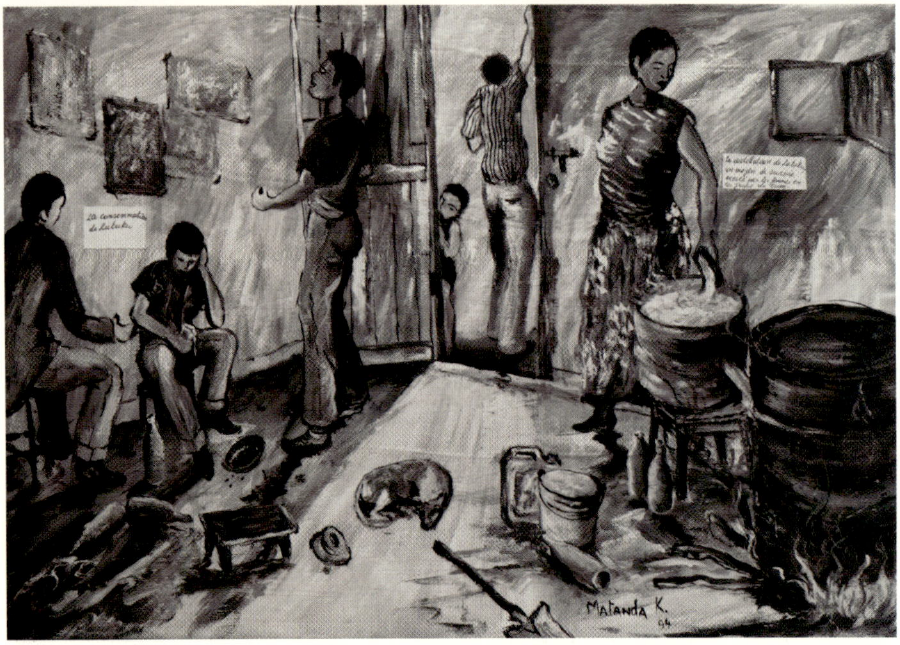

(101) **Matanda wa Matanda**

Herstellung und Konsum von Lutuku

Lubumbashi 1994
Sammlung Jewsiewicki
59,5 x 40 cm

Trinken in Gesellschaft hat für die Männer im städtischen Bereich eine große Bedeutung. Obwohl Bier eigentlich das beliebteste Getränk ist, wurde es in den neunziger Jahren für viele zu teuer, weshalb zunehmend selbst erzeugter Alkohol getrunken wird. „Lutuku", ein selbst gebrauter Schnaps aus fermentiertem Maniok, ist unter diesen Alkoholika am weitesten verbreitet und wegen der unreinen Destillierung äußerst gesundheitsschädlich.

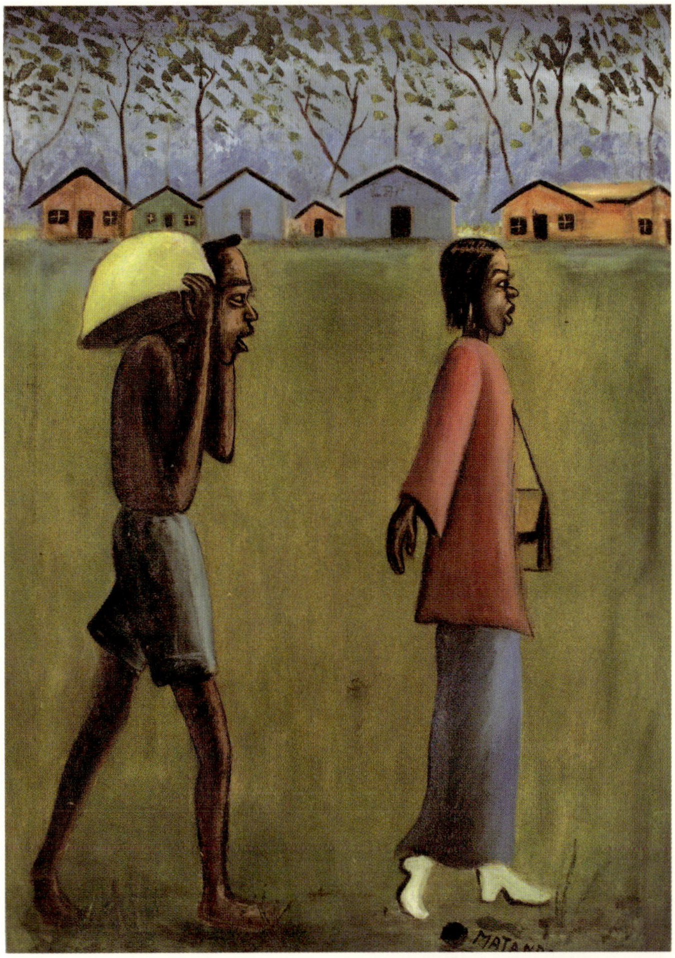

(102) **Matanda wa Matanda**

Umkehrung der Geschlechterrollen

Lubumbashi
Sammlung Jewsiewicki
62,5 x 44,5 cm

Die Rollen der Geschlechter und deren Position in der Familie veränderte sich unter den schwierigen Bedingungen der neunziger Jahre drastisch. Viele Männer verloren ihre Stelle und wurden von ihren Frauen abhängig, die hauptsächlich im informellen Sektor tätig sind.

(103) **Kyungu wa Kennedy**

Überfüllter Bus

Lubumbashi 1999
Museum für Völkerkunde, Wien
Inv.Nr. 177.954
71,5 x 54 cm

In Lubumbashi ist der Benzinmangel noch akuter als in Kinshasa, weil das Benzin aus Sambia importiert werden muß, und die Preise im Augenblick sehr hoch sind. Aus diesem Grund gibt es nur wenig verfügbare Busse für den Personenverkehr in der Stadt.

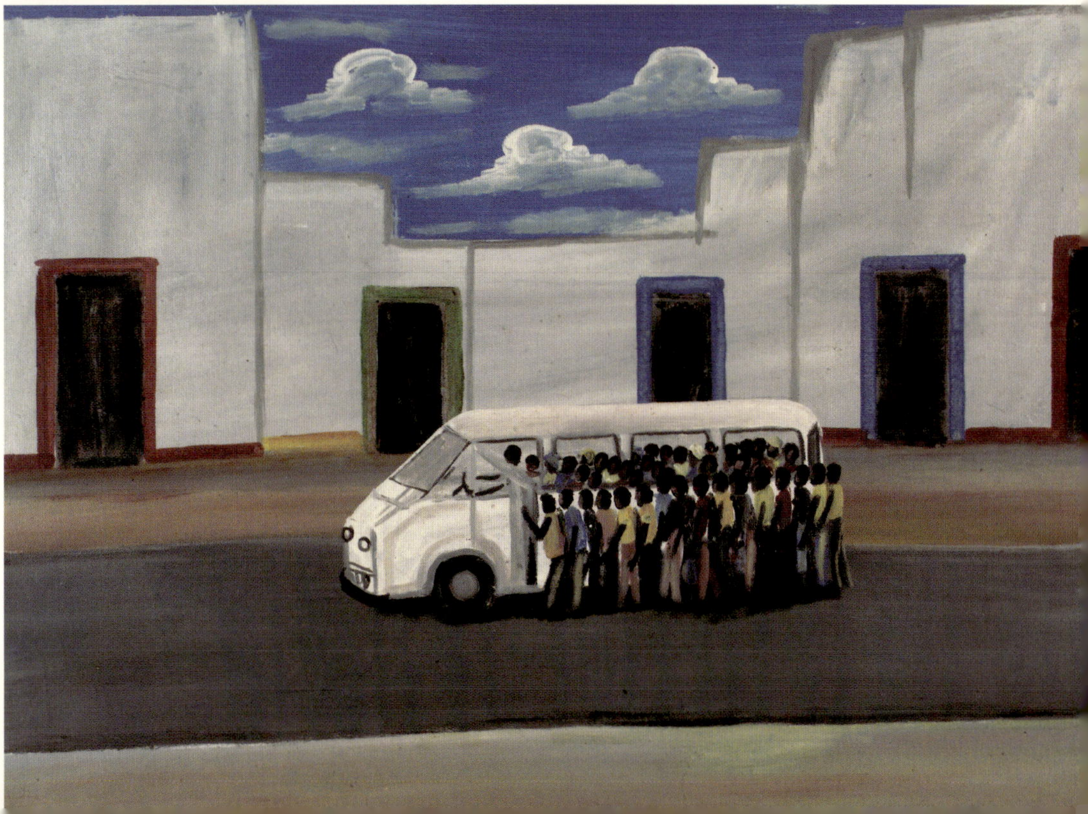

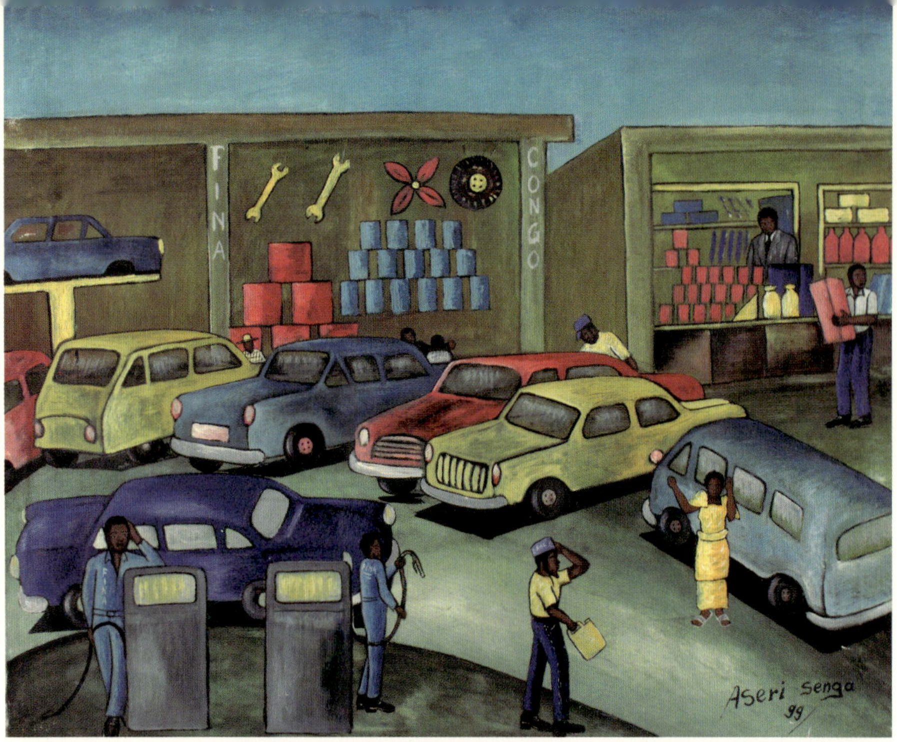

(104) **Aseri Senga**

„Crise de Carburant" (Benzinmangel)

Lubumbashi 1999
Museum für Völkerkunde, Wien
Inv.Nr. 177.961
70 x 58 cm

Oft warten Autofahrer tagelang an den Tankstellen, um Benzin zum offiziellen Tarif kaufen zu können. Auf dem Schwarzmarkt hingegen ist der Treibstoff immer verfügbar, nur ist der dreifache Preis dafür zu bezahlen.

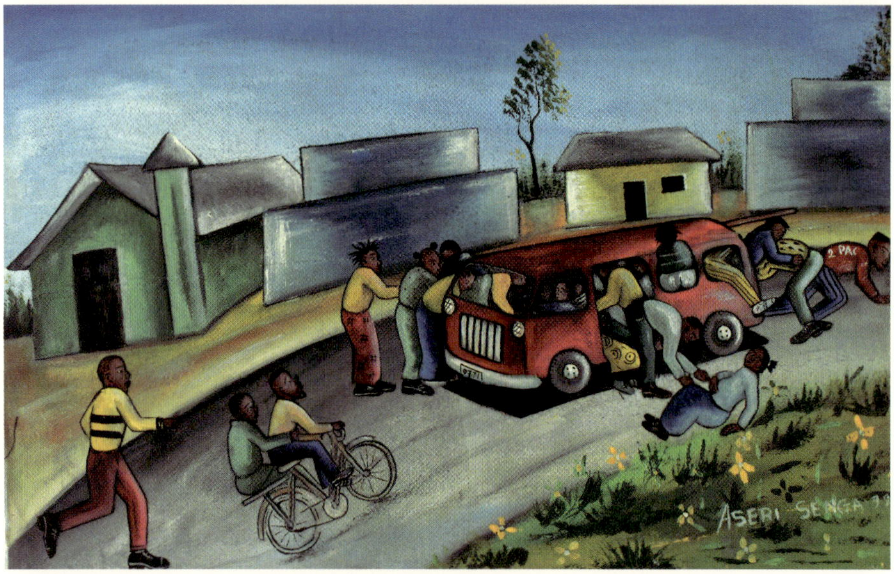

(105) **Aseri Senga**

Kampf um den Bus

Lubumbashi 1999
Museum für Völkerkunde, Wien
Inv.Nr. 177.963
76 x 48,5 cm

Der Mangel an Verkehrsmitteln führt dazu, daß die Bevölkerung kilometerweite Distanzen zu Fuß zurücklegen muß, oder jede verfügbare Fortbewegungsart nützt, wie zu mehreren auf einem Fahrrad zu fahren. Fahrräder sind so teuer, daß nur Wohlhabende sich eines leisten können.

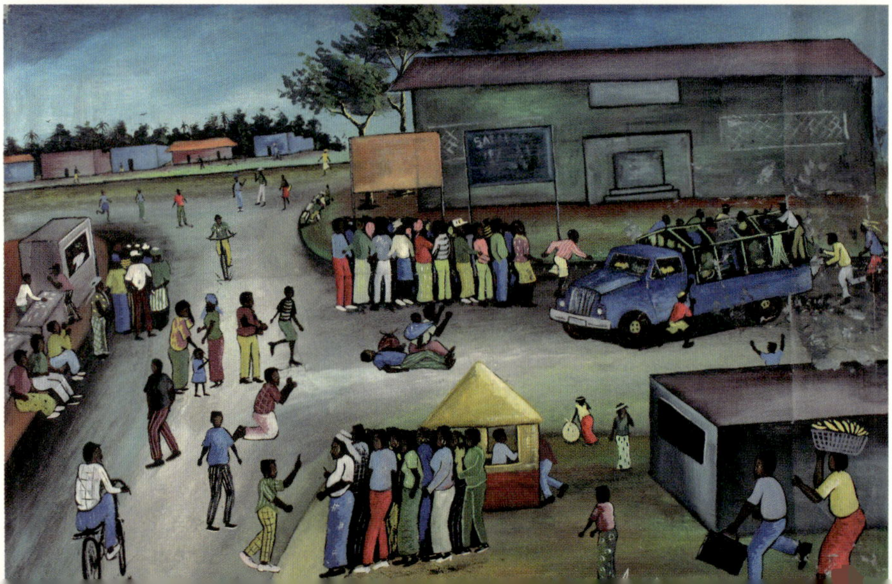

(106) **Aseri Senga**

Kein Transport

Lubumbashi 1999
Museum für Völkerkunde, Wien
Inv.Nr. 177.962
72,5 x 50 cm

Zu den alltägliche Szenen von heute gehören in Lubumbashi die Trauben von Menschen, die stundenlang auf ein Beförderungsmittel warten, und der Kampf um die Sitzplätze, der häufig in regelrechte Raufereien ausartet.

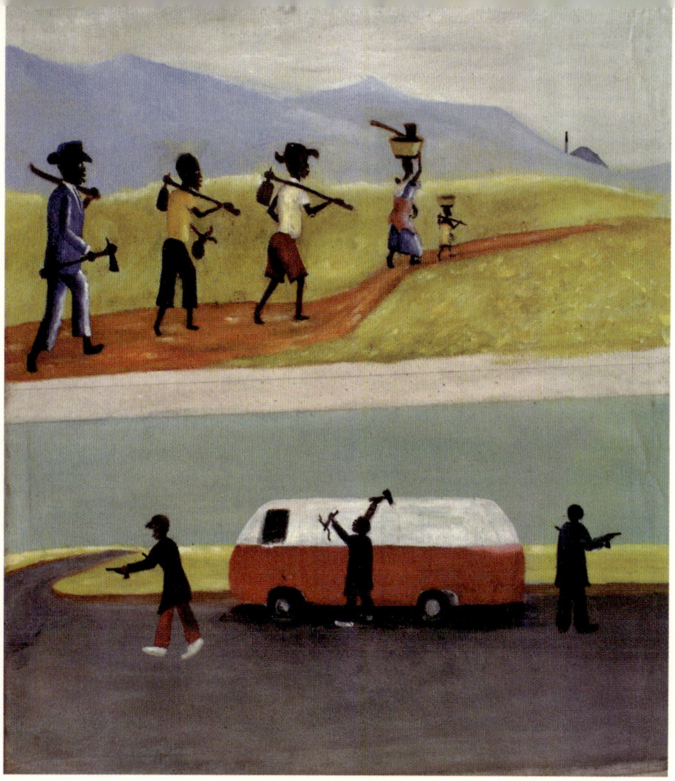

(108) Tinda Lwimba

Wirtschaftskrise

Lubumbashi 1999
Museum für Völkerkunde, Wien
Inv.Nr. 177.985
80 x 69 cm

Durch die Wirtschaftskrise sind viele frühere Industriearbeiter gezwungen, weit außerhalb der Stadt auf den Feldern zu arbeiten, um für ihren Unterhalt zu sorgen. Andere wiederum rutschen in die Kriminalität ab und nehmen an Überfällen und Diebstählen teil.

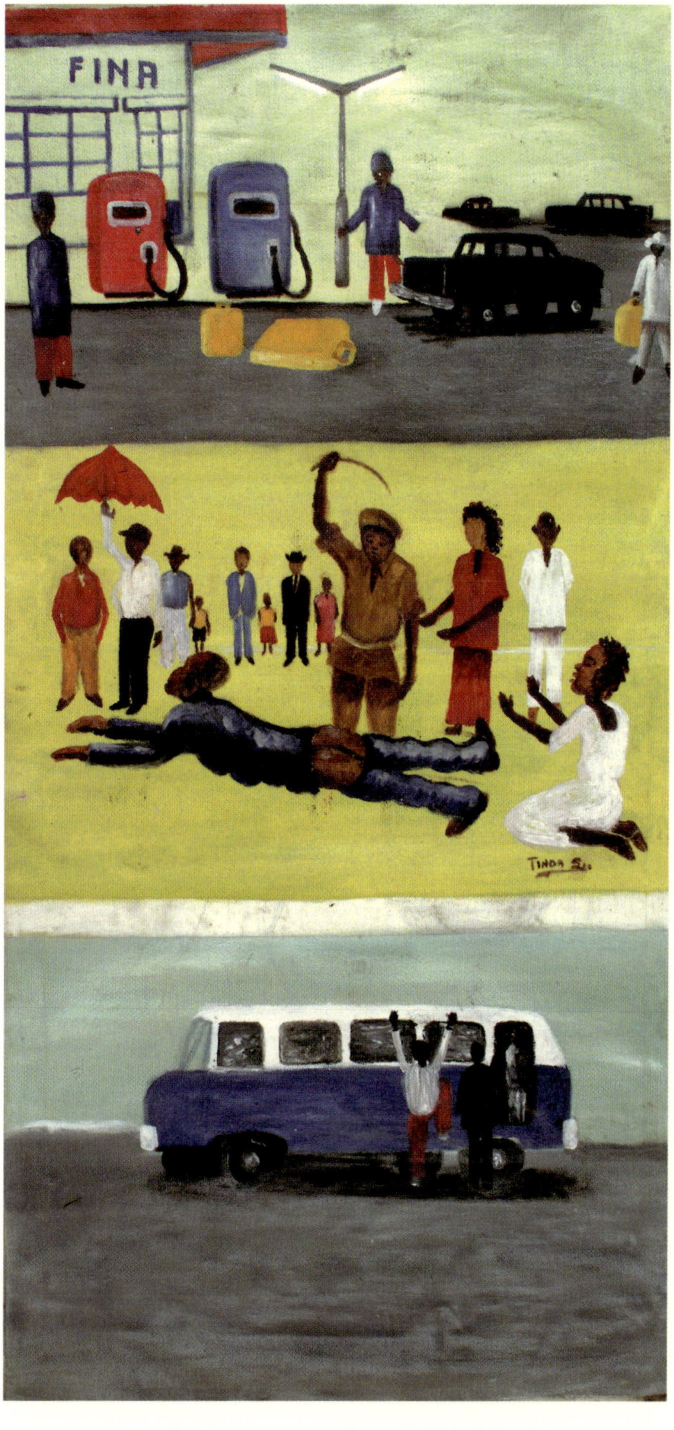

(107) Tinda Lwimba

Zwei aktuelle Probleme

Lubumbashi 1999
Museum für Völkerkunde, Wien
Inv.Nr. 177.986
112,5 x 55 cm

Tinda schildert zwei zentrale Probleme, mit denen die Bewohner Lubumbashis im Augenblick konfrontiert sind: zuerst den Benzinmangel, dann die Wiedereinführung der Auspeitschung für kleine Vergehen durch Kabilas Soldaten, wie in diesem Fall der Überladung eines Kleinbusses durch den Chauffeur. Zu Beginn begrüßte die Bevölkerung solche Maßnahmen als Mittel zur Wiederherstellung der Ordnung, inzwischen leidet sie darunter.

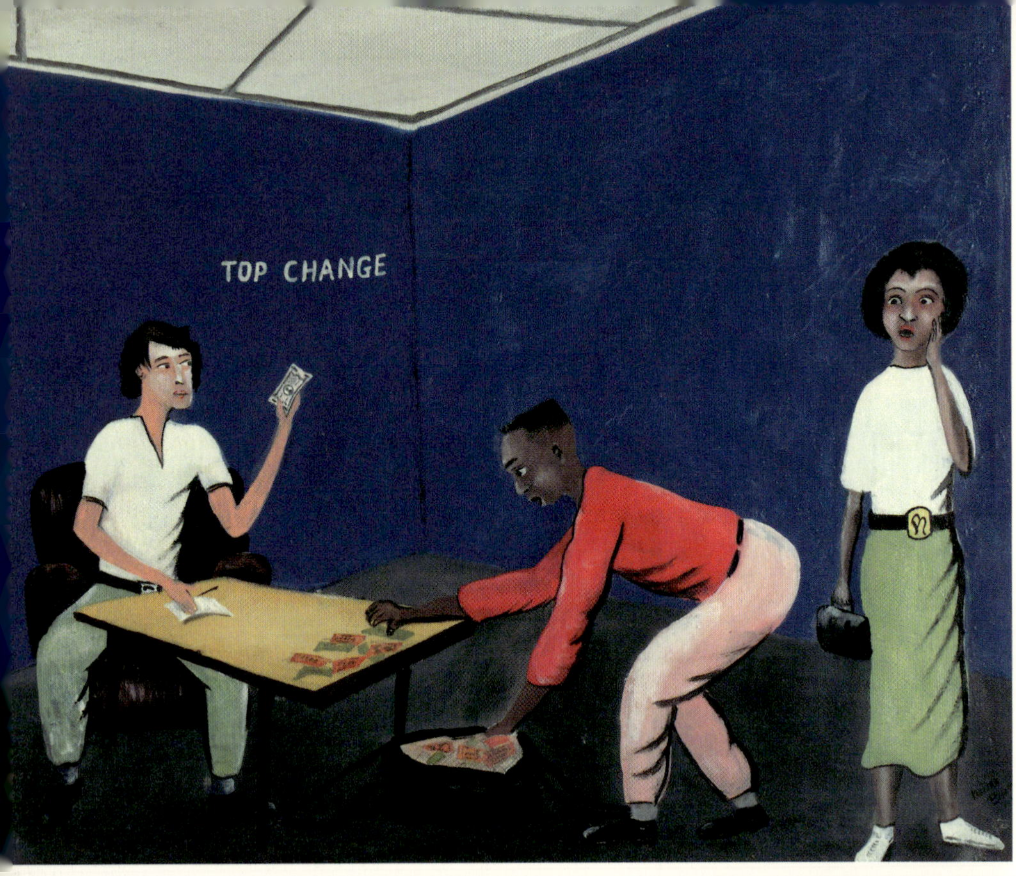

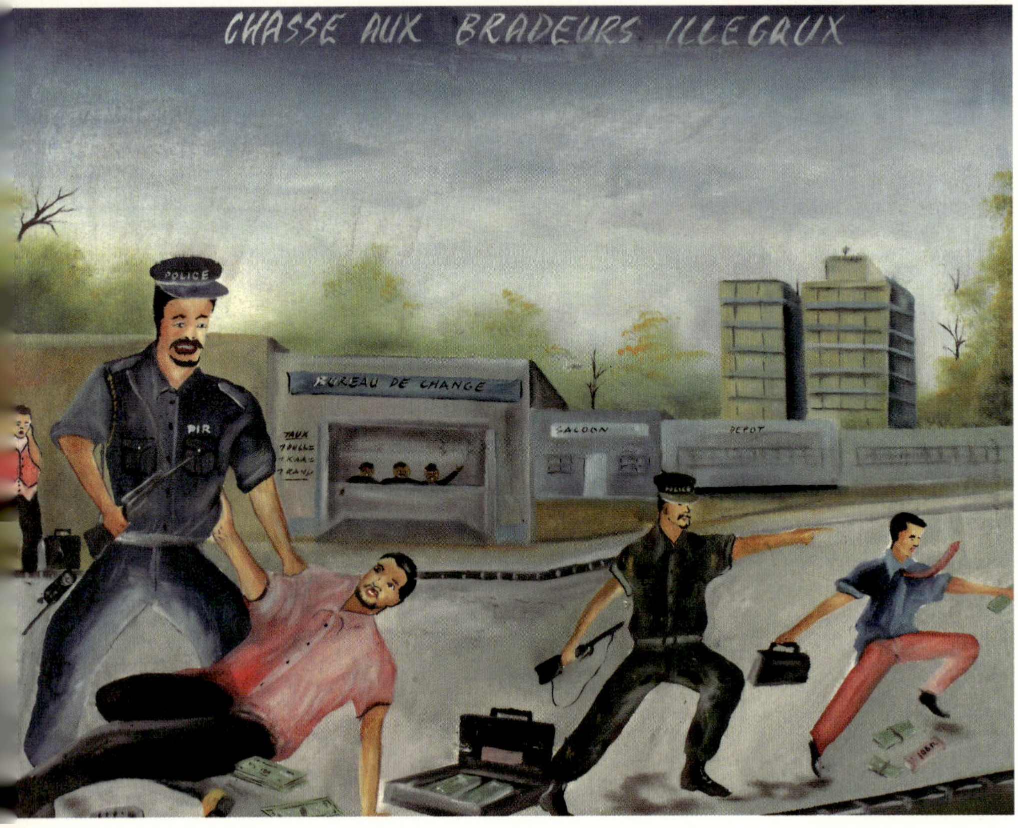

(109) **Burozi**

„Top Change“

Lubumbashi
Sammlung Jewsiewicki
50 x 41 cm

Wegen der hohen Inflationsrate löste der Dollar in den neunziger Jahren auch in alltäglichen Transaktionen die lokale Währung ab. Zu Beginn des Kabila-Regimes wurde eine Stabilisierung der Währung versucht, und die Inflation nahezu eingebremst. Aber mit den Konflikten im Land stieg die Inflation wieder an, wofür auch die Geldwechselbüros verantwortlich gemacht wurden. Durch den inzwischen erfolgten Zusammenbruch des Bankensystems in Lubumbashi erreichte das größte private Geldwechselbüro „Top Change“ einen nahezu offiziellen Status.

(110) **Bady**

„Chasse aux bradeurs illegaux”
(Illegaler Geldwechsel)

Lubumbashi 1999
Museum für Völkerkunde, Wien
Inv.Nr. 178.044
64,5 x 51,5 cm

Neben den Wechselbüros widmeten sich auch viele Straßenhändler dem illegalen Geldwechsel und wurden in regelmäßigen Abständen immer wieder von Polizeirazzias zerschlagen.

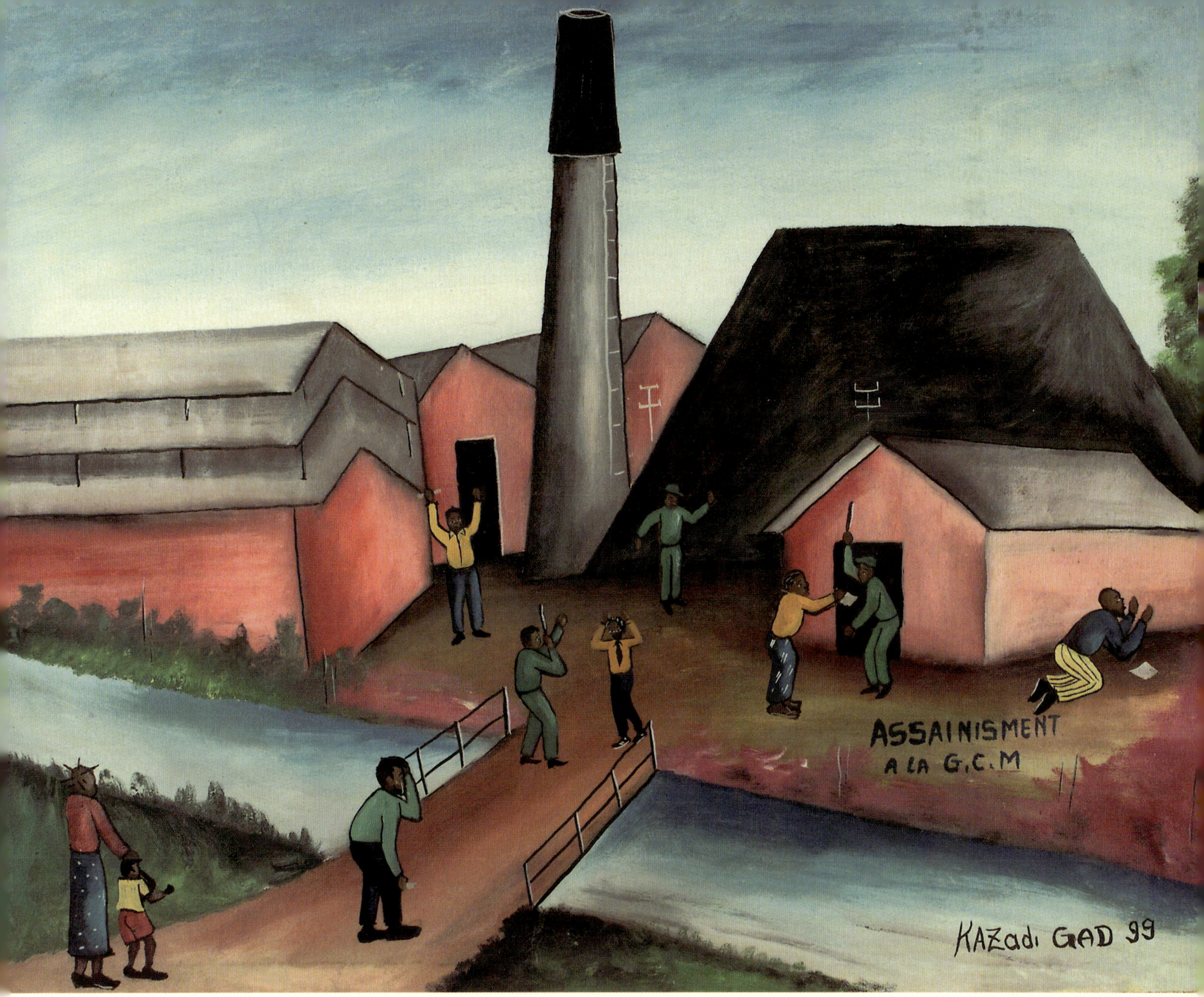

(111) **Kazadi Gad**
„Assainisment a la G.C.M."
(Einsparungen bei den Kupferminen)

Lubumbashi 1999
Museum für Völkerkunde, Wien
Inv.Nr. 177.973
68,5 x 53 cm

Da die Arbeit in den Kupferwerken nahezu lahmgelegt wurde, verloren Tausende von Angestellten ihren Arbeitsplatz. Auch hier verweist der nichtrauchende Kamin darauf, daß das Werk praktisch nicht mehr in Betrieb ist. Geht man davon aus, daß ein durchschnittlicher Arbeitnehmer für den Unterhalt von ca. 10 Personen aufkommt, wird klar, welche dramatischen Konsequenzen die Entlassungen für die ganze Stadt hatten.

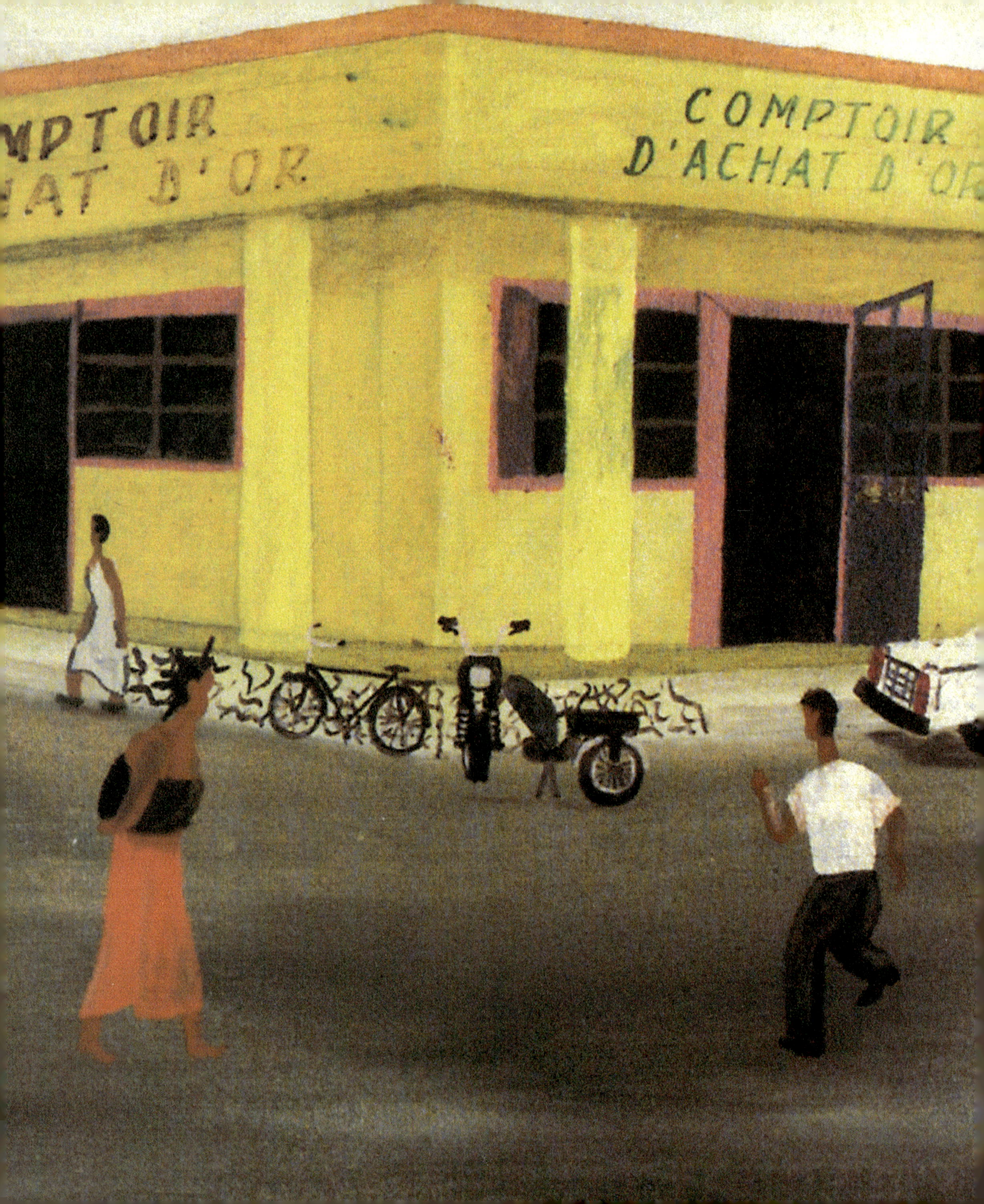
COMPTOIR
D'ACHAT D'OR

BUNIA – NYAMA

BOGUMIL JEWSIEWICKI

*Mitarbeit: Jean-Pierre Nzunguba Ibio **

Um 1900 zählte diese im Nordosten des Kongo, nahe der Grenze zu Uganda und dem Sudan gelegene Handelsstadt etwa 100.000 Einwohner, heute sind es einschließlich der Flüchtlinge vielleicht 2.000. Zu Beginn der belgischen Kolonialherrschaft Anfang des 20. Jahrhunderts war Bunia ein großes Dorf mit einem Markt, wo ein reges Treiben herrschte. 1912 gründeten die Weißen Väter dort eine katholische Missionsstation, vor allem aber begann damals die Ausbeutung der Goldminen von Kilo-Moto, wodurch das Dorf an Bedeutung gewann. Die Region Ituri mit dem Hauptort Bunia wurde zum Zentrum des Bergbaus sowie der Land- und Viehwirtschaft, die mit ihren Produkten die Arbeiter in den Minen versorgte. In den zwanziger Jahren wurde dann ein Straßennetz errichtet; die harte Arbeit, die die lokale Bevölkerung dabei zu leisten hatte, grub sich tief in ihrer Erinnerung ein.

Durch die besondere Lage der Stadt an der ökologischen Grenze zwischen Tropenwald und Savanne, war nicht nur Landwirtschaft und Viehzucht möglich, sondern auch die Großwildjagd begünstigt. Diese unterschiedlichen Wirtschaftsformen unterstützten die sozialen Vorstellungen der Ungleichheit. So fühlen sich die Alur und Hema als Viehzüchter sowohl den Ackerbauern – den Lugbara, Lendu und Bira – als auch den Jägern – den Pygmäen – überlegen. Die Wirklichkeit ist aber noch viel komplexer.

Der Nähe zu den Goldminen und ihrer Lage an einem Straßennetz, das den Abtransport der hier erzeugten landwirtschaftlichen Produkte erlaubte, verdankt die Stadt nicht nur ihr Wachstum, sondern auch die Anfälligkeit ihrer Wirtschaft. Die Geschäfte befinden sich seit jeher in der Hand der Europäer und der Indo-Pakistaner. Bunia übernahm die Versorgung der Minen und wurde zu einem Vergnügungszentrum für die dort arbeitenden Bergleute. Die kollektive Erinnerung der Stadt konzentriert sich auf drei symbolische Momente der Macht und der Stadtkultur: auf die Mission oder Kirche, auf die Geschäfte und die Verwaltungsgebäude. Rund um diese prägenden Einrichtungen entstand eine neue soziale Ungleichheit, die jene bevorzugte, die lesen konnten, die im Handel oder der Verwaltung beschäftigt waren und jene, die Geld verdienten, über das sie selbst verfügen konnten. Damit kam es zu einer Kluft zwischen den „Gebildeten“ in der Stadt und den „Wilden“ im Dorf.

In den vierziger Jahren stieg der wirtschaftliche Wohlstand, lag die Stadt doch auf dem Weg der nach Äthiopien vorstoßenden Truppen der Alliierten. Noch heute erinnert sich die Bevölkerung an das erste Flugzeug, das dieses Gebiet überflog. Die Ankunft neuer Geschäftsleute, vor allem griechischer Juden aus Rhodos, die vor der Besatzung durch die Nazis flohen, förderte die weitere Expansion. Die Stadt übernahm auch neue Aufgaben im Hinblick auf die Regionalverwaltung. Schon damals entwickelte sich eine urbane Kultur, die die ländliche Lebensform verdrängte, obwohl die Bevölkerung vor allem aus der Umgebung kam. Schon zu Beginn dieses Handelszentrums war die im übrigen Kongo eine kleine Minderheit darstellende moslemische Bevölkerung hier im Verhältnis zahlreich vertreten, da die Nachfahren der arabisch-suahelischen Händler Ende des 19. Jahrhunderts in der gesamten Region den Kern der ersten Siedlungen gebildet hatten.

Bunia ist jene Stadt, die dem Albert Nationalpark (Virunga-Park) am nächsten liegt, und hätte wohl auch vom Tourismus profitiert, wäre dieser nicht zunächst durch die Rebellion von 1964 gestoppt worden und nach einer Phase der Erholung in den siebziger Jahren durch die Wirtschaftspolitik des Mobutu-Regimes völlig zum Erliegen gekommen. Dennoch ist der weiße Tourist mit seinem sozial inakzeptablen Verhalten der Bevölkerung noch heute im Gedächtnis (vgl. cat 126).

* Nzunguba Ibio erarbeitete die Grundlagen zur Geschichte Bunias.

Zwei Ansichten der Stadt Bunia.
Foto: Pierre Sugabo 2000

Mit der Unabhängigkeit des belgischen Kongo begann für diese Region eine Zeit der politischen und militärischen Unruhen. Zu Beginn der sechziger Jahre wurde die Stadt, bedingt durch ihre Nähe zu Uganda im Osten und zum Sudan im Norden, zu einem wichtigen militärischen und politischen Verbindungsort zwischen der sezessionistischen Regierung, die sich in Kisangani eingerichtet hatte, und ihren Verbündeten im Ausland. Aufgrund der nahegelegenen Goldminen von Kilo-Moto war der Ort auch strategisch von besonderer Bedeutung. So kam es zu Kämpfen um die Stadt, und die Region zwischen den aufständischen Truppen unter Lumumba und jenen der Zentralregierung, die durch Söldner verstärkt wurden. Der Aufstand war ein einschneidendes Erlebnis für die Stadt und einige der spektakulärsten Ereignisse leben noch heute in der Erinnerung der Menschen fort. Es war dies auch eine Zeit des Rückzugs der städtischen Bevölkerung; die Menschen flohen in die Dörfer, manchmal sogar in die Wälder, um sich vor den Übergriffen der Truppen zu schützen. Diese Entvölkerung der Stadt gilt in der Erinnerung als ein vorübergehender Triumph des Dorfes und der Tradition des Klans über die Stadt und deren Individualismus. Nach einer Phase der bestenfalls als relativ zu bezeichnenden politischen und militärischen Stabilität (das Gebiet verfügt über eine lange Grenze mit dem Sudan), sind die achtziger Jahre von der Ankunft zahlreicher Flüchtlinge aus Uganda gekennzeichnet. Seit damals prägen immer wieder, abhängig vom Aufflammen äußerer und innerer politischer Krisen, Flüchtlingsströme das Leben vor Ort. Nach dem Staatsstreich von General Mobutu im Jahr 1965 wird die Stadt stärker als je zuvor in das nationale Verwaltungs-, Militär- und Handelssystem eingebunden. Unter dem neuen Regime kam es zu einer starken Rotation von staatlichen und militärischen Funktionären, was den Zuzug von Menschen förderte, die aus anderen Regionen stammten und überwiegend Lingala statt der lokalen Umgangssprache Suaheli sprachen. Bald stellten sie eine eigene Gruppe, die „tokatchini", jene Leute also, die vom Unterlauf (des Flusses) kamen und ein Gegengewicht zu den Einheimischen aus der Region bildeten. Die lokale Bevölkerung warf ihnen vor, nach Bunia zu kommen, um dort Fleisch zu essen und Milch zu trinken, während sie sich zu Hause lediglich von „Maniok" ernährt hätten. Die „tokatchini" als Hungerleider darzustellen, die nur der guten Nahrung wegen nach „Bunia Nyama" („Bunia das Fleisch") kamen, hieß ihnen vorzuwerfen, es nur auf den Reichtum der Stadt abgesehen zu haben. Dank der politischen Unterstützung, die sie genossen, und dank ihrer Beziehungen zur Armee galten sie bei den Eingeborenen von Bunia als innere Kolonisatoren, als „Weiße" mit schwarzer Hautfarbe. In den neunziger Jahren waren sie von Ausgrenzung betroffen und hatten unter Gewalttätigkeiten zu leiden. Die Gefolgsleute des neuen Regimes sicherten sich die industrielle Ausbeutung der Minen, die sich noch kaum von den Zerstörungen der sechziger Jahre erholt hatten. Handel und Verwaltungstätigkeiten gewannen so die Oberhand über die frühere wirtschaftliche Basis. Die bis 1960 relativ wichtige weiße Bevölkerung, die die kommerzielle Landwirtschaft, den Handel und die industrielle Ausbeutung der Goldminen kontrolliert hatte, ging stark zurück. Im Zuge der wirtschaftlichen Maßnahmen zur Enteignung der Ausländer (die „Zaïrisierung" von 1973) übernahmen die Einheimischen (Nande, Gegere und Alur) wieder den Handel. 1983 wurde der kleingewerbliche Abbau wertvoller Bodenschätze legalisiert, wodurch eine Phase der politischen Kontrolle nicht mehr der Produktion, sondern des Vertriebs des Goldes eingeleitet wurde. Schlagartig ist auch Bunia von diesen Veränderungen betroffen und das Leben in der Stadt wird geprägt von überall aus dem Boden schießenden informellen wirtschaftlichen Aktivitäten, aber auch von den religiösen und sozialen Auswirkungen. In der Folge fehlt es an allen Ecken und Enden der Stadt an Unterkünften für die Armen, während auf der anderen Seite immer neue Luxusvillen für die Neureichen er-

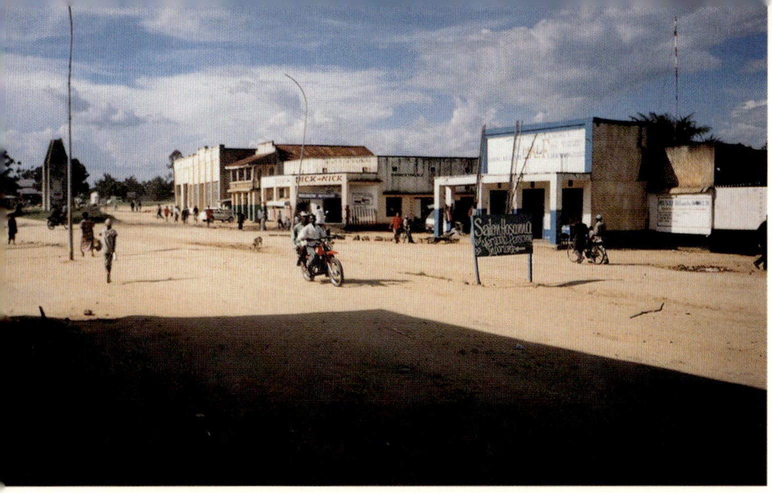

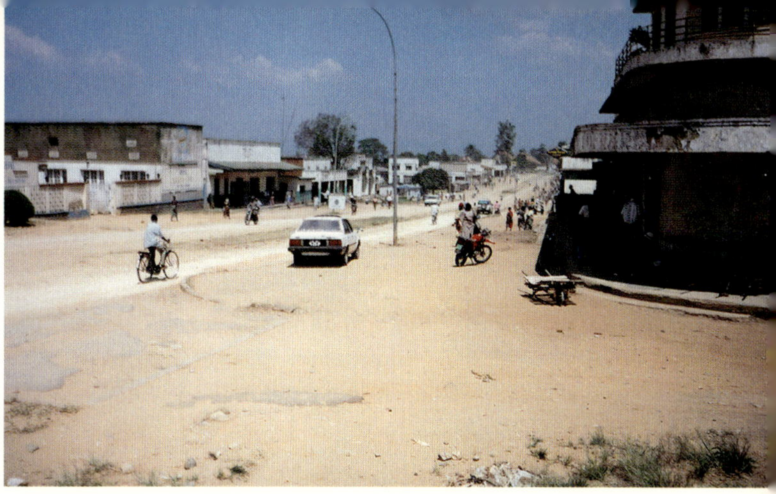

richtet werden. Die Bevölkerung der Region Ituri schnellt in diesen Jahren von eineinhalb Millionen auf zweieinhalb Millionen Einwohner empor.

Ein intensiver Geldumlauf förderte die Errichtung zahlreicher Bars, die von dem Geld der „Goldgräber" profitieren, die hierher kommen, um ihr Gold zu verkaufen. Auch wenn manche hier ein kleines Vermögen machen oder es gleich wieder verlieren, der Hauptumschlagplatz aber ist Kinshasa, dort werden die großen Gewinne gemacht. Der urbane Charakter Bunias entwickelt sich auf Kosten der Landwirtschaft immer stärker, die Jungen bevorzugen es in den Minen zu arbeiten und dem Goldhandel nachzugehen. Bunia, einst regionales Zentrum, wird zu einer nationalen Stadt zweitrangiger Bedeutung, die als Parasit von ihrem Umfeld lebt.

In den neunziger Jahren gewinnt die an der Staatsgrenze gelegene Stadt allmählich wieder Bedeutung als regionales Zentrum, das sie einst gewesen war. Bedingt durch die Nähe zum Sudan, zu Uganda und – über Nord-Kivu – zu Ruanda und Burundi, beherrscht die Stadt den wichtigen Grenzverkehr, und ist mit dem Durchzug von Rebellen und Regierungstruppen aller Couleurs konfrontiert. Unter Umgehung der staatlichen Vorschriften, Zölle und sogar internationaler Sanktionen werden hier lokale Produkte gegen importierte Waren (die vor allem über den Sudan ins Land kommen) und harte Devisen getauscht. Die ethnisch äußerst heterogene Bevölkerung der Region sieht sich gezwungen, sich verschiedenen Dissidentenbewegungen aus den Nachbarländern als lokale Basis anzubieten. Bewaffnete Gruppen aus den Nachbarländern werden immer wieder in lokale Konflikte hineingezogen, deren blutigster und international bekanntester wohl jener zwischen den Hima und den Lendu ist.[1] Flüchtlingsströme aus den ländlichen Gebieten ergießen sich in die Stadt, aber der Hunger veranlaßt sie, in ihre zerstörten Dörfer zurückzukehren, bevor der nächste Bruderzwist die Überlebenden in die Stadt zurücktreibt. Seit Ende der neunziger Jahre ist Bunia Stützpunkt von Befehlshabern bewaffneter Banden, die von hier aus den Befehl zur Plünderung ganzer Landstriche geben und von wo aus vor allem die kleingewerbliche Ausbeutung von Gold und Diamanten der Region von Mambassa gesteuert wird, deren Vorkommen so gering ist, daß eine Förderung in guten Zeiten keinen Sinn machen würde. Ende 1999 wird Bunia zur „Hauptstadt" der pro-ugandischen Fraktion der Rebellion gegen die Regierung Kabilas.

Vier Phasen, die die Erinnerung einer ganzen Epoche gliedern, prägen die Geschichte Bunias im 20. Jahrhundert: die Kolonisierung, die sechziger Jahre, die die Unabhängigkeit des Landes brachten, in denen die Stadt zunächst durch die belgische Armee und später durch die UNO-Truppen im Jahre 1960 besetzt wurde, sowie der Aufstand von 1964 stattfand, die siebziger und achtziger Jahre, die von der Enteignung der Ausländer und der Liberalisierung des Goldabbaues gekennzeichnet sind, und schließlich die neunziger Jahre, die Zeit der Demokratisierung und der Bürgerkriege.

Im Gleichklang mit diesen Veränderungen des regionalen Umfelds und des Charakters der Stadt selbst verändert sich auch die so-

1 Es handelte sich um einen äußerst blutigen Konflikt zwischen den vorwiegend viehzüchtenden Hima, mit einer ackerbautreibenden Gruppe, den Lendu, um Land und Ressourcen. Unter Mobutu gelang es den ersteren durch Korruption mehr Land für die intensive Viehzucht zu erlangen. In den neunziger Jahren eskalierte der Konflikt mit dem Machtverlust Mobutus und brach 1998 nach der Rebellion gegen Kabila offen aus, weil den Viehzüchtern unter anderem vorgeworfen wurde, daß sie Offiziere der ugandesischen Truppen bestochen hätten, damit sie ihnen Unterstützung gewährten. Erst diesen Sommer wurden Dörfer niedergebrannt und ihre Bewohner ermordet, verstümmelt oder vertrieben. Die Bilder der grausamen Auseinandersetzung gingen durch die westlichen Medien.

ziale Wahrnehmung der Welt, das kollektive Gedächtnis und dessen bildliche Umsetzung. Seit Ende der fünfziger Jahre steht die populäre Malerei zunächst im Dienst der Darstellung des Individuums (persönliche Porträts, aber auch Porträts der verehrten Führer), dann wird sie, unter Berücksichtigung des gemeinsamen Gedächtnisses der Stadt, zu einer Chronik des Alltags, den sie mit Hilfe des auf der geteilten Erinnerung beruhenden Verständnisses interpretiert. Die in den fünfziger Jahren noch sehr bescheidene Zahl von Malern wächst in den siebziger Jahren, als sich ein lokales Kleinbürgertum von Beamten, Lehrern und Händlern herauskristallisiert. In den achtziger und zu Beginn der neunziger Jahre bietet sich den Malern ein immer weiteres Betätigungsfeld. Grundlage dafür ist zum einen die Tatsache, daß aufgrund der informellen Tätigkeiten rund um die kleingewerbliche Ausbeutung des Goldes mehr Geld in Umlauf ist, und zum anderen die wachsende Zahl von Bars und kleinen Läden, die ihre Räumlichkeiten mit Bildern und die Außenwände mit Wandmalereien schmücken. Ab Mitte der neunziger Jahre gibt es bedingt durch den Zustrom und Durchzug von Flüchtlingen, die keinen Anteil am kollektiven Gedächtnis der Stadt haben, und durch den Abzug der Gewinne seitens der Militärführer in ihre Herkunftsländer oder -regionen, sowie durch das unsägliche Elend der Einwohner kaum mehr Arbeit für die Maler. In dieser Stadt, wo sich die jeweils herrschende Schicht der Bevölkerung das gesamte 20. Jahrhundert hindurch in einer Sprache verständigte, die die Mehrheit nicht beherrschte – war dies nun Französisch, Lingala usw. – ist die Malerei eine Ausdrucksform, die es ermöglicht, eine Erinnerung festzuhalten, sie zu teilen und jene daran teilhaben zu lassen, die von außen in die Stadt kommen. Wie andernorts im Kongo kommt der Malerei aufgrund der Assoziation der auf einer Staffelei gemalten Bilder mit dem Stadthaus westlichen Typs und dem modernen urbanen Leben eine besondere Rolle zu. Sie erlaubt eine Darstellung und Interpretation jener Probleme, denen sich die Einwohner der Stadt gegenübersehen, ohne einen radikalen Bruch zwischen dem dörflichen („traditionell" genannten) und dem urbanen Leben zu vollziehen. Das Bild stellt dar, was das gesprochene Wort einst vor der versammelten Gemeinschaft vermittelte. Aus diesen Gründen ist die Malerei aus Bunia, mehr noch als jene der anderen hier vertretenen Städte, eine Chronik dessen, was die Gemeinde erlebt hat, wobei bisweilen Erlebnisse Einzelner dargestellt werden, die aber genauso gut jedem Anderen hätten zustoßen können. Diese Chronik ist ein Text in Bildern, wobei jedes Bild für sich allein steht, seine Gesamtaussage aber erst in Verbindung mit den übrigen Bildern klar wird. Gewiß, es gibt in Bunia weder eine Kunstgalerie noch ein Museum, wo es möglich wäre, das bildnerische Schaffen einer Epoche zu sehen. Doch die Menschen besuchen einander, und die Bilder sind Thema ihrer Gespräche. Vor dem geistigen Auge des sozialen Gedächtnisses wird jedes Bild, vor allem jedes neue, das ein Maler vorstellt, neben die bereits bekannten Bilder gereiht. Wird es von der Bevölkerung akzeptiert und wollen mehrere Kunden es erwerben, so ist dies der Beweis, daß die betreffende Darstellung eines Ereignisses sich in ein Ganzes einfügt, wodurch dem sozialen und politischen Leben Sinn gegeben werden kann.

DIE MALEREI IN BUNIA

Die Malerei in Bunia steht beispielhaft für die Malerei in anderen kongolesischen Kleinstädten, wo ein reger Geldumlauf, resultierend aus den Einkünften der Vermarktung von Produkten aus dem Bergbau und der Landwirtschaft, deren Einheitswert relativ hoch ist, zur Entstehung eines Kleinbürgertum beigetragen hat. All diese Tätigkeiten bewegen sich am Rande der Legalität, und fast alle profitieren vom Grenzhandel. Am Rande dieses Handels entwickelt sich ein Unterhaltungssektor, vor allem Bars und diverse Läden werden errichtet. Um Kunden anzulocken, schmücken die Bars und auch die Geschäfte ihre Lokale mit Bildern. Es handelt sich dabei zum einen um ikonische Darstellungen wie „Colonie Belge“ oder „Mami Wata“, zum anderen um Porträts von Stars der kongolesischen Musikszene. Daneben finden sich auch Bilder von historischen oder zeitgenössischen Gedächtnisorten, sowie Chroniken markanter Ereignisse. Es ist hier nicht der Platz, eine vergleichende Analyse der populären Malerei in Handelsstädten wie Matadi, Kikwit oder Bunia anzustellen. Dennoch sei darauf hingewiesen, daß Bunia keine Ausnahme darstellt, auch wenn das Schaffen der populären Maler hier aus den weiter oben dargelegten wirtschaftlichen und sozialen Gründen vielleicht intensiver ist als in vergleichbaren Städten.

Es sei auch daran erinnert, daß Bunia inmitten eines ausgedehnten Savannengebietes liegt, wo Malereien an den Wänden der Hütten zu Beginn des 20. Jahrhundert besonders häufig anzutreffen waren. Hierüber verfügen wir über eine bemerkenswerte Fotodokumentation der Expedition Lang und Chapin vom American Museum for Natural History. Die an die Wände der Hütten gezeichnete Chronik ist gewissermaßen ein Gegenstück zur visuellen Dokumentation durch Zeichnungen und Fotografien der Europäer. Die Leute beteiligten sich an dieser Dokumentationsarbeit, waren deren Thema; sie verkauften Gegenstände, die diese Fremden begierig sammelten. Es ist nicht erstaunlich, daß sich die zunächst eher ornamentale und symbolische Ausschmückung der Hütten durch diese Erfahrung zu einer stärker figurativ und realistisch ausgerichteten Darstellung wandelte. Es standen sich sozusagen zwei „Schreibweisen“ gegenüber, wobei die Aktivität des jeweils anderen zur Kenntnis genommen wurde: die einheimische lokale, die im öffentlichen Raum des Dorfes praktiziert wurde, und die fremde westliche, die einem begrenzten Kreis von Spezialisten und Kennern vorbehalten war. Beide widmen sich vor allem der Körpersprache und den Kleidungsgewohnheiten des Anderen, den exotischen Tieren der jeweiligen Welt (das Pferd des Weißen im Falle der Kongolesen, die kongolesische Fauna bei den Weißen) und auf Gegenstände, die die Kongolesen entwarfen und die Weißen kauften.

In den fünfziger Jahren fanden die Wandmalereien an den Hütten in einer gewissen Zahl von Dörfern neuerliche Verbreitung, womit man möglicherweise Touristen anlocken wollte. Dieser in erster Linie dekorativen Malerei schrieben die Europäer, die das Wiederaufleben dieser Form der Malerei gefördert hatten, auch symbolische Bedeutung zu, was heute nur schwer nachzuvollziehen ist.

Aufgrund des Durchzugscharakters der Stadt, geprägt von Menschen, die von auswärts kamen und nicht notwendigerweise die Absicht hegten, sich für längere Zeit dort niederzulassen, scheint Bunia ein Problem mit einer kontinuierlichen sozialen Erinnerung zu haben. Doch die Stadt hatte einen alten Kern einer urbanen Bevölkerung, auf der einen Seite die Nachkommen der „arabisés“ genannten arabisch-suahelischen Händler, und auf der anderen jene kleine Gruppe der örtlichen Verwaltungsbeamten aus der Kolonialzeit. Letztere wurden während des Aufstandes von 1964 zerstreut und oft sogar getötet. Die arabisch-suahelischen Händler, die während der Kolonisierung keine wichtige wirtschaftliche Rolle gespielt hatten, wurden in den siebziger Jahren immer mehr an den Rand gedrängt. Die neue Bevölkerung von Beamten, Militärs und Händlern, die sich ab den siebziger Jahren dort niederließen, machten nicht den Versuch, sich die Stadt „anzueignen“. In diesem Umfeld entstanden nur wenige ikonische Darstellungen, obwohl das rege Treiben am lokalen Markt dafür wohl hätte förderlich sein können. In den Augen der Ausländer, die hierher kommen, um sich zu bereichern und sich an dem „Fleisch“ (Reichtum) gütlich zu tun, wird die Stadt einerseits durch den Aufstand und andererseits durch die Präsenz der Muslime charakterisiert. So wurde die „Colonie Belge“

von einst hier zu einer Ikone, die demselben Schema folgt; das Martyrium der weißen Missionare in den Händen der Rebellen, bei der Darstellung der „Mami Wata“ gesellt sich zu der Sirene ein moslemischer Zauberer. Aber es gibt auch wichtige Bezugspunkte für die lokale, ja selbst die regionale Erinnerung. Für die schon lange in der Stadt lebende und meist aus der Umgebung stammende Bevölkerung haben diese Ikonen einen lokalen Bezug, erinnern an ein wichtiges historisches Ereignis, wie etwa die Schlacht um die Tinda-Brücke oder den Aufstand in Mahagi, einen Meilenstein im Verlauf des Aufstandes von 1964. Ein Ereignis – je nach dem Blickwinkel kann es sich dabei um ein lokales oder ein historisches Ereignis handeln – stößt hier sozusagen auf die regionale und nationale Erinnerung und dient der teilweisen lokalen Vereinnahmung der letzteren. Der Angriff auf die Tinda-Brücke, den Londe und andere so oft gemalt haben, ist sowohl ein historisches Ereignis, das die lokale Erinnerung prägt, als auch eine Ikone der nationalen Erinnerung an den Aufstand (vgl. cat. 10).

Sogar ein so eindeutiges und schlichtes Bild wie das Zerlegen eines Elefanten steht zwischen Chronik und Ikone (cat. 125). Die gewaltige Fleischmasse eines erlegten Tieres wird von den Männern untereinander aufgeteilt und von den Frauen weggetragen; der Elefant ist hier einerseits ein Symbol für den Reichtum der lokalen Natur und den Mut der Männer, die ihn getötet haben, anderseits aber auch ein Symbol für „Bunia – Fleisch“, das von den Fremden geplündert wird. Eine andere Version dieses Bildes, wo Soldaten in Uniform das Fleisch wegtragen, spricht eine noch eindeutigere Sprache.

Damit kommen wir zum wichtigsten Charakteristikum der Malerei von Bunia. Sie bleibt eine Chronik, hält die für die Stadt und die Region wichtigen Ereignisse bildlich fest und schwankt ständig zwischen Geschichte und Erinnerung.

Im Gegensatz zu Kinshasa oder Lubumbashi scheint Bunia stets die Chronik in Bildern bevorzugt zu haben. Die Stadt ist klein, die Zahl ihrer Einwohner gering, und jeder besucht die gleichen Orte. Daneben gibt es eine klare sprachliche Trennung zwischen der Suaheli sprechenden lokalen Bevölkerung und jenen, die erst vor kurzer Zeit hierher gekommen sind und Lingala sprechen, während Französisch im gesellschaftlichen Leben relativ selten verwendet wird, und es weder ein lokales Radio noch eine lokale Presse gibt. Jedes Bild hat daher einen Bezug zu einem Ereignis, das die Menschen leicht sowohl in den zeitlichen als auch in den räumlichen Kontext der Stadt oder der Region einordnen können. Selbst wenn ein Bild ein wichtiges soziales Merkmal einer Gruppe darstellt – so etwa die Bedeutung des Viehs für die Alur in dem Bild „Tod eines Rindes“ von Londe– stellt der Maler ein fiktives lokales Ereignis dar, um zu zeigen, daß die Alur den Tod eines Kalbes wie den eines Verwandten beweinen (cat. 127).

Dieser Logik folgend hat Londe seine eigene Haftstrafe wegen einer nicht beglichenen Schuld zum Thema eines sechs Bilder umfassenden Zyklus gemacht – vier dieser Bilder werden hier vorgestellt (cat. 25–28) –, der das Martyrium der einfachen Bevölkerung im Kongo Mobutus zeigt. Das Thema des Machtmißbrauchs durch das Militär, unter dem die Bürger zu leiden hatten, wiederholt sich in allen Städten. Im Falle Bunias verblüfft jedoch das Bestreben, deutlich zu machen, daß es sich dabei um wahre, nachvollziehbare Begebenheiten handelt, die eine bestimmte, identifizierbare Person erlebt hat. Der Held, der sich durch alle Bilder dieses Zyklus zieht, ist Londe selbst, der Mann im roten Hemd. Aber er hat kein Gesicht, er ist ein einfacher, beliebiger Mann aus dem Volk. Der aufmerksame Betrachter wird gleichzeitig feststellen, daß in dem Zyklus verschiedene Ausschnitte der Ikone „Colonie Belge“ aufgegriffen werden, nur die Autoritätsfigur, der Weiße, der die autoritäre Ordnung überwacht, fehlt; der Staat läßt jene gewähren, denen er die Waffen gegeben hat. In diesem Zusammenhang sei erwähnt, daß dieselbe ikonische Darstellung auch anderen Malern als Vorbild für ihre Bilder dient, in denen sie sich mit dem Verhältnis zwischen den einfachen Menschen und Vertretern der Staatsgewalt auseinandersetzen (vgl. cat. 119, 121, 123).

Insgesamt stellen die Bilder Orte dar, die in die Natur der Gegend einbettet sind, in der die Handlung spielt. Man beachte, wieviel freier Raum auf den Bildern zu sehen ist, hier gibt es kein dichtes Gedränge von Menschen; sogar die Bilder von der Plünderung der Stadt oder der Schlacht um die Tinda-Brücke zeigen keine Menschenmassen. Die einzige Ausnahme ist die Studentendemonstration, aber selbst da nimmt die Studentengruppe, auf die das Militär zielt, kaum ein Viertel der Bildfläche ein, während die Personen sonst immer lockerer gruppiert sind. Die Menschen sind recht grob skizziert, ihre Gesichter kaum je erkennbar, während die Orte, gleichgültig, ob es sich um das Innere oder Äußere eines Gebäudes handelt, genau identifizierbar sind. In dieser Chronik kommt den Begebenheiten in der Stadt die gleiche Bedeutung wie jenen in der Region zu, aber vergessen wir nicht: diese Stadt lebt vor allem von der Kontrolle über die Aktivitäten in der Region – Abbau des Goldes, Grenzhandel usw.

Wie bereits in den achtziger Jahren „dokumentierten“ die Maler auch in den neunziger Jahren ein relativ breites Spektrum jener für die Stadtbevölkerung wichtigen lokalen Ereignisse. Vor den neunziger Jahren war eine Auseinandersetzung mit politischen Themen aufgrund der polizeilichen Kontrolle des Alltagslebens nahezu ausgeschlossen, sie steht im Mittelpunkt der Chronik der neunziger Jahre. Seitdem jedoch gegen Ende dieses Zeitraumes Bürgerkrieg und Aggression von den Nachbarländern auf die Region übergriffen, gibt es nur mehr wenige Kunden für die Maler. Die einzigen zu dieser Zeit ausgeführten und verkauften Bilder haben den Krieg zum Thema; im Mittelpunkt steht eine realistische Darstellung der Orte und der Landschaft, den Personen hingegen wird nur wenig Beachtung geschenkt. Dem Betrachter fällt es leicht zu erkennen, um welchen Ort es sich handelt – sei es ein Dorf, das von Soldaten in Brand gesteckt wurde (und das an dem Ortsschild identifizierbar ist), oder eine Auseinandersetzung zwischen Hima und Lendu – die Personen hingegen sind flüchtig skizziert.

Im Unterschied zur Malerei in Kinshasa oder Lubumbashi finden wir auf diesen Bildern nur wenig Text, mit Ausnahme jener Situationen, wo dem Maler der Dialog wichtig ist. Er greift dann bewußt auf das Vorbild der Comics zurück. Bei den meisten Bildern ist der Text entweder Teil der urbanen Landschaft und findet sich beispielsweise auf Schildern, oder er erläutert den Sinn, den das Bild allein nicht zu vermitteln vermag, wie etwa bei „Touriste scandale (Skandalöse Touristen)“, wo der Betrachter ohne den Text die Botschaft nicht verstehen könnte (cat.126). Gleiches gilt für das Bild „Cercueil ou chanvre (Sarg oder Drogen)“, das sich auf eine lokale Begebenheit bezieht, wo der Maler keine andere Möglichkeit sah zu zeigen, daß der Sarg auch zum Schmuggeln verwendet wird (cat. 123).

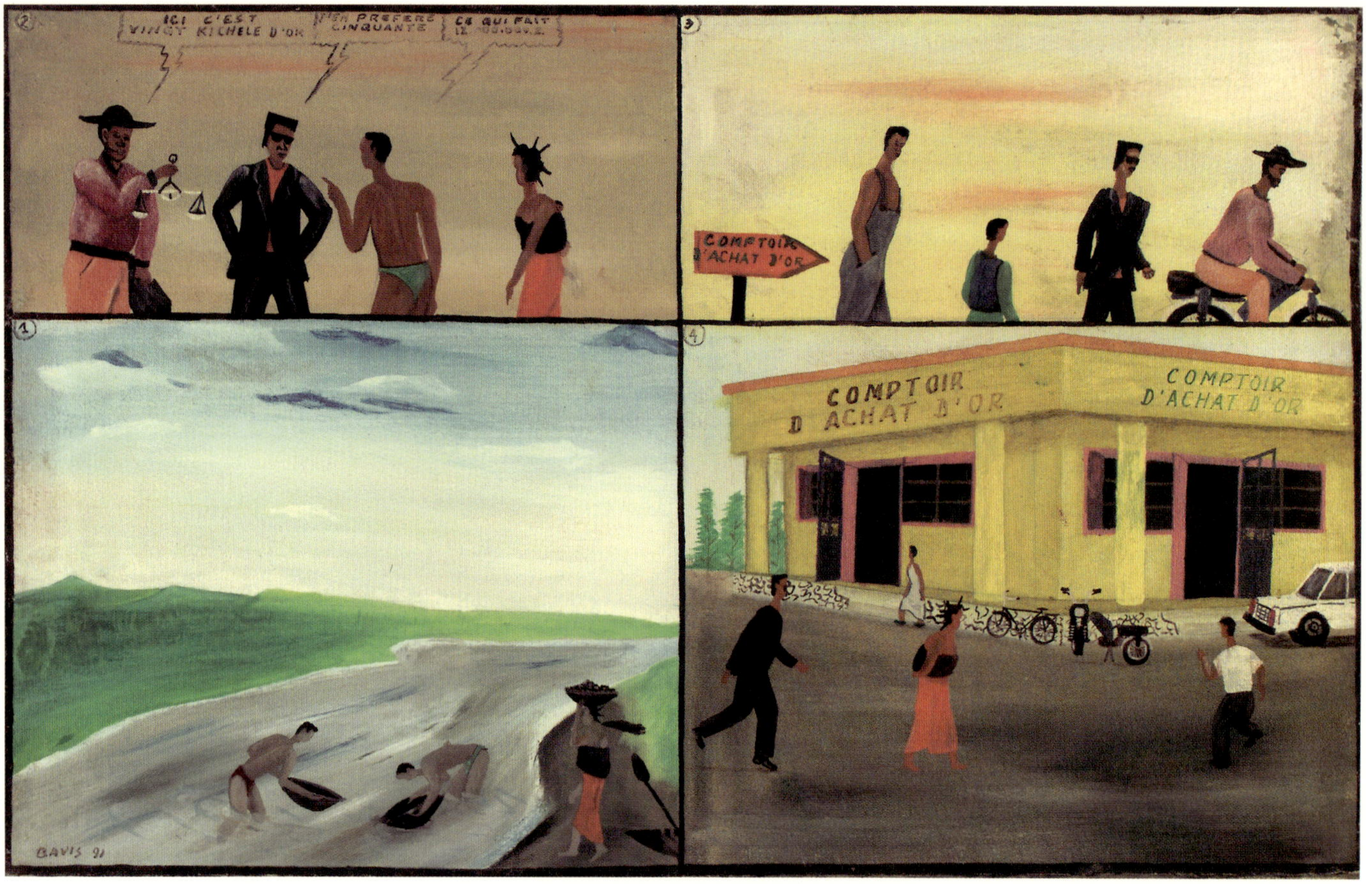

(112) **Bavis**

Der Goldhandel

Bunia 1991
Sammlung Jewsiewicki
68,5 x 42,5 cm

Das Bild verweist auf die wichtigste Wirtschaftsbasis der Region um Bunia, den Goldabbau und den Goldhandel. Bavis schildert wie das Gold aus dem Sand gewaschen wird, dann an Zwischenhändler verkauft, mit dem Rad nach Bunia gebracht und dort dann schließlich im „Comptoir d'or" verkauft wird.

(113) Angali
Studentenstreik

Bunia 1991
Sammlung Jewsiewicki
60 x 43 cm

Nachdem Mobutu 1990 eine Demokratisierung des Landes versprochen hatte, aber dann sein Wort nicht einhielt, kam es auch in Bunia zu Studentendemonstrationen, die in einen generellen Aufruhr der Bevölkerung mündeten.

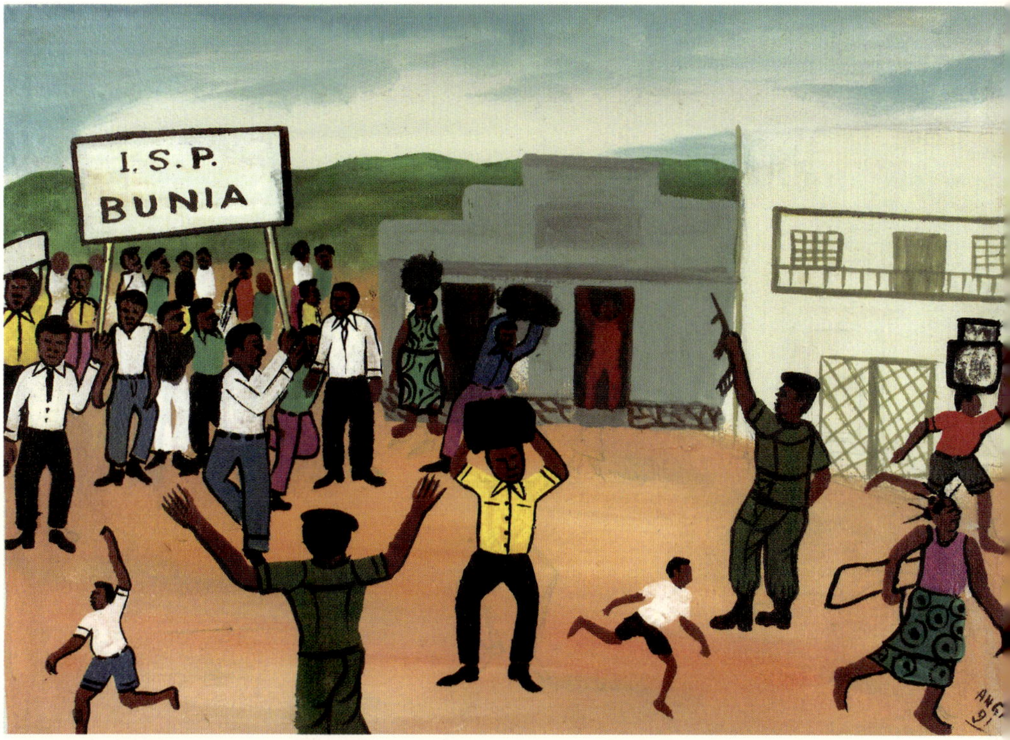

(114) Angali
Plünderung

Bunia 1991
Sammlung Jewsiewicki
59 x 44 cm

Im Zuge der Unruhen begann die Armee zu plündern, und schließlich beteiligte sich auch die Bevölkerung. Die im ganzen Land vorgenommenen Plünderungen regten damals bereits Vermutungen an, daß Mobutu diese Vorgänge initiiert hatte, um das Land zu destabilisieren. Von der politischen Instabilität des Landes waren letztlich die gesamten neunziger Jahre betroffen.

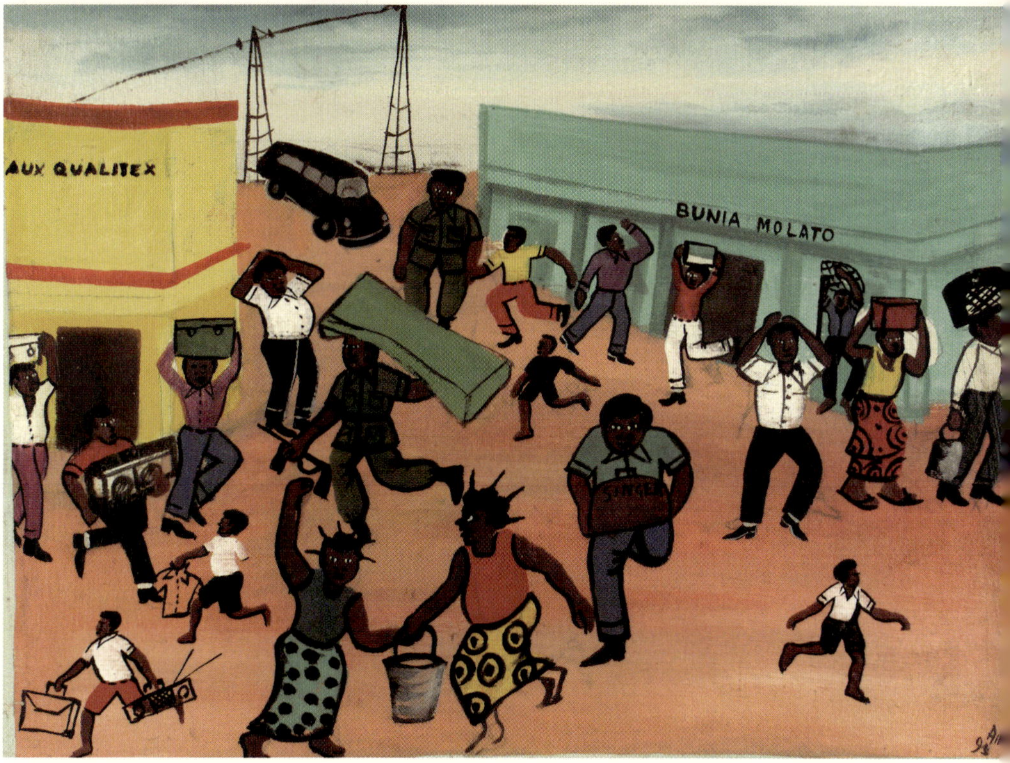

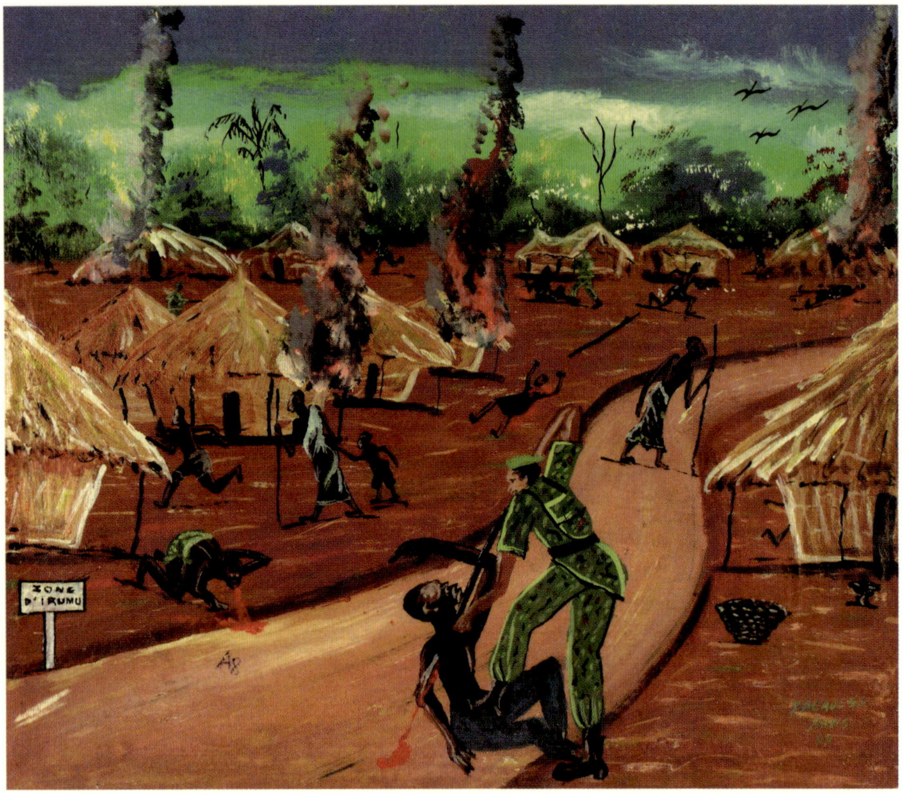

(115) **Bavis**

Rebellion

Bunia 1999
Museum für Völkerkunde, Wien
Inv.Nr. 178.345
46 x 38,5 cm

Die Region um Bunia litt aufgrund ihrer Grenzsituation zu Uganda und Ruanda besonders unter den Aufständen nach 1998, weil diese von den Nachbarstaaten unterstützt wurden, um Kabila zu schwächen. Nach der Okkupation der Region durch die Rebellen, kämpften verschiedene Fraktionen derselben gegeneinander in diesem Territorium. Leidtragend war die lokale Bevölkerung, deren Dörfer niedergebrannt und die zur Flucht gezwungen wurde.

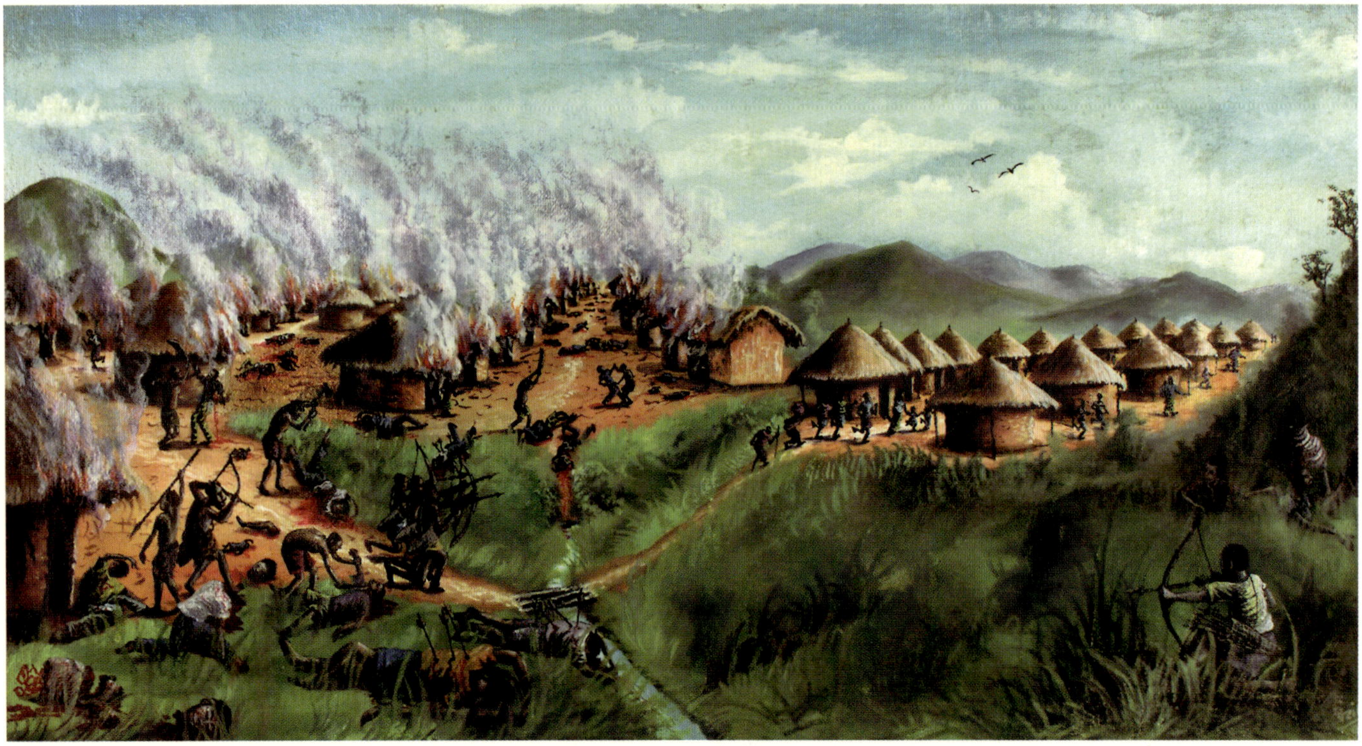

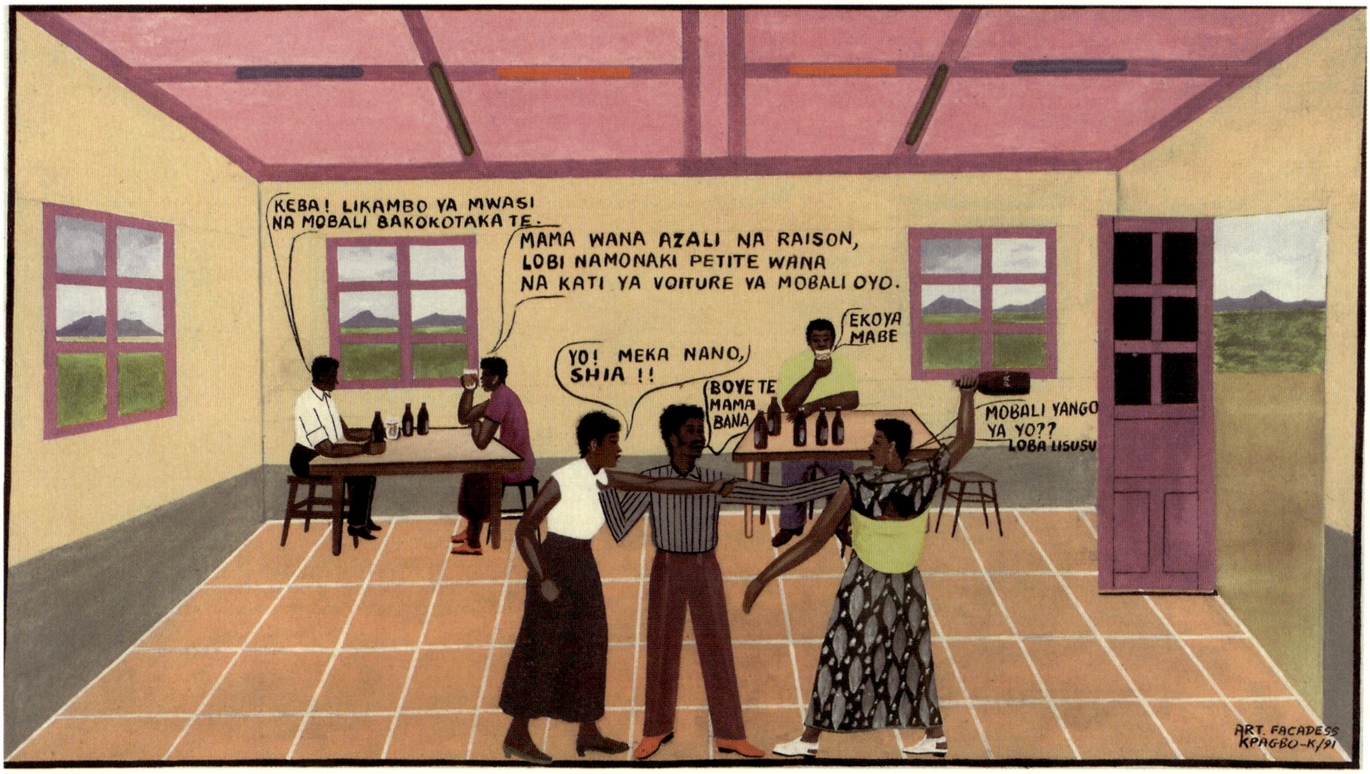

(117) **Art. Facadess (Kpagbo)**

Barszene

Bunia 1991
Sammlung Jewsiewicki
69 x 39 cm

Nimm dich in acht, niemand darf sich in die Probleme eines Mann und seiner Frau einmischen.
– Diese Mama (Frau) *hat recht. Gestern habe ich diese „Kleine" im Auto dieses Mannes gesehen.*
– Die Situation spitzt sich zu.
– Probiers nur einmal.
– So nicht, „Mutter der Kinder".
– Ist das etwa dein Mann? Sag noch was …

Als Zentrum des Goldhandels finden sich in Bunia zahlreiche Bars, und übermäßiger Alkoholkonsum ist eines der größten sozialen Probleme. Die Familien leiden darunter, weil die Männer zu viel Geld für das Trinken ausgeben. Hier wird gezeigt, wie die Frau eines Barbesuchers mit einem Schulmädchen streitet, das offensichtlich mit ihrem Mann in der Bar herumhing. Die vielen Bierflaschen auf den Tischen zeigen, wieviel bereits getrunken und wieviel Geld dafür ausgegeben wurde.

(116) **Dziba**

Ethnischer Konflikt

Bunia 1999
Museum für Völkerkunde, Wien
Inv.Nr. 178.352
91,5 x 49 cm

Im Zuge der Kämpfe der Rebellen gegen Kabila und untereinander, lebten alte Rivalitäten zwischen ethnischen Gruppen der Region wieder auf und spalteten die Bevölkerung. Dies mündete ebenfalls in bewaffnete Konflikte, denen viele Dörfer und ihre Bewohner zum Opfer fielen.

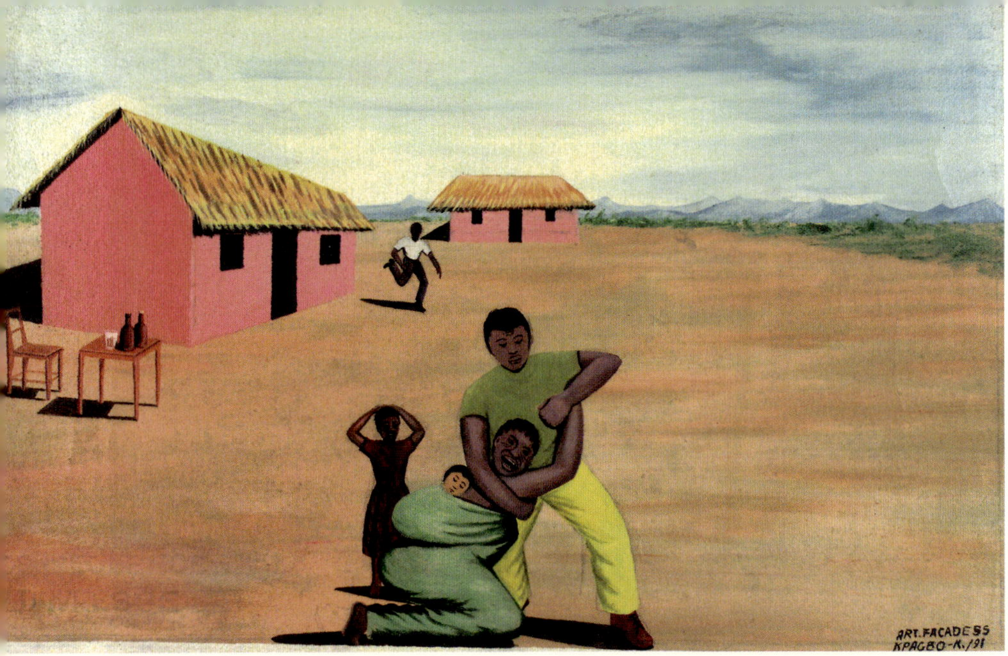

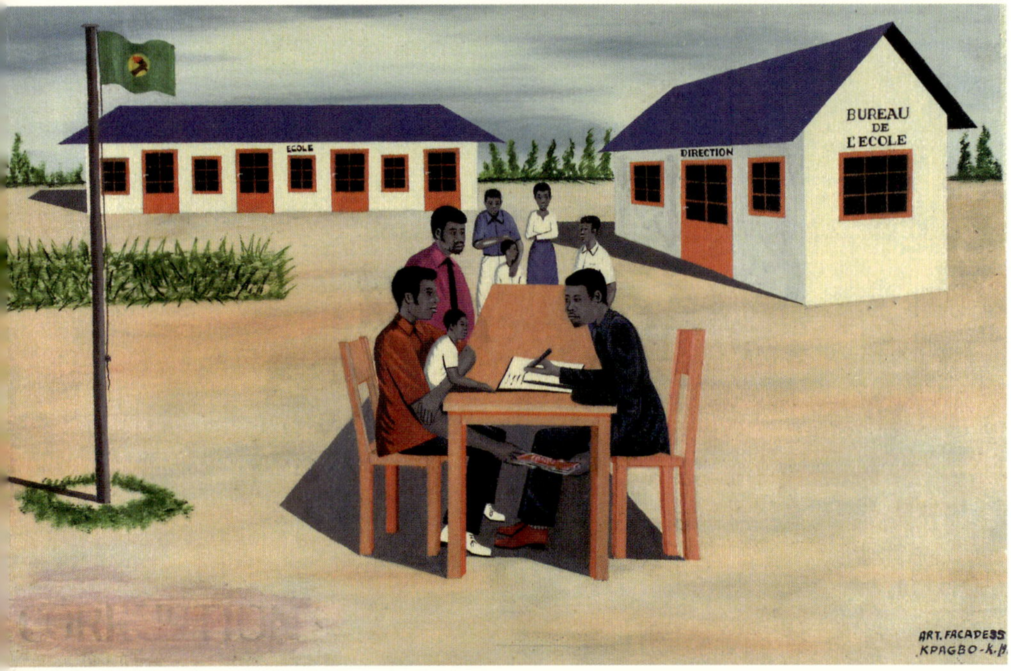

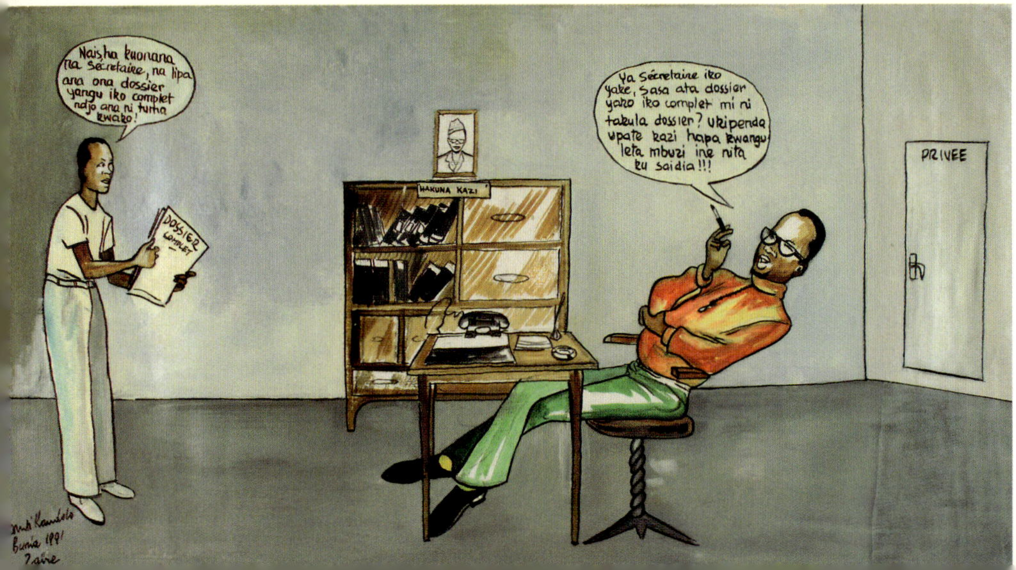

(118) **Art. Facadess (Kpagbo)**

Trinker schlägt seine Frau

Bunia 1991
Sammlung Jewsiewicki
60 x 39 cm

Durch das exzessive Trinken kommt es immer wieder zu Gewalttätigkeiten in der Familie. Hier schlägt ein Mann seine Frau, weil sie sich wahrscheinlich über seinen übermäßigen Alkoholkonsum aufgeregt hatte.

(119) **Art. Facadess (Kpagbo)**

Bestechung von Lehrern

Bunia 1991
Sammlung Jewsiewicki
59 x 39 cm

Unter Mobutus Regime litt das Land unter der Korruption, die alle Bereiche des Lebens berührte. In dieser Szene bestechen die Eltern den Schuldirektor, um für ihr Kind einen Platz in der Schule zu bekommen.

(120) **Baruti**

Bestechung des Arbeitgebers

Bunia 1991
Sammlung Jewsiewicki
78 x 42 cm

– Ich war schon beim Sekretär. Ich habe ihm Geld gegeben; er hat meinen Akt durchgesehen und festgestellt, daß er vollständig ist. Deshalb hat er mich zu ihnen geschickt.
Auf dem Schild: *Keine Arbeit*
– Was du dem Sekretär gegeben hast, gehört ihm. Auch wenn dein Akt vollständig ist, kann ich ihn etwa essen? Wenn du hier eine Arbeit haben willst, gib mir vier Ziegen, und ich werde dir helfen.

Um eine Stelle im öffentlichen Dienst zu erhalten, mußte man unter Mobutu die Zuständigen bestechen.

(121) **Angali**

Unehrlicher Verkäufer

Bunia
Museum für Völkerkunde, Wien
Inv.Nr. 178.344
48 x 37 cm

Der Verkäufer muß die Last der Schuld ertragen

Auch die Polizei war unter Mobutu korrupt und ging oft ungerechtfertigt vor. Angali schildert einen Fall, wo ein Geschäftsbesitzer einen seiner Mitarbeiter der Unterschlagung beschuldigt, und die sofort eingreifende Polizei ohne vorher genau den Tatbestand abzuklären, auf den Beschuldigten einprügelt.

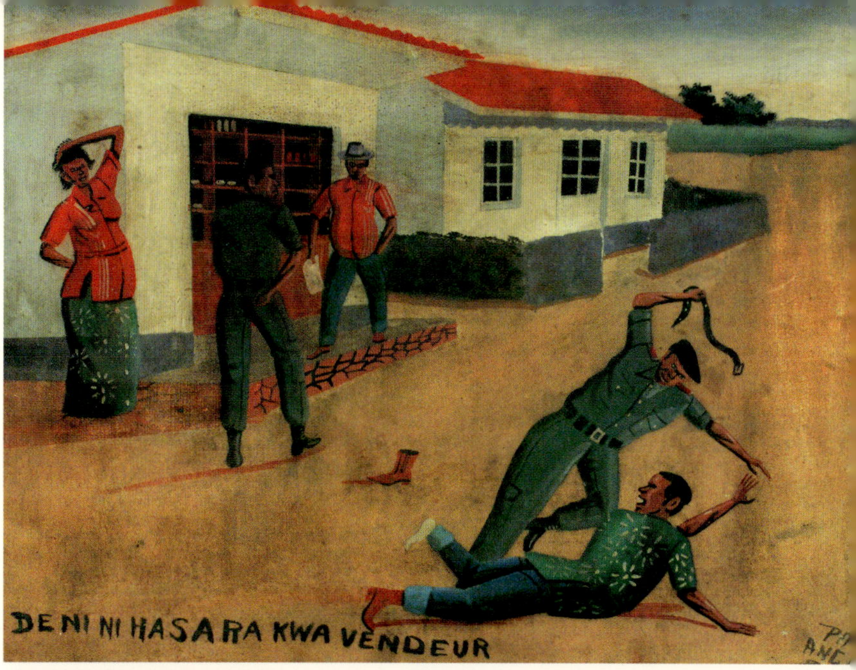

(122) **Londe**

Goldwäsche

Bunia
Sammlung Jewsiewicki
59,5 x 44 cm

Gold wird in der Umgebung Bunias gewonnen, indem die ausgehobene goldreiche Erde im Wasser ausgewaschen wird.
Londe macht hier auf Unterschiede zwischen den am Goldgeschäft beteiligten Personen aufmerksam: links mühen sich die einen in ärmlicher Kleidung ab, das Gold zu gewinnen, während rechts davon die gut gekleideten, Bier trinkenden Händler, die sich sogar ein Motorrad leisten können, auf die Resultate warten.

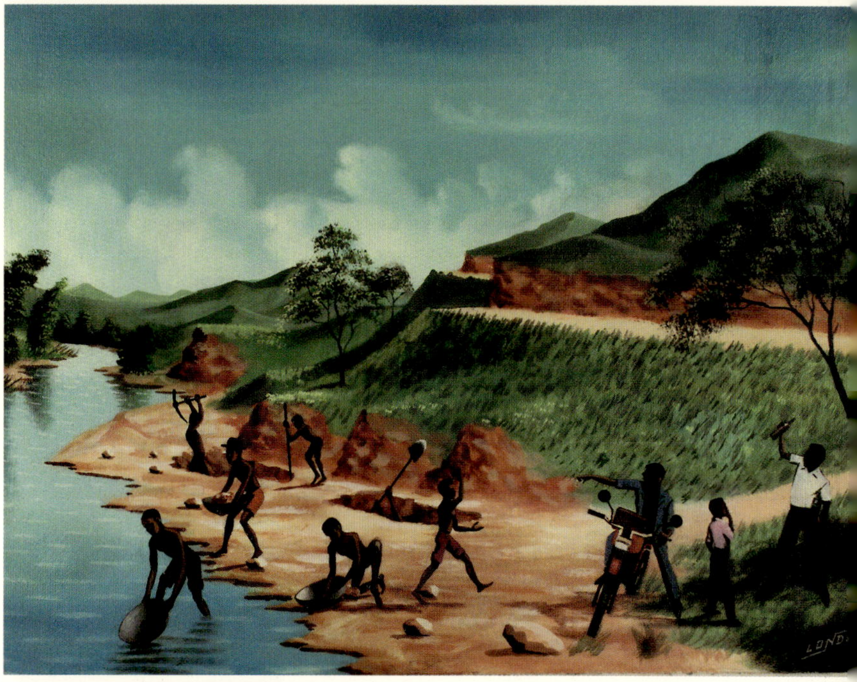

(123) **Bungamusi**

„Cercueil ou Chanvre?“
(Sarg oder Cannabis?)

Bunia 1991
Sammlung Jewsiewicki
59,5 x 37,5 cm

Durch die Grenzsituation Bunias ist der Handel mit Schmuggelwaren neben der Goldgewinnung eine wichtige Einnahmequelle. Eine oft erzählte Episode bezieht sich auf eine verbreitete Schmuggelmethode, die angeblich darin besteht, die Schmuggelware, in diesem Fall Cannabis, in einem Sarg zu verstecken und einen Leichentransport vorzutäuschen.

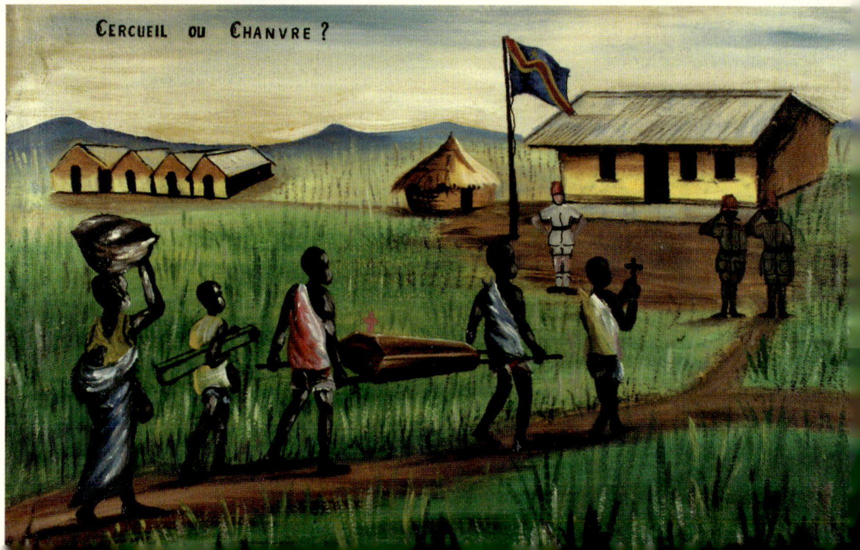

(124) **Art. Facadess (Kpagbo)**

Zoll

Bunia 1991
Sammlung Jewsiewicki
59,5 x 39 cm

Wegen der Grenzlage gibt es in der Gegend viele Kontrollposten, deren Aufgabe die Verhinderung von Schmuggel und die Überwachung des Grenzverkehrs ist. Doch viele Grenzsoldaten mißbrauchen ihre Position, um sich selbst zu bereichern und von den Leuten Bestechungsgelder einzufordern.

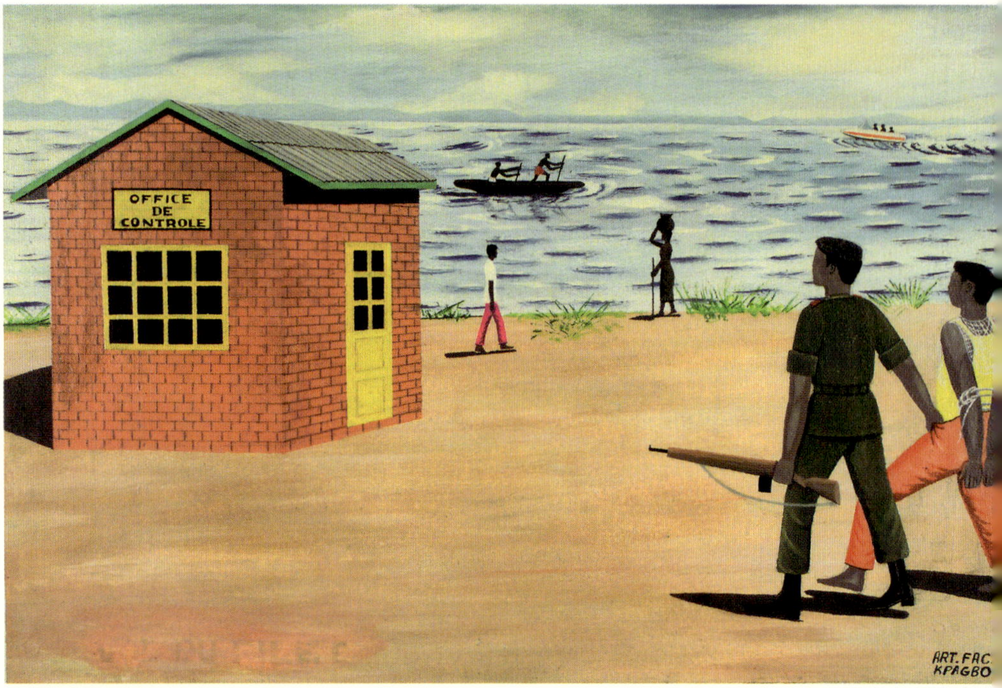

(125) **Londe**

Elefantenjagd

Bunia 1992
Sammlung Jewsiewicki
59 x 44 cm

Wegen der Fülle an Wild in der Region, ist Fleisch im Überfluß vorhanden. Londe will mit dieser Darstellung auf den Wohlstand der Gegend hinweisen, wofür er symbolhaft das Fleisch verwendet. Hauptthema des Bildes ist jedoch die Elefantenjagd, die traditionell hoch geachtet ist. Einen Elefanten zu erlegen ist für einen Jäger sehr gefährlich, und das erfolgreiche Gelingen ist einer der Höhepunkte seines Lebens.

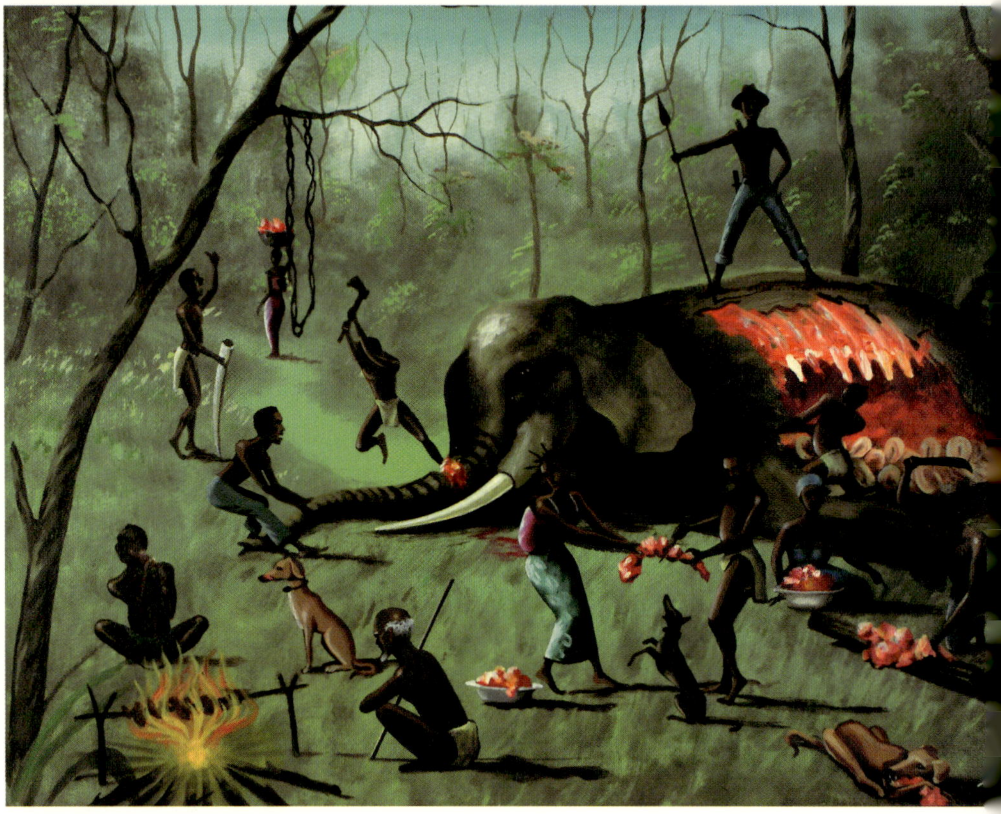

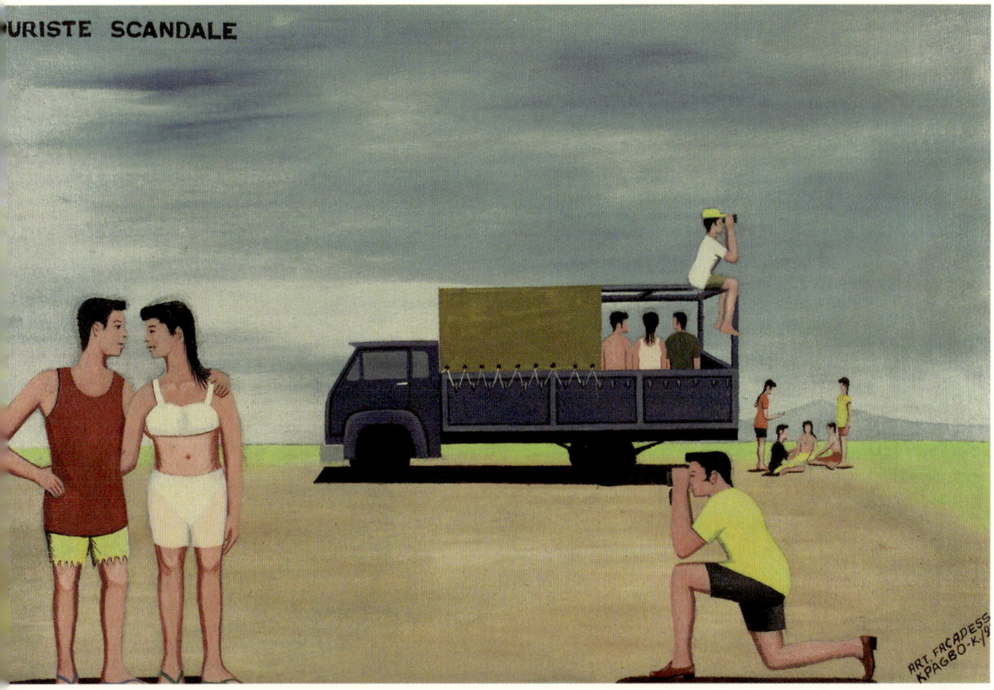

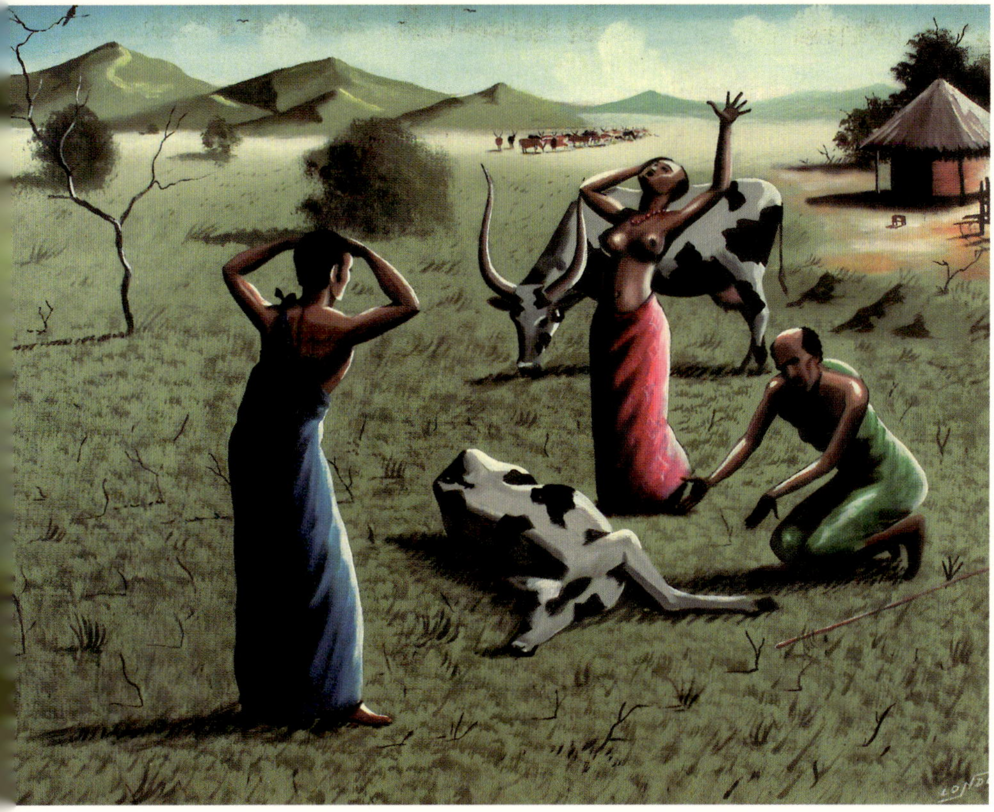

(126) Art. Facadess (Kpagbo)

„Touriste Scandale" (Skandalöse Touristen)

Bunia 1991
Sammlung Jewsiewicki
59,5 x 39 cm

Bunia liegt in der Nähe des ältesten und größten Nationalparks des Kongo, der viele Touristen anzog. Durch die unmittelbare Nähe der Stadt zum Park, waren ihre Bewohner ständig mit ausländischen Touristen konfrontiert, die sich in ihren Augen oft unangemessen benahmen. Vor allem die freizügige Kleidung der Frauen wurde als skandalös empfunden.

(127) Londe

Tod eines Rindes

Bunia 1991
Sammlung Jewsiewicki
59 x 45 cm

Bunia ist praktisch an der ökologischen Grenze zwischen nomadischen Viehzüchtern im Osten und den seßhaften Ackerbauern im Westen angesiedelt. Die enge Bindung der Viehzüchter an ihre Tiere, das geradezu persönliche Verhältnis zu diesen, stieß in der anderen Gruppe oft auf Unverständnis. Londe zeigt, wie Frauen wehklagen, weil ein Rind gestorben ist. Der Reichtum wird in Rindern gemessen.

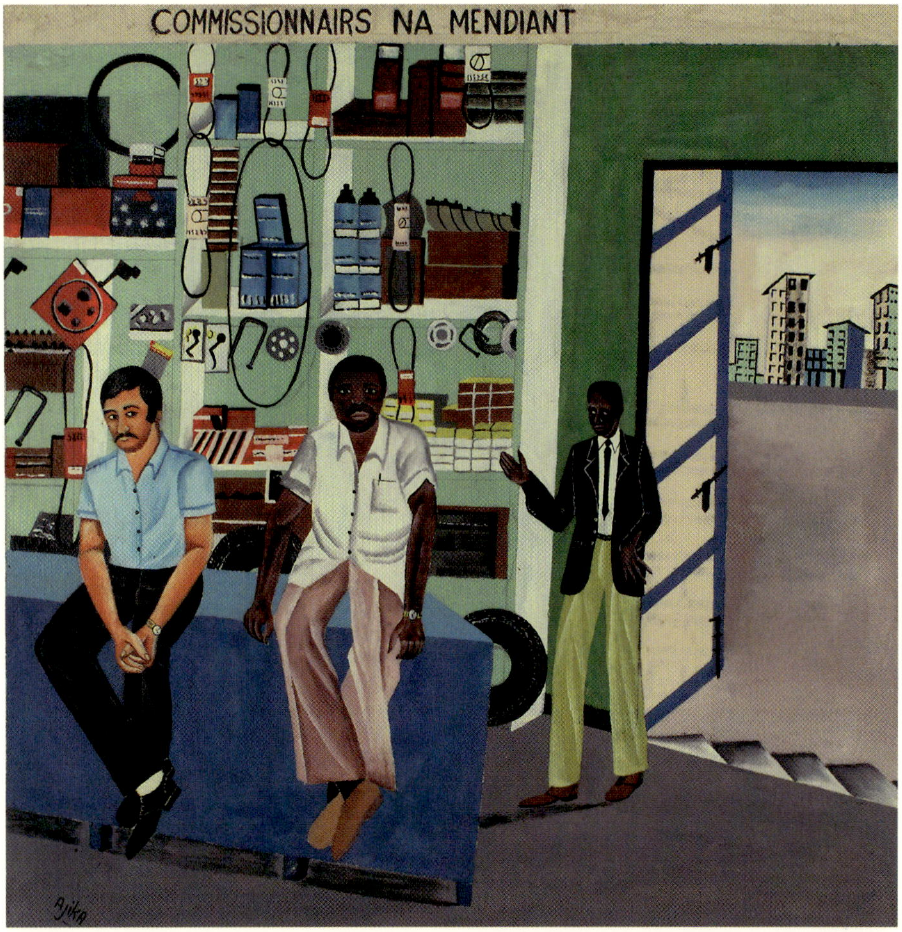

(128) Ajika

„Commissionairs na mendiant"
(Bettelnder Lehrer)

Bunia
Sammlung Jewsiewicki
49,5 x 47 cm

Der Beruf des Lehrers war bis in die achtziger Jahre hoch geschätzt und Bildung als wichtig angesehen. In den neunziger Jahren waren gerade die gebildeten Schichten, darunter vor allem auch die Lehrer als Staatsangestellte, stark von der ökonomischen Krise betroffen, bekamen kein Gehalt mehr ausbezahlt und stürzten in die Armut. Ajika bezieht sich hier auf diese Entwicklung, wenn er darstellt, wie ein gut gekleideter Herr, wahrscheinlich ein Lehrer, gezwungen ist, in einem Geschäft zu betteln. Im Kongo entstand ein neues Sprichwort „on mange pas le français" (Französisch kann man nicht essen), d.h. Bildung kann einen nicht wirklich ernähren.

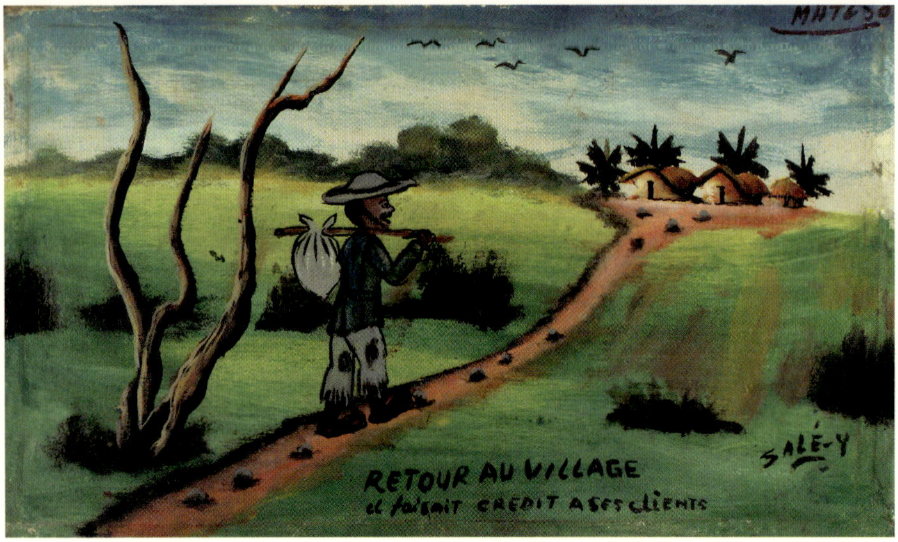

(129) Sale

„Retour au Village" (Rückkehr ins Dorf)

Bunia
Museum für Völkerkunde, Wien
Inv.Nr. 178.346
52 x 27,5 cm

Ein landesweites Phänomen in den letzten Jahren ist die Rückkehr von Stadtbewohnern in die Dörfer, in der Hoffnung, dort ein besseres Auskommen zu finden. Sale gibt hier als Grund für das Scheitern des Dargestellten in der Stadt an, daß er wahrscheinlich als kleiner Händler auf Kredit verkauft hatte.

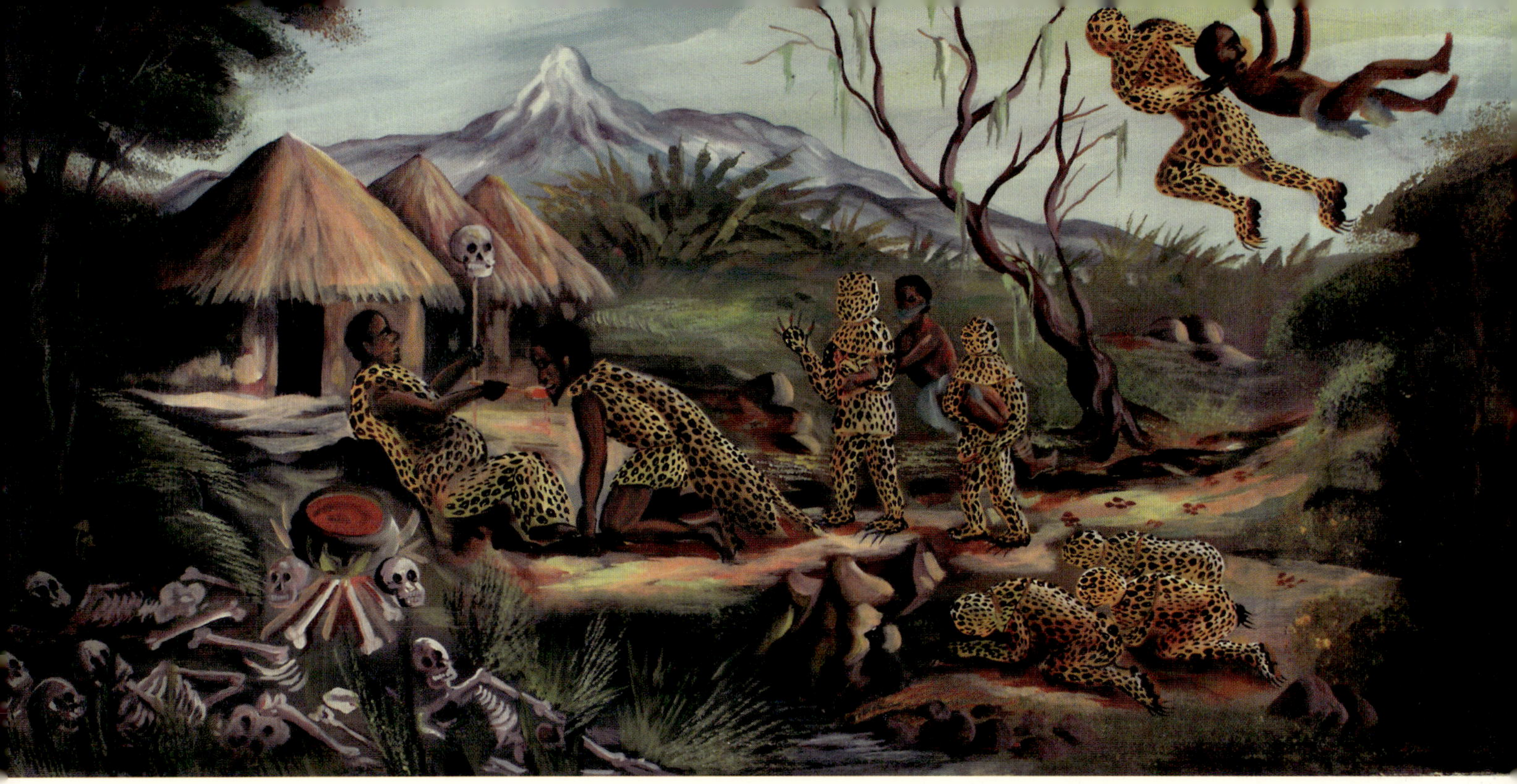

(130) Djocky-Star

Leopardengesellschaft

Bunia 1993
Sammlung Jewsiewicki
91 x 44 cm

Die geheime Leopardengesellschaft im Osten des Landes wurde in den zwanziger und dreißiger Jahren von manchen Häuptlingen ausgenützt, um Gegner und jene, die mit der Kolonialregierung kooperierten, zu beseitigen. Inzwischen werden Darstellungen dieser Gesellschaft im östlichen Kongo generell als Darstellungen von Hexerei interpretiert.

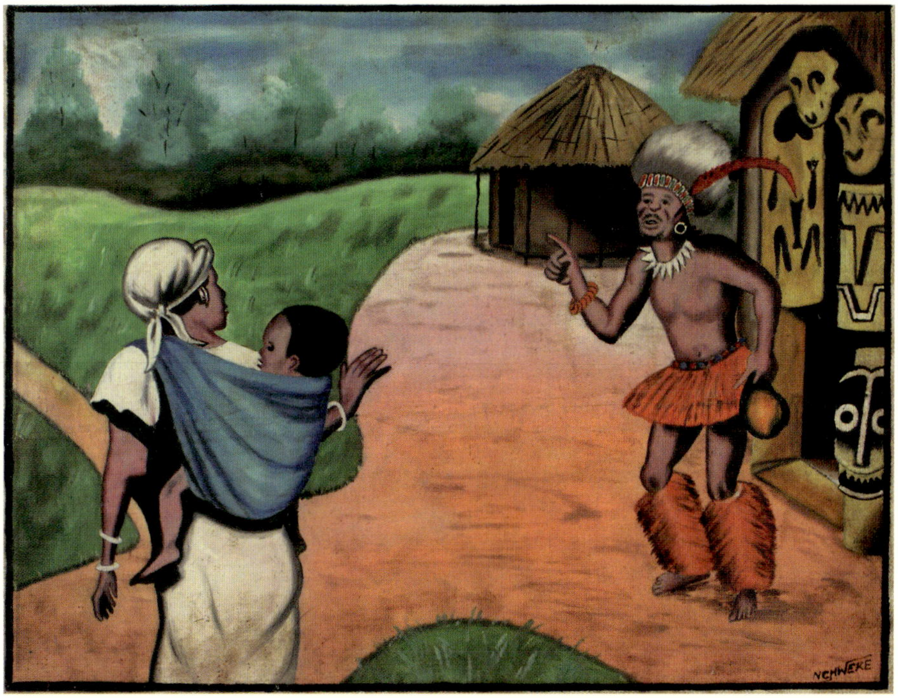

(131) Nchweke

Heiler mit Mutter und Kind

Bunia
Museum für Völkerkunde, Wien
Inv.Nr. 178.348
50 x 38,5 cm

Die schwierigen Lebensumstände bringen immer mehr Menschen dazu, Hilfe bei traditionellen Heilern und Wahrsagern zu suchen, weil sie keinen anderen Ausweg mehr sehen. Auch die Beschuldigungen der Hexerei nehmen zu.

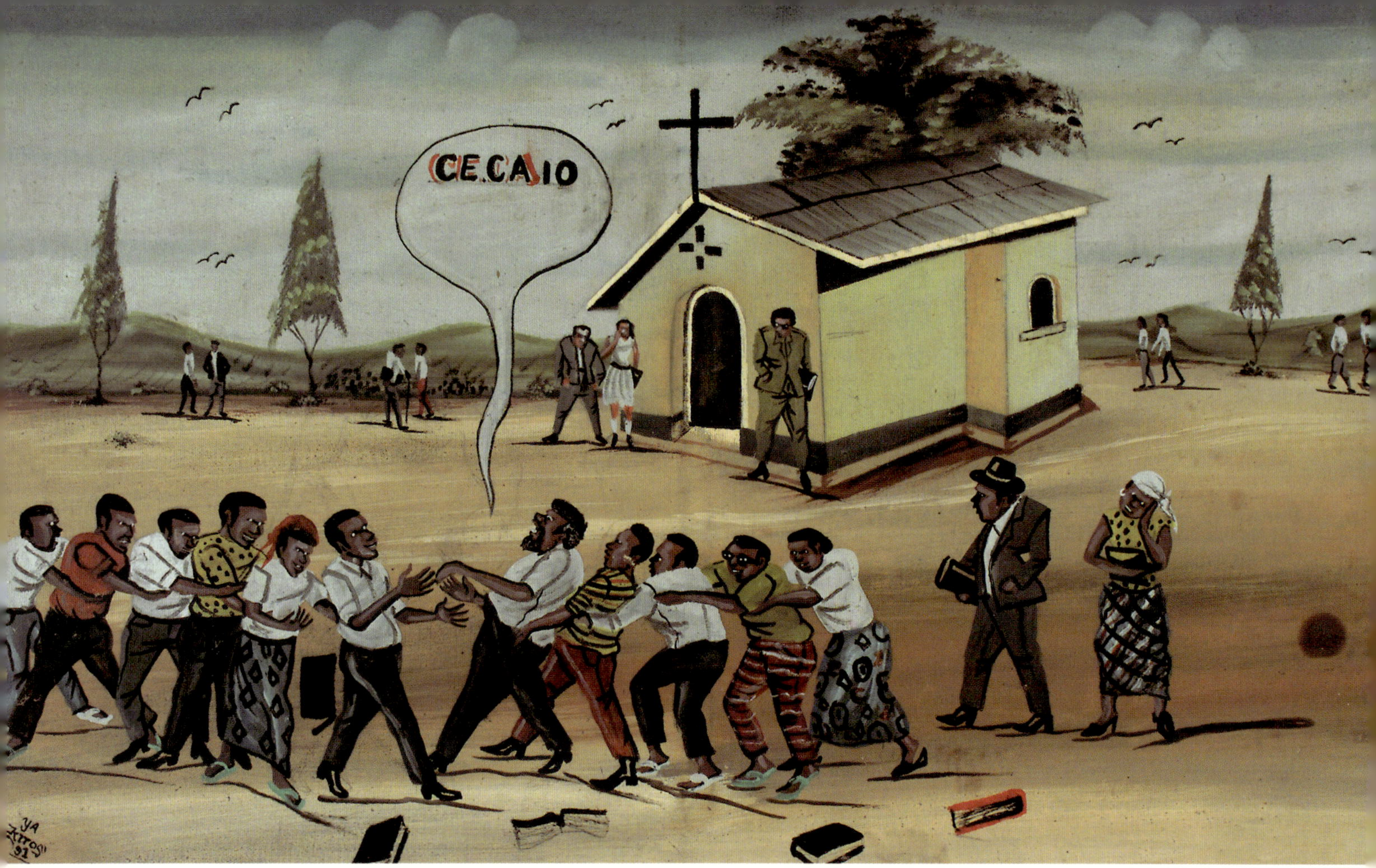

(132) Ya Kitogi
Konflikt in der Kirchengemeinschaft

Bunia 1991
Sammlung Jewsiewicki
77 x 48 cm

In den letzten Jahren vervielfältigte sich die Zahl der lokalen Kirchen, weil diese unter anderem Solidaritätsaktionen durchführten, um Gläubigen in Not zu helfen. Manche beteiligen sich an solchen Kirchengründungen, um sich selbst zu bereichern. Kitogi gibt hier einen Konflikt zwischen zwei Kirchenmitgliedern wieder, die beide die Führung übernehmen wollen. Der eigentliche Glauben bleibt dabei auf der Strecke, dies machen die am Boden liegenden Bibeln klar. Zwei wahre Christen drücken ihre Bestürzung über diese Entwicklung aus, sie halten die Bibel noch in der Hand.

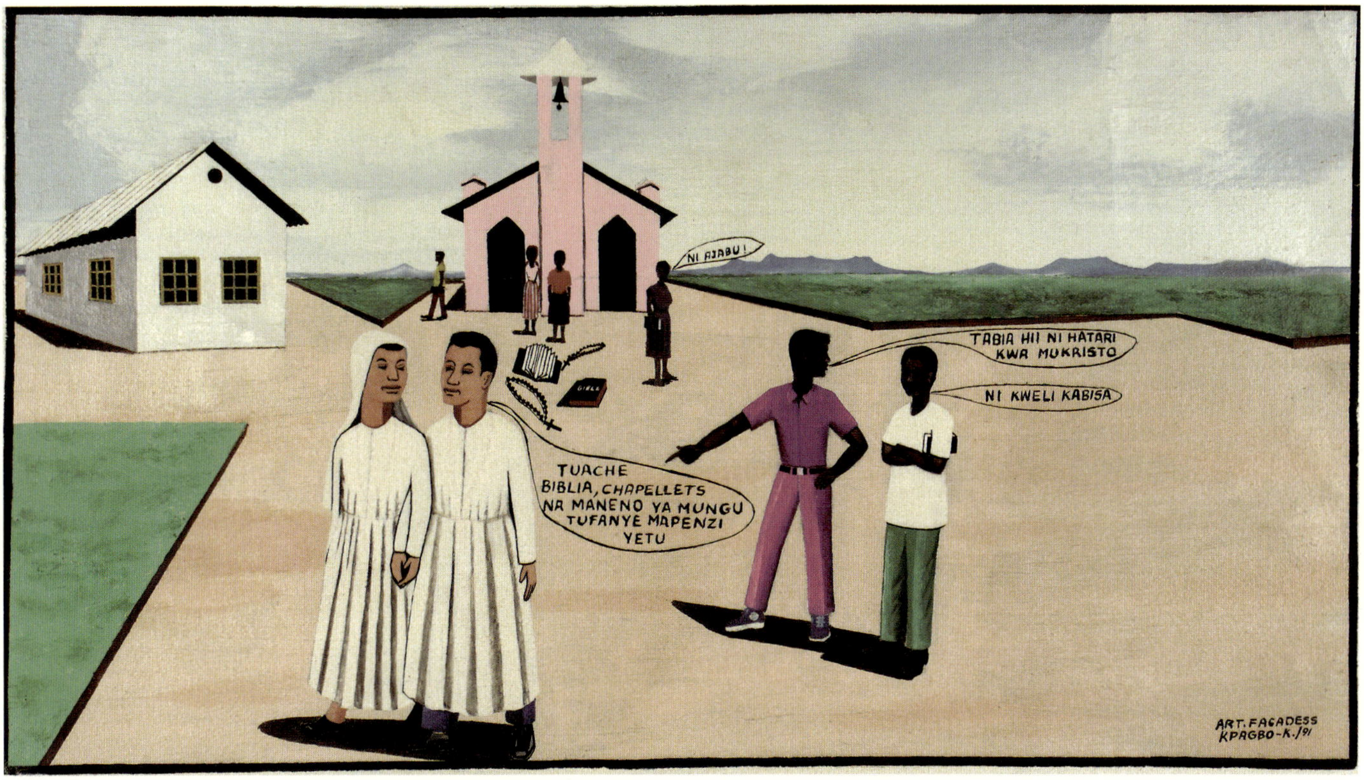

(133) **Art. Facadess (Kpagbo)**

Nonne und Priester verlassen die Kirche

Bunia 1991
Sammlung Jewsiewicki
69,5 x 39,5 cm

– Was für ein Skandal!
– Vergessen wir die Bibel, den Rosenkranz und das Evangelium, leben wir unser Idyll!
– So etwas ist gefährlich für einen Christen.
– Das stimmt, du hast recht.

Der generelle Verfall der Moral wird hier anhand des Ordensaustritts eines Priesters und einer Nonne dargestellt, die die Kirche aufgrund ihres Verhältnisses verlassen.

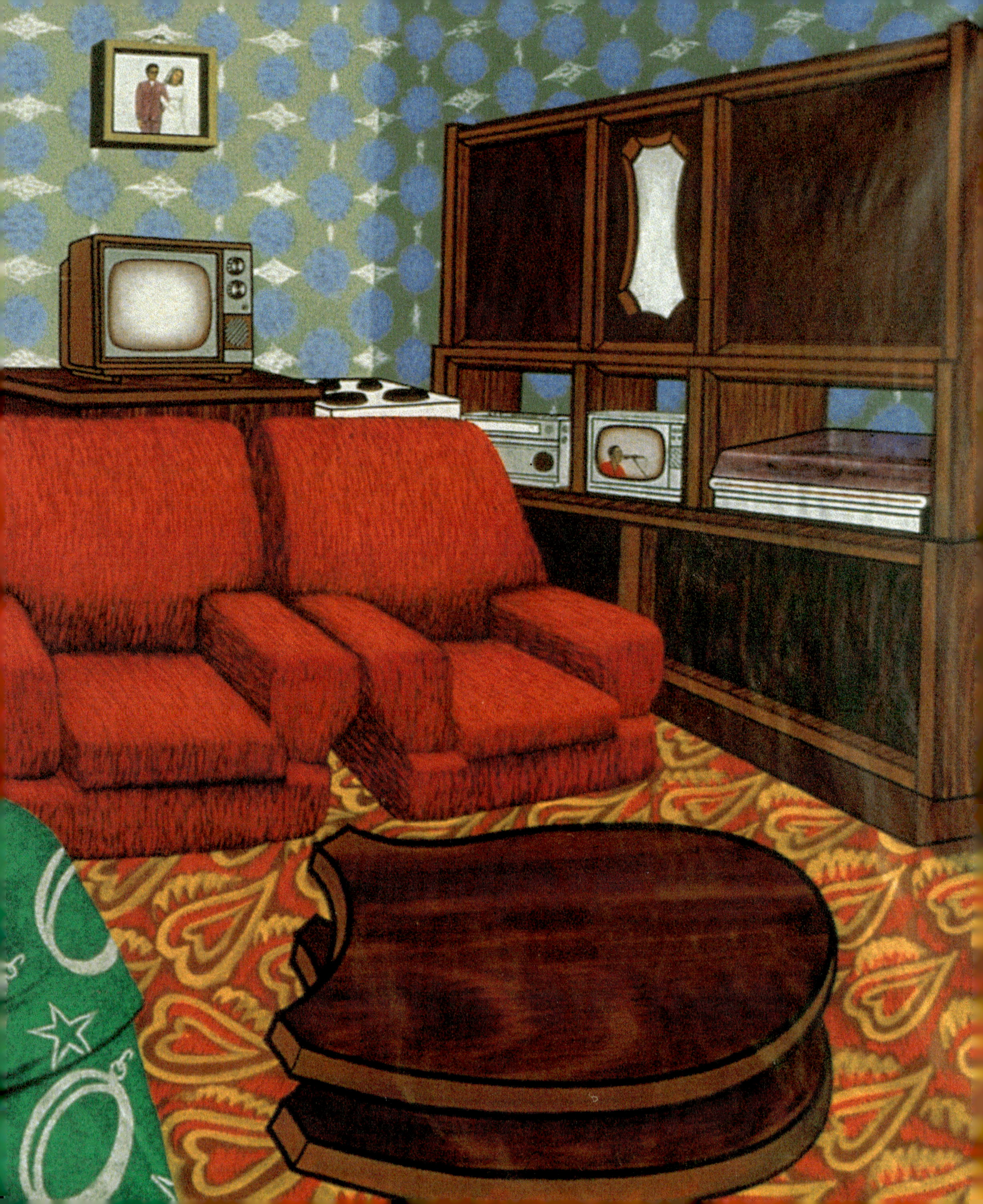

„WO DIE BILDER WOHNEN"

BARBARA PLANKENSTEINER

EINE ETHNOGRAPHIE DES WOHNZIMMERS UND WANDSCHMUCKS IM URBANEN KONGO

In Anbetracht der beeindruckenden Vielfalt und des enormen Informationsgehaltes der in diesem Katalog präsentierten Malereien ergibt sich naturgemäß die Frage, wer sie im Kongo kauft, in welchem Zusammenhang sie verwendet werden und welche Einstellung die Betrachter zu ihnen haben. Neben der Beschreibung und Interpretation der Bildinhalte populärer Malereien und der Skizzierung der politischen und sozialen Gegebenheiten, die sie reflektieren, ist daher vor allem eine Untersuchung ihrer lokalen Konsumption, die Art ihrer Verwendung und die Bedeutung, die ihnen in diesem Kontext beigemessen wird, von Interesse.[1]

Diese Betrachtung erscheint mir auch vor allem deshalb relevant, weil häufig fälschlicherweise der Eindruck entsteht, daß diese Art der populären Kunst Afrikas fast ausschließlich einen externen Markt bedient und als eine Art Touristenkunst mißverstanden wird. Mit den nachfolgenden Ausführungen wird die lokale Bedeutung und Nutzung der Bilder unterstrichen.

Populäre Malereien werden im Kongo neben öffentlichen Bereichen, wie in Bars oder Geschäften, auch im privaten Rahmen zur Schau gestellt. Hier dient vor allem das Wohnzimmer – genannt „salon" oder „le living" in Anlehnung an den englischen Begriff „living room" – als zentraler Empfangsraum eines Hauses zu ihrer Präsentation. Abgesehen von ihrer Rolle als attraktive Dekorationsstücke, fungieren die Bilder als Mittler für politische, soziale und kulturelle Statements. Diese sind in der Regel durch den Haushaltsvorstand definiert, der durch die Auswahl des Wandschmucks und dessen bewußter Plazierung im Raum seine politischen, sozialen und religiösen Standpunkte offenbart. Die ästhetische Qualität der Malereien scheint hier von sekundärer Bedeutung, es zählen vielmehr die Inhalte, die Besuchern und den Mitgliedern der Familie, die diesen Raum mitbenutzen, vermittelt werden sollen. Im Konzert mit anderen dekorativen Elementen und Einrichtungsgegenständen im Raum, geben die Malereien Aufschluß über Status, Gedankengut und Weltbild der Bewohner. Für eine ethnologische wie auch kunstsoziologische Annäherung an die populäre Malerei im Kongo bietet sich daher die Situierung der Malereien im privaten Bereich als optimaler Ausgangspunkt der Begutachtung an. Eine Analyse der Interpretation der Motive durch ihre Besitzer oder Betrachter, sowie die Beschreibung des lokalen Kontextes ihrer Verwendung, also des Wohnzimmers und seiner Ausstattung, erschließt dem außenstehenden Beobachter den Stellenwert, den die Malereien in der Sicht ihrer „Konsumenten" einnehmen. Wandschmuck wirkt schlichtweg als Agent der Sozialisation: „Er liefert Informationen über Kultur und Gesellschaft, er unterstützt das Kennenlernen kultureller Werte, er hilft bei der Indoktrinierung von Normen, er reproduziert erfahrbare und zu erfahrende Wirklichkeit, kurz: er fördert die Integration." (Scharfe 1970:95). Diese im Rahmen eines Wandschmuckforschungsprojektes in Deutschland gemachte Feststellung ist auch, wie wir hier am Beispiel Kongos nachvollziehen können, für afrikanische Verhältnisse gültig.

Versteht man die populären Malereien nun aus ethnologischer Sicht als Teil der materiellen Kultur, gibt neben der Produktion und Distribution der Objekte auch die Untersuchung ihres Verbrauchs, ihres Konsums, wichtige Aufschlüsse. Die konsumorientierte Auseinandersetzung mit dem Ding ist erst seit den achtziger Jahren stärker ins Blickfeld der Ethnologen gerückt. Ausgangspunkt für diese Ausrichtung waren Theorien, die den wichtigen kommunikativen Charakter des Konsums herausstrichen und die Bedeutung der Nutzung, des Besitzes und des Verbrauchs von materiellen Gütern verstanden[2]. McCracken (1988) verwies darauf, daß der Konsum in je-

1 Der Beitrag beruht auf in Kinshasa, Lubumbashi und Bunia von Juni bis Oktober 1999 durchgeführten Befragungen und der fotografischen Dokumentation von Wohnzimmern. Ich danke Antoine Yok Bakwey, Claude Mwilambe Mwembe und Pierre Sugabo für die Durchführung der Befragung. Weiteres Material lieferte ein Aufsatzwettbewerb an zwei Sekundärschulen in Lubumbashi; ich möchte hier nachdrücklich Bogumil Jewsiewicki und Dibwe dia Mwembu für die Anregung dafür danken, weiters auch Sabakinu Kivilu für die Betreuung der Recherche in Kinshasa und Nzunguba Ibio für jene in Bunia. Bogumil Jewsiewicki koordinierte die Befragungen im Kongo und ohne seine wertvollen Kontakte und Hinweise wäre dieser Beitrag nicht möglich gewesen.

2 Unter anderen sind dies vor allem Appadurai (1986), Douglas & Isherwood (1996) oder McCracken (1988) die sich mit solchen Fragestellungen befaßten. Schweizer (2000) gibt einen guten Überblick über die Entwicklung der ethnologischen Auseinandersetzung mit dem Ding und über konsumethnologische Ansätze.

dem Teilaspekt von kulturellen Überlegungen gelenkt und geprägt wird. Alle konsumierten Güter, in unserem Zusammenhang die Bilder und Einrichtungsgegenstände des Wohnzimmers, sind geladen mit kultureller Bedeutung. Der Akt des Konsums dieser Dinge drückt kulturelle Prinzipien aus, die den Lebensstil bestimmen und einen Begriff des Selbst des Konsumenten konstruieren, der sich durch den Besitz und die Verwendung der Dinge definiert. In der westlichen Gesellschaft versteht man die „Konsumrevolution", wie McCracken sie nennt, als prägendes Moment der Moderne und sieht sie als Begleiterscheinung der industriellen Revolution. Die zunehmende Rollendifferenzierung und steigende Anonymität hat dazu geführt, Dinge zum Ausdruck und als Richtschnur sozialer Identität zu nutzen. Durch das Konsumverhalten, den Besitz und den Verbrauch bestimmter Luxus- und Gebrauchsgüter, wird der soziale Status definiert und die dadurch transportierte Botschaft wird auch von den anderen Mitgliedern der Gesellschaft verstanden. Die Bedeutung dieser Güter geht über ihren utilitären Charakter und ihren kommerziellen Wert hinaus.

Eine nähere Auseinandersetzung mit diesen komplexen Fragestellungen würde hier zu weit führen, doch möchte ich noch vor allem einen Punkt herausstreichen, der mir in der Beschäftigung mit den Malereien im Wohnzimmer relevant erscheint. Appadurai (1986) hebt als Besonderheit von Luxusgütern ihren vorrangig kommunikativen Charakter hervor im Kontrast zu den überlebensnotwendigen Dingen. In diesem Sinne können Malereien und die Wohnzimmerausstattung, die als Luxusgüter zu werten sind, schlicht als „fleischgewordene Zeichen" verstanden werden, zu deren Entschlüsselung wir hier beitragen möchten, indem wir uns von ihrer utilitären Funktion als dekorative Elemente oder Mobiliar ihrem kommunikativen Aspekt zuwenden.[3] Wir gehen hier also von einer Differenzierung der Funktionen eines Objektes in eine „manifeste", sofort einsichtige, und eine „latente" Funktion aus, die der Erklärung bedarf.[4] Die Kommunikation durch die Malereien und die Wohnzimmereinrichtung entfaltet sich entlang zweier Hauptstränge, einer persönlich determinierten Kontemplation einerseits und einer gesellschaftlich normativen Interpretation andererseits, indem sie als Gradmesser für sozialen Status funktionieren, als Indikator für religiöse oder ethnische Zugehörigkeit oder ähnliches.

Die oben geschilderte Entwicklung, die sogenannte Konsumrevolution, ist in Afrika erst später eingetreten und wurde durch die koloniale Besetzung forciert. Der Lebensstil und das Konsumverhalten der afrikanischen Moderne haben sich westlichen Modellen angeglichen. Sowohl die Tafelmalerei, als auch das Wohnzimmer im Wohnbereich haben sich ausgehend von westlichen Vorbildern entwickelt und können in ihrer Bedeutung sehr gut über das Konsumverhalten erschlossen werden. Aus unserer Untersuchung wird klar, daß hier keinesfalls ein Lebensstil, die Nutzung eines Wohnzimmers oder der Malerei exakt kopiert wurde, sondern daß die vorgegebenen Muster in einem kreativen Prozeß an lokale Gegebenheiten adaptiert und auch in mancher Hinsicht in tradierte Denksysteme integriert wurden. Das Ergebnis unterscheidet sich in der afrikanischen Realität signifikant vom „idealen" Vorbild, weshalb hier auch von einer „Kreolisierung" oder „Pidginisierung" in positivem Sinne gesprochen wird (Fabian 1997, Rowlands 1996). Das Wohnzimmer kann als signifikanter Ausdruck der afrikanischen Moderne gewertet werden, die ein vorrangig urbanes Phänomen ist. Der koloniale europäische Wohnstil hat sich hier als prägend erwiesen und hat den ersten urbanen Lebensformen der Afrikaner als Vorbild gedient. Später haben Fernsehen, Film und euro-amerikanische Zeitschriften sicherlich aktuellere und zugleich realitätsfremde Anregungen häuslicher Gestaltung gegeben, die aufgrund

3 Eine grundlegende Auseinandersetzung mit dem klassifikatorischen Charakter des Kulturkonsums bietet natürlich Bourdieu (1987). Vergleichbare Untersuchungen wurden in den siebziger Jahren in der deutschen volkskundlichen Wandschmuckforschung unternommen, die mir in der Art der Auseinandersetzung als Anregung gedient haben.

4 Ames (1980) verweist auf diese Differenzierung durch Merton.

der allgemeinen Wirtschaftssituation und des nicht vorhandenen Warenangebotes in Afrika nur artifizielle Wunschvorstellungen bleiben konnten.

Das Wohnzimmer ist im Kongo in den fünfziger Jahren aufgekommen und wurde zu einer fixen Einrichtung in den Häusern der „*évolués*"[5], die den Status von „Angepaßten" anstrebten, was mit einer Art Ehrenurkunde belohnt wurde. Verfolgt man die Ausführungen Makombos in diesem Band über den Wohnstil der Évolués, wird klar, welchen Stellenwert die Übernahme europäischer Wohnkultur in dem forcierten Anpassungsprozeß an das belgische Kleinbürgertum innehatte. Eine Übernahme kleinbürgerlichen Wohnverhaltens war Voraussetzung für sozialen Aufstieg und gesellschaftliche Anerkennung und galt als Visitenkarte eines „zivilisierten" Menschen. Noch heute ist die Wohnungseinrichtung und die Einstellung dazu merklich von jener Zeit geprägt und vor allem in Lubumbashi noch stark spürbar. Ebenso wirkt die Perzeption eines „zivilisierten" Daseins noch heute nach; so meinte beispielsweise ein Ehepaar in Lubumbashi in Bezug auf ihr gut ausgestattetes Wohnzimmer: „Ist das Haus gut geschmückt, das Wohnzimmer gut eingerichtet, gereicht es uns zur Ehre. Derjenige, der unseren Salon betritt, wird sich sagen, daß wir zivilisiert sind. Er wird uns sehr respektieren."

Wie Jewsiewicki (1996) hervorhebt, gilt das Wohnzimmer inzwischen als Zeichen wirtschaftlichen, sozialen Erfolgs und Aufstiegs, im Gegensatz zu früher, als es eher als Zeichen der Unterwerfung unter westliche, koloniale Normen gewertet wurde. Diese Bedeutungssteigerung des Wohnzimmers, verstärkt durch den Fernseher, befruchtete den Markt für Malereien und für Möbelhandwerker. Westliche Moden werden zeitversetzt in der Möbelgestaltung von lokalen Handwerkern kopiert und finden auf diese Weise Eingang in die lokalen Wohnzimmer.

Durch den adaptierten Wohnstil im urbanen Umfeld änderte sich auch das soziale Verhalten. Fand der Empfang von Gästen im vorkolonialen Alltag in der Öffentlichkeit statt[6], verlagert sich nun die Interaktion zwischen Gast und Gastgeber in das Innere des Hauses, in das Wohnzimmer. Sie erfolgt unbeobachtet und ohne Teilnahme der Nachbarn. Das kleinbürgerliche Wohnzimmer im Kongo verwandelt den öffentlichen Raum im Dorf in einen privaten. Diese Privatheit oder Zurückgezogenheit wäre im Dorf als unangebracht aufgefallen und hätte zu Anschuldigungen von Hexerei führen können. Für das urbane Wohnzimmer wurde es zum Normalzustand, die soziale Interaktion entfernt sich von der Gruppenkontrolle (Jewsiewicki 1991). Es entwickelten sich zwei loci für den geselligen Gedankenaustausch und die gesellschaftliche Interaktion: die Bar als öffentlicher, allgemein zugänglicher Ort der Diskussion, und das Wohnzimmer im Privathaushalt von Bessergestellten, zu dem der Zugang kanalisiert ist. Viele kongolesische Wohnzimmerbesitzer sprechen in Zusammenhang mit diesem Raum von Intimität. Dieser Bereich ist aber eigentlich ein semiprivater Ort, in dem bestimmte, ausgewählte Gäste empfangen werden, und der als Tor hin zur Öffentlichkeit wirkt. Er ist der Wohnbereich, in dem man mit der Außenwelt kommuniziert, daher ist der repräsentative Charakter seiner Ausgestaltung so wichtig. In beiden der hier genannten Sphären, der Bar und dem Salon, werden Malereien plaziert, die den Anstoß zu diskursiver Auseinandersetzung mit gesellschaftlichen und politischen Fragestellungen bieten. Das Umfeld ihrer Verwendung bleibt nicht ohne Auswirkung auf Inhalte und Themenstellungen der Malereien: „Die Malerei verlegt die öffentliche Verrichtung an einen privaten Ort: sie kann im Besitz einer einzigen Person sein und gibt ihrem Besitzer das Gefühl, in seiner politischen Stellung bestätigt zu sein. Aber nicht jeder hat ein Wohnzimmer, und die meisten Stadtbewohner teilen sich den sozialen Raum einer überfüllten urbanen Parzelle oder der Straße, die nicht von

5 Zur Erklärung dieses Begriffes vgl. Makombos Ausführungen zum Status der Évolués in diesem Band.
6 Dies gilt heute noch im ruralen Bereich.

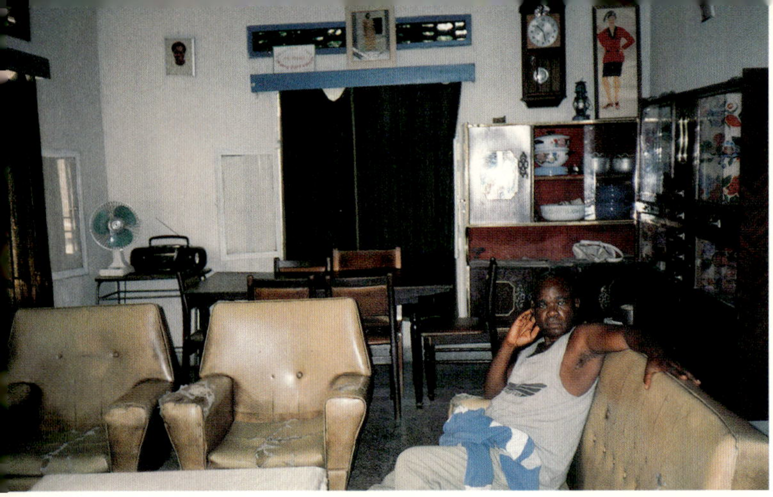

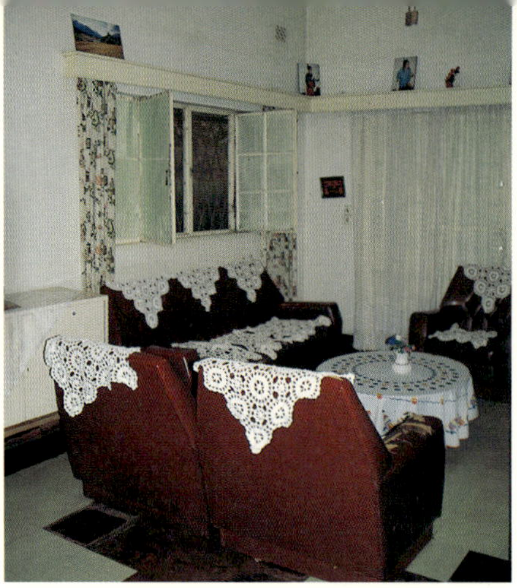

Wohnzimmer eines Mittelklasse-Haushaltes in Kinshasa.
Foto: Yok Bakwey 1999

Wohnzimmer eines Mittelklasse-Haushaltes in Lubumbashi.
Foto: Plankensteiner 1999

Individuen oder Familien kontrolliert werden können. Diese gegenseitige Abhängigkeit von Lebensraum und Malerei hat auch politische Bedeutung: ist der Kundenstock auf jene beschränkt, die ein Wohnzimmer besitzen, wird sich die künstlerische Produktion eher nach dem Geschmack und den Interessen dieser wohlhabenden Bevölkerungsgruppe richten" (Jewsiewicki 1991:146).[7]

Das durchschnittliche Wohnzimmer ist im Kongo durchwegs nach ähnlichen Prinzipien strukturiert, auch wenn die Ausstattung in Details regionalen und einkommensspezifischen Variationen unterworfen ist. Die Einrichtung besteht in der Regel aus einer Sitzgarnitur, zusammengesetzt aus Sofa und Fauteuils, einem oder mehreren Sofatischchen, einem Buffet oder einer Vitrine, in der Geschirr, Wert- oder Erinnerungsgegenstände und, falls vorhanden, der Fernseher, der Videorecorder, das Radiogerät oder eine Stereoanlage aufbewahrt werden. Gibt es kein eigenes Eßzimmer, befindet sich im Wohnraum auch ein Eßtisch mit meist sechs Stühlen, der in einfachen Häusern einziger Einrichtungsgegenstand des Wohnzimmers ist. Zum durchschnittlichen Inventar gehören weiters ein Ventilator und sehr oft ein Kühlschrank oder eine Tiefkühltruhe. Ist die Familie im Besitz einer Nähmaschine wird auch sie hier präsentiert. Neben den Malereien finden sich als Wandschmuck fast überall Kalender mit Farbabbildungen, die nicht unbedingt aktuell sein müssen, Ausschnitte aus Zeitschriften, Familienfotos und vor allem die obligate Pendeluhr sind weit verbreitet.

Im kleinbürgerlichen kongolesischen Wohnzimmer präsentiert man sich von seiner besten Seite, genauso wie man sich für ein Foto das feinste Gewand anzieht. Hier empfängt der Hausherr die Gäste und unterhält sie, während seine Frau oder eine ältere Tochter Bier oder die prestigereichen Softdrinks offeriert. Der Fernseher läuft unbeachtet im Hintergrund. In erster Linie dient das Wohnzimmer als Empfangs- und Repräsentationsraum schlechthin, in dem Gäste empfangen und bewirtet werden und durch dessen Ausstattung man bei ihnen einen gewissen Eindruck hinterlassen will. Der Zustand des Raumes ist dabei sehr wichtig, er soll aufgeräumt, sauber und gelüftet sein. Bei vielen Familien ist er auch abendlicher Versammlungsraum, bei dem man sich zum gemeinsamen Gebet, zu Gesprächen oder zum Fernsehen trifft. Die Art der Einrichtung und Ausstattung reflektiert den gesellschaftlichen Status und die ökonomischen Verhältnisse der Bewohner. Sie folgt gewissermaßen normierten Richtlinien, die für lokal Ansässige leicht erkennbar sind, wie ich weiter unten am Beispiel des Sofatyps exemplifizieren möchte. Durch bewußtes Postieren gewisser Gegenstände, die im konventionellen Verständnis auf gewisse Qualitäten verweisen, wird der Besucher mit bestimmten Botschaften konfrontiert. Dekorativ im Salon aufgestellte leere Getränkedosen oder Whiskeykartons verbreiten beispielsweise für Kongolesen ein internationales Flair und zeigen, daß die Bewohner sich diese teuren, prestigereichen Getränke leisten können. Durch bestimmte Malereien oder Drucke können zusätzlich Aussagen über die Religionszugehörigkeit getätigt oder auf die ethnische Zugehörigkeit hingewiesen werden. Seltener wird durch solchen Wandschmuck die politische Haltung manifestiert. Die Präsentation spezifischer Gegenstände eröffnet den Wohnzimmerbesitzern auch eine zweite individuellere Kommunikationsschiene.[8] Viele der im Wohnzimmer sichtbaren Gegenstände

7 Diese und alle weiteren Übersetzungen aus dem Englischen in diesem Beitrag durch die Autorin.

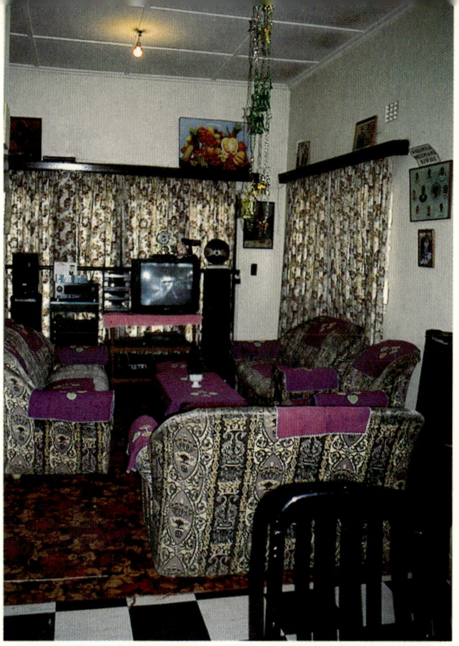

Wohnzimmer eines wohlhabenden Händlers in Lubumbashi.
Foto: Plankensteiner 1999

und Bilder sind bewußt plaziert, um eine private Geschichte erzählen zu können, die Besuchern gerne vermittelt wird. Gerade Malereien werden häufig dazu benützt, die Bewohner des Hauses und ihre persönlichen Ansichten zu charakterisieren. Nicht nur diese, auch recht unprätentiöse Objekte können als Fokus für familiäre Erinnerungsarbeit eingesetzt werden. So hat eine Witwe in Lubumbashi drei leere Getränkekartons auf die Vitrine in ihrem gut bestückten Salon gestellt. Ihr Mann mußte aufgrund seiner medizinischen Behandlung regelmäßig Fruchtsaft trinken, nach seinem frühzeitigen Tod hat sie von jeder Sorte – Mango, Apfel und Orange – eine Schachtel aufbewahrt, um an ihren verstorbenen Mann und die für kongolesische Verhältnisse luxuriöse Kur zu erinnern.

In der Ausstattung wie auch in der Funktion unterscheidet sich das durchschnittliche kongolesische Wohnzimmer nicht signifikant von jenem im restlichen urbanen Afrika, obwohl es landesspezifische Vorlieben und Moden gibt, die auch vom Möbelangebot determiniert sind. Rowlands' (1996) Beschreibung eines kamerunesischen Wohnzimmers weicht von jenem oben beschriebenen kongolesischen nur in Details ab. Das Prestige eines wohl ausgestatteten Wohnzimmers ist überall sehr hoch.[9] Die Ähnlichkeiten beschränken sich nicht bloß auf Vorlieben in der Einrichtung wie dem monumentalen Sofa, oder der Zurschaustellung wertvoller Haushaltsgeräte wie dem Kühlschrank oder dem Ventilator, sondern reichen bis hin zu bestimmten Verhaltensweisen, wie den Fernseher bei Besuchen als Höflichkeitsgeste laufen zu lassen.[10] Wirklich herausragendes Merkmal des kongolesischen Salons ist jedoch der Stellenwert der Malerei.

Eine wichtige Rolle spielen die Einrichtungsgegenstände eines Wohnzimmers im Kongo als Geldanlage. In schwierigen Zeiten werden Teile der Ausstattung wieder verkauft, daher investiert man bei Überschüssen gerne in dieses Inventar. Dies betrifft nicht nur elektronische Geräte wie Fernseher oder Stereoanlage, sondern auch das Mobiliar, wie die Sitzgarnitur oder die Vitrine, und auch die Malereien. Eine Wohnzimmereinrichtung ist im Kongo sehr teuer, und ihre Anschaffung erfordert mehrere Monatslöhne eines Durchschnittsverdieners. Normalerweise wird sukzessive in die diversen Ausstattungselemente investiert, die selten aus dem Regelgehalt finanziert werden können. Häufig werden dafür Sondervergütungen eingesetzt, wie solche die der Mann anläßlich einer Dienstreise erhalten hatte. Der Wert der Möbelstücke wird oft in „Pagne Superwax“[11] angegeben; mehrere Wohnzimmerbesitzer erzählten, daß ihre Frauen auf deren Anschaffung zugunsten eines Möbelteil verzichtet hätten, um eine sinnvollere und längerfristige Investition zu gewährleisten. Die Möbel werden direkt bei Tischlern bestellt oder bei spezialisierten Händlern erworben, es handelt sich hier zumeist um lokal produzierte Produkte, die in kleinen Tischlerwerkstätten hergestellt werden. Industriell gefertigte Importe übersteigen weit

8 Ames (1980) spricht hier von privater und persönlicher Bedeutung, die Personen Objekte in ihrem Besitz verleihen, im Gegensatz zur öffentlichen, allgemeinen Bedeutung.

9 Wendl & Prussat (1998:33) beschreiben in ihrem Band über Studiofotografie in Ghana ein sehr beliebtes Kulissenmotiv, den dort als „Room Divider“ bezeichneten Wandschrank, der als Trennwand zwischen dem Wohnraum und der dahinterliegenden Schlafstätte dient: „Der „Room Divider“ ist mit all den Objekten der Begierde sozialer Emporkömmlinge gefüllt: Fernsehapparate, Audio- und Videogeräte, Telefon, Wanduhr, Bücher und Videokassetten, Gläser, Porzellangeschirr und Spirituosen, Blumenvasen und Ventilatoren. Mitunter tritt ein Kühlschrank dazu, geschlossen – oder noch beliebter – halb geöffnet, und damit Einblick in die üppige häusliche Versorgungslage gewährend. All diese gemalten Artikel sind wie Jagdtrophäen, in deren Mitte sich der Fotografierte als erfolgreicher Jäger präsentiert.“ Die Tatsache, daß vor allem junge Männer in heiratsfähigem Alter sich vor diesem fiktiven Hintergrund ablichten lassen, um ihre Geliebte zu beeindrucken, macht deutlich, welch großes Prestige ein Wohnzimmer auch in Ghana hat.

10 Dies ist natürlich nicht bloß ein afrikanisches Phänomen, auch in Europa gibt es weitgehende Übereinstimmungen in der Wohnzimmergestaltung trotz der nationalen Abweichungen.

11 Es handelt sich hier um teure Importware, im Wachsdruckverfahren hergestellte Baumwollstoffe, die zum Schneidern feiner Kleider verwendet werden. Ihr Gegenwert beträgt im Augenblick ca. 100 bis 150 US Dollar.

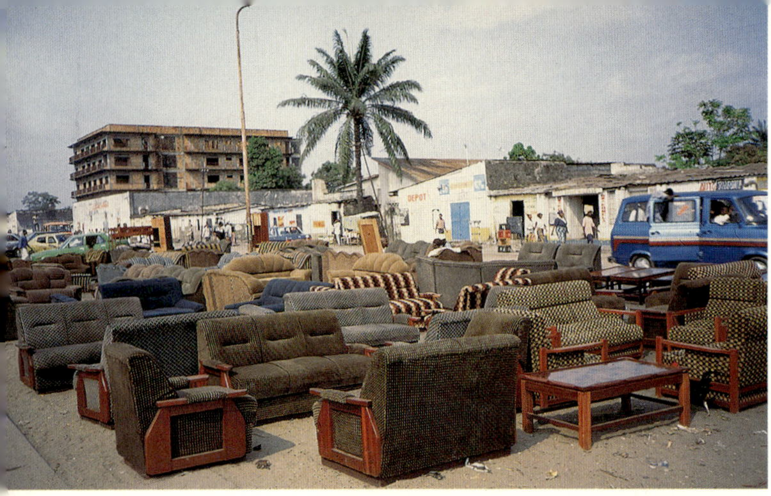

Angebot eines Möbelhändlers in Kinshasa.
Foto: J.-P. Kiteswa 1999

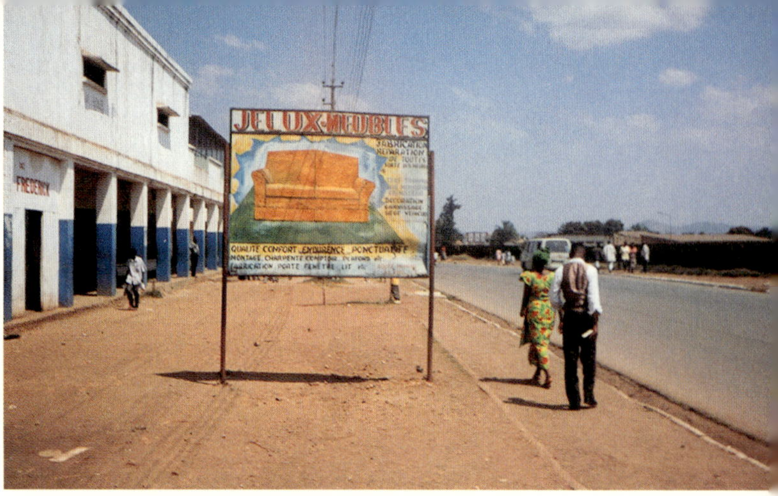

Gemalte Werbetafel für eine Möbelmanufaktur in Lubumbashi.
Foto: Raphaël Nkishi Dibwe 1999

die finanziellen Möglichkeiten des Durchschnittskongolesen. In vielen Fällen werden sie auch zweiter Hand gekauft. Solche Möbel bieten jene auf der Straße an, die sich ein besseres Stück leisten konnten oder aber jene, die sich aus Geldmangel von Teilen des Haushaltsinventars trennen mußten. Auch Malereien geraten auf solche Weise in Zirkulation, falls sie noch nicht zu stark abgenützt sind. Viele haben Einrichtungsgegenstände von Europäern im Haus, die das Land verlassen und ihre Ausstattung veräußert hatten. Solche Stücke sind hoch geschätzt; ein Angestellter der Kupfermine in Lubumbashi betonte etwa, daß er ein Bild von einer weißen Familie gekauft hatte, die wegen ihrer Rückkehr nach Europa den Haushalt auflöste. Den besonderen Wert des Bildes sah er darin, daß es „den Duft des Hauses der Weißen verbreite" und es sehr schön sei, weil „die Weißen sich immer nur Dinge sehr guter Qualität zulegten". Diese Haltung offenbart einmal mehr die Vorbildwirkung des europäischen Geschmacks und das damit verbundene Prestige. Aufgrund der problematischen Lage im Kongo hat im Augenblick kaum mehr jemand das Geld für neue Anschaffungen und viele haben die wertvollsten Einrichtungsgegenstände ihres Wohnzimmers aus der Not heraus verkauft.

Das Zentrum eines durchschnittlichen Wohnzimmers im Kongo bildet die Sitzgarnitur, ohne die der Raum nicht als komplett erachtet wird. Neben der Anhebung der Bequemlichkeit erfüllt der Typ der Garnitur eine wichtige Aufgabe als Zeichenträger für die gesellschaftliche Position des Hausbesitzers[12]. Wie eingangs angemerkt, wird das Wohnzimmer im Kongo landläufig „salon" genannt, „le living" ist eher nur in Lubumbashi gebräuchlich[13]. Die Sitzgruppe als solche gilt auch schlicht als „salon", genauso wie „salle à manger" (Eßzimmer) gleichwertig für den Eßtisch mit Stühlen als auch für den Raum selbst verwendet wird. Diese doppelte Konnotation von „salon" verweist auf die enge Verbindung zwischen Wohnraum und Sitzmöbel und darauf, daß diese einen integrativen Bestandteil desselben bilden. Die eminente Bedeutung der Sitzgarnitur reflektieren auch die vielen Namen, die für die unterschiedlichen „salon"-Typen im Kongo kursieren. In Kinshasa sind es meist spritzige, originelle Bezeichnungen, die der Mode unterliegen und manchmal von Möbelhändlern für bestimmte Modelle kreiert werden. Ein Möbelhändler in Kinshasa zeigte uns beispielsweise einen „salon hostile" (feindlicher Salon), der seinen Namen aufgrund der gewölbten Rückenlehne erhielt. Der „salon vision an 2000" (Salon Vision des Jahres 2000), war ein modisches Modell aus Kunstleder, beim „salon macaco" (Salon Affe) erinnere die Positionierung der Armlehnen und der Rückenlehne an einen Affen. Einen älteren Typ nennt man „recours" (Zuflucht) im Augenblick ist das Modell „33 tours" (33 Kurven) in Mode, ein Ecksofa mit abgerundetem Eckteil. Im Kontrast zur Vielfalt in Kinshasa unterscheidet man in Lubumbashi generell nur drei Typen: „salon sport", „salon club" und „salon présidentiel". Jeder Wohnzimmerbesitzer kennt diese geradezu normierten Zuordnungen und weiß über die Qualität des jeweiligen Typs Bescheid. Gleichermaßen stehen die drei Modelle auch für

12 Ames (1980) exemplifizierte auf interessante Weise wie ein Einrichtungegenstand, in seiner Untersuchung die Salonorgel im viktorianischen Amerika, nonverbale Aussagen tätigt.

13 Lubumbashi hat insgesamt viel Kontakt zum Süden, in dem die Verkehrssprache englisch ist. Viele beispielsweise arbeiten saisonweise in Sambia, auch bei internationalen Flügen bevorzugt man die Route über Johannesburg jener über Kinshasa. Vgl. hierzu auch Jewsiewickis Beitrag zu Lubumbashi in diesem Band.

Kleine Sitzgarniturmodelle in der Möbelwerkstatt der Salesianer-Mission in Lubumbashi, die dem Kunden zur Auswahl dienen.
Foto: Plankensteiner 1999

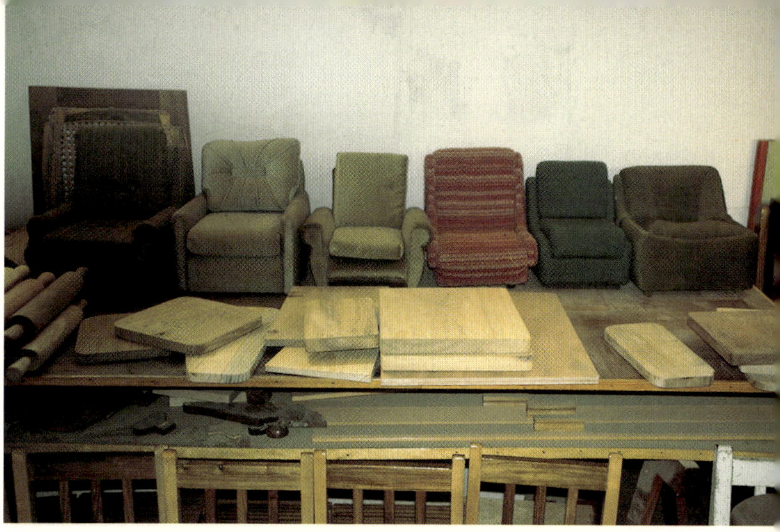

einen gewissen Status: „salon sport" ist das einfachste und billigste Modell und besteht aus einem Holzgestell mit oder ohne Sitzkissen, „salon club" ist eine gepolsterte, mit Kunstleder überzogene Variante und „salon presidentiel" ist das aktuellste, beliebteste und auch teuerste Modell. Es handelt sich hier um ein meist mit Velourstoff in verschiedensten Farbtönen und Mustern überzogenes Polstermöbel, dessen Sitzbank und Fauteuils in einem Bogen angeordnet werden können, vergleichbar mit dem oben erwähnten „33 tours". In jedem besseren Haushalt Lubumbashis findet sich eine derartige Sitzgarnitur und sie steht im Wunschdenken jener, die sie noch nicht besitzen, an erster Stelle. Ein abgenütztes Club-Modell, das früher im Wohnzimmer stand, findet sich in diesen Haushalten zumeist im „office", einem schlechter ausgestalteten Zweitwohnzimmer. Der „salon sport" ist der verbreitetste Typus in ärmlichen Verhältnissen; bei denen, die es sich leisten können, ist er eher aus der Mode gekommen. Die Sitzgruppe aus Holz ist oft auch bei jungen Paaren das erste Ausstattungsstück, das sukzessive bei höherem Einkommen durch bessere und prestigereichere Modelle ersetzt wird. Sie wird daher auch „ebandeli ja la vie" genannt, d.h. Beginn oder Anfang des Lebens. Betritt ein Ortskundiger also ein Wohnzimmer in Lubumbashi kann er sofort anhand des Sofas die finanziellen Verhältnisse der Bewohner einschätzen. Auch in Bunia ist das erstrebenswerteste Salon-Modell, ein mit dem präsidentiellen Typus in Lubumbashi, vergleichbares halbkreisförmig anordenbares Velourmodell, das hier „circulaire" genannt wird. Nicht nur die Themen der Malereien und die Arbeitsbedingungen der Künstler weichen in den drei in der Ausstellung dargestellten Städten voneinander ab, auch die Wohnzimmer, ihre Nutzung und Ausstattung weisen regionale Differenzen auf.

Die urbane Wohnsituation in Kinshasa ist von einer massiven Raumnot geprägt, die aufgrund der Wirtschaftskrise für den Durchschnitt kaum mehr bezahlbaren hohen Preise für Unterkünfte tragen zusätzlich dazu bei. Hier ist das Wohnzimmer zu einem multifunktionalen Raum mutiert. Auch wenn in vielen Salons noch die abgenützten Einrichtungsgegenstände an frühere bessere Zeiten erinnern, treten sie neben den vielen anderen in diesem Zimmer zwischengelagerten Dingen eher in den Hintergrund. In den meisten Salons findet sich doch eine Sitzgarnitur, eine Vitrine, oder ein Buffet und ein Sofatischchen. Ist eine Tiefkühltruhe oder ein Kühlschrank vorhanden, nimmt er einen prominenten Platz ein, ist er doch ein wichtiges Luxusgut, das von gewissem Wohlstand zeugt und zur gleichen Zeit zusätzliches Einkommen generieren kann, wie beispielsweise durch das Kühlen von Getränken und deren Weiterverkauf mit kleinem Gewinn an Passanten auf der Gasse. In der Nacht dient das Wohnzimmer oft als Schlafraum für Verwandte, die über keine eigene Unterkunft verfügen oder für die eigenen Kinder, denen man keinen separaten Schlafraum bieten kann. Lusavuvu und Cherin haben diese alternative Nutzung des Wohnzimmers aufgrund der krassen Wohnsituation in ihren Bildern festgehalten (cat. 61, cat. 135). Zur bereits bestehenden Raumnot sind nun nach den Unruhen auch noch viele Flüchtlinge aus dem benachbarten Brazzaville nach Kinshasa gekommen und suchen Zuflucht bei ihren Verwandten. In starkem Kontrast dazu steht das Traumbild eines Wohnzimmers, wie es Chéri Samba in seinem Bild, „Die Frau und ihre größten Wünsche", festgehalten hat (cat. 134). Die Realisierung dieser Traumvorstellung ist in Kinshasa nur mehr wenigen gegönnt. Als repräsentativer Empfangsraum ist kaum mehr ein Wohnzimmer zu nutzen. Besuche empfängt man wieder eher am Vorplatz. Nur sehr wohlhabende Familien haben zwei Wohnzimmer, einen „grand

Zwei Mami-Wata-Bilder im Wohnraum eines einfachen Hauses in Kinshasa.
Foto: Plankensteiner 1999

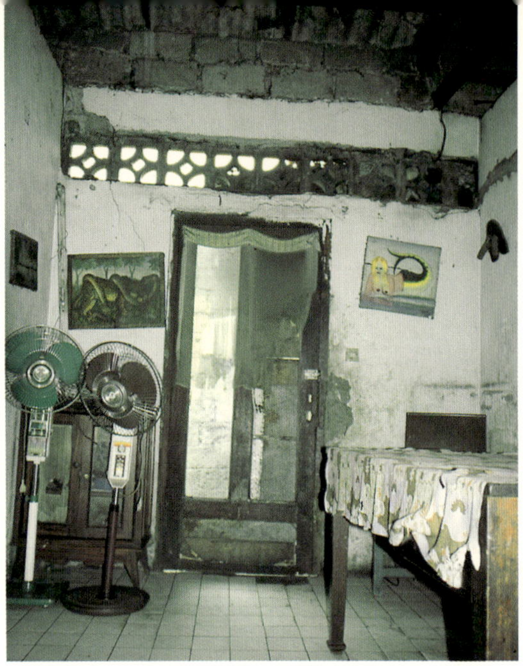

salon" zum Empfang der Gäste und einen „petit salon" als Aufenthaltsraum für die Kinder.

In durchschnittlichen Haushalten finden sich maximal bis zu vier oder fünf Bilder, selten mehr. Auffallend ist in Kinshasa das relativ häufige Vorkommen eines Bildes, das hier „biliaki jo bikoki" (es ist aus mit dir) genannt wird; in Lubumbashi und Bunia ist es als „Inakale", d.h. kein Ausweg, bekannt. Es stellt in der Regel einen Mann dar, der sich auf einen Baum flüchtet, während er aus dem Wasser von einem Krokodil, vom Ufer aus von einem Löwen und am Baum von einer Schlange bedroht wird (vgl. cat. 18). Vielfach wird dies als Darstellung der Gefahren des traditionellen Lebens im Busch interpretiert, es wird aber auch dahingehend gedeutet, daß der Mensch im Leben ununterbrochen von unentrinnbaren Schwierigkeiten bedroht ist, nur Gott kann ihm aus diesem Desaster helfen. Es ist nicht verwunderlich, daß gerade in dieser bewegten, überdimensionierten Stadt, in der der Alltag ihrer Bewohner zum Überlebenskampf geworden ist, solche Bilder an Verbreitung gewinnen. Wie in den beiden anderen Städten sind auch Landschaftsbilder recht häufig, sie scheinen hier aber nicht einen so großen Stellenwert wie in Lubumbashi einzunehmen. Stärker präsent sind Motive wie „Mami Wata", die Reichtum und Erfolg spendende Sirene, oder wie die Transportprobleme in der Stadt, mit denen jeder Tag für Tag konfrontiert ist. Es überwiegen also solche Bilder, die die Probleme des Alltags reflektieren und nicht unbedingt jene, die idyllische Situationen illustrieren.

In Lubumbashi hingegen ist das Wohnen vom Ambiente einer kleinbürgerlichen, einst wohlhabenden Provinzstadt geprägt. Die Stadt ist ruhig, auch in ärmeren Vierteln sehr gepflegt und Platz spielt keine Rolle. Die Häuser der früheren Funktionäre der Kupferwerke sind noch in der belgischen Kolonialzeit gebaut worden, und auch das Wohnverhalten ist noch stark von dieser Zeit geprägt. In den mittelständischen Haushalten gibt es häufig neben dem Wohnzimmer ein sogenanntes „office", einen zweiten Wohnraum, der hauptsächlich von den Kindern genützt wird, und in manchen Fällen neben der Veranda noch eine „Paillote", eine Art strohgedeckten Pavillon im Garten. Die Vielzahl der Empfangsmöglichkeiten führte in diesen Haushalten zu einem differenzierten Empfangsverhalten, der Zugang zu den unterschiedlichen Bereichen ist jeweils nur bestimmten Personengruppen erlaubt. So dient der eigentliche Salon zur Bewirtung hochrangiger Gäste der Eltern, die einen höheren oder zumindest gleichen sozialen Rang einnehmen, und von nahen Verwandten und sehr guten Bekannten. Alle anderen Freunde und Bekannte, vor allem der Kinder, werden nur in das „office" vorgelassen. Fremde oder Straßenhändler läßt man gar nicht in das Haus, sondern nur auf die Veranda oder unter die Paillote. Prinzipiell gilt es als Zeichen des Respektes und Vertrauens, daß jemand in den Salon darf. Begründet wird dieses Verhalten zusätzlich, daß nicht jedem Einblick in das Wohnzimmer gewährt werden soll, um Neidgefühlen zuvorzukommen, die zu Verhexung führen könnten. Auch sollen auf diese Weise potentielle Diebe nicht in Verführung geraten. Es kommt nämlich immer wieder vor, daß Wertgegenstände, wie elektronische Geräte, aus den Wohnzimmern gestohlen werden. Bei einer Familie wurde etwa in der Nacht eingebrochen und sogar die Polsterung der Sitzgruppe entwendet, woraufhin sie die neu erworbenen Teile in der Nacht immer in das Schlafzimmer räumen. Auch wenn ein Haus mit einem „office" ausgestattet ist, fin-

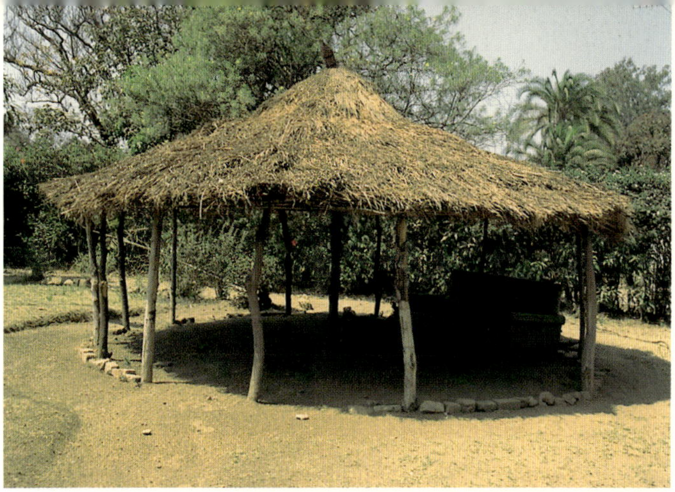

Eine „paillote“ im Garten eines wohlhabenden Händlers in Lubumbashi.
Foto: Plankensteiner 1999

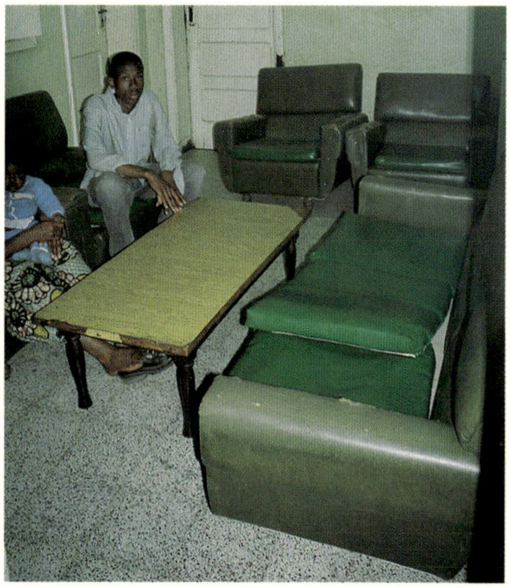

„Office“ im Haushalt eines Funktionärs des Kupferwerkes in Lubumbashi.
Foto: Plankensteiner 1999

den sich Malereien in der Regel im Wohnzimmer. In einfachen Haushalten, die oft nur aus zwei Räumen bestehen, wird man häufig nur ein Bild finden, wenn überhaupt, da Malereien ein Luxusgut sind, das sich nicht jeder leisten kann. Religiöse Motive sind sehr verbreitet; dies können biblische Darstellungen, wie die Jungfrau Maria, Jesus Christus, das letzte Abendmahl oder die Kreuzigung sein, wie auch christliche Sprüche, der Art „Ich und mein Haus wir dienen Gott“ und ähnliche, die auf die Frömmigkeit der Bewohner hinweisen. Diese Glaubenssprüche oder auch solche, die willkommen heißen und die Gastfreundlichkeit hervorheben, gibt es auch in getriebenem Kupfer, als Stickerei, auf Raphiagewebe oder aus Ton. Am verbreitetsten sind jene Bilder, die im Kongo als „paysage“ oder „village“, also Landschaft oder Dorf, bekannt sind. Meist sind hier einige Hütten am Fluß oder im Urwald abgebildet, mit oder ohne Menschen; im Hintergrund sind im Wasser manchmal Pirogen mit Fischern sichtbar. Auch Darstellungen von Frauen bei traditionellen Tätigkeiten meist mit einem Kind im Tragtuch am Rücken, während sie Wasser in einer Kalebasse oder einem Krug am Kopf balancieren, Bündel Holz auf gleiche Weise schleppen oder Getreide stampfen, sind beliebte Motive. Das Pendant hierzu aus der männlichen Sphäre bilden von der Jagd heimkehrende Männer mit Beute, Fischer, Häuptlinge oder Darstellungen eines alten Mannes mit Pfeife. Gemalte Porträts eines oder beider Elternteile sind ebenfalls stark verbreitet. Colonie-Belge- und Mami-Wata-Motive sind eher in einfachen Haushalten anzutreffen. Wie in Kinshasa geben die Leute solche Bilder der Sirene häufig weg, weil sie eine derartige Darstellung nicht mehr mit ihrem christlichen Glauben vereinbaren können. Während in den siebziger Jahren Mami-Wata-Bilder als Glücksbringer galten, sieht man in der verführerischen Nixe heute eine mystische diabolische Kreatur, deren bildliche Anwesenheit im Haus dem Teufel oder der Hexerei das Tor öffnen würde. Colonie-Belge-Gemälde sind vor allem dann vorhanden, wenn in der eigenen Familie negative Erfahrungen in der belgischen Kolonialzeit gemacht wurden. Es kommt auch hin und wieder vor, daß jemand aus Verzweiflung über die momentane Lage des Landes in Anbetracht dieser Bilder, das strenge „law and order“-System jener Zeit herbeisehnt. Auch das Wahrzeichen von Lubumbashi, der Kamin der Gecamines, des Kupferwerks, schmückt viele Wohnräume; hier offenbart sich der Stolz über die wirtschaftliche Bedeutung dieser Stadt. Oft dient es auch nur als Hinweis darauf, daß der Hausherr in der Kupfermine beschäftigt ist oder war. Vereinzelt finden sich Porträts von Kabila, die das Konterfei Mobutus abgelöst haben, dazu zählen Darstellungen des Löwen oder Leoparden, die mit dem einen oder anderen der beiden assoziiert werden. Ebenso trifft man historische Ereignisse an, die in der lokalen Erinnerung einprägsam waren, wie die Kämpfe der sezessionistischen Rebellen beim Zugübergang oder die Intervention der UNO-Truppen beim Kupferschmelzwerk während des Sezessionskrieges von Katanga in den sechziger Jahren. Abbildungen von Masken der Teke, Lunda, Kuba oder Tschokwe klären über die ethnische Zugehörigkeit der Bewohner auf. Auf diese wird bei den Luba-Kasai nur noch selten durch das Bild von „Mwa Mbuja“, der

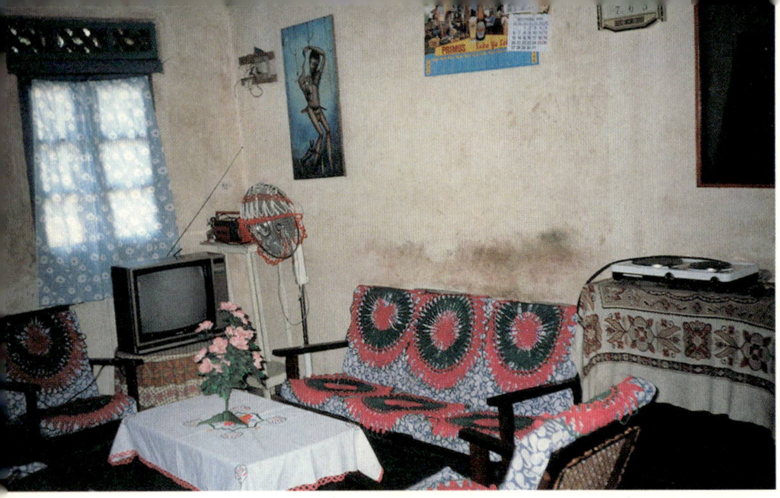

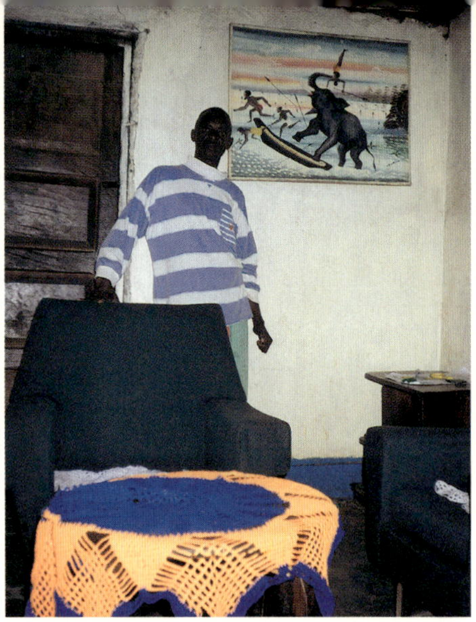

Wohnzimmer eines Mittelklasse-Haushaltes in Bunia.
Foto: Pierre Sugabo 1999

Wohnzimmerbesitzer in Bunia mit einem Bild der Elefantenjagd.
Foto: Pierre Sugabo 1999

Zwillingsmutter, hingewiesen, der Wiedergabe eines bei dieser Ethnie üblichen Festes, das zur Geburt von Zwillingen abgehalten wurde, in dessen Mittelpunkt die Mutter mit Ziegenköpfen in der Hand tanzt (vgl. cat. 166 und 167). Beim Eßtisch oder Speisezimmer, falls ein eigenes vorhanden ist, hängt oft ein Stilleben mit Fruchtschale (vgl. cat. 155). Neben den Malereien finden sich vor allem Illustrationen aus Zeitschriften oder Kalendern sowie Poster an den Wänden, die Skylines westlicher Städte zeigen, Blumengärten, Sonnenuntergänge, große Autos, Swimming Pools, Berggegenden und andere westliche Landschaften, „kurz Darstellungen, die Vorstellungen und Träume eines paradiesischen Lebens in einem erwecken", wie ein lokaler Kommentator vermerkt.

In Bunia ist die Ausstattung der Wohnzimmer nicht so verfeinert wie in Lubumbashi, sowohl von der Einrichtung her als auch von der Raumeinteilung. Nur Wohlhabende können sich zwei Wohnräume leisten, einen Empfangssalon und einen Salon für die Kinder und den Privatgebrauch, der hier nicht „office" sondern „zweiter salon" genannt wird. Sehr viele Haushalte haben noch keine Stromversorgung, daher fehlen Fernseher und andere elektrische Geräte. Die Kochstelle ist aus diesem Grund meist in einem sogenannten Annex, einem Zubau untergebracht, um den Rauch, Ruß, Schmutz und die Gerüche vom Wohnhaus fernzuhalten. Interessanterweise reflektiert in solchen Haushalten auch die Art der Sitzgarnitur, die meist aus dem günstigsten Typus, jene mit dem Holzgestell und den beweglichen Kissen besteht, eine frühere Zeit. Denn jener Fauteuiltyp komplett aus Holz gefertigt, mit oder ohne Kissen und manchmal noch mit Lianen bespannt, ist nicht nur das kostengünstigste, sondern auch das am längsten gebräuchliche Sitzmöbel dieser Art, und in Kinshasa, aber auch in Lubumbashi nur mehr wenig in Verwendung. Vielfach angesprochen wurde von Hausbesitzern die Frage der Sicherheit, die im Augenblick in der von den Rebellen besetzten Stadt und ihrer Umgebung zum alles determinierenden Faktor wird. So wünschen sich viele nun statt der externen Küche eine direkt im Haus, um in der Nacht nicht mehr ins Freie zu müssen. Gleichermaßen wirkt sich die prekäre Lage der Abgeschlossenheit auf die Ausgestaltung der Wohnzimmer aus, für kaum jemanden ist es noch erschwinglich, sich das Heim mit neuen Malereien oder Einrichtungsgegenständen zu schmücken. In Bunia überwiegen in den Wohnzimmern Landschaftsdarstellungen, religiöse Themen, Tierbilder und wie auch in Lubumbashi Frauen und Männer bei ihren überlieferten Tätigkeiten, traditionelle Tänzer oder Heiler, also jene Motive, die das althergebrachte Leben am Land reflektieren. Charakteristisch für Bunia ist die Illustration der Elefantenjagd, eine lokal wegen der großen Gefährdung sehr hoch anerkannte männliche Leistung. Auch Szenen aus der Kolonialzeit, wie Colonie Belge oder rezente Ereignisse, wie die Kämpfe der Anhänger Kabilas gegen die Truppen Mobutus in den neunziger Jahren trifft man in den Wohnräumen häufig an, ebenso wie Bilder der Rebellion von 1964, unter der die Stadt sehr stark gelitten hat und viele ihre Angehörigen verloren haben.

Vergleichbar mit der Einrichtung erfolgt auch die Auswahl der Malereien und ihre Plazierung im Haus im gesamten Kongo nach ähnlichen Richtlinien. Die Einstellung zur gängigen Situierung der

Landschaftsbild im Wohnzimmer eines wohlhabenden Händlers in Lubumbashi.
Foto: Plankensteiner 1999

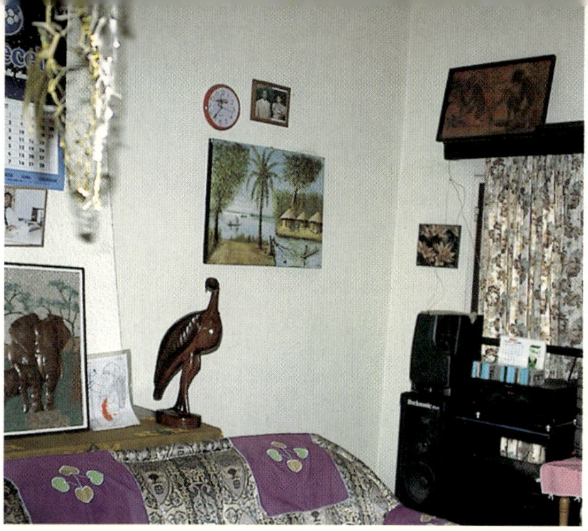

Malereien im Wohnbereich brachte ein Kommentator aus Bunia auf den Punkt: Im Salon sei es wichtig, Bilder aufzuhängen, um die Gäste zu unterhalten, um an historische, religiöse Ereignisse zu erinnern, an Werte und Traditionen. Daher bevorzugt er hier vorrangig religiöse Motive, Darstellungen der Vorfahren, des Lebens im „primitiven" Dorf und historische Vorkommnisse. Für das Eßzimmer erachtet er Appetit anregende Motive als geeignet und für das Schlafzimmer erotische.[14]

Innerhalb dieser landesweiten Praktiken lassen sich, wie wir oben gesehen haben, regionale aber auch standesmäßige Unterschiede feststellen. In Lubumbashis kleinbürgerlichen Haushalten überwiegen Landschaftsdarstellungen, während in einfachen Verhältnissen noch Mami Wata, Colonie Belge und solche Motive, die die ethnische Herkunft exemplifizieren, verbreitet sind. Viele dieser Bilder stammen noch aus den siebziger Jahren, als die populäre Malerei eine Blütezeit erlebte und die wirtschaftliche Situation des Landes es auch Ärmeren erlaubte, sich Malereien zuzulegen. Außerdem ist die Vorliebe für bestimmte Motive auch von aktuellen politischen Ereignissen oder den Lebensbedingungen determiniert, wie wir am Beispiel Bunias gesehen haben. Lumumba-Darstellungen waren in den achtziger Jahren kaum präsent, während sie in Folge der Machtübernahme Kabilas eine Renaissance erleben. Viele flüchten unter den augenblicklich schwierigen Lebensbedingungen zu den vielen Kirchen und Sekten, die im Moment einen enormen Zuwachs erfahren. Eine Folge davon ist auch, daß Mami-Wata-Bilder als Machwerk des Teufels aus den Häusern verschwinden und christlichen Motiven Platz machen. Daneben wirken sich auch Moden auf die Wahl des Wandschmucks aus. So macht sich vor allem in mittelständischen Haushalten ein Rückgang des Interesses an Malereien zugunsten von Kupferbildern bemerkbar. Viele finden inzwischen diese Reliefbilder aus getriebenem Kupfer (vgl. cat. 154), die hauptsächlich in Lubumbashi hergestellt werden, „präsentabler" und „moderner" als Malereien. Ein Befragter meinte auch, daß Kupferbilder in gleichem Maße wie Fotos „klar" und „sauber" wären im Gegensatz zu den „schmutzigen" Malereien. Die am häufigsten in Wohnzimmern angetroffene Kategorie von Bildern sind die sogenannten „paysage" und „village"-Motive sowie jene, die für das Dorfleben charakteristische Tätigkeiten von Männern und Frauen illustrieren. Es sind Darstellungen eines idealisierten, vom Wandel nicht berührten Afrikas, das durch Szenen ländlichen domestischen Lebens verkörpert wird (Kasfir 1999). Bei lokalen Kommentatoren galten diese vielfach als „typisch afrikanische Kunstwerke", als solche, die das traditionelle, überlieferte afrikanische Leben darstellen. Diese sind bei der afrikanischen Mittelklasse gleichermaßen beliebt wie bei den Expatriates und am Touristenmarkt. Die Kongolesen schätzen diese Idyllen, wie ich sie nennen möchte, nicht bloß wegen ihres dekorativen Wertes wie die Europäer, sondern vor allem deshalb, weil sie in ihrer Sicht das vom Westen noch unberührte Leben der Vorfahren repräsentieren. Den Stolz auf diese afrikanische Natur und Traditionen wollen sie sowohl Besuchern als auch der eigenen Familie vermitteln. Vor allem in Zusammenhang mit den dörflichen Aktivitäten der Geschlechter und dem traditionellen Familienleben wollen sie gegenüber ihren Kindern auf überlieferte Werte verweisen. Häufig wird hier Arbeit als Tugend hervorgehoben, denn nur über schwere Mühen führe der Weg zu Erfolg und Glück. Die wichtige Rolle der Frau als Mutter

14 Interessant ist hier ein Vergleich mit den Ergebnissen einer Studie zum Wandschmuck in deutschen Haushalten der siebziger Jahre, die hauptsächlich die untere Mittelschicht und die obere Unterschicht betraf. Dort fanden sich in den Wohnzimmern hauptsächlich Landschafts-, Stadt- und Dorfbilder (nicht nur Malereien, auch Drucke, Fotos etc.), dann Blumen-, Tier- und Erinnerungsbilder. Im Gegensatz zum Kongo finden sich religiöse Bilder hauptsächlich im Schlafzimmer, also im äußerst intimen Bereich. Vgl. Binder 1970.

und als Ernährerin der Familie wird in Anbetracht der Mutter-Kind-Bilder thematisiert. Die Dorf- und Landschaftsszenen strahlen für sie Harmonie, Frieden und Stille aus, auch die Reichtümer der Natur und deren lebenserhaltende Wichtigkeit werden artikuliert. Den in den Städten aufgewachsenen Kindern wollen die Erwachsenen anhand dieser Bilder mit einem nostalgischen Blick das ländliche Leben näher erklären und vom Dasein ihrer Vorfahren erzählen. Zur Untermauerung des Nationalstolzes dienen auch Abbildungen von Tieren, wie den Zebras oder Okapis, die als Wahrzeichen für den Kongo gelten und auch auf Geldscheinen abgebildet sind.

Kasfir (1999) bringt noch ein weiteres Argument für die Beliebtheit der idyllischen ruralen Szenen, sie interpretiert sie als eine Fluchtphantasie, einen Versuch die urbane Armut zu verdrängen oder aber auch als symbolische Ablehnung von westlichen Ideen und eines aufoktroyierten westlichen Lebensstils.

Ein weiterer Grund für die weite Verbreitung dieser Bilder ist auch ihr günstiger Preis. Die stereotypen Darstellungen, bevölkert mit Strichfiguren, mit wenigen Pinselzügen gezeichnet, werden von den Malern in großen Mengen und in kürzester Zeit für den Touristenmarkt hergestellt und kosten daher viel weniger als andere Malereien[15].

Vorbilder für diese Themen dürften meiner Ansicht nach die bereits Anfang des 20. Jahrhunderts in Europa beliebten stereotypisierenden Aquarelle und Ölgemälde von europäischen Reisekünstlern geliefert haben. Die von ihnen dargestellten Szenen sind in der Regel afrikanische Dörfer mit Strohhütten, Marktszenen, Frauen mit an den Rücken gebundenen Kindern, Krieger, Tänzer, Trommler, Frauen mit nacktem Oberkörper, einen Wasserkrug tragend und ähnliche.[16] Solche Sujets verkauften sich in Europa sehr gut und sind eigentlich auch noch heute am Touristenmarkt gefragt. Mittelklasse-Kongolesen schätzen zwar die gleichen Motive, sie haben aber in ihren Augen einen anderen symbolischen Wert und werden zum Ausdruck ihres Afrikanertums. Diese Haltung scheint auch nicht mit dem westlichen Einfluß, der manchen bewußt ist, zu kontrastieren. So berichtete ein Besitzer eines Landschaftsbildes, daß sich einer seiner Gäste über das Bild echauffiert hätte, weil es in seinen Augen ein Bild für Weiße sei. In das Haus eines Kongolesen gehöre kein derartiges Bild, weil es ohnehin seine Lebensrealität darstelle, sondern Darstellungen von Mami Wata oder Colonie Belge, die er als passender erachtete.

Insgesamt kann man sicherlich auch behaupten, daß mit Übernahme europäischer kleinbürgerlicher Lebensformen auch ästhetische Präferenzen in der Auswahl des Wandschmucks angenommen wurden. Auf diese Parallelen hat auch Fabian (1996) hingewiesen, der für diesen idyllischen Bildtypus den Begriff „Genre-Malerei" verwendet[17]. Er sieht in zweierlei Hinsicht Ähnlichkeiten in Funktion und Inhalt mit der Genre-Malerei des 17. Jahrhunderts in Europa: soziologisch und ökonomisch war die Genre-Malerei Teil eines Prozesses der Verbürgerlichung. Als zweiten damit zusammenhängenden Aspekt der Affinität sieht er darin, daß die Genre-Malerei in beiden Fällen mit Veränderungen in der materiellen Kultur zusammenhing: „Die Differenzierung des Lebensraumes in privaten Residenzen und das Ansinnen, Zeichen des Wohlstands – in diesem Fall auf leeren Wänden – zu zeigen, schafften einen Platz für Bilder" (Fabian 1996:194). Ganz konkret dürften vor allem auch die Wohnstile der im Land ansässigen Belgier Anregungen gegeben haben. Deren Geschmack entsprach sicherlich jenem kleinbürgerlicher Deutscher, die als Wandschmuck im Wohnzimmer auch Landschaftsbilder gefolgt von Blumen- und Tierbildern bevorzugen[18].

15 Vgl. auch Jules-Rosettes (1992) Ausführungen über das Verhältnis populärer Kunst zu Touristenware.
16 Für Beispiele dieser Gemälde und Aquarelle vgl. Auktionskatalog Christie's 2000.
17 „Genre" definiert Fabian dabei nach Washburn folgendermaßen: „Eine Genre-Malerei zeigt Szenen alltäglichen Lebens bei dem menschliche Figuren, als Typen behandelt, anonym dargestellt sind" (1996:194, Übersetzung durch die Autorin).

Fabian beobachtete weiters, daß in Katanga von den Einheimischen nur Bilder in figurativem Stil gekauft wurden. Also nicht jene dekorativen, leicht abstrakt generalisierenden Malereien, wie sie in den kolonialen Kunstschulen und Workshops produziert wurden. Hier hat sich in der Zwischenzeit offenbar ein Wandel vollzogen, Fabians Ausführungen fußen auf Beobachtungen der siebziger Jahre, während wir nun sowohl in Lubumbashi als auch in Kinshasa feststellen konnten, daß abstrakte, von der akademischen Stilisierung inspirierte Malereien sehr wohl Eingang in die Wohnzimmer gefunden haben (vgl. cat. 153).

Nichtsdestotrotz sind realistische Darstellungen weiterhin am meisten geschätzt. Viele Wohnzimmerbesitzer heben als herausragende Qualität ihrer Bilder die in ihrer Sicht naturgetreue Abbildung der Realität hervor. Erachtet jemand eine Malerei als besonders gelungen, lobt er sie durch den Hinweis, daß sie wie ein Foto wirke. Zwischen Fotografie und Malerei wird oft nicht unterschieden, beide werden als „tableau", Gemälde oder Bild, bezeichnet[19]. Betrachter gehen mit Malereien auch um wie mit einer Fotografie und nehmen das Dargestellte als reelles Geschehen wahr. Eine Schülerin beispielsweise berichtet von der Reaktion auf die Darstellung eines Waldbrandes im Wohnzimmer ihres Elternhauses. Diese animiert Besucher in der Regel dazu, nachzufragen, ob denn hoffentlich niemand bei diesem Brand zu Schaden gekommen oder gestorben wäre.

Neben den idyllischen Malereien sind vor allem Porträts in den Wohnzimmern verbreitet, die heute jedoch immer stärker von Fotos verdrängt werden. Als Vorlage für Porträts benützen die Maler meist Paßfotos, die sie entweder frei oder im Rasterverfahren reproduzieren. Die gemalten Porträts kosten immer noch weniger als eine Farbvergrößerung des Fotos und erlauben es dem Künstler außerdem, den Reproduzierten in vorteilhafter respektabler Form zu verändern, d.h. ein Idealbild von ihm zu schaffen (Jewsiewicki 1997). Tobias Wendl beschreibt in seinem bemerkenswerten Band über afrikanische Studiofotografie diese Verhaltensweise und zeichnet nach, wie die Einführung der Fotografie eine neue Art der familiären Erinnerungskultur begründete: In Afrika „... gab es keine Tradition der Porträtmalerei, die die Fotografie hätte beerben können. Doch gab es eine hochentwickelte plastische und textile Kunst, deren ästhetische Konventionen, etwa im Ideal der Kühle und Balance, die Fotografie maßgeblich beeinflußten. Die Porträtmalerei trat in Afrika erst wesentlich später auf den Plan und wurde dabei nun wieder umgekehrt von der Fotografie geprägt. Ein weiterer Unterschied besteht in den Realismusintentionen. Während man in Europa die Fotografie – wenn auch nicht von Anfang an und ausschließlich, aber doch immer mehr – so verwendete, als vermöge sie die Wirklichkeit zu spiegeln oder aufzudecken, erkannte und nutzte man in Afrika, ähnlich wie in Indien, eher ihr Potential, Wirklichkeiten neu zu erschaffen" (1998:42).

Die in den untersuchten Haushalten vorhandenen Malereien wurden meist vom Hausherr oder seltener seiner Frau erworben, oder gelangten als Geschenke von Verwandten oder Bekannten ins Haus, oft waren sie familiäre Erbstücke. Weder beim Kauf noch bei den Geschenken erfolgt die Auswahl vorrangig nach ästhetischen Gesichtspunkten, sondern eher aufgrund der inhaltlichen Deutungsmöglichkeiten des Werkes. Als weitere Kriterien werden der günstige Preis genannt oder der Umstand, daß ein ähnliches Werk in einem besuchten Wohnzimmer als Anregung gedient hat.

Der kommunikative Charakter der Malereien beschränkt sich nicht

18 Vgl. Tränkle 1970: Die Art der Landschaft entstammt hier selten exotischen oder fremden Gebieten. In Norddeutschland etwa überwiegen Meerbilder, während in Süddeutschland mehr Gebirgsszenen zu finden sind, in den Bildern wird also versucht, die Heimat präsent zu halten. Das von Tränkle erwähnte Schlagwort „an der Wand hängt Heimat" scheint auch für die Kongolesen gültig. Expatriates wiederum lassen sich von Malern nach Vorlage von Ansichtskarten Landschaftsbilder nach ihrem Herkunftsgebiet malen.

19 Auch Behrend & Wendl haben dasselbe in Ghana beobachtet: „In vielen afrikanischen Sprachen wird der Unterschied zwischen gemalten und fotografischen Bildern lexikalisch nicht markiert. Im Akan bezeichnet das Wort mfonyi alle Arten von flachen materialisierten Bildern" (1998:11).

bloß auf das Motiv des Bildes und den Symbolgehalt, den der Besitzer der Darstellung beimißt, sondern erschließt sich auch durch die Umstände des Erwerbs und den Kontext in dem es präsentiert wird, also hier dem Wohnzimmer. Diese multireferentielle kommunikative Eigenschaft der Malereien wurde in unserer Recherche deutlich; die Besitzer der Bilder hoben in ihren Kommentaren immer die symbolische Bedeutung hervor und erinnerten sich daran, wie und zu welchem Anlaß, also wann, sie dieses Bild erhalten haben. Die Erwerbsumstände hatten in manchen Fällen mehr Relevanz für die Besitzer als die Thematik des Bildes[20]. Auch im symbolischen Gehalt muß differenziert werden, es gibt allgemein standardisierte Assoziationen mit bestimmten Bildtypen, wie eben, daß ein „village", also ein Dorfbild, an die vorkoloniale Zeit, das Zeitalter der Vorfahren oder das Leben am Land erinnert; aber genau das gleiche Bild kann Anstoß zu individuellen Reflexionen geben[21]. So sahen viele Betrachter in solchen Dorfdarstellungen gerade ihr Heimatdorf dargestellt und wunderten sich, ob der Maler es persönlich gesehen hätte. Zu einer Dorfszene in ihrem Besitz vermeinte etwa sowohl der Hausherr als auch seine Frau, die beide aus weit voneinander entfernten Gebieten stammten, unabhängig voneinander, daß sie ihren Geburtsort wie auf einer Ansichtskarte darstelle. Auch die Interpretation der beliebten Buschfeuer-Bilder kann beträchtlich variieren. Ein derartiges Gemälde stellt für den einen den Zustand des Landes dar, wobei der Wald für den Kongo stehe und das Feuer für die Regierungszeit Mobutus, der trotz des Reichtums des Landes die Bevölkerung in den Ruin geführt habe. Ein anderer wiederum hat sich die Buschfeuerdarstellung nach einem Streit mit seiner Frau zugelegt, weil sie für ihn die Zerstörung der Natur und des Lebens symbolisiert. Diesen multiplen Aspekt der Erinnerungsarbeit kommen die Maler in der Ausführung der Bilder nach und bedienen ihn beispielsweise im Colonie-Belge-Sujet. Das Motiv, die Auspeitschszene mit weinenden Frauen, weißem Kolonialbeamten und ausführenden kongolesischen Soldaten, bleibt ident und gleich strukturiert, am Gebäude im Hintergrund, das in der Regel einen Schriftzug mit dem Ort des Geschehens trägt, ändern sie jedoch je nach Herkunft des Auftraggebers die Ortsbezeichnung und ermöglichen dem Besitzer dadurch seine ganz individuelle Bezugnahme. Auch andere Malereien werden durch Elemente der Erinnerung des Kunden personalisiert, koloniale Gebäude können den Namen des Geburtsortes des Käufers tragen, der Zug kann an einem bekannten Bahnhof halten, Kampfszenen werden in eine spezifische Stadt verlegt (vgl. Fabian 1996, Jewsiewicki 1999).

Um eine persönliche Geschichte referieren zu können, werden Malereien auch oft in Sequenzen an der Wand angeordnet. In Kinshasa hängte ein Mann in sein Wohnzimmer ein Bild, das im Vordergrund eine Schlange auf einem Baum zeigt, die sich gerade in das dahinterliegende Dorf schlängelt, dessen Bewohner nichts von dem nahenden Unheil ahnen. Er hat sich diese Malerei gekauft, weil es in seinem Haushalt gerade einen Vorfall von Hexerei gegeben hatte. Eine sechsjährige Nichte, die er aufgenommen hatte, hätte sich als Hexe entpuppt und Leid in die Familie gebracht. Daraufhin schickte er sie ins Dorf zurück und legte sich ein weiteres Bild mit dem blumengerahmten Spruch „Que dieu benedisse ma famille" (daß Gott meine Familie segne) zu. Dieses drückt für ihn neue Lebensfreude nach diesem Vorfall aus, die Blumen wären ein Symbol für Schönheit, für die Neuaufnahme des Lebens.

20 Schenda (1970) konnte beim Wandschmuck in deutschen Haushalten ähnliche Verhaltensweisen beobachten: „Die Popularität vieler Wandzierden ist gar nicht von der ästhetischen Qualität ihrer Inhalte her zu verstehen, sondern nur über ihre Zeichenqualität, die weit über ihren konkreten Inhalt hinausdeutet. Die Kommunikationsrelevanz von Wandbildern ist höher als ihre Inhaltsrelevanz: der Inhalt eines abstrakten Gemäldes mag dem Besitzer völlig unverstehbar sein; er versteht es trotzdem – als Geschenkgeste des Freundes, als Werk eines Malers, dessen Television-Epiphanien ihn begeistern, als Prestige-Objekt oder gar als Geldanlage" (Schenda 1970:109).

21 In Kontrast zu den weitreichenden Reflexionen, die Kongolesen über Malereien in ihrem Besitz anstellten, stellte Schilling (1970) im Rahmen einer Studie in Deutschland fest, daß die meisten Bilderkonsumenten dort „ein rein emotionales, kaum artikulierbares Verhältnis zu den oft zahlreichen Bildern an Wänden ihrer Wohnung" hätten. Die häufigsten Antworten auf die Frage, warum sie gewisse Bilder an ihre Wand hängen, lautete, weil sie es schön fänden oder weil es ihnen gefalle. Die Bildinhalte waren den meisten gleichgültig, der dekorative Charakter war wichtiger.

IM SALON EINES KONGOLESISCHEN „ÉVOLUÉ" IN DEN VIERZIGER UND FÜNFZIGER JAHREN [1]

JEAN-MARIE MUTAMBA MAKOMBO

DIE BEZEICHNUNG „ÉVOLUÉ"

Dieser erstmals im Laufe des Zweiten Weltkriegs aufkommende Begriff bezeichnet in den vierziger und fünfziger Jahren eine bestimmte soziale Schicht im Kongo sowie im benachbarten Französisch-Äquatorialafrika, wo Generalgouverneur Félix Eboué 1942 durch General Charles de Gaulle den Status der „notables évolués" (wörtlich: „kultivierte Notablen") einführen ließ; in den Jahren vor der Erlangung der Unabhängigkeit kam dieser Begriff dann immer mehr aus der Mode. Die Elite übernahm diese Bezeichnung für jene Gruppe von Kongolesen, die:

- nach der Grundschule noch mindestens drei oder vier Jahre lang eine Schule besucht hatten (die sechsjährige Dauer des Sekundarunterrichts wurde im Kongo erst 1948 eingeführt);
- in entsprechenden materiellen Verhältnissen lebten und ein monatliches Gehalt von einer bestimmten Mindesthöhe bezogen (1945 lag dieser Betrag bei 1.000 Francs);
- eine verantwortliche Stellung bekleideten und ihren Beruf gewissenhaft ausübten;
- ihre hohe Moral unter Beweis stellten, nicht vorbestraft waren und über ein Leumundszeugnis verfügten, das ihnen einen untadeligen Lebenswandel bescheinigte;
- die Lebensweise und Wertvorstellungen sowie die Sitten der Europäer übernahmen.

In ihrem Bestreben, den Kolonialherren nachzueifern und sich in das europäische Milieu zu integrieren, stellten die Évolués eine Reihe von Forderungen, wie etwa Verbesserung der Wohnverhältnisse bzw. Möglichkeit zum Erwerb angemessener Unterkünfte und Häuser aus dauerhaften Materialien, die sie vor allem in Elisabethville (1944), Luluabourg (1944), Stanleyville (1944), Léopoldville (1947), Buta (1947) usw. unterbreiteten.

WOHNBAUPOLITIK FÜR DIE ÉVOLUÉS

Um den Wohnungsnotstand im Kongo zu lösen, wurden von den belgischen Kolonialbehörden vier Finanzierungsmöglichkeiten in Form von Fonds geschaffen, die Kredite zum Hausbau gewährten. Ein sogenannter „Vorschuß-Fonds" konnte wegen der hohen Rückzahlungsraten nur von Kongolesen in den höchsten Einkommensschichten wahrgenommen werden und diente zur Finanzierung von Gebäuden in Festbauweise nach den Vorstellungen des Kunden. Ein „Fonds für das Wohl der eingeborenen Bevölkerung" sollte vor allem eine Verbesserung der Wohnverhältnisse in den ländlichen Gebieten sowie in den von Einheimischen bewohnten Bezirken bringen. Die „Offices des Cités Indigènes" (Ämter für die Stadtviertel der Eingeborenen) sollten ein Wohnbauprogramm und ein Programm für die Entwicklung der afrikanischen Ballungsräume ausarbeiten. Die Wohnfläche der mit diesen Mitteln errichteten Häuser lag zwischen 35 und 40m^2 bzw. 50 und 55 m^2, der Grundriß war vorgegeben. Der „Fonds des Königs" schließlich war anfänglich für kleine Angestellte und Handwerker bestimmt. In der Realität bevorzugten die Zuteilungskriterien jedoch jene, die es „am meisten verdienten". Ein Haus, für dessen Errichtung bzw. Erwerb Mittel aus diesem Fonds bereitgestellt wurden, mußte aus dauerhaften Materialien bestehen und über eine Wohnfläche zwischen 30 und 50m^2 verfügen. Der Antragsteller mußte monogam leben und zumindest ein Kind zu versorgen haben; weiters mußte er zumindest fünf Jahre lang an demselben Ort gelebt haben und durfte keine mehr als zweimonatige Gefängnisstrafe abgebüßt haben. Sein Gehalt mußte die Rückzahlung des Kredits ermöglichen.

1 Dieser Beitrag beruht auf Interviews mit Mme. Beya Fatuma (geb. 1931), M. Kasusula Bernard (geb. 1942), M. Mabolia Inengo Tra Bwato (geb. 1932), Dr. Ngando Kabeya (geb. 1936), Dr Ngwete Martin (geb. 1925).

DIE EINHEITLICHE GESTALTUNG DER SALONS DER ÉVOLUÉS

Daß die Salons der Évolués sehr einheitlich gestaltet waren, auch wenn jeder eine persönliche Note aufwies, läßt sich durch mehrere Faktoren erklären. Erstens war der Typus des Hauses in der großen Mehrheit der Fälle vom jeweiligen „Amt für die Eingeborenenviertel", dem „Amt für die afrikanischen Viertel" und den privaten Unternehmen vorgegeben. Die Pläne der aus Mitteln der genannten Fonds („Fonds für das Wohl der eingeborenen Bevölkerung", „Vorschuß-Fonds" oder „Fonds des Königs") errichteten Häuser mußten von diesen Einrichtungen genehmigt werden. Zweitens wurden die Salons von den Hausfrauen eingerichtet, gepflegt und ausgestaltet, und die Frauen des Évolués hatten alle entweder dasselbe Programm an den Haushaltungsschulen absolviert oder eine ähnliche Ausbildung in einem der in der Nachkriegszeit gegründeten sozialen Zentren erhalten. Das Bildungsangebot in diesen Zentren war vielfältig: neben Französischkursen wurden auch solche für Hauswirtschaft angeboten: kochen, Haushaltsführung, Hygiene, Säuglingspflege, Wäsche waschen, bügeln, nähen, stricken, sticken, flicken usw.

Da sich drittens die Wohnungen der Évolués stets in denselben Vierteln befanden, entstand ein gewisser Wettbewerb. 1954/55 bemühte sich Patrice Lumumba in Stanleyville mit großem Nachdruck um einen Kredit in der Höhe von 6.000 Francs für den Kauf von Möbeln für sein aus Mitteln des Vorschuß-Fonds im Viertel Belge I errichtetes Haus; der Kredit wurde ihm letztlich verwehrt.

Viertens waren die Évolués auch von Dokumentarfilmen der kolonialen Propaganda sowie von Fotos beeinflußt, die in den für Évolués bestimmten Zeitschriften „La Voix du Congolais" oder „Nos Images" abgedruckt waren. Und schließlich sei auch darauf hingewiesen, daß Ende der fünfziger Jahre regelmäßig Wettbewerbe veranstaltet wurden, um den schönsten Salon zu ermitteln.

DIE EINRICHTUNG DES SALONS

In den Salon gelangte man entweder – je nach den Gegebenheiten – direkt von außen oder über eine Veranda (barza). Mangels eines Ventilators oder einer Klimaanlage im Haus, zog man es vor, auf der Veranda zu bleiben und die kühle Luft zu genießen.

Im allgemeinen war der Salon nicht sehr groß. Obwohl die Einrichtung ganz typisch war, spiegelte der Salon doch die Persönlichkeit, das Sein und Haben des Évolué wider, der dieses Haus bewohnte. Die Einrichtung umfaßte vier oder sechs Holzsessel bzw. vier Sessel und eine Sitzbank aus Holz. Zumeist wurde Kamba, Ebenholz und Limba zur Herstellung verwendet. Sitzfläche und Lehne dieser Sessel und der Sitzbank waren oft aus geflochtenen Lianen oder Peddigrohr und mit Kissen bedeckt, auf denen Deckchen mit „Tenderif"-Stickereien oder gestrickte Deckchen lagen. In der Mitte des Salons befand sich ein niedriger Holztisch, auf dem ebenfalls eine gestickte Decke lag und wo ein Blumentopf und ein Aschenbecher standen. Die gleichen gestickten Deckchen lagen auch auf den kleinen Tischen neben den Holzstühlen bzw. zu beiden Seiten der Sitzbank.

Vervollständigt wurde die Einrichtung durch eine Anrichte mit einem Vitrinenaufsatz, in dem das Besteck aufgereiht lag, eine Standuhr und eine Kleiderablage an der Wand; auf einem länglichen Tischchen stand eine Glühlampe Marke „Aladin" oder „Coleman", schritt doch die Elektrifizierung der afrikanischen Städte, nachdem sie zunächst mit einiger Verspätung begonnen hatte, zügig voran.

Einen fixen Platz nahm der batteriebetriebene Radioapparat ein, der – für jedermann sichtbar– auf einem Tisch thronte. Wer es sich leisten konnte, hatte ein Radio-Möbel. Die bevorzugten Marken waren „Philips" und – etwas teurer – „Grundig". Gleichermaßen unerläßlich für alle festlichen Veranstaltungen war der Phonograph oder das Grammophon „His Master's Voice" mit den dazugehörigen Schallplatten mit 78 Umdrehungen. Modern waren damals Schallplatten der lokalen Firmen Ngoma und Loningisa, vor allem südamerikanische Rhythmen, Tino Rossi, Patrice und Mario.

Die Fenster hatten Vorhänge, auf dem Boden lag bisweilen ein Teppich. Wer sich für Bücher interessierte – das waren allerdings nicht allzu viele – stellte seine Bände in einem verglasten Bücherschrank aus. Einen mit Petroleum betriebenen Kühlschrank konnten sich die meisten allerdings nicht leisten.

Obwohl es nicht immer eine klare Trennung zwischen Salon und Eßzimmer gab, war der eigentliche Salon von dem Bereich, der als Eßzimmer diente und wo im allgemeinen ein Tisch mit sechs Holzstühlen stand, stets abgetrennt. Der Évolué legte Wert darauf, mit seiner Frau und seinen Kindern bei Tisch zu essen. Den Kindern wurden die entsprechenden Höflichkeits- und Verhaltensregeln beigebracht: nicht schreien, nicht munter drauflosreden, nicht mit vollem Mund sprechen, die Hände auf den Tisch legen, Messer und Gabel richtig halten usw.

Der Salon war – wie gesagt– das Spiegelbild des Seins seiner Bewohner. Die Wand zierte ein Schulzeugnis, das man von seinem Lehrer bekommen hatte, wenn die erreichten Prozentpunkte oder Noten schmeichelhaft genug waren, eine „carte de mérite civique“, Urkunde für die Verdienste um das Gemeinwohl, oder das „statut d‘ immatriculé“, das ihnen ihr Zivilisiertsein bescheinigte, wenn man in dem Besitz eines solchen war. Die Wände mit Bildern zu schmücken, war eher unüblich. Man zog zur Ausschmückung vielmehr Holzfiguren, Tierdarstellungen aus Elfenbein, Flaschenkürbisse, Samte (madiba) usw. vor …

Der Salon zeugte auch von der christlichen Überzeugung des Évolué, der kein Freidenker war: An der Wand hing ein Kruzifix, dahinter steckte ein geweihter Palmzweig, der alljährlich am Palmsonntag ausgewechselt wurde; weiters gab es Marien- und Herz- Jesu-Bilder sowie Darstellungen des Namenspatrons, was nach Beginn des „Schulkrieges“[2] spöttische und ironische Bemerkungen der Liberalen, ob schwarz oder weiß, hervorrief. Die aus der kolonialen Presse ausgeschnitten Bilder der königlichen Familie (Leopold II., Albert I., Baudoin I.), des General- und Provinzgouverneurs waren ein Beweis für die Loyalität des Évolué. Seine Identität wurde durch Familienfotos unterstrichen (Fotos von der kirchlichen Hochzeit des Ehepaares, von der gesamten versammelten Familie, von Vater, Mutter und den Kindern).

DIE BENÜTZUNG DES SALONS

Der Évolué war um sein Ansehen besorgt. Er wachte streng über die Sauberkeit seines Salons, der bisweilen zweimal täglich gefegt und abgestaubt, sowie einmal pro Woche mit Wasser gereinigt und mit Wachs eingelassen wurde. Der gestampfte Boden in den Häusern, die keine Pflasterung hatten, wurde regelmäßig gespritzt. Der Zutritt zum Salon war illustren Besuchern vorbehalten; einfache Besucher wurden im Freien empfangen. Die Ehefrau, die sich trotzdem abmühte, den Salon blitzblank zu halten, hatte ihr Reich in der Küche und im Freien, wo man sich ungezwungener bewegen konnte. Die adrett gekleideten Kinder, die Schuhe trugen, wurden nur ausnahmsweise in den Salon geholt, um einen Gast zu begrüßen und ihm vorgestellt zu werden. Danach mußten sie das Zimmer wieder verlassen. Nur die großen Mädchen blieben, um die Erfrischungen zu reichen. Daß die Kinder im Salon aßen, spielten oder Unordnung machten, war strikt verboten. Ein Évolué schämte sich zutiefst, wenn ein Kind es wagte, sich schmutzig, nackt oder schlampig gekleidet vor dem Besucher im Salon zu zeigen.

Sicher, die weißen Kolonialherren besuchten nur selten das Haus eines Kongolesen. Aber eine europäische Sozialhelferin, ein europäischer Priester, ein Beamter der Gebietsbehörden konnte jederzeit unerwartet auftauchen und die Familie in ihrer Privatsphäre überraschen. Der Salon stand im Blickfeld von außen und mußte vielen Ansprüchen gerecht werden. Er war die Maßeinheit für den „Grad an Zivilisation" seiner Bewohner, vor allem wenn sie Kandidaten für die Urkunde für Verdienste um das Gemeinwohl oder das „statut d'immatriculé" waren. In diesem Fall inspizierte eine Kommission das Haus bis ins letzte Detail, um zu sehen, ob es ordentlich gepflegt war, und um sich von den tatsächlichen Verdiensten des Kandidaten und seiner Familie zu überzeugen. Man fuhr mit dem Zeigefinger über die Möbel des Salons, um sich zu vergewissern, daß dort auch nicht das kleinste Körnchen Staub lag; der Blick wanderte in alle Ecken auf der Suche nach etwaigen Spinnennetzen; die Anrichte im Salon wurde geöffnet, um deren Inhalt zu begutachten. Nicht wenige der zur Weltausstellung 1958 in Brüssel geladenen Gäste verdankten ihre Einladung dem untadeligen Zustand ihres Salons.

Der Évolué benützte seinen Salon aber nicht nur, um Besuche zu empfangen. Dorthin zog er sich auch nach den Mahlzeiten oder nach der Arbeit zurück, um ein Buch oder eine Zeitung zu lesen, Radio oder Musik zu hören oder um Gesellschaftsspiele zu spielen (Karten, Dame, Gänsespiel). Die Unterhaltung mit Freunden im Salon drehte sich um den Alltag, um Fußball und um Musik. Die Politik fand erst nach 1956 Eingang in die Salons, mit den kongolesischen Manifesten und der Militärintervention der Franzosen und Briten am Suez-Kanal; zu dieser Zeit kam die Bezeichnung „Évolué" allmählich aus der Mode.

2 Als Schulkrieg bezeichnete man die Konkurrenz der beiden Unterrichtssysteme nach Einführung von nicht-konfessionellen Staatsschulen. Vorher war die Ausbildung vollkommen in der Hand der katholischen oder protestantischen Kirche gewesen.

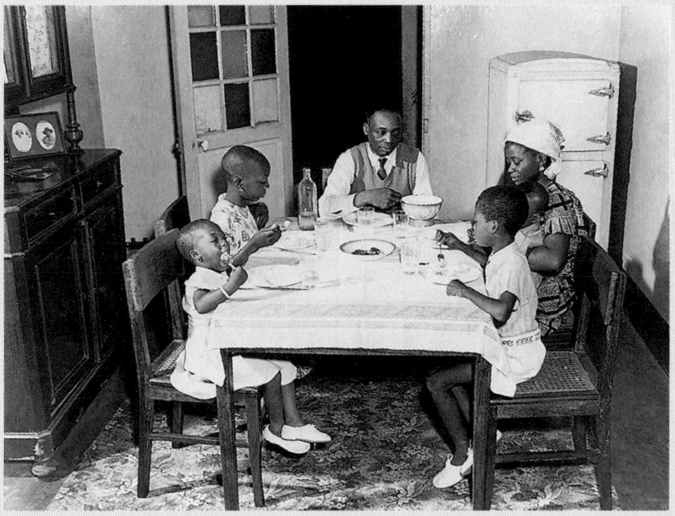

Interieur eines Évolué-Haushalts in Léopoldville, fünfziger Jahre.

Foto: H. Philips. © Africa-Museum Tervuren (Belgien)

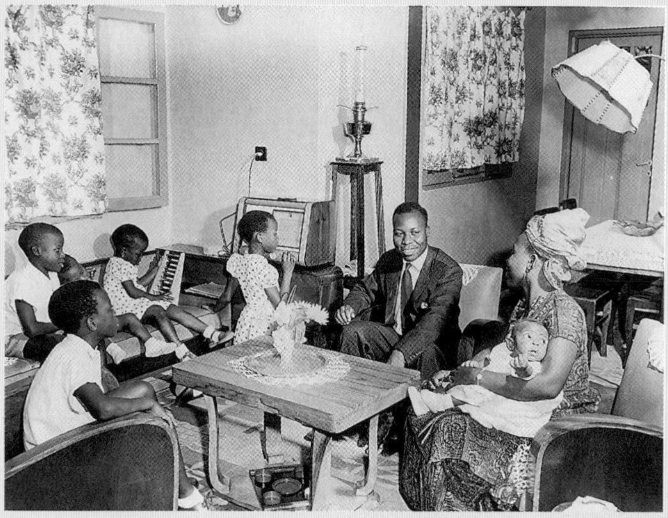

Interieur eines Évolué-Haushalts in Léopoldville, fünfziger Jahre.

Foto: J. Makula. © Africa-Museum Tervuren (Belgien)

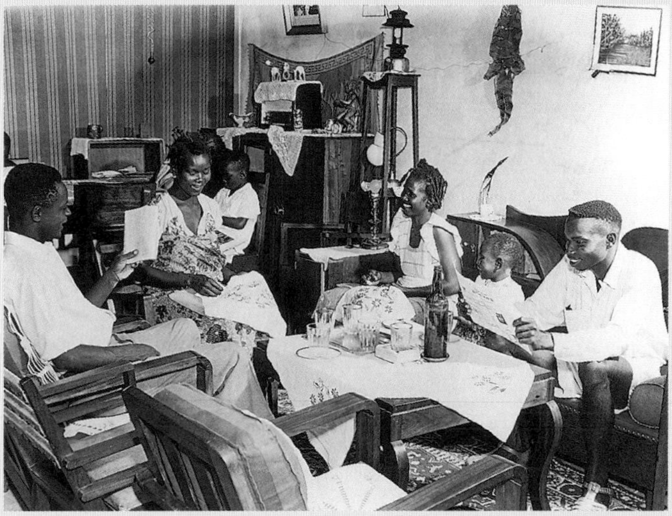

Interieur eines Évolué-Haushalts in Léopoldville, fünfziger Jahre.

Foto: J. Makula. © Africa-Museum Tervuren (Belgien)

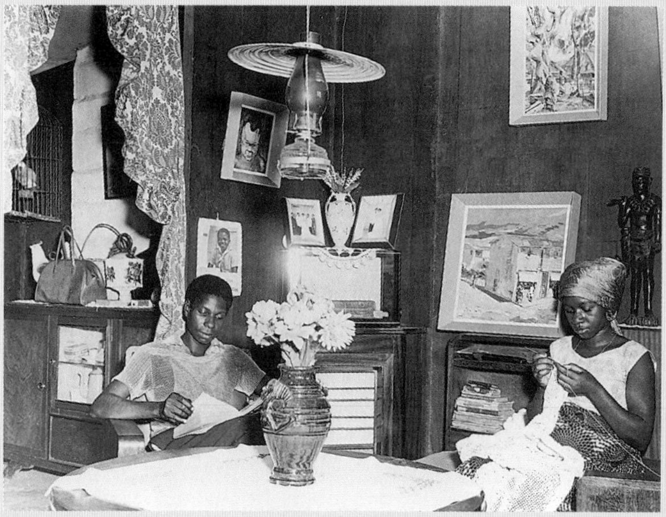

Blick in das Wohnzimmer des Malers Célestin Nzita. Léopoldville, fünfziger Jahre.

Foto: J. Makula. © Africa-Museum Tervuren (Belgien)

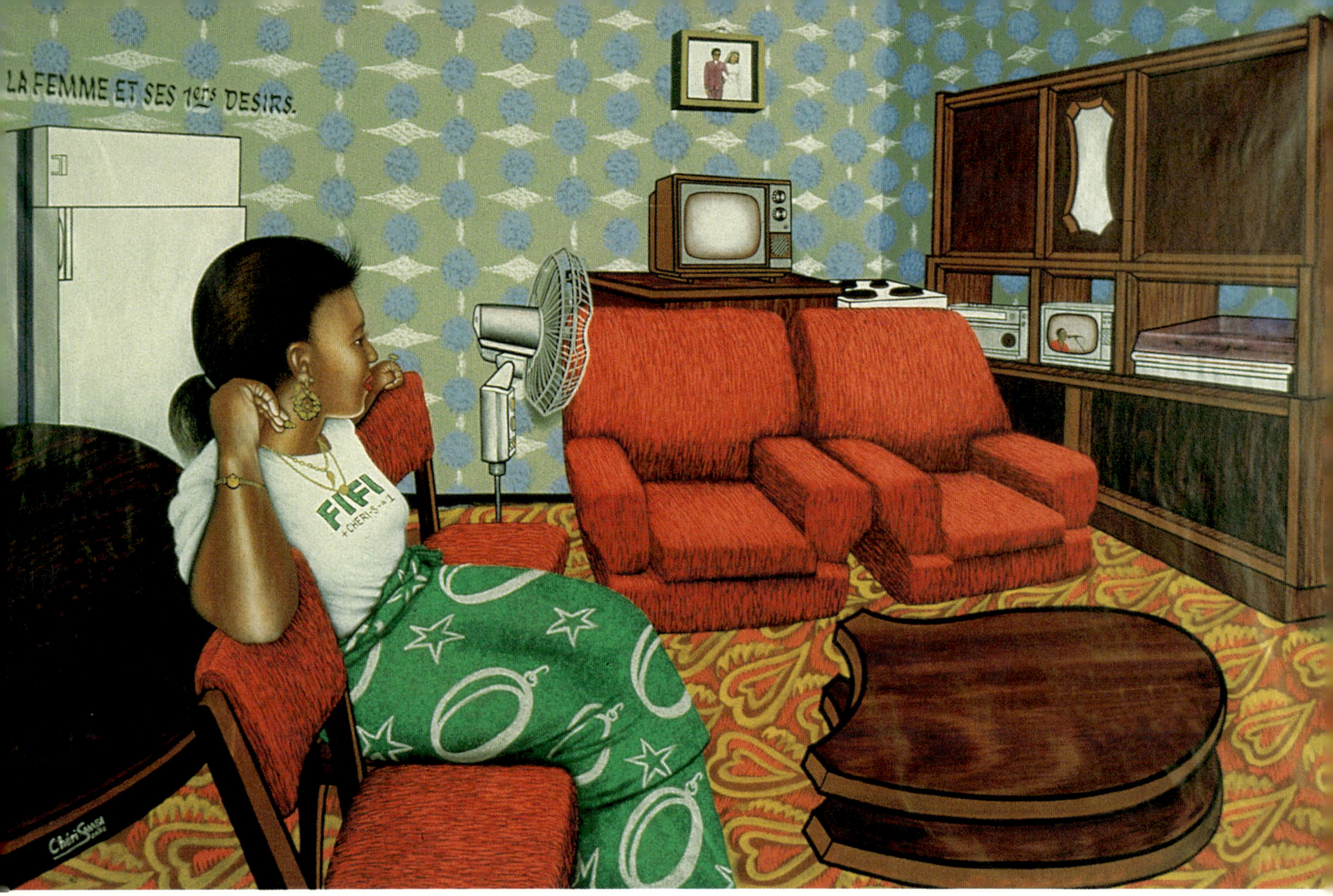

(134) Chéri Samba

„La Femme et ses premiers desires"
(Die Frau und ihre größten Wünsche)

Kinshasa
Sammlung Jean Marc Patras, Samuel Weis
133 x 201 cm

Samba realisiert hier malerisch den generellen Traum eines wohl ausgestatteten Wohnzimmers mit allen Einrichtungsgegenständen, die dort im Idealfall erwünscht wären: Polstermöbel, Fernseher, Ventilator, Kühlschrank, Radiogerät, Stereoanlage und Wohnzimmerschrank. Der Raum ist gepflegt und aufgeräumt, die gut gekleidete Besitzerin betrachtet zufrieden ihre Schätze.

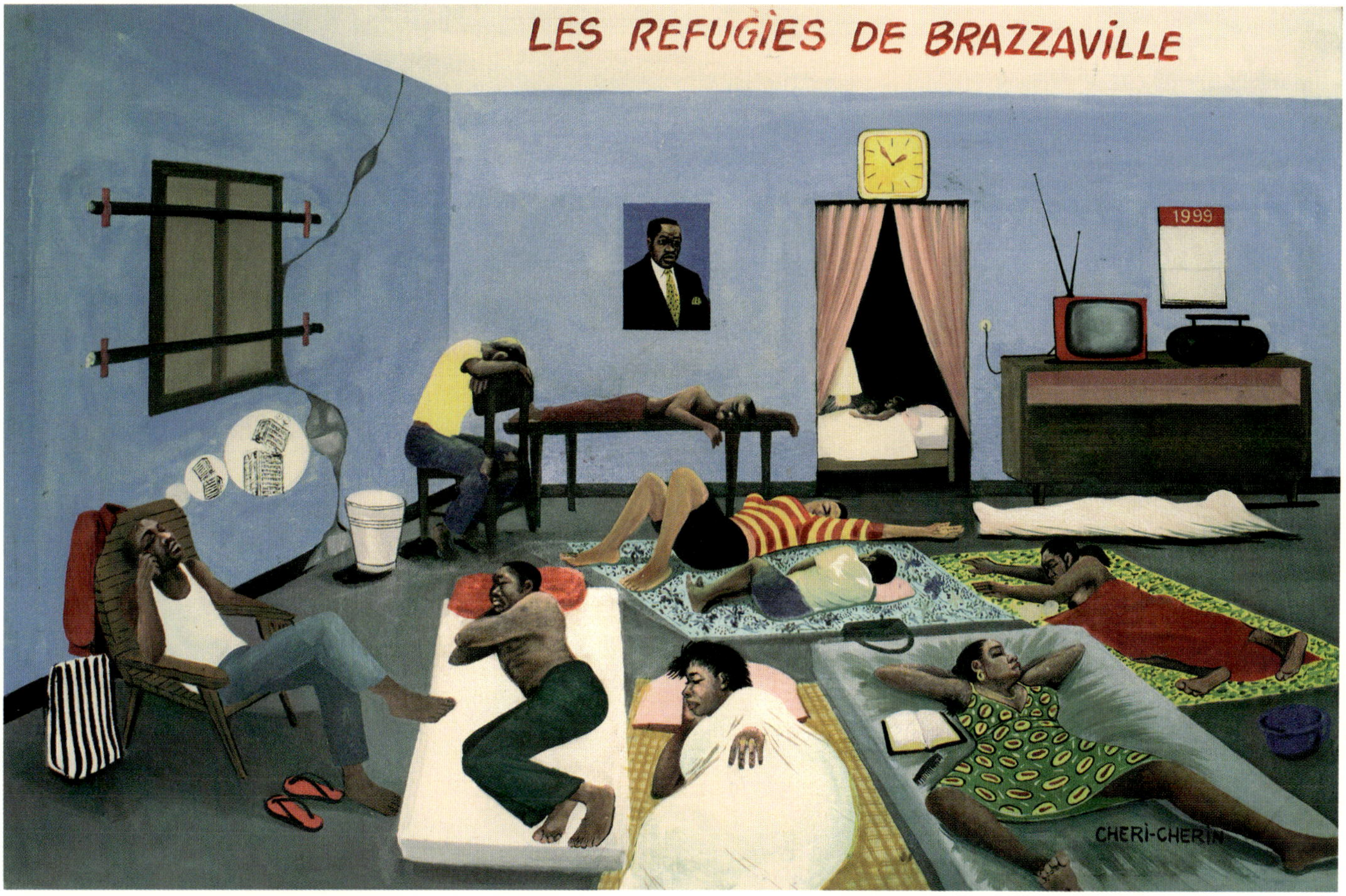

(135) Cheri Cherin

„Les refugies de Brazzaville"
(Flüchtlinge aus Brazzaville)

Kinshasa 1999
Museum für Völkerkunde, Wien
Inv.Nr. 177.943
94 x 61,5 cm

Im Gegenspiel dazu wird hier die aktuelle Realität abgebildet, in der der Wohnraum als Nachtlager für obdachlose Verwandte dient. Das verschlossene Fenster deutet an, daß die generelle Unsicherheit es erfordert, alles zu versperren; der Sprung in der Wand macht den beginnenden Verfall des Hauses bemerkbar. An der Wand ist noch der gängige Wandschmuck – ein Porträt, eine Wanduhr, ein Kalender – vorhanden, auf der Anrichte stehen der Fernseher und ein „Radio-Stereo". Im Vordergrund des Bildes läßt Cherin die Frau im grünen Kleid in einer allgemein als ungehörig empfundenen Position schlafen, um damit den generellen Moralverfall anzuprangern.

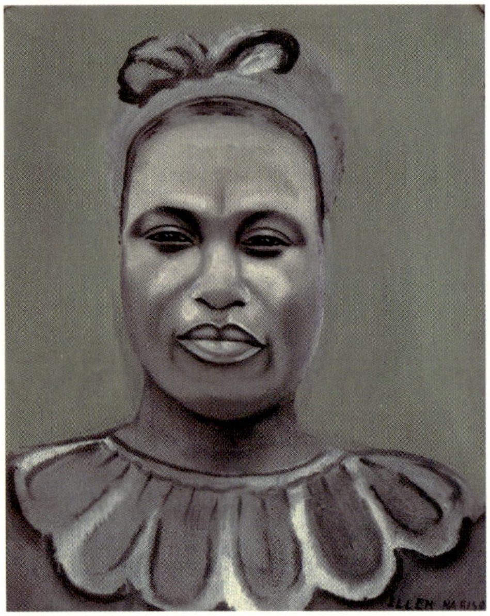

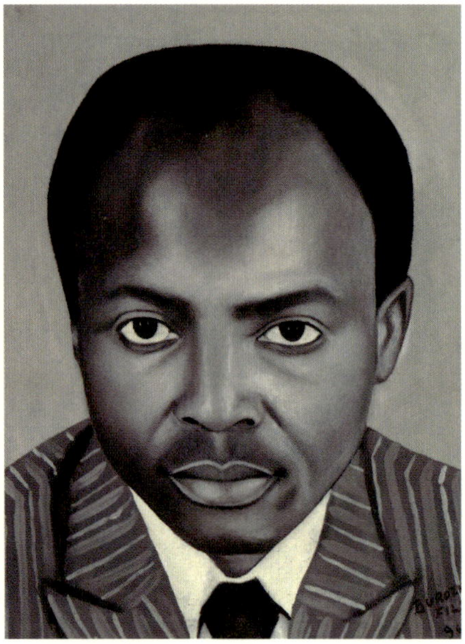

(136) N.N.
Porträt von Ellen Nabiso

Lubumbashi
Sammlung Jewsiewicki
34 x 27,5 cm

(137) Burozi Fils
Porträt eines Mannes

Lubumbashi 1996
Sammlung Jewsiewicki
28 x 21,5 cm

Vergrößerungen von Fotografien sind teurer als Malereien, aus diesem Grund lassen sich viele ein Porträt von einem Maler anfertigen, der in der Regel ein Paßbild als Vorlage verwendet. Der Kunde erwartet sich bei solchen Porträts eine bestmögliche Reproduktion, während bei anderen Genres der Malerei einer exakten Übereinstimmung mit der abgebildeten Person keine große Bedeutung beigemessen wird.

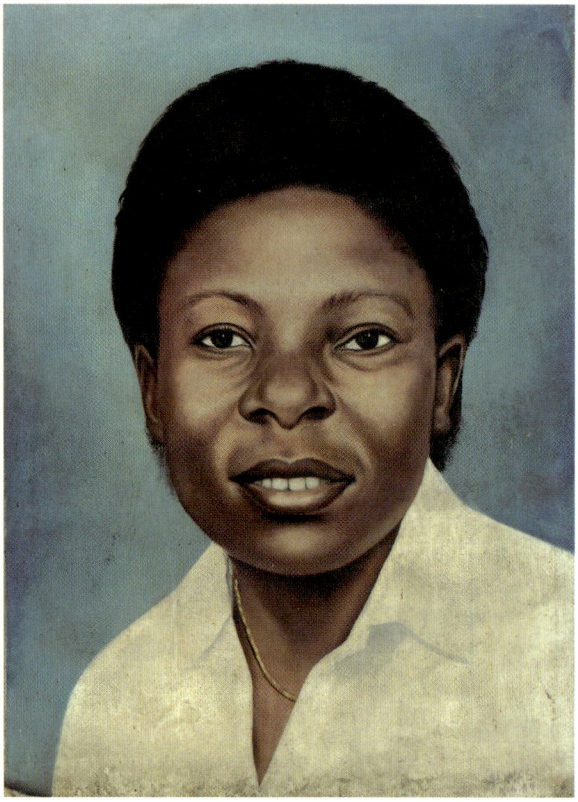

(138) Alimasi
Porträt einer Frau

Kisangani 1984
Sammlung Jewsiewicki
54 x 39,5 cm

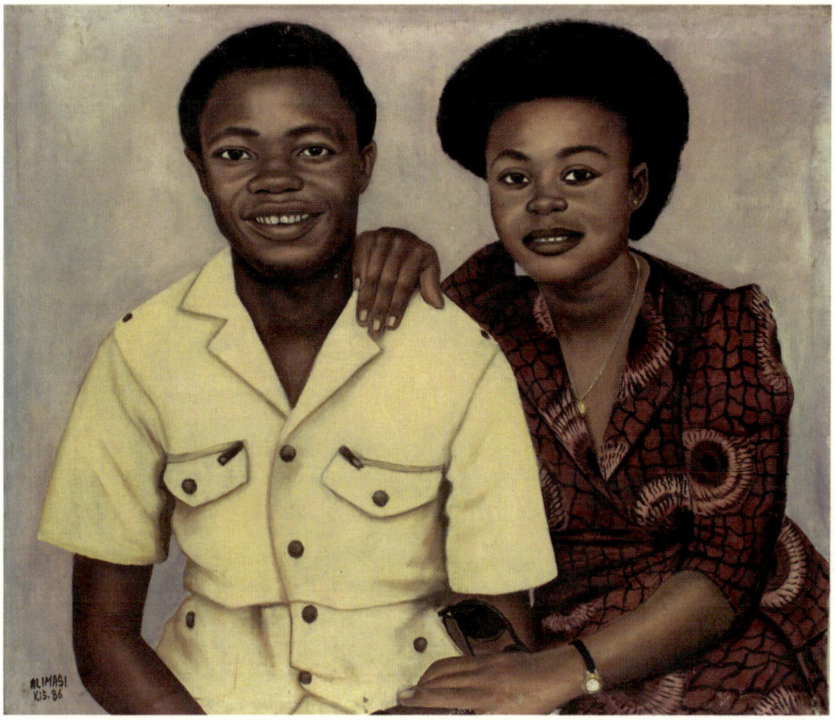

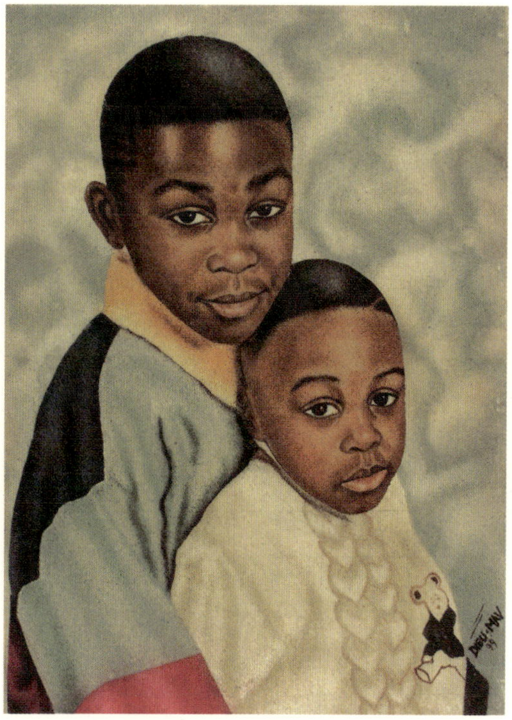

(139) Alimasi
Porträt eines Paares

Kisangani 1986
Sammlung Jewsiewicki
74 x 64 cm

(140) Dieu Mav
Kinderporträt

Kinshasa 1999
Museum für Völkerkunde, Wien
Inv.Nr. 177.947
64,5 x 48 cm

Porträts in der Technik der sogenannten „Sablisten", bei der gefärbter Sand auf eine mit Klebstoff bearbeitete Leinwand aufgetragen wird, sind im Augenblick recht beliebt.

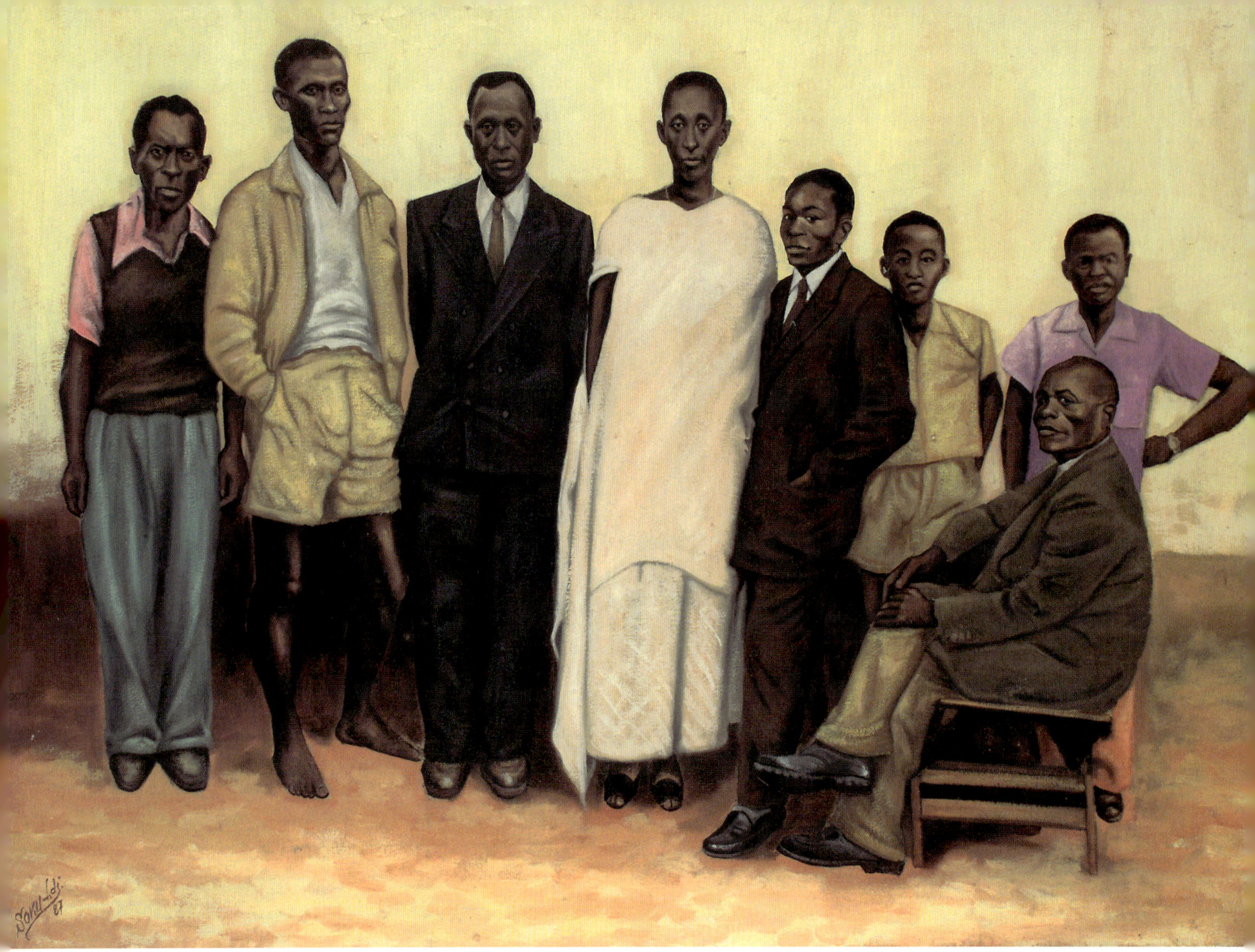

(141) **Soku-Ndji**

Gruppenporträt

Kisangani 1987
Sammlung Jewsiewicki
82 x 58,5 cm

Hier reproduziert der Maler ein Studio-Gruppenporträt und versucht den fotografischen Konventionen so treu wie möglich zu bleiben.

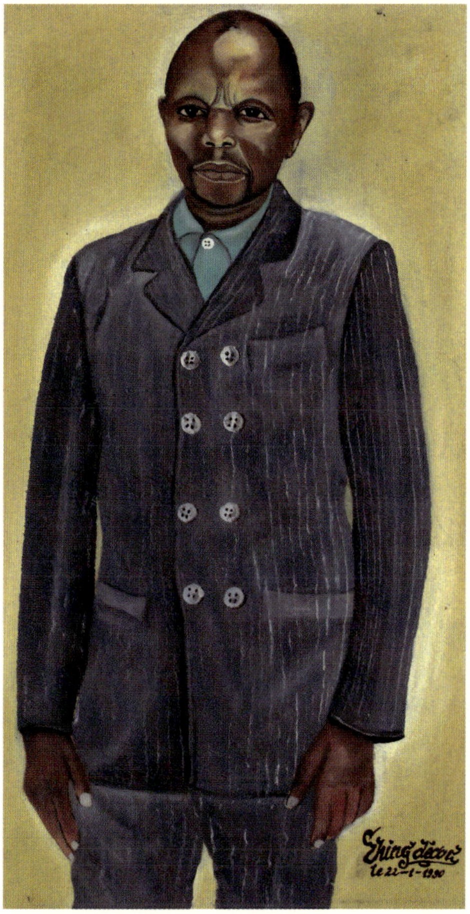

(142) King Dekor

Mann im Anzug

Kinshasa 1990
Sammlung Jewsiewicki
65 x 38 cm

Ganzkörperaufnahmen sind sehr geschätzt, weil sie es dem Dargestellten ermöglichen, sich in eleganter Kleidung wiedergeben zu lassen.

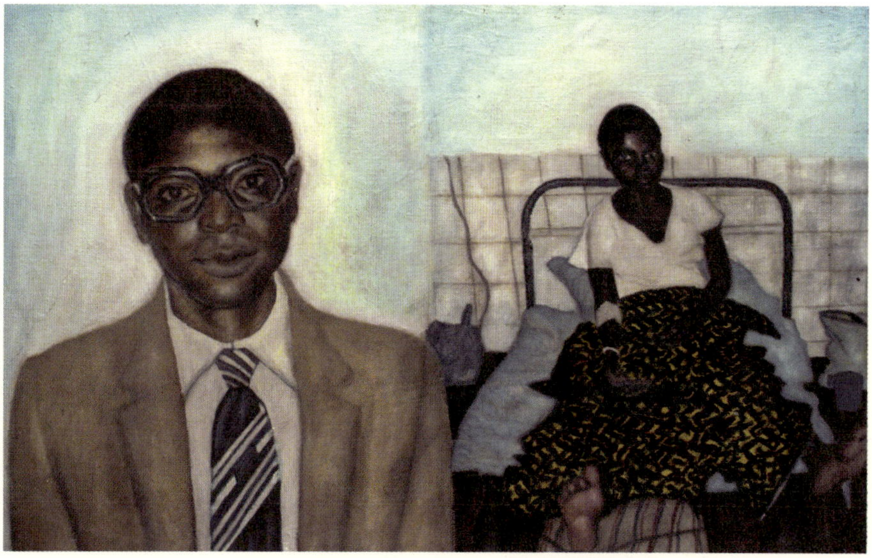

(143) Abis

Mann mit Frau im Krankenhaus

Lubumbashi 1996
Sammlung Jewsiewicki
68 x 44,5 cm

Wichtige Momente im Leben, die gleichzeitig mit starkem Prestigecharakter behaftet sind, werden gerne bildlich festhalten. Hier läßt sich ein Paar im Krankenhaus porträtieren, die Frau liegt am Bett, während der Mann gutgekleidet im Vordergrund steht. Mit einer derartigen Aufnahme wird klargestellt, daß der Mann es sich leisten konnte, seiner Frau einen Krankenhausaufenthalt zu finanzieren. Auch dieses Bild ist die Reproduktion einer Fotografie.

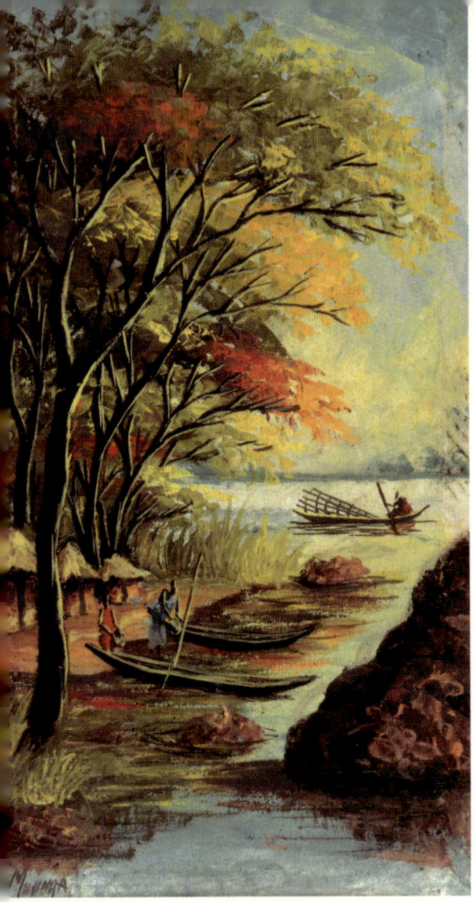

(144) **Mavinga**

Landschaft

Lubumbashi 1999
Museum für Völkerkunde, Wien
Inv.Nr. 178.055
35 x 20 cm

Solche Landschaftsbilder gehören zum beliebtesten Wohnzimmerschmuck und sind in diesen schnell gemalten kleinen Formaten am ehesten erschwinglich.
Bereits in den Salons der Évolués in den fünfziger Jahren galten Szenen des ländlichen Lebens als adäquater Wandschmuck.
Meist handelt es sich bei diesem Genre um Darstellungen von Dörfern mit strohgedeckten Hütten am Fluß, im Wald oder in der Savanne, in denen auch Bewohner bei ihren alltäglichen Tätigkeiten sichtbar werden.

(145) **Sangiga**

Dorf

Lubumbashi
Museum für Völkerkunde, Wien
Inv.Nr. 178.051
66,5 x 50,5 cm

Abgesehen von ihrer dekorativen Funktion, werden diese Bilder als Darstellung des „traditionellen" Lebens der Vorfahren interpretiert und rufen nostalgische Erinnerungen an das präkoloniale Afrika hervor.

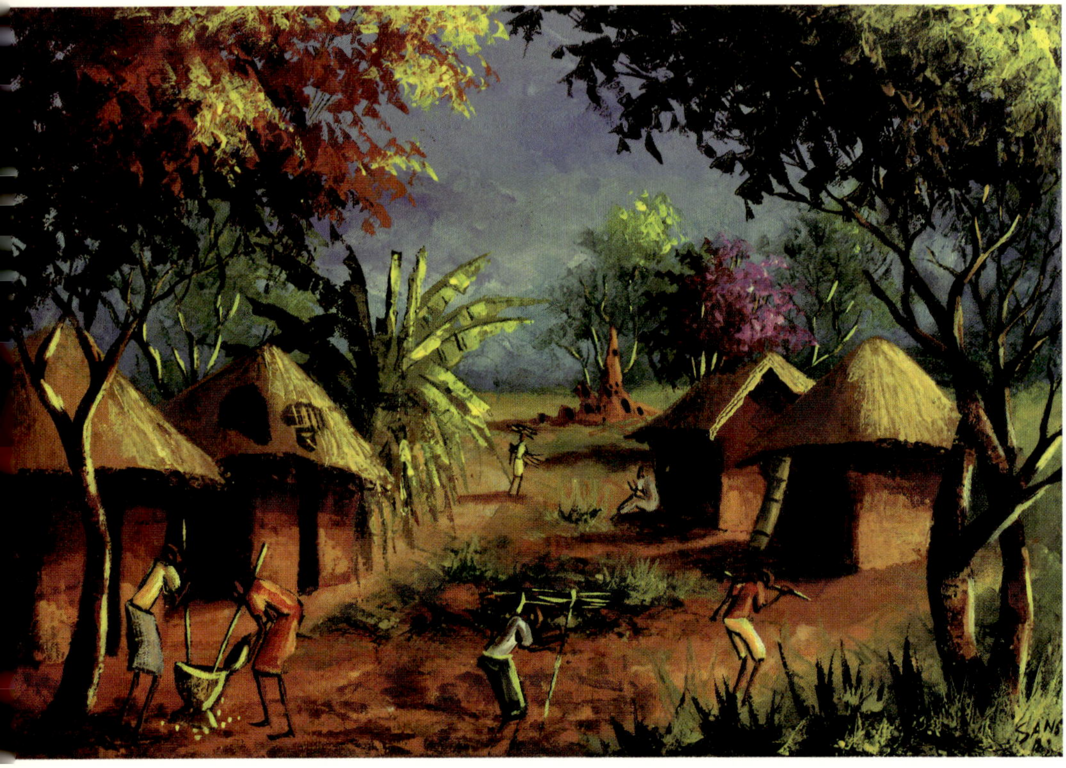

146) **Nday Frédéric**

Urwald mit Tieren

Lubumbashi 1999
Museum für Völkerkunde, Wien
Inv.Nr. 178.046
66,5 x 50,5 cm

Landschaftsbilder mit wilden Tieren sind ebenfalls beliebt und exemplifizieren den nationalen Stolz auf die Naturschönheit des Landes und die seltenen Tierarten.

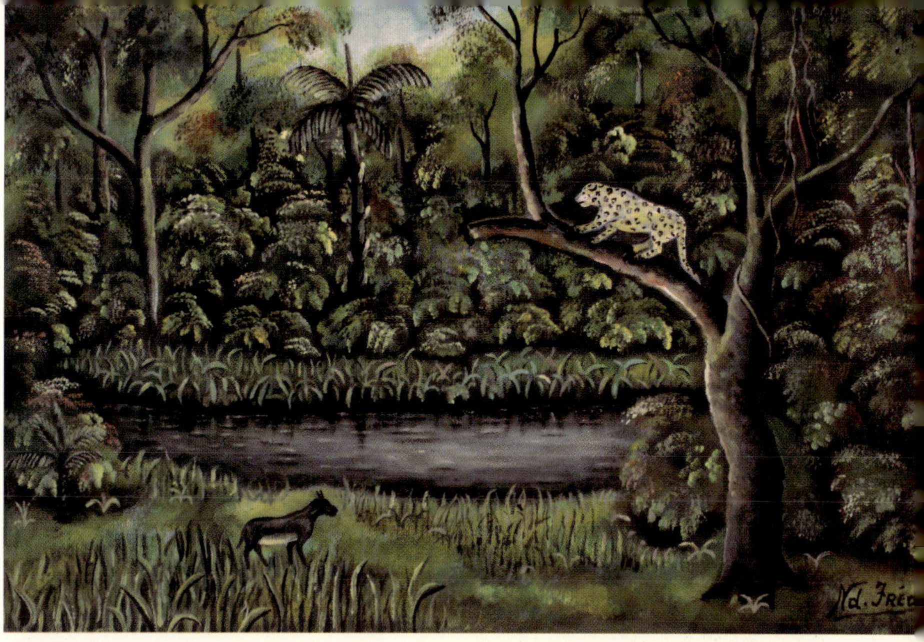

(148) **Tinda Lwimba**

Rückkehr der Jäger

Lubumbashi
Museum für Völkerkunde, Wien
Inv.Nr. 177.987
60 x 36 cm

Für Tinda bezieht sich dieses Bild auf die vorkoloniale Vergangenheit, als die Männer noch begleitet von Hunden mit Lanzen, Pfeil und Bogen oder dem Netz jagten. Zum Transport in ihr Dorf schulterten sie die Beute mit Hilfe eines Stockes.

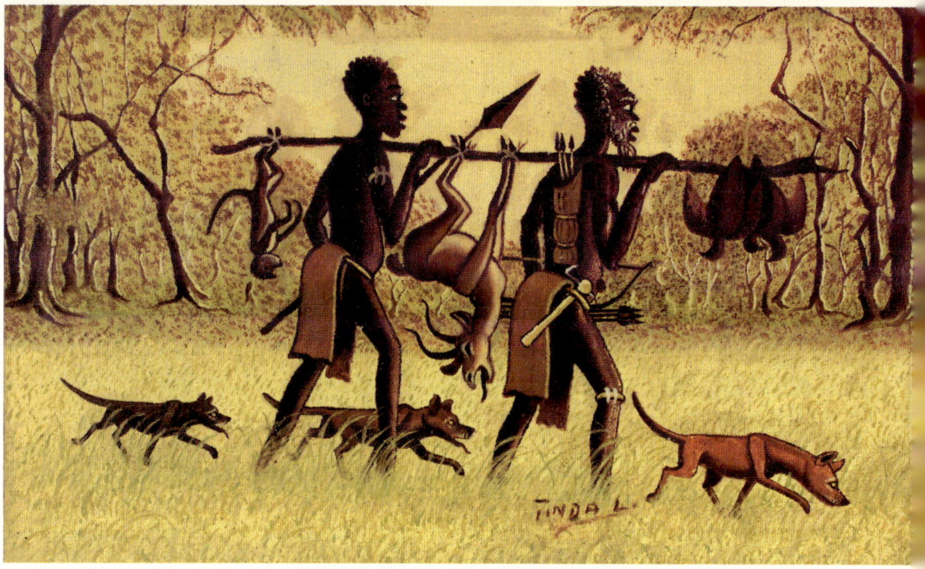

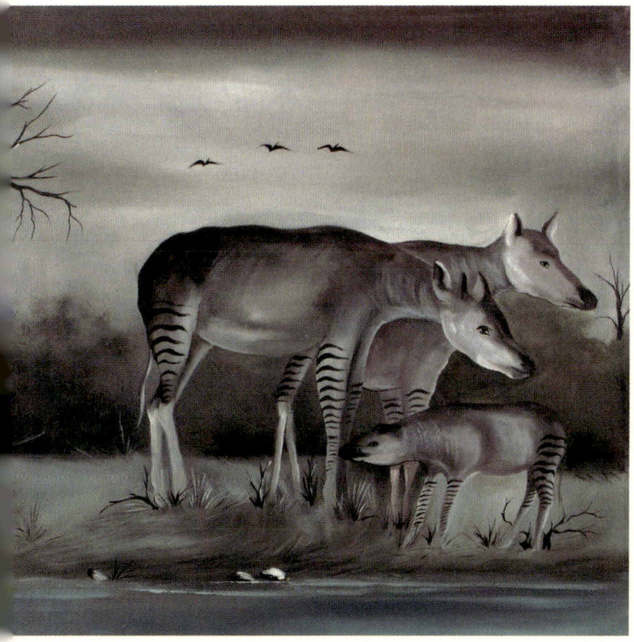

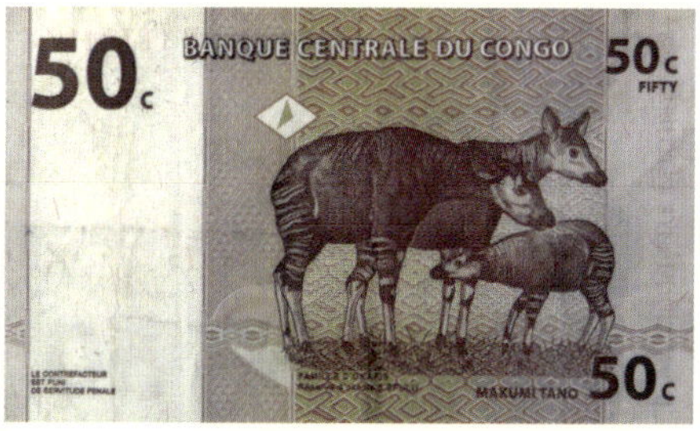

(147) **Bwalya**

Okapi

Lubumbashi 1999
Museum für Völkerkunde, Wien
Inv.Nr. 178.005
56 x 51 cm

Bwalya verwendete für diese Gruppe der seltenen Okapi die Abbildung auf einem Fünfzig-Centimes-Geldschein als Vorlage.

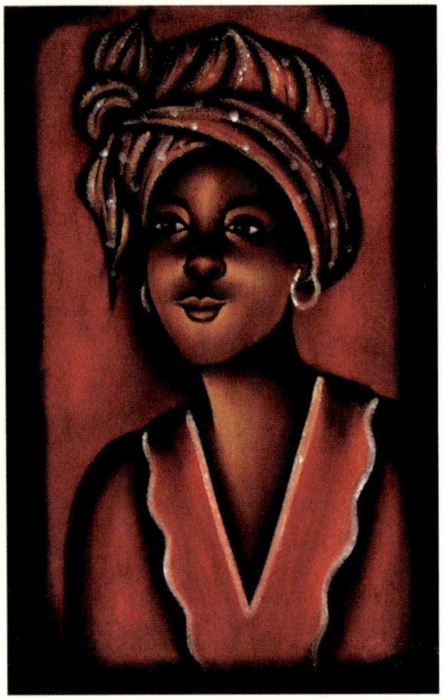

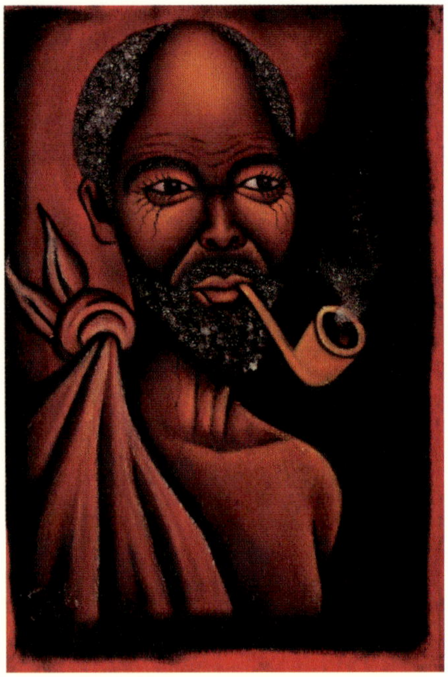

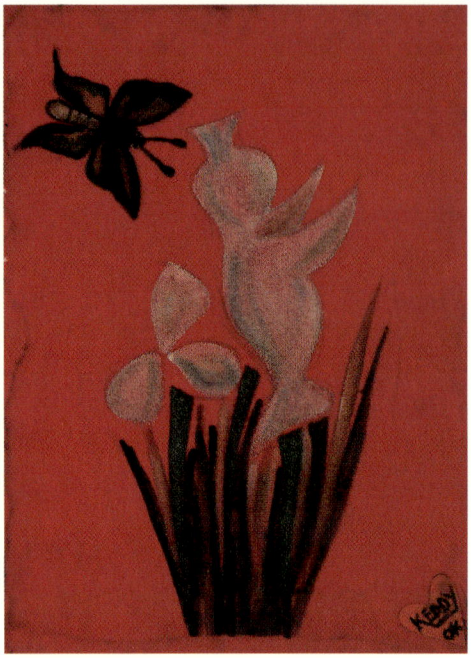

(149) Tshiteya
Frauenporträt

Lubumbashi 1999
Museum für Völkerkunde, Wien
Inv.Nr. 178.047
55 x 35 cm

Diese generische Darstellung einer Frau geht auf Vorbilder in der kolonialen Fotografie und Malerei zurück. Die Malereien auf Samt sind recht beliebt, weil sie wegen ihres edlen Grundmaterials feiner wirken.

(150) Tshiteya
Porträt eines alten Mannes mit Pfeife

Lubumbashi 1999
Museum für Völkerkunde, Wien
Inv.Nr. 178.048
47 x 32 cm

Auch diese stereotype Darstellung eines alten, Pfeife rauchenden Afrikaners ist von ethnischen Fotografien der Kolonialzeit inspiriert. Für die Kongolesen ist es das Abbild eines alten Weisen und reflektiert den Respekt vor der Tradition.

(151) Keddy OK
Blume und Schmetterling auf rotem Grund

Lubumbashi 1999
Museum für Völkerkunde, Wien
Inv.Nr. 177.990
47 x 35 cm

Dieses Bild ist ein Beispiel für einen sehr billigen, rein dekorativen Wandschmuck.

(155) Lwembe
Fruchtschale

Lubumbashi 1999
Sammlung Jewsiewicki
79 x 43,5 cm

Die auf europäische Vorbilder zurückgehenden Abbildungen von Fruchtschalen werden bevorzugt beim Eßbereich aufgehängt. Sie symbolisieren Wohlstand und sollen Gästen guten Appetit wünschen.

(153) Kibawa

Jäger mit Frau

Lubumbashi 1999
Museum für Völkerkunde, Wien
Inv.Nr. 178.024
77,5 x 27 cm

Die stilisierte Darstellung des Jägers und einer Frau mit Krug in Sandtechnik ist inspiriert vom abstrahierenden Stil der akademischen Malerei im Kongo. Mobutu förderte akademische Maler, indem er sie mit der künstlerischen Gestaltung von öffentlichen Gebäuden beauftragte. Ihr bei der lokalen Bourgeoisie beliebter Stil wird gerne von populären Malern kopiert.

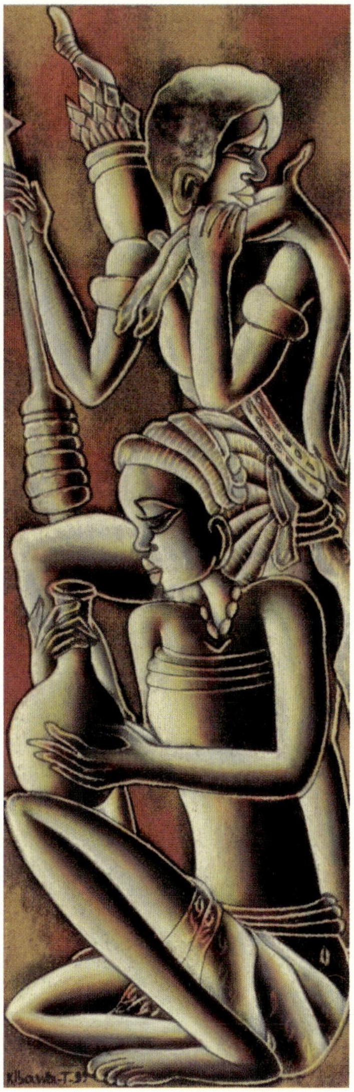

(154) N.N.

Frau mit Früchten

Kupfer getrieben
Lubumbashi 1999
Museum für Völkerkunde, Wien
Inv.Nr. 178.056
35,5 x 20,5 cm

Kupferbilder werden für „moderner" erachtet als Malereien und sind vor allem in Katanga, aber auch in Kinshasa ein beliebter Wandschmuck für das Wohnzimmer.

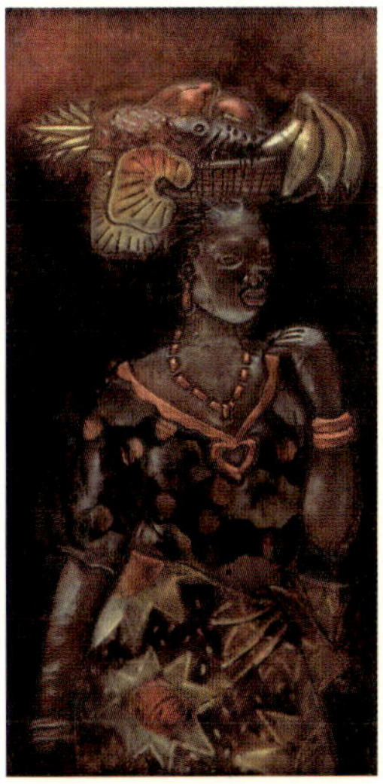

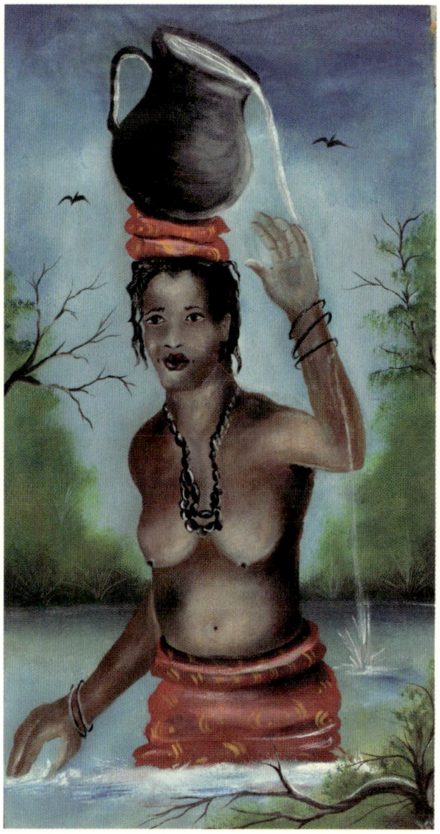

(152) Bwalya

Frau mit Krug

Lubumbashi 1999
Museum für Völkerkunde, Wien
Inv.Nr. 178.003
77,5 x 43 cm

In der Kolonialmalerei und heute am Touristenmarkt sind stereotype Darstellungen einer afrikanischen Frau mit nacktem Oberkörper, die einen Krug trägt, gewiß wegen ihres sexuellen Reizes beliebt. Solche Bilder animieren den durchschnittlichen kongolesischen Betrachter über die gesellschaftliche Rolle der Frau zu reflektieren, über ihre schwere Arbeit, das Wasser kilometerweit vom Fluß ins Dorf zu tragen etc. Es ist ein Sinnbild für das traditionelle Los der Frau und ihre zentrale Rolle in der Versorgung der Familie.

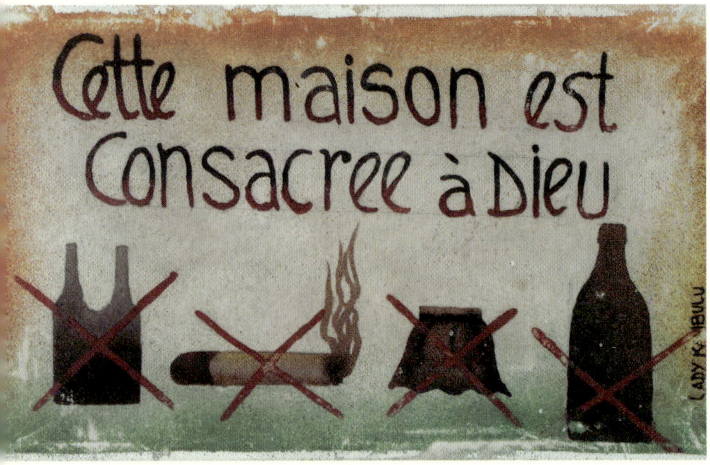

(156) Lady Kambulu
„Cette maison est consacrée à Dieu"
(Dieses Haus ist Gott geweiht)

Kinshasa 1999
Museum für Völkerkunde, Wien
Inv.Nr. 177.950
53 x 31 cm

Durch solche Bilder weisen die Hausbewohner auf ihre Gläubigkeit hin und stellen klar, daß sie nicht trinken, nicht rauchen und sich nicht unmoralisch verhalten. In der aktuellen Krisenlage kommen vielen diese strikten religiösen Vorgaben gerade recht, um sich nicht wegen ihrer Armut entschuldigen zu müssen, daß sie den Gästen kein Bier anbieten können, wie es von guten Gastgebern erwartet wird. Sie können das peinliche Geständnis vermeiden, daß sie kein Geld mehr für Genußmittel haben.

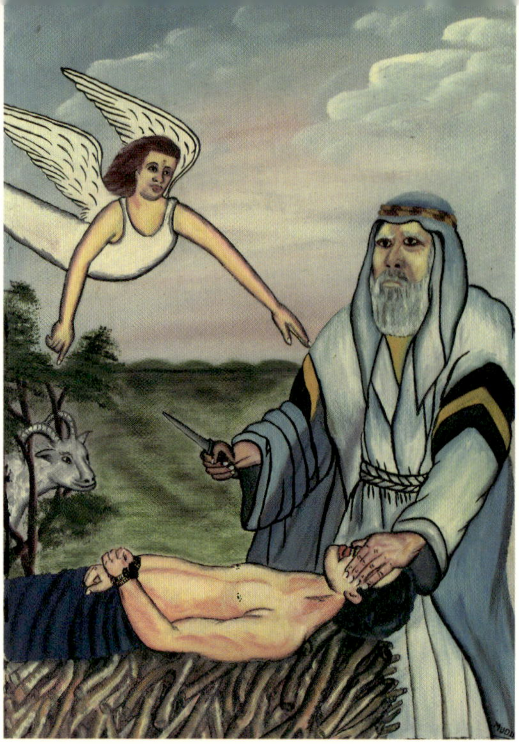

(158) Mudikasa
„Sacrifice d'Abraham"
(Opfer des Abraham)

Lubumbashi
Sammlung Jewsiewicki
58 x 39,5 cm

Hier wird Abrahams versuchte Opferung von Isaak gezeigt und wie er vom Gott gesandten Engel abgehalten wird. Bilder des alten Testaments finden vor allem wegen der Zunahme unabhängiger Kirchen und Glaubensbewegungen stärker Verbreitung, weil diese sich in der Regel hauptsächlich auf das alte Testament berufen.

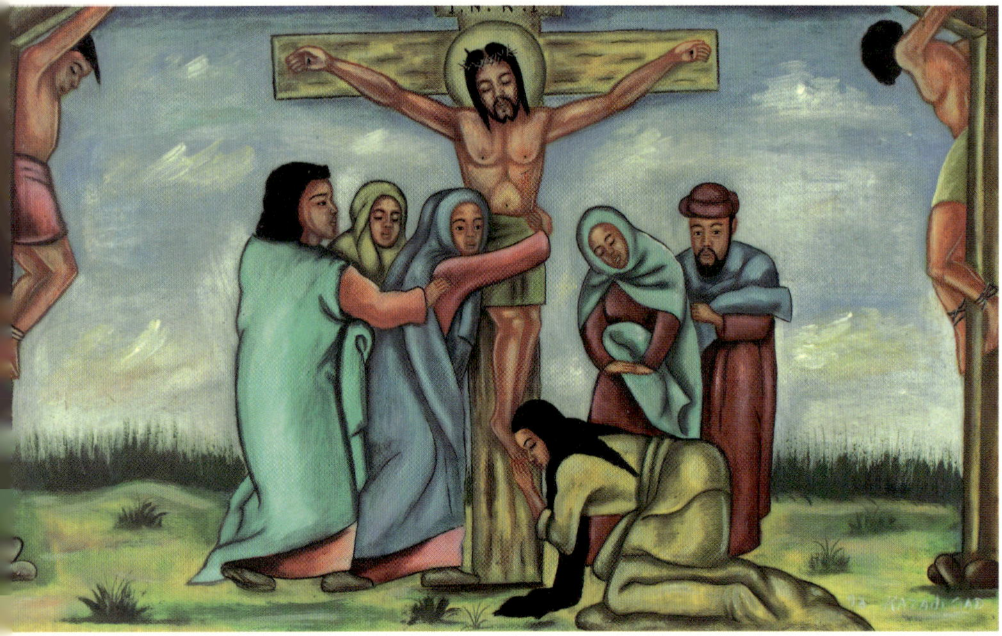

(157) Kazadi Gad
Kreuzigung von Jesus Christus

Lubumbashi 1998
Museum für Völkerkunde, Wien
Inv.Nr. 177.977
82 x 50,5 cm

Religiöse Szenen gehören zu den gefragtesten Motiven in der populären Malerei und werden ins Wohnzimmer gehängt, um auf die Glaubenszugehörigkeit hinzuweisen.

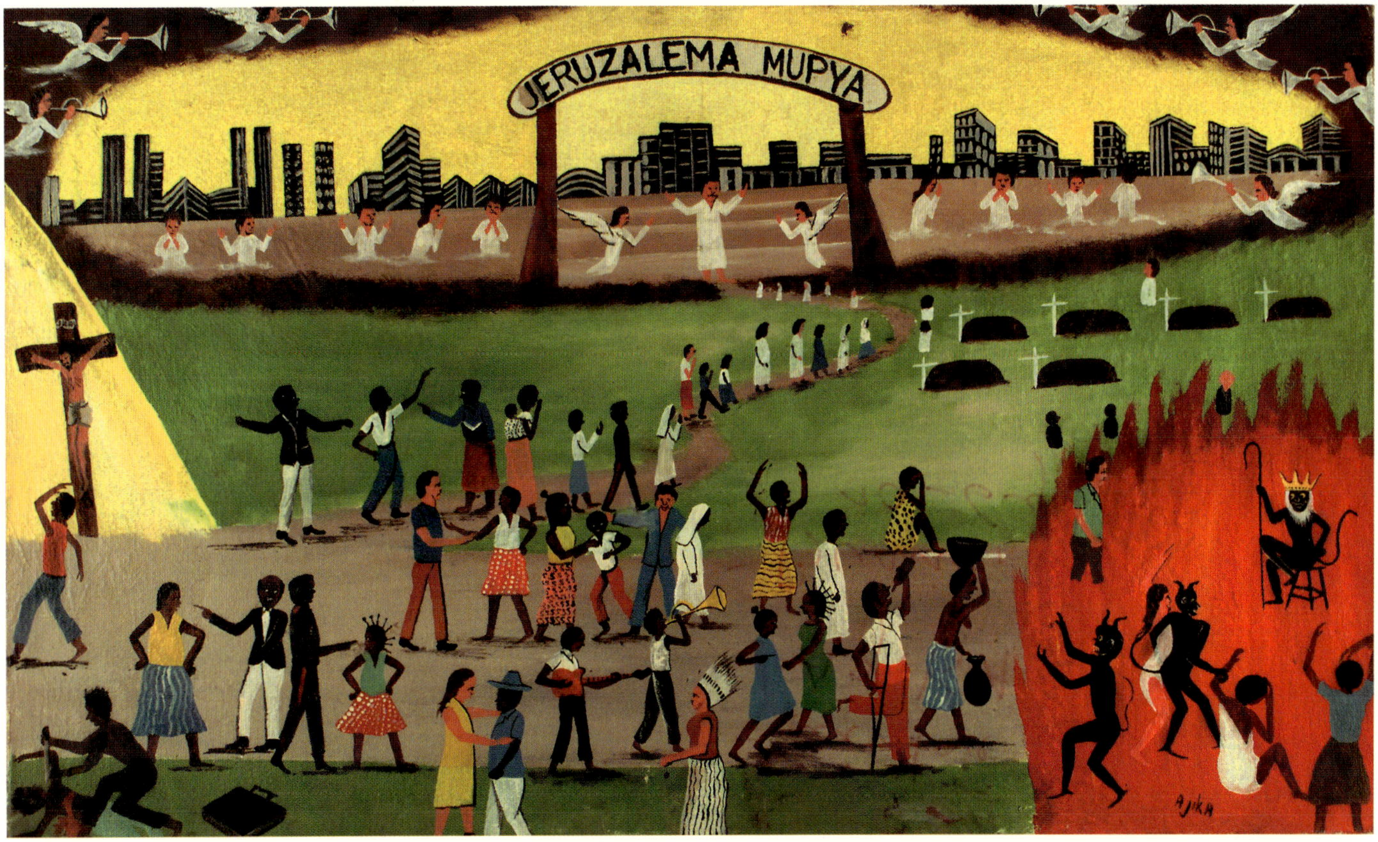

(160) Ajika

Das neue Jerusalem

Bunia 1991
Sammlung Jewsiewicki
80 x 48 cm

In der momentanen Krisenlage bietet der Glaube den Menschen noch einen gewissen Halt. Ein Leben als guter Christ läßt zumindest auf das jüngste Gericht hoffen, nachdem der Eintritt in das versprochene Paradies einen für die im Leben gemachten Entbehrungen entschädigen kann. Ajika stellt sich hier das Paradies als moderne Stadt mit Hochhäusern vor.

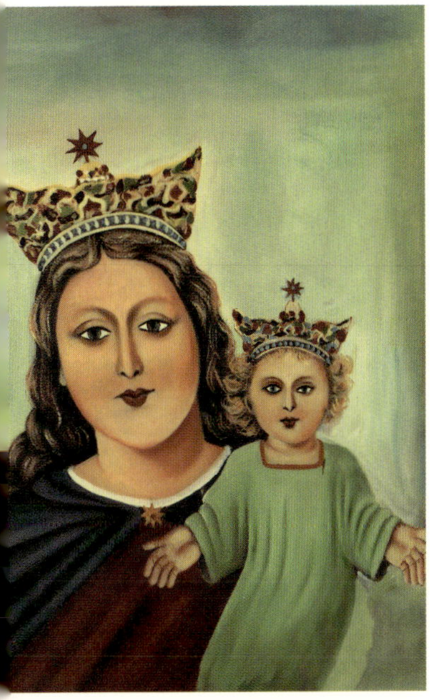

(159) Mua Katanga

Maria mit Jesuskind

Lubumbashi
Sammlung Jewsiewicki
61,5 x 43 cm

Vorlagen für die religiösen Motive bieten die von den Missionen und Kirchen in Umlauf gesetzten Drucke.

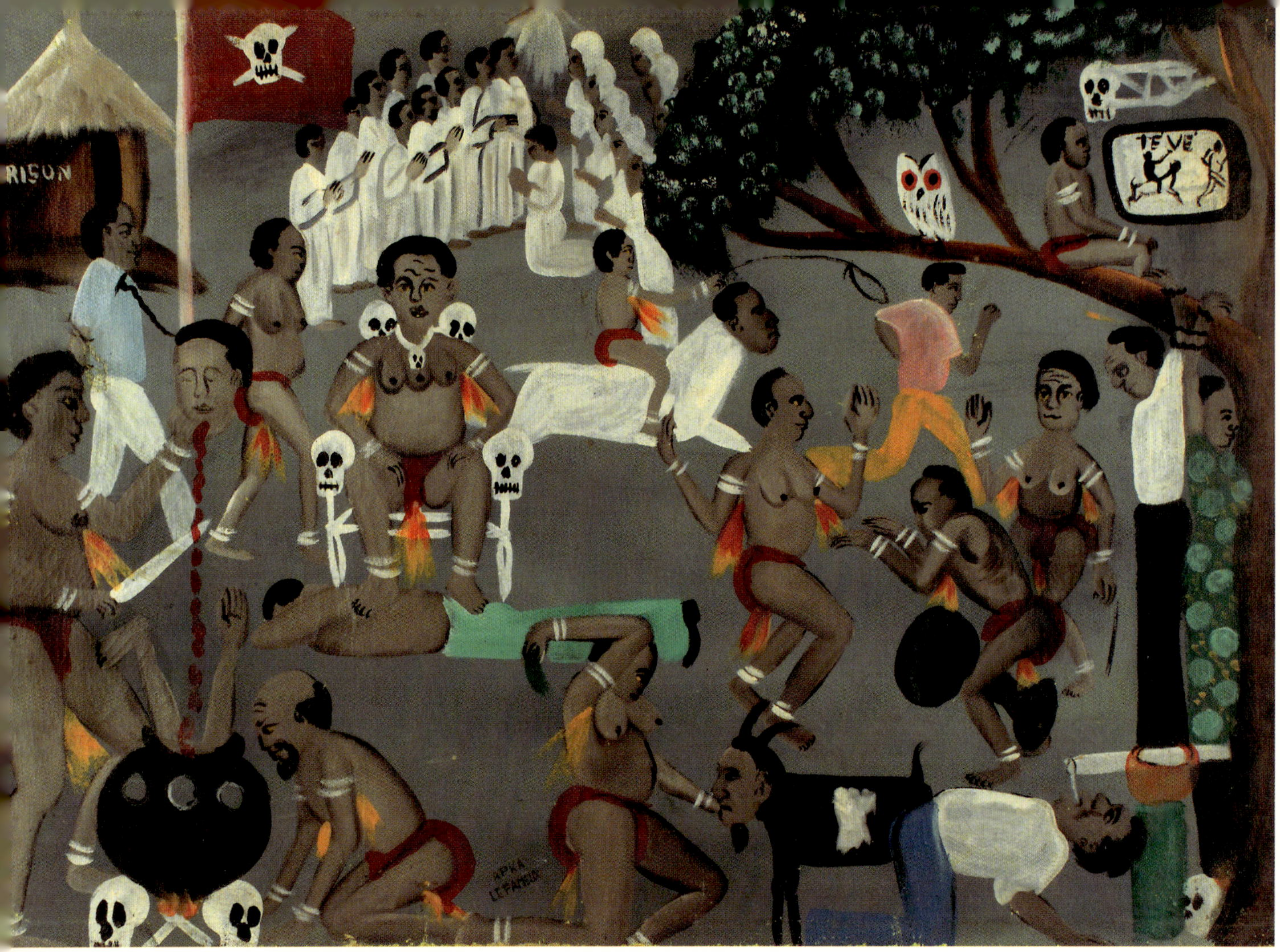

(161) **Apka Le Fameux**

Hexerei

Lubumbashi
Sammlung Jewsiewicki
80,5 x 57 cm

Solche Bilder über die Übel der Hexerei hängt man sich meist dann ins Haus, wenn eigene Erfahrungen mit Hexerei vorliegen und diese Probleme gelöst wurden. Nach einer gewissen Zeit werden sie jedoch entfernt, um nicht selbst als Hexer angesehen zu werden oder durch das Bild neuerlich okkulte Praktiken anzuziehen.

Apka zeigt hier, daß das Christentum stärker als die Hexerei ist, wenn jemand sich ganz dem christlichen Glauben verpflichtet und die Gebote befolgt. Im Normalfall gelingt dies den Menschen nie vollkommen und daher sind sie gegen Hexerei nicht immun. Nur eine Gruppe von Strenggläubigen im oberen Bildteil bleibt unbehelligt.

Im urbanen Kontext wird die Hexerei an Vorstellungen der Moderne angepaßt und unter dem Einfluß des Christentums mit dem Teufel verglichen. Auch werden Symbole der Modernität in die Bilder integriert, wie Fernseher, Telefon oder Flugzeug.

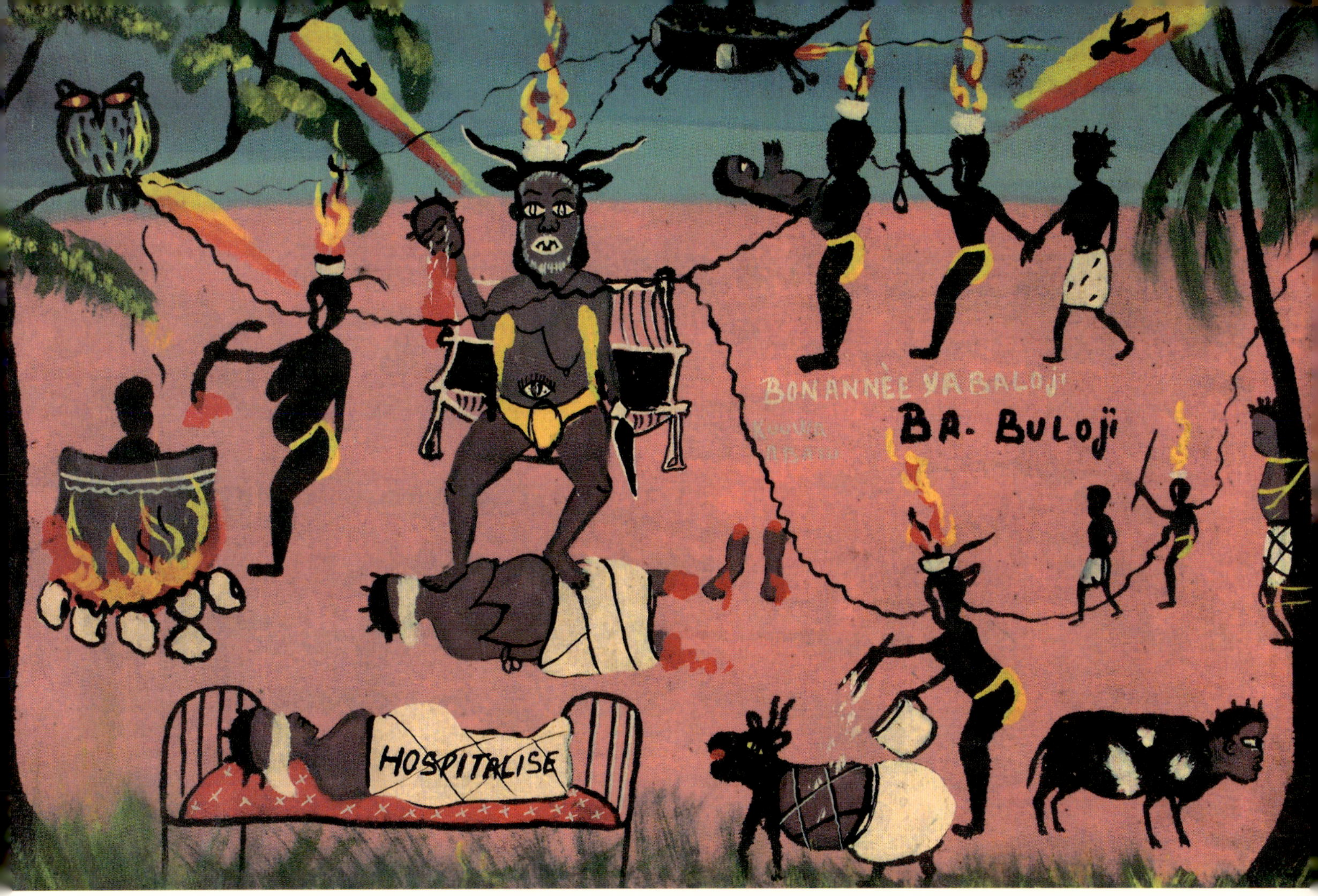

(162) **Tshibumba Kanda Matulu**

Hexerei

Lubumbashi
Museum für Völkerkunde, Wien
Inv.Nr. 178.071
53 x 34 cm

Hexern wird unterstellt, daß sie ihre Opfer verspeisen, um sich deren Geistes- und Lebenskraft anzueignen. Um dieses „essen" bildlich zu vergegenwärtigen, sind Hexer als Kannibalen dargestellt. Bis vor kurzem wurden hauptsächlich alte Frauen als Hexen verdächtigt, in der Mitte sieht man, wie eine solche Hexe den Fuß auf eines ihrer Opfer stellt. Dasselbe Opfer liegt am unteren Bildrand in einem Krankenhausbett. So würde sich das Geschehen im normalen Leben darstellen, während die okkulten Vorgänge sich in einer verborgenen Meta-Ebene abspielen. Gewisse Erkrankungen werden nämlich auf Hexerei zurückgeführt.

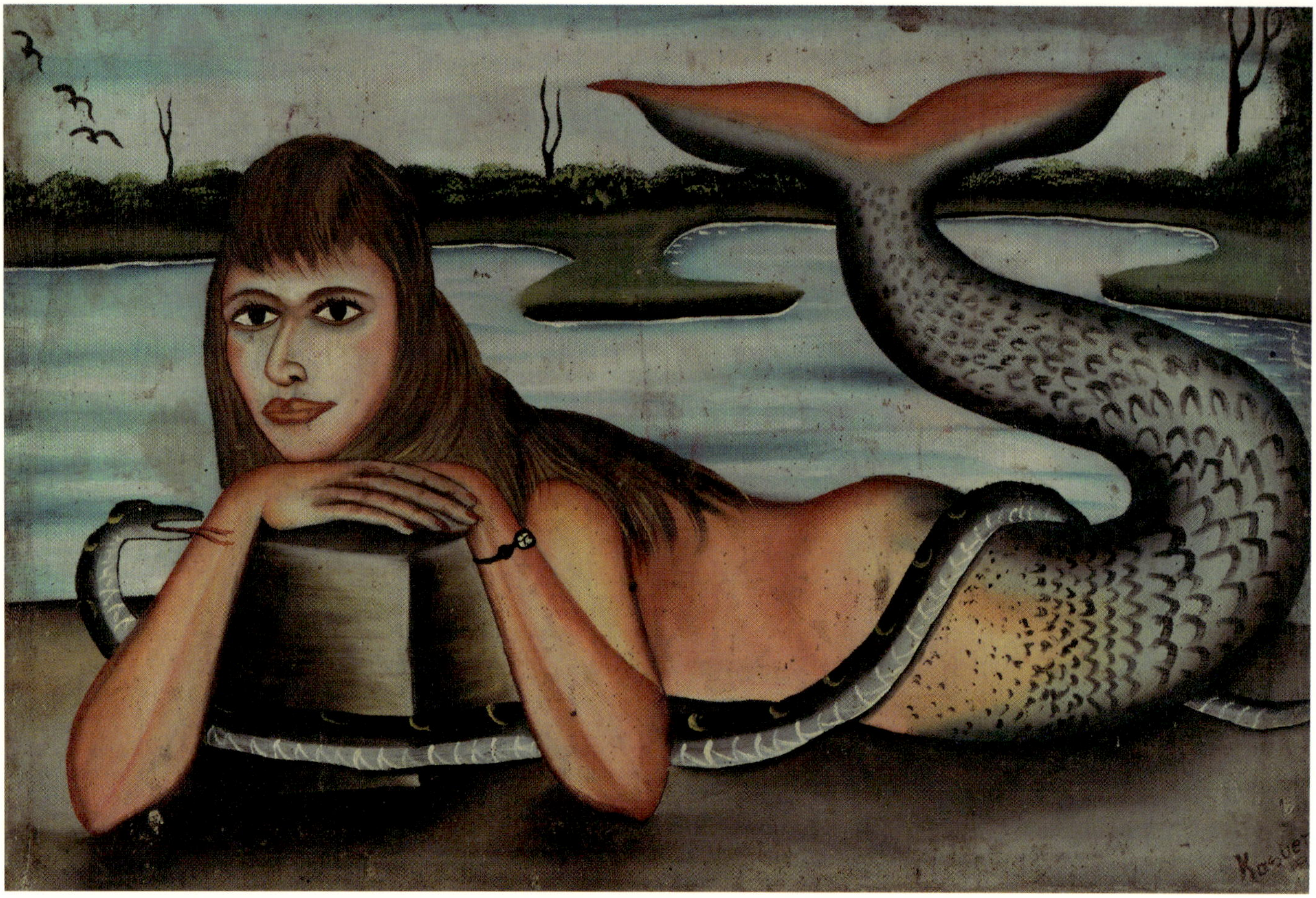

(163) **Kaswende**

Mamba Muntu (Mami Wata)

Lubumbashi
Sammlung Jewsiewicki
48,5 x 34 cm

In den siebziger und achtziger Jahren wurden Mami-Wata-Darstellungen als Glücksbringer angesehen und in die Wohnzimmer gehängt. Unter dem stärker gewordenen Einfluß der Kirchen gibt man heute diese Bilder weg, weil Mami Wata als Machwerk des Teufels, als Unheil bringende mystische Figur angesehen wird. Viele wollen dieses Motiv nicht mehr im Haus haben, um nicht als Animist zu gelten.

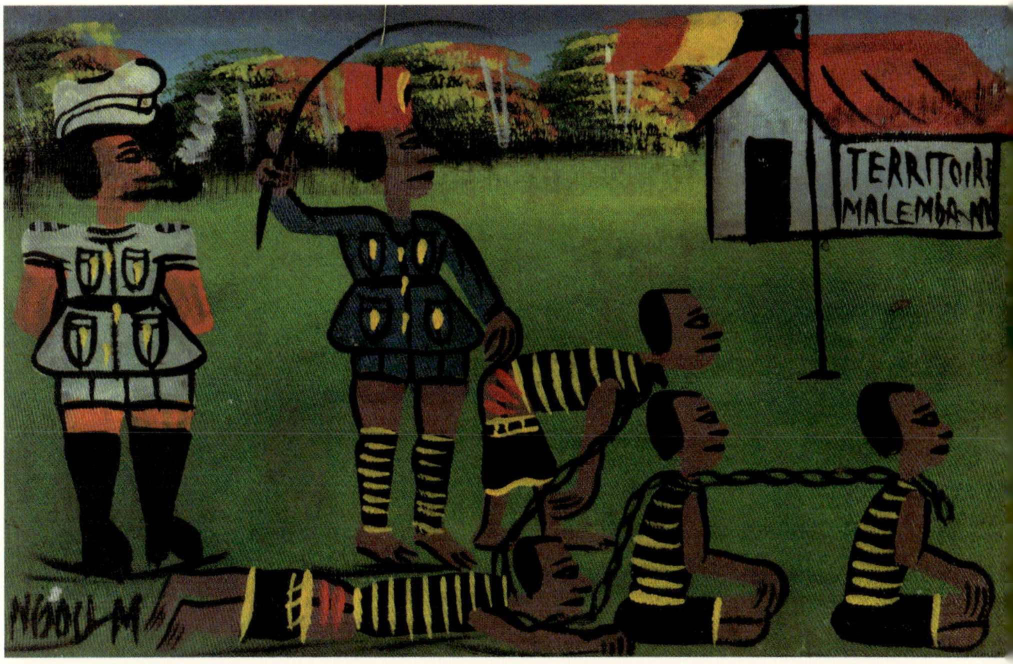

(164) **Ngoy M**
„Colonie Belge"

Lubumbashi
Sammlung Jewsiewicki
39 x 24,5 cm

In den siebziger und achtziger Jahren fanden Colonie-Belge-Bilder Verbreitung, um auf die Hilflosigkeit des Einzelnen gegenüber dem Staat als alles beherrschende Autorität zu verweisen. Die Menschen fühlten sich als Sklaven des Staates, vergleichbar mit den aneinandergeketteten Gefangenen auf den Bildern. Die historische Darstellung der Kolonialzeit reflektiert eigentlich wie die Zustände unter dem Mobutu-Regime allgemein empfunden wurden.

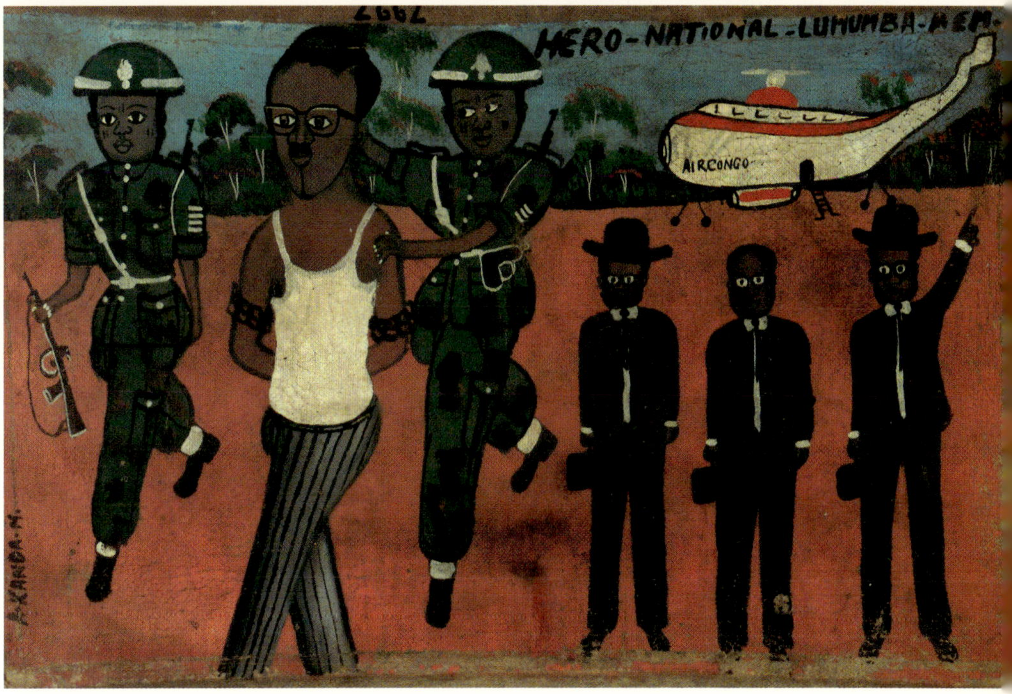

(165) **Tshibumba Kanda Matulu**
Lumumba verläßt das Flugzeug

Lubumbashi
Sammlung Jewsiewicki
40 x 30 cm

Die Ankunft Lumumbas in Lubumbashi, wo er schließlich umgebracht wurde, ist die verbreitetste Darstellung des Märtyrertums von Lumumba. Lumumbas Repräsentation in der Mitte zweier Soldaten läßt an Christusdarstellungen denken. Tshibumba setzt ihn als Mann des Volkes seinen Gegnern gegenüber, den katangesischen Regierungsmitgliedern auf der rechten Seite des Bildes und dem Flugzeug mit der Aufschrift Air Congo im Hintergrund, das auf den kongolesischen Staatsapparat verweist.
Sich ein Lumumba-Bild im Wohnzimmer an die Wand zu hängen, kam unter Mobutu einer Deklaration als Oppositioneller der Regierung gleich und war deshalb etwas gewagt.

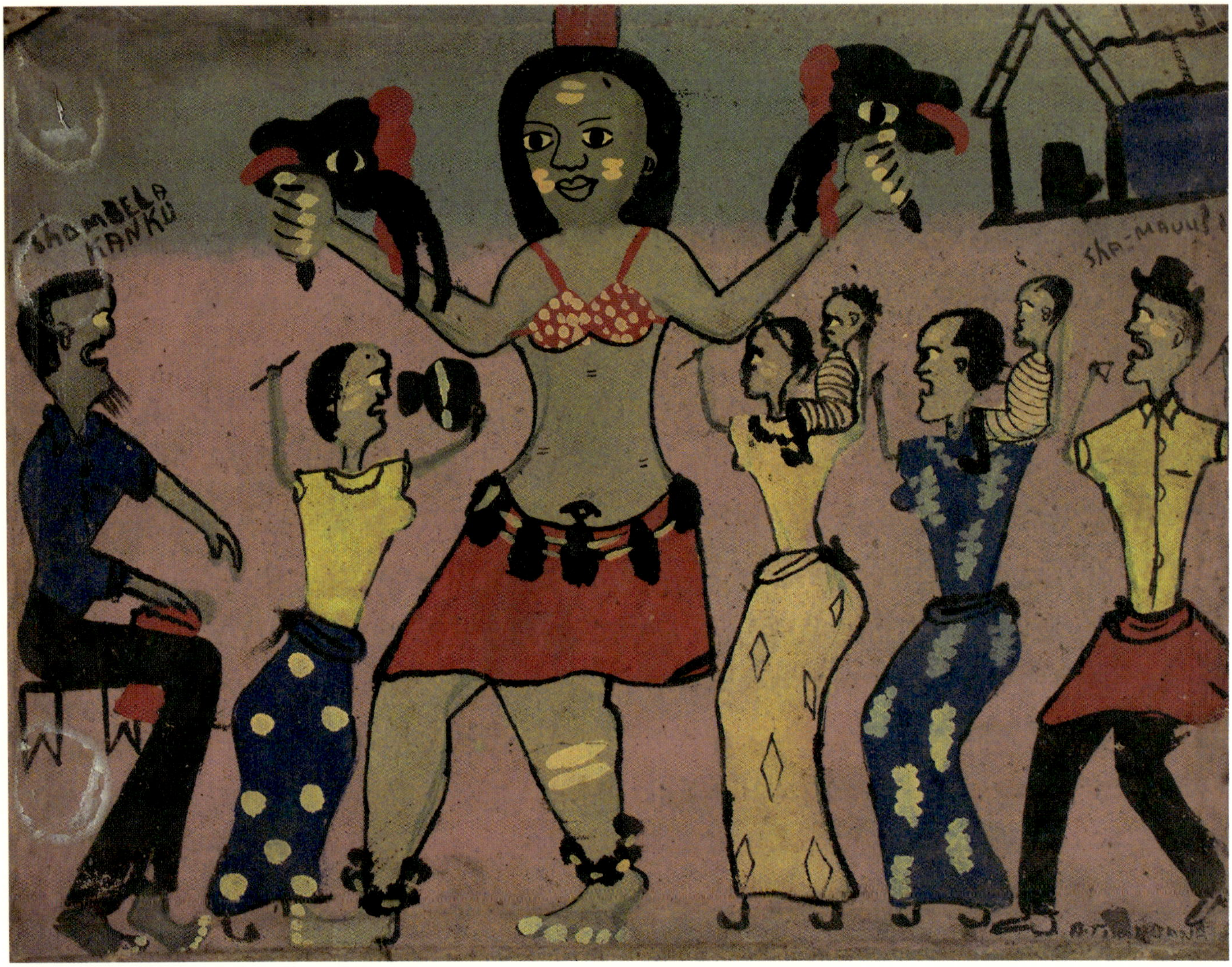

(166) **Tshibumba Kanda Matulu**

„Mwa Mbuja" (Mutter von Zwillingen)

Lubumbashi
Museum für Völkerkunde, Wien
Inv.Nr. 178.072
50 x 37,5 cm

In den Arbeitersiedlungen Katangas diente die Zusammenkunft zu traditionellen Tänzen zur Stärkung des Gemeinschaftsgefühls und zur Abgrenzung von den anderen ethnischen Gruppen. Bilder vom Tanz mit geopferten Ziegen anläßlich von Zwillingsgeburten entsprechen dieser Tendenz und werden von den Luba-Kasai als Hinweis auf ihre ethnische Zugehörigkeit ins Haus gehängt.

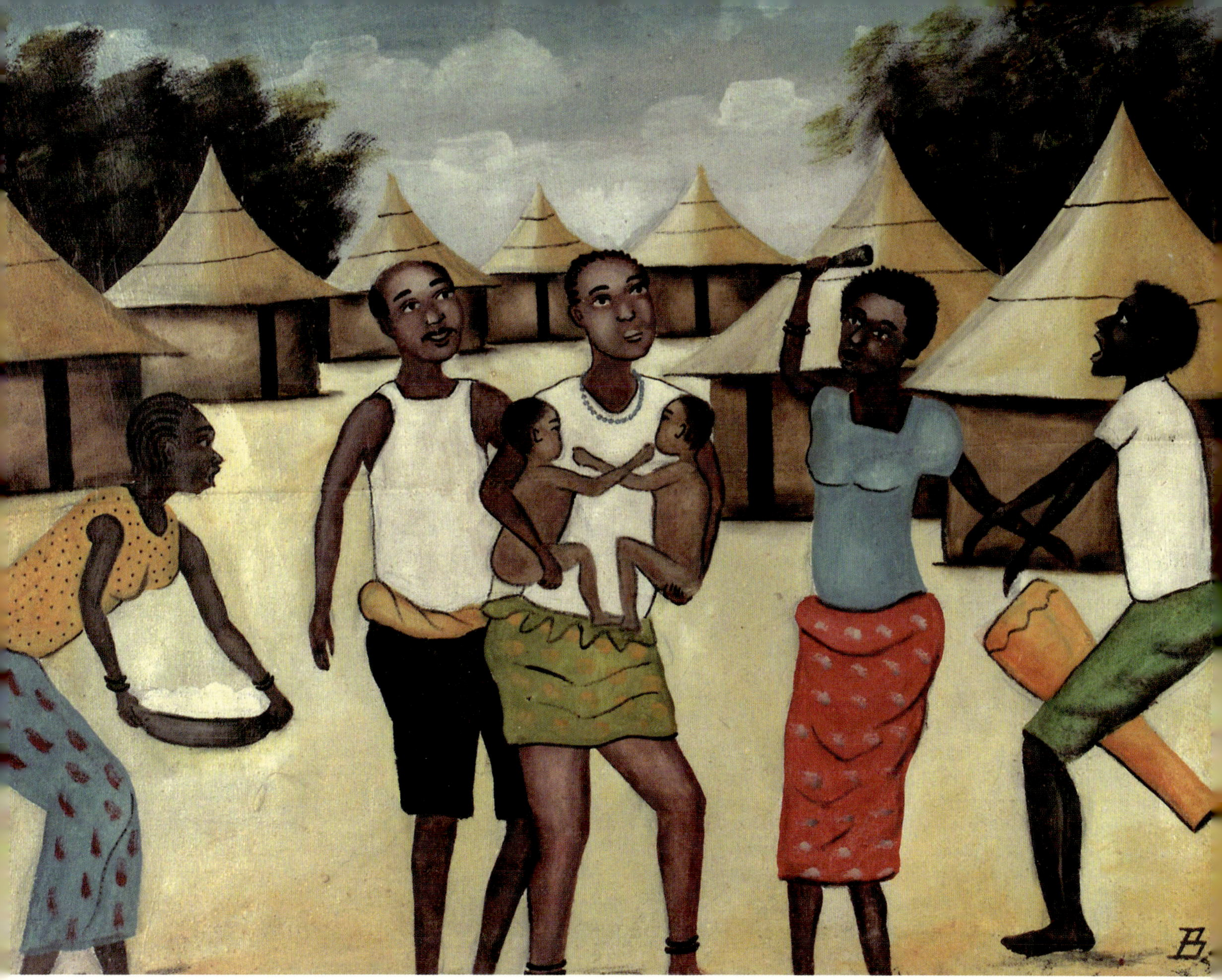

(167) **Burozi**

„Mwa Mbuja" (Mutter von Zwillingen)

Lubumbashi
Sammlung Jewsiewicki
50 x 37,5 cm

Burozis Darstellung ist eine modernere Version desselben Themas und reflektiert rezente Tendenzen urbaner Christen, die Tänze in gemäßigter Form ohne Tieropfer abzuhalten, die als heidnische Rituale verachtet werden.

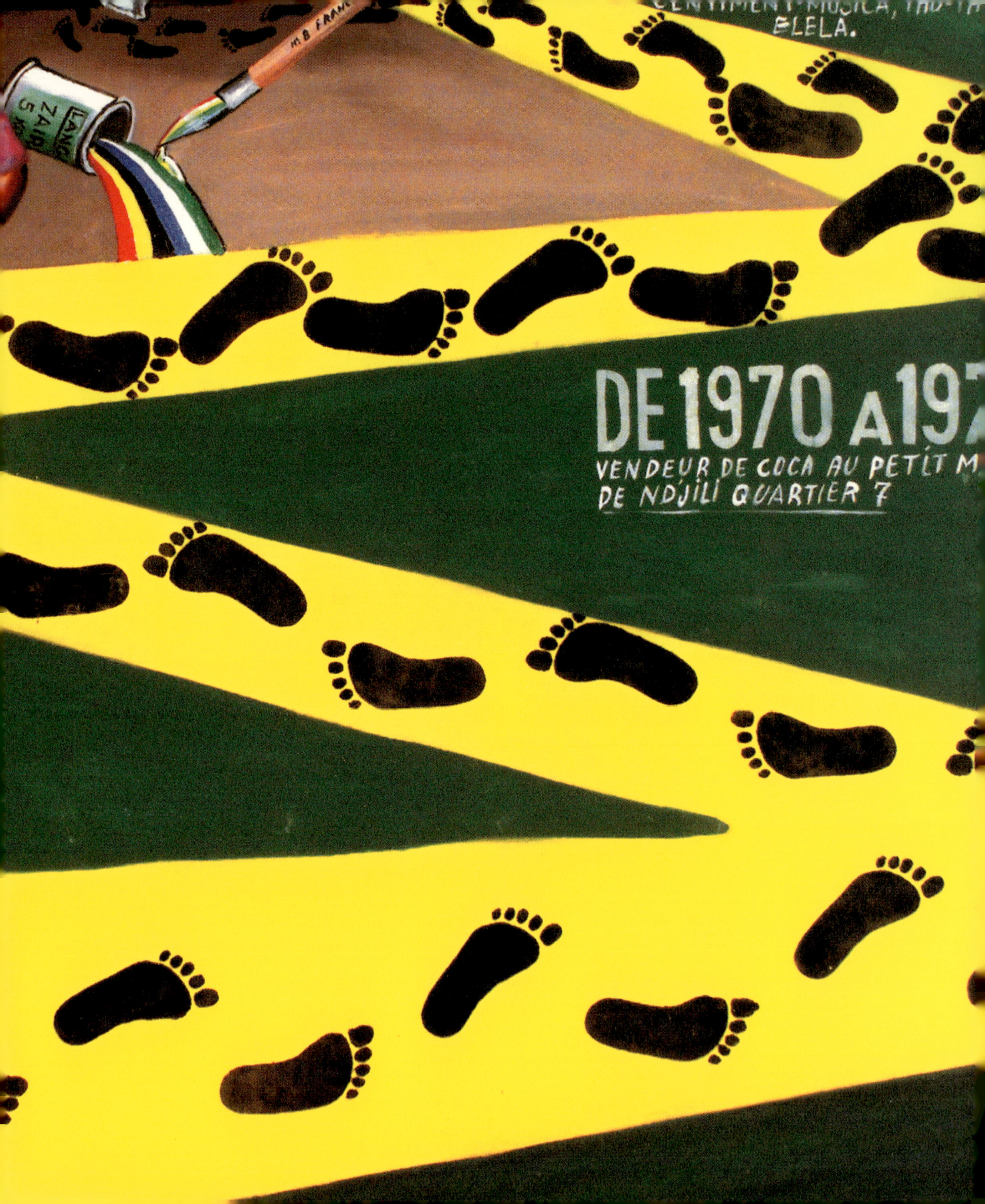
ELELA.
DE 1970 A 197
VENDEUR DE COCA AU PETIT M
DE NDJILI QUARTIER 7

KÜNSTLERBIOGRAPHIEN

CHERI CHERIN*

Cheri Cherin heißt mit eigentlichem Namen Kinkonda Joseph. Sein Künstlername „Cheri" ist eine Akürzung von „Créateur Mars – Expressionniste – Remarquable – Inégalable – Incomparable – Naturaliste" (Schöpfer Mars, Expressionist, Bedeutender, Einzigartiger, Unvergleichbarer, Naturalist). „Cheri" bezieht sich auf die Liebe, denn jemand, der sein Publikum ernst nimmt, wird auch von diesem geschätzt und geliebt. Cherin hat sich diesen Namen gegeben, als ihm bewußt wurde, ein großer Künstler zu sein; dies war im Jahre 1968.

Cheri Cherin ist 1955 in Kinshasa geboren. Sein Vater, ein Staatsangestellter, war 1944 aus dem Yaka-Gebiet in die Hauptstadt gezogen, wo er als Amtsgehilfe arbeitete. Er besuchte nach der Volksschule eine Mittelschule, nach deren Abschluß er sich für den Handelssektor entscheiden wollte, von den dort lehrenden Missionaren, die von seinem Talent überzeugt waren, aber gedrängt wurde, die Akademie der Künste zu besuchen. Mit 15 Jahren begann er dort seine Ausbildung, die neun Jahre lang währte. Da er bereits Erfahrungen mit der Malerei hatte, wählte er die Keramik als Hauptfach. Cheri Cherin ist bereits zum dritten Mal verheiratet. Seine Frau ist ausgebildete Krankenschwester und hat ursprünglich in einer Klinik gearbeitet und dann in einer Apotheke. Da sie aber immer spät von der Arbeit nach Hause kam und er spät essen mußte, bat er sie nur mehr den Haushalt zu führen. Mit einer ersten Frau hatte er fünf Mädchen, von denen nur zwei überlebt haben. Nach dem Tod der drei Kinder haben ihm Wahrsager geraten, sich eine andere Frau zu nehmen. Mit einer zweiten Frau hatte er nochmals zwei Töchter, auch von dieser trennte er sich, weil sie ihn mit ihrem früheren Freund betrogen hat. Daraufhin hatte er noch eine Tochter mit einer Geliebten, die er jedoch nicht geheiratet hat.

Schon während Cheri Cherin die Kunstschule besuchte, erlangte er einen gewissen Bekanntheitsgrad als Maler und hatte bereits einen Lehrling, der insgesamt fünf Jahre lang mit ihm lebte und arbeitete. Dieser Lehrling wuchs ihm sehr ans Herz und er versuchte, ihm sein an der Akademie angelerntes Wissen weiterzugeben, vom technischen Können bis hin zur Kunstgeschichte. Dieser Lehrling, Ricky Mbaya, übte auf ihn einen großen Einfluß aus und führte ihn zum Glauben; durch ihn wurde Cheri Cherin zum Mitglied einer evangelischen Pfingstgemeinde. Cherin betrachtet Ricky als seinen spirituellen Vater, während er sich als dessen künstlerischen Vater sieht. Er war immer ein Liebhaber der Frauen gewesen, sein Erfolg als Maler machte es ihm leicht und er hatte viele Verehrerinnen; durch den Glauben veränderte er jedoch sein Leben und hörte auf zu rauchen und zu trinken. Nach diesem ersten Lehrling hatte er noch viele weitere, die alle inzwischen selbstständig arbeiten und ihre eigenen Ateliers haben.

Cheri Cherin hat sich nie ein eigenes Atelier eingerichtet, er bevorzugt es, mobil zu sein. Wenn er etwa als Auftrag eine Bar zu dekorieren hat, ruft er seine Lehrlinge, die er „petits" (Kleine) nennt, die ihm mit den Farben, den Utensilien helfen und die Wände vorbereiten. Ein weiterer Grund, warum er sich eigentlich nie eine Werkstatt zugelegt hat, hängt auch damit zusammen, daß er begonnen hat zu arbeiten, bevor er fertig studiert hatte. Dann verbrachte er ein Jahr in Kasongo Lunda, genoß es auch darauf noch auf Reisen zu sein und besuchte Brazzaville und Libreville. 1983 kehrte er erst nach Kinshasa zurück. In Brazzaville hatte er anfänglich hauptsächlich Aufträge für Barmalereien. Dann malte er unter anderem Porträts des Präsidenten, einmal sogar als Auftragswerk mit vier Meter Länge, das schließlich in einem Stadion aufgestellt wurde. Er war in Brazzaville als „L'Artiste de Makambo" bekannt, nach dem Namen der Bar, durch deren Malereien

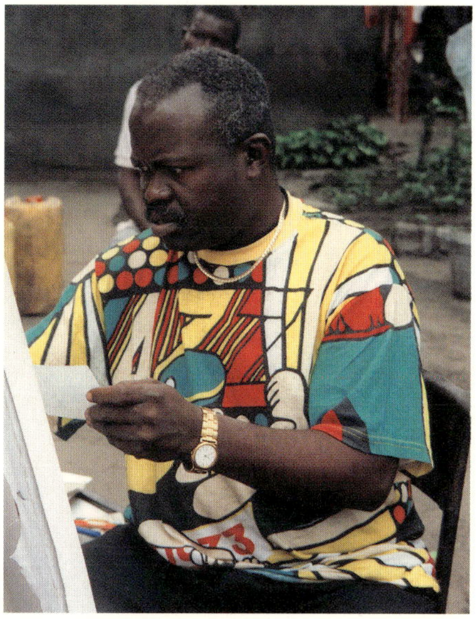

Cheri Cherin, Kinshasa 1999.
Foto: Jewsiewicki

er in der Stadt bekannt geworden war. Während seines Aufenthaltes porträtierte er schließlich viele weitere Politiker. Nach Brazzaville verbrachte er einige Zeit in Gabon, kehrte aber bald in den Kongo (damals noch Zaïre) zurück, als dort das Geschäft nicht mehr so gut lief. In Brazzaville hatte er so viele Aufträge, daß er sie gar nicht alleine bewältigen konnte und mit anderen Malern kooperierte, wie den Mbüecky Zwillingen, die für ihre nahezu fotorealistischen Bilder bekannt waren. Durch die Zusammenarbeit mit den Brüdern verbesserte er seine Maltechnik, er entwickelte einen Sinn für die Farben, denn die beiden hatten keine Hemmungen, kräftige, lebendige Töne einzusetzen. Von ihnen lernte er, den Details mehr Aufmerksamkeit zu schenken; durch gezieltes Farbenspiel geben sie alle Nuancen wieder und schaffen somit äußerst realistische Abbilder. Auch er begann seinen Stil mit ihrer Technik zu verbessern und gibt ehrlich zu, daß er sehr stark von ihnen beeinflußt ist. Nun begann auch er Farbflächen, wie beispielsweise Haare, die er früher nur rein schwarz gemalt hatte, durch Farbschattierungen realistischer zu gestalten.

Cheri Cherins erster Auftrag nach der Rückkehr nach Kinshasa waren Wandmalereien für eine damals äußerst beliebte Bar namens „Retour au Village" (Rückkehr ins Dorf). Er wählte mehrere Motive, von denen er annahm, daß sie die Barbesucher ansprechen würden: „Tonton Skol", eine Biersorte, als Kur gegen Aids; einen Boulevard

* Dieser Lebenslauf beruht auf einem 1995 in Kinshasa durchgeführten Interview von Joseph Ibongo.

der Hauptstadt mit Hochhäusern und Autoverkehr, um die Stimmung der modernen Stadt wiederzugeben; „Gute Stimmung non stop mit Mützig", eine weitere Biersorte; ein Mann, der über die Beziehungsprobleme mit seiner Frau stärker betrübt ist, als über den Tod seines Vaters (zu diesem Thema war er von dem Lied einer bekannten Popgruppe Kinshasas inspiriert).

Cheri Cherin betont, daß die populäre Malerei ihre Themen dem gesellschaftlichen Leben entlehnt, manchmal läßt sie sich auch von Songs der kongolesischen Popmusik inspirieren. Die Malerei reflektiert, was sich in der Stadt abspielt: „Wir Künstler dringen in die Tiefe des Menschen ein, um das Wesen ihres Daseins darzustellen" meint Cherin. Wenn er etwa beauftragt ist, die Außenwand einer Boutique zu gestalten, fragt er die zahlreich vorhandenen Schaulustigen, was ihnen gefallen würde und verwirklicht ihre Vorschläge. Einmal wurde er angeregt, Edingwe, einen bekannten Ringer Kinshasas, zu malen wie er seinen Gegner zum „Tanzen" bringt. Hier sieht er den Unterschied zu den akademischen Malern: „An der Akademie haben wir gelernt, daß der Künstler etwas ausdrücken muß, er ist frei sich auszudrücken, er ist der König, weil er bestimmt. Das stimmt auch. Aber ich selbst kann nicht Sklave des Akademismus sein". Er wollte sich von den akademischen Malern absetzen und nach dem Geschmack des Publikums arbeiten, denn nur auf dieser Art kann er etwas bewirken, wie das Publikum durch die Werke zu erziehen. Ein gutes Beispiel ist eine Malerei, die Plünderungen abbildet. Solche Vorfälle häufen sich aufgrund der momentanen Krise; er selbst hat mehrfach miterlebt, wie Geschäfte geplündert werden. Überall werden aus Plündereien stammende Dinge konsumiert, jeder in Kinshasa ist davon betroffen und hat solche Produkte sicherlich einmal gekauft. Durch so ein Bild kann er auf die Problematik aufmerksam machen und zum Nachdenken anregen.

Der persönliche Ausdruck des Künstlers kommt nach Cherin auch in solchen Bildern nicht zu kurz, auch wenn er sich auf Details beschränkt, wie etwa in seinem Falle darauf, Frauen mit großen Hinterbacken darzustellen, weil sie ihm einfach besser gefallen.

Bereits während seiner Akademiezeit hatte er viele Kunden. Ein wichtiger Klient war ein Abgeordneter, der ihn bei Staatsbesuchen immer vorab beauftragte, Porträts der Politiker zu malen. Viele Geschäftsleute ließen sich von ihm die Außen- und Innenwände ihrer Lokale gestalten. Für eine Firma hat er auch sämtliche Verkaufsstände gestaltet.

Seine Kundschaft rekrutiert er aus der Politik, den religiösen Kreisen, aber auch aus der modernen kongolesischen Musikerszene. Um lokale Kunden zu werben, besuchte er früher oft stark frequentierte Orte, wie Bars, um sich bemerkbar zu machen. Weiße Kunden sind bei Cheri Cherin erst eine rezente Erscheinung. Als er noch hauptsächlich kleine Läden in der Stadt dekorierte, hatten andere Maler, die seiner Ansicht nach nicht einmal so qualitätvolle Arbeit leisteten wie er, bereits gute Kontakte mit westlichen Kunden. Cheri Cherin bereut dies, weil er auch gerne so berühmt wie Chéri Samba geworden wäre, den eine Galerie in Europa vertritt und der an Ausstellungen in Europa und den USA beteiligt ist, während er selbst außerhalb des Kongo völlig unbekannt ist. Sein großes Ziel ist es, als Künstler im Ausland bekannt zu werden.

Cheri Cherin meint, daß jene kongolesische Maler, die außerhalb des Kongo bekannt sind, nicht unbedingt die besten wären. Wenn er deren Malerei kritisch betrachtet, muß er vermerken, daß ihren Werken die Proportionen fehlen, es fehlt ihnen die Symmetrie, der Rhythmus, sie hätten keinen Respekt vor der Perspektive. Die meisten Maler in Kinshasa verwenden nach Cherin sehr lebhafte Farben, um dem Geschmack der Weißen zu entsprechen und versuchen sich auch in der Themenwahl den Vorlieben der „mundele", der Weißen, anzupassen. Er bevorzuge im Gegensatz dazu reelle Szenen und versucht die Lebensumstände in Kinshasa zu dokumentieren. Er versucht etwa die Transportprobleme der Stadt darzustellen, die überladenen Sammeltaxis, weil es einfach zu wenige Fortbewegungsmöglichkeiten gibt. Sieht ein Weißer diese Bilder, käme er vielleicht auf die Idee in die Verkehrsmittel Kinshasas zu investieren. Solche Bilder macht er nicht, damit sie den Europäern gefallen, er malt sie, um zu erziehen und etwas mitzuteilen. In Kinshasa selbst hat Cherin bereits an mehreren Ausstellungen teilgenommen.

Die aktuelle Situation im Kongo stellt für die Maler ein großes Problem dar, weil so viele Ausländer das Land verlassen und sie dadurch viele Kunden verlieren.

LUSAVUVU*

Lusavuvu Makaya ist 1972 in Kinshasa geboren und besuchte dort auch die Grundschule. Die Sekundärschule begann er in Niederkongo (Bas Congo), mußte sie aber 1989 mit 17 Jahren, mitten im Jahr, aus finanziellen Gründen abbrechen, da er keine Unterstützung mehr erhielt. Er kehrte nach Kinshasa zurück und begann auf Vermittlung seines Stiefvaters im Atelier von Sim Simaro, einem bereits etablierten Maler zu arbeiten. Er ist noch nicht verheiratet, hat aber mit seiner Freundin eine kleine Tochter.

Bereits in früher Jugend kopierte er beliebte kongolesische Comicstrips wie „Liki Liki" und begann schließlich selbst Cartoons zu zeichnen, die in seiner Nachbarschaft auf große Anerkennung stießen. Seine Lehrzeit bei Simaro begann er damit, Entwürfe für den Meister auf die Leinwand zu zeichnen, die dieser dann malte. Insgesamt blieb er zehn Jahre bei Simaro, machte sich 1999 selbständig und eröffnete sein eigenes Atelier. Während seiner Lehrzeit bekam er kein Gehalt ausbezahlt, nur die Fahrtkosten ersetzt und die Mahlzeiten im Atelier. Lusavuvu interessierte sich vorrangig für die Tafelmalerei, während er das einträglichere Geschäft der Werbemalerei sehr ungern betrieb. Simaro bevorzugte es aber, ihn für die Werbung einzusetzen, bei solchen Arbeiten war er auch prozentuell am Gewinn beteiligt. Delegierte der Europäischen Union, die einmal das Atelier Simaros besuchten, wurden auf ihn aufmerksam und versorgten ihn daraufhin immer wieder mit kleinen Aufträgen. Dieser Erfolg verhalf Lusavuvu dazu, daß Simaro es ihm schließlich gewährte, sich hauptsächlich auf die Malerei von Bildern zu konzentrieren. Beim Verkauf eines solchen war er jedoch verpflichtet, 50% des Verdienstes an seinen Meister abzugeben, die ihm verbliebene Hälfte mußte er dann nochmals mit seinen Kollegen im Atelier teilen.

Nach dem Ausscheiden Lusavuvus aus dem Atelier hatte Sim Simaro wegen der langen Lehrzeit Anspruch auf Bier, so will es die kongolesische Tradition. Weiters gebührten ihm ein kompletter Anzug und eine bestimmte Geldsumme. Lusavuvu vereinbarte mit Simaro diese Schuld in Bildern zu begleichen. Auf diese Weise wurde er aus der Lehre entlassen, die als abgeschlossen galt und er erhielt das „lupemba", den grünen Schein. Für „Médecins sans frontières" hat er an einer Comics-Broschüre zum Thema Aids mitgezeichnet. Diese humanitäre Organisation war von einem seiner Bilder begeistert gewesen. Jenes Bild mit dem Titel „Die Demokratie" zeigt eine Frau, die das Land Kongo darstellt; die Frau deshalb, weil sie für ihn ein Symbol des Reichtums seines Landes ist. Für die Broschüre hat er relativ viel Geld bekommen. Als die Zuständigen von „Médecins sans frontières" erfuhren, daß er einen hohen Prozentsatz der Bezahlung an seinen Chef abzugeben hat, setzten sie diesen unter Druck, damit er selbst mehr behalten konnte. Mit diesem Verdienst konnte er sich schließlich sein eigenes Studio finanzieren und gleichzeitig die Schulkosten für zwei jüngere Brüder bezahlen. Seitdem hat er nie mehr eine derartig große Summe verdient. Inzwischen erhält er regelmäßig kleinere Aufträge von der Organisation, die ihm in der Regel ein Thema vorgibt, das er dann ausführt. Wenn ein Kunde bei ihm eine Malerei bestellt, zeichnet er zuerst einen Entwurf auf Papier, erst wenn der Auftraggeber diesen akzeptiert, malt er das Bild.

Bisher hat er noch an keiner Ausstellung in Kinshasa mitgewirkt. Aus seinem Themenspektrum fanden neben der weiblichen Demokratie vor allem Szenen aus dem Leben des Propheten Simon Kimbangu großen Anklang, aber auch seine Straßenszenen, die die Fortbewegungsprobleme der Stadt zeigen, erfreuen sich großer Beliebtheit. Er ist selbst Kimbanguist, aber nicht unbedingt aus Überzeugung, sondern einfach aus familiären Gründen, weil seine Mutter und Großmutter dieser Kirche angehören. Vom Glauben her empfindet er sich eher als Katholik, nur ließen es seine Eltern nie zu, daß er sich taufen ließ. Lusavuvu ist sehr gläubig und sieht seine Inspiration als Künstler als Geschenk Gottes. In seinem Werk „Kongos Untergang" (cat. 72) beherrscht Jesus Christus die Bildmitte und prangert mit erhobenem Zeigefinger den Verfall der Moral und die falschen Prediger an.

Für seinen Fortbestand als Maler sind die Weißen sehr wichtig, weil sie im Augenblick seine wichtigsten Kunden sind und den Großteil seiner Bilder kaufen.

In seinem kleinen Atelier hat er keine Assistenten, nur sein jüngerer Halbbruder versucht von ihm zu lernen und hilft ihm bei der Arbeit. Mit seinem früheren Meister Simaro hat er immer noch ein gutes Verhältnis, dieser überläßt ihm auch hin und wieder Aufträge, für die er dann eine Kommission verlangt. Mit anderen Malern der Stadt hat Lusavuvu kaum Kontakt, auch wenn er einige von ihnen, auch große Namen, kennt.

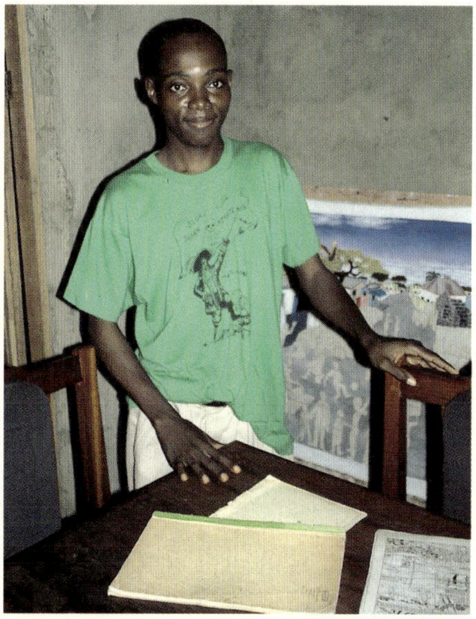

Lusavuvu, Kinshasa 1999.
Foto: Plankensteiner

Trotz der Krise würde er niemals die Malerei für einen anderen Beruf aufgeben. Die Malerei und das Zeichnen von Comicstrips sind seine große Leidenschaft. Er träumt davon, eines Tages ein Album über sein Leben in Form eines Cartoons zu verwirklichen.

Lusavuvu schafft es im Monat zwei bis drei Bilder zu malen. Im Vergleich zu anderen Malern bedeutet dies einen erheblichen Zeitaufwand pro Bild. Seine lange Arbeitszeit an den Werken begründet er damit, daß das Malen für ihn eine Gefühlssache sei und er dabei von Empfindungen gelenkt wird. Schließlich liegt ihm auch sehr viel an der Qualität seiner Malereien, die äußerst detailgetreu gearbeitet sind und häufig komplexe, ineinander übergreifende Geschichten beinhalten. Er will Werke schaffen, die die Betrachter zum Staunen bringen und zum Nachdenken anregen. Die Selbstverwirklichung in seiner Arbeit ist ihm eigentlich viel wichtiger als der finanzielle Profit. Lusavuvu träumt davon, ein eigenes großes Atelier zu besitzen, in dem er arbeitslose Jugendliche engagieren und ausbilden könnte. In seiner Nachbarschaft kennt er viele beschäftigungslose Jugendliche, die ihm immer wieder bei der Arbeit zusehen und ihn schon manchmal gebeten haben, sie in diese Kunst einzuweisen. Am Abend kehren sie nach Hause zurück, wo sie kaum etwas zum Essen vorfinden. Er hofft darauf, irgend-

* Der Lebenslauf basiert auf einem im Sommer 1999 in Kinshasa durchgeführten Interview von Antoine Yok Bakwey.

1 Simon Kimbangu, ein ehemaliger Katechist, verglich das Los der Kongolesen in der belgischen Kolonialzeit mit den Israeliten im babylonischen und ägyptischen Exil und verkündete ihnen die Befreiung sowie die Wiedererhaltung ihrer Würde und Identität. Seine von ihm ins Leben gerufene Bewegung wurde nach der Unabhängigkeit des Kongo als offizielle Religion anerkannt. Kimbangu selbst starb nach 30 Jahren Haft in kolonialer Gefangenschaft.

wann einen Sponsor für die Finanzierung dieses Plans zu gewinnen.
In Zukunft möchte er unbedingt sein Atelier an einen anderen, besser zugänglichen Ort verlegen, wo er leichter kontaktiert werden kann. Er lebt und arbeitet im Augenblick in einem insgesamt ca. 15 Quadratmeter großen Zubau im Hof eines Wohnhauses, der aus zwei Räumen besteht. Es ist äußerst schwierig ihn dort zu erreichen, weil der Ort so abgelegen ist, daß er sogar zu Fuß kaum auffindbar ist. Es ist bereits vorgefallen, daß der Kontakt mit einer Galerie verlorengegangen ist, weil der Besitzer derselben mit seinem Auto im Schlamm der Straße stecken geblieben ist und nicht mehr weiter konnte.

LAURENT TINDA LWIMBA*

Laurent Tinda Lwimba wurde 1940 in der kleinen Stadt Moba (heute Kalemie) im Südwesten der Demokratischen Republik Kongo geboren. Sein Vater hatte bei den Missionaren eine Ausbildung als Maurer erhalten und zog 1943 mit der Familie nach Elisabethville (heute Lubumbashi), in die Hauptstadt des Industriegebietes Katanga. Da der Vater als Maurer bei ortsansässigen Industrieunternehmen arbeitete, konnte die Familie in deren für ihre Arbeiter zur Verfügung gestellten Siedlungen wohnen, während Laurent die Grundschule bei den Benediktinerpatres besuchte. Der Direktor schlug ihn für die Aufnahme in die örtliche Akademie der Schönen Künste, eine berufsbildende Sekundarschule, vor. Wegen seiner Jugend wurde Laurent abgelehnt, daher belegte er anfänglich einen Tischler- und danach einen Maurerkurs in einer von den Salesianern geleiteten Berufsschule, ohne jedoch eine dieser Ausbildungen abzuschließen. Schon in der Grundschule fiel er wegen seines Interesses und seiner Begabung für das Zeichnen auf. Zunächst kopierte er Heiligenbilder und versuchte sich darauf mit Tierzeichnungen. In jener Anfangsphase ging es ihm vor allem um die treue Wiedergabe des Originals. Dann entdeckte er im Stadtzentrum eine Galerie, die „Kuriositäten“ verkaufte und gleichzeitig Bilder lokaler Maler, die an jener Akademie studiert hatten, die ihn abgelehnt hatte. Er war überwältigt von der „Schönheit“ dieser Gemälde, die sich für ihn durch ihren Realismus definierte; eigenen Angaben zufolge hielt er diese Bilder „für Fotografien“. Die naturgetreue Wiedergabe der Wirklichkeit blieb sein Ideal, und er bildete sich fort, indem er Fotografien – vor allem Farbfotografien –, die er in Zeitungen und Zeitschriften fand, genau studierte und kopierte. Immer noch schätzt er das Kino als Anregung für seine künstlerische Vorstellungskraft.
Die erste Zeichnung, einen Löwen, verkaufte Tinda Lwimba 1955, also mit 15 Jahren, nachdem er sie an der Außenmauer des elterlichen Hauses ausgestellt hatte. Heute meint er dazu: „Für mich ist der Löwe das Symbol für Mut. Und ich glaube es war mein Mut, der es mir erlaubt hat, die Malerei schließlich zu beherrschen.“ Seine Kunden fand er in der Nachbarschaft, und allmählich erweiterte er sein ursprüngliches Repertoire von Tierdarstellungen um Landschaften, Dorfszenen und schließlich historische Themen.
Der Besitzer der Galerie, wo er sich regelmäßig einfand, um die Gemälde zu bestaunen, erklärte ihm auf seine eindringlichen Fragen hin, wie eine Leinwand vorbereitet wird. Auch zwei ortsansässige Maler, Absolventen der Akademie der Schönen Künste, besuchte er regelmäßig in ihren Ateliers, ohne bei ihnen in die Lehre zu gehen. 1968 kaufte ihm sein Vater etwas Farbe und einen Pinsel, und Tinda Lwimba opferte sein einziges Leintuch, um das erste Bild auf Leinwand zu malen. Seit 30 Jahren hat er nie einen anderen Beruf ausgeübt, obwohl die Einkünfte aus dem Verkauf seiner Bilder es ihm nie erlaubt haben, eine Familie zu gründen. Mit seinen mehr als 50 Jahren ist er noch immer Junggeselle und hat auch kein Kind, was seine gesellschaftliche Außenseiterstellung weiter unterstreicht. Seine beiden Versuche zu heiraten scheiterten, und Tinda lebte bis zu deren Tod bei seinen Eltern. Heute bewohnt er ein kleines Haus, in dem sich in einem ca. zehn Quadratmeter großen Raum auch sein Atelier befindet. Im Augenblick hat er Verwandte bei sich einquartiert, die vor den Kämpfen in ihrem Heimatort nach Lubumbashi geflüchtet sind.
Tinda Lwimba konzentriert sich auf die figürliche Malerei, die er in zwei Genres einteilt: Darstellungen des traditionellen Lebens, zu denen er auch die historische Malerei zählt – wie etwa Bilder von der Kultur der Tabwa –, und Bilder des modernen Lebens. Er malt bevorzugt frei aus der Fantasie ohne Vorlage, auch bei Porträts, die in Lubumbashi sonst normalerweise nach Fotografien gemalt werden. Trotz der deklarierten Bewunderung für eine detailgetreue Wiedergabe bemüht sich Tinda Lwimba nicht um eine solche, noch beherrscht er die entsprechende Technik. In seinen Bildern strebt er nach einer Übereinstimmung zwischen der geistigen Vorstellung und deren zweidimensionaler Wiedergabe auf der Leinwand und versucht, dem imaginären Bild seines Kunden zu entsprechen. Kurz, er versucht Ideen oder Erinnerungen in eine bildliche Sprache zu übersetzen. Dies bestätigen auch die Schilderungen seiner Gespräche mit Stammkunden über Szenen oder Situationen, die er darstellen sollte.
In seiner Malerei entwickelte Tinda Lwimba ein Interesse für die Kultur der Tabwa, jener dörflichen Gesellschaft, aus der sein Vater stammt. Er selbst hat nie im Dorf gelebt und ist nur einmal, 1969, nach Moba zurückgekehrt. Von den Bewohnern wandte er sich enttäuscht ab und attestierte ihnen aufgrund ihres mangelnden Interesses für die Kunst einen „geringen Grad der Zivilisation“.

* Dieser Beitrag beruht auf einem Text von Bogumil Jewsiewicki, verfaßt auf Basis von Interviews mit Tinda Lwimba, die Michel Ntambwe und Mwewa Kasongo 1994 und 1995 geführt hatten und seiner Analyse von etwa 60 Bildern.

Durch seine Herkunft und sein Interesse hat er sich den Ruf eines anerkannten Experten für die Tabwa-Kultur erarbeitet, die er als Städter jedoch nur aus den Erzählungen seiner Eltern und durch folkloristische Darbietungen in der Stadt kennt. Seine Bilder stellen die „ethnische“ Kultur dar, wie sie die Arbeiter in einem großen Industriezentrum wahrnehmen und praktizieren. Eine Kultur auf die sich verklärend beziehen, die sich auf ihren Freizeitbereich beschränkt und in der sie ihre „traditionellen“ Wurzeln finden. Tindas Spezialität sind daher Darstellungen charakteristischer Tabwa-Ereignisse, wie bestimmte Hochzeitstänze oder das Bild eines Trommlers. Aber auch ganz unspezifische Bilder des Dorflebens, wie Frauen beim Mahlen von Getreide oder heimkehrende Jäger von der Jagd mit Beute, werden bei ihm als charakteristische Darstellungen des Tabwa-Lebens interpretiert.
Seine Bilder des modernen Lebens sind keine Momentaufnahmen städtischer Szenen. Jedes hat einen symbolischen Charakter oder appelliert an das kollektive Gedächtnis der Städter, wie etwa ein Bild mit dem Titel „Tunnel“, das die Unterführung einer Durchzugsstraße unter der Eisenbahn im Handelszentrum der Stadt zeigt, oder die Darstellung des Fabriksschlotes der „Union Miniere d'Haute Katanga“, der das Stadtbild beherrscht. Wenn er beispielsweise den Handel mit aus alten Autoreifen hergestellten Sandalen malt, will er damit das Elend von heute zeigen, zu dessen Symbol diese Sandalen geworden sind. Gleiches gilt für die Tischlerwerkstatt, die nicht nachkommt, die Nachfrage nach Särgen zu befriedigen. 1995 malt er den Bahnhof, der zu einem symbolträchtigen Erinnerungsort für die Vertreibung der Kasai, für den Zerfall der städtischen Gesellschaft geworden ist. Es handelt sich um politische Bilder und nicht um Darstellungen von Szenen aus dem städtischen Leben.
Aus westlicher Sicht sind die meisten Bilder von Tinda Lwimba historische Werke, ihre Bedeutung erschließt sich erst im Spannungsfeld zwischen gestern und heute. Manchmal erlaubt erst der Name, den der Künstler dem Bild gibt und den er nicht gerne auf das Gemälde schreibt, Rückschlüsse, ob es sich um eine historische oder eine zeitgenössische Szene handelt. Das gilt etwa für jene Darstellung von Reparaturarbeiten an einer Straße, die eine täuschende Ähnlichkeit mit den gemeinnützigen Arbeiten zur Zeit des Kolonialismus aufweisen. Der Maler nennt das Bild jedoch „Salongo“, wie die sogenannten „Gemeinschaftsarbeiten“ unter Mobutu bezeichnet wurden. Aus eben dieser Möglichkeit der Verwechslung resultiert die politische Bedeutung dieser Bilder.
Tinda Lwimbas Bilder sind an ihren charakteristischen lang gestreckten Figuren, an dem in seiner Palette vorherrschenden Ocker und Gelb sowie an dem wenig ausgestalteten Hintergrund leicht zu erkennen. Trotz dieser Präferenzen setzt er die Farben bewußt zur Erzielung einer signifikativen Ästhetik ein. Auf diese Weise reflektiert der Tanz um das Feuer, der in Rot-, Gelb- und Schwarztönen gehalten ist, die Hexerei, die in der Stadt als der Welt des Dorfes zugehörig interpretiert wird. Wenn Tinda Lwimba kein Geld hat, begnügt er sich mit einfärbigen Bildern. Dieses Stilmittel wendet er sowohl bei traditionellen Szenen an wie etwa der Konsultation eines Wahrsagers als auch bei Bildern des modernen Lebens wie dem Transport eines Leichnams zum Friedhof auf den Schultern der Männer. Bei seinen jüngsten Arbeiten sind die Farbkontraste aufgrund der schlechten Versorgungslage aus der Not heraus größer; vor einem monochromen Hintergrund situiert er kleine, kräftige Farbflecken.
Sein Traum als Künstler ist es, wenigstens einmal genügend Material zur Hand zu haben, um zumindest etwa 30 Bilder ausführen zu können, ohne sich darum sorgen zu müssen, daß ihm die Farbe ausgeht oder sich die Pinsel abnützen, und mit diesen Werken dann eine Ausstellung zu machen. Im Moment kann er nur Auftragsarbeiten ausführen, wenn es ihm die Vorauszahlung auf den Kaufpreis ermöglicht, sich wenigstens mit einem Minimum an Arbeitsmaterial zu versorgen.

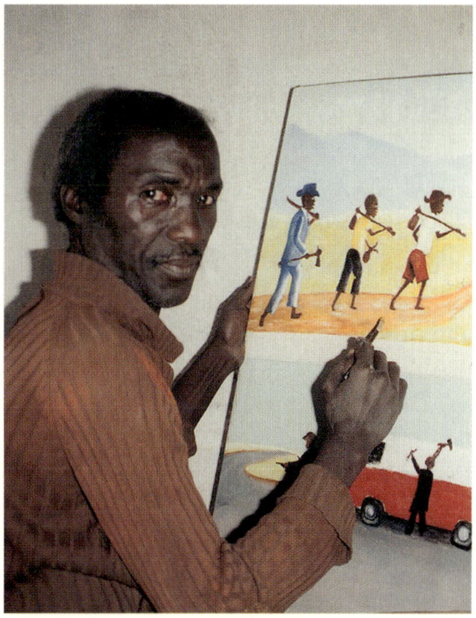

Tinda Lwimba, Lubumbashi 1999.
Foto: Jewsiewicki

Die Knappheit am Markt und die mangelhafte Qualität des Materials, das ihm zur Verfügung steht, zwingen ihn, bei seinem Schaffen nahezu mit Nichts auszukommen und schränkt seine Möglichkeit in der Mischung von Farbnuancen erheblich ein.

BWALYA DOMINIQUE*

Bwalya heißt mit ganzem Namen Mwando Bwalya Dominique. Er wurde nach seiner Großmutter mütterlicherseits getauft, die zeit ihres Lebens unter ihrer Frauenrolle gelitten hatte und gerne in der Haut eines Mannes wiedergeboren werden wollte, um einem künstlerischen Beruf nachgehen zu können. Sie war Besitzerin einer Bar gewesen und hatte immer die dort auftretenden Musiker beneidet, deren Platz sie gerne eingenommen hätte, der ihr aber damals als Frau verwehrt blieb. Obwohl sie über die finanziellen Mittel verfügt hätte, sich kulturell und künstlerisch zu bilden, war sie aufgrund der damaligen gesellschaftlichen Position der Frau nicht in der Lage gewesen, dieses Ziel zu verfolgen. Ihr Enkelsohn

* Der Lebenslauf beruht auf einem von Michel Ntambwe im August 1999 durchgeführten Interview in Lubumbashi.

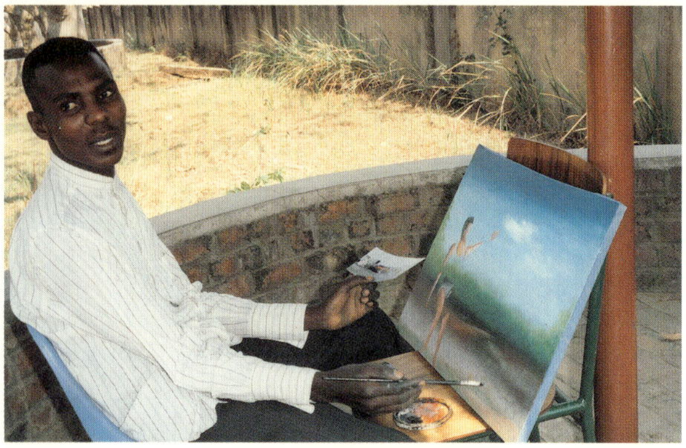

Bwalya, Lubumbashi 1999.
Foto: Jewsiewicki

Dominique war das erste Kind ihrer ältesten Tochter, das nach ihrem Tod geboren wurde und bekam daher ihren Namen. Er wurde 1965 in Lubumbashi geboren, in seiner Familie gab es vier Jungen und vier Mädchen, der Vater ist ein Tabwa, die Mutter eine Bemba. Sein Vater hatte später noch eine zweite Frau mit der er nochmals fünf Kinder hatte. Alle Söhne der ersten Frau schlugen einen künstlerischen Beruf ein, der älteste Bruder ist „malachiste", ein Malchitschnitzer, der zweitälteste Edelsteinschleifer, Bwalya und sein kleinerer Bruder sind Maler. Insgesamt findet Bwalya seine Familie sehr künstlerisch veranlagt, denn auch seine Schwestern sind kreativ in der Schneiderei oder Weberei tätig. Er führt diese Neigung auf den sehnlichen Wunsch seiner Großmutter zurück, deren Traum sich auf diese Weise in der nächsten Generation im Übermaß verwirklicht hat.
Bwalya hat nie eine Kunstschule besucht; nach der Volks- und Mittelschule ließ er sich als Mechaniker ausbilden, obwohl er sich seiner künstlerischen Begabung bereits bewußt war. In frühem Alter zeichnete er schon Karikaturen und verbrauchte seine Schulhefte für die Zeichnungen, wofür er von seinem Vater, der dies als Verschwendung ansah, strengstens gemaßregelt wurde. Mit zehn Jahren kopierte er mit der einzigen ihm verfügbaren Farbe grün ein Jesusbild, das seine Mutter an der Wand hängen hatte, für ihn war dies der entscheidende Moment gewesen, in dem er das „Geheimnis der Malerei" entdeckte. Während der Berufsschule begann er mit Bleistift zu zeichnen. Die ersten Motive waren Tiere, Zebras, Elefanten, Antilopen, Löwen und manchmal der Jäger, der sie schießt. Erst nach und nach ergänzte er diese Tierbilder mit Menschen. Das Thema seiner ersten wirklichen Malerei war eine afrikanische Frau mit einem Wasserkrug, er malte dafür eine Fotografie aus einer Broschüre der Zeugen Jehovas ab. Für ihn reflektiert dieses Bild die Natur: die Frau als Teil derselben, die Kinder auf die Welt bringt und sie ernährt. Der Bereich der Natur, Landschaften oder Tiere ist sein Lieblingsthema in der Malerei geblieben. Bwalyas erste große Auftragsarbeit war eine Wandmalerei in den Versammlungsräumen der Religionsgemeinschaft der Zeugen Jehovas. Er selbst wie seine ganze Familie gehören dieser Glaubensgemeinschaft an. Für Angehörige der Zeugen Jehovas malte er auch religiöse Bilder, wie die Himmelfahrt Jesus, die er auch im Kleinformat als Postkarten reproduzierte.
Seine ersten Verkaufserfolge hatte Bwalya mit Szenen aus dem ländlichen Leben, die allgemein „themes du village" genannt werden: Jagd, Tiere, Frauenaktivitäten oder Waldbrand. Er begann auch bald mit Werbemalereien und Schriften auf den Außenwänden von Geschäftslokalen, wodurch er bereits während seiner Ausbildung zum Mechaniker Geld verdiente.
Während eines technischen Praktikums bei der staatlichen Eisenbahngesellschaft, das er nach seiner Schulausbildung zu absolvieren hatte, entdeckte man sein Talent und engagierte ihn dazu, Zuggarnituren mit neuen Schriften zu bemalen. Bwalya erhielt sogar ein Anstellungsangebot, das er jedoch ausschlug, weil er es bevorzugte, als freier Maler zu arbeiten. 1990 machte er sich als freischaffender Maler selbständig, malte Landschaften, Werbemalereien und Porträts. Inzwischen beherrschte er das Mischen der Farben, das er als Grundvoraussetzung für die Malerei ansieht. Bwalya sieht sich als Autodidakt, der alles im Selbstversuch gelernt hat, er besitzt auch kein einziges Buch über Malerei.
Der ausschlaggebende Grund für Bwalya sich als Maler zu etablieren, war sein Wunsch zu heiraten gewesen. Für eine Eheschließung benötigte er einen fixes Einkommen, damit er seine Frau erhalten konnte. Um seine Hochzeit und den Brautpreis zu finanzieren fuhr er 1992 für drei Monate nach Sambia, um dort zu malen und Bilder zu verkaufen. Nach seiner Rückkehr heiratete er und ist inzwischen Vater von vier Kindern.
Seine Spezialgebiete in der Malerei blieben Naturmotive aber auch sogenannte „actualité" (Darstellungen aktueller Ereignisse). Daneben produziert er auch Bilder, die er als „enigmatisch" bezeichnet, wie das „Inakale"-Motiv – ein Mann ist mit drei lebensbedrohenden Gefahren konfrontiert. Er versteht es als Parabel dafür, daß ein Mensch in großer Gefahr nur von Gott gerettet werden kann. Eine Serie von Tierbildern, vor allem Zebras, wurden zu seinem Markenzeichen. Schließlich widmet er sich auch „historischen" Themen, wie der Sklaverei, dem Rat der Alten am Lagerfeuer, traditionellen Hochzeitszeremonien, „Colonie Belge", der Auspeitschung während der belgischen Kolonialzeit, und der Jagd. Solche Motive führt er auf Anregung seiner Kunden aus. Neben der Werbemalerei bedruckt Bwalya auch T-Shirts, sein Hauptgeschäft bleiben aber die Bilder, die er im Ausland verkauft. In Sambia sind etwa Landschaften, Stilleben, Porträts sehr gefragt; besonders seine Zebras, die er als einziger Maler in Lusaka anbietet, verkaufen sich dort sehr gut. Auch seine Porträts, die er nach Fotos anfertigt, kommen gut an, er hat sogar mehrere Minister dort gemalt. Malereien zu gängigen Motiven verkauft er, indem er sie auf der Straße ausstellt oder sie an Zwischenhändler weiterreicht. Manchmal sucht er selbst Kunden auf, um Bestellungen entgegenzunehmen. Eine wichtige Kundschaft sind auch in Sambia die Ausländer; ein Italiener beispielsweise hatte 40 Bilder bei ihm bestellt. In Lubumbashi sind die Kunden vor allem an Porträts, an Werbemalerei sowie an religiösen und aktuellen Themen interessiert. Bwalya betont, daß es Ereignisse gebe, die sehr schwer zu

fotografieren sind und nur in der Malerei festgehalten werden können. So wurde er angeregt, die Entlassungen bei den Gecamines zu dokumentieren oder die Erschießung von 16 Banditen in Mangu am Februar 1998, die Verhaftung von Ruandesen am Flughafen von Kinshasa oder die Kriegsflüchtlinge. Die Leute fragen auch nach Porträts wichtiger Persönlichkeiten eines Jahres. Bei den Werbemalereien an den Außenwänden der Geschäfte bildet er meist die Produkte ab, die dort verkauft werden, seien es nun Konservendosen, Medikamente, Frisurentypen etc. Was er im Endeffekt darstellt, hängt vom Auftraggeber ab, der ihm genau mitteilt, was er durch die Malerei gerne angepriesen haben will. Soll er etwas selbst komponieren, sagt ihm der Auftraggeber das Thema und er entwickelt das Motiv. Wenn Bwalya das Ergebnis gefällt, zeichnet er sich eine Kopie für sein Archiv, die er dann bei Bedarf kopieren kann. Manche Themen entwirft er vorher mit Bleistift auf Papier, um sich vorzustellen, wie sie aussehen werden. Ausgehend von diesen Entwürfen kann er sie mehrfach reproduzieren.

Im Augenblick realisiert Bwalya vor allem viele Malereien, die die Probleme des Krieges illustrieren. Diese Bilder werden einmal dazu dienen, den Kindern über die aktuellen Vorgänge zu berichten: „Die Ereignisse vergehen, die Zeichnungen bleiben als Zeugen der Geschichte". Bwalya findet, daß ein Künstler, der erfolgreich sein will, kooperativ sein muß, denn nur durch die Zusammenarbeit mit anderen kann er neue Techniken erlernen und sich ständig fortbilden. Durch Innovationen gewinnt man mehr Kunden und kann auch mehr verdienen. Er hatte dies am Beispiel von Geschäftsschriften erlebt, die er aus Glas geschnitten hatte.

Die meisten Kunden kommen direkt zu ihm nach Hause. Früher gab er bei seinen Werbemalereien immer seinen Namen und seine Adresse an, heute hat er dies nicht mehr nötig. Im Augenblick ist es sehr schwierig zu guten Malutensilien zu kommen. Er findet praktisch keine Pinsel mehr und besorgt sie sich in Sambia; Nylonpinsel sind teurer als Naturhaarpinsel. In der Not bastelt er sich auch seine Pinsel selbst, aus Pferde- oder Kuhschwänzen. Er benützt dazu alte Pinselstiele, an denen er mit Hilfe eines Klebers die Haare befestigt.

Sein Traum ist es, ein eigenes Haus zu besitzen, in dem er auch seine Bilder malen kann, er würde es „painting house" nennen. Abgesehen von der Malerei wäre es ein weiteres Lebensziel von ihm, vollzeitig für seine Glaubensgemeinschaft der Zeugen Jehovas zu arbeiten.

Im Moment ist das Leben recht schwierig, er muß sehr viel arbeiten und verdient wenig. Für die Bilder gibt es keine fixen Preise, diese variieren nach den Lebensumständen. In Sambia hat er bereits an Ausstellungen teilgenommen, niemals jedoch in Lubumbashi.

Von Kollegen aus Sambia hat er gelernt, wie wichtig es ist, seine Werke zu fotografieren, seien es nun Werbungen auf Geschäftsaußenwänden oder Bilder. Trifft er nämlich auf einen neuen Kunden, kann er diesem sein Arbeitsspektrum anhand der Fotos vorstellen. Auch verwendet er die Fotos als Vorlage, um bestimmte Malereien nochmals zu reproduzieren.

Bwalya spricht drei Sprachen: Suaheli, Bemba und Französisch und lernt nun auch Englisch. Neben der Malerei macht er auch etwas Musik und singt. Die meisten seiner Lieder handeln von der Liebe.

In Lubumbashi ist der Markt für Bilder im Augenblick sehr schlecht, deshalb gehen viele seiner Kollegen nach Sambia, wo sie auch bessere Preise für ihre Produkte erzielen. Auch er verbringt einige Monate im Jahr dort und nimmt sich dann Fotos von Auftraggebern mit, damit er dann in Ruhe in Lubumbashi ihre Porträts malen kann. Wenn er diese abgeschlossen hat, kehrt er dorthin zurück und liefert sie ab.

GABRIEL LONDE JODIO *

Londe gehört zur Ethnie der Lendu und ist als sechstes Kind von elf Geschwistern im Jahre 1952 geboren. Als er 21 Jahre alt war, starb sein Vater, ein Katechet, mit 63 Jahren an der Grippe, seine Mutter erlag drei Tage danach der Malaria. Sein Name „Londe" bedeutet „ein diskreter Mann", „Jodio" heißt „bösartig", „cholerisch", so wird auch die Machete bezeichnet, mit der Elefanten zerlegt werden. Bekannt ist er auch unter dem Spitznamen „Vipère" (Viper) kurz auch Vip, dies war sein Totemtier bei den Pfadfindern. Londes künstlerisches Talent machte sich bereits

* Dieser Beitrag beruht auf einem unveröffentlichten Text von Jean-Pierre Nzunguba Ibio.

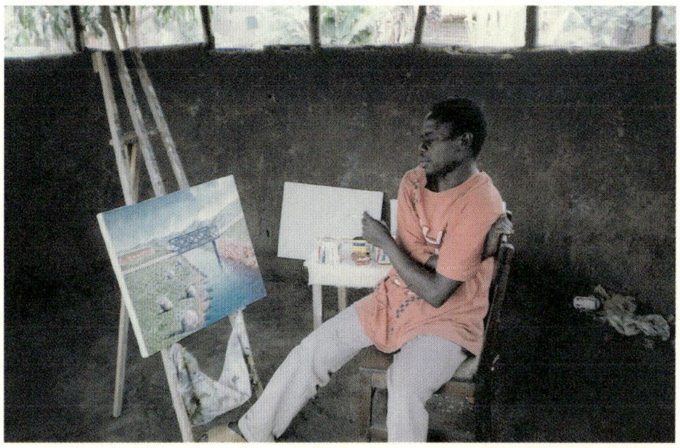

Londe, Bunia 1992.
Foto: Nzunguba Ibio

früh bemerkbar und bereits in der zweiten Volksschulklasse verkaufte er selbstgebasteltes Spielzeug, Tiere oder Autos aus Ton, zumeist an Kinder griechischer Kaufleute. In der dritten Klasse entdeckte man seine zeichnerische Begabung und er durfte für den Unterricht didaktische Tafeln malen, wie Darstellungen des Skelettes, des Nervensystems, der Blutgefäße und ähnliches. Er begann nun auch seine Spielzeugproduktion in Holz fortzusetzen, da dieses Material dauerhafter war und schnitzte hauptsächlich Tiere. Seine freien Nachmittage verbrachte er hauptsächlich mit dieser Tätigkeit, manchmal bemalte er die Holztiere auch und hatte auf diese Weise erste Erfahrungen im Umgang mit Farben. Mit seinem Verdienst konnte er sich damals bereits seine Kleidung und Schuhe finanzieren, worauf seine Eltern sehr stolz waren.

Londe schloß die Volksschule im gleichen Jahr der Rebellion ab, die allen, die sie miterlebt hatten, fest in der Erinnerung verankert blieb. Die Lehrer blieben aus Angst vor den Massakern der Rebellen dem Unterricht fern. Denn es kam vor, daß Schüler ihre Lehrer aus fadenscheinigen Gründen bei den Rebellen anzeigten, nur um ihre eigenen Mißerfolge zu verdecken. Jeder fürchtete sich vor jedem, und eine allgemeine Panik breitete sich aus.

Für Londe war dieses Jahr auch noch aus einem weiterem Grund bedeutsam, er malte damals sein erstes Bild inspiriert von einer Landschaftsdarstellung des Malers Tshotum, die er kopierte. Tshotum, der auch ein Jahr an der Akademie in Kinshasa studiert hatte, bot ihm an, bei sich in die Lehre zu gehen, nachdem er das gut gelungene Bild gesehen hatte. Neben der Schule arbeitete Londe nun regelmäßig für Tshotum und durfte die Entwürfe aller Aufträge zeichnen, während Tshotum die Farben auftrug; er gab Londe Anweisungen und besserte ihn aus. Nach einem Jahr ließ er ihn ein Landschaftsbild aufreißen und es auch selbst malen. Das Bild wurde sofort verkauft und er malte weitere, die alle bei den Kunden recht gut ankamen.

Nach Abschluß der Volksschule setzte Londe seine Mitarbeit bei Tshotum nun ganztags fort und malte fünf Bilder am Tag. Ihre wichtigsten Kunden waren griechische Kaufleute, die hauptsächlich an Landschaften und wilden Tieren interessiert waren, manchmal brachten sie auch Postkarten vorbei, die sie sich reproduzieren ließen. Anfänglich trat ihm Tshotum nur einen geringen Anteil des Verdienstes ab, später teilten sie sich die Einkünfte zu gleichen Teilen; das Verhältnis zwischen dem Meister und Londe war sehr gut.

Als er 14 Jahre alt war, erhielt er wieder einmal einen Auftrag für eine Schule didaktische Materialien zu zeichnen, und der Direktor war derart von dem Ergebnis begeistert, daß er ihm nahelegte, eine Kunstakademie zu besuchen. Dafür benötigte er aber ein gutes Abschlußzeugnis des sechsten Jahres der Volksschule, die er aufgrund der Malerei stark vernachlässigt hatte. Er beschloß daher nochmals das letzte Jahr zu wiederholen und schaffte den Abschluß mit deutlich besseren Noten. Darauf besuchte er zwei Jahren eine Sekundärschule in Bunia und beschloß daraufhin die Akademie der Schönen Künste in Goma, Nord-Kivu, zu besuchen, die damals von einem Flämen geleitet wurde. Er studierte nur zwei Jahre von 1970–72 dort, und brach das Studium wegen des Todes seiner Eltern ab. Kurz darauf heiratete er. Mit seiner ersten Frau hat er eine Tochter und einen Sohn, den er auch gerne zum Künstler erziehen möchte, weil er ihn als talentiert erachtet. Diese seine erste Frau namens Charlotte starb an einer Durchfallerkrankung. Mit einer zweiten Frau hatte er nochmals sieben Kinder, von denen drei bereits gestorben sind.

Als Familienvater benötigte er Geld und öffnete ein eigenes Atelier als Holzschnitzer, weil er es sich aus Geldmangel nicht leisten konnte, als Maler zu arbeiten. Im Gegensatz zu den Farben, die nur teuer zu kaufen sind, läßt sich Holz sehr leicht in der Umgebung von Bunia finden. Während dieser Zeit hatte er viele Lehrlinge, die nach Abschluß ihrer Lehre weiterhin mit ihm zusammenarbeiteten und das Atelier mit ihm teilten. Sie schnitzten hauptsächlich Tiere, wie Elefanten, Antilopen, Giraffen, Löwen oder Leoparden, die sie auch bemalten. Wichtigste Kunden waren in Bunia ansässige Griechen und Belgier, die die Schnitzereien als Geschenke in ihre Heimat schickten.

Als auch das Holz teuer und der Gewinn geringer wurde, entschied Londe sich mit zwei seiner Kollegen, die Schnitzerei zugunsten der Malerei aufzugeben. Er führte die beiden in diese Handfertigkeit ein; das Geschäft lief sehr gut und sie hatten bald zahlreiche Kunden. Londe malte hauptsächlich religiöse Themen, sowohl aus dem Kontext traditioneller Glaubensvorstellungen wie auch der christlichen Religion, weiters Bilder über die Viehzucht, die Fischerei, die Rebellion und Mami Wata. Von weißen Kunden erhielt er auch häufig Bilder zu reproduzieren; sie waren sehr an Darstellungen europäischer Landschaften interessiert und brachten Postkarten mit, die er nachmalen sollte. Er malte auch sehr viele Porträts und erachtet sich selbst als Spezialist in diesem Bereich.

1987 zog Londe in ein Dorf in die Nähe von Bunia, um weniger Steuern zahlen zu müssen. Dadurch entfernte er sich auch von seinen Kunden und einer seiner früheren Lehrlinge übernahm die Rolle als Vermittler. Dieser suchte die Kunden auf, nahm Aufträge an, verhandelte die Preise und lieferte auch die fertigen Bilder an sie ab. Dafür kassierte er die Hälfte oder ein Drittel der Einnahmen. Die Käufer waren weiterhin hauptsächlich Weiße, Belgier, Griechen, Kanadier oder Inder. Die meisten kannten ihn beim Namen, hatten ihn aber nie persönlich gesehen. Londe realisierte mit der Zeit, daß sein Mittelsmann ihn als Autor der Bilder verschwieg und sich selbst als solcher verkaufte. Das berührte ihn damals nicht, weil ihm das Geld wichtiger war als Ruhm und Ehre.

Die Tubenfarben kauft er in Geschäften in Bunia, häufig verwendet er auch französische und kanadische Produkte, die ihm Kunden besorgen. Als Leinwände benutzt er Mehlsäcke und unterschiedliche Stoffe. Die Arbeitsbedingungen sind sehr schwierig, vor allem da die Kosten für Farben stark variieren. Als Kunden sind ihm die Weißen angenehmer, da sie sich zwar eine gute Arbeit erwarten, dafür aber immer sofort bezahlen, während die Kongolesen häufig in Raten zahlen, oder Bilder bestellen und dann kein Geld mehr haben.

Als sein schönstes Bild erachtet er eine griechische Moschee, die er nach einem Foto für einen Griechen gemalt hatte und der ihn äußerst großzügig dafür bezahlt hatte. Seine teuerste Malerei war eine Abbildung eines Tanzes mit vielen Tänzern und Musikern, die er für eine Bar in einem Dorf unweit von Bunia fertiggestellt hatte. Das Bild ist so gut angekommen, daß er gleich zwei Nachfolgeaufträge für andere Lokale erhielt. Neben der Tafel- und der Wandmalerei streicht er auch Hauswände und nimmt auch Aufträge für Schriftzüge an. Auch repariert er Uhren, tischlert, flickt Schuhe und arbeitet am Feld. Im Moment jedoch ist er nur als Maler und Bauer tätig, er ist dadurch voll ausgelastet und lebt sehr zurückgezogen.

Ein unvergeßliches Erlebnis war für ihn im Jahre 1974, als der damalige Präsident Mobutu Bunia besuchte. Der Kommissär für Kultur der Region Ituri forderte alle Künstler auf, ein Geschenk für den Präsidenten zu gestalten. Londe schnitzte ein Abbild Mobutus und als er es ihm am Flughafen bei dessen Ankunft überreichte, war dessen Begeisterung und die aller Anwesenden sehr groß, da die Gesichtszüge des Präsidenten äußerst naturgetreu gelungen waren. Mobutu versprach allen Künstlern, die ihm ein Werk offeriert hatten, eine Belohnung; Londe hätte einen Volkswagen erhalten sollen. Alle anderen Künstler haben ihre Geschenke problemlos erhalten, nur er wurde von den lokalen Autoritäten immer abgewiesen, als er nachfragte, wann er sein Auto abholen dürfte, das er im Endeffekt nie erhielt. Dieses Erlebnis hat sein Vertrauen gegenüber den öffentlichen Agenten erschüttert, denen er nur mehr Unehrlichkeit vorwirft.

Londe ist heute Zeuge Jehovas, früher war er Katholik. Er ist begeisterter Fußball- und Karatefan, beide Sportarten übte er selber aus.

Seine zweite Frau namens Tabu hat er 1989 verlassen, weil sie zu dickköpfig und streitsüchtig geworden war. Sie arbeitete am Markt und gab ihr gesamtes Geld für Alkohol aus. Er bereut nur, daß sie mit allen Kindern weggegangen ist. Inzwischen ist er zum dritten Mal mit einer Frau der Ethnie Bira verheiratet, für die er drei Kühe als Brautpreis bezahlt hatte.

Seine Zukunftspläne sind sehr bescheiden, er wünscht sich mehrere Felder, um Bohnen und Kartoffeln anzupflanzen. Als schlechteste Lebenserfahrung wertet er seine Enttäuschung wegen des nicht erhaltenen Volkswagens, der ihn zu einem kleinbürgerlichen Maler gemacht hätte. Weiters leidet er unter der Trennung von seiner zweiten Frau und seinen Kinder, um deren Zukunft unter der Obhut einer Trinkerin er sich Sorgen macht. Als positivsten Aspekt seines Lebens betrachtet Londe seinen Erfolg als Schnitzer und Maler.

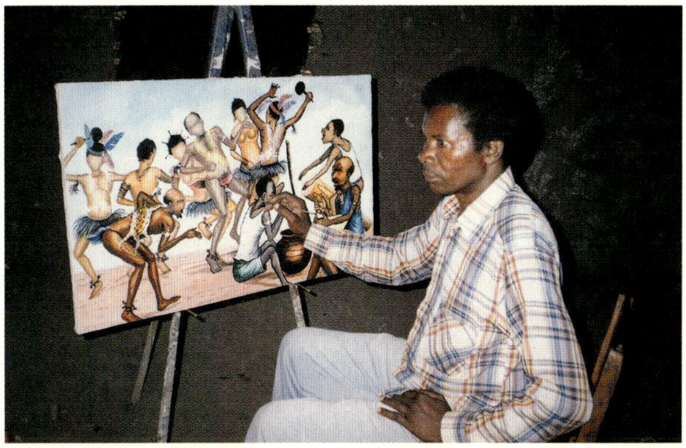

Dziba, Bunia 1991.
Foto: Nzunguba

CYPRIEN D'ZIBA GOKPA*

Dziba ist 1940 geboren. Der Name D'Ziba bedeutet „Ich dachte, du würdest sterben". Sein Vater hat ihn so genannt, weil seine ältere Schwester gestorben war und er für ihn das gleiche Schicksal befürchtete. Cyprien ist sein christlicher Name, Gokpa der Nachname. Sein Vater, ein Angehöriger der Ethnie Huma-Musingo ist ein Jahr nach seiner Geburt an einer pulmonären Tuberkulose gestorben. Ursache für diese Erkrankung war sicherlich der Staub der Goldminen, wo er als Verantwortlicher für die Goldgräber gearbeitet hatte. Nachdem der Vater gestorben war, mußte sein jüngerer Bruder, der als Hausangestellter bei einem Ingenieur arbeitete, die junge Witwe, eine Alur, heiraten, dies war so üblich. Dziba hat noch acht Geschwister, zwei sind bereits verstorben. 1968 heiratete er seine Frau, eine Alur wie seine Mutter. Als Brautpreis hätte er damals ihrer Familie 75 Zaire geben müssen, bis jetzt hat er aber erst 45 entrichtet und wird den noch offenen Betrag mit einer Kuh bezahlen. Er hat zwölf Kinder: zwei seiner Söhne arbeiten als Goldgräber, einer repariert Radios, eine Tochter ist mit einem Goldgräber verheiratet. Seine weiteren acht Kinder im Schulalter besuchen im Augenblick keine Schule, weil ihm die finanziellen Mittel dafür fehlen. Die Zukunft seiner Kinder macht ihm aus diesen Gründen große Sorgen. Als Maler lebt er von der Hand in den Mund.

Er selbst hatte sechs Jahre die Grundschule besucht und danach eine Mittelschule, wo er Schreibmaschine und Stenographie erlernte. Er begann auch eine Oberschule, an der er in Geschichte und Juristik unterrichtet wurde, die er aber frühzeitig aus Mangel an Unterhalt abbrechen mußte. Dziba lebte damals in Kisangani bei einem älteren Bruder. Nach dem Schulabbruch blieb er noch dort, wußte aber nicht, was er machen sollte. Das einzige mit dem er sich in dieser Zeit beschäftigte war das Zeichnen. Doch erst nach einigen Jahren der Untätigkeit begann er eine Lehre in einem Atelier mehrerer Maler, die an einer Akademie studiert hatten und hauptsächlich Landschaften malten. Diese Gruppe verließ er schließlich, weil sie zuviel Alkohol tranken

* Der Text beruht auf einem von Nzunguba Ibio (1992) publizierten Lebenslauf des Künstlers.

und er versuchte es bei dem stadtbekannten Maler Akilimani, der bei sich zu Hause unter einem Palmendach arbeitete. Von dieser Lehrzeit hat er sehr profitiert und er perfektionierte sich in der Landschaftsmalerei, einem Genre als dessen Spezialist er sich auch heute noch sieht. Das erste für den Verkauf gedachte Bild, eine Marktszene, malte er mit 17 Jahren. Sein Großvater hatte es einem Freund verkauft, mit dem Erlös konnte er ein Paar Schuhe erwerben. Seine dritte Lehrzeit verbrachte Dziba bei dem bereits bekannten Maler Livingstone. Er betont, daß man damals noch nicht für eine Lehre bezahlen mußte, wie es heute oft der Fall ist. Die Meister empfanden es als positiv, viele Schüler zu haben, da diese sehr viel Arbeit für sie erledigten, wie auch ein Sprichwort besagte: „Derjenige, der viele Kinder hat, stirbt nicht an Hunger". Livingstone war ein Meister der Landschaftsmalerei und hatte viele weiße Kunden und auch viele weiße Freunde. Dziba durfte eigenständig gewisse Malaufträge für seinen Meister erledigen. Im Atelier wurde vom Morgen bis zum Abend gearbeitet und die Lehrlinge erhielten pro Tag eine Mahlzeit. Am Abend malte Dziba für sich selbst und kopierte seine jeweiligen Malversuche, für die er eigentlich immer Kunden fand. 1962 mit 22 Jahren kehrte er nach Bunia mit dem Plan zurück, eine Arbeit als Staatsangestellter zu finden. Es gelang ihm eine Anstellung als Schreibkraft bei der Abteilung für öffentliche Arbeiten zu finden, daneben malte er abends weiterhin hauptsächlich Landschaften, die mit Vorliebe von in Bunia ansässigen Griechen gekauft wurden.

1964 brach in Bunia die Rebellion aus und Dziba flüchtete mit vielen Stadtbewohnern in den Busch, wo er zwei Monate in einem Dorf lebte. Die Leute hatte die Panik ergriffen, in der Stadt spielten sich horrende Szenen ab, ständig gab es öffentliche Hinrichtungen. Viele Bewohner der Stadt fielen den Rebellen zum Opfer. Die Szene, wie die Rebellen mit 24 Wagen sich der Stadt näherten und an der „Tinda" genannten Brücke in ein Gefecht mit von Tschombe geschickten Gendarmen aus Katanga traten, haben viele Maler aus Bunia in Bildern festgehalten (vgl. cat. 10). Seine Version des Themas betitelte er „Simba in Tinda"[1]. Eines dieser Bilder hängt noch immer in der Direktion des Tourismusamtes von Kisangani.

Nach Niederschlagung der Rebellion von 1968, wurde er zum Chef eines Stadtviertels von Bunia eingesetzt und übte dieses Amt täglich bis 14 Uhr aus, während er nachmittags weiterhin als Maler arbeitete. Seine häufigsten Themen in jener Zeit waren Porträts, die er selbst „Büsten" nennt, Landschaften, Frauen beim Wasser schöpfen und die Rebellion. Seine Aufgabe in der offiziellen Position war es Streitfälle zu schlichten, über Personen zu richten und Beratungen durchzuführen. Dank der Zahlungen in Naturalien, die die Leute leisten mußten, konnte er ein Jahr lang einen kleinen Laden führen und lebte eine zeitlang sehr gut. Dann mußte er für das Begräbnis zweier Cousins aufkommen, was ihn schlichtweg ruinierte. Schon nach zwei Jahren mußte er seinen Posten in der Gemeinde aufgeben, da er illegalen Verhaltens bezichtigt wurde. Er floh nächtens mit der gesamten Familie nach Kisangani, wo er sieben Jahre lang blieb und als Maler arbeitete. Am Tag malte er durchschnittlich zehn Bilder und verkaufte sie hauptsächlich an Inder und Weiße. Seine gefragtesten Motive blieben weiterhin Landschaften, Personenporträts und Darstellungen der Aufstände, nun aber in einer auf Kisangani bezogenen Version. Er mußte nicht viel Geld verlangen, da die Arbeitsmaterialien, wie Leinwände, Holzrahmen und Pinsel sehr günstig zu erhalten waren.

Dzibas Entscheidung zur Rückkehr nach Bunia fiel aufgrund des Todes seiner Schwiegermutter. Seine Frau kehrte zuerst mit den Kindern zurück, während er vorerst nach Isiro zog, um noch Geld zu verdienen, weil er vernahm, daß es dort viele Klienten für Maler gab. Nach einiger Zeit, während der er viele Porträts und andere Aufträge malte, konnte er es sich leisten seiner Familie nach Bunia zu folgen. In Bunia ist die Familie schließlich nur geblieben, weil er sein schwer verdientes Geld für einen Krankenhausaufenthalt ausgeben mußte und die Rückreise nach Kisangani nicht mehr finanzieren konnte. Eine Zeit lang lebten sie am Land als Bauern und mit der Malerei verdiente Dziba ein Zubrot für die Familie. Am gefragtesten waren im Dorf religiöse Darstellungen und Porträts, auch bemalte er Wände in einer Bar und einem Videovorführraum. Oft bezahlten Leute die Bilder nicht oder versuchten den Preis zu drücken, indem sie erklärten, sie wären schlecht gelungen. Aus diesen Gründen meint Dziba, wären die Maler den Kunden gegenüber häufig mißtrauisch.

1988 zogen sie wieder nach Bunia zurück, wo er bis heute lebt. Er arbeitet als Maler und seine Frau verkauft Fische am Markt. Oft führt er Aufträge außerhalb der Stadt durch. Sehr beliebt ist seine Version von „reveillon wakoko", der Darstellung eines lokalen Festes, das er schon an viele Barwände gemalt hat. Der Preis, den er dafür verlangt, hängt von der Größe des Bildes und vom Arbeitsaufwand ab; wenn er viele Personen, in diesem Fall Tänzer, darstellt, verlangt er mehr. Dasselbe Thema reproduzierte er auch in Hotels und Ngandas, kleinen Imbißstuben. Andere Motive, die er vor allem in Ngandas und Bars verwirklicht, sind die Trunkenheit oder ein Weideplatz. Eine wichtige Einnahmequelle bleiben für ihn Porträts, der Preis, den er dafür verlangt, hängt von der allgemeinen Konjunktur, vom Milieu des Auftraggebers und dessen sozialen Status ab. Ein weiteres Betätigungsfeld sind Schriftzüge und Schilder für Geschäfte, Bars, Apotheken, wobei er den Preis dafür aufgrund der Größe der Buchstaben kalkuliert.

Seine Landschaftsbilder werden hauptsächlich von Missionaren, Kaufleuten, Staatsmännern, Geschäftsleuten oder Ärzten erworben. Die Malfarben erwirbt er im Geschäft, ihre Preise variieren jedoch sehr stark und manchmal kann er sich keine leisten. Viele Maler und auch er behelfen

1 „Simba" nannte man die pro-Lumumbistischen Rebellen, die in den sechziger Jahren nach der Ermordung Lumumbas gegen Mobutus Truppen kämpften.

sich in solchen Fällen mit „magedo“, d.h. sie kaufen Anstreichern auf Baustellen illegal Farbe ab. Wenn Dziba diesbezüglichen Bedarf hat, streift er durch die Stadt, um eine geeignete Baustelle zu finden und verhandelt um den Preis, auf diese Weise kommt er zu günstigem Arbeitsmaterial. Im Geschäft kostet eine Farbdose ungefähr doppelt so viel, wie er für ein Bild verlangen kann. Die Rahmen zum Aufspannen der Leinwand besorgt er sich bei einem Tischler, als Leinwände verwendet er hauptsächlich Mehlsäcke, Vorhänge, abgetragene „pagne“, im Wachsdruckverfahren bedruckte Baumwollstoffe, oder alte Hemden. Die Pinsel bezieht er in Geschäften oder stellt sie selbst her. Dafür verwendet er eine alte Radioantenne, die er in Stücke schneidet und dann die Feder eines Vogels oder besser Haare eines Ziegenbockes hineinsteckt. Diese Art von Pinseln findet am meisten Verwendung und sie sind seiner Ansicht nach auch die haltbarsten. Die Farben in guter Qualität sind das Teuerste. Inzwischen stellen viele Maler sie selbst her, indem sie Kalk mit Mehl und Wasser vermischen.
Dziba hat kein Atelier und arbeitet einfach hinter seinem Haus im Freien, bei Regen verlegt er seine Arbeit ins Innere des Hauses. Im Augenblick gehen seine Geschäfte sehr schlecht, kaum jemand ist am Erwerb von Bildern interessiert, die Leute haben andere Sorgen. Er müßte wieder an einen Ort ziehen, wo die Lebensumstände besser sind, wie nach Isiro oder Kisangani, dort glaubt er, haben die Leute mehr Interesse an Kunst. Ohne seine Einkünfte aus dem Ackerbau könnte er nicht überleben, seine Frau und seine Kinder helfen ihm am Feld. Sein Traum wäre es, ein eigenes Haus zu bauen, sein jetziges hat er nur gemietet. Gerne hätte er auch ein Rad, um leichter die Orte außerhalb Bunias erreichen zu können, wo er häufig arbeitet.

KONGO – EIN HISTORISCHER ÜBERBLICK

um 1300 Entstehung des Kongo-Königreiches.
um 1400 Entstehung des Luba-Königreiches im Norden von Katanga.
1482 gelangt der Portugiese Diego Cao an die Mündung des Kongo-Flusses. Zehn Jahre später beginnt die erste Evangelisierung des Kongo-Königreiches.
1491 empfängt König Nzinga Kuwu die Taufe.
um 1600 Gründung des Lunda-Reiches durch Tshibinda Llunga.
1665 Die Schlacht von Ambuila beendet die Einheit des Kongoreiches. Tod von König Vita Kanga Antonio I.
ab 1860 Von der Küste des Indischen Ozeans kommende suahelische Händler – unter ihnen Tippo Tip – lassen sich im Osten des Kongo nieder und handeln dort mit Elfenbein und Sklaven. Aufgrund ihres moslemischen Glaubens werden sie im Kongo „Araber“ genannt. Ihre Handelstätigkeit und die bewaffneten Raubzüge gegen die lokale Bevölkerung werden als „arabischer Handel“ bezeichnet.
1869 Gründung des Königreiches Garengaze in Katanga durch M'siri.
1874–1877 Mit Unterstützung von Tippo Tip durchquert Henry Morton Stanley Zentralafrika von Ost nach West, indem er dem Kongo-Fluß abwärts folgt.
1878 Gründung der ersten protestantischen Missionsstation im Bereich des heutigen Kongo.
1880 In Niederkongo und in Kivu werden die ersten römisch-katholischen Missionsstationen errichtet. Damit beginnt die zweite Evangelisierung des Kongo.
1881 Gründung des Verwaltungsstützpunktes Stanley Pool, ab 1882 Léopoldville. Der 1883 in der Nähe gegründete Handelsposten erhält den Namen Kinshasa. 1923 wird Léopoldville zur Hauptstadt des Kongo und 1966 in Kinshasa umbenannt.
1883 Gründung von Stanley-Falls, ab 1898 Stanleyville und ab 1966 Kisangani.
1885 Proklamation des unabhängigen Staates Kongo, persönliches Eigentum des belgischen Königs Leopold II. 1908 übernimmt der belgische Staat das Gebiet und macht es zur Kolonie Belgisch-Kongo.
1887 Einführung des kongolesischen Franc, der dem Land in Hinkunft als Währung dient – mit Ausnahme der Zeit von 1967–1998, wo der Zaïre die Landeswährung ist.
1892–1894 „Anti-arabische Feldzüge“ führen zur Vertreibung der suahelischen Händler aus dem Staatsgebiet des unabhängigen Kongo.
1889 Errichtung der ersten Eisenbahnlinie zwischen Kinshasa und dem Atlantikhafen Matadi, die 1898 ihren Betrieb aufnimmt.
1893 Hinrichtung von Ngongo Lutete, einem Songye-Oberhaupt, der zunächst mit den suahelischen Händlern und später mit dem unabhängigen Staat Kongo zusammenarbeitete.
1905 Beginn des industriellen Abbaus von Gold in der Region von Kilo-Moto (bei Bunia).
1906 Gründung der „Union minière du Haut Katanga“ (Bergwerksunion von Oberkatanga) zur Ausbeutung der Bodenschätze in Katanga. 1966 verstaatlicht, wird die Union zunächst in Gecomin und später in Gecamines umbenannt.
1910 Eine Eisenbahnlinie verbindet Rhodesien und Südafrika mit Katanga und kommt bis Elisabethville (später Lubumbashi), das im selben Jahr gegründet wird. Die Stadt liegt im Zentrum der wichtigsten Abbauzone von Kupfer; eine Kupferhütte für die Schmelzung des Minerals wird errichtet.
1911 Erste industrielle Kupferschmelzung in Elisabethville.
1921 Anfänge der von Simon Kimbangu ins Leben gerufenen religiösen Bewegung, aus der dann die „Kirche Jesu Christi auf Erden durch den Propheten Simon Kimbangu“, die so genannte Kimbangistische Kirche, hervorgehen sollte, die erst 1959 legalisiert wird. Der Prophet selbst wird von einem kolonialen Gericht zu lebenslanger Haft verurteilt und stirbt 30 Jahre später (1951) im Gefängnis von Elisabethville.
1937 Errichtung des ersten Radiosenders durch die Jesuiten.
1941 Der erste größere Streik schwarzer Arbeiter in Elisabethville (Lubumbashi) findet mit einigen Dutzend Toten ein blutiges Ende. Die Erinnerung daran ist bis heute in Katanga lebendig.
1942 Radio Belgisch-Kongo nimmt seinen Betrieb auf, ab 1946 wird in mehreren afrikanischen Sprachen gesendet.
1943 Errichtung der ersten Kunstschule – der École St-Luc – in Ngombe-Matadi; sie übersiedelt
1946 nach Léopoldville und wird dort zur Akademie der Schönen Künste. 1952 wird in Elisabethville eine weitere Kunstschule gegründet.
1945 Erstmaliges Erscheinen von „La Voix du Congolais“, der ersten für Kongolesen bestimmten nicht-religiösen Zeitschrift, gefolgt von „Nos Images“.
1944 Aufstand der Soldaten der Kolonialarmee in Luluabourg.
1952 Mit der Gründung des Orchesters „African Jazz“ durch Joseph Kabasele beginnt die Zeit der nationalen und internationalen Verbreitung kongolesischer Musik.
1954 Die ersten öffentlichen Verkehrsbetriebe werden in Léopoldville gegründet.
1954 Errichtung der ersten Universität (Université Lovanium) in Léopoldville; 1956 wird eine zweite Universität in Elisabethville gegründet.
1956 In dem von einer Gruppe katholischer Intellektueller (Évolués) in Léopoldville (Kinshasa) verfaßten ersten politischen Text wird die Unabhängigkeit des Landes gefordert.
1958 Zu den Kommunalwahlen werden erstmals auch Kongolesen zugelassen.
1959 Aufstände in Kinshasa, deren Opfer im Unabhängigen Kongo als „Märtyrer der Unabhängigheit“ verehrt werden.
1960 30. Juni: Der Kongo erlangt seine Unabhängigkeit. Joseph Kasa-Vubu wird Präsident, Patrice-Émery Lumumba Ministerpräsident.
1960 11. Juli: Sezession von Katanga, die zwei Jahre dauern sollte. Eine Intervention der UNO-Blauhelme ermöglicht ein Ende der Sezession.
1960 8. August: Sezession des Süd-Kasai, die ein Jahr dauern sollte.
1961 Ermordung Lumumbas in Elisabethville.
1963–1965 Aufstände der Kongolesen; unter Berufung auf das Gedächtnis an Lumumba neh-

men bewaffnete Bewegungen zunächst in Kwilu und 1964 im Osten des Kongo ihren Ausgang.

1965 Nach einem Staatsstreich des Militärs übernimmt Mobutu in Léopoldville für die nächsten 32 Jahre die Macht.

1967 Gründung der Einheitspartei „Mouvement populaire de le révolution" (Revolutionäre Volksbewegung) durch Mobutu.

1969 Die große Studentendemonstration gegen das Regime Mobutu endet mit zahlreichen Toten. Die Geburtstagsfeierlichkeiten für Mobutu im Jahre 1971 in Kinshasa führen zur Schließung der Universität und zur zwangsweisen Rekrutierung der Studenten in die Armee.

1971 Der Kongo wird zu Zaïre, auch der Fluß Kongo wird in Zaïre umbenannt.

1971 Alle universitären Einrichtungen des Landes werden zu einer einzigen Institution, der Université Nationale du Zaïre, zusammengefaßt; diese wird 1981 aufgelöst.

1973 Die Rede Mobutus am Hauptsitz vor der UNO-Vollversammlung in New York über die Authentizität stellt den Höhepunkt der neuen Politik der Nationalisierung des gesamten Lebens des Landes von der Wirtschaft über die Kultur bis hin zum Privatleben dar. Alle Einwohner müssen ihre christlichen Vornamen ablegen und gegen afrikanische tauschen. Die französischen Höflichkeitsanreden (Madame, Monsieur) werden durch den Ausdruck „citoyen" (Bürger) ersetzt. Frauen ist das Tragen von Hosen untersagt, Männer dürfen keine Anzüge und Krawatten tragen.

1973–1975 Die radikale Nationalisierung der Wirtschaft, die sogenannte Zaïrisierung, zu Gunsten einer kleinen Gruppe im Umkreis von Mobutu führt die durch den weltweiten Sturz der Kupferpreise bereits geschwächte Wirtschaft in den Ruin. Zu diesem Zeitpunkt kamen 85 Prozent der Exporteinkünfte aus dem Bergbau.

1977 Achtzig-Tage-Krieg oder Erster Shaba-Krieg; ein Jahr später folgt der Zweite Shaba-Krieg. Bewaffnete Besetzung eines Teiles des südlichen Katanga durch Gegner Mobutus, die aus Angola kommen.

1979 Um dagegen anzukämpfen, daß Geld gehortet wird, müssen alle Geldscheine in der Höhe von 5 und 10 Zaïres in den Banken innerhalb kürzester Zeit eingetauscht werden. Da viele Kongolesen dies nicht schaffen, ist damit ihre wirtschaftliche Grundlage zerstört. Diese Aktion wird von der Bevölkerung als ein erster Akt der Plünderung des Volkes durch den Staat empfunden.

1982 Die kleingewerbliche Ausbeutung von Gold und Diamanten wird erlaubt.

1982 Unter der Leitung von Étienne Tshisekedi gründet eine Gruppe von Parlamentariern eine (bis 1990 illegale) politische Partei, die „Union pour la démocratie et le progrès social" (UDPS, Union für Demokratie und sozialen Fortschritt), die bis 1997 die wichtigste Oppositonsbewegung bleiben sollte.

1983 Der Pont Maréchal Mobutu, eine Brücke über den Fluß bei Matadi, wird eröffnet. Sie gilt als Denkmal, das Mobutu sich zu seinem eigenen Ruhm gesetzt hat.

1990 Mobutu kündigt die Demokratisierung seines Regimes an und erlaubt die Gründung anderer politischer Parteien.

1991 Massaker an den Studenten der Universität von Lubumbashi. Ein Militärkommando greift die demonstrierenden Studenten an, eine unbestimmte Zahl von Toten ist die Folge. In Reaktion auf diese Militäraktion wird Mobutu von den westlichen Ländern aus der internationalen Gemeinschaft ausgeschlossen.

1991 Gründung der Souveränen Nationalkonferenz, die eine neue Verfassung für das Land ausarbeiten soll.

1991 und 1992 In zwei Wellen werden mehrere Städte des Landes zunächst vom Militär und später von der Bevölkerung geplündert.

1992–1993 Vertreibung mehrerer Hunderttausend „Kasai" aus Katanga. Ihnen wird vorgeworfen, das Gebiet, in dem sie nicht von Geburt an verwurzelt sind, auszubeuten. Es folgt eine schwere lokale Wirtschaftskrise.

1994 Nach dem Völkermord durch ruandesische Tutsi strömen im Osten des Kongo Hunderttausende Flüchtlinge und ruandesische Hutu-Soldaten ins Land.

1996 Mobutu erkrankt an Prostatakrebs.

1996 Beginn des bewaffneten, von Uganda und Ruanda unterstützten Aufstands in Kivu. Wortführer der Bewegung ist Kabila. Bald erfaßt die Bewegung das ganze Land.

1997 Einnahme Kinshasas. Kabila wird Präsident des Landes, das wieder den Namen Kongo annimmt.

1998 Bewaffneter Aufstand gegen das Regime Kabila, geschürt durch den Einfall von Soldaten ruandesischer Herkunft, die einige Tage zuvor in Kigali repatriiert worden waren. Nach dem Scheitern des Versuches, die Stadt Kinshasa einzunehmen (die Bevölkerung der Stadt leistet erbitterten Widerstand), greift der bewaffnete Aufstand, unterstützt von den Ländern, die mit dem Kongo die Westgrenze teilen, auf dieses Gebiet über. Im Nordosten des Landes entsteht eine weitere bewaffnete Bewegung.

1999 Von einem Bürgerkrieg erschüttert, der zum überwiegenden Teil von Soldaten afrikanischer Länder, die das eine oder andere Lager unterstützen, geführt wird, erlebt die Bevölkerung eine schwere wirtschaftliche und soziale Krise, die sich unter anderem in einem chronischen Mangel an Erdölprodukten manifestiert. In dem von der Regierung in Kinshasa kontrollierten Bereich leben zahlreiche Flüchtlinge aus den von den oppositionellen Bewegungen besetzten Gebieten.

BIBLIOGRAPHIE

AMES, Kenneth L.
1980 Material Culture as Non-Verbal Communication: A Historical Case Study. Journal of American Culture. Bd. 3 (4). S. 619–641.

BAKATUSEKA, Crispin
1999 La „libération" de Lubumbashi (1997), Paris: L'Harmattan.

BAKONZI, Agaye
1982 The Gold Mines of Kilo-Moto in Northeastern Zaïre: 1905–1960". Unveröffentl. Doktorarbeit, University of Wisconsin, Madison.

BARBER, Karin
1997 Introduction. In: Karin Barber (Hg.): Readings in African Popular Culture. London & Bloomington: The International African Institute. S. 1–12.

BAUSINGER, Hermann
1986 Volkskultur in der technischen Welt. Frankfurt a. Main. (Originalausgabe 1961).

BENDER, Wolfgang (Hg.)
1991 Chéri Samba. München: Trickster.

BEHREND, Heike & WENDL, Tobias
1998 Afrika in den Bildern seiner Studiofotografen. In: Heike Behrend & Tobias Wendl (Hg.): Snap me one. Studiofotografen in Afrika. München, London, New York: Prestel. S. 8–17.

BINDER, Fred
1970 Die Reutlingen-Studie: Materialien und Hypothesen. Kritische Beschreibung der Materialien. Zeitschrift für Volkskunde, Bd. 66. S. 124–131.

BOURDIEU, Pierre
1987 Die feinen Unterschiede. Kritik der gesellschaftlichen Urteilskraft. Frankfurt a.M..

BOUTTIAUX-NDIAYE, Anne-Marie
1994 Senegal Behind Glass. Images of Religious and Daily Life. München & New York: Prestel.

BRAECKMAN, Colette
1999 L'enjeu congolais. L'Afrique centrale après Mobutu. Paris: Fayrad.

1996 Terreur africaine. Burundi, Rwanda, Zaïre: les racines de la violence, Paris: Fayard.

BRUNO, Jean-Claude & PAIN, Marc (Hg.)
1991 Atlas de Lubumbashi, Paris: Université Paris X.

BUSINE, Laurent (Hg.)
1996 Bomoi Mobimba. Toute la Vie. 7 Artistes Zaïrois, Collection Lucien Bilinelli. Ausstellungskatalog Ville de Charleroi.

CHRISTIE'S
2000 The Africanists. Auktionskatalog. Amsterdam.

CORNET, Joseph-Aurélien
1992 a Histoire de la peinture zaïroise à Kinshasa. In: Ausstellungskatalog Musée royal de l'Afrique centrale, La naissance de la peinture contemporaine en Afrique centrale 1930–1970. Tervuren. S. 19–24.

1992 b Les précurseurs de la peinture moderne au Zaïre. In: Bogumil Jewsiewicki (Hg.), Art pictural zaïrois. Québec. S. 71–85.

CORNET, Joseph-Aurelien, DE CNODDER, Remi & TOEBOSCH, Wim
1989 60 ans de peinture au Zaïre. Brüssel: Les Éditeurs d'art associés.

DE WITTE, Ludo
2000 L'assassinat de Lumumba, Paris: Karthala.

DIBWE DIA MWEMBU, Donatien
1990 Industrialisation et santé. La transformation de la morbidité et de la mortalité à l'Union minière du Haut-Katanga, 1910–1970. Unveröffentl. Doktorarbeit, Université Laval, Québec.

DREWAL, Henry John
1988 Mermaids, Mirrors, and Snake Charmers: Igbo Mami Wata Shrines. African Arts 11 (2). S. 38–45.

EYNIKEL, H.
1984 Congo Belge. Portrait d'une societé coloniale. Paris-Gembloux: Duculot.

FABIAN, Johannes
1997 Popular Culture in Africa. Findings & Conjectures. In: Karin Barber (Hg.): Readings in African Popular Culture. London & Bloomington: The International African Institute. S. 18–28.

1996 Remembering the Present. Painting and Popular History in Zaïre. Berkeley, Los Angeles, London: University of California Press.

1990 History from Below. The „Vocabulary of Elisabethville" by André Yav. Amsterdam: John Benjamins.

FETTER, Bruce
1976 The Creation of Elisabethville, 1910–1940. Stanford: Hoover Institution Press.

JEWSIEWICKI, Bogumil
1991 Painting in Zaïre. From the Invention of the West to the Representation of Social Self. In: Susan Vogel (Hg.): Africa Explores. 20th Century African Art. The Center for African Art. New York & München: Prestel. S. 130–175.

1995 Chéri Samba. The Hybridity of Art. Contemporary African Artists Series, Nr.1. Québec.

1999 Popular Painting in Contemporary Katanga: Painters, Audiences, Buyers, and Sociopolitical Contexts. In: Bogumil Jewsiewicki (Hg.): A Congo Chronicle. Patrice Lumumba in Urban Art. The Museum of African Art. New York. S. 13–27.

1996 Zaïrian Popular Painting as Commodity and as Communication. In: African Material Culture. Mary Jo Arnoldi, Christraud M. Geary & Kris L. Hardin (Hg.). Bloomington & Indianopolis: Indiana University Press. S. 334–355.

JEWSIEWICKI, Bogumil (Hg.)
1999 French-Speaking Central Africa: Political Dynamics of Identity and Representations. Canadian Journal of African Studies, Bd. 2–3.

1998 Disciplines et déchirures. Les formes de la violence. Cahiers d'études africaines, Nr. 150–152.

1992 Art pictural zaïrois. Québec: Éditions du Septentrion.

JEWSIEWICKI, Bogumil et al.
1993 Naître et mourir au Zaïre. Un demi-siècle d'histoire au quotidien, Paris: L'Harmattan.

JULES-ROSETTE, Bennetta
1992 What is „Popular"? The Relationship between Zaïrian Popular and Tourist Paintings. In: Bogumil Jewsiewicki (Hg.), Art pictural zaïrois. Québec. S. 39–62.

KALULAMBI PONGO, Martin
1997 Etre Luba au XXe siècle. Paris: Karthala.

KASFIR, Sidney Littlefield
1999 Contemporary African Art. London: Thames & Hudson.

MAASTRICHT, Ausstellungskatalog
1992 Popular Art. Painting in Zaïre. Art Bodo, Lelo, Moke, Chéri Samba, Syms, Sim Simaro. Maastricht.

MUDIMBE, V. Y.
1999 Reprendre: Enunciations and Strategies in Contemporary African Arts. In: Olu Oguibe & Okwui Enwezor (Hg.), Reading the Contemporary. African Art from Theory to the Marketplace. London: MIT Press. S. 28–47.

1994 Les corps glorieux des mots et des êtres. Esquisse d'un jardin africain à la bénédictine. Montréal: Humanitas.

1992 Et si nous renvoyions à l'analyse le concept d'art populaire. In: Bogumil Jewsiewicki (Hg.), Art pictural zaïrois. Québec. S. 25–28.

MUELA NGALAMULUME NKONGOLO
2000 Le campus martyr. Lubumbashi 11–12 mai 1990. Paris: L'Harmattan.

MUTAMBA MAKOMBO KITATSHIMA, J. M.
1998 Du Congo belge au Condo Indépendant: 1940–1960. Emergence des „évolués" et genèse du nationalisme. Kinshasa: Institut de formation et d'études politiques.

1996 La destinée de Patrice Lumumba (1925–1961), in: Mabiala Mantuba-Ngoma, A la redécouverte de Patrice Emery Lumumba, Kinshasa, Ifep. S. 11–52.

NDAYWEL È NZIEM, Isidore
1998 Histoire générale du Congo, Brüssel: Duculot.

NOOTER ROBERTS, Mary & ROBERTS, Allen
1997 Luba Art and the Making of History. New York: Museum for African Art.

NZUNGUBA IBIO, Jean-Pierre
1994 Peintres, peinture et culture populaire à Bunia (Zaïre). Essai d'analyse socio-historique. Unveröffentl. Doktorarbeit, Université Laval, Québec.

1992 Récit de Vie : Cyprien D'Ziba Gokpa. In : Bogumil Jewsiewicki (Hg.), Art pictural zaïrois. Québec. S. 259–274.

PAIN, Marc
1984 Kinshasa, la ville et la cité, Paris: Editions de l'ORSTOM.

PINTHER, Kerstin
1998 „Wenn die Ehe eine Erdnuß wäre..." Über Textilien und Fotografie in Afrika. In: Heike Behrend & Tobias Wendl (Hg.), Snap me one. Studiofotografen in Afrika. München, London, New York: Prestel. S. 36–41.

ROWLANDS, Michael
1996 The Consumption of an African Modernity. In: Mary Jo Arnoldi, Christraud M. Geary & Kris L. Hardin (Hg.), African Material Culture. Bloomington & Indianopolis: Indiana University Press. S. 188–213.

ROSTICHER, Nathalie, PIVIN, Jean Loup & ARTICLAUT, Francis (Hg.)
1996 Kinshasa, Zaïre. Revue Noire, Bd. 21.

SCHARFE, Martin
1970 Gedanken und Thematisierungen. Probleme einer Soziologie des Wandschmucks. Zeitschrift für Volkskunde, Bd. 66, S. 87–99.

SCHENDA, Rudolf
1970 „Populärer" Wandschmuck und Kommunikationsprozeß. Zeitschrift für Volkskunde, Bd. 66, S.99–109.

SCHWEIZER, Thomas
2000 Besitzstrukturen: Eine vergleichende Analyse. Archiv für Völkerkunde Bd. 51, Wien. S. 59–93.

STRÖTER-BENDER, Jutta
1991 Zeitgenössische Kunst der „Dritten Welt". Köln: Dumont.

SZOMBATI-FABIAN, Ilona & FABIAN, Johannes
1976 Art, History and Society. Popular Painting in Shaba. Studies in the Anthropology of Visual Communication, 3.

TRÄNKLE, Margret
1970 Das Wohnzimmer – Wandschmuck als Mittel der Repräsentation. Zeitschrift für Volkskunde, Bd. 66, S. 131–136.

TOEBOSCH, Wim
1992 L'école d'Eisabethville. In: Ausstellungskatalog Musée royal de l'Afrique centrale, La naissance de la peinture contemporaine en Afrique centrale 1930–1970. Tervuren. S. 12–18.

TOUSSAIN, E.
1950 L'avenir de la population bantou du Haut-Katanga industriel. In: Compterendu du Congrès scientifique du CSK, Brüssel, Bd. 6, S.31–44.

TSHIKALA, Kayembe Biaya
1992 Femmes, possession et christianisme au Zaïre. Analyse diachronique des productions et pratiques de la spiritualité chrétienne africaine. Unveröffentl. Doktorarbeit, Université Laval, Québec.

TSHOMBE, M.
1975 Quinze mois de gouvernement du Congo. Paris.

TURNER, Thomas
2000 Ethnogenèse et nationalisme en Afrique centrale. Aux racines de Patrice Lumumba, Paris: L'Harmattan.

UMUTESI, Marie Béatrice
2000 Fuir ou mourir au Zaïre. Paris: L'Harmattan.

VELLUT, J.L.
1992 Peintres congolais (1900–1950). Entraves et ouvertures dans les rencontres artistiques entre Afrique et Europe. In: Ausstellungskatalog, Musée royal de l'Afrique centrale, La naissance de la peinture contemporaine en Afrique centrale 1930–1970. Tervuren. S. 4–11.

VOGEL, Susan
1991 Africa Explores. 20th Century African Art. The Center for African Art. New York & München: Prestel.

WENDL, Tobias & PRUSSAT, Margrit
1998 „Observers are Worried" Fotokulissen aus Ghana. In: Heike Behrend & Tobias Wendl (Hg.): Snap me one. Studiofotografen in Afrika. München, London, New York: Prestel. S. 29–35.

1998 „God never sleep" Fotografie, Tod und Erinnerung. In: Heike Behrend & Tobias Wendl (Hg.): Snap me one. Studiofotografen in Afrika. München, London, New York: Prestel. S. 42–50.

WILLAME, Jean-Claude
1999 L'odyssée Kabila. Trajectoire pour un Congo nouveau? Paris: Karthala.

YOKA, Lye M.
1998 Carnet de guerre d'un Kinois. In Congo-Afrique 329, S. 517–522.

YOUNG, Crawford & TURNER, Thomas
1985 The Rise and Decline of the Zaïrian State. Madison: University of Wisconsin Press.

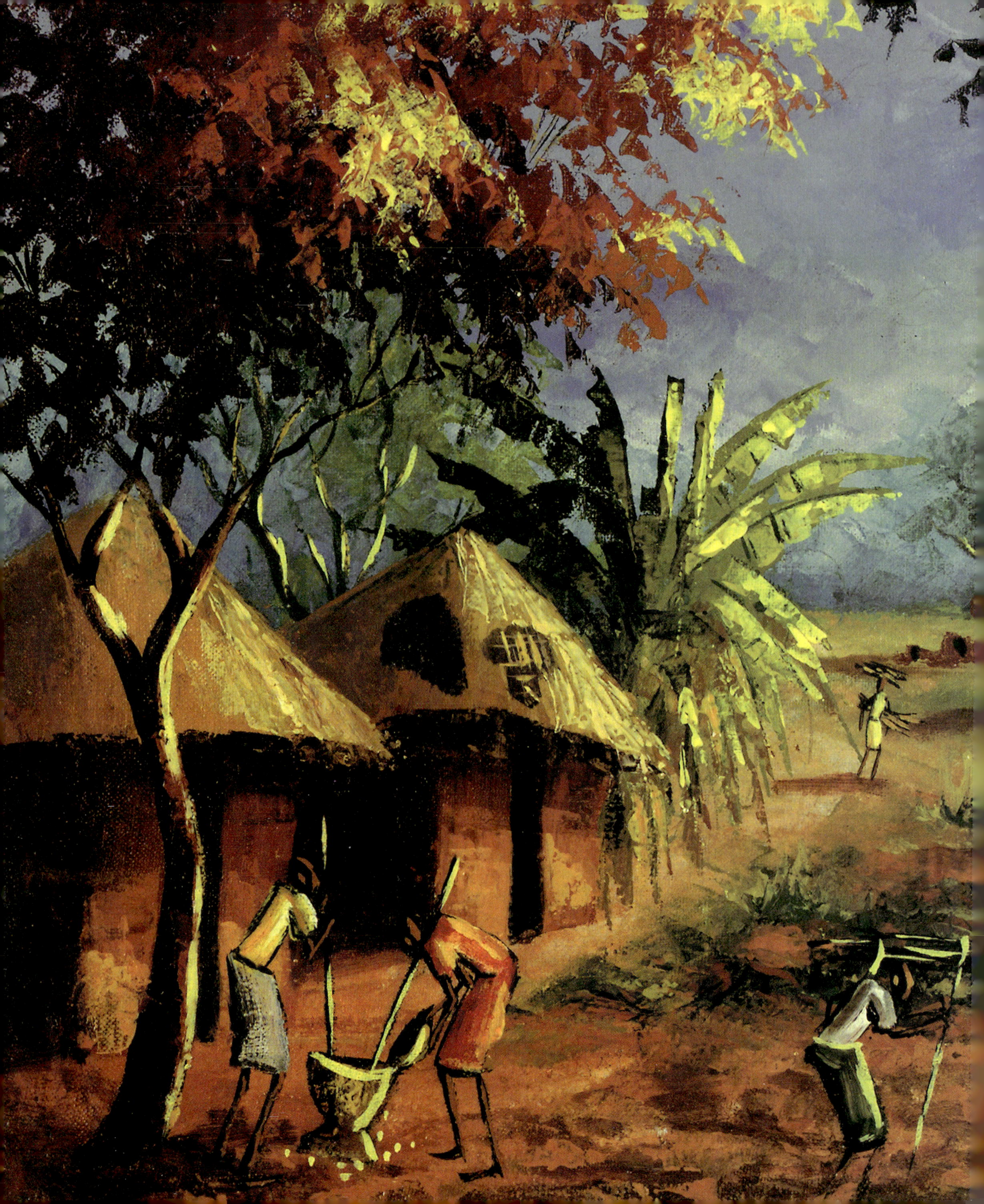